Rêves, signes et coïncidences

Données de catalogage avant publication (Canada)
Lachance, Laurent
Rêves, signes et coïncidences: dictionnaire d'interprétation

1. Rêves-Interprétation. I. Titre.
BF1092.L32 1999 154.6'34 C99-940664-7

DISTRIBUTEURS EXCLUSIFS:

• Pour le Canada
et les États-Unis:
MESSAGERIES ADP*
955, rue Amherst,
Montréal, Québec
H2L 3K4
Tél.: (514) 523-1182
Télécopieur: (514) 939-0406
* Filiale de Sogides ltée

• Pour la France et les autres pays:
INTER FORUM
Immeuble Paryseine, 3, Allée de la Seine
94854 Ivry Cedex
Tél.: 01 49 59 11 89/91
Télécopieur: 01 49 59 11 96
Commandes: Tél.: 02 38 32 71 00
Télécopieur: 02 38 32 71 28

• Pour la Suisse:
DIFFUSION: HAVAS SERVICES SUISSE
Case postale 69 - 1701 Fribourg - Suisse
Tél.: (41-26) 460-80-60
Télécopieur: (41-26) 460-80-68
Internet: www.havas.ch
Email: office@havas.ch
DISTRIBUTION: OLF SA
Z.I. 3, Corminbœuf
Case postale 1061
CH-1701 FRIBOURG
Commandes: Tél.: (41-26) 467-53-33
Télécopieur: (41-26) 467-54-66

• Pour la Belgique et
le Luxembourg:
PRESSES DE BELGIQUE S.A.
Boulevard de l'Europe 117
B-1301 Wavre
Tél.: (010) 42-03-20
Télécopieur: (010) 41-20-24

Dépôt légal: 2e trimestre 1999
Bibliothèque nationale du Québec

ISBN 2-7619-1479-1

LAURENT LACHANCE

Rêves, signes et coïncidences

DICTIONNAIRE D'INTERPRÉTATION

LES ÉDITIONS DE L'HOMME

À ma mère

Préambule

Il y a quelques mois, je rencontre une amie *par hasard* dans la rue. Nous entrons dans un restaurant prendre un café. Elle me met au courant de son travail de scénarisation sur les Acadiens. Je veux lui dire qu'elle n'oublie pas d'inclure la très belle chanson *Évangéline,* lorsque la radio se met justement à faire entendre cette chanson. Nous en avons tous les deux des frissons. La chanson parle de l'histoire acadienne. Cette coïncidence parlait mieux que je ne l'aurais fait et venait confirmer la pertinence du projet de mon amie.

Les coïncidences abondent dans nos vies. Les gens y voient des signes, des présages. Ils n'ont pas tort. Il n'y a pas de fumée sans feu. Depuis toujours, les gens ont établi la relation entre un oiseau qui s'introduit dans une maison et la mort d'un proche. Coïncidence de dire la raison. Oui, mais quand il y a trop de coïncidences, peut-être que c'est autre chose que le hasard qui est en cause. Et quand la coïncidence tombe tellement juste qu'elle nous laisse pantois, c'est qu'il y a autre chose à l'œuvre que le hasard.

Quand je prends ma voiture pour aller voir mon frère à l'hôpital en 1989, que le *Requiem* de Fauré joue à la radio de l'auto et que mon frère meurt deux heures plus tard, impossible de ne croire qu'au jeu du hasard. Ou alors ce hasard-là est bien intelligent ! Une certaine pensée un peu étroite a beau nous dire que c'est un hasard, l'incidence des deux faits est tellement signifiante qu'elle semble plutôt relever d'une autre chose que du hasard. Le Tao chinois dirait que ça relève du *sens.*

Pour faire bonne mesure, j'ajouterai qu'à mon retour de l'hôpital où venait de mourir ma mère neuf ans plus tard, le matin du 22 juin 1998, la radio de ma voiture faisait entendre le même *Requiem* de Fauré, diffusé sur les ondes de Radio-Canada. Encore un hasard? Tout de même!

Les événements de la vie nous interrogent. On a un accident de voiture. On a l'eczéma. On gagne à la loterie. La mort nous ravit un enfant. On se blesse toujours à la même main. Un oiseau vient mourir sur le perron. On a beau s'expliquer tous ces faits par la loi de la cause et de l'effet, il reste des pourquoi persistants. Pourquoi moi? Pourquoi maintenant? Pourquoi cet accident? On sent qu'une trame mystérieuse arrange les faits. On l'appelle le destin. D'autres font appel au hasard. Destin, hasard, deux notions bien vagues qui renvoient à un plan ou à une absence de plan qui nous échappent. Et si le hasard n'existait pas? Et si nous étions les maîtres de notre destin?

Carl Gustav Jung a mis en évidence qu'il existe une relation entre un fait physique donné et un état psychologique de même valeur. Il nomme ce phénomène *synchronicité*. Depuis la mise en évidence de ce principe, on est en mesure d'affirmer que *ce qui nous arrive nous ressemble*. Mais il serait plus juste de dire *ce que nous faisons arriver nous ressemble*. Nous sommes les causes inconscientes des faits que nous attribuons au hasard. La synchronicité n'est rien d'autre que *le sens* d'un fait qui tombe au bon moment dans notre vie. En fait, les événements malheureux viennent se placer dans mon existence pour me signifier que quelque chose de semblable ne marche pas à l'intérieur de mon être. Mon inconscient m'envoie un message par ce moyen.

La nuit, les rêves nous envoient des messages de notre inconscient. Le jour, les événements font de même. Ces événements sont des *signes de jour,* comme les rêves sont des *signes de nuit*. Libre à nous de poursuivre de façon consciente ces deux genres de dialogues engagés par notre inconscient.

La fréquentation de ce dictionnaire pourra conduire celui qui veut accroître sa conscience à se convaincre du bien-fondé des *faits-signes*. Ceux qui veulent en apprendre plus sur la question sont priés de se référer à mon livre *Signes et coïncidences*.

Heureusement, les signes de jour ne sont pas que négatifs. Je trouve un gros billet de banque. On me fait cadeau d'une montre. On m'invite à un voyage agréable. Je reçois une lettre de remerciement au moment où je doute de l'utilité de mon action. Voilà des signes par lesquels mon inconscient m'encourage.

Mais comment décoder ces signes? Les signes, comme les rêves, sont établis sur le symbolisme. Il devient donc possible en recourant aux symboles de trouver le sens des faits qui nous arrivent. Le présent ouvrage se propose de mettre sur la piste du sens de tel et tel événement. Il peut aussi bien servir à l'interprétation des rêves puisque, eux aussi, sont établis sur le symbolisme. Car les symboles constituent le langage de l'âme, qui s'exprime par images. De jour comme de nuit, l'inconscient entretient avec chacun de nous un échange sur le sens de sa vie. Ce qui lui importe avant tout, c'est notre évolution.

Certains signes revêtent une valeur collective. Nous en avons eu un bel exemple au Québec en 1994.

Le 14 juin 1994, une météorite est tombée sur le Québec, à Saint-Robert (*La Presse,* 15 juin 1994). Le même jour, un pan du plafond de l'Assemblée nationale s'est détaché pour tomber sur un siège d'un député libéral (*La Presse,* 15 juin 1994). Si l'on mettait les deux faits en relation, on pouvait conclure que le Parti libéral serait battu aux élections suivantes. Ce qui n'a pas manqué. C'était d'autant plus évident que le morceau du plafond provenait d'une passerelle où prennent place les invités du parti de l'opposition officielle. Et c'était encore plus limpide si l'on se souvenait qu'une immense météorite était tombée en Sibérie avant l'avènement du régime bolchevik. En 1908, la forêt sibérienne (Tunguska) a été soufflée sur une énorme étendue. L'onde de choc fut enregistrée jusqu'à Londres (*La Terre,* Life, «Le monde vivant»). Neuf ans plus tard, la prise du pouvoir par le parti bolchevik allait marquer un tournant radical pour la Russie et le monde entier.

D'autres signes sont universels. Il en va ainsi du bombardement de la planète Jupiter au mois de juillet 1994. Jupiter étant une planète plutôt positive en valeur symbolique, cette collision ne préfigure rien de bon pour l'humanité. Nous saurons nous remettre de l'épreuve, puisque la planète Jupiter a pu absorber les fragments de la comète Shoemaker-Levy sans trop de dommages, semble-t-il.

La diminution du nombre des oiseaux sur la Terre constitue un autre signe à portée universelle. «Près de 70 % des 9 600 espèces d'oiseaux existant dans le monde voient leurs effectifs baisser, selon une étude britannique.» (*La Presse,* 24 mars 1994) Dans ce cas, c'est l'homme lui-même qui se donne un signe, car il est le grand responsable de la dégradation des habitats, de la qualité de l'air et du commerce inconsidéré dont les oiseaux font l'objet. En tant que *messager des cieux,* l'oiseau est le grand symbole de nos relations avec les valeurs supérieures. Il faut croire que ces relations sont bien mauvaises.

Un ami me faisait remarquer récemment que la diminution des stocks de morues et la «guerre du flétan noir» (différend entre le Canada et l'Espagne) interviennent justement à la fin de l'ère des Poissons. Quelle évidence remarquable pour souligner la fin de cette ère de tensions! À force de m'entendre parler de signes de jour, cet ami avait trouvé le sens de ces événements. Chacun peut, comme lui, arriver à trouver le sens des incidents à répercussion plus ou moins universelle et comprendre ce qui nous arrive à tous.

Mais la science des signes n'est pas une religion, pas plus qu'un rituel. Il faut se garder, comme dans tout, de devenir obsédé en voyant des signes partout. Et surtout on ne doit pas les attendre pour agir. Notre vie s'en trouverait paralysée. Sans compter que nul signe n'oblige quelqu'un à agir de telle ou telle façon. Ce sont des indicateurs, comme les rêves. Des outils de prise de conscience.

S'il est vrai que tout est signe, chaque signe n'a pas la même importance. Une égratignure est négligeable à côté d'une amputation. La conscience que nous procure la lecture des signes devrait alléger la vie et non l'alourdir. Il ne faut pas craindre d'agir de peur de créer un signe. Une telle attitude rendrait notre existence invivable.

La découverte des signes ne devrait pas augmenter notre culpabilité du fait que nous en sommes les causes inconscientes. Est seul coupable celui qui est conscient. Les signes que nous nous donnons à notre insu n'ont pas à créer chez nous un sentiment de culpabilité. Et ce sentiment n'a jamais fait progresser quelqu'un. La meilleure façon de le contrer en l'occurrence serait de considérer les signes comme venant exclusivement de notre inconscient qui s'en sert en guise de langage pour dialoguer avec nous.

Le contenu du livre

Dans cet ouvrage, on trouve les parties du corps, un certain nombre de maladies, d'événements et d'êtres avec lesquels on entre en contact. Il y aurait eu redondance à traiter de toutes les maladies en plus de traiter des parties du corps.

Par ailleurs, il est impossible de dresser un catalogue exhaustif des événements susceptibles de nous toucher. Aussi ne sont présentés que ceux qui concernent les mouvements de notre *évolution,* qui demeure le souci premier de notre instance supérieure. Voilà pourquoi ils prennent le plus souvent la forme de verbes comme *tomber, monter, descendre*... Impossible également de mentionner tous les êtres avec lesquels on peut entrer en contact.

S'il est vrai que les symboles sont très mobiles et ne reçoivent souvent qu'un sens strictement personnel, il en existe un certain nombre qui sont universels. Pour tout le monde, *monter un escalier* ne signifie quand même pas le descendre ! Le mouvement renvoie donc à une élévation, à un changement de niveau, à l'accession à une autre conscience, à une relation avec le transcendant...

Les sens suggérés valent aussi bien pour les rêves que pour les événements. Il n'y a pas de différence de sens symbolique entre un événement onirique qui prépare sa concrétisation dans la vie et un événement qui a lieu réellement. Le rêve nous l'apprend tout simplement d'avance. Libre à nous de bouger intérieurement pour éviter qu'il nous advienne s'il est désagréable.

Ce petit dictionnaire ne prétend aucunement remplacer les œuvres de base comme le *Dictionnaire des symboles* de Chevalier et Gheerbrant, ou *La symbologie des rêves* de Jacques de la Rocheterie. Il se présente plutôt comme un guide pratique, d'un emploi quotidien, qui aide le lecteur qui s'y rapporte à s'orienter sur le sens pertinent pour lui. Les mots qui n'ont pas laissé de traces symboliques dans les diverses civilisations sont traités par analogie, de même que le fait le *Dictionnaire des symboles* pour le mot *automobile,* par exemple. C'est cette méthode analogique qui a prévalu pour l'établissement du présent répertoire. L'analogie suit le penchant naturel de l'âme à établir des associations qui créent les symboles. Le procédé est, en ce sens, tout aussi justifiable que l'attestation d'un symbole par une civilisation donnée. Et l'expérience de l'interprétation des rêves et des signes en confirme la validité.

Légende

astrol. = astrologie
Dés = Dés de la destinée
math. = mathématiques
mus. = musique
numérol. = numérologie
qqch = quelque chose
qqn = quelqu'un
♦ = sens et autre sens
• = évoque
L'astérisque (*) renvoie à un mot de ce dictionnaire.

A

•le Créateur/ action de créer/ soleil/ âme/ amour/ alpha/ 1re lettre/ début/ avoir/ vers/ appartient à/ alto ; note *la* (mus.)/ ampère/ azote/ argon/ Altesse/ bœuf/ but/ rire/ négation, privation/ Paris*/ de première qualité/ ouverture// numérol. : valeur mentale/ départ/ affirmation/ courage/ volonté/ fermeté/ prestige (Piché).

Abandon

•arrêt, cessation/ renonciation/ séparation/ deuil*/ échec/ insécurité/ rejet/ peur fondamentale d'être abandonné, délaissé (complexe du *Petit Poucet*)/ laisser-aller, négligence// confiance, sécurité.

Abat-jour

•lumière/ nuance/ ambiance/ veille/ intimité/ confidence ♦Besoin de tranquillité, d'intimité ou de recueillement ?/ Besoin de nuancer ma pensée ? mon attitude ?/ Laisser « parler » la lumière intérieure ?

Abattoir

•tuer/ animaux/ sang/ douleur/ écorchure/ couteaux/ cris/ boucherie ♦Le corps est sacrifié ?/ Vie sexuelle insatisfaite, malgré de vifs désirs ?/ Je joue les martyrs, les victimes ?/ Je risque ma vie « bêtement » ?/ Besoin de manger de la viande rouge ?/ Voir *boucher*.

Abbaye

•vie spirituelle/ vie commune/ renoncement/ refuge/ société autonome ♦Besoin de recueillement ? de retraite ?/ Besoin de vie spirituelle ?/ Peur de la vie ? Besoin de protection ? d'aide ?/ Problème de vie commune ?

Abbé

•abbaye*/ vie communautaire/ réclusion/ silence/ vie réglée/ pauvreté, chasteté, obéissance/ perfection ♦Problème de conscience ?/ Trop ou trop peu de vie spirituelle ?/ Culpabilité*?/ Besoin de réflexion ?

Abcès

•mal/ infection/ aboutir/ abus/ discordance ♦Problème à régler ? Inquiétude ? Indécision ?/ Je suis excédé ? Je nourris des idées infectes ? Idée de vengeance ? Qu'est-ce qui m'empoisonne la vie ?/ La partie du corps que l'abcès affecte renseigne sur le secteur concerné de ma vie.

Abeille

insecte domestiqué (docilité, contrôle, aide, Providence)/ miel (joie) et dard (épreuve)/ émigration en essaim (rassemblement, grand dérangement social)/ vie en société organisée autour d'une reine (autorité absolue, respect rigoureux de l'ordre social)/ corps en 3 sections : tête (esprit), thorax (âme), abdomen (corps) = symbole d'équilibre/ perçoit l'ultraviolet (approfondissement, extension de conscience)/ prélève nectar et pollen des fleurs (aller à l'essentiel) •système nerveux sympathique/ cellules du corps/ république/ organisation/ hiérarchie/ activité intense/ travail communautaire/ transformation cellulaire/ monarchie/ travail/ organisation de ma vie affective/ patience, persévérance/ identification à mon rôle social, aliénation de ma personnalité au profit du collectif/ anonymat/ don total de soi/ ♦Est-ce que je ne butinerais pas un peu ?/ Venue d'énergies élevées ?/ Activité créatrice ?/ Grâce d'inspiration avec risque de contrecoup dans le corps ?/ Engagement social ? ♦je me fais piquer : Besoin de stimulation ?/ Harmonie intérieure troublée ?/ Voir *piqûre*, *guêpe*.

Abîme

•l'insondable de l'inconscient/ danger/ chute/ peur/ angoisse/ vertige* ♦Situation très mauvaise ?/ Dépression à prévenir ?/ Mère étouffante qui compromet mon autonomie ?/ Peur de l'inconscient ?/ Trop de refoulement ?/ Contenu inconscient difficile à absorber ?/ Besoin d'aide ?

Abri

•protection/ refuge/ aspect rudimentaire/ provisoire ♦Aide provisoire? Je dois prévoir à plus long terme?

Abricot

fruit à noyau/ orangé pâle (attrait sexuel)/ peau veloutée (sensualité)// agent anticancéreux (poumon, pancréas, peau, larynx)/ valeur antianémique// on le dit fruit de l'Éden (séduction suprême) •douceur/ volupté/ longévité/ tendresse/ bonheur/ mes sentiments amoureux qui portent fruit/ tentation ♦sain: Satisfaction sensuelle ou sexuelle à venir? un grand bonheur? ♦gâté: Insatisfaction sensuelle ou sexuelle en vue? une déception? ♦séché: Rapports amoureux de routine? artificiels?/ Ou au contraire: Cette relation se cristallise en amour éternel?

Abysse

•tréfonds de l'inconscient, impossible à comprendre ♦Besoin de revenir à la réalité bien concrète?/ Sentiments qui risquent de me submerger?/ Mère envahissante?

Acacia

petit arbre (personnalité mystique) à branches épineuses (méfiance, agressivité)/ fleurs parfumées, jaune vif, en grappes (inspiration)/ à bois précieux, à teintures et à gommes (acquis psychiques)/ parfum sacré (élévation spirituelle)/ arbre sacré (fruit divin)/ couronne d'épines du Christ* (épreuve, souffrance)/ bois de l'arche d'alliance (spiritualité, religion, fidélité) •immortalité/ incorruptibilité/ androgynie/ initiation// Épreuve initiatique?/ Dépassement d'apparences rebutantes pour trouver richesse et beauté chez qqn?/ Besoin d'énergie spirituelle? ♦Homme, besoin de mieux exprimer sentiments et intuition? ♦Femme, besoin de mieux exprimer raison, volonté, décision, sensualité?

Acajou

•Brésil/ couleur marron/ dureté/ noix/ richesse/ solennité ♦meubles, lambris: Désir d'une forme de confort à l'ancienne?/ Besoin de me mettre à jour?/ Trop de romantisme?

Accélérateur

•besoin de hâter ou de ralentir/ tension/ échéance/ urgence ♦accélérateur coincé: emballement/ manque de contrôle/ danger.

Accident

♦de véhicule, voir *automobile, moto*... ♦mon véhicule donne contre un obstacle en avançant: Contradiction entre mon évolution actuelle et mon être véritable?/ Conflit entre ma volonté et mes fonctions corporelles?/ Solution par la violence? ♦mon véhicule donne contre un obstacle en reculant: Régression?/ Besoin de rentrer en contact avec mon inconscient?/ Je dois me mettre au clair avec mon passé? ♦mon véhicule donne de côté contre un obstacle: Mon évolution dévie?/ Je dois arrêter ou ralentir mes activités?/ Mon mode d'évolution est déséquilibré? ♦mon véhicule en frappe un autre: Mon évolution entre en contradiction avec celle de qqn d'autre?/ Je manifeste de l'agressivité? ♦mon véhicule est frappé par un autre: Culpabilité*?/ Risques?/ Provocation? ♦mon véhicule frappe une personne: J'éprouve de l'agressivité?/ Ma manière d'évoluer va à l'encontre d'autrui? ♦mon véhicule frappe un animal: Danger pour mon corps. Mépris de mes instincts? ♦je suis frappé par un véhicule: Culpabilité? Désespoir? État dépressif?/ Qqn contrevient à mon intégrité? ♦accident où un objet est en cause (porte*, skis*, verre*...) et il en résulte une écorchure, une fracture*... Voir la partie du corps concernée. ♦de travail: Mon emploi est en cause: Aversion? Tension dans relations de travail? Réorientation?

Accordéon

•expression des sentiments et des émotions ♦l'entendre: expression de sentiments à mon égard/ tentative de me charmer ♦en jouer: expression de mes sentiments avec simplicité/ sentiments joyeux, mélancoliques... selon l'air joué.

Accouchement

•douleur et joie/ élaboration pénible/ aboutissement/ création/ fin d'une période et commencement d'une autre 1. soit en mettant au monde une partie de moi après une longue préparation/ accouchement facile ou naturel: Je désire ce changement./ accouchement difficile: Résistance de ma part. 2. soit en créant un projet qui se portera comme se porte le bébé: enfant en bonne santé = projet solide; enfant malade = projet faible ou retardé. ♦d'une fille: projet concernant les sentiments ou l'intuition ♦d'un garçon: projet concernant la raison ou les sensations.

Accroc

•infraction/ obstacle/ faute/ déchirure ♦Vanité blessée?/ Je triche avec le code légal? moral?/ Le sens varie selon le vêtement*.

Acheter

au comptant: J'ai l'énergie qu'il faut. ♦à crédit: Je manque de l'énergie nécessaire. ♦en gros: prévision/ insécurité/ J'ai beaucoup d'énergie?/ J'exagère?/ Je crains de manquer de qqch?/ Je suis bien ou mal organisé? ♦des antiquités: Je paye pour mon passé?/ Je m'attarde? ♦des choses inutilisables: Je suis dupe?/ Manque de flair?/ Gaspillage? ♦des choses volées: Acheter la complicité, le silence de qqn.

Achillée

plante sauvage à feuilles très découpées (complexité, légèreté)/ bronches, poumons*/ fleurs blanches petites et multiples (discrétion, candeur, disponibilité)/ aromatique (sensualité)/ amère (sévérité)/ la guerre*// médicinale: cicatrisation, asthme, maladies pulmonaires, fièvre ♦Qqch m'étouffe que j'aurais avantage à exprimer?/ Ramifications sentimentales touffues?/ Sensibilité excessive?

Acide

piquant au goût (stimulant)/ agent de dissolution, agent de fusion/ acides organiques = lipides (problème d'embonpoint*)/ ADN + ARN (problème d'hérédité, question de gènes)/ drogue hallucinogène, L.S.D., voir *toxicomanie* •besoin de transformer certaines attitudes/ période de sacrifice/ paroles vitrioleuses/ amertume.

Acier

•lame/ tranchant/ dureté, froideur/ armes/ outils/ menottes/ chaînes/ prison/ guerre/ durcissement/ insensibilité/ solidité à toute épreuve/ caractère trempé/ résistance nerveuse/ pouvoir, domination/ force brute/ attitude rigide/ qqch de fort, mais de menaçant.

Acné

•nouveau contrat social/ peur/ ressentiment/ refus/ Mal dans ma peau? Je me rejette et m'arrange pour que les autres me rejettent?/ Problème avec mon image sociale? Envieux de ceux qui sont à l'aise et paraissent bien?/ Angoisse*?/ Refus d'accéder au statut adulte?/ Voir *adolescent, peau*.

Aconit

fleurs bleu profond ou pourpres (sentiments profonds, secrets et répétés), en forme de casque (protection, attitude réservée, dissimulation)/ toute la plante est poison (secrets menaçants) •sentiments empoisonnés/ recueillement/ attitude surprotectrice/ attitude défensive/ vigilance/ côté inconnaissable de l'inconscient.

Acouphène

•refoulement/ refus d'écouter mon intérieur ou des choses qui ne me font pas plaisir/ me cacher qqch/ parasites, personnes indésirables dans mon environnement/ ouverture aux autres dimensions, ce qui demandera discrimination.

Acrobate

•équilibre/ habileté/ pirouette/ fuite des responsabilités/ saut/ corps musclé/ vide/ filet/ risque/ liberté devant les lois de la nature/ non-conformisme/ mouvement/ position critique/ nécessité d'une adaptation/ capacités humaines maximales/ dépassement/ participation à la divinité.

Acte manqué

Toujours révélateur des préoccupations, complexes, tendances inconscientes. La nature de l'acte renseigne sur le refoulement. Voir *lapsus*.

Acteur, actrice

•théâtre/ comédie/ tragédie/ rôle/ masque*/ scène/ spectacle/ vedette* ♦Je joue un rôle ?/ Confusion de mon être avec mon rôle social de parent ? d'enfant ? d'étudiant ? de travailleur ?/ Je vis sur des valeurs reçues ?/ Porté à dramatiser ?/ Manque d'humour ?/ J'évite mes responsabilités ?/ Je gagnerais à être discret ?/ Côté vedette insatisfait ?

Adepte

•adhésion à une croyance/ ferveur/ naïveté/ sincérité/ aveuglement/ soumission entière à une autorité/ victime de fascination/ dépendance/ Voir *gourou, secte*.

Adolescent

•étape de croissance/ crise/ découverte sexuelle/ nouvelles valeurs/ nouveau contrat social/ idéalisme/ jeunesse du monde/ renouvellement/ vigueur ♦je suis adolescent : Je cherche ma juste place, ma juste voix dans la société ?/ J'aspire à devenir l'égal des adultes ? À les supplanter ? ♦je suis adulte : Renouveau ?/ Manque de maturité ?/ Désir de changer le monde ?/ Bonne dose d'idéalisme ?

Adresse

indication du domicile et du nom ♦J'essaie de mieux me définir ? de mieux me connaître ? de mieux me situer par rapport aux autres ?/ Besoin de revoir mon rôle social ? de faire le point ? ♦Le nom de la rue ou le numéro peuvent mettre sur des pistes. S'il s'agit d'une de mes anciennes adresses, les circonstances de la vie me ramènent à un événement non résolu du passé./ Voir *nombre*.

Adversaire

•opposition*/ complémentaire négatif/ révélateur/ épreuve ♦Invitation à faire face afin de la transformer en force positive ?/ Invitation à concilier les contraires ?/ Que représente en moi cet adversaire ? Il est ce que je rejette et déteste en moi./ Plus il est féroce, plus je refoule ce que je n'aime pas./ ♦si je suis un homme ♦et que l'adversaire est un homme : l'adversaire est fait de tout ce que je ne me permets pas d'exprimer, ou de tout ce que je n'ai pas le temps de vivre, ou de tous les talents que je ne développe pas ♦et que l'adversaire est une femme : l'adversaire = refoulement de sentiments, de l'intuition et de la créativité. ♦si je suis une femme ♦et que l'adversaire est une femme : cette adversaire est faite de tout ce que je ne me permets pas d'exprimer, ou de tout ce que je n'ai pas le temps de vivre, ou de tous les talents que je ne développe pas ♦et que l'adversaire est un homme : l'adversaire = refoulement du rationnel, de ma sensualité ou d'une prise de décision.

Afrique

dans l'imaginaire occidental •exotisme/ magie*/ inconnu/ inconscient/ mystères/ pauvreté, misère/ animisme/ noir/ esclavage/ forêt* vierge/ brousse (liberté)/ animaux sauvages terribles (instincts déchaînés)/ civilisation primitive.

Agate

pierre précieuse/ variété de calcédoine*/ colorations diverses (vibrations diverses)/ translucides ou opaques (ego plus ou moins épuré)/ dure et résistante (action intense du Soi*) •résistance/ diversité/ fantaisie/ invitation à prendre conscience ♦agate striée : bandes parallèles irrégulières, •recherche du centre*/ ajustement des vibrations/ évolution du moi autour du Soi/ recherche d'équilibre/ protection/ défense de mon territoire/ cercles d'activités sociales ♦agate mousseuse •organisation de la vie affective/ équilibre physique et émotionnel/ croissance/ accroissement de conscience/ apaisement/ renforcement/ confiance en moi/ courage.

Âge

•durée/ expérience/ maturité/ conscience du temps/ usure/ génération ♦grand âge, voir *vieillard.*

Agenda

•emploi, gérance du temps/ vie sociale/ contraintes/ activités, tâches/ agitation/ ordre/ manque de liberté/ importance de l'ego.

Agent d'assurances

•sécurité/ responsabilités/ tranquillité d'esprit/ peurs/ conseiller partial/ arnaque/ casse-pieds.

Agneau

•douceur/ innocence/ simplicité/ obéissance/ victime par excellence, don de soi/ force de la pureté/ docilité aux principes spirituels/ « agneau de Dieu » : le Christ* sacrifié et ressuscité/ feu divin au centre de l'être/ connaissance suprême// Naïveté ?/ Besoin de douceur ? d'innocence ?/ Nécessité de sacrifier qqch ?/ Me mettre au clair avec le Christ ? ♦opposé à l'aigle : âme déchue et sauvée (repentir, conversion).

Aigle

oiseau* puissant/ vue aiguë (conscience pénétrante)/ oiseau solaire (élévation)/ grand planeur (grandeur d'âme, vue globale, économie d'effort, surveillance, conscience élargie)/ en cercles (recherche du centre*, concentration)/ serres (volonté, maîtrise, emprise, angoisse, cupidité)/ monogame (fidélité amoureuse)/ longévité : 45 ans (longue vie)// oiseau de Jupiter* (message du Soi*)/ symbole de Jean, l'apôtre visionnaire (vision, prise de conscience supérieure, prophétisme)/ symbole de l'âme qui voit Dieu en face (contemplation de la réalité totale) ; de Dieu le Père (la conscience suprême) ; des empires (domination étendue) ; du Christ*/ mangeur de serpents (maîtrise du mal)/ roi du ciel (puissance céleste)/ oiseau qui mène au paradis (guide spirituel, chakra* coronal) •force/ courage/ initiation/ royauté/ autorité/

pouvoir/ connaissance/ acuité de l'intelligence/ élévation/ sublimation ♦agressif: perversion du pouvoir: domination, orgueil, oppression, tyrannie ♦blanc: la blancheur accentue son caractère céleste ♦à 2 têtes: accentue sa puissance et sa vision/ roi des rois/ empire, gouvernement/ négatif = despotisme ♦signification habituellement favorable, à moins qu'il ne menace ♦Triomphe sur l'obscurité?/ Venue de hautes énergies?/ Contact avec le Soi*? avec un être spirituel puissant?/ Révélation de la volonté divine?/ Élévation matérielle ou spirituelle?/ Supériorité?/ Période de vie intellectuelle intense?

Aigrette

1. huppe •dignité/ honneurs/ vanité/ élégance/ inspiration.
2. petit échassier*/ gris bleu (idéal) ou blanc (pureté)/ à aigrette*/ vol plané (vue globale) •élégance/ prise de conscience/ lumière/ vanité/ sociabilité/ légèreté/ élévation spirituelle.

Aigue-marine

pierre précieuse limpide (limpidité de l'ego), bleu glacier (clarté, objectivité)/ variété de béryl*/ reliée au signe des Poissons* et au chakra* du larynx •grande pureté/ grande douceur/ jeunesse/ gaieté/ période mystique/ influence subtile de l'inconscient.

Aiguille

•injection/ suture/ acupuncture/ montre*/ phono (lecture, musique*)/ aiguillage (orientation)/ pic de montagne (élévation suprême)/ boussole*/ conifère (éternité) ♦à coudre: ♦m'en servir: Me plier aux contraintes de la vie? Être chichiteux? ♦me piquer: Besoin de stimulation? ♦perdre: Me débarrasser des tâches déplaisantes?/ Négliger les détails? ♦chercher: Tenter l'impossible? ♦acheter: Besoin de mettre de l'ordre? de réparer?

Ail

1. légume-racine/ bulbe blanc ou rose (énergie sexuelle)/ odeur forte (séduction grossière)/ piquant (stimulation)/ condiment (goût de vivre)// (cru) antibiotique; stimule le système immunitaire/ prévient le cancer/ réduit l'hypertension/ clarifie le sang/ bon vermifuge •appétit/ intervention énergique/ mauvaise haleine/ répulsion/ protection/ chasteté ou vivacité des désirs sexuels/
2. fleurs en forme d'étoile, agglomérées en sphère, de rose à pourpre (harmonie céleste), montées sur une longue tige creuse (le

cosmos, ordonnance, rayonnement)/ odeur piquante •ciel/ totalité/ organisation/ égalité, justice sociale/ sentiment d'appartenance/ fusion avec le Soi.★

Aile

•ange★/ air (appui invisible)/ libération/ légèreté/ rapidité/ victoire/ enthousiasme/ euphorie/ dynamisme/ intelligence/ imagination/ rêverie/ élévation spirituelle/ dédoublement du corps et voyage astral★.

Aimant

•attirance irrésistible, séduction/ rejet instinctif de qqn/ donne une orientation, un sens au monde = un sens à ma vie/ centre secret/ opposition ou conciliation des contraires/ Voir *boussole.*

Air

•souffle vital/ agilité/ fluidité/ instabilité/ intelligence/ subtilité/ climat psychologique/ élévation/ âme, expression de l'âme/ spiritualité.

Airedale

le plus grand chien★ terrier/ allure équarrie (raideur)/ poil embroussaillé (présentation brouillon)/ robe noir et feu, ou gris et feu (vivacité tempérée)/ bon policier (loi, bonne déduction)/ chasseur de rats★// athlétique, franc, fidèle, vigilant et ami des enfants •invitation à déterrer des choses qui traînent dans l'inconscient/ franchise/ courage/ témérité/ force morale/ vigilance/ bon contrôle des bas instincts/ bon équilibre physique/ finesse/ dépendance.

Aisselles

•poils★/ sueur/ zone intime/ chatouillement ♦mal à l'aisselle droite: Trop de susceptibilité me fait agir de travers?/ Trop ou trop peu d'humour?/ Dépense inutile d'énergie?/ Esprit intoxiqué?/ Manque de pudeur? ♦mal à l'aisselle gauche: Pudeur ou susceptibilité qui m'empêchent d'agir?/ Ma fermeture d'esprit bloque mon action?/ Refus d'admettre que j'ai l'esprit intoxiqué?/ Je néglige les détails?/ Paresse? Inertie?/ Crainte des responsabilités?/ La peur du ridicule m'empêche d'agir?

Album

♦cahier personnel pour photos★, timbres★, coupures de journal... •intérêts/ souvenirs/ collection/ mémoire/ atmosphère psychologique/ ♦recueil d'illustrations, voir *bandes dessinées/* ♦disque(s) sous jaquette cartonnée •séduction/ publicité/ Voir *disque.*

Alcool
•détente/ passions/ vision intérieure/ inspiration créatrice/ ambivalence/ besoin d'évasion/ refus des limitations terrestres.

Alcoolisme
•fuite d'un besoin fondamental/ satisfaction illusoire d'une soif insatiable/ besoin d'oublier une douleur/ fuite d'une culpabilité/ sentiment d'impuissance/ Pourquoi me rejeter et me détruire?/ Besoin d'aide.

Algue
plante marine (ressourcement)// antibiotique/ bon contre les ulcères/ clarifie le sang/ abaisse la tension artérielle •nourriture primordiale/ régénération/ souplesse/ danger de me perdre dans l'inconscient par trop de refoulement.

Allaitement
•faim/ nourriture essentielle/ contentement/ sécurité/ recherche de sécurité/ régression.

Allée
chemin bordé d'arbres •promenade/ aise/ ouverture/ éclaircie, dégagement/ repos/ libération/ période d'évolution agréable.

Allergie
•rejet d'un aspect personnel, d'une chose, d'une situation ou d'une personne; chacun de ces éléments symbolise qqch propre à me mettre sur une piste.

Allumette
•friction/ prise de conscience/ début/ flirt, feu de paille.

Alouette
oiseau moyen/ brun rayé à collier noir (discrétion, chic)/ nid au sol (vulnérabilité, sens du risque)/ chant mélodieux (joie de vivre, agrément, expression personnelle)/ chante en vol (exubérance, charme)/ vol acrobatique (agilité, originalité, exaltation)/ sexes semblables (parité sexuelle)/ déjoue les faucons* (danger évité, caractère astucieux) •fraîcheur/ optimisme/ bonheur d'aimer/ ivresse des hauteurs/ aspirations/ respiration de l'âme/ poésie/ haut et bas de la transformation/ prière/ transparence/ transcendance (soulignée par la huppe)/ sublimation.

Alphabet
•apprentissage/ mise en ordre/ étude/ lecture/ écriture/ nouvelles/ manque d'expérience/ initiation/ code/ décryptage/ révélation.

Aluminium

•résistance/ permanence/ fermeté requise plutôt que force/ légèreté/ pragmatisme/ besoin d'épuration des sentiments/ élévation et réussite en vue/ grands changements en perspective/ grande dépense d'énergie/ recherche/ ingéniosité/ imagination créatrice, force d'invention jusqu'à la sophistication.

Alysse

plante basse à fleurs minuscules (multitude), blanches (candeur) ou roses (mièvrerie) ou violettes (soumission)/ très parfumées (séduction insistante)/ en coussin fleuri (ardeur, agrément) •joie de servir/ humeur constante/ humilité/ plaisir de faire partie d'un groupe/ discipline/ soins de la peau/ pseudo-subtilité.

Alzheimer

•désir de se couper du monde/ émotivité trop affectée par l'imperfection de la société/ surdose d'information négative/ refus du mal/ incapacité mentale à saisir la complexité du monde/ prédominance de l'émotivité sur un code de références mentales devenu insuffisant.

Amande

fruit de l'amandier: douce, comestible; amère, non comestible •sexualité féminine/ trésor secret/ vie cachée/ essentiel invisible/ fruit de lumière cachée dans la coque/ vie intérieure/ potentiel indestructible = immortalité/ grâce// huile: l'essence de l'essence = puissance créatrice divine ♦douce: valeur nutritive élevée (grande énergie); danger en excès (modération)/ son huile est bonne pour la peau (sensualité, bien-être, souplesse) ♦amère: rejet, renoncement, perte d'énergie, perte de sensualité, frigidité ♦allusion possible aux amygdales*.

Amandier

à amandes douces ou amères (personnalité sérieuse dirigée vers le bien ou vers le mal, à tendance optimiste ou pessimiste)/ premier arbre à fleurir au printemps* (caractère primesautier) •renaissance/ fragilité et audace/ fécondité/ triomphe de la vie sur la mort/ ressemblance de l'homme avec Dieu/ arbre des noces entre Dieu et l'humanité ♦fleurs: pudeur/ fraîcheur/ timidité/ nouveauté/ hâte.

Amaryllis

fleur dressée, de blanc à rouge (éclat), en grande trompette (sentiment déclamatoire et audacieux, épanouissement spectaculaire et subit)/ plante à bulbe (prévoyance)/ grandes feuilles rubanées (élégance, bonne énergie vitale) •étonnement/ affirmation/ célébration/ triomphe/ soif de grandeur/ dépassement/ désir d'être reconnu/ vigueur.

Ambassade

•étranger*/ état, pays/ mission/ relation/ diplomatie/ refuge/ représentant/ défenseur/ terrain neutre.

Ambassadeur

•diplomatie/ négociations profitables/ entente, accord/ conciliation/ réconciliation/ relations mondaines/ influence.

Ambre

résine* fossile dorée/ translucide/ peut renfermer insectes ou plantes fossilisés (souvenirs, trésors du passé)/ léger/ a servi d'encens*/ fabrication des chapelets* orientaux (prière, invocation)/ relié au chakra* du plexus solaire •le contact chaleureux avec l'inconscient/ consolations/ période où le corps est réconforté.

Ambulance

•santé ↔ maladie/ urgence/ besoin d'aide/ perte d'autonomie/ période d'évolution rapide, condensée, intense/ état transitoire/ intériorisation/ étape de purification et de détachement par la souffrance, la séparation et l'abandon.

Âme

principe qui anime, donne la vie aux animaux et aux humains/ ensemble des états psychiques et des états de conscience/ siège de la vie émotive/ un des trois principes de l'être humain, les deux autres étant le corps et l'esprit./ Voir *archétype.*

Amélanchier

arbuste (personnalité aimable et créatrice), fleurs blanches au printemps (hâte, fraîcheur, éveil)/ baies violettes (individu productif), à saveur fine (petits plaisirs charnels, subtilité, résultat agréable) •joie de l'enfance/ légèreté/ douceur du quotidien/ fruits de la simplicité.

Amérique

•liberté/ espace/ nouveauté/ modernisme/ audace/ entreprise/ efficacité/ sens pratique/ pragmatisme/ capitalisme// Besoin d'aventure ? de renouveau ? d'adhérer à de nouvelles idées, à de nouvelles valeurs ?/ Besoin d'efficacité ?

Amende

•Je triche avec l'ordre social ?/ avec la morale ?/ avec une convention ?

Améthyste

pierre précieuse, violette ou pourpre (renoncement)/ transparente (ego limpide)/ forme de quartz*/ dureté 7 (action intense du Soi*)/ gouvernée par Mercure* et Uranus*/ affinité avec l'argent*/ reliée au chakra* coccygien et coronal/ portée par les évêques (dignité, titre) •pouvoir spirituel/ bon conseil/ volonté/ aspiration spirituelle/ ordre/ résolution des mystères/ la transmutation/ inspiration/ sacrifice/ pureté/ chasteté/ humilité/ réconfort/ équilibre entre corps et esprit/ étape importante de rapprochement avec l'inconscient/ lumière dans ma nuit/ certitude dans l'amertume/ activité intérieure intense.

Ami

pour un homme : l'ombre*, mon second centre qui m'accompagne dans ma quête de réalisation et qui est le Soi* déguisé en familier/ ♦pour une femme : le complémentaire masculin (raison, sensation), cette partie que je dois intégrer pour être complète ♦en bonne entente : bonne attitude dans la réalisation de mon être total ♦en mésentente : 1. Mauvaise relation avec l'un de mes amis./ 2. ♦pour un homme : Trop de passivité./ ♦pour une femme : Trop de passivité dans mes relations homme-femme ?/ Trop de passivité dans l'expression de ma partie masculine ?

Amiante

•précaution/ protection/ méfiance/ coup de foudre/ colère à dominer/ disparition des ennuis/ risque de maladie/ immortalité.

Amie

pour une femme : l'ombre*, mon second centre qui m'accompagne dans ma quête de réalisation et qui est le Soi* déguisé en familière/ ♦pour un homme : le complémentaire féminin (sentiments, intuition), cette partie que je dois intégrer pour être complet ♦en bonne entente : bonne attitude dans la réalisation de mon être total ♦en mésentente : 1. Mauvaise relation avec l'une de mes amies. / 2. ♦pour une femme : Trop de passivité./ ♦pour un homme : Trop de passivité dans mes relations homme-femme ?/ Trop de passivité dans l'expression de ma partie féminine ?

Amnésie

•choc émotif/ annulation de problèmes émotifs/ désenchantement, déception générale devant la vie/ inadaptation, refus de la vie telle qu'elle est/ fuite de la réalité/ démission devant des difficultés qui paraissent insurmontables/ refoulement, occultation radicale de moments pénibles/ désir de tout reprendre à neuf/ idéalisme.

Ampoule

cloque ♦Où est cette ampoule ? La partie du corps affectée identifie l'abus «moral» que je commets./ Je demande trop à mon corps ?/ J'endure trop longtemps des situations pénibles ?

Ampoule électrique

♦grillée : Besoin de faire de la lumière dans tel secteur psychologique de ma vie, indiqué par la pièce où l'ampoule est brûlée ♦remplacée : Renouvellement de conscience. ♦cassée : Tension excessive ?/ Agressivité ? ♦hausse de luminosité : Surcroît d'énergie. À orienter, à partager. ♦achat : besoin de prendre conscience.

Amputation

♦La partie du corps amputée indique la partie psychique amputée.// •complexe de castration/ refus de devenir adulte/ sentiment d'infériorité/ culpabilité/ besoin d'amputer certaines attitudes/ attitude suicidaire/ cause perdue/ grand défi/ handicap moral ♦multiples amputations : fragmentation du moi/ refoulement* important des instincts.

Amygdales

sentinelles des infections/ défenses naturelles, gardiennes de la parole, portes de la vie (Souzenelle) ♦Besoin de combattre ? Nécessité de me protéger ?/ Voir *gorge*. ♦amygdalite : Qqch de dur à avaler devrait venir à ma conscience ?/ Mes paroles et jugements à surveiller ?/ Qqch me fait angoisser ? une situation ? une personne que je crains ?

Ananas

gros fruit tropical à queue épineuse (rejet, refus de la sexualité, sadisme)/ jaune* à l'intérieur (stimulant)/ extérieur piquant (rude apparence, premier refus, méfiance)/ très juteux (sensualité)/ sucré (plaisir sexuel)/ parfumé (séduction)// riche en sels minéraux, vitamines A, B, C.../ très nutritif/ désintoxiquant/ utile contre l'artériosclérose/ prévient le cancer •sensualité et sexualité en vue à condition de dépasser les premières difficultés/ belle réussite, malgré les apparences/ abondance qui ne vient pas sans effort/ tendresse sous des dehors rébarbatifs/ stress productif.

Anchois

petit poisson osseux/ bleu, argent et or/ vit en bancs (solidarité)/ se prend au filet (destin collectif)/ se mange souvent salé (conservation) •luxe/ réserves/ don du ciel/ réserver mes forces dans un but précis ou pour une mission spéciale.

Ancolie

fleur délicate/ à longs éperons (élégance, secret)/ cramoisi, rose, pourpre, bleu, jaune, blanc (vitalité)/ au cœur plus pâle (cœur conscient) •délicatesse des sentiments/ raffinement/ fragilité/ frivolité/ coquetterie/ sophistication/ romantisme/ mélancolie/ utopie/ désir d'évasion/ folie passagère/ mystification/ caprices, humeur fantasque/ artifices de l'imagination/ fuite dans le merveilleux.

Ancre

•poids/ lourdeur/ fermeté/ solidité/ fidélité/ attache/ barrière/ retard/ calme/ espérance/ arrêt/ attachement spirituel// Besoin de m'ancrer davantage? de faire le point?/ Refoulement qui m'empêche d'évoluer librement?

Âne

mammifère ongulé/ gris (discrétion)/ Son dos porte une croix* de poils noirs (souffrance)./ grosse tête (entêtement)/ longues oreilles (invitation à comprendre)/ long sexe (importance de la sexualité)/ braiment criard (propos ineptes)/ démarche sûre (assurance)/ bête de somme (travail pénible, vie de service)/ domestique (docilité, contrôle, aide)/ bonne longévité: 25 à 30 ans/ croisé avec jument = mulet* (stérilité)/ croisé avec cheval* = bardot (métissage, mélange)// animal sacré (élévation spirituelle)/ pouvoir temporel/ porteur du mystère// donc, le corps avec ses énormes possibilités, ses bassesses, ses contradictions. •humilité/ simplicité/ force/ patience/ endurance/ ténacité/ ignorance/ bêtise/ obscurité, manque de perspective/ tendances sataniques/ forces maléfiques/ découragement/ passivité/ stupidité/ incompétence/ sobriété et frugalité/ force de la vie/ procréation/ guérison/ initiation// Mon corps réclame son dû?/ Moments difficiles: je dois suivre l'instinct sûr de mon corps?/ Évolution lente mais sûre?/ Faire fi de l'opinion publique?/ Sexualité abrutissante?/ Besoin d'humilité ou de simplicité? ♦sauvage et rétif: ascèse/ solitude/ caractère intraitable ♦blanc: forces sataniques dominées ♦rouge: instincts, attitudes sataniques ♦ânesse: aspect bénéfique/ humilité/ connaissance/ patience ♦ânon: humiliation/ grande simplicité, naïveté/ innocence/ douceur.

Anémie

•Manque de motivation fondamentale? Besoin de me ressaisir?/ Pessimisme? Défaitisme? Joie à cultiver?/ Je me crois faible? Ai-je oublié que la force s'acquiert peu à peu?/ Je m'apitoie sur mon sort?/ Qqch est bloqué en moi qui me vole mon énergie et entraîne perte de vitalité et manque d'intérêt?/ Qqch m'empêche de me comporter de façon spontanée et naturelle, de retrouver ma joie de vivre? une attitude? un style de vie? les conventions sociales?

Anémone

plante à tubercule (prévoyance)/ fleur solitaire (distinction, individualité)/ blanche, mauve, écarlate (vitalité) à cœur contrasté (recherche du centre*)/ de courte durée (fugacité de l'amour passion)// fleur d'Adonis (désir amoureux transcendé) •beauté éphémère/ modestie/ devoir d'imprévoyance/ connaissance acquise/ calme/ attitude pensive.

Anesthésie

•aide extérieure/ insensibilité/ inconscience/ indifférence/ moyen de défense/ fuite.

Ange

esprit non incarné, au service de Dieu: messagers, gardiens, responsables des astres, des lois naturelles; chargés de toute mission utile/ symboles spirituels ou fonctions divines/ race extraterrestre ayant acquis la maîtrise parfaite de l'énergie et de la matière (Bernard de Montréal)/ L'ange gardien pourrait être le Soi*. •protection/ aide supérieure/ message divin positif/ animus-anima*/ inspiration/ douceur/ élévation/ esprit/ intermédiaire/ manifestation du spirituel/ dépassement/ intégration des dimensions subtiles/ forces spirituelles/ pacte avec les forces du mal/ magie noire/ possession.

Angine

•Quelle est la cause de mon angoisse?/ Manque de confiance en moi? Manque d'affirmation?/ Peur de ne pas combler mes besoins?

Angoisse

grande crainte diffuse •imminence d'un danger/ mauvais pressentiment/ tension due à une peur sans objet précis (besoin d'identifier la cause de la peur pour y faire face) ♦L'angoisse peut relever des peurs fondamentales comme la peur de l'abandon*, de la mort*, de l'inconscient (représenté par l'inconnu ou des monstres*).

Anguille

long poisson au corps cylindrique/ couvert de mucus (répugnance)/ nage ondulée (ruse)/ passe 10 ans en eau douce, puis gagne la mer où elle se reproduit (retour à la source)/ chair savoureuse (plaisir sexuel)/ rappelle le serpent* •ce qui glisse, qui m'échappe: mystère de l'inconscient/ peur des sentiments et des instincts/ peur et répugnance devant ma nature inconsciente; au-delà, se trouve une nourriture délicieuse/ contenu inconscient à rendre conscient/ dissimulation/ échappatoire.

Anima

L'archétype de la Totalité ou du Soi* invite l'humain mâle à être complet. Pour y parvenir, l'homme doit exprimer sa partie féminine. Ce sont les parties complémentaires de sa personnalité totale. L'archétype de l'Anima désigne cette aspiration, archétype* fondamental qui se projette sous des figures différentes selon les 4 stades de son intégration. L'Anima, partie féminine intériorisée de l'âme de l'homme, se projette à l'extérieur en images variées: au 1er degré, sous la forme de la femme-femelle, aux attributs sexuels évidents. Au 2e degré, le symbole de l'Anima est celui de la femme-fée, romantique à souhait, évanescente, suffisamment floue pour incarner l'image de la Femme. Images: vedettes de cinéma. Au 3e degré, l'Anima s'exprime sous la figure de la femme-dame qui impose un respect et une admiration tels qu'elle n'éveille pas la sexualité, mais le dévouement entier. Figures de l'amour courtois du Moyen Âge, la Vierge Marie. Au 4e degré: la femme-sagesse qui éblouit et ne séduit plus que l'esprit. Exemples : Athéna, pour les anciens et La Joconde, pour nous. ♦Image médiatrice entre le moi et le Soi* (Jung) ; guide intérieur, qui transmet les messages du Soi*/ la nature/ l'âme/ la vie// Ses qualités : l'intuition, l'amour, la patience, la compassion, la tendresse, la délicatesse, la générosité, la douceur, le désintéressement, la solidarité, l'amour de la nature, le respect de la vie...// L'Anima mal intégrée amène l'homme à exprimer en négatif les qualités précédentes (mollesse, désordre, brutalité, grossièreté...).

Animal

•vie spontanée, naturelle, innocente, libre/ mon animalité, mes instincts, mes pulsions corporelles, mon corps comme base de mon énergie vitale active, ma nature vraie, mes aspirations ♦rencontre d'un animal menaçant : Énergie refoulée qu'il faudrait vivre ?/ Tensions rattachées à mes besoins de sensualité et de sexualité ? ♦un animal m'attaque : Je néglige mes fonctions instinctives. ♦rencontre d'un animal amical : Mon instinct est sûr ?/ Mon animalité est assumée ? ♦rencontre d'un animal sauvage : Mes instincts sont mal intégrés ?/ J'ai une énergie nouvelle à vivre ? ♦rencontre d'un animal domestique : Mes instincts sont intégrés bien ou mal selon la conduite de l'animal. ♦aimer les animaux : vie bien intégrée/ bon équilibre ♦détester les animaux : Manque de contact avec la vie réelle ?/ Fuite de mes instincts ? ♦être indifférent aux animaux : Je ne tiens pas compte de mon corps ?/ J'intellectualise trop ? ♦en avoir peur : Je refuse mon animalité ?/ Je crains mes instincts ?/ Je crains la vie ? ♦adopter un animal : Pour aider à retrouver la tendresse perdue ?/ Pour avoir de la compagnie ?/ Pour avoir à qui commander ? ♦petit d'un animal : douceur/ gentillesse/ charme/ fragilité/ naïveté/ jeu/ apprentissage/ potentiel ♦L'animal représente souvent aussi une aspiration spirituelle à vivre dont la nature est indiquée par la qualité « morale » que nous prêtons habituellement à cet animal ; pour le chien, c'est la fidélité, l'amitié ; pour l'éléphant, c'est la sagesse ; pour le renard, c'est la finesse...

Animus

L'archétype de la Totalité ou du Soi* invite la femme à être complète. Pour y parvenir, elle doit exprimer sa partie masculine. Ce sont les parties complémentaires de sa personnalité totale. L'archétype de l'Animus désigne cette aspiration, archétype* fondamental qui se projette sous des figures différentes selon les 4 stades de son intégration. L'Animus, partie masculine intériorisée de l'âme de la femme, se projette à l'extérieur en images variées : au 1er degré, l'homme-mâle. Figures : les athlètes et les hommes forts. Au 2e degré, l'homme d'action. Figures : aventuriers, soldats, poètes, chanteurs, musiciens professionnels. Au 3e degré, l'homme-de-la-parole. Figures : professeurs, prédicateurs, orateurs, écrivains. Au 4e degré, c'est l'image de la Pensée. Figures : certains philosophes, certains écrivains, des hommes politiques d'envergure, des guides spirituels de prestige, le Savant, le Professeur, le Sage, le Vieil Homme, le Christ. Exemples : Einstein, Gandhi, Luther King. ♦Image complémentaire masculine/ médiatrice normale entre la femme et son inconscient/ guide intérieur, qui transmet les messages du Soi*// Ses qualités : la rationalité, l'ambition, l'énergie, l'audace, l'initiative, la décision, le courage, le sens de l'organisation, l'esprit de synthèse, l'honnêteté, l'objectivité, l'honneur, le sentiment de dépassement// L'Animus mal intégré amène la femme à exprimer en négatif les qualités précédentes (intrigue, hypocrisie, calculs, chicane, mesquinerie...) et rend la femme trop intellectuelle, froide et impitoyable.

Anneau

•lien, alliance/ engagement/ union amoureuse/ union sacrée/ cercle de protection/ puissance surnaturelle/ union des contraires/ totalité/ unité/ le Soi* ♦bijou, en porter un : Besoin d'affirmer mon union ? Besoin de sécurité ? Fidélité ? ♦le perdre : M'interroger sur mon union amoureuse ? Perdre la sécurité que me conférait mon union ? Danger de rupture ? ♦le détériorer : Accroc à la fidélité ? Remise en question de l'union ? ♦tout anneau, le trouver = Invitation à ne plus être victime des oppositions ?/ Besoin de me centrer ? Je suis dispersé ?/ Le Soi* m'invite à m'unir à lui ? Le Soi* m'encourage à continuer mon évolution ?

Anniversaire

•âge/ fête, repas/ cadeau/ plaisir/ amis/ individualité/ valorisation personnelle/ nouveau départ/ nouvelle prise de conscience.

Annuaire

•répertoire/ références/ renseignements/ classement/ liste/ noms/ ordre/ commerces/ identification/ recherche.

Annulaire

doigt de l'anneau, des arts, des associations, des liens, des engagements, de ma partie complémentaire féminine ou masculine (anima★, animus★)/ vibrations de l'or★ et du fer★/ correspond au foie★ ♦mal à l'annulaire droit: J'ai annulé qqch à tort?/ Je vais conclure une mauvaise association?/ L'union amoureuse en vue serait mauvaise pour moi?/ Je m'engage de travers dans l'expression de mes dons artistiques? Excès dans ma réalisation artistique?/ ♦femme: J'affirme mes côtés masculins de façon exagérée ou inharmonieuse?/ ♦homme: J'affirme mes côtés féminins de façon exagérée ou inharmonieuse? ♦mal à l'annulaire gauche: Je dois annuler qqch et je néglige de le faire?/ Je tarde à m'associer et je gagnerais à le faire?/ Je devrais m'engager amoureusement?/ Je devrais expérimenter mes dons artistiques?/ Je me fais du tort en n'exprimant pas mon aspect complémentaire féminin ou masculin? ♦je pèle de l'annulaire = Je fais peau neuve: je viens de changer d'attitude pour le mieux quant à l'un ou l'autre des points précédents.

Annulation

•arrêt/ remise en différé/ déception/ manque de préparation/ nouvelle chance/ épreuve de départ.

Antarctique

•opposition★/ envers/ Voir *arctique.*

Antilope

bovidé d'Afrique ou d'Asie/ conformé pour la course (goût pour les sports)/ cornes★ tordues en spirale (élégance, orgueil, force de frappe, contradiction)/ proie du lion★ (attitude de victime) •peur/ fuite/ vigilance/ acuité d'esprit/ élan spirituel/ énergie spirituelle.

Antiquités

•oubli/ goût du passé/ souvenirs/ retour en arrière/ recul/ chose dépassée/ refoulement qui date de l'enfance/ héritage★.

Anus

•phase anale de la sexualité/ fondement, base/ force créatrice (il fait l'œuf)/ production/ élimination/ libération/ mépris/ correspond au signe du Scorpion* ♦mal à l'anus : J'en ai assez de telle situation ? De telle personne ?/ Je m'en fais avec mes responsabilités ? Besoin de loisirs ?/ Je suis trop inactif?/ Je me conduis comme un crétin ?

Anxiété

•appréhension/ fatigue nerveuse/ nécessité d'en identifier la cause/ manque de décision/ grand changement qui se prépare/ Voir *angoisse.*

Août

•été/ épanouissement/ maturation/ prolongement agréable.

Apoplexie

•Colères hors de contrôle ? Orgueil démesuré ? Grande vanité ? Forte indignation ?/ Exagération de mon importance ? Je m'inquiète exagérément ? Je ne peux pas tout contrôler ?/ Je ne prends pas les bons moyens pour comprendre certaines choses ? La raison n'est pas l'ultime moyen. Le cœur et l'intuition en sont d'autres. L'humble soumission aux faits aussi.

Appareil électroménager

♦acquisition : débourser pour faciliter les tâches ménagères = consacrer de l'énergie de réserve pour me libérer des contraintes quotidiennes ♦en panne : aide interrompue/ arrêt pour faire le point. Que fais-je de l'économie d'efforts et de temps que me procure cet appareil ? Est-ce que j'abuse des distractions et du farniente ? ♦panne électrique : C'est en rapport avec un déséquilibre nerveux, souvent causé par une trop grande énergie inemployée ou mal orientée. ♦réparation ou remplacement : remise en route du processus de l'allégement des tâches ménagères/ Voir *sécheuse...*

Appareil photo

•souvenirs/ viser par l'objectif (avoir pour but)/ isoler/ choisir/ prendre comme point de vue/ fixer dans le temps/ rapport sujet-objet ♦s'en servir : Besoin d'arrêter le temps ?/ Besoin de me créer des souvenirs ? Attention portée au passé ?/ Besoin de faire plaisir aux autres ?/ Besoin d'objectivité ? ♦le perdre : Ne pas tenir aux souvenirs ?/ Perte d'objectivité ?/ Perte de mes buts ? ♦me le faire voler : Le sentimentalisme me vole trop d'énergie ?/ Je dois me débarrasser de points de vue dépassés ?/ Je dois cesser de régresser ? ♦le casser : Qqch change en moi ?/ Besoin de réorientation ?/ Besoin de me fixer des objectifs ?

Appareil stéréo (électrophone)
♦acquisition ou renouvellement: Besoin d'écouter de la musique. Il vaut ce que j'écoute. ♦en panne: M'interroger sur l'usage que j'en fais?/ Quel genre de musique j'écoute? Celle qui abrutit ou élève, nourrit? Trop uniquement sentimentale?/ Fuite de la réalité dans le rêve?

Apparition
manifestation visuelle d'un être invisible •le surnaturel/ autre dimension/ monde de la mort*/ évidence d'un ailleurs/ contact avec l'au-delà/ illusion/ piège/ ♦Il convient de demander à l'être qui apparaît qui il est et ce qu'il veut. Il convient également de ne pas se laisser hypnotiser, dominer par l'entité, quelle qu'elle soit. Il est rare que l'être qui apparaît soit vraiment ce qu'il paraît ou dit être./ Voir *vision*.

Appât
•tentation/ leurre, duperie/ piège/ ruse/ naïveté/ flirt imprudent.

Appel
•demande/ sollicitation/ réveil/ rappel à l'ordre/ mise en garde/ attention requise/ communication/ Voir *téléphone*.

Appendicite
•Je me retiens de vivre? De quoi ai-je peur?/ Je ne m'accepte pas et m'empoisonne l'existence?/ Je m'apitoie sur mon sort? La joie se cultive.

Appétit
•faim/ attirance/ plaisir à venir/ goût de vivre/ tentation/ besoin de refaire mes forces/ gourmandise/ cupidité/ envie/ bonne santé/ offre intéressante/ flirt.

Apso
Voir *terrier lhassa apso*.

Aquarium
•intimité personnelle/ vie émotive confinée, centrée sur soi/ besoin de boire spirituellement ♦sale ou avec eaux mortes: Manque d'oxygénation qui viendrait de l'extérieur?/ Vie émotive trop confinée?/ Je me sens prisonnier d'habitudes? d'une routine? Je devrais m'ouvrir ou dépasser cet état pour me rattacher aux eaux du courant de l'évolution? ♦vide ou sans poissons: Vie émotive inexistante? étouffée? ♦mort d'un poisson: refoulement*.

Arachide

gousse bosselée contenant 2 ou 3 graines/ huile alimentaire (essentielle)/ pousse dans la terre (prise de conscience)// prévient le diabète •réserve d'énergie cachée/ retour à la simplicité/ détail, mais certains détails peuvent se révéler essentiels dans des circonstances données/ besoin de mordre/ ouverture d'esprit requise pour décortiquer quelque instinct dont je pourrais tirer un meilleur parti.

Araignée

petite bête à venin/ carnivore (agressivité)/ tête soudée au thorax (force concentrée)/ 8 pattes (irrationnel, le Soi*)/ 6 à 8 yeux (culpabilité)/ gros abdomen (voracité)/ fil, soie (finesse)/ toile (piège) concentrique (recherche du centre*)/ piqûre*/ paralyse ses proies (peur paralysante)/ suspension dans l'air (vertige*, peur du vide*, du néant)/ Le mâle est généralement dévoré après l'accouplement (matriarcat, castration*, victime de l'amour ou de la sexualité). •répulsion/ danger/ menace/ tracas/ géomètre aérienne = destin/ centre avec 8 pattes rayons = le Soi*/ lien/ silence/ organisation/ un être accaparant// Inquiétude?/ Nécessité d'organiser, de planifier, de centraliser mes énergies dont la dispersion énerve?/ Idées saugrenues?/ Dans quel réseau de sentiments dangereux puis-je tomber? Narcissisme?/ Je suis trop enfermé dans le rationnel?/ Mère étouffante?/ Femme ensorcelante et dévorante?/ Le Soi* veut me signifier que je fausse mon être? Ou que je vise tout à fait juste? ♦araignée noire: négative/ peur/répulsion/♦ Je risque le pire par mon attitude. ♦araignée blanche ou dorée: solaire, positive/ Je suis conduit vers mon destin?/ Période d'initiation pendant laquelle je dois me centrer?/ Danger de me prendre pour un autre, de me confondre avec le Soi*?/ Nécessité de l'humilité? ♦en tuer une: essai de dominer mon destin/ dominer une peur/ me libérer de tracas ♦en être piqué: qqch m'empoisonne la vie/ stimulation ♦elle marche sur moi: mon destin en marche/ à gauche: fatalité, le passé me rejoint/ à droite: je vais dans le sens de mon évolution ♦voir une araignée au plafond: idée folle/ un brin de folie/ attitude mentale douteuse ♦foncer tête première dans une toile d'araignée: donner dans un piège/ piège mental/ confusion mentale, problème à résoudre.

Arbre

super plante/ le plus puissant végétal (individu en développement)/ plus grand et plus durable que l'homme, comme la vie, le destin et le Soi* qui dépassent l'individu/ racine (réalisme)/ tronc (élévation)/ branche (déploiement)/ bourgeon (début)/ feuille (conscience)/ sève (énergie vitale)/ fleur (épanouissement)/ fruit (réalisation)/ au milieu de l'Éden, arbre de vie et arbre de la connaissance du bien et du mal (dualité)/ a marqué les grands moments de l'histoire humaine (histoire, ascendance) •vie, force de la vie/ procréation/ guérison/ cycles de croissance/ renouvellement/ protection/ verticalité/ grandeur/ sagesse/ puissance/ généalogie/ race/ archétype* de la création = image de la construction du monde/ le Soi*/ Dieu/ L'arbre est un excellent exemple de l'homme qui «se tient debout» et qui se développe en faisant l'union et l'équilibre entre l'inconscient et le conscient. ♦En général, il représente l'humain en tant que lien entre le ciel et la terre, l'humain dans sa relation avec ce qui le dépasse, avec En-Haut. ♦État de la croissance de l'être intérieur. L'état de l'arbre donne des indications sur ma relation avec le ciel, le transcendant. ♦selon les saisons: ♦hiver: dormance/ période d'incubation, de maturation, d'épuration, d'intériorisation/ ♦printemps: renouveau dans la continuité/ début d'un autre cycle/ vitalité/ ♦été: manifestation/ extériorisation/ croissance/ activité/ abondance de vie/ ♦automne: plénitude/ fin de cycle/ fructification/ don de soi/ festivité ♦petit arbre = 1. un humain avec sa croissance et sa capacité de renouvellement/ 2. un(e) jeune ♦grand arbre = le Soi*, mon instance supérieure/ relation avec des énergies supérieures/ relation avec un être spirituel (ange, guide) capable de me transmettre les forces cosmiques à intégrer ♦arbre malade ou abattu = relation déficiente avec le Soi* ♦plusieurs arbres abattus = besoin de défricher, de prendre conscience, de voir clair ♦arbre taillé = besoin de retrancher des choses de ma vie en vue d'un renouvellement ♦arbre vieux = symbole de l'accomplissement de la vie psychique ♦arbre mort = la mort de qqn, d'une aspiration ♦arbre refuge, qui abrite = besoin de fuite, de protection ♦arbre bien feuillu et vert = période d'épanouissement, de croissance ♦arbre élancé, élevé = vive aspiration spirituelle ♦arbre en fleur = période d'épanouissement spirituel ♦arbre plein de fruits = étape productive, enrichissement, succès, réussite ♦planter un arbre = marquer un moment important ♦arbre renversé (les racines en l'air) = arbre du monde avec les racines dans le ciel = arbre sacré, figure l'homme dans sa fonction spirituelle ♦arbre creux = renaissance, puissance intérieure qui régénère/ pénétration dans l'essence même de la vie ♦arbre bissexué = mère et phallus★ (vie et puissance)/ capacité de se remettre au monde/ origine/ source de vie ♦arbre pour un enfant = mère ou père.

Arbre de Noël

arbre (souvent sapin★) décoré de lumières et d'autres objets (brillants) à l'occasion de Noël (joie, renaissance) ♦arbre sacré, qui met la terre et le ciel en relation: communication entre la manifestation terrestre et le plan divin des archétypes, dont il souligne la Trinité par sa forme triangulaire// rayon créateur et aspiration évolutive de la création/ célébration de la venue du Christ★/ incarnation du divin/ illumination/ promesse de la transformation spirituelle, d'immortalité.

Arc

arme •tension/ éveil/ cible/ visée/ précision/ être bon joueur/ remarque désobligeante/ guet/ filature/ flirt/ érection/ puissance/ Éros rôde.

Arcades

lieu où sont rassemblés des machines à jeux électroniques •divertissement/ plaisir/ excitation/ agitation/ rapidité des réflexes/ habiletés/ compétition/ fuite/ perte de temps/ rencontres fortuites/ fréquentations douteuses.

Arc-en-ciel

courbe descendante de 7 couleurs★, manifestée dans le ciel/ après un orage/ décomposition de la lumière blanche •explicitation/ totalité des énergies différenciées/ pont qui relie le ciel et la terre/ présence céleste/ alliance avec le ciel, le Soi★/ initiation/ paix et délivrance/ pontificat/ conciliation des contraires// On m'annonce un triomphe sur mes difficultés?/ Période productive en vue?/ On me rappelle mon lien avec le Soi★?/ Harmonisation avec la nature? avec le Tout?/ Pont rétabli entre l'homme et Dieu? ♦double: deux fois plus significatif.

Arche

•harmonie/ allégement/ force protectrice/ solidité/ sécurité.

Archétype

pulsion ou aspiration fondamentale de l'âme/ élément constituant la structure même de l'âme// Ces pulsions se ramènent toutes à 4 aspirations de base: *être plus, être mieux, être avec* et *être toujours.* Contredites, ces aspirations deviennent négatives et contraires: *être moins, être mal, être seul* et *être éphémère.* Les archétypes se traduisent sous la forme d'images importantes qui sont aussi couramment appelées archétypes. Par exemple, la mère, le feu, l'eau, la forêt... Voir *anima, animus* et *synchronicité.*

Architecte

•construction/ ordre/ plan/ préparation/ conception mentale/ projet bien organisé/ univers/ destin*/ progrès intérieur.

Archives

•le poids du passé/ souvenirs/ classement/ mise de côté/ justice, procès/ oubli/ vieux problème/ refoulement psychique.

Arctique

•retrait/ immobilisme/ grande difficulté/ conditions défavorables/ empêchement/ obscurité/ sommet difficile à atteindre/ ambitions démesurées.

Ardoise

pierre feuilletée noire (inconscient) ou gris-bleu (manque d'intensité, froideur) •tableau à écrire/ toit/ protection/ caractère inaltérable/ résistance/ permanence/ crédit/ dette.

Argent

1. métal brillant/ métal lunaire, alors que l'or est solaire (valeur humaine en regard de la valeur céleste, ego en regard du Soi*)/ féminin, alors que l'or est masculin (horizontalité en regard de la verticalité)/ en relation avec l'eau (ce qui se répand, ce qui féconde)/ s'oxyde, au contraire de l'or qui ne ternit pas (l'intellect en regard de l'intuition)/ relation avec le blanc* (disponibilité) •la mise en relation, la communication, la parole, le commerce/ échange/ entretien/ valeur/ perte/ vol*/ cupidité/ générosité/ pureté/ sagesse ♦argent brillant: signe extérieur de richesse ♦argent terni: problème avec les os?/ santé altérée?/ altération ou

perversion de mes qualités dites féminines : sentiments, intuition, patience, sympathie...
2. monnaie •commerce/ crédit/ monnaie d'échange/ énergie au sens large/ énergie socio-sexuelle en particulier/ puissance matérielle et sociale = domination par influence/ force psychique/ rôle créatif ou destructif// Voir *acheter*. ♦La monnaie indique particulièrement le monnayage de la sexualité, l'exercice de la sexualité (monnaie d'échange pour avoir commerce avec les autres). Par comparaison avec l'argent, l'or et les trésors désignent la source de ce monnayage, la libido. ♦En retenant que l'argent symbolise de l'énergie, on peut conjuguer toutes les situations où il y a de l'argent en jeu et en comprendre facilement le sens. Donc : ♦en perdre ou en laisser tomber : perte d'énergie, baisse de pression ♦s'en faire voler : se faire voler de l'énergie par... (selon l'endroit ou la personne) ♦en trouver : trouver de l'énergie (regain) dans... (selon l'endroit) ; dans la terre = dans le travail/ dans l'eau = en rendant conscient ce qui ne l'est pas encore ; ou en libérant certains instincts/ dans la maison = dans la sécurité, la joie du quotidien/ dans la machine à laver = dans la purification/ ♦devise étrangère : relation avec des étrangers/ prend le sens symbolique du pays qui l'émet ♦monnaie ancienne : ancienne relation/ à revoir et à régler ♦La quantité d'énergie varie avec la valeur nominale des pièces.

Arme

•défense/ attaque/ guerre/ agressivité/ ennemi/ menace/ peur/ courage/ En ce que l'arme blanche ou l'arme à feu peut pénétrer dans la chair ou peut y décharger son contenu, l'arme est symbole phallique, symbole de puissance sexuelle ou de puissance tout court./ Voir *canif, phallus* et *pistolet*.

Armée

•guerre/ défense/ attaque/ stratégie/ ennemi à vaincre/ alliés/ lutte/ grande tension/ victoire à remporter.

Armoire

meuble •ce qui protège/ conserve// mes réserves, mes provisions selon ce que l'armoire renferme ♦en tant que meuble de maison, symbolise un secteur de ma vie, de ma psychologie ♦vide : esprit ou estomac vide ♦désordonnée : esprit confus ou surchargé/ manque de discipline ou de méthode ♦remplie : mémoire remplie de connaissances ♦grande : importance de mes réserves/ personne à carrure impressionnante.

Arrestation

•contravention à une loi/ méfait/ privation de liberté/ mise à l'écart/ déception/ avocat/ procès/ frais/ sentiment de culpabilité/ libération.

Arrière

•passé/ attachement ancien/ enfance/ paradis perdu/ état antérieur ♦regarder en arrière : évaluer/ régresser/ être tourné vers le passé, être attiré, retenu par son passé, le regretter/ donner dans la nostalgie.

Artériosclérose

durcissement des artères ♦Je ne prends pas toute ma place au soleil ?/ Je manque d'envergure d'esprit ? Souplesse et largeur de vue m'aideraient bien./ Je me durcis devant la vie, devant les situations ? Pourquoi ne pas laisser couler la vie naturellement ? Pourquoi ne pas prendre les leçons de générosité de la vie ?/ Je manque d'humour ? L'humour me donnerait un certain détachement bienfaisant.

Arthrite

affection articulaire ♦Mes idées manquent de souplesse ? Je suis exigeant et ne fais pas la part des choses ?/ Les difformités des autres m'atteignent. En quoi en ai-je la responsabilité ? Mes critiques ont-elles changé quoi que ce soit ? Besoin de pardonner ?/ Je crois que l'âge apporte nécessairement son cortège de souffrance et de tristesse ? Je suis impressionné par mon âge ?/ Ma façon de voir m'empoisonne l'atmosphère ?/ J'éprouve de la rancœur ou une rancune tenace envers une personne ?/ Toute l'aigreur que j'ai devant la vie ne me vient-elle pas de mon inaction ? N'ai-je pas négligé l'un de mes talents ?/ J'ai l'impression qu'on m'exploite ? // Voir la partie du corps atteinte.

Artichaut

légume-fleur (instinct sublimé)/ voisin du chardon*/ On mange les bractées et le fond de la fleur (hâte, immaturité)./ souvent épineux (agressivité, avertissement)/ vert ou violet (don de soi)// réduit le cholestérol/ stimule la bile et l'urine/ bon dans les affections hépato-biliaires ♦Faire le tour d'une question (épineuse ?), l'analyser à fond me permettrait d'en tirer une énergie qui aiderait mon épanouissement ?/ Un choix s'impose impliquant un certain renoncement ?/ Pas d'élévation sans sacrifice./ La lucidité est qqch qui s'affine./ Accroc dans des relations amicales.

Articulation

jointure •action/ mouvement/ travail/ lien/ relation/ communication ♦mal aux jointures de la main droite : J'ai le tort de ne pas établir de lien entre deux choses ?/ Je manque de souplesse ? ♦mal aux jointures de la main gauche : Trop de souplesse ? de mollesse ? de bonasserie ?/ Je relie deux choses qui n'ont pas de lien entre elles ? ♦mal à une jointure d'une main : interpréter selon le doigt concerné, voir *annulaire, pouce...*

Artiste

•être créateur/ œuvres/ fantaisie/ liberté/ originalité/ imagination/ inspiration*/ vive sensibilité/ grande émotivité/ caprices/ vie de bohème/ vie désordonnée/ Voir *acteur, danser...*

Ascenseur

appareil électrique.../ cabine/ cage/ câbles/ portes/ étages/ boutons/ lieu clos// Voir *étage, escalier, échelle, monter* et *descendre.* •rupture de niveaux, donc, passage d'un mode d'être à un autre/ dispense des efforts ♦qui monte : ascension sociale, professionnelle accordée par chance/ ascension spirituelle accordée par grâce/ remontée d'un contenu inconscient, d'un souvenir enfoui à régler ♦qui descend : Invitation à approfondir ?/ Libération ? ♦qui tombe : Chute sociale ou spirituelle ?/ Peur de perdre mes moyens de compensation ? mes masques ? ♦bloqué : qqch bloque mon énergie ? ma carrière ? ma spiritualité ?.../ Effort à faire ?/ Comment suis-je piégé ?/ Je me sens en prison ? ♦qui n'ouvre pas : Accès interdit à une dimension ou à un état de conscience ?/ Problème de relation entre mes fonctions psychologiques (pensée, sensations, sentiments, intuition) ?/ Besoin de ralentir mon action ? de réfléchir ? ♦qui ne vient pas : Je dois faire mes propres efforts pour « m'élever » ?/ Je dois encore patienter, ralentir mon action ? ♦qui ne va pas à l'étage commandé : m'interroger sur le sens symbolique du numéro de l'étage où j'aboutis ou de la fonction de cet étage.

Asclépiade

grande plante sauvage dressée (ardeur), à tige robuste poilue (sensualité), à feuilles larges (vigueur), couronnée de boules de petites fleurs étoilées, orangées, pourprées ou rosées, très parfumées (séduction grossière)/ graines surmontées de longues soies blanches (légèreté)/ sève de latex (assiduité) •conscience de son importance/ sophistication/ dispersion/ ténacité/ solidité/ attirance/ sentiment envahissant et empoisonnant/ plaisir de recevoir à ma table/ tenue soignée, chic/ prodigalité/ récolte abondante.

Asie

dans l'imaginaire occidental •le lointain/ rêverie/ légendes/ récits fabuleux, aventures incroyables/ mystère/ volupté et mort/ richesse prodigieuse et misère extrême/ complication/ raffinement/ libération du joug de la raison.

Asperge

légume-tige (instinct sexuel)/ pointe vert violacé (phallus*)/ pousse rapidement (incitation, ardeur, croissance rapide)/ printemps*/ vivace (ténacité, permanence)// diurétique ♦Je dois oser exprimer des impulsions sexuelles (fièvre printanière)? Désir de vivre une tendre sensualité?/ Je peux y renoncer sans mal si c'est clairement consenti. La transposition de ces désirs m'apportera un bel épanouissement, tout en finesse.

Asphalte

•revêtement/ rue/ ville/ civilisation technique/ commodité/ dureté/ la plate, la dure réalité/ inhumanité/ absence de vie/ le rationnel.

Aspirateur

•Besoin de faire le point?/ Je m'accomplis même dans les plus humbles actions?/ Revoir mes aspirations?/ Aide pour un réaménagement intérieur? ♦cassé: J'exagère les soins du ménage?/ Trop de tension dans l'air?/ Problème avec mes sources d'inspiration?

Assassin

meurtrier •mort violente/ guet-apens/ préméditation/ peur/ victime/ méchanceté/ justice ↔ injustice/ crime irréparable/ hors-la-loi/ police/ culpabilité*/ arrestation/ enquête/ poursuite/ procès/ condamnation/ emprisonnement/ le fait de tuer une source d'énergie en soi/ refoulement*.

Assassinat

•tension extrême/ mort/ crime/ intervention radicale/ élimination/ rupture violente avec qqn/ refoulement important/ Voir *mort*.

Assiette

•elle m'échappe, je l'ébrèche, je la casse, (mêmes sens, mais gravité variée): Je mange mal, trop ou pas assez?/ Je ne suis pas en forme?/ Ma vie est trop sédentaire?/ Je manque de dynamisme?/ Mon âme se nourrit-elle?/ Problème d'équilibre, d'humeur dans ma vie?/ Tension psychique excessive? Décision à prendre?

Aster

fleur cultivée ou sauvage/ fins pétales nombreux rayonnant autour d'un centre doré (rayonnement du Soi*)/ lilas, violet, rose, pourpre (renoncement)/ fleur d'automne (fin, déclin, adieu)/ Est de l'Amérique* du Nord// en infusion: fébrifuge •symbole de l'éternel retour/ fin d'un cycle/ consolation/ adieux/ mélancolie légère/ souvenir/ regrets/ angoisse du temps qui passe/ inspiration/ centre rayonnant du Soi*.

Asthme

•J'ai eu un problème de dépendance émotive envers mes parents?/ Je n'ai pas accepté l'autoritarisme de mon père?/ J'ai été surprotégé par ma mère?/ Éviter les situations d'amour étouffant et d'amour étouffé. Éviter de même d'étouffer paroles, pleurs ou reproches./ M'interroger sur le symbolisme de la situation ou de l'objet déclencheur des crises.

Astilbe

fleur en plumet (légèreté), formée de milliers de petites fleurs agglutinées (collectivité)/ couleurs pastel (douceur, mièvrerie)/ feuillage finement découpé (complexité, délicatesse)/ vivace (ténacité, permanence) •féminité vaporeuse/ esprit d'équipe/ délicatesse/ Mon appartenance à un groupe social est essentielle à mon épanouissement?/ victoire de la «majorité silencieuse».

Astral

dimension psychique où vont la plupart des âmes après la mort/ D'après la tradition ésotérique, ce monde se situe autour de la Terre et comprend, selon la nature des vibrations, le bas astral, sorte d'enfer, le moyen astral où se trouve la masse des défunts et le haut astral qui loge les êtres élevés en spiritualité et une sorte de paradis./ lieu que l'on visite souvent pendant le sommeil ♦corps astral: double du corps humain qu'on peut apercevoir lors d'un dédoublement soit à l'état de veille, soit en rêve ♦voyage astral: déplacement en corps astral soit dans le monde physique, soit dans le plan astral.

Astrologue

•astres/ mage/ psychologie/ programmation/ prédiction/ karma*/ influence/ opposition/ tendances/ naissance/ carte/ configuration/ destin*/ Voir les différentes planètes: *Lune, Mars, Mercure...*

Astronome

•ciel/ astres/ planètes/ comètes/ lumière/ magnétisme/ télescope/ satellites/ observation/ théories/ recherches/ découvertes/ lointain.

Athlète

•musculature/ force/ habileté/ activités sportives/ compétition/ défi/ combat, lutte/ santé/ pleine forme/ activité physique/ exercice/ Voir *sport.*

Attaquer

♦j'attaque qqn: Qqn est pour moi un irritant? Quel problème représente-t-il?/ Mon attitude d'attaque convient-elle?// ♦je suis un homme et j'attaque un homme = mon ombre*/ et j'attaque une femme = ma partie complémentaire féminine (anima*)// ♦je suis une femme et j'attaque une femme = mon ombre*/ et j'attaque un homme = ma partie complémentaire masculine (animus*) ♦j'attaque un animal: De quel animal s'agit-il? Quel est son symbolisme? Je méprise mes fonctions instinctives? ♦je subis l'attaque de qqn ou d'un animal: façon pour mon ombre*, pour mon anima-animus* ou pour mes instincts d'attirer mon attention sur eux.

Aube

•prémices, préliminaires/ début/ pureté, clarté/ ouverture.

Aubépine

arbrisseau (personnalité vigoureuse et susceptible)/ fleurs blanches ou rosées à 5 pétales (fraîcheur des sentiments)/ épines (avertissement, agressivité)/ bois dur comme le fer (durcissement, résistance)/ baies ovoïdes rouges ou jaunes comestibles, à saveur douce (petits plaisirs charnels enfantins)/ très gros pépins (tracas, déception, culpabilité)/ longévité remarquable// action cardiaque •pudeur/ délicatesse et fraîche beauté/ renouveau, aspiration nouvelle/ défense de mon bonheur/ solidité de ma force vitale/ bonne combativité/ attention à l'agressivité/ bonne endurance/ fermeté.

Aubergine

fruit-légume/ forme oblongue (tendre sensualité)/ violacé (joie du corps)/ vernissé (caresses)// stimule le foie et la bile/ préviendrait le cancer, les convulsions/ protège les artères •sévérité excessive qui rend la vie fade/ certaine morosité, honte/ manque d'excitant dans ma vie/ ou, au contraire, stimulation par les plaisirs sensuels.

Aulne

arbre, 20 à 25 m (personnalité à caractère souple et romantique)/ bord de l'eau (proximité de l'inconscient)/ fleurs en chatons (sensualité)/ bois quasi imputrescible (préoccupations d'immortalité)/ bois à faire des sabots (endurance)/ écorce: tanin pour teinture grise (changement équilibrant)// effet fébrifuge, tonique •rêverie/ besoin de croire aux fées, aux lutins, au merveilleux/ besoin de mystère, d'évasion dans le rêve, la lecture/ ténacité/ longévité/ simplicité de vie.

Aumône

•mendicité/ pauvreté/ générosité/ bonté/ pitié/ compassion/ empathie/ bonne conscience/ inégalité sociale/ justice sociale/ besoin d'aide/ apitoiement sur soi/ besoin émotif/ quête affective.

Aura

halo enveloppant le corps ♦Une perception extrasensorielle permet de voir l'aura qui est le champ d'énergie d'un individu, indiquant son état mental, émotif et physique. L'aura apparaît comme un champ vibratoire de lumière dont les couleurs varient selon les longueurs d'onde des vibrations individuelles.

Auriculaire

le petit doigt, celui de l'oreille, de l'intuition, de la discrétion/ doigt de Mercure*/ vibrations du mercure*/ correspond au cœur ♦mal à l'auriculaire droit: Je n'écoute pas mon intuition pour agir et j'agis de travers?/ Je manque de discrétion?/ Je manque de délicatesse?/ Je méprise tout ce qui est fin en moi et qui demande à vivre? ♦mal à l'auriculaire gauche: Mon intuition me dit d'agir de telle manière et je ne le fais pas?/ J'exagère ma discrétion?/ Je donne dans le maniérisme stérile?/ Je prends prétexte de ma faiblesse pour ne pas agir? ♦je pèle de l'auriculaire: J'ai corrigé une mauvaise attitude parmi celles qui précèdent.

Aurore
•fraîcheur/ début/ départ/ nouveauté/ origine/ ouverture de conscience/ début de la transformation// Début d'une nouvelle période de ma vie?/ Je prends conscience de qqch pour la première fois?

Autisme
détachement de la vie extérieure au profit d'une vie intérieure intense ♦Peur d'être détruit par ses propres émotions.// Karma*, souvent en rapport avec une vie antérieure. Peut se guérir par régression dans cette vie antérieure ou simplement dans la vie présente./ hallucinations.

Autobus, autocar
véhicule collectif •attente/ service public/ ville ↔ campagne/ période pendant laquelle je suis solidaire des autres dans mon évolution/ routine/ contraintes sociales/ solidarité désirable ou promiscuité indésirable/ responsabilité partagée/ compétition/ possibilités nombreuses de changer d'itinéraire, d'orientation.

Automne
•Ouest*/ fin/ lourdeur/ récoltes/ provisions/ abondance/ richesses/ accomplissement/ maturité/ tristesse/ mélancolie.

Automobile
•1. mon corps en tant que véhicule de l'âme/ 2. attitude, façon de me conduire/ 3. mon évolution, ma façon d'évoluer (automobile = *soi-en-évolution*) ♦parties de l'auto comme symbole du corps: moteur = cœur/ capot = cage thoracique/ essence = sang/ eau = fluides du corps/ aération = poumons/ roues = membres/ carrosserie = musculature/ peinture = peau, apparence/ structure = os/ pare-brise* et glaces = conscience/ rétroviseur = passé/ phares = yeux, intuition, force de pénétration/ volant = conduite/ pneu* = intermédiaire, précautions/ lumière du tableau de bord = contrôle mental/ capote = ouverture d'esprit, liberté, générosité/ batterie = mon centre d'énergie, le Soi* qui m'envoie l'énergie vitale/ (conducteur = cerveau, raison)/ Voir *pare-chocs* ♦secteurs: 1. secteur avant droit = conscient + actif: pensée, volonté et action/ 2. secteur avant gauche = conscient + passif: intuition/ 3. secteur arrière droit = inconscient + actif: sentiments, vie émotive/ 4. secteur arrière gauche = inconscient + passif: sensations, corps ♦bris mécanique: Surveiller ma santé?/ Mon évolution est arrêtée?/ Excès d'intellectualité? ♦contraven-

tion pour excès de vitesse: Je gagnerais à ralentir mes activités? Je veux brûler les étapes? ♦contravention pour stationnement interdit: Je paie le prix de mon manque de dynamisme?/ Je manque d'activités physiques?/ Est-ce que je me mets au-dessus des lois?/ Je paie pour d'autres interdits que je ne respecte pas? ♦mon auto est remorquée: Attention à l'épuisement?/ Je ne prends pas la responsabilité de ma vie? ♦crevaison: Une de mes fonctions psychologiques ne suit pas, soit vie sensitive, soit vie intellectuelle, soit vie sentimentale, soit vie spirituelle? Voir *secteurs* ci-haut./ Je manque d'énergie vitale?/ Je manque de souffle? de support? ♦phare grillé: Manque de conscience?/ de force de pénétration de l'inconscient? ♦problèmes de fenêtre, de pare-brise: invitation à prendre conscience. Voir *secteurs* ci-haut. ♦problèmes de carrosserie: Problème avec ma fonction sociale?/ Je risque le mépris?/ Ma réputation est en cause?/ Je cherche à impressionner? Voir *secteurs* ci-haut. ♦on me vole mon auto: Je perds mon mode d'évolution?/ Je perds l'essentiel de mes énergies vitales dans de l'émotion? Je vis trop peu de sentiments positifs?/ Je suis dans la glu des sentiments et cela m'empêche d'évoluer: amour? romantisme? mélancolie? regrets? souvenirs?.../ Je trahis mes instincts positifs? ♦Je perds le contrôle: Je suis incapable de me maîtriser? De maîtriser une situation? ♦mon auto manque de freins: Je suis soumis à un changement trop rapide?/ Je ne sais pas m'arrêter? me calmer? J'exagère? J'ai un comportement hystérique? ♦panne d'essence: Je manque d'énergie vitale?/ Problème de sexualité?/ Je suis imprévoyant? Je suis négligent? ♦collision: Voir *accident*. ♦démolition: Avertissement très sérieux = mon évolution est gravement compromise?/ Quel usage est-ce que je fais de mon véhicule? du temps et des efforts qui me sont par lui épargnés? ♦clefs: démarrage d'une autre étape, d'un projet// perdues: perte du sens de ma vie, de mon évolution/ perte de contact avec le Soi*// volées: Je me vole une partie de mon évolution?/ Je ne mets pas mes énergies au bon endroit?/ Manque de discernement? ♦rouler à contresens: délinquance/ erreur/ aberration/ fuir l'esprit grégaire/ originalité/ excentricité/ indépendance/ rejet des interdits/ risque.

Autoroute

Voir *chemin.*

Auto-stoppeur

•aventure/ risque/ intervenant surprise/ inattendu/ goût de l'imprévu/ rencontre fortuite/ profiteur/ curiosité/ sociabilité/ générosité/ adaptation/ nouveauté/ étranger/ liberté/ économie/ goût non conventionnel/ prostitution*/ évolution influencée par qqn d'autre.

Autruche

oiseau énorme (exagération, mégalomanie)/ ne vole pas (terrestre, pragmatisme)/ coureur (urgence, fuite)/ plus rapide qu'un cheval (rapidité)/ long cou (curiosité)/ longues et fortes jambes (solidité)/ tête, cou et jambes nues (dégagement, dépouillement)/ plumes longues et légères (futilité, légèreté, goût pour les ornements)/ ses yeux portent de longs cils pour les garantir du sable (originalité, ingéniosité, candeur, charme)/ peu sensible aux écarts de température (stabilité, insensibilité)/ de 30 à 40 ans (bonne longévité)/ fort, infatigable (endurance)/ digère tout (excellente digestion, adaptabilité, grande tolérance)/ course en zigzags (imprévisibilité, caprice, astuce, détours)/ monogame (fidélité conjugale)/ sobre/ curieux/ en état d'alerte, allonge le cou à l'horizontale à ras de terre, pour se camoufler (ingéniosité, camouflage, volonté de rester dans l'ignorance, se masquer la réalité, ignorer les dangers)/ élevage (familiarité) •naïveté/ frivolités/ vigilance/ combativité/ bizarrerie/ justice, équité/ vérité/ ordre universel/ besoin de se dissimuler/ fuite d'une réalité pénible/ besoin d'incarnation, de réalisme/ union de l'incorruptible et du périssable/ union des extrêmes.

Auvent

•protection/ situation temporaire/ esprit timoré/ arrêt des ennuis.

Avalanche

•catastrophe*/ accumulation exagérée, trop-plein accumulé d'énergie inemployée/ point de rupture d'une grande tension/ dépression/ grande quantité de choses négatives: injures, coups.../ refoulement collectif, voir *catastrophe.*

Avaler

faire passer du dehors au dedans •assumer/ accepter/ refouler/ acquérir de l'énergie/ Traiter selon ce que j'avale et la manière d'avaler./ Voir *boire*.

Avant

partie antérieure •avenir/ préparation/ attente/ initiative/ fuite en avant = manque d'évaluation.

Avant-bras

•intermédiaire/ âme/ symbole phallique ♦mal à l'avant-bras droit: J'exagère l'importance de mes besoins sexuels?/ J'exerce ma volonté de puissance de façon exagérée?/ Je méprise souvent les autres? ♦mal à l'avant-bras gauche: Je n'exprime pas mes besoins sexuels? / Je manque de force? Je refuse la compétition?/ Je me sens impuissant dans une situation?/ Je me sens méprisé, rejeté? ♦mal aux deux avant-bras: Je méprise les autres et m'en méprise moi-même?/ Je sens que mon action est inutile et je ne me l'avoue pas?/ Mon impuissance à agir me fait faire n'importe quoi? Je perds mon temps? ♦Aussi, mêmes sens que bras*.

Avare

•insécurité/ privation/ économie/ égoïsme/ puissance empruntée/ manque de confiance dans la vie/ compensation d'un manque d'être par l'avoir/ trahison émotive dans l'enfance/ sentiment de dépossession lors de la phase anale/ trésor caché, talent* inexploité.

Aventurine

cristal de quartz* bleu, brun, rouge ou vert, la plus commune (étape d'épanouissement naturelle: laisser faire la nature)/ de translucide à opaque (épuration nécessaire de l'ego) •tranquillité/ invitation à fréquenter la nature/ recherche d'une atmosphère paisible.

Aveugle

•châtiment (autrefois)/ symboliquement, la privation de la vision extérieure rend apte à la vision intérieure/ perception des mondes subtils/ voyance/ manque de perspicacité intellectuelle, de compréhension/ ne pas vouloir prendre conscience/ tendance à ne m'en remettre qu'au conscient/ fanatisme/ aveuglement des passions/ état d'aveuglement qui précède souvent la venue de la lumière spirituelle// aveugles célèbres: Homère, Œdipe, Tobie, Samson, saint Paul (3 jours).

Aviateur

•pilote*/ air/ avion*/ voyage/ risque/ élévation/ aspiration spirituelle.

Avion

•altitude/ long voyage/ pilote/ grand changement ♦le prendre: départ important, nouvelle entreprise, aventure initiatique/ élévation intellectuelle ou spirituelle/ période évolutive rapide et capitale/ voir de haut = prendre du recul pour mieux voir/ Grand besoin de liberté?/ Grand changement en vue?/ Je fuis la réalité?/ Je suis attiré par la nouveauté, le lointain, le différent? ♦le rater: C'est partie remise pour ce qui précède. ♦problèmes de vol: Difficulté de me maintenir au niveau élevé où je suis?/ Le grand changement prévu ne se fera pas sans mal?/ Grande inquiétude? ♦atterrissage forcé: Je suis trop idéaliste?/ Mon progrès s'arrête court?/ Le changement sera moins important? ♦escale(s): Le changement se fera en 2-3... étapes?/ On me donne le temps de souffler? ♦acrobaties: risque?/ aisance? fantaisie?/ exubérance?/ exaltation?/ démesure? ♦chute d'avion: catastrophe causée par des vibrations négatives collectives ♦atterrissage en catastrophe: indice d'un important changement de niveau, de point de vue. Tension qui se décharge. Appel au réalisme.

Aviron

rame* légère •composer avec l'inconscient/ effort pour évoluer/ souplesse morale/ savoir-faire/ maîtrise des sentiments/ Voir *ramer*.

Avocat

1. fruit-légume/ exotique (rêve)/ vient d'un arbre, l'avocatier (réalisation)/ peau fine, verdâtre (excitation sensuelle)/ pulpe jaunâtre, très tendre (vifs plaisirs de la chair, souplesse)/ très gros noyau (surprise désagréable)/ très gras (laisser-aller)/ très nutritif (énergie corporelle)/ huile alimentaire (plaisir essentiel)// effet antibiotique •sensualité/ fécondité/ soutien/ adoucissement/ mollesse/ attitudes onctueuses/ confort moelleux.

2. homme de loi •besoin de protection/ esprit chicanier/ soif de justice/ besoin de se défendre/ besoin de (se) justifier/ preuve/

argumentation/ besoin de se plaindre/ sentiment de culpabilité*/ défense d'une cause/ respect ou non-respect de la loi/ tricherie/ ses droits/ esprit retors/ honnêteté ↔ malhonnêteté/ éloquence/ bavardage.

Avoine

céréale très nutritive (grande énergie)// excellente pour le cœur/ réduit le cholestérol/ stabilise le sucre dans le sang/ bonne contre les affections cutanées/ effet laxatif/ préviendrait le cancer •problème d'alimentation?/ besoin de stimulation?/ liberté, légèreté/ désinvolture/ solidarité/ incertitude/ besoin d'énergie.

Avortement

♦naturel: Inconsciemment, je ne voulais pas cet enfant? Je me sentais indigne? Incapable? Indécise? Insuffisamment préparée? Mal adaptée à sa venue?/ Je manque de confiance dans la vie? dans l'avenir? J'entretiens un esprit d'échec et d'insuccès?/ J'éprouve le besoin de me mettre moi-même au monde d'abord?/ Le moment d'accoucher était mal choisi?/ J'avais besoin de cette déception pour désirer vraiment avoir un enfant?/ L'enfant qui allait naître ne me convenait pas?/ J'avais besoin de cette épreuve pour me rendre plus forte?/ Rejet violent d'un projet? Avortement d'un projet? ♦provoqué: Je manque de confiance en moi? Dans la vie? J'ai peur de l'avenir?/ Je crains de perdre ma liberté?/ Je tiens trop compte des convenances?/ Je n'arrive pas à mener mes projets à terme?/ J'ai fait ce qu'imposaient les circonstances? C'est ce qu'il fallait?/ culpabilité*.

Avril

•printemps/ début/ éclosion/ libération/ élan/ joie/ enthousiasme/ naissance/ renouveau/ apparition.

Azalée

arbuste à fleurs de couleurs diverses (diversité, vitalité), tachetées ou non (fantaisie)/ très grande variabilité (potentiel, inconstance)/ fleurit au printemps (tendresse)/ hybridation encore possible (ouverture à la nouveauté, transformation) •exubérance/ sentiment d'amour qui commence, peut-être avec qqn d'étranger/ rien n'est défini, beaucoup de variations/ fébrilité/ grande sensibilité.

B

•créature/ la nature/ manifestation/ 1re consonne/ en 2e/ bec/ grand ouvert/ qui admire/ qui rêvasse/ la note *si* (mus.)/ Dieu (juron)// numérol. : valeur émotive/ période passive avec émotion et imagination/ besoin de tendresse, de sécurité, de discrétion, de compréhension et de coopération/ contradictions dans l'entourage/ mariage et divorce/ gains matériels et problèmes financiers (Piché).

Bacon

•plaisir/ joie de vivre/ embonpoint/ faire bombance/ prospérité.

Badminton

•esprit sportif/ finesse/ échange/ rapidité/ réplique/ réponse du tac au tac/ précision/ effort qui porte mal.

Bagage

•potentiel vital/ mes forces, mes capacités, mes aptitudes, mes instincts, mes habitudes, mes réserves, mes protections/ mes attachements/ équipement mental/ tout ce qu'on accumule : bagage intellectuel (connaissances), bagage de cœur (souvenirs, sentiments), bagage-expérience/ ce qui m'accompagne dans la vie, ce qui représente ma sécurité/ l'essentiel/ Voir *valise*. ♦le perdre, l'oublier : insécurité ?/ lourdeur ? besoin de m'alléger ?/ échec ?

Bagarre

•opposition/ conflit/ combativité/ lutte/ cran/ manque de conciliation/ manque de contrôle/ agression/ provocation/ vulgarité.

Bague

bijou*, anneau* au doigt/ jonc* orné//•fiançailles/ promesse de mariage/ joie/ lien/ besoin de briller// met en relief le doigt* et la main* qui la porte ♦anneau* fixé à la patte d'un oiseau: identification/ besoin de se distinguer/ besoin de s'individualiser davantage.

Baguette

petit bâton mince et flexible/ de l'enseignant (autorité)/ du chef d'orchestre (direction, harmonie)/ des fées (merveilleux)/ des sourciers (magie)/ de tambour (avertissement)/ baguettes du Yi King (divination)/ forme de pain* (alimentation)/ caducée* (santé) •puissance/ voyance/ magie/ régression/ pouvoir/ don, grâce/ rappel à l'ordre/ réveil/ rigueur/ contrainte/ punition/ autorité humaine.

Baie

1. échancrure d'une côte •arrêt/ calme/ sécurité/ ouverture/ invitation au voyage/ rêverie.

2. petit fruit •petit plaisir/ sensualité/ désirs sexuels/ flirt/ petits profits/ Voir le nom de l'arbre ou de l'arbuste qui la produit.

Baignade

•plaisir/ détente/ engagement/ compromission/ dialogue avec l'inconscient ♦dans la mer = régénération ♦dans un lac = harmonie ♦dans un cours d'eau = poursuivre son évolution/ Voir *bain*.

Baignoire

grand bassin ♦bouchée: Négligence des soins du corps?/ Excès de propreté?/ Besoin de repos, de détente?/ Besoin d'éliminer une accumulation de déchets psychologiques?/ Faire le bilan? Concerne mon être tout entier = pensées, sensations, sentiments, intuition. C'est bloqué quelque part.// Voir *bain, douche*. ♦qui déborde: mêmes sens + exagération/ refoulement/ culpabilité ♦tachée: négligence/ culpabilité tenace/ sentiment d'irréparable.

Bail

•contrat/ engagement/ obligation financière/ stabilité relative/ Voir *locataire, propriétaire*.

Bâillement

•Trop ou pas assez de sommeil?/ Ennui profond?/ Devant qui ou quoi suis-je porté à bâiller?/ Ai-je un but dans la vie?/ Ai-je une vie intellectuelle assez active?/ Assez de distractions? de détentes?/

Ma vie affective s'endort?/ Ma vie manque de souffle, d'inspiration? Elle est trop routinière?

Bâillon

•violation/ frustration/ silence/ discrétion, secret/ bavardage/ refoulement.

Bain

immersion dans l'eau (sable, boue...) •repos/ détente/ libération/ purification/ régénération/ compromission/ renouveau spirituel.

Baiser

appliquer ses lèvres sur •affection/ amour/ réconciliation/ respect/ trahison/ reconnaissance.

Bal

•fête/ joie/ grande sortie/ événement heureux/ rencontre/ faire l'amour ♦bal masqué = mauvaise surprise, voir *masque*.

Baladeur

magnétophone portatif ♦acquisition ou utilisation: Besoin de m'isoler de mon milieu immédiat? Besoin de me concentrer? de rêver? d'intériorité? Fuite de la réalité? Peur de la solitude? Peur du silence? Peur de se regarder en face? Timidité? ♦l'oublier ou le perdre: Remise en cause des besoins précédents? Perte d'intimité? ♦en panne: Voir *radio*.

Balai

manche et brindilles réunies (unification)/ humble instrument ménager (vie quotidienne)/ nettoie le sol (épuration)/ chasse la poussière: vainc ou non la saleté •arbre renversé promené sur le sol = geste sacré, voir *arbre renversé*/ obscurité chassée/ protection ou maléfice/ instrument de sorcellerie/ puissance sacrée/ force des actes quotidiens en vue de la transformation.

Balance

•comparaison/ bilan du pour et du contre/ équilibre/ justice/ mesure/ précision/ poids/ droit/ jugement/ mérite ↔ démérite, bien ↔ mal/ sagesse/ union des contraires/ se moquer de quelque chose/ bien petit mérite.

♦7e signe du zodiaque*, signe d'air •automne/ équilibre/ descente de l'esprit dans la matière/ type sanguin, émotif, actif/ conscience de la dualité humaine/ discernement, choix/ désir d'absolu, de spirituel/ recherche du complémentaire/ recherche de perfection/

besoin de plaire/ sociabilité/ souci d'autrui/ manque de combativité/ insatisfaction continue/ probité/ absence de compétition/ femme: importance primordiale de l'amour/ esprit conciliant/ hésitation/ orientation difficile/ peu de goût pour le travail manuel/ raffinement/ sentimentalité/ les reins, la peau, les ovaires.

Balançoire

•alternance/ mouvement entre l'intériorité et l'extériorité, l'évolution et l'involution/ cycles temporels/ union sexuelle/ fécondité/ vie et mort/ enivrement/ hésitation// à bascule*: sens précédents + besoin d'autrui/ chacun son tour/ chute/ retour des choses.

Balcon

•extension, prolongement/ extériorisation/ détente/ ouverture/ vue élargie/ point de vue/ élévation/ romance, flirt, amour.

Baleine

mammifère marin (retour aux sources)/ créature la plus grande (énormité)/ queue horizontale (différenciation, majesté, supériorité)/ tête: le tiers de sa longueur (pensée)/ fanons qui servent de filtre (sélection, absence d'agressivité)/ nourriture: plancton (alimentation saine)/ porte sur la tête 2 fentes: évents qui servent à respirer (poumons)/ peau nue (vulnérabilité)/ épaisse couche de graisse (problème de poids)/ jusqu'à 2 heures d'immersion sans respirer (résistance)/ plonge jusqu'à 300 m (approfondissement)/ se dirige par «sonar» (intuition)/ émigre (voyage)/ sociable, communique par des sons (sociabilité)/ très chassée (risque, persécution) •2 aspects: côté monstrueux (malheur) et côté Jonas (salut)/ initiation avec descente aux enfers/ trésor caché/ germe divin en l'homme = immortalité/ l'aventure de Jonas figure la mort, l'enterrement (3 jours) et la résurrection du Christ; donc, mort et résurrection/ renaissance, renouveau/ période d'épreuve initiatique avec la certitude d'en sortir grandi/ support du monde = divinité/ appétit démesuré/ complexe de rétention/ puissance/ mégalomanie/ exubérance dans l'expression ♦cachalot: baleine à dents à la mâchoire inférieure seulement/ tête énorme de forme tronquée (vie intellectuelle atrophiée)/plonge à 1 km de profondeur (approfondissement)/ objet de chasse commerciale (risque, persécution)/ produit l'ambre gris (concrétion intestinale): sert de fixateur du parfum (ténacité, sublimation)// •l'aspect monstrueux est plus évident = capable d'avaler un homme + valorisation de la mâchoire du bas = l'univers d'en bas, l'inconscient des instincts dont je risque d'être la victime/ malgré tout, aspect positif d'énergie subtile des parfums* = valeurs spirituelles des instincts dominés.

Balle

1. objet rond pour jouer •jeu/ sport/ vivacité/ réflexes/ précision/ attraper/ projection psychologique/ totalité/ but/ partenaire/ réussite ↔ échec.

2. projectile d'arme à feu •arme*/ danger/ gangster/ guerre/ danger subit/ violence/ blessure/ mort.

Ballet

•discipline/ exigence/ perfection/ exercice physique/ élégance/ exaltation/ expression/ canalisation des instincts sexuels.

Ballon

grosse vessie gonflée d'air •légèreté/ fragilité/ aspect éphémère/ désir de m'élever/ fête/ rêverie, évasion/ manque de consistance, de direction/ angélisme/ idéalisme ♦aérostat, voir *montgolfière* ♦ballon de sport, voir *balle*.

Balsamine (ou impatiente)

plante des parterres, souvent étalée en buisson fleuri (décoration, solidarité)/ fleurs irrégulières à 5* pétales, blanches, saumon, roses, pourpres, écarlates, orange (diversité, vitalité)/ plante toujours en fleur (joie de vivre)/ Les valves des fruits éclatent dès qu'on les touche (irritabilité)./ pousse bien à l'ombre (exigence réduite) •besoin de plaire/ fragilité/ fébrilité/ insécurité/ retrait/ impatience/ fidélité/ dévouement/ fraîcheur/ naïveté/ caractère actif et nerveux.

Bambou

plante à tige cylindrique ligneuse, avec nœuds cloisonnants (étapes de croissance)/ jusqu'à 30 m de haut (aspiration spirituelle)/ tige vide/ feuillage léger (discrétion)// pousses de bambou : bourgeons comestibles (luxe) •le vide du cœur, dépouillement des désirs/ souffle, esprit = démarche intérieure/ rectitude, droiture/ manque de discrétion/ originalité/ disponibilité.

Banane

fruit tropical, oblong, à pulpe pâteuse, jaunâtre, sucrée et parfumée (complaisance sexuelle)/ peau jaune, épaisse et molle (séduction facile)/ pousse sur une grande plante à feuilles très grandes, tige tendre et périssable (expressivité)/ fleurs énormes (grand besoin de plaire)// très nutritive (vitamines, sels minéraux...)// prévient et guérit les ulcères/ réduit le cholestérol •phallus*/ plaisirs sexuels/ énergie/ mollesse/ complaisance/ exubérance/ aspect transitoire des choses.

Banc

•repos/ halte/ autrui/ partage/ promiscuité/ communication/ attitude sociale.

Bandeau

1. bande qui sert à ceindre la tête •dignité/ autorité/ tension/ attention/ concentration/ succès/ appartenance à un groupe/ engagement
2. morceau d'étoffe qui sert à bander les yeux •aveuglement/ hasard/ intériorisation/ méditation/ séparation du monde/ recueillement/ initiation/ illumination spirituelle.

Bandes dessinées

•retour à l'enfance/ infantilisme/ simplification/ étapes/ amusement, détente/ facilité/ prise de conscience élémentaire/ exagération.

Bandit

•danger/ malhonnêteté/ culpabilité/ intrusion/ inconscient méprisé/ grande émotion/ Voir *voleur*.

Banjo

instrument de musique •expression d'un sentiment de joie simple/ légèreté/ gracilité/ danse/ fragilité/ clownerie/ fébrilité/ agitation, étourdissement/ goût de se réjouir.

Banque

•réserves/ économie/ argent*/ sécurité/ emprunt/ dette/ obligations/ échéance/ grande énergie/ potentiel/ disponibilité.

Banquet

•fête/ réunion/ plaisir/ bonne chère/ décorum/ occasion spéciale/ moment privilégié/ honneur/ hôte*, hôtesse/ invitation/ richesse/ rencontres/ beau monde/ vie sociale.

Baobab

arbre au tronc court et énorme (personnalité très puissante); contient beaucoup d'eau (prévoyance excessive)/ bois tendre (douceur, vulnérabilité)/ branches très flexibles (souplesse)/ fruits: gros, jaunâtres, à pulpe ferme, douce, légèrement acidulée et comestible (relation sexuelle, réalisation agréable)/ longévité extraordinaire/ brousse africaine (exotisme, liberté sauvage) •grosseur démesurée/ obésité*/ exagération/ encombrement/ phallus*/ puissance/ étrangeté/ adaptabilité/ sécurisation excessive/ bonté/ fécondité/ peur de passer inaperçu/ immortalité/ relation puissante avec le Soi*.

Baptême

rite d'initiation/ sacrement destiné à laver le péché originel et à rendre chrétien •cérémonie/ initiation/ purification/ renouveau/ lien avec la source divine.

Bar

•échange d'énergie/ rencontre/ occasion/ affaire louche/ flirt/ déception.

Barbare

•primitif/ sauvage/ manque d'éducation, de raffinement/ grossièreté/ tapage/ désordre/ invasions/ destruction/ envie/ défoulement/ obéissance aux bas instincts/ passion envahissante.

Barbe

♦pour un homme: autorité/ distinction/ animalité/ négligence/ besoin de s'affirmer ♦longue: Goût pour la sagesse? Pour l'autorité? Pour le prophétisme? ♦blanche: J'aime affirmer ma sagesse? Mon autorité? Je souffre de gâtisme? ♦touffue: Je me néglige? Goût pour la grossièreté? J'aime impressionner par un aspect rébarbatif? J'ai une forte nature? J'aime afficher ma sexualité prononcée? Je ne cache pas mes instincts? J'aime le naturel? Je témoigne de bonhomie? ♦soignée: J'aime l'élégance? Je témoigne de quelque vanité? ♦noire et en pointe: Ne suis-je pas un peu diabolique? Ma fonction intellectuelle est trop prononcée? Tendance à tenir des propos négatifs? inconscients? irréfléchis? ♦rasée: Je sens le besoin de me séparer de la nature animale? J'aime la correction? Je me conforme à la majorité?/ ♦pour une femme: besoin d'affirmer et de vivre mon côté masculin = rationalité? sensualité? décision?/ agressivité?/ refus de sa féminité?

Barbecue

repas en plein air... •été/ liberté/ plaisir simple/ retour à la simplicité/ invitations/ instincts de base/ mémoire ancienne/ ancêtres/ relation avec le feu*.

Barbelé

fil de métal... •prison/ guerre/ camp de concentration/ défense passive/ blessures/ cruauté/ empêchement/ contrainte/ difficultés à éviter, à surmonter.

Bardane

grande plante, 2 m/ grandes feuilles à dessus vert, à dessous gris-blanc velouté (hypocrisie, vertu cachée)/ fleurs rose violacé, sans pétales apparents (mélancolie, caractère détestable, opportunisme)/ fruits accrochants (parasitisme, agacerie)/ envahissante (indiscrétion)// action antibactérienne, par cataplasme des feuilles (guérir le mal par le mal)/ toutes ses parties sont utiles (apparences trompeuses)/ racine: succédané du café* (stimulation inattendue) •invitation à bien s'accrocher/ importunité/ calomnie/ besoin excessif de la présence des autres/ atmosphère étrange, inquiétante/ aspect rébarbatif/ goût pour la parodie/ attitude défensive/ rudesse/ ingéniosité/ tendance à me servir des autres/ aspect râpeux de l'inconscient.

Bardeaux

•protection/ précaution/ pensées/ souvenirs/ penchant/ petite folie.

Barge

embarcation •domination sur les instincts, les sentiments/ lenteur/ période de calme/ évolution lente/ Voir *bateau, barque.*

Baril

•réserves/ potentiel/ abondance/ plénitude/ résistance/ embonpoint/ Voir *tonneau.*

Baromètre

instrument •appréciation de l'atmosphère psychique/ indice de tensions intérieures/ sensibilité aux variations/ poids émotif/ détection de facteurs déstabilisateurs/ grande émotivité/ influence/ environnement social.

Barque

petit bateau* non ponté// voyage (besoin d'éloignement, de renouvellement)/ traversée (changement)/ rames (efforts)/

écueils (dangers) •la traversée de la mort/ passage d'une rive à l'autre = dans l'autre monde/ protection, sécurité/ maîtrise des émotions, des instincts/ exploration de l'inconscient/ Église catholique, barque de Pierre/ péril possible/ changement d'atmosphère/ suivre le courant de l'évolution ou lutter contre.

Barrage

•arrêt/ empêchement/ canalisation de l'énergie/ contrôle/ contrainte.

Barrière

•ouverture/ passage contrôlé/ obstacle/ accueil que je fais aux autres et que j'attends d'eux ♦ouverte: attitude aimable, facile, confiante ♦fermée: Je suis fermé?/ On me refuse une entrée? ♦blanche: sans préjugé ♦noire: accueil soupçonneux, méfiant/ inconnu, mystère, secret ♦en bois: attitude chaleureuse ♦en métal: attitude froide, peut-être heurtante, pas facile ♦élevée: caractère intraitable/ isolement/ goût d'épater ♦basse: sans prétention/ simplicité.

Bas

vêtement qui couvre le pied •protection/ confort/ élégance/ séduction/ épargne/ Voir *couleur, paire.* ♦un seul: solitude/ séparation ♦dépareillés: dissonance/ désunion/ originalité ♦percé: usure/ insécurité/ dépense/ perte financière/ gaspillage.

Bas, Basse

•régression/ chute/ introspection/ déshonneur/ dépression/ base.

Bascule

pièce mobile sur un pivot •équilibre, déséquilibre/ alternance/ poids/ contrepoids/ instabilité/ hésitation/ comparaison/ polarisation/ âge*/ point de tension/ point de rupture/ bouleversement/ renversement des valeurs.

Baseball

•lancer/ frapper/ courir/ attraper/ rater/ balle*/ bâton*/ équipe/ organisation/ stratégie/ système/ précision/ finesse/ millionnaire*/ impact/ victoire/ défaite/ statisme/ organisation des énergies.

Basilic

1. petit lézard (répulsion)/ queue très longue (sexualité prononcée)/ tête, dos et queue crêtés (étrangeté, peur)/ insectivore

(agressivité) et végétarien (caractère pacifique)/ inoffensif (peur non fondée)/ court debout même sur l'eau (fuite victorieuse)// reptile fabuleux qui tue par son regard (fascination pétrifiante) •solution inattendue à un problème/ la solution peut consister à changer de milieu/ Une source d'angoisse disparaîtra.// dangers mortels/ aspect redoutable de l'inconscient à cause de refoulements.
2. plante à feuilles à odeur un peu sauvage (goût de liberté)/ condiment (goût de vivre)/ utilisé dans les salades, le pistou, les liqueurs... (plaisirs) •fraîcheur/ plaisirs de l'été et leur fugacité/ agrément/ don de soi/ protection/ pouvoirs magiques.

Basket-ball

•équipe/ rapidité/ activité/ courir/ lancer/ contrer/ ballon*/ point (but atteint)/ panier (intégration psychique)/ habileté/ précision/ essoufflement/ résistance/ passe (aide)/ partenaire/ adversaire*/ circulation de l'énergie vitale.

Basset

chien* de terrier/ de 25 à 30 cm/ corps allongé/ oreilles longues et tombantes (indépendance)/ pattes très courtes (réalisme)/ agréable chien de compagnie (bonne sociabilité)/ s'attache à son maître (dévouement, attachement)/ air sérieux et triste (gravité du caractère)/ bon chasseur (agressivité)// excellent caractère •corps négligé, déformé/ problèmes de jambes?/ instincts méprisés/ tristesse/ bonne intuition/ bonnes amitiés/ capacité d'introspection.

Bassin

1. récipient •liquide/ eau, voir *lac*/ citerne*/ réservoir (réserve d'énergie psychique)/ purification/ décantation/ niveau (équilibre)/ tranquillité.
2. grand os à la base du tronc •pôle d'en bas/ base/ pivot/ équilibre/ essentiel/ clé d'évolution/ Voir *hanche.*

Bataille

Voir *bagarre, combat* et *guerre.*

Bateau

•voyage/ évasion/ risques/ changement/ évolution avec ses imprévus, ses coups durs, ses mers étales/ le conscient sur l'inconscient, le moi sur le Soi*/ l'âme soutenue par l'énergie// Voir *barque, voilier.* ♦accident: mauvaise relation avec l'inconscient/ évolution compromise.

Bâtiment
grande construction •protection élémentaire/ entreposage, mise de côté/ Voir *immeuble, maison…*
Bâtisse
grand bâtiment plutôt grossier •inconfort psychologique/ Voir *bâtiment, immeuble.*
Bâton
long morceau de bois rond que l'on peut tenir à la main/ bâton de Moïse (commandement, magie, prestige)/ crosse de l'évêque (autorité spirituelle)/ sceptre (autorité temporelle) •arme/ contrainte/ punition/ appui/ aide/ défense/ tuteur/ guide/ initiation/ colonne vertébrale/ commandement/ phallus*/ puissance/ fécondité potentielle/ régénération.
Batterie
1. générateur de courant électrique •ensemble/ enchaînement de réactions/ alimentation, digestion/ mon centre d'énergie vitale, cœur*/ mon centre d'énergie, le Soi* qui m'envoie l'énergie mentale.
2. instruments de percussion •rythme/ énergie/ tapage/ structure/ base/ tension/ explosion/ coups, heurts/ expression de sentiments violents, défoulement/ Voir *cymbale, tambour.*
Battre
♦battre qqn: vouloir se sentir supérieur/ dominer/ punir/ imposer une défaite/ secouer/ exprimer son agressivité, son sectarisme, son indignation ♦se faire battre: culpabilité (fondée ou non)/ se faire dominer/ essuyer une défaite/ situation mystique: accepter d'être moulu (comme le blé pour faire la farine) = ego écrasé en vue de la transformation ♦se battre avec qqn: vouloir soumettre qqn/ vouloir se mesurer/ rivaliser/ s'abandonner à ses instincts animaux/ perdre le contrôle/ se défendre.
Bave
•rage/ défi/ relâchement/ indélicatesse/ manque de contrôle/ grande sensualité/ envie, jalousie/ Voir *salive.*
Beagle
chien* de chasse/ crâne large, tête forte (largeur d'esprit, ténacité)/ museau affiné (intuition)/ oreilles tombantes (indépendance)/ yeux ronds (vigilance)/ poil ras et dense (mise correcte, tenue

stricte)/ robe souvent tricolore (équilibre)/ musclé (force)// sportif, vif, vigoureux, infatigable •besoin de sport, d'exercice/ corps en forme/ vivacité des réflexes/ bon équilibre entre corps, âme et esprit/ bonne humeur/ bon flair.

Beau-frère

•alliance/ famille élargie/ extension sociale/ influence/ envahissement/ ♦pour un homme : concurrent/ allié/ son ombre*/ ♦pour une femme : animus*.

Beau-père

•paternité d'emprunt/ famille élargie/ parenté/ autorité/ alliance/ extension sociale/ influence/ ♦pour une femme : image paternelle, voir *père*/ son animus*/ ♦pour un homme : concurrent/ allié/ son ombre*.

Beauté

qualité d'une personne belle •harmonie/ grâce/ charme/ séduction/ vanité/ orgueil/ passivité/ facilité/ autosatisfaction/ narcissisme/ indépendance/ tendance à l'extériorité/ superficialité/ rêve du prince charmant.

Bébé

•potentiel vital/ l'enfant intérieur/ mon avenir/ un projet/ énergie nouvelle.

Bec

partie cornée de la bouche d'un animal •défense/ combativité/ agressivité/ attaque verbale/ altercation.

Bécasse

gros oiseau/ petit échassier*/ bec long, mince et flexible (bonne discrimination)/ brunâtre, grisâtre (discrétion, dissimulation)/ sexes semblables (égalité sexuelle)/ mange insectes, crustacés, vers (intégration des instincts)/ grégaire (sociabilité)/ gibier recherché (gastronomie, attitude de victime) •tranquillité/ fécondité/ victime/ don de sa vie/ innocence/ souplesse/ bonne chère/ sottise/ désavantage/ réserve/ exaltation/ relation spirituelle/ vibration/ inspiration ♦bécasse d'Amérique : silhouette massive (force, manque d'élégance)/ grand œil (peur, guet, conscience)/ vol rapide (fuite)/ dort le jour (noctambulisme)/ sifflement nasillard (voix désagréable)/ trille mécanique produit par les ailes (originalité)/ montée et descente à la verticale (exubérance) ♦bécasse des marais : parade aérienne en cercles (recherche du centre*)/ bruit des ailes en plongeon aérien (besoin d'attention, performance) ♦bécasse des bois: rousse (désir sexuel)/ vole en zigzags (imprévisibilité, astuce)/ solitaire (solitude, indépendance, individualisme).

Bec-croisé

petit oiseau/ rouge ou rose (amour, harmonie amoureuse)/ aux mandibules croisées (spécialisation)/ extrait les graines des cônes des conifères (ingéniosité)/ chant doux et mélodieux (joie de vivre, agrément, expression personnelle) •exclusivité/ spécialisation/ précision/ clef, pénétration des secrets/ accès à l'essentiel/ indépendance/ l'amour en toute saison/ habileté, adresse.

Bedlington-terrier

chien* de terrier/ allure de petit mouton (apparence de douceur)/ crâne étroit et arrondi (étroitesse d'esprit)/ tête à profil convexe (ruse)/ dos arqué (concentration)/ poil serré et bouclé (tenue signée et guindée)/ robe bleu foncé; ou bleu et marron; ou bien sable et feu (besoin de séduire)// fort, agile, résistant, têtu, querelleur et batailleur •corps résistant, malgré les apparences/ instincts sous contrôle/ porté à l'entêtement, à la querelle/ susceptibilité/ capacité d'introspection/ utilisation de mon charme/ grande sensualité.

Bégaiement

•répétition/ hésitation/ tâtonnement ♦Je crains de me livrer? de ne pas être compris?/ Je n'arrive pas à exprimer ce que je ressens?/ Je crains l'opinion des autres? Je manque d'affirmation?/ Sentiment d'insécurité?/ Besoin de retenir l'attention?/ Le bégaiement pourrait provenir d'une vie antérieure.

Bégonia

à fleurs roses, blanches ou rouges (hauts et bas de l'union amoureuse)/ très florifère (bel épanouissement, générosité)/ pousse à l'ombre (exigence réduite) •Même les côtés les moins reluisants de ma personnalité doivent pouvoir s'épanouir?/ Ne pas refouler, mais utiliser mes défauts pour en faire qqch de positif? ♦bégonia tubéreux: à grandes fleurs à tubercules (prévoyance) à tiges cassantes (fragilité)/ en forme de roses (bel amour)// •même chose que le précédent, mais avec une réussite exceptionnelle.

Beige
•discrétion/ calme/ terne/ ennui/ indécision/ sécheresse/ manque de tonus vital/ maturité/ neutre/ assoiffé/ mort.

Belette
petit mammifère/ longueur: 20 cm y compris la queue (discrétion)/ corps mince (élégance, souplesse)/ fine tête (finesse)/ roux, mais ventre blanc (sexualité contrôlée)/ yeux vifs et décidés (vivacité et volonté)/ nocturne (couche-tard, dissimulation, clandestinité)/ sécrète un liquide nauséabond contre ses ennemis (défense, répulsion, mépris)/ mange des rongeurs (destruction du mal, maîtrise des bas instincts)/ mauvaise fourrure (mauvaise protection)/ se faufile partout (esprit fouineur)/ s'apprivoise (docilité, éducation) •qqn de joli/ d'agile/ de vorace/ d'intrépide/ d'espiègle/ de joueur/ d'insoupçonnable// domination/ dissimulation/ vigilance.

Bélier
mouton non castré/ corne enroulée (couronne et évolution)/ force dans le front (audace et décision)/ affinité avec Mars*, le Soleil* et le feu* (Agni) •fécondité/ principe actif/ initiative/ printemps/ impulsion/ esprit primesautier/ énergie/ indépendance/ courage, cran/ force de frappe/ ardeur à vivre/ caractère explosif, rebelle/ tendance aux heurts, aux coups de tête/ agressivité/ fécondité/ sagesse (Toison d'or).

♦1er signe du zodiaque*, signe de feu •type émotif actif/ jaillissement/ spontanéité/ élan/ dynamisme/ printemps/ début/ avenir/ ardeur/ excès/ impulsivité/ jeunesse perpétuelle/ conquête de l'inconnu/ audace/ cran/ impatience/ naïveté/ idéal/ colère/ optimisme/ initiative/ nouveauté/ tendance à négliger l'expérience acquise/ goût du changement/ puissance d'attaque/ improvisation/ exaltation/ extravagance/ désir immédiatement réalisé/ instabilité/ aventure/ luttes/ accidents/ rivalité/ coup de foudre/ leadership.

Belle-mère
•maternité d'emprunt/ famille élargie/ parenté/ autorité/ alliance/ extension sociale/ influence/ ♦pour une femme: concurrente ↔ alliée/ image maternelle, voir *père*/ son ombre*/ ♦pour un homme: image maternelle/ influence indue/ son anima*.

Belle-sœur
•alliance/ famille élargie/ extension sociale/ influence/ envahissement/ ♦pour un homme: anima*/ ♦pour une femme: concurrente ↔ alliée/ son ombre*.

Béquille
prothèse* •aide/ appui, soutien/ handicap/ accident*/ faiblesse/ désir d'autonomie/ difficulté d'avancer/ infirmité spirituelle/ défi relevé/ caractère énergique/ esprit de décision/ faire fi des difficultés/ incapacité de marcher seul, soumission; donc, besoin d'affirmation/ volonté d'évoluer malgré tout.

Berceau
lit de bébé •jeune âge/ début/ origine/ lieu de naissance/ sein maternel/ protection chaleureuse/ voyage/ régression/ renouveau/ cercueil.

Berceuse
1. chaise à pieds courbes •enfance/ sein maternel/ protection chaleureuse/ voyage/ régression/ infantilisme/ instabilité/ hésitation/ inconscience.
2. chanson •douceur maternelle/ calme/ sécurité/ protection/ retour à l'enfance/ sommeil/ régression/ inconscience/ rêve/ rêverie/ refuge.

Berger, Bergère
gardien de moutons •vigilance/ protection/ guide/ direction/ nomade/ simplicité/ rusticité/ solitude/ romantisme/ chef temporel ou religieux/ Jésus, le bon pasteur/ sagesse.

Berger allemand
chien* de garde/ tête longue à museau fort (détermination)/ oreilles dressées (attention)/ membres forts (force physique)/ poil serré, lisse (tenue correcte, sans plus)/ robe fauve (aime en imposer)/ chien d'aveugle réputé (seconde vue)/ excellent limier (bon flair, service)// beauté, intelligence et fidélité •corps bien développé/ forte sexualité/ soumission à l'ordre/ serviabilité/ excellente intuition/ sécurité.

Berger belge
chien* de garde/ le meilleur •sens de la propriété/ détermination/ grande capacité d'attention/ force physique/ résistance/ porté à l'anxiété/ susceptibilité/ grande résistance nerveuse/ importance de la sécurité.

Bergeronnette
petit oiseau/ noir, blanc, gris (opposition* tempérée)/ insectivore (agressivité)/ faible gargouillis (discrétion, joie) •magie de l'amour/ sexualité/ révélateur d'intelligence créatrice.

Bernache
(outarde) très gros oiseau/ brun, noir, blanc (discrétion, camouflage)/ vol en V (discipline)/ herbivore (caractère pacifique)/ monogame (fidélité conjugale)/ farouche (méfiance) •caractère réfléchi/ courage/ respect de l'ordre établi/ importance de suivre un chef, une ligne de conduite/ âme forte.

Béryl
pierre* précieuse, silicate d'aluminium et de béryllium/ 4 variétés principales: émeraude*, aigue-marine*, morganite (de rose à rose violet = énergie d'harmonie), héliodore (jaune d'or = riche énergie de victoire)/ dureté 7,5 à 8 (grande densité)/ cristallisation hexagonale (réalisation naturelle) ♦béryl proprement dit: pierre précieuse vert bleuté (énergie d'équilibre entre le corps et l'esprit)/ de transparent à translucide (ego plus ou moins épuré)/ lié à Jupiter* •adaptabilité/ les puissances angéliques/ étape d'équilibre entre le terrestre et le spirituel.

Béton
•modernisme/ durcissement/ froideur/ lourdeur/ grossièreté/ inhumanité/ malléabilité/ matière obéissant à l'idée/ rapidité/ audace/ lien/ besoin de cadres.

Betterave
légume-racine/ cramoisie (énergie sexuelle, gêne, bonheur facile), moins souvent jaune ou blanche (pulsion instinctive sublimée)/ en forme de toupie (accessibilité)/ avec cercles concentriques (recherche d'équilibre, du centre*)/ sucre (énergie plaisante)// prévient les affections virales/ préviendrait le cancer •réserve énergétique cachée; au 1er degré = énergie sexuelle; au 2e degré = le Soi*/ changement d'apparence/ régénération.

Beurre
•luxe minimal/ chambardement/ mollesse/ lumière/ agrément/ concentré d'énergie/ magie/ rituel/ bienfait/ prière/ caractère très influençable/ période d'imprégnation/ repos après grande activité ou secousse émotive/ raté.

Bibelot

•étagère/ décoration/ babiole/ quantité négligeable/ détail/ encombrement/ souvenir/ voyage/ immobilisme.

Bible

•parole de Dieu/ révélation/ histoire/ autorité spirituelle/ référence religieuse/ enseignement sacré/ ancienneté/ tradition/ exégèse/ interprétation.

Bibliothèque

•réserve du savoir/ savoir livresque/ connaissance/ recherche/ solitude, silence/ expérience de l'humanité/ le monde/ consultation/ lecture/ culture/ intellectuel.

Biceps

♦mal au biceps du bras droit : Je fais trop d'effort ?/ Je force les gens et les événements ?/ Je cherche à impressionner les autres ?/ La force physique ne peut m'être d'aucun secours dans les circonstances ? ♦mal au biceps du bras gauche : Je manque de force ? d'affirmation ?/ Je ne fais pas assez d'effort ? ♦mal aux biceps des deux bras : Je me sens impuissant ? Dépassé par les événements ?

Biche

femelle du cerf* •le féminin/ beauté du regard/ union mystique du ciel et de la terre/ union mystique avec le divin/ aspiration spirituelle/ finesse spirituelle/ sagesse (fugitive).

Bichon maltais

petit chien* de compagnie/ tête ronde (équilibre mental)/ pattes courtes (réalisme)/ poil très long, ivoire, soyeux (tenue impeccable, pudeur excessive)// vif, enjoué, intelligent, agréable, calme, silencieux et fidèle •exigences corporelles réduites/ grande sensualité/ importance de l'amitié/ calme en toute circonstance/ respect de l'environnement/ bon équilibre émotif.

Bicyclette

•effort/ autonomie/ équilibre/ jeunesse/ liberté/ été/ loisir/ roue avant : le Soi*/ roue arrière : le moi ♦pneu crevé, dégonflé : Laxisme ?/ Engagement que je ne respecte pas ?/ Je ne fais pas les efforts requis ? ♦je tombe : Je manque d'équilibre dans ma vie ?/ Je perds ma liberté ?/ Je perds le contrôle de ma vie sexuelle ? ♦on me vole mon vélo : Je me fais ravir mon autonomie ?/ Je dois renoncer à une évolution exclusivement individuelle ?

♦accident : Remise en question de ma façon de me conduire ?/ Mon mode d'évolution est à revoir ?/ J'ai du mal à accepter mon âge ?

Bière

boisson alcoolique légère, faite avec de l'orge★ germée et aromatisée avec les fleurs du houblon/ fermentation (transformation)/ brune (terre★), blonde (soleil★)/ pression (tension)/ malt (transformation)/ brassage (chambardement)/ mousse (vantardise)// prévient l'obstruction artérielle/ augmente le bon cholestérol. •classe ouvrière, guerrière/ germe d'immortalité/ initiation/ inspiration.

Bihoreau

très gros oiseau/ petit héron (hauteur, dédain)/ gris, blanc et noir (distinction, sobriété de l'apparence)/ longues aigrettes (élégance)/ trapu (crainte)/ rives boisées (intimité)/ piscivore (prise de conscience)/ cri grave (sérieux, solennité)/ mœurs nocturnes (discrétion, clandestinité)/ camouflage en piquet (dissimulation, astuce) •fin de qqch/ lumière des rêves/ intuition/ pénétration des mystères.

Bijou

prend son sens du métal, de la pierre dont il est fait ainsi que de sa forme et de la partie du corps qui le porte./ Voir *anneau, bracelet...* •intégration d'un contenu inconscient dont mon âme se pare de façon particulière (Jung)/ affirmation de qualités morales comme la décision, le cran, la joie, l'exubérance, l'originalité... ♦selon le contexte : Protection, car les matériaux qui le composent proviennent de notre mère la Terre./ Attitude extériorisée ? Besoin d'attention ?/ Volonté de séduction ?/ Étalage de richesse et de vanité ? ♦reçu : Récompense pour mes efforts de conscience ?/ Amour gratuit ou intéressé ?/ Compensation ? ♦cassé : Quelle personne me l'a offert ? M'interroger sur la nature de ma relation avec elle ?/ À quelle occasion l'ai-je reçu ou acheté ?/ Autre étape ?/ Rappel que tout est vanité et éphémère ? ♦perdu : Perdre un agrément de la vie ?/ Sacrifice par renoncement ? ♦volé : Me départir du superflu ? Dépouillement demandé ?/ Besoin de revenir à l'essentiel ?/ Mon émotivité me vole de l'énergie ?

Bile

liquide visqueux et amer sécrété par le foie★, qui s'accumule dans la vésicule biliaire d'où il est déversé dans le duodénum au moment de la digestion •colère/ humeur noire/ mélancolie/ inquiétude/ soucis/ rancœur.

Billard

•jeu/ habileté/ précision/ calcul/ point de vue/ partenariat/ stratégie/ contrôle/ fréquentations louches/ combine/ chicane/ perte de temps/ sexualité active.

Bille

•jeu/ enfantillage/ chicane/ mouvement, mobilité/ instabilité/ facilité/ totalité/ perfection/ le Soi*.

Billet

Voir *ticket*.

Biologiste

•la vie/ étude/ le corps/ santé/ maladie/ recherches/ découvertes/ environnement/ écologie/ protection.

Biscuit

•gâteries/ récompense/ infantilisme/ plaisir artificiel/ gourmandise/ légèreté/ facilité.

Bison

le plus grand des bovidés sauvages (corps imposant, force vitale importante)/ aspect massif (puissance)/ large encolure (protection, force)/ poils au fanon comme une barbe (sagesse, dignité)/ cou arqué (audace) recouvert de fourrure (chaleur, sensualité, fierté)/ yeux petits (malice, conscience limitée)/ cornes petites et luisantes (force de frappe, opposition*)/ grandes plaines d'Amérique (liberté)/ grands troupeaux (sociabilité) •abondance/ prospérité/ force vitale du monde/ force tellurique/ Je suis lié à la société beaucoup plus que je ne crois./ Je suis branché à l'inconscient collectif./ Participation aux grands mouvements sociaux.

Blaireau

mammifère trapu (force d'attaque)/ bas sur pattes (inélégance, réalisme)/ crâne aplati (vie intellectuelle inexistante)/ fin museau (intuition, finesse)/ petites oreilles (sourd aux conseils)/ petits yeux (hypocrisie)/ gris blanchâtre (dissimulation)/ bandes blanches et noires sur la tête (danger)/ hiberne (paresse, léthargie)/ terrier et galeries d'une grande propreté (amour de l'ordre)/ omnivore (opportunisme)/ en alerte : glandes anales pulvérisent un contenu nauséabond (défense efficace, répulsion, mépris)/

ou encore : il imite le porc-épic en retroussant sa fourrure ou un petit ours par sa démarche (se montrer terrible) ou une marmotte assise sur son derrière (talent d'imitateur, comédien, stratégie) •propreté ↔ malpropreté/ méfiance excessive/ caractère distant/ finesse/ solitude/ douceur/ gentillesse/ espièglerie/ moquerie/ originalité/ imagination/ mimétisme/ débrouillardise.

Blâme

•reproche/ réprimande/ erreur*/ culpabilité*/ punition/ regret/ domination.

Blanc

♦Les 3 énergies lumineuses fondamentales combinées du rouge, du bleu et du vert refont la lumière blanche ; la combinaison des sept couleurs de l'arc-en-ciel* fait de même quand on les réunit sous forme de lumière et non sous forme de peinture, car alors elles donnent le noir (opposition, contradiction). ♦Couleur de la lumière totale qui se décompose dans les sept couleurs de l'arc-en-ciel en passant par un prisme ; elle est donc la totalité de l'énergie non différenciée. •absolu/ complétude/ pureté/ Est, aube, matin/ début/ promesse/ retour/ transition/ extrémité/ initiation/ potentiel/ silence/ Ouest, fin, deuil/ suspension/ éveil/ révélation/ conscience/ illumination/ innocence/ mort/ maladie/ neutralité/ indétermination, indifférenciation/ nouveauté/ acceptation/ vulnérabilité/ offrande de soi/ sacrifice/ épuration, lavage, soit la 2e phase d'une transformation ♦blanc neutre : Besoin de purification matérielle et spirituelle ?/ Je suis devant une page blanche de ma vie, je dois décider ?/ Innocence et pureté d'intention ? ♦blanc éclatant : Présence de l'énergie totale et divine. Danger d'un contrecoup négatif dans le corps, par différence de potentiel. ♦blanc crème, riche : Présence d'énergie bien terrestre = bien-être. ♦blanc terne, livide : La mort rôde = celle de qqn qui m'entoure ? Pour en être certain, il faut d'autres signes. Même sens pour qqch de blanc et qui d'habitude est en couleur. ♦noir et blanc : tendance à opposer trop violemment les choses/ évidence ♦blanc et rouge : forte opposition = la mort et la vie ; l'innocence et la violence ♦blanc et bleu : valeurs célestes, aspirations spirituelles/ sainte Vierge/ apaisement/ soif d'infini, d'idéal/ idéalisme ♦albinos : l'exception/ caractère divin/ ségrégation.

Blason

armoiries •signe distinctif/ titre/ nom/ fierté/ noblesse/ dignité/ haute société/ grande famille/ hérédité/ ascendance/ exclusion/ héraldique/ féodalité/ écu/ hauts faits, exploit/ ancienneté/ snobisme/ complexe de supériorité.

Blasphème

•révolte/ colère/ désacralisation/ défoulement/ mépris/ libération.

Blatte

cafard, cancrelat/ insecte nocturne (couche-tard, dissimulation, clandestinité) au corps aplati (écrasement, infériorité) •tristesse, idées noires/ nostalgie sombre/ tartuferie/ hypocrisie/ délation/ parasitisme/ mépris/ ennui/ vie cachée, oubliée sans relief// Un profiteur?/ Pique-assiette?/ Mépris?

Blé

céréale/ mûr: doré (lumière céleste)/ blé entier: aliment complet (alimentation, santé)/ n'existe pas à l'état sauvage (civilisation, culture, sédentarité): d'origine botanique inconnue (don du ciel)/ consacré à Déméter, déesse de la fécondité •ordre/ discipline/ union, coopération/ multiplication, accroissement/ plénitude/ noblesse/ mort et renaissance/ fructification/ la vie.

Blessure

♦subir une blessure: J'ai subi une blessure émotive? Une offense? Une défaite cuisante? Je me formalise facilement? ♦fréquente: tendance au suicide/ Voir la partie du corps concernée./ Voir *égratignure, bleu, brûlure, fracture...*

Bleu

1. ecchymose ♦Je suis meurtri et la partie du corps concernée m'indique le secteur de ma vie.

2. couleur: esprit/ pensée/ pureté/ transcendant/ intelligence/ froideur/ peur/ colère/ étonnement/ l'Ouest*/ correspond à la glande thyroïde et au chakra* de la gorge*/ inspiration religieuse ♦bleu franc (royal): énergie puissante fondamentale qui me parle de ma vie spirituelle ou intellectuelle ♦bleu foncé: Vie spirituelle à approfondir?/ Grande expérience spirituelle?/ Idéalisme?/ Besoin de régénération, de ressourcement?/ Besoin de justice?/ Joie profonde?/ Noblesse de l'âme? ♦bleu pâle: ciel/ lumière/ air/ rêve/ espace/ calme// Manque ou

pas assez de réalisme?/ Mon âme a besoin de respirer: prière, lecture, méditation, contact avec la nature, avec la beauté? ♦bleu clair, transparent, argenté: Désir d'un bonheur sans mélange, impossible?/ Je fais preuve de froideur?/ Je suis sous le coup d'une grande peur ou d'une colère?/ J'intellectualise au lieu de vivre les expériences?/ J'ai besoin de me purifier avec l'eau extérieure et intérieure? avec l'énergie du pardon?/ Désir de la félicité bienheureuse? ♦bleu gris: Ma vie spirituelle ou intellectuelle manque d'intensité? ♦bleu, blanc, rouge = éclat/ simplicité/ vitalité/ franchise/ infantilisme/ français/ esprit, âme, corps: équilibre.

Bloc-notes

•note/ message/ rendez-vous/ remarque/ rappel/ mémoire*.

Blond, Blonde

couleur céleste •maturité/ chaleur/ beauté/ maturité intérieure/ être béni/ caractère divin/ amoureux, amoureuse.

Bobtail

chien* de garde/ corps puissant et ramassé (force d'attaque)/ pelage abondant, laineux et ondulé (dehors un peu brouillon et peu fruste)/ robe grise, ou bien gris bleu avec ou sans taches (besoin de mettre en confiance)/ tête large, couverte de poils longs qui masquent souvent les yeux (ouverture d'esprit, timidité de surface)/ défaut: mauvais aplomb (manque d'équilibre physique, tendance au vertige)/ aboiement fort (grosse voix, intimidation)// chien souple, intelligent •puissance et confiance physiques/ sexualité réduite/ grande sensualité/ sensibilité qui se protège/ bon équilibre nerveux/ bon caractère.

Bœuf

taureau* castré/ bête de somme ou d'élevage (aide, Providence)/ herbivore (caractère pacifique)/ ruminant (maturation, réflexion, rancœur)/ 2 cornes simples (opposition)/ forme massive (force tranquille)/ mufle large et nu (force de vie, point faible)/ cou fort et court avec ou sans fanon (puissance, prétention)/ domestique (docilité, contrôle, aide) •bonté/ aide, auxiliaire/ sacrifice de la force sexuelle, chasteté/ fécondité spirituelle/ constance, ténacité/ vie sous un joug, une obligation, une domination.../ résignation/ don de soi/ castration*.

Bœuf musqué

ovibos, mammifère du Grand Nord/ robe sombre (mise en évidence, affirmation)/ couvert de longs poils laineux (adaptation)/ sauvage (méfiance)/ chair très musquée (sexualité)/ tient du mouton et du bœuf (métissage)/ vit en petits troupeaux (sociabilité, protection)/ grande résistance au froid (résistance) •période d'hostilité extrême/ immobilisme apparemment total// Qqch s'organise dans l'inconscient très profond? Je n'ai pas à intervenir, mais à continuer ma vie normalement./ Espérer contre tout espoir?/ La victime de la froideur aura ses consolations intérieures./ Les conditions actuelles ne me feront pas périr: confiance.

Bohémien

gitan •liberté/ indépendance/ nomadisme/ caractère sauvage, farouche/ cartomancienne*/ malpropreté/ vol, malhonnêteté/ misère/ inadaptation sociale/ rejet de la société, individualisme/ fierté/ autonomie/ anarchie.

Boire

♦eau claire: Besoin de rétablir mon équilibre?/ Besoin de me purifier?/ Redevenir moi-même, me retrouver? ♦eau non potable: Mes sources d'énergie sont douteuses. ♦eau boueuse: J'assume mes instincts?/ Période féconde? ♦lait*: Je régresse?/ Je retourne à ma vraie source? ♦alcool*: Je fuis?/ Je fête?/ Je perds la tête?/ Je me défoule? ♦vin*: J'aime la vie?/ Je partage l'amitié? ♦élixir, boisson excellente: J'alimente ma vie spirituelle?/ Initiation? ♦jus de légumes: J'assume ma sexualité. ♦jus de fruits: J'assume ma sensualité. ♦urine: Mes désirs inassouvis me font errer?/ en rêve: contact avec l'inconscient.

Bois

matière végétale dure (intériorité) •qualité de l'être en développement/ sentiment stable/ humilité/ serviteur/ chaleur/ science/ sagesse/ réserve énergétique ♦bois pétrifié, voir *pierre*. ♦lieu boisé, voir *forêt*. ♦cornes de cervidés, voir *corne*.

Boîte

•corps maternel/ protection/ secret/ inconnu/ cachette// ♦l'ouvrir: prendre un risque, s'ouvrir/ ♦la fermer: mettre de côté ou renvoyer dans l'inconscient ♦vide: estomac vide/ tête vide/ sentiment de vide intérieur.

Boiter

•qqch cloche dans ma vie/ manque d'équilibre/ faiblesse/ fin de qqch/ défaut, faiblesse de l'âme/ combat avec l'inconscient/ le prix à payer pour approcher la divinité/ nous boitons tous, car blessés dès l'origine, au départ.

Bol

récipient •chaleur/ individualité/ commodité/ diversité/ offrande/ aumône/ don/ sein maternel/ Voir *coupe*.

Bombe

gros projectile •grand danger/ grande tension/ destruction/ emportement, colère/ situation explosive/ nouvelle étonnante/ brusque arrivée.

Bonbon

•petit plaisir/ gâterie/ sensualité/ facilité/ légèreté/ infantilisme.

Bonne

domestique •aide/ tâches ménagères/ ordre, rangement/ service/ gages/ organisation de la vie matérielle/ ancrage dans la réalité/ réalisme/ simplicité/ humilité/ dévalorisation/ mépris/ domination.

Bonnet

coiffure sans bord dont la forme varie : pointu, rabattu, cornu/ coiffure des magiciens*, des gnomes, des gardiens des trésors* et des mines, voir *nain* •s'apparente à la corne (force naturelle) et au rayon de lumière venant d'en haut, inspiration/ éclairage céleste/ puissance/ conciliation des contraires, comme la Licorne*/ mystère/ magie/ responsabilité/ phallus*.

Boomerang

•chasse/ hostilité/ courbure/ retour/ rebondissement/ ingéniosité/ karma*.

Bordel

•sexualité/ débauche/ exploitation/ mépris/ hypocrisie sociale/ grand désordre/ Voir *prostitution*.

Bordure

•bord/ protection/ frontière/ limite/ limitation/ renforcement.

Bosse

enflure causée par un choc/ protubérance anormale ♦accidentelle : Je suis heurté profondément dans mon émotivité ?/ Je me juge trop sévèrement ?/ Culpabilité ?/ Autopunition ? ♦permanente : Une attitude négative prolongée provoque un mal chronique. Mêmes sens qu'en haut./ Voir la partie du corps affectée. Voir *enflure*.

Boston-terrier

chien* de compagnie/ tête courte (pensée à courte vue)/ museau court, carré (détermination)/ poil fin, court et brillant, robe pie (tenue soignée et discrète)// très fidèle, intelligent et obéissant •physique ingrat/ bonne santé/ vigueur/ ténacité/ grande sensibilité sujette à des contrastes/ vive attention/ amabilité.

Botaniste

•nature/ plantes*/ environnement/ croisements/ mutations/ environnement/ semence/ vie émotive.

Bottin

•gros livre/ liste/ renseignements/ consultation/ identification/ inscription/ localisation/ réseau/ références.

Botte

•sentiment de force, de puissance, d'assurance, de confiance/ travail dur/ absence de souplesse/ manque de légèreté, de subtilité, de finesse/ protection exagérée/ démarche grossière/ peur du risque/ écraser/ guerre/ Voir *paire, couleur.*

Bouc

mâle de la chèvre*/ herbivore (caractère pacifique)/ cornes fortes (force de frappe)/ barbe* (sagesse)/ glandes malodorantes sous la queue (séduction, répulsion)/ relation avec le dieu Pan, les satyres (mythologie, naturisme)/ animal du sacrifice (don de soi) •force de l'élan vital facilement corruptible/ vie libre et naturelle/ nature ardente/ luxure/ Satan/ paratonnerre qui se charge de tous les maux (bouc émissaire)/ projection de ma propre culpabilité sur les autres.

Bouche

•alimentation/ puissance créatrice/ communication/ pouvoir organisateur ou dévastateur/ vérité ↔ mensonge/ éloquence, force de convaincre/ expression des sentiments, de la pensée/ don de poésie/ don de la voix, chant/ amour accepté, manifesté// bouche bâillonnée : silence/ secret// Voir *boire, manger, langue...* ♦allusions à la bouche : Est-ce que je m'alimente bien ?/ Dois-je goûter et connaître qqch de nouveau ?/ Ai-je des choses à dire? Ai-je à m'exprimer?/ M'offre-t-on qqn à aimer?/ Suis-je fermé aux idées nouvelles? ♦mal à la bouche: Je dis non à l'une des questions précédentes?/ Je me reproche de trop ou trop peu parler? manger? aimer?/ difficulté d'admettre de nouvelles idées.

Boucher, Bouchère

•tuer, abattre/ chair/ sang/ os/ viande/ nourriture/ débitage, dépeçage/ couteaux/ cruauté/ souffrance/ envie de tuer/ désirs sexuels non satisfaits.

Bouchon

•conservation/ fermeture ↔ ouverture/ empêchement de parler, silence imposé, secret.

Boucle

♦de ceinture: lien/ attache/ voir ce mot ♦de cheveux: identification/ souvenir/ attachement ♦de tissu: élégance/ cadeau/ conclusion ♦d'oreilles: sexe féminin/ fécondité/ magnifie l'oreille*, le lobe*/ coquetterie// Voir *bijou.*

Bouclier

•protection/ coups évités/ opposition*/ écran/ rempart/ crainte/ défense passive/ attitude de retrait/ refoulement*.

Boue

vase* •déchet/ résidu d'égout/ matière première/ fécondité/ début d'une évolution/ naissance d'une source, régénération// dégradation/ corruption.

Bougie

mèche enveloppée de cire •panne d'électricité/ nouvel éclairage, nouveau point de vue/ intimité/ confidence/ rêverie/ anniversaire/ fête/ unification/ force ascensionnelle de la flamme = vie de l'âme, vie spirituelle/ flamme, ardeur/ sacrifice/ prière ♦vacillante ou mourante: veille exagérée? manque de vigilance? chute spirituelle? ♦cassée: perte d'énergie vitale? perte d'élan? ♦qui coule beaucoup: sacrifice (excessif?).

Bouilloire (électrique)

•chaleur/ vapeur/ civilisation ♦en panne: Privation de réconfort? Privation d'intimité? Privation de milieu social? Privation de stimulation? Besoin d'élever mes vibrations? Besoin de changer d'état? ♦oubliée sur le feu: Invitation à prendre conscience de mes responsabilités dans la création de mes liens sociaux et de ma stimulation ?

Boulanger

•plaisir et nécessité de manger/ appétit/ feu transformateur/ être dans le pétrin/ travail de nuit/ invitation à tenir compte des rêves.

Boule

•jeu/ tête/ mouvement, mobilité/ instabilité/ facilité/ se faire rouler/ perfection/ sein*/ testicule*/ totalité/ la Terre/ le Soi*.

Bouleau

arbre, 20 à 30 m (personnalité plutôt gracile à caractère très humain)/ tronc élancé (aspiration)/ croissance rapide (ardeur)/ feuillage léger (discrétion)/ fleurs en chatons (discrétion, sensualité)/ écorce blanche souvent satinée (originalité, douceur, de contact agréable)/ rameaux grêles et souples (vulnérabilité, souplesse)/ bois : divers usages (adaptation) ; autrefois, canoës (aide, dialogue avec l'inconscient)/ odeur aromatique (charme) •printemps/ jeune fille/ beauté/ originalité/ charme fait de délicatesse, de tendresse et de sympathie/ magie/ influence céleste/ aspiration/ protection/ solidarité/ relation favorable et très compréhensive avec le Soi*.

Bouledogue anglais

chien* de garde/ face très courte et large, avec babines épaisses et tombantes (air rébarbatif)/ mâchoire inférieure projetée en avant (volonté, ténacité)/ cou épais (force d'attaque)/ poitrine large (prétention)/ grande force et aspect redoutable (force, arrogance)/ robe habituellement blanche (tenue simple)/ poil court et serré (propreté)// sédentaire, très intelligent, docile et calme/ doux avec les enfants •aplomb physique/ solide constitution/ corps massif/ grande audace/ mordant/ difficulté de lâcher prise/ sensibilité variable/ grand contrôle des instincts/ un certain flegme/ tendance à des humeurs massacrantes.

Bouledogue français

chien* de compagnie/ tête large, carrée et très forte (idées arrêtées)/ peau très ridée (caractère soucieux)/ mâchoire inférieure projetée en avant (volonté, ténacité)/ babines tombantes (attitude méprisante)/ robe : bringée ou blanche avec taches rousses et noires (tenue un peu négligée)/ air renfrogné/ il ronfle//

excellent gardien/ sympathique, intelligent, docile, affectueux, calme et courageux •mêmes choses que le précédent, mais à un degré moindre/ + côté émotif plus marqué/ attachement/ sexualité plus réduite/ prévenance.

Boulimie

•faim insatiable/ insatisfaction profonde/ cupidité/ égocentrisme/ privation de tendresse maternelle.

Bouquet

•réunion, ensemble/ décoration/ harmonie/ attention, délicatesse/ gentillesse/ gratuité/ sensibilité/ sentiments exprimés ♦séché: fin de tout ce qui précède/ fidélité/ souvenir/ regret/ prolongation de sentiments dépassés.

Bourdonnement

•insectes/ bruit/ murmure, confidence/ propos confus/ activité intense/ agitation mentale/ Voir *oreille*.

Bourgeon

•printemps/ nouveauté/ renaissance/ commencement/ promesse/ fécondité/ espérance/ poussée intérieure/ début d'expression/ apparition d'un sentiment nouveau.

Bourse

marché de l'argent*, des valeurs... •commerce/ profits et pertes/ risque/ hauts et bas/ dépression/ dévaluation/ richesse/ ruine/ cote/ spéculation/ nervosité/ instabilité/ incertitude/ variation de l'énergie vitale.

Boursouflure

gonflement de la peau/ Voir *ampoule*. •exagération/ inflation de la personnalité/ Voir partie du corps affectée.

Bouse

excrément* des bovins •déjection/ désagrément/ inconvénient/ fumier/ fertilité/ enrichissement.

Boussole

•magnétisme/ orientation/ exploration/ aide/ conseil/ constance/ précision/ entêtement/ fascination/ étroitesse d'esprit.

Bouteille

•désir/ savoir secret/ révélation/ espoir/ message/ fragilité/ ivresse/ changement de niveau, nouvelle perception/ alcoolisme ♦pleine: réserve, provision/ sobriété/ plaisir à venir ♦vide: satisfaction/ fin d'un plaisir/ fin d'une étape/ épuisement/ vide intérieur/ âme perdue, vidée/ capacité de renouveau, de changement ♦cassée : fin d'un rêve/ interruption d'un plaisir/ déception/ violence ♦ouvrir : fête/ joie/ partage/ espoir d'un plaisir ♦fermer : renoncer à un plaisir/ sobriété// Voir *boire*.

Bouton

éruption cutanée qui indique une dissonance du secteur de ma vie indiqué par la partie du corps concernée ♦Je me fais du mauvais sang ? De quoi suis-je inquiet ?/ Manque de caresse ? Ou je change les circonstances de ma vie pour me permettre de satisfaire la sensualité ou j'y renonce clairement, orientant l'énergie de ce désir vers une activité d'un ordre supérieur.// Voir *peau, furoncle* et *acné*. ♦bouton de fièvre, Voir *lèvre*. ♦de vêtement : lien, attache/ attachement ↔ détachement ♦électrique, voir *interrupteur* ♦de fleur : promesse/ réserve/ préparation/ épanouissement à venir/ sentiment inexprimé/ Voir le nom de la fleur concernée.

Bouton d'or

plante sauvage/ tige élancée, 60 cm, terminée par des fleurs jaune vif (lumière céleste, perfection)/ Les animaux ne le mangent pas (sentiment empoisonné)./ peut provoquer des affections cutanées (individualité menacée)/ fournit une teinture rouge (changement intense)/ dédié à Mars* •danger des richesses/ moquerie/ ingratitude/ rancune/ illusions/ tentations/ fausse représentation.

Bouvier des Flandres

chien* de garde/ tête forte et massive (forte tête)/ mâchoires puissantes (détermination)/ aspect imposant : corps solide et très fort/ aspect rustique à cause de son poil ébouriffé (tenue négligée)/ robe grise, fauve ou tachetée (discrétion)// intelligent, actif, énergique, audacieux, obéissant et fidèle •bon contrôle des instincts/ capacité d'organisation/ audace, intrépidité/ polyvalence/ corps dur à la fatigue/ sensibilité bien contrôlée/ grande amitié/ sexualité réduite/ goût du travail, du devoir/ bonne force physique, bon tonus vital/ vivacité d'esprit/ bonne défense/ joie de servir.

Bouvreuil

petit oiseau/ grosse tête à calotte noire (idées noires)/ poitrine et ventre rouges (amour)/ dos noir (pessimisme)/ ailes noires barrées de blanc (venue de la conscience)/ dodu (manque d'élégance, bonne chère)/ trémousse la queue (appel sexuel)/ mange insectes, graines, bourgeons (intégration des bas instincts, caractère pacifique)/ oisillons nourris par le père (décloisonnement des rôles) •correction, maintien/ confiance/ crédulité, duperie/ chauvinisme/ discrétion/ fort désirs sexuels/ responsabilité paternelle assumée.

Bowling

•jeu/ loisir/ habileté/ précision/ coordination musculaire/ sociabilité/ canalisation de l'agressivité/ simplicité/ manque de cran/ plaisir tranquille/ équilibre instable/ esprit timoré/ manque d'envergure/ Voir *quilles*.

Boxe

•combattre/ adversaire*/ brutalité/ encaisser des coups/ frapper, attaquer/ se défendre/ rage/ abrutissement/ défi/ invitation à faire face/ opposition*/ choc/ difficulté de comprendre/ épreuve/ initiation.

Boxer

chien* de garde/ tête un peu ridée/ mâchoires fortes (force de caractère)/ nez retroussé (futilité, effronterie)/ poitrine puissante (force, vantardise)/ dos court (concentration)/ poil ras et brillant (tenue correcte et stricte)/ robe fauve avec museau noir (simplicité)// sportif, doux, éveillé, souple, patient avec les enfants et de bonne compagnie •grand courage/ grande fidélité/ tempérament vif/ calme, pas d'excitation inutile/ bon contrôle des instincts/ vigilance/ bon équilibre physique/ corps solide et bien délié/ distinction et élégance/ excellente combativité/ sexualité réduite/ joie de compagnonnage.

Boyau

intestin d'un animal •intestin*/ dédale*/ grande émotivité/ tréfonds de l'être/ caché, secret/ passage étroit.

Bracelet

•séduction/ esclavage/ prison/ lien sexuel/ lien amoureux/ travail/ affaires.

Braise

•ardeur/ aspiration maintenue/ passion entretenue/ épuration en profondeur/ intégration d'une prise de conscience/ tranquillité chaleureuse/ fidélité.

Branche
•partie, élément d'un tout/ lien important/ réseau/ orientation/ aspiration/ ramification.

Braque allemand
chien* de chasse/ excellent limier (grand flair)/ aspect puissant et allure élégante/ beau port de tête (allure aristocrate)/ grandes oreilles pendantes (indépendance)/ poil ras et brillant (tenue correcte)/ robe marron ou blanche avec de grandes taches marron (souci d'élégance dans la simplicité)/ solidement charpenté (puissance)// intelligent, sympathique et très fidèle •polyvalence/ grande maîtrise/ dévouement/ grande capacité d'apprendre et de s'adapter/ élégance dans la force/ corps proportionné, équilibré/ hautes qualités morales/ belle intuition/ sérieux/ sociabilité/ fierté/ bonne tenue.

Bras
•force/ dynamisme/ pouvoir/ capacité/ travail/ secours/ protection/ justice/ défense/ activité/ efficacité/ correspond au signe des Gémeaux ♦bras levés : imploration/ abandon, acceptation/ présentation/ protection/ réception/ ouverture à la grâce, aux forces cosmiques/ soumission/ reddition ou victoire ♦mal au bras droit : Je ne fais pas la bonne action ?/ Je fais trop d'effort pour retenir qqn ?/ Je force les gens et les événements ?/ Je ne peux plus compter sur qqn qui me servait de bras droit ? ♦mal au bras gauche : Je n'agis pas assez ?/ Je néglige l'amour ?/ Je ne fais pas assez d'effort ? ♦mal aux deux bras : Qui trop embrasse mal étreint ?/ Je me dévalorise ? Je me sens inutile ?/ Je suis trop attaché à qqn ?/ Je suis égocentrique ?/ Je devrais changer de travail ? ♦mal à l'avant-bras*: même chose, mais on m'avertit plus tôt que si le bras seulement était concerné.

Brebis
femelle du bélier •docilité à la volonté divine/ chrétien/ victime/ innocence/ identifiable à l'agneau*// Voir *mouton*.

Briard
chien* de garde/ tête forte (équilibre mental)/ museau non pointu (flair limité)/ poil long, recouvrant les yeux et formant barbe et moustache (mise négligée, naturelle, aspect rébarbatif)/ robe de couleurs variées, foncées (discrétion)// intelligent, affectueux, docile et fidèle •capacité d'organiser/ maîtrise des peurs/ besoin d'affection/ sensualité/ un côté brouillon/ besoins sexuels

prononcés/ dévouement/ souplesse corporelle/ vivacité/ corps bien proportionné et musclé.

Bride

•orientation, direction/ maîtrise des instincts/ contrôle/ frein/ lien/ guides/ raison, intellect/ bon sens/ discipline.

Brique

•maison/ ville/ urbanisation/ sécurité/ culture/ vie sédentaire/ construction rationnelle, le mental/ régularisation/ ingéniosité/ humeur massacrante/ remplacement, substitut/ gros livre★/ grosse liasse de billets de banque (un million de francs)/ coup dur.

Briquet

•friction/ commodité/ ingéniosité/ multiples prises de conscience/ cœur/ passion en réserve, prête à s'enflammer.

Briser

♦bris de verre: décharge psychique à la suite d'une trop grande accumulation d'énergie = l'énergie ne circule pas assez/ grande tension/ grande nervosité// sens relié à l'objet brisé ♦bris des appareils de communication (téléviseur★, téléphone★...) problème de communication, rupture/ ne pas arriver à exprimer ses sentiments/ besoin de silence, de recueillement, de solitude pour se retrouver.

Brocoli

légume-fleur (instinct sublimé, indécision, imprécision)/ variété de chou-fleur★/ agglomération des ramifications florales avant leur développement, à surface verte granuleuse (hâte, réalisation devancée)// préviendrait le cancer (poumon, col de l'utérus...) •invitation à incarner mes sentiments dans des actes concrets/ ne plus attendre/ union étroite/ aller à l'essentiel/ faire les efforts nécessaires/ besoin de donner suite à mes aspirations.

Bronchite

•contraintes excessives/ tension causée par un milieu qui m'étouffe/ irritation, exaspération.

Bronze

alliage de cuivre★ et d'étain★ (association solide)/ utilisé pour faire cloches★, gongs★, statues★, médailles★... (= transformation des misères corporelles et des instincts animaux en valeur impérissable) •ambivalence/ sublimation ↔ dépravation/ sonorité/ vibration/

force/ force militaire, discipline, intervention énergique/ solidité/ résistance/ lourdeur/ noblesse/ incorruptibilité/ immortalité/ justice/ dureté, insensibilité/ serpent d'airain de Moïse : préfiguration du Christ = protection divine, mutation de l'humain en être divin.

Brosse

♦à cheveux : mise en ordre de mes idées ♦à dents : intimité/ dignité/ exigence/ correction ♦outil de nettoyage : ordre/ obscurité chassée/ besoin de prendre conscience/ force des actes quotidiens en vue de la transformation.

Brouette

•charge, responsabilité personnelle/ fardeau/ labeur pénible/ supplément de force/ don énergétique/ mobilité/ équilibre// le contenu de la brouette = ce dont je dispose pour accomplir mon destin.

Brouillard

•incompréhension/ situation trouble/ manque de perspective/ indétermination/ indécision/ suspension du temps/ fantastique/ merveilleux/ ralentissement/ transition/ prélude à la lumière, à la prise de conscience, à une manifestation spirituelle.

Broyeur à déchets

•élimination/ rejet/ facilité/ luxe/ mépris/ refoulement* ♦en panne : Gros problème à éliminer en l'examinant au lieu de le renvoyer dans l'inconscient ?/ Je broie du noir ?/ Qu'est-ce qui me bloque ?/ Je gaspille ?/ Avec ou sans raison, j'ai mauvaise conscience ?/ Je méprise autrui ?

Bruant

petit oiseau à robe tachetée de brun ♦bruant chanteur : brun à rayures avec tache noire sur la poitrine (discrétion)/ niche à terre (humilité)/ familier (confiance)/ jardins (agrément)/ chante tout le temps (grande joie de vivre, expression personnelle)/ excellent musicien (sentiment naturel)/ improvise (créativité) •amour de la musique/ optimisme/ foi/ coquetterie/ caprices/ gaieté/ spontanéité.

Brûler

•purifier/ éliminer/ sacrifier/ désirer vivement/ Voir *incendie*.

Brûlure

•précipitation (brûler les étapes)/ impatience/ inexpérience/ imprudence/ sentiment d'autodestruction, tendance suicidaire/

autopunition/ mépris du corps/ ardeur mal dirigée/ imagination enflammée/ passion/ accumulation excessive d'énergie psychique : l'énergie doit circuler, servir/ perte de la lumière intérieure au profit de la reconnaissance extérieure// mettre en relation avec la partie du corps affectée/ purification// urgence d'intervenir ♦brûlure d'estomac*: insatisfaction/ aigreur/ colère rentrée/ peur.

Brun

couleur entre le noir* et le roux*/ mélange de toutes les couleurs qui donne une couleur indistincte (perdu, gâté)/ terrestre/ Voir *marron.* •retour à la terre, recommencement/ humilité/ pauvreté/ dégradation/ déjection/ élimination/ neutralité/ privation/ discrétion/ camouflage/ fondamental/ humiliation/ sadisme/ complexe anal.

Bruyère

plante buissonnante (cachotterie, infidélité), de 3 à 6 m/ 1 500 espèces (imagination, abondance)/ feuilles persistantes (résistance, ténacité)/ vit souvent en symbiose avec des champignons (association)/ renflements noueux des racines qui servent à la confection des pipes (dureté, tourments, utilité de la souffrance)/ petites fleurs en forme de cloche, groupées en épis, parfois odorantes, roses, mauves, blanches, pourpres, acajou (diversité, ardeur, épanouissement en groupe) •peur de l'isolement, besoin maladif des autres/ vampirisme/ amour esclave/ égocentrisme/ amour de la foule et de la promiscuité/ immortalité/ tendance à retenir/ rancune, aigreur/ ténacité/ alliance secrète.

Bûche

•potentiel/ inertie/ aspect fruste, inculte/ sacrifice, don total/ disponibilité/ réserve d'énergie.

Buffle

bovidé/ herbivore (caractère pacifique)/ ruminant (maturation, réflexion, rancœur)/ grand buffle noir de savane ou petit buffle rouge de forêt (sauvage, retraite)/ aime se vautrer dans la boue (luxure)/ grégaire (sociabilité)/ grand animal (importance du corps)/ forme épaisse (inélégance)/ cornes recourbées en arrière et à l'intérieur (force de frappe contrôlée, opposition*)/ grande puissance (énergie)/ blessé, très agressif: charge le chasseur (danger, force réactionnelle, renversement de situation)/ pas d'ennemis à sa mesure (invincibilité) •force aveugle des instincts non dominés ♦domestiqué, en Asie (docilité, contrôle, aide)/ aime fréquenter les mares (apaisement de l'agressivité)/ doux (instincts domptés)/ docile (force paisible et patiente) / bon lait (sécurité, Providence).

Buis

arbuste buissonnant, de 1 à 6 m/ (personnalité vigoureuse mais réservée)/ feuillage persistant (ténacité, permanence)/ feuilles luisantes, cirées et vert foncé (belle apparence)/ bois dur et compact (densité); usages anciens (utilité, passé): fouets*, toupies*, peignes*, flûtes*/ lié aux instruments à vent (esprit, sentiments)/ consacré à Hadès (la mort), à Cybèle (maternité) et à Aphrodite (beauté) •rite funéraire/ immortalité/ éternité/ protection/ fermeté/ persévérance/ amour/ fécondité.

Buisson

•cachette/ dissimulation/ aventure sexuelle/ absentéisme/ révélation divine possible.

Bulbe

organe végétal souterrain renflé (oignon, lis, tulipe...) •organes sexuels masculins/ réserve/ période d'intériorisation, d'assimilation, de dormance/ potentiel/ prévoyance.

Bulbe rachidien

ensemble des centres nerveux menant de la moelle épinière au cerveau/ lieu du chiasme: croisement des commandes nerveuses •retournement = passage de la droite* à la gauche* et vice versa/ enveloppe des cieux/ degré successif de révélation de la lumière divine/ réorientation/ clef du corps, de l'activité/ lien de vie.

Bulle

•création légère/ gratuité/ aspect éphémère/ rêve/ vie/ perte de temps/ inflation de la personnalité/ La perfection n'est pas de ce monde.

Bull-terrier

chien* de terrier/ tête peu attirante, en forme d'œuf (physique ingrat)/ yeux en amande et très petits (allure étrange)/ poil court, lustré et rude (tenue propre, mais inélégante)/ robe blanche (simplicité)// excellent dératisateur (vigilance)/ robuste, courageux, fidèle, compagnon agréable •besoin de se sentir utile/ bon contrôle sur les bas instincts/ invitation à approfondir/ caractère difficile/

attention à la méchanceté/ grande franchise/ courage, bravoure/ nervosité/ bonne agilité/ caractère résolu/ pureté d'intention.

Bureau

•travail/ sérieux/ études/ consultation/ écriture/ dossier/ activité mentale/ affaires/ rencontre/ formalisme/ tension/ performance.

Bursite

•effort excessif/ retenue exagérée/ colère rentrée/ ambition/ détermination excessive/ durcissement, manque de souplesse de caractère/ Voir la partie du corps concernée.

Buse

gros oiseau/ rapace diurne (danger évident)/ coloris variable, du brun au beige (camouflage)/ chasse au sol (réalisme, agressivité)/ plane en cercles (surveillance, conscience élargie, recherche du centre*)/ s'élève en couple en spirale planée et descend en piqué (prendre du recul)/ noble voilier (dignité)/ femelle plus grosse que le mâle (matriarcat)/ mange rongeurs, reptiles (intégration des bas instincts, destruction du mal, sublimation)/ monogame (fidélité conjugale)/ le mâle ravitaille le nid (responsabilité paternelle assumée) •présence angélique, protectrice/ diversité des énergies spirituelles/ évolution en couple avec ses hauts et ses bas/ femme dominatrice.

Butor

gros oiseau/ échassier*/ brun jaunâtre strié de noir (adaptation, intégration)/ trapu (caractère marabout)/ mimétisme: se confond aux roseaux (camouflage, astuce, intégration)/ actif au crépuscule (activité louche)/ cri: bruit de pompe (manque d'éloquence)/ pour se défendre, il gonfle son plumage et vise aux yeux (intimidation, attaque vicieuse) •peur paralysante/ immobilisme/ cachotteries/ défense passive/ qqn de grossier/ timidité/ incognito absolu.

C

•la Lune/ rêve/ imagination/ Islam/ mis pour carbone, Coulomb, Celsius/ mesure à 4 temps (mus.)/ la note *do*/ 100*// numérol. : valeur énergique/ créativité/ nouvelles idées, nouveaux projets/ activité dans l'entourage/ joie de vivre/ danger de gaspillage des énergies (Piché).

Cabane

humble abri ♦délabrée : Je suis dans un état psychique précaire, je manque de certitude et de sécurité ?/ Je souffre de ségrégation sociale ? Demander de l'aide ? ♦solide : Un certain dépouillement volontaire me serait salutaire pour arriver à voir l'essentiel ?/ Peu d'exigences ?/ Goûts frustes ?

Cabinets

Voir *toilettes.*

Câble

•solidité/ union/ attache importante/ lourde tâche.

Cacher

•dissimuler/ ne pas exprimer ses émotions, ses sentiments ; refouler/ receler/ voiler/ tricher.

Cachet

plaque (ou cylindre) gravée •signature/ renom/ atmosphère/ empreinte/ Voir *tampon.*

Cachot

•punition sévère/ isolement/ réclusion/ refoulement/ Voir *prisonnier.*

Cactus

plante grasse à épines (économie, prévoyance, caractère vif, avertissement, agressivité)/ jolies fleurs (épanouissement inattendu)

•attitude défensive/ possibilité de miracles/ goût de l'étrange/ surprise/ vie secrète, intérieure/ fécondité de la solitude/ apparences trompeuses/ aspect rébarbatif/ rejet/ concentration de l'énergie/ réussite inattendue/ foi dans le merveilleux/ arthrite*.

Cadavre

Voir *mort.*

Cadeau

•gratuité/ plaisir de donner, de recevoir/ intentions cachées/ amabilité/ amitié/ amour/ lien/ obligation.

Cadenas

•fermeture/ secret/ protection/ qqch de précieux/ insécurité/ dureté/ autorité/ domination/ empêchement/ intolérance/ méfiance ↔ confiance/ refus/ prudence.

Cadran

•repère/ contrôle/ calcul/ précision/ pression/ mesure/ vigilance/ Voir *montre, horloge.*

Cadre

•entourage/ milieu social/ limite/ contraintes/ mise en valeur/ support/ sécurité.

Caducée

attribut de Mercure constitué par une baguette sur laquelle deux serpents s'enroulent en sens inverse: indique la circulation équilibrée de l'énergie selon deux pôles opposés; la baguette est parfois surmontée d'ailes (esprit); serpent = instincts •l'équilibre de l'énergie d'en bas (instincts) et de l'énergie d'en haut (esprit); l'accord des forces contraires autour de l'axe de l'évolution/ l'énergie ascendante et descendante autour de la colonne* vertébrale/ la santé ou la guérison, symbole de la médecine qui sait utiliser les poisons pour en faire des remèdes/ polarisation/ dynamisme créé par la tension entre les opposés/ commerce/ fécondité/ contact avec des présences lumineuses positives/ manifestations concrètes/ accomplissement.

Cafard

Voir *blatte.*

Café

stimule les facultés mentales/ fort broncho-dilatateur/ prévient les caries/ anticancéreux/ diminue le rhume des foins •stimulation/

excitation/ exagération/ éveil/ conscience/ idées claires/ mode passagère/ rencontre, échange/ transaction.

Cage

•prison/ fermeture/ contraintes/ attachement/ attitude possessive/ jalousie/ rêve d'évasion/ solitude, isolement/ la cage thoracique, le corps.

Cahier

•écriture/ intimité/ expression/ devoir/ attitude infantile/ mémoire/ introspection/ étude.

Caille

gros oiseau/ dessus brun foncé rayé de fauve (discrétion)/ dessous crème (maladresse)/ sexes semblables (parité sexuelle)/ camouflage (astuce)/ sociable/ gratte la terre (recherche)/ vol rare (esprit terre à terre)/ granivore (pacifique) et insectivore (agressivité)/ niche sur le sol (sans ambition, sens du risque)/ gibier (attitude de victime) •été/ quête, ardeur amoureuse/ lumière libérée de la nuit: voir clair enfin/ loi de l'alternance: hauts et bas, jour et nuit/ nourriture venue du ciel/ don de soi.

Caillou

•authenticité/ utilité/ stabilité ↔ instabilité/ le temps/ usure/ dureté ♦blanc: symbole du corps transfiguré, première initiation majeure/ souvenir positif/ évidence.

Cairn-terrier

chien* de terrier ébouriffé/ tête petite (caractère léger)/ poil dur et dense (mise rigide)/ robe fauve, grise, beige ou noirâtre (charme variable)// excellent chasseur de rats (vigilance, bon contrôle des bas instincts)/ bon gardien (serviabilité, sécurité)/ courageux, actif et fidèle •bon équilibre/ démarche sûre/ besoin d'activité/ invitation à approfondir/ côté brouillon/ belle sensualité/ corps petit, compact, mais fort/ finesse et même ruse/ pudeur réduite/ curiosité/ maîtrise de la sensibilité.

Caisse

1. boîte, coffre* •emballage/ solidité/ protection/ intériorité ↔ extériorité/ secret/ cercueil*/ expédition/ auto/ résonance/ 2. coffre où l'on met de l'argent •argent*/ paiement/ compte/ dépense/ dépôt/ retrait/ obligation/ réserve d'énergie/ sécurité.

Caissier, Caissière

•argent*/ compter/ responsabilité/ confiance/ honnêteté/ précision/ intermédiaire/ Voir *caisse, banque.*

Calcédoine

pierre* précieuse, du blanc au gris bleuâtre (réalisation discrète)/ variété fibreuse de quartz*/ de transparente à translucide (conscience ouverte)/ nombreuses variétés: cornaline*, chrysoprase (vert pomme = énergie vitale), héliotrope (vert tacheté de rouge = énergie vitale marquée d'amour); les calcédoines zonées: agate*, onyx*, jaspes*// correspond au signe du Cancer*/ affinités avec la Lune*/ la calcédoine simple: couleur ardoise ou bleue (énergie intellectuelle) •crainte de Dieu/ charité/ force physique/ joie/ paix.

Calcite

cristal, carbonate de calcium/ cristallisation rhomboédrique (équilibre dynamique)/ incolore et transparent à l'état pur (bonne ouverture d'esprit)/ est biréfringent (dédoublement de conscience)/ employé en optique (lucidité)/•période qui m'invite à tempérer mes émotions/ simplicité.

Calendrier

•découpage du temps/ ma durée/ mon âge, mon évolution/ repère/ invitation à faire le point/ besoin de me rassurer/ recommencement/ mémoire.

Calvitie

Voir *cheveux*.

Caméléon

petit lézard/ change de couleur selon le milieu ambiant ou ses émotions (grande émotivité, influençabilité)/ yeux télescopiques: les globes oculaires s'orientent de façon indépendante (sens de l'observation développé)/ arboricole (élévation, agilité)/ insectivore (agressivité)/ À la chasse, il projette une langue gluante, aussi longue que lui (coups de langue meurtriers, médisances, calomnies, pointes)./ longue queue préhensile (sexualité utilitaire)/ pieds et mains en forme de serres (bon ancrage dans la réalité)/ lent (précaution)/ silencieux (grande discrétion)/ longue immobilité d'affût (grande patience)/ sac gonflable sous la gorge (orgueil) •originalité, excentricité/ grandes émotions/

inconstance/ dissimulation/ bon sens d'adaptation/ intégration/ grande perspicacité/ sociabilité/ tact/ versatilité/ faiblesse de caractère/ avidité cachée/ piège verbal/ esprit calculateur/ méfiance.

Caméra

•pellicule/ impression/ enregistrement/ production/ mouvement/ mémoire*/ angle, point de vue/ témoignage/ Voir *film, cinéma.*

Camion

•lourdeur/ puissance/ charge/ en regard de l'automobile (féminin), symbolise un homme/ évolution ralentie par un trop gros bagage de sentiments, d'attachements, de souvenirs... : besoin d'épuration, d'allégement/ mettre en relation avec ce que le camion transporte.

Camionnette

petit camion, même chose que camion* en moindre.

Camomille

plante à fleurs, de 10 à 30 cm/ vivace (ténacité, permanence)/ fleurs comme de petites marguerites (pureté d'intention)/ feuilles plumeuses (légèreté)/ odeur pénétrante (influence)/ tisane (pose)// aide la digestion/ antispasmodique/ fébrifuge/ tonique •idées claires/ stimulation ↔ calme/ épuration/ subtilité.

Campagnol

petit rongeur*/ gris-roux (sexualité)/ corps massif (force)/ petits yeux (sournoiserie)/ queue courte et velue (sexualité)/ court très vite (fuite)/ granivore, frugivore, herbivore (polyvalence, opportunisme)/ surtout nocturne (couche-tard, dissimulation, clandestinité)/ terrier de galeries souterraines (monde interlope)/ gros mangeur (cupidité)/ très prolifique (prospérité)/ fléau de l'agriculture (danger, appauvrissement) •accumulation de frustrations/ un désir sexuel depuis longtemps refoulé qui gruge mes forces/ détours.

Campanule

plante très rustique et très florifère (endurance, générosité)/ fleurs bleues ou blanches, en forme de clochettes (sentimentalisme, secret)/ fleurit tout l'été (épanouissement) •insistance discrète/ invite à l'intériorisation/ joie réservée/ appels répétés à l'élévation spirituelle.

Camping
•liberté/ voyage/ été/ vacances/ contact avec la nature/ improvisation/ simplicité, dépouillement/ adaptation/ période transitoire/ précarité, inconfort/ découvertes/ nouvelles rencontres.
Canal
•irrigation/ fécondité/ organisation/ circulation et distribution des énergies/ tuyau*/ mise en relation/ circuit/ intermédiaire/ l'un des canaux du corps: uretère, urètre, veine, artère...
Canard
gros oiseau/ palmé (adaptation)/ bec large, plat et sensible (bon sens critique)/ barbotte ou plonge (pas peur de se compromettre)/ omnivore (opportunisme)/ habite dans l'air et dans l'eau (créateur de conscience)/ gibier (attitude de victime)/ sens inné de l'orientation (clairvoyant)/ grand voilier (habileté)/ cancanements (bavardage)/ dimorphisme souvent prononcé (côté féminin ou masculin très affirmé)/ rapide (esprit délié) •vitesse/ communauté/ rumeur/ liberté/ courage, cran/ guide infaillible/ vitalité/ habileté à creuser l'inconscient et le spirituel, ainsi qu'à s'en nourrir/ terreurs nocturnes ♦colvert: beige clair/ ventre blanc (pureté d'intention)/ ailes brun cendré à miroir violet (illusion)/ cou vert brillant à collier blanc (grande sentimentalité)/ «père» des canards domestiques (origine, ascendance)/ bord de l'eau (négociation avec l'inconscient)/ mange petits poissons, batraciens, racines... (esprit pénétrant, perspicacité) ♦domestique: énorme appétit (goinfrerie)/ digestion rapide (tolérance)/ vit en famille (vie de famille)/ mâle polygame (infidélité conjugale)/ sociable et sympathique (bon compagnonnage)/ terrifié par les rats (peur des bandits).
Cancer
•ce qui ronge, gruge/ tracas, soucis/ refoulement des émotions/ difficulté à exprimer chagrin et anxiété/ culpabilité tenace/ autopunition.
♦4e signe du zodiaque*, signe d'eau •1re phase de l'été/ conception, fécondation/ plasticité/ passivité/ réceptivité/ douceur/ attachement à la mère/ attachement au passé/ abandon/ rêve/ hypersensibilité/ soumission/ paresse/ vengeance/ mélancolie/ hystérie/ méditation/ anxiété/ type lymphatique/ sensibilité à l'ambiance/

besoin de sécurité/ repliement/ intuition/ intimité sociale/ importance de la famille/ vulnérabilité/ hypocondrie/ Voir *Lune*.

Caniche

chien* de compagnie/ tête droite et longue (franchise)/ museau long (fin flair)/ poil bouclé ou en cordes: abondant, long, frisé, laineux (extravagance vestimentaire)/ robe blanche, noire ou marron (caractère entier)/ souvent tondu en «lion» (vanité, prétention)/ démarche légère (élégance, délicatesse, côté efféminé)/ fut utilisé pour la chasse au marais (adaptation)/ chien de cirque (habileté, côté enjoué)// élégant, gai, très, très intelligent, actif, très fidèle •corps élégant, doué, délié/ côté poseur/ bon tempérament/ amour de l'eau, de la natation/ douceur/ sagacité/ seconde vue/ prévoyance/ capacité d'éviter les difficultés/ sensualité à contrôler/ grandes habiletés/ importance du paraître: goût pour la mode, le costume, la mascarade/ caractère enjoué/ délicatesse.

Canif

•prévoyance/ débrouillardise/ moyen dissimulé/ disponibilité ♦ouvert: agressivité, sexe masculin/ puissance sexuelle ♦fermé: agressivité masquée ou rentrée/ réserve sexuelle.

Canna

grande plante de jardin (vigueur)/ à rhizome (prévision, précaution)/ larges feuilles vert vif, vert bleu ou bronze (sens de la présentation, prise de conscience importante)/ longs épis floraux à allure de glaïeuls, de grosses fleurs blanches, jaunes, écarlates, roses, saumon... souvent tachetées (affirmation des sentiments divers selon les couleurs) •droiture/ grande force vitale/ autorité/ maturité/ personnalité ample et unifiée/ gloire, triomphe/ épanouissement du corps et du cœur/ attirance ferme du Soi*.

Cannabis

Voir *marijuana*.

Canne

bâton d'appui •vieillesse/ faiblesse/ aide/ soutien/ défense/ élégance/ sécurité/ qqch qui cloche.

Canneberge

baie rouge noirâtre d'un arbuste de tourbière (petits plaisirs charnels inavoués)/ vit en symbiose avec un champignon (association secrète)// prévient les cystites, les calculs rénaux/ détruit virus et bactéries •vie saine/ alliance/ aide/ purification/ joie de servir.

Cannelle

morceau d'écorce du cannelier/ très aromatique// fortifiant •goût de vivre/ amplification, surplus/ noblesse/ honneurs/ nourriture des immortels : transformation psychologique en cours.

Cannibale

•crime contre nature/ cruauté/ vampire*/ exploitation de l'homme par l'homme/ esclavage/ domination totale/ autodestruction causée par une autodévaluation/ passion dévorante, énergie négative parce que mal orientée/ menace d'une myosite* nécrosante (bactérie mangeuse de chair).

Canoë

•contrôle/ maîtrise des instincts/ équilibre précaire/ intimité avec qqn/ intuition/ relation fine avec l'inconscient.

Canon

•menace/ violence/ destruction/ guerre*/ éclat/ puissance brutale/ défense/ attaque/ grand bruit/ exagération/ norme/ désir d'impressionner.

Caoutchouc

•souplesse/ précaution/ effet-tampon/ rebondissement.

Cape

vêtement* ample, sans manches// berger*/ policier*/ héros* chevaleresque/ roi*/ tauromachie/ magicien* •protection/ enveloppement/ secret/ déguisement/ incognito/ dignité/ autorité/ noblesse/ poudre aux yeux/ mépris/ attitude théâtrale/ goût du drame/ dérive.

Capitaine

•chef de file/ leadership/ direction/ responsabilité/ autorité/ raison/ domination/ ascendance/ volonté.

Capitale

ville administrative d'un pays •préséance/ influence/ organisation/ administration/ force d'attraction/ suprématie/ même chose que ville* avec amplification.

Capote

♦grand manteau à capuchon, voir *manteau* / ♦couverture mobile d'un véhicule : ouverture d'esprit/ liberté/ générosité/ extériorisation/ besoin d'épater ♦préservatif masculin, voir *condom*.

Capoter

culbuter en auto •perdre le contrôle/ être renversé, très étonné/ échouer.

Capricorne

♦10e signe du zodiaque*, signe de terre •hiver/ obscurité/ froideur/ repos/ dépouillement, abandon, sacrifice/ frustration/ renoncement/ introversion de l'émotivité et extraversion de l'esprit/ instincts tempérés/ détachement ou ambition/ potentialité/ insensibilité apparente/ équilibre/ constance/ flegme, sang-froid/ Noël, renaissance/ Voir *Saturne.*

Capsule

Voir *bouchon.*

Capuchon

•invisibilité/ disparition, mort/ incognito/ dissimulation/ protection/ lumière céleste/ phallus*/ prépuce/ condom.

Capucine

plante à fleurs à éperons de couleurs variées et chaudes (besoin d'attention, vitalité)/ parfum âcre (acrimonie)/ feuilles arrondies et fleurs en casque (totalité, protection)/ feuilles et fleurs en salade (appétit)/ saveur fraîche et piquante (fantaisie culinaire)// facilite la digestion et dispose au sommeil/ effet antibiotique •négligence/ liberté/ facilité/ esprit de Don Quichotte/ nervosité/ esprit un peu brouillon/ femme combative/ volonté/ goût de la danse/ don de soi.

Carbone

•noir*/ vie/ fossile/ instrument de mesure, évaluation/ Voir *papier carbone* et *charbon.*

Carcajou

Voir *glouton.*

Carcan

•grande gêne/ empêchement/ contrainte/ embarras/ handicap/ peine, punition/ entrave à la liberté/ honte/ obligation, restriction.

Carcasse

•squelette* •la mort/ le corps*/ armature, structure/ os*, charpente osseuse/ schéma, plan/ le vide*/ tragédie/ faim et soif/ famine/ grande maigreur.

Cardinal

1. oiseau moyen/ rouge avec gorge et masque noirs (amour masqué)/ huppe (fierté, vanité, inspiration)/ gros bec (baisers)/ voix lourde et riche (appel de l'amour)/ chant: sifflements roulés (attirance)/ granivore (pacifique) •amour profond/ amour supérieur/ affirmation/ vie/ dynamisme/ ardeur/ intensité/ somptuosité/ la part du cœur, amour spirituel/ présence du divin// la femelle = idem, mais plus intériorisé/ action féconde ♦cardinal à poitrine rose: oiseau moyen/ blanc, noir et rouge rosé (tendresse)/ chant mélodieux, notes chaudes (charme, déclaration amoureuse) •amour secret/ harmonie/ sérénité/ les 3 phases du grand Œuvre de transformation = l'œuvre au noir (désorganisation), au blanc (purification), au rouge (réussite), voir *pierre philosophale.*

2. dignitaire de l'église catholique •Rome/ dignité/ titre/ cérémonie/ fonction importante/ faste/ rouge*/ orgueil/ autorité de l'Église catholique// Je manque d'humilité?/ Problème de conscience?/ On me rappelle avec autorité que je suis en train de fausser ma vie?

Caribou

cervidé, voir *renne.*

Caricature

•défauts/ moquerie/ critique/ exagération/ humour/ ridicule/ laideur personnelle/ personnalité déséquilibrée, déformée/ personne désagréable.

Carillon

•harmonie/ Noël*/ joie/ variation de ton/ différents points de vue/ bonne entente/ coordination/ vibrations différentes/ étape préliminaire de la fusion*.

Carlin

chien* de compagnie (besoin d'affection)/ tête grosse, massive, ronde et couverte de rides profondes (caractère soucieux)/ museau court et carré (rigidité)/ yeux vifs, saillants et globuleux (vigilance, attention)/ poil fin, doux, court et lustré (tenue très correcte)/ robe fauve, jaunâtre, café au lait ou noire (attitude changeante) / tendance à ronfler// agréable, vigilant, enjoué, affectueux, résistant et peu agressif, mais jaloux, exclusif

•originalité, fuite de la banalité/ sujet de contradiction/ attention à la querelle/ caractère d'aristocrate/ méfiance et hostilité devant l'étranger/ indépendance/ dévouement/ physique ingrat/ bon équilibre/ aplomb/ sensibilité prononcée/ sexualité à goûts variés/ amabilité sous des dehors grognons.

Carnaval

•plaisirs, amusement/ danser*/ foule/ déguisement/ invention/ masque*/ incognito, anonymat/ désir de passer inaperçu/ dissimulation/ mannequin grotesque/ caricature/ personnalité d'emprunt/ projection dans un personnage dont l'identité est révélatrice/ défoulement collectif et personnel/ désordre/ permissivité/ excitation, agitation, fébrilité/ moment de folie/ costume ridicule/ le fait de se laisser porter par le collectif.

Carotte

légume-racine/ souterrain (qqch de caché)/ cylindrique et aiguisé (phallus*)/ orangé (appétit, vif désir)/ sucré (énergie plaisante)/ croquant (goût de croquer dans la vie, dans la sexualité)/ feuillage délicat et ramifié (légèreté)// excellent contre le cancer (causé par le tabac)/ abaisse le cholestérol/ prévient la constipation// C'est aussi l'or dans la terre = profit par le travail. •le sexe masculin avec ses variations de longueur; suggère que le sexe caché stimule le désir. Sexualité? Puissance? Réserve d'énergie sexuelle? ♦couleur: Passion violente et dévorante?/ Libido transformée en spiritualité? ♦cuites: Tout est perdu?

Carouge

oiseau moyen/ noir lustré (opposition* lumière ↔ ténèbres)/ épaulettes rouges à bordure crème (décoration, victoire)/ grégaire (sociabilité)/ insectivore (agressivité) et granivore (pacifique)/ chant criard (relation désagréable)/ marais, roseaux (mélancolie)/ combatif (adversaire*) •courage/ côté bohème/ ténacité/ honneur militaire/ hiérarchie/ costume, uniforme/ vie de groupe/ tapage/ intolérance/ domination/ agressivité/ petite pègre.

Carpe

gros poisson d'eau douce/ corps écailleux (bonne protection)/ bouche munie de 4 barbillons (sensibilité)/ omnivore (opportunisme)/ eaux vaseuses (basses vibrations)/ étangs (mélancolie)/ grande longévité: de 50 à 70 ans •fécondité/ longévité/ discrétion/

ignorance/ courage/ persévérance/ audace/ calme/ chance/ succès ♦carpe orangée: élévation spirituelle.

Carré

•la Terre/ totalité de l'espace (4 points cardinaux)/ espace sacré/ monde créé/ stabilité/ base/ matérialisation, concrétisation/ les 4 éléments = air, terre, feu, eau/ le temps/ nos 4 fonctions psychiques = pensée, sentiments, sensations, intuition/ intégralité/ organisation/ le Soi*/ limitation/ obstacle/ difficulté à vaincre/ manque de souplesse/ Voir nombre *4*.

Carrière

•exploration de l'inconscient/ tri, choix/ construction/ matière première/ exploitation/ pierre*/ structure de base.

Carrosse

ancienne voiture luxueuse à cheval •aisance, richesse/ ancien temps/ merveilleux/ conte de fées/ vie de château*/ rêverie/ regret du bon vieux temps, souvenirs/ période d'évolution marquée par la révision de valeurs anciennes.

Carrosserie

Voir *automobile.*

Carrousel

•plaisir enfantin/ souvenir d'enfance/ blocage affectif de l'enfance/ illusion/ sentimentalisme/ progression compromise/ impression de tourner en rond/ recherche du centre*.

Carte à jouer

•jeu/ soif du gain/ tricherie/ chance ↔ malchance/ destin/ attitude tranchée// autres sens selon la carte en question. ♦Pour en savoir plus, voir nombres à la fin. Cœur, As = grande joie, plénitude/ Roi = époux, père, protection/ Reine = épouse, amie de cœur, mère, protection/ Valet = amoureux, ami très cher/ 10 = grande joie imprévue à la maison/ 9 = plaisir d'amour/ 8 = petit plaisir, visite/ 7 = joie, bonne humeur ♦Carreau, As = lettre, nouvelle très importante/ Roi = commerçant, intellectuel, frère marié/ Reine = commerçante, intellectuelle, sœur, parente, amie brillante, mais superficielle/ Valet = facteur, messager, jeune frère, étudiant/ 10 = voyage, étranger/ 9 = retard, indécision/ 8 = petit déplacement, transactions/ 7 = discussions ♦Trèfle, As = victoire/ Roi = homme de situation matérielle aisée/ Reine = femme de situation matérielle aisée/ Valet = célibataire distingué/ 10 = importante somme d'argent/ 9 = mon gain, mon travail/ 8 = petite somme d'argent/ 7 = petite transaction ♦Pique, As = surprise, événement imprévu, coup dur/ Roi = homme de loi, personne à craindre/ Reine = femme âgée, dure de cœur, rivale, veuve/ Valet = jeune homme timide, inquiet, désagréable/ 10 = contrariété passagère/ 9 = grosses difficultés/ 8 = difficultés moyennes et passagères/ 7 = petite colère, petit conflit.

Carte de crédit

•commodité/ endettement/ empiètement sur l'avenir/ confiance qu'on me fait/ énergie.

Carte géographique ou routière

•orientation/ voyage/ itinéraire intérieur, évolution/ égarement.

Carte postale

•voyage/ étranger*/ souvenirs*/ attention, attachement à qqn/ brièveté/ message/ essentiel/ superficialité/ manque d'intimité/ Voir *lettre.*

Carton

•commodité/ dossier/ légère protection/ couverture de livre/ peu solide/ factice, artificiel/ une certaine rigidité, résistance.

Cartomancie, Cartomancienne

Voir *clairvoyance.*

Cascade

•rebondissements/ grande énergie/ dynamisme/ changement brusque/ risque/ vifs instincts à dompter/ besoin de plonger, de m'engager; cesser d'être le spectateur de ma vie/ permanence de l'être indépendamment du changement.

Casier

•ordre/ classement/ tri/ catégories/ subdivision/ compartimentation mentale/ condamnations/ histoire criminelle de qqn/ souvenirs négatifs.

Casque

•protection/ armée/ métier/ sport/ prudence/ danger/ idées bien arrêtées/ attitude figée/ invisibilité/ désir de passer inaperçu/ invulnérabilité/ puissance/ ambition// Voir *chapeau.*

Casse-noisette
•pinces/ métal/ levier, moyen/ éclatement/ pression/ saisie, prise/ pénétration des mystères/ Voir *noisette.*
Casser
Voir *briser.*
Casserole
•cuisine*, soins ménagers/ mon alimentation/ mes intestins*/ étape de préparation/ coup raté/ mauvais piano*/ cinéma*// Voir *chaudron.*
Cassis
petit fruit du groseillier* noir: baie odorante (petits plaisirs charnels cachés), acide dont on fabrique une liqueur violette (production, sensualité satisfaite)// laxatif/ bon contre les maux de gorge •petite fantaisie/ voix rauque/ tête*/ union, solidarité/ essentiel/ mélancolie.
Castor
très gros rongeur/ queue-battoir large, plate, couverte d'écailles: gouvernail, appui, donne le signal du danger (adaptabilité, ingéniosité, sexualité rentable)/ pattes arrière palmées (adaptation)/ brun foncé (discrétion)/ monogame (fidélité conjugale)/ végétarien: écorces, racines (frugalité, nature pacifique)/ presque toujours dans l'eau (dialogue avec l'inconscient)/ coupe des arbres avec ses dents (avoir du mordant)/ construit digues, canaux et huttes (organisation, industrie, bouleversement, inondation)/ très chassé pour sa fourrure (victime de son apparence, persécution)/ testicules internes (pudeur, prudence) •travail/ travail excessif/ esprit industrieux, entreprenant/ aménagements/ architecture/ vie familiale/ détermination/ organisation, planification/ canalisation des énergies/ maîtrise des émotions/ invitation à rendre conscient ce qui ne l'est pas.
Castration
•stérilité/ impuissance psychologique/ domination parentale/ rejet de la sexualité/ manque d'élan vital/ apathie/ lâcheté.
Catalpa
arbre/ croissance rapide (personnalité ardente à maturité précoce)/ ombre épaisse (présence ombrageuse, protection)/ feuilles grandes et larges, en forme de cœur (sentiments amoureux explicites)/ fleurs blanches élégantes (conscience), en grappes dressées (épanouissement

en groupe)/ fruits: gousses brunes, longues et minces (désirs sexuels insatisfaits)/ le tronc devient tortueux après 30 ans (vieillissement précoce)/ insensible aux parasites (résistance aux infections)/ résiste bien à la pollution (immunité) •le pittoresque/ exigences réduites/ facilité/ nature commune, grossière, avec ses délicatesses/ obéissance filiale/ lien brut avec le Soi*.

Cataracte

affection de l'œil •avenir bouché/ manque de perspective/ pessimisme, tristesse.

Catastrophe

événement désastreux d'envergure •le premier temps d'une transformation, d'un changement: destruction en vue d'une reconstruction ♦catastrophe naturelle: calamité qui accompagne une tension psychique collective/ Voir *incendie, tremblement de terre...*

Cathédrale

église du diocèse d'un évêque* •lieu de culte/ grandeur/ solennité/ autorité/ importance/ primauté/ Voir *temple.*

Cauchemar

défoulement d'un traumatisme: sorte d'exorcisme d'une peur qui doit se vider pour rétablir l'équilibre dans l'âme/ urgence de prendre conscience d'une peur/ invitation à faire face à l'objet de cette peur dans les prochains rêves, incitation à en prendre la décision: normalement, la cause de la peur devrait se préciser en une chose, une personne ou un animal qui se transformera en qqch d'amical, car il s'agit d'une énergie devenue négative par refoulement* et qui devient positive en venant à la conscience/ Voir *terreurs nocturnes.* ♦cauchemar persistant: demander de l'aide ♦moyen d'éviter certains cauchemars: avant de s'endormir, amener rapidement à sa conscience les images qui ont fait l'objet de cauchemars antérieurs.

Cavalier

personne à cheval •galant/ fiancé/ contrôle des instincts/ victoire/ gloire/ conquête/ guerre/ jugement dernier/ peur.

Cave

•base/ réserves/ passé/ mystère/ bas instincts, enfouis/ inconscient personnel/ humeur dépressive/ faillite/ inertie// On m'invite à examiner ce sur quoi est établie ma vie?/ Je cours certains dangers à ne pas rendre conscients les sentiments que je refoule ; ils sont riches de possibilités ?/ Je perds de l'énergie à regretter le passé ?

Caverne

•utérus/ refuge/ obscurité/ cachette/ lieu funèbre = endroit où l'on enterre ce qui est mort/ passage des ténèbres à la lumière = descente aux enfers qui précède la naissance de l'initié/ Voir *grotte.*

Cécité

•œuvre au noir = épreuve qui précède un changement de niveau de conscience/ en relation avec le plexus solaire, l'œil-cœur, voir *chakra*// Voir *aveugle.*

Cèdre

grand conifère, jusqu'à 45 m (personnalité puissante axée sur l'épanouissement spirituel)/ ramure horizontale (originalité, calme, sérénité)/ bois résineux (conservation)/ bois sacré (sentiment religieux)/ a servi à faire des statues*, des vaisseaux, des cercueils* et à la construction du temple de Jérusalem* •Liban/ grandeur/ noblesse/ grande majesté/ force/ permanence/ immortalité/ incorruptibilité/ manifestation importante du Soi*// Voir *thuya.*

Ceinture

•attachement, fidélité/ fonction sociale particulière/ union étroite/ ténacité/ force/ fécondité spirituelle/ concentration/ identité/ protection/ continence/ chasteté/ renforcement/ sécurité/ étouffement/ volonté personnelle/ lien ou séparation entre le corps et l'âme, entre les besoins du corps et les besoins de l'âme (sentiments) ♦serrer : se priver ♦desserrer : faire bombance ♦enlever : s'abandonner/ suspendre sa fonction sociale/ dégradation.

Céleri

légume herbacé dressé (désirs sexuels)/ branches (énergie sexuelle contenue)/ fils (inconvénients)// valeur apéritive et tonique/ jus : antirhumatismal/ nettoie l'intestin/ contribue à équilibrer les fonctions sexuelles •goût de croquer dans la vie/ propos croustillants/ sexualité transposée en folâtreries/ aimer les prémices/ ordre/ invitation à aller au cœur des choses.

Célibataire

•solitude/ isolement/ indépendance/ laissé-pour-compte/ choix/ petites habitudes/ égoïsme/ disponibilité/ paix, tranquillité.

Cellulite

♦inflammation du tissu sous-cutané •mollesse, laisser-aller physique/ manque de caractère/ Voir *embonpoint.* ♦infection de ce tissu •parasitisme/ ouverture à des influences négatives/ Voir la partie du corps en cause.

Cendre

•mort, deuil/ repentir, pénitence/ renoncement/ germination, régénération/ humilité.

Centaure

être monstrueux mi-cheval, mi-homme/ se nourrit de chair crue (luxure)/ très lubrique (sexualité prononcée) •virilité/ harmonie entre le corps et l'esprit/ agressivité/ noblesse/ double nature de l'homme, bestiale ↔ divine/ la bête en l'homme ou domination des instincts (forces brutales, insensées, aveugles)/ instinct charnel qui rend l'homme comme la bête quand il n'est pas tempéré par la force spirituelle// fusion harmonieuse entre l'esprit et la matière/ sagesse humaine à laquelle il manquera toujours la dimension divine (d'où la blessure au genou de Chiron, le bon Centaure).

Centaurée

ou bleuet/ plante de 30 à 80 cm/ à fleurs bleues, roses, mauves, violettes (épanouissement complexe et en finesse)/ jolie fleur en aigrette (raffinement)/ feuillage délicat gris-vert (délicatesse)/ bisannuelle (patience)/ de culture facile (souplesse, docilité)/ fleurit aussi à l'état sauvage (adaptabilité)// action bienfaisante sur la vue •transposition intellectuelle de la fonction phallique/ délicatesse naturelle/ capacité d'organiser les choses complexes/ côté léger de la vie/ timidité/ joie des cellules transformées/ l'un des nombreux signes que m'envoie le Soi*.

Centre

•le Principe/ l'absolu/ le Soi*/ Dieu/ conciliation des opposés/ foyer qui rayonne du non-manifesté au manifesté/ organisation/ microcosme/ concentration/ pivot/ nombril*/ jaune*.

Cerceau

Voir *cercle.*

Cercle

•ce qui est manifesté, la création; le monde, l'exprimé par rapport au point qui est centre* et potentiel/ mouvement circulaire = le ciel, les planètes, le temps/ totalité/ totalité de la psyché/ monde spirituel/ divinité/ unité/ cycle(s)/ harmonie/ nouvel étape/ animation/ cosmos/ limite magique de protection/ sans commencement ni fin = divin souffle créateur/ réconciliation de l'avant et de l'arrière, de la gauche et de la droite/ perfection/ Voir *bracelet, anneau, couronne, collier* et *ceinture.* ♦inscrit dans un carré: feu sacré/ étincelle divine ♦cercle avec un carré inscrit: création/ concrétisation/ androgynie primordiale ♦cercles concentriques: degrés d'êtres, hiérarchies créées/ étapes du perfectionnement/ but visé (cible).

Cercueil

•la mort physique/ une mort morale = séparation, renoncement/ ce qui est mort en moi/ fonction psychologique à l'abandon (raison, sentiments, sensations ou intuition)/ deuil/ fin de qqch ♦blanc ou petit: mort d'un enfant/ abandon d'un projet ♦plusieurs: calamité ♦ouvert: invitation à renaître/ grande peur/ morbidité, goûts macabres ♦vide: fausse peur, fausse alarme ♦en plomb: sentiment pénible rattaché à la mort/ peur de la mort.

Cérémonie

•culte religieux/ célébration/ solennité/ événement/ réception officielle/ commémoration/ décoration/ tenue, décorum/ protocole/ politesse excessive/ courbettes/ formalisme/ hypercorrection/ manque de simplicité/ ennui/ lourdeur/ volonté d'impressionner/ extériorisation.

Cerf

cervidé/ vit en forêt (retraite)/ sabots fourchus (démoniaque)/ bois, panache (fierté, dignité)/ bois qui tombent à l'automne (perte de fierté, vulnérabilité)/ actif surtout le matin et le soir (prudence)/ sociable/ fait des bonds (légèreté, énergie)/ renommé pour tuer les serpents (domination du mal) •crainte/ rapidité/ éveil/ aube, soleil levant/ prospérité/ longévité/ noblesse/ fécondité/ renaissance/ cycle/ annonce de la lumière, d'une prise de conscience/ initiation/ relation divine/ pureté originelle, paradis terrestre/ l'arbre de vie (haute ramure)/ être à l'écoute, attentif à l'inspiration divine (mobilité des grandes oreilles)/ soif du spirituel/ aide à mourir, à passer au paradis.

Cerfeuil

aromate/ s'utilise cru et frais// stimule l'appétit et la digestion •joie de vivre/ automne, maturité, récolte/ confort/ douceur, tendresse.

Cerf-volant

•l'oiseau retenu, donc, l'âme captive du corps/ image du voyage astral*/ difficulté de l'élévation spirituelle = nécessité du souffle de l'Esprit, de la grâce/ fragilité des élans spirituels.

Cerise

fruit du cerisier/ rouge (vifs désirs charnels)/ rond (clitoris)/ en grappes (désirs nombreux, répétés)/ peau brillante (caresses)/ longue queue (sexualité)/ chair rosée, sucrée ou acidulée (satisfaction sexuelle)/ noyau (léger inconvénient)// prévient les caries (jus, bon contre la plaque)/ tisane de queues, diurétique •délices/ jouissance sexuelle/ passion amoureuse.

Cerisier

♦arbre décoratif: arbuste (personnalité orientée vers la séduction)/ se couvre de fleurs roses en forme de petites roses (charme prononcé)/ vaut par la floraison (épanouissement des sentiments)/ fleurs éphémères (fugacité de la beauté)/ stérilité (insuccès) •beauté à l'état pur/ idéal chevaleresque/ renouveau qui annonce des récoltes/ prospérité/ joies fugitives/ charme pur/ joie et harmonie terrestres et spirituelles ♦arbre fruitier cultivé: arbre court ou moyen (personnalité orientée vers la production, le don de soi)/ se charge de cerises (générosité)/ vaut par la fructification (succès, profit) •abondance/ fécondité/ prospérité/ Voir *cerise*. ♦cerisier sauvage (cerisier à grappes, cerisier de Virginie...): arbrisseau de 3 à 8 m/ tronc grêle, tordu et penché (personnalité orientée vers la liberté)/ ramure irrégulière (inélégance)/ le long des cours d'eau, des clôtures, des routes (vagabondage, adaptation)/ fruits: cerises en grappes; petites, rouge foncé, à chair juteuse, amère et empâte les dents (jouissances sexuelles libres avec inconvénients, regrets)/ confitures, gelée, vin (transformation en jouissance plus agréables) •vigueur/ ténacité/ côté râpeux de la vie/ vie élémentaire, primitive/ manque de culture/ liberté/ désirs bruts/ refus d'évoluer.

Cerveau

•forme de germe, de commencement, dernier lieu de gestation du divin où l'homme devient UN / Athéna vient au monde toute vêtue du crâne fendu de Jupiter: il faut sacrifier l'intellect pour atteindre à la vraie connaissance intuitive ♦hémisphère droit •extériorisation/ lumière/ volonté/ avenir/ sagesse, Père divin (Les dernières découvertes sur les fonctions différenciées des hémisphères cérébraux ne changent pas le symbolisme.) ♦hémisphère gauche: intériorisation/ mémoire/ passé/ intelligence, mère divine ♦leur union: équilibre/ l'esprit/ l'Esprit ♦tumeur: désordre dans les idées/ refus absolu de changer/ entêtement suprême.

Cervelet

partie postérieure et inférieure de l'encéphale/ sorte de cerveau annexe/ organe de coordination des mouvements volontaires, de l'équilibre (harmonie)/ à sa base, nœud vital, centre respiratoire (vie)/ commande la posture du corps et sa verticalité (maîtrise du corps, humanité)/ récapitulation du corps (synthèse)/ reçoit son information de l'oreille (attention, écoute) ♦maladie: vie déséquilibrée/ laisser-aller, manque de volonté/ agitation ou inactivité/ manque de plan, de but/ manque d'évaluation de mon action// Je n'écoute pas mon corps?

Cervelle

substance nerveuse du cerveau* •facultés mentales/ jugement/ réflexion/ solution/ intellect/ neurones/ intellectualisme.

Chacal

carnivore (lascivité, agressivité)/ plus près du loup que du renard (instinct primitif)/ grisâtre et brunâtre (dissimulation)/ tient la queue pendante (honte, hypocrisie)/ hurle et jappe (grossièreté)/ vit en bandes (association de malfaiteurs)/ steppes (vagabondage)/ charognard (croque-mort, mort et résurrection), mais s'attaque aussi aux proies vivantes (agressivité)/ déterre les cadavres humains (nécrophilie, profanation des cimetières)/ n'attaque pas l'homme (lâcheté)// rusé/ vif/ prudent/ peureux •mauvais augure/ aspect sinistre/ instincts rebelles/ dissimulation/ homme avide, cruel/ qui s'acharne sur les vaincus/ Anubis: dieu égyptien de la mort et des défunts errants.

Chagrin

•humeur douloureuse/ tristesse/ morosité/ souffrance morale/ déboires, déception/ dévalorisation personnelle/ rejet/ revers amoureux/ privation/ désir contredit/ deuil★/ Voir *larmes*.

Chaîne

•lien d'affection/ succession de maillons = répétition des actes qui créent des habitudes enchaînantes/ entrave/ lien social, solidarité, société/ esclavage/ prière/ corde d'argent reliant le corps physique au corps astral★.

Chaînon

•lien fermé/ élément d'un ensemble/ intermédiaire/ lien logique/ raccord à la société.

Chaise

•repos/ réception/ vie sédentaire/ arrêt/ autorité/ considération/ attitude actuelle ♦cassée : attitude arrêtée/ manque de dynamisme/ inaction dommageable ♦trop basse : attitude d'infériorité/ situation désavantageuse ♦trop haute : attitude de supériorité/ situation dominante ♦chaise longue : repos, détente/ maladie/ vacances/ voyage en bateau/ farniente, paresse ♦chaise haute : infantilisme/ naïveté/ situation qui demande une attitude de grande simplicité.

Chakra

roue en sanskrit, centre d'énergie subtile/ Selon l'hindouisme, ces centres sont au nombre de 7, distribués le long de la colonne vertébrale et se présentent comme des roues ou des fleurs vibrantes et colorées : ♦1. chakra du sommet de la tête ou chakra coronal (glande pinéale, toute-puissance, violet et or★, 1000★ pétales, plus précisément 960 pétales distribués autour d'un centre à 12 pétales = 972)/ pierre : diamant★ ♦2. chakra du front ou 3e œil, entre les sourcils (hypophyse, clairvoyance★, bleu★, 2★ pétales divisés en 48 chacun = 96)/ pierre : jaspe★ ♦3. chakra de la gorge (glande thyroïde, sagesse, violet★, 16★ pétales)/ pierre : émeraude★ ♦4. chakra du cœur (thymus, amour universel, rouge★, 12★ pétales)/ pierre : saphir★ ♦5. chakra du nombril et du plexus solaire (pancréas, conscience collective, vert★, 10★ pétales)/ pierre : rubis★ ♦6. des organes génitaux (gonades, force créatrice, orangé★, 6★ pétales)/ pierre : topaze★ ♦7. du périnée, à la base de la colonne vertébrale (surrénales, énergie vitale, cramoisi, 4★ pétales)/

pierre: améthyste* ♦Les chakras sont des centres endormis qui peuvent se réveiller par la montée de la kundalini*, l'énergie de base qui sommeille elle-même à la base de la colonne vertébrale et représentée par un serpent lové. Au réveil de la kundalini, une énergie montante commence à circuler en spirale autour de la colonne vertébrale, mettant en vibration chacun des chakras supérieurs qui se mettent à tourner sur eux-mêmes. Les chakras mènent à l'illumination. Il n'est pas recommandé de se lancer dans des exercices d'éveil de la kundalini qui s'éveillera d'elle-même quand l'individu sera assez épuré, détaché et transparent.

Châle

•protection/ sécurité/ dignité/ chaleur/ timidité/ discrétion ↔ indiscrétion/ séduction/ pudeur/ Voir *épaule, tête* et *cou* selon l'endroit où il est porté.

Chaleur

•bien-être/ détente/ été*/ feu*/ atmosphère agréable/ énergie bienfaisante/ manifestation de sympathie, cordialité/ ardeur/ passion/ dilatation/ expansion ♦manifestation de la ménopause: acceptation de la fin de la maternité/ acceptation de l'âge/ période de transformation.

Chambre

•intimité/ sommeil/ rêve/ solitude/ repos/ retrait/ paix/ amour ♦des parents: origine de soi/ source d'un problème ♦avec fantômes*: bouleversement de l'ordre naturel (Aeppli) ♦sans meubles: sans amour.

Chameau

gros ruminant (maturation, réflexion, rancœur)/ roussâtre, beige ou blanc (adaptation)/ bosses: réserves de graisse (prévoyance)/ estomac peut stocker de l'eau (provision, prévoyance)/ pieds à larges coussinets élastiques (souplesse, démarche avisée)/ narines peuvent se fermer (adaptabilité)/ mange des épineux (frugalité, faire contre mauvaise fortune bon cœur)/ bête de somme (vie de service)/ fournit monture, lait, laine, viande, cuir (générosité, Providence)/ désert (sans exigence) •tempérance/ disette/ régime/ privations/ sobriété/ endurance/ caractère difficile, désagréable/ prétention, suffisance/ aide qui permet de traverser les périodes arides de la vie/ grâce qui dirige vers le divin/ rencontre d'un sage/ le corps humain, en tant que véhicule précieux pour évoluer/ triomphe de la vie.

Champ

•nature/ ouverture/ liberté/ travail/ recherches/ compétence/ conscience actuelle/ Voir *prairie*.

Champignon

plante sans chlorophylle (autonomie de l'inconscient)/ se fixe sur des organismes en décomposition (la vie qui sort de la mort = régénération, renaissance)/ sans racines, ni feuilles, ni tige (dépouillement, extrême simplicité)/ pas de tissus végétaux, mais des filaments (originalité)/ pousse à même la terre (humilité)/ chapeau, pied, lamelles ou pores (étrangeté)/ poussée rapide (surprise)/ comprend les moisissures, les pourritures (mort)/ parasite des végétaux, des animaux, de l'homme (parasitisme)/ humidité (fécondité)/ souterrain (secret)/ obscurité (vie cachée)/ fermentation (transformation)/ des mets de choix avec les truffes jusqu'au poison violent (gastronomie, risque, mort)// purifie le sang/ préviendrait le cancer/ abaisse le cholestérol/ stimule le système immunitaire/ effet antiviral •phallus★/ sexualité à l'état brut/ impudeur/ puissance créatrice/ sentiments cachés, stagnants/ obscurité de l'inconscient/ invitation à approfondir/ occultisme/ magie/ hallucination/ premières manifestations de l'inconscient/ travail qui se fait dans l'inconscient indépendamment de nous/ perdition/ remède/ œuvre au noir: premières désorganisations pour restructuration supérieure/ prospérité/ longévité/ calme, tranquillité/ spontanéité/ développement rapide/ lutins★ et fées★/ espoir après une période négative.

Champion

•personne remarquable/ victoire/ triomphe/ succès/ rivalité/ supériorité/ esprit de compétition/ volonté de puissance/ combat, lutte/ défense d'une cause/ athlète★/ sport/ exercice/ inflation de la personnalité/ compétence/ gloriole/ vanité/ Voir *héros*.

Chandail

•chaleur/ protection/ détente/ simplicité.

Chandelier

•arbre★ sacré/ lumière spirituelle/ quelqu'un de brillant, de valeureux.

Chandelle
•ancien temps/ éclairage/ lumière/ conscience/ intimité/ souper intime/ romantisme/ veille/ calme/ confidence/ Voir *bougie*.
Channeling
communication télépsychique reçue par un médium, souvent en transe, et provenant d'une «entité spirituelle». Voir *vision*.
Chanson
•expression verbale des émotions, des sentiments/ charme/ apaisement ♦en chœur: harmonisation des énergies.
Chant
•expression des sentiments/ air, mélodie★/ justesse ↔ fausseté/ chanson★/ charme/ paroles/ Voir *chœur*.
Chantage
•moyen d'extorsion/ compromission/ scandale/ malhonnêteté/ appât du gain/ moyen odieux/ moyen de pression/ exploitation/ domination par ses propres émotions.
Chapeau
•tête/ rôle social/ idée sociale/ ce qui protège/ ce qui couronne, consacre, spécifie/ métier/ décoration/ identification/ condom/ critique/ responsabilité/ prestige/ pouvoir/ dignité/ maturité psychologique/ le Soi★ ♦pointu: antenne pour capter l'énergie d'en haut, comme le chapeau ancien de l'astrologue★ ou du magicien★.
Chapelet
•occupation du mental favorisant la méditation/ mantras répétés = moyen de me transformer, de reprogrammer les cellules/ besoin de prière/ répétition, monotonie/ dévotion à la vierge Marie// sens modifié selon la nature et la couleur des grains.
Chapelle
•autel/ prière/ élévation spirituelle/ chœur★/ secondaire/ groupe fermé, clan/ Voir *temple*.
Charade
•mots/ syllabes/ énigme/ tracas/ mystère/ astuce/ finesse/ jeu/ perspicacité/ mime/ segmentation/ recherche.
Charbon
•noirceur/ énergie cachée, potentiel/ réserve de chaleur/ appel spirituel ♦charbon ardent: force spirituelle/ action purificatrice/ œuvre qui passe du noir★ au rouge★, du potentiel à l'action intense.

Chardon

plante bisannuelle (patience)/ feuilles à épines (agressivité)/ fleur pourpre ou bleu lavande, en touffe pelucheuse (mélancolie, regret)/ graines à aigrettes (propagation)// effets positifs sur la mémoire/ calmant/ fébrifuge/ bon pour le mal du transport, le foie •attitude défensive, agressive/ réussite inattendue/ victoire sur mes difficultés/ force de réaction/ austérité/ longévité/ invitation à la tolérance, à l'indulgence/ À quelque chose, malheur est bon.

Chardonneret

petit oiseau*/ jaune vif et noir (mise soignée)/ vol ondulé et chanté (élégance, joie de vivre)/ en couple (fidélité amoureuse)/ chant harmonieux (charme, expression personnelle)/ granivore, mange surtout chardon (spécialisation) •gaieté/ liberté/ exigences réduites/ légèreté de la vie/ goût du défi/ créativité appuyée sur l'inconscient ♦chardonneret des pins: chant très fourni, même chargé (joie exubérante) ♦chardonneret élégant: plus gros/ face rouge/ beau chant coulant (joie de vivre, agrément)/ sexes identiques (parité sexuelle)// •souci du détail, application/ élégance/ souci esthétique/ sens des effets.

Charlatan

•exploitation/ naïveté, crédulité/ attrape/ fausse représentation/ mauvais médecin/ imposteur/ menteur/ victime du désir de merveilleux/ le fait de se mentir à soi.

Charpente

•assemblage/ édification/ soutien/ ossature, voir *os*, *squelette*/ commencement/ structure/ plan/ échafaudage/ étape préliminaire/ individuation/ grands traits de la personnalité/ cadre de vie.

Charrette

•lente évolution/ période de travail intensif/ travail urgent/ travail mal organisé/ charge, tâche/ condamnation/ période d'évolution fondée sur l'intégration d'éléments du passé/ la mort.

Charrue

•ouverture/ défrichage/ préparation/ bouleversement/ fécondation/ travail/ approfondissement/ prises de conscience/ application/ lente progression.

Chasse

•goût de s'emparer/ découverte/ piste/ guet/ visée/ recherche, quête/ instinct primitif/ domination/ agressivité/ violence/ fébrilité/ persécution/ élimination/ défoulement/ recherche amoureuse.

Chasse d'eau

Voir *toilettes*.

Chat

petit carnivore (lascivité, agressivité)/ fourrure (chaleur, sensualité, caresse)/ griffes (emprise, compréhension, cupidité, cruauté)/ vit dans notre intimité •beauté/ élégance/ indépendance, liberté/ souplesse, flexibilité/ douceur, tendresse/ agressivité/ passivité, détente complète/ vivacité/ sournoiserie/ méchanceté/ grande résistance/ énergie/ séduction/ volupté/ sensualité/ mystère/ Égypte*/ initiation/ transformation/ double vue/ Le chat sent et compatit aux douleurs de son maître. Il cherche à l'en soulager en se couchant sur l'endroit douloureux (guérison, zoothérapie). ♦pour la femme: organe sexuel féminin/ énergie sexuelle / Sexualité positive (chat gentil), négative (chat furieux). Négative, elle se tourne en agressivité contre soi ou contre autrui. ♦pour l'homme: organe sexuel féminin/ attitudes dans mes relations sexuelles avec la femme ♦pour tous: ♦les qualités de la fourrure nuancent ces attitudes ♦les couleurs du chat apportent des nuances d'attitudes et les humeurs qui en découlent: ♦noir: humeur noire/ cachée/ secrète, inavouée/ inconsciente ♦blanc: vierge/ absence/ rien n'est consommé ♦noir et blanc: forte opposition entre le bien et le mal/ inconstance ♦gris: bon équilibre dans les humeurs ♦beige: séduction prononcée ♦roux: violence/ passion ♦tacheté de roux, de noir et de blanc: il y a mélange = Je gagnerais à mieux me situer vis-à-vis de la sexualité féminine?/ J'ai une attitude équilibrée? ♦caressant: séance de séduction?/ femme fatale?/ qqn de doucereux, de flatteur dans l'entourage?/ hypocrisie ♦en rapport avec l'oiseau: 1. adversaire*, opposition*/ 2. chat = l'inconscient, alors que l'oiseau = idée, produit du conscient ♦chat abandonné = isolement, rejet social, sans-abri, indépendance, misère, sexualité féminine délaissée ♦mort de mon chat: ♦femme: mort de ma fonction sexuelle ou d'une des valeurs symboliques du chat ♦homme: mort d'une liaison amoureuse ou d'une des valeurs symboliques du chat ♦chaton : un enfant, un bébé/ besoin de tendresse/ développement d'une des valeurs symboliques du chat.

Chat sauvage

félin moyen/ nocturne (couche-tard, dissimulation, clandestinité, terreurs nocturnes)/ féroce et hargneux (danger, hargne)/ forêt (sauvage)/ proies: rongeurs (agressivité, contrôle des bas instincts)/ fourrure (chaleur, sensualité) •caractère intraitable/ extrême méfiance/ instincts affirmés, indomptables/ indépendance.

Châtaignier

arbre de 25 à 35 m, marronnier sauvage/ tronc massif (personnalité puissante et modérément productive)/ bois dur (solidité)/ fleurs blanchâtres, odorantes (charme)/ de 1 à 3 fruits dans châtaigne (profits difficiles, coup de poing), dans enveloppe hérissée d'épines (vif refus de la sexualité crue)/ jusqu'à 1 000 ans (longévité remarquable) •Ouest*/ automne/ prévoyance/ puissance/ grandeur/ fraîcheur/ durée/ productivité/ endurance/ fermeté/ inquiétude pour autrui/ lien indéfectible avec le Soi*.

Château

super maison/ immense/ riche/ solide// ancien (origine)/ abritait roi*, seigneur, prince*, princesse, nobles (supérieur)/ contes, légendes (idéal, rêve)/ sur des hauteurs (élévation)/ d'accès difficile •l'inaccessible et le désirable/ sécurité, protection/ force sacrée/ transcendance du spirituel/ conjonction des désirs (prince et princesse)/ le centre, le Soi*/ l'idéal/ lieu clos où se prépare la totalité/ demeure de l'âme/ point de repère du niveau des expériences de voyage astral*// Le Soi* m'invite à me rapprocher du but de la vie? Il m'invite à construire le château intérieur en m'accomplissant?/ Le Soi* m'invite au courage que cette entreprise requiert?/ Besoin de libérer le prince ou la princesse endormie en moi, mon âme?/ Je cherche un refuge super protecteur? Je régresse? ♦vie de château : Je cherche une vie facile, désœuvrée, remplie de privilèges? ♦noir : Je me sens seul?/ Désir condamné à rester insatisfait? ♦blanc : Je poursuis la perfection spirituelle? ♦éclairé : Je prends conscience? ♦éteint : Je suis trop inconscient?/ Désirs indéterminés? ♦lugubre (au bord de l'eau) avec éclairage lunaire: 1re sphère de l'astral★ (celle de la Lune★) ♦de contes de fées (perché sur une colline★): 2e sphère de l'astral★ (celle de Mercure★) ♦dans un cadre paradisiaque: 3e sphère de l'astral★ (celle de Vénus★) ♦majestueux peu élevé, avec d'immenses fenêtres: sphère du monde spirituel (celle du Soleil★) ♦château fort d'allure médiévale (dans un cadre désertique): sphère de la force (celle de Mars★) ♦impérial du style palais somptueux avec décorations propres à Zeus (éclairs, cornes d'abondance, abeilles): sphère de plénitude (celle de Jupiter★) (Michel Coquet).

Châtiment

•correction/ cruauté/ pénitence/ supplice/ résultat d'une mauvaise action/ justice ↔ injustice/ culpabilité★/ autopunition.

Chatouiller

•badiner/ exciter/ rigoler/ agacer/ émouvoir/ faire plaisir/ éprouver un scrupule/ Voir la partie du corps chatouillée./ Voir *peau, nerf.*

Chaudron

contenant ↔ contenu •transformation/ abondance/ connaissance sans limites/ pouvoirs magiques/ bonheur et prospérité/ pouvoir de divination/ initiation/ régénération/ immortalité/ le Graal★ ♦renversé: renversement de l'axe terrestre/ déluge/ bouleversement majeur.

Chauffage

Voir *système de chauffage.*

Chaussette

•chaleur/ confort/ protection/ intermédiaire/ transition ♦vieille: saleté/ rejet de qqn/ mollesse/ chaleur du foyer/ vieilles habitudes ♦perte d'une chaussette: élément de désunion/ désorientation.

Chaussure

•attitude dans la vie/ pouvoir/ autorité/ position sociale/ marche/ voyage/ démarches/ cheminement/ identité/ vagin/ un époux, une épouse// Voir *botte, soulier.*

Chauve-souris

•mammifère/ taille variable (importance variable des valeurs symboliques)/ membranes-ailes (adaptation, invention, solution inattendue)/ nocturne (terreurs nocturnes, couche-tard, dissimulation, clandestinité)/ émet des ultrasons par le nez (intuition)/ s'oriente par sonar (guide infaillible)/ couleur sombre (discrétion)/ 1 300 espèces (abondance, invention)/ grégaire (sociabilité)/ insectivore, frugivore, carnivore (opportunisme)/ peu fécond (sélection, planification)/ jusqu'à 20 ans (longueur de vie normale)/ bandes bruyantes (bavardage, indiscipline)/ habite cavernes, ruines, greniers, arbres (dissimulation, cachette, clandestinité)/ hibernation en pays tempérés (paresse, léthargie)/ nez et oreilles développés (flair, intuition)/ vol silencieux, hachuré (incertitude, improvisation, incohérence, manque de franchise)/ au repos, suspendu par les pieds (renversement des valeurs, bienfait des rêves, changement de point de vue)/ L'espèce vampire vit de sang prélevé sur l'animal ou l'homme endormis (vampirisme, voir *vampire*)./ propage la rage (rage, danger, contamination, influence négative)// rapport avec la sorcellerie, la magie* noire, les démons*, le diable*, Batman (= action salvatrice de l'inconscient, du Soi*), Dracula (= défunts errants dont on doit se détacher)/ représente le dragon* ailé •nuit blanche/ laideur/ monstruosité/ faux amour/ idées noires/ obsessions/ messager de la nuit, de l'occulte/ forces souterraines/ mort/ perspicacité, aptitude à percer les mystères (voit la nuit)/ ou, au contraire, ennemi de la lumière, difficulté à prendre conscience/ envie/ évolution arrêtée à mi-chemin, extravagances/ l'envers du bon sens.

Chef

•direction/ directeur*/ commandement/ leadership/ ascendant/ tête/ organisation/ responsabilité/ d'orchestre*/ maître cuisinier, voir *cuisine*.

Chemin

•déroulement de la vie/ ma façon de voir la vie/ cheminement, évolution ♦large, aisé, dégagé : J'ai confiance dans la vie ?/ J'aime les situations claires ?/ Je tiens à la lumière de la raison ?/ Je donne dans la facilité ?/ Manque de sécurité ?/ Routine ? ♦accidenté : Période de combativité ? Défis à relever ?/ Besoin d'aventure ?/ J'aime le drame ?/ Je suscite des difficultés ? Je suis défaitiste ? ♦de terre : On m'invite à rester naturel ? ♦forestier : On m'invite à rentrer en moi-même ? ♦chemin d'asphalte ou pavé : Besoin de sécurité ?/ Je ne me fie qu'à ma raison ?/ Manque de naturel ? Je devrais être plus efficace ? ♦sentier : Période d'individualisme ?/ Besoin de suivre mon originalité, mon intuition ?

♦autoroute: Période d'évolution rapide? ♦avec obstacles: épreuves, comme maladies, dépressions, accidents, revers, insuccès, empêchements personnels (complexes, crainte, orgueil, peur...).

Cheminée

♦tuyau destiné à évacuer la fumée •feu, chaleur/ vie humaine, familiale/ la voie de communication avec les êtres d'en haut (sorcières, Père Noël)/ axe du monde: descente des influences célestes et montée des aspirations humaines (fumée)// oiseau dans la cheminée: bénédiction, grâce ♦partie inférieure de la cheminée, foyer •centre familial/ hospitalité/ relation sociale/ présence du passé et des légendes/ veilles.

Chemise, Chemisier

•peau*/ poitrine*/ protection/ intimité/ Sa matière et sa forme indiquent le rang social./ Sa couleur* indique mes humeurs, mes sentiments, mes opinions.

Chêne

arbre de 35 à 40 m/ tronc trapu (personnalité puissante et solide)/ port arrondi et étalé (équilibre)/ ramure dense (épanouissement)/ résistance au vent (ténacité, constance)/ fruit: gland/ jusqu'à 2 000 ans (longévité remarquable)/ bois dur, lourd et solide: parquets, boiseries, meubles (rigidité, densité, service)/ attire la foudre (jugement, punition)// On rendait la justice sous son ombre (autorité)./ Ses rameaux servaient à couronner les citoyens romains (gloire, renommée)./ a servi comme arbre commémoratif (événement remarquable)// arbre sacré, consacré à Jupiter*, arbre* par excellence (lien direct avec le Soi*) •force, domination, foudre*/ majesté/ puissance/ sagesse, présence divine/ hospitalité/ courage malgré les contraintes/ fermeté/ dignité, noblesse.

Chenil

•élevage/ dressage/ conditionnement/ éducation/ race/ spécificité/ individualité/ promiscuité/ désordre.

Chenille

larve de papillon •dégoût/ dégâts/ mépris/ infériorité/ première phase de la transformation/ capacité de métamorphose// Ma vie sentimentale subit des sacrifices?/ Période humble et pénible.

Chèque

•payer/ encaisser/ signer/ solvabilité/ confiance/ argent*/ dépense d'énergie/ acquisition.

Cheval

animal puissant/ domestiqué: «la plus belle conquête de l'homme» (docilité, contrôle, aide, intégration des instincts)// muscles (énergie vitale)/ crinière (fierté)/ queue (sexualité)/ monture (maîtrise, évolution)/ attelage (service)/ selle (aide)/ mors (sacrifice)/ rênes (orientation)/ étriers (maîtrise, stimulation) ♦Le cheval exerce sur nous une fascination comme la vie, la mort, le temps, la lumière, la sexualité. •dynamisme/ énergie vitale, vigueur/ course/ rapidité/ ardeur/ jeunesse/ courage/ générosité/ force impulsive/ force des désirs/ le temps qui court/ sources/ fécondité/ noblesse ♦monture: véhicule pour voyage, chasse, jeu, course, guerre = le corps, l'énergie corporelle/ monter/ descendre •haut ↔ bas, ciel ↔ terre, jour ↔ nuit: instincts et leur domination/ sexualité (la force entre les cuisses) ♦brun: terre = instinct animal, force naturelle impétueuse domestiquée (dominée, mais satisfaite); force sexuelle ♦blanc éclatant, argenté ou doré = instinct maîtrisé au service des choses supérieures/ instincts devenus outils de quête spirituelle (chevalerie) ♦noir = désir libéré/ jeunesse triomphante/ érotisme perverti/ la mort, voir le suivant ♦blême, blafard = véhicule de la mort, le grand voyage/ manque de réalisme ♦attelé: travail qui canalise les forces de l'instinct en vue de l'utile/ mon corps ♦libre: 1. blanc = beauté formelle, lumière, majesté/ 2. noir = désir libéré ♦sauvage, piaffant, cabré: instincts indomptés, libres ou en révolte/ impatience ou refus du corps/ dérangement érotique ♦malade, blessé: vie érotique troublée ♦en troupeau: force érotique indifférenciée et menaçante ♦sa course •le temps qui fuit; le temps qui relie les opposés instincts ↔ volonté ♦mordant, dévorant: corps, force musculaire, instincts de la vie corporelle qui deviennent négatifs parce qu'inemployés, mal ou trop employés (Hercule dompte les cavales de Diomède) ♦étalon: virilité/ vent/ puissance/ force/ guerre ♦castré: travail.

Chevalier

1. seigneur féodal •sacre/ esprit chevaleresque/ dignité/ redresseur de torts/ noblesse des sentiments/ victoire sur les instincts/ engagement au service d'une cause supérieure.

2. oiseau moyen/ petit échassier*/ en troupeaux sur les grèves (collectivité)/ vol avec un ensemble remarquable (discipline, manque d'individualité)/ mange mollusques, algues, vers (intégration des instincts) •coordination/ beauté des ensembles = troupes de danse, chœurs.../ harmonie sociale ♦chevalier combattant: combat des mâles avec le bec (agressivité, concurrence)/ étalent leur collerette rouge pour impressionner (intimidation).

Cheveux

poils sur le crâne/ poussent = force vitale/ sortent de la tête = expression de pensées; idées; créativité; fantasmes inconscients/ racines pour capter l'énergie divine (Samson) = inspiration, force surnaturelle/ cornes = puissance/ comme fourrure = animalité, sexualité, séduction/ rayons célestes = puissance, souveraineté/ couronne, distinction, pouvoir magique ♦abondants: grande vitalité/ animalité prononcée/ jeunesse/ pouvoirs/ virilité ou féminité/ grande influence/ créativité ♦calvitie: perte de ces attributs/ maturité/ épreuve ♦noirs: inconscient/ mystère/ profondeur/ bestialité ↔ mentalisation ♦bruns: goût pour la vie matérielle/ sens pratique ♦châtains: aspect humain = équilibre ♦blonds: solaire/ lumière/ extériorisation/ beauté/ rayonnement/ caractère divin ♦roux: passion/ violence/ vivacité/ originalité ♦gris: couleur de l'argent/ maturité/ force de l'âge/ soucis/ équilibre/ réussite ♦blancs: couleur de la neige/ vieillesse/ sagesse/ autorité/ gâtisme/ déclin ♦coiffure: façon de les porter, de les arranger/ indique une fonction, une situation ou une vocation particulière ♦longs: privilège et pouvoir royal/ rayonnement/ puissance/ influence/ supériorité/ deuil, contestation, révolte ♦très longs: patience/ ténacité/ opiniâtreté/ désir de séduire/ vanité/ prétention/ respect de la nature/ romantisme/ vœu ♦courts: virilité/ concentration/ perte de personnalité/ perte de virilité (Samson et Dalila)/ deuil, contestation, révolte/ sens pratique/ goût pour l'activité ♦rasés: séparation de l'animalité ou de la société/ renoncement à ma personnalité/ pénitence/ révolte/ humiliation/ réaction contre le dérèglement/ humilité/ mise à part (tonsure) ♦propres et coiffés: correction/ soumission aux conventions/ docilité/ discrétion ♦épars et défaits: deuil/ soumission/ rupture avec l'ordre social ou la vie ordinaire/ déchaînement, furie/ indépendance/ liberté/ disponibilité/

don amoureux ♦abondants et hirsutes : pénitence/ abandon à la Providence/ prophétisme ♦chevelure montrée ou cachée, nouée ou dénouée = disponibilité de la femme ♦dressés : horreur/ étonnement/ révolte ♦teints : désir de changement/ modification de mon identité/ transformation/ originalité ♦frisés : charme/ désir de plaire/ souplesse/ tempérament d'artiste ♦crépus : animalité/ vitalité/ idées confuses/ douceur/ chaleur/ force concentrée ♦gominés : aspect artificiel/ conservatisme/ fixation des idées/ rigidité/ ordre ♦en chignon : retenue/ réserve/ discrétion/ intériorité/ concentration ♦en tresse : pureté d'intention/ goût pour ce qui est caché, goût pour l'occulte/ concentration du pouvoir ♦coiffure carrée ou aplatie = accord avec la terre/ sens pratique/ manque d'idéal ♦coiffure en pointe ou relevée : élan vers le ciel/ inspiration/ aspiration ♦coiffure élaborée : goût pour la fantaisie/ désir de briller/ volonté de plaire/ manque de simplicité/ excentricité/ sophistication/ prétention/ vanité/ extériorisation ♦toupet : cran/ effronterie/ spontanéité/ extériorisation/ naïveté/ jeunesse ♦frange : timidité/ aspect sage, réservé/ attitude factice/ caractère ombrageux ♦peigner qqn : marque d'attention/ amabilité ♦pellicules : nervosité/ dispersion mentale/ caresse ♦un cheveu trouvé où il n'a pas à être : négligence/ mauvaise surprise/ désagrément/ insulte/ rappel que la perfection n'est pas de ce monde.

Cheville

•départ, arrivée/ raffinement, grossièreté/ souplesse dans les démarches/ lien entre l'esprit et l'âme/ élévation/ sublimation/ correspond au signe du Verseau*.

Chèvre

herbivore (caractère pacifique)/ cornes chez les 2 sexes (agressivité, force de frappe, opposition)/ barbe* (sagesse)/ montagnarde (élévation)/ très nerveuse (nervosité)/ rancunière (rancune)/ habile (agilité)/ peu exigeante (opportunisme)/ vache du pauvre (Providence, secours) •caprice/ goût de liberté/ spontanéité/ sûreté des démarches/ lien avec enclume*, éclair et tonnerre = manifestation divine, voir *foudre*.

Chevreau

•valeurs de la chèvre* ou du bélier* en potentiel/ séduction/ vivacité/ initié/ identification à Dieu.

Chèvrefeuille

arbrisseau de 1 à 5 m, grimpant ou non (personnalité plaisante et dépendante ou non)/ tige volubile (tuteur, besoin de support)/ fleurs ivoire, roses, rouges (vitalité); en tube élargi en 2 lèvres roulées (épanouissement par la parole)/ parfois odeur agréable (subtilité possible) •élégance/ secret bien gardé/ tendresse amoureuse/ nostalgie/ intuition/ élévation de l'âme/ exaltation.

Chevreuil

nom vulgaire du cerf de Virginie, voir *cerf* ♦cervidé distinct du cerf de Virginie/ porte des bois qui tombent à l'automne (perte de fierté, période de vulnérabilité)/ solitaire (solitude, indépendance, individualisme)/ mange des pousses et des feuilles (douceur)/ gestation: 11 mois (longue gestation, longue préparation)/ gibier recherché (attitude de victime, gastronomie)/ gracieux (élégance)/ sorte de costume du chaman (rite*, magie*) •rapidité/ dignité, noblesse/ attention, éveil/ une naissance différée/ médiation entre le ciel et la terre, messager divin/ aide à mourir, à passer au paradis/ porte la lumière, l'inspiration divine/ soif du spirituel.

Chewing-gum

Voir *gomme à mâcher.*

Chicorée

plante sauvage de 0,30 à 1 m/ belles fleurs bleu vif (sentimentalisme), du style de la marguerite (rayonnement)/ se fanent en quelques heures (épanouissement éphémère)/ les feuilles donnent un colorant bleu, la racine une teinture rosée (changement agréable)// plante curative et potagère/ amie du foie/ diurétique/ antitoxines/ racine: succédané du café* •frugalité/ fragilité et fugacité du bonheur/ intensité/ idéalisme/ sentiment d'être utile/ don de soi/ absence de prétention/ complexe d'infériorité/ substitut/ stimulation.

Chien

animal familier, carnivore (lascivité, agressivité) à fourrure (chaleur, sensualité), fidèle ami de l'homme (amitié indéfectible)/ flair (intuition)/ aboiements (avertissement)/ grognements (menace, mauvaise humeur)/ hurlements (ennui, appel, réclamations)/ morsure (la chair, le temps qui fuit)/ gardien (sécurité)/ ouïe fine (grande intuition)/ vision nocturne (perspicacité), bon flair (savoir surhumain)/ percevrait l'aura* (vision astrale) ♦Le chien prévoit les catastrophes naturelles (intuition, clairvoyance). Il sait les maladies et les blessures de son maître qu'il tâche de soulager (thérapie, guérison, zoothérapie). •sécurité/ joie/ serviabilité/ servilité/ guide/ ce qui sauve/ instinct sûr/ un ami/ relations humaines/ loyauté et dévouement/ sexualité masculine (chat = sexualité féminine)/ liberté des instincts/ amour inconditionnel/ absence de rancune/ sens de l'orientation, de l'évolution ♦Le chien nous parle de l'animal en nous, en particulier de la chair, de la sensualité. La conscience de notre corps se manifeste souvent sous cette image; elle vient nous aviser en tant que gardien de notre corps et de sa santé. Si sa mâchoire nous rappelle que le temps nous gruge, il tâche de nous garantir contre la mort et l'au-delà de la mort, car là se trouve sa perte. Il est aussi le gardien de l'ensemble des instincts animaux (chien de garde, de berger, de troupeau). Voilà pourquoi les Grecs plaçaient le Cerbère comme gardien des enfers, des régions basses. ♦Il me mord: Je n'accorde pas à mon corps ce qu'il désire; c'est moi qui devrais mordre à la vie./ sexualité mal intégrée/ mes peurs ♦Il est féroce: pulsions agressives et destructrices ♦Il est doux et enjoué: Bonne entente avec mon corps?/ Bonne amitié? ♦Je le crains: Je crains la sensualité et la sexualité?/ Je crains d'être malade par privation? ♦Je le dresse: Maîtrise des instincts?/ Je m'impose une discipline nécessaire?/ Je subis une influence indue? ♦Je ne le nourris pas ou mal: Je me prive du stimulant élémentaire de la nourriture? de la sensualité? de la sexualité? ♦Il est malade, blessé: il prend sur lui une part du mal de son maître ou d'un de ses proches. ♦Il meurt: il prend sur lui la mort de son maître ou de l'un de ses proches/ ou cette mort indique: danger pour ma santé?/ séparation émotive?/ mort d'un proche?/ deuil* important? ♦Un chien mort •un projet avorté?/ mort de la fonction sexuelle?/ mort d'une amitié, d'un attachement humain?/ mort d'un ami?

Chiendent

herbe vivace (ténacité, permanence)/ graminée (fécondité)/ une des pires mauvaises herbes: elle fait le vide autour d'elle (mal envahissant, sentiment étouffant)/ rhizome riche en sucres (prévision, précaution, source du mal)/ la plante retient ses grains (égotisme, avarice)/ aimé des chiens, des chats et des chevaux (charme naturel)// en tisane: bon diurétique/ dissout les pierres aux reins et les calculs biliaires/ combat l'inflammation de la vessie/ On en tire une teinture* grise (changement équilibrant). •grande vitalité, vigueur/ ténacité/ mesquinerie, manque de générosité/ concurrence féroce, monopole/ défense passive/ mauvaise habitude/ difficulté/ enracinement/ incapacité de lâcher prise, de s'abandonner/ crispation.

Chiffon

•vieux vêtement/ ancienne façon d'être/ document sans valeur/ traité trahi/ futilité/ mollesse/ besoin de dépoussiérer, de se secouer, de réagir/ nettoyage, mise en ordre/ besoin de faire le point.

Chiffres

Voir *nombre.*

Chihuahua

chien* de terrier/ le plus petit chien du monde (agressivité)/ de 16 à 20 cm/ crâne bombé (prétention)/ yeux proéminents (vigilance)/ nez pointu (flair, intuition)/ à poil plat, serré et court; ou à poil long, plat et bouclé (tenue correcte, avec une certaine recherche)/ robe blanc et noir, fauve, marron ou bleu acier (inconstance)// robuste, vigoureux, intelligent et résistant •corps apparemment grêle, mais vigoureux/ petitesse physique/ bonne résistance aux maladies/ invitation à approfondir/ grande sensibilité/ fébrilité/ sexualité harmonieuse/ grande sensualité/ besoin de protection.

Chimiste

•recherche/ formules/ combinaisons/ réactions/ magie/ arrière-plan/ échanges physiologiques/ transformation.

Chinois

•quartier réservé/ raffinement/ complication/ étranger*/ grand nombre/ péril jaune: peur de l'envahissement, du débordement/ mystère, incompréhension/ l'inconscient dans sa partie la moins connaissable/ Voir *Asie.*

Chirurgie

opération •intervention radicale/ investigation/ ouverture/ ablation de la cause du mal/ amputation*/ greffe: renforcement, renouvellement/ psychanalyse/ coupure émotive volontaire/ Voir la partie du corps concernée.

Chloroforme
•sommeil/ abandon/ inconscience/ esprit endormi/ ennui total/ Voir *anesthésie*.

Choc
•accrochage/ mésentente/ collision/ accident*/ surprise/ violence/ conflit, opposition*/ émotion brutale/ traumatisme psychique/ révélation déséquilibrante par manque du schéma mental pour l'intégrer.

Chocard
souvent appelé choucas*/ oiseau moyen/ tout noir à reflets verts et bleus (aspect négatif)/ bec jaune (immaturité)/ pattes rouges (menace)/ très beau vol: monte en quelques secondes à haute altitude (élévation)/ tourne en groupe comme un manège (recherche du centre*, menace, perte de temps)/ excellent acrobate (agilité)/ croassements divers (voix désagréable, propos froissants)/ cris perçants (grossièreté)/ grégaire (collectivité)/ aime la proximité humaine (familiarité)/ mange insectes, rongeurs, oisillons et fruits (agressivité, cruauté, alimentation équilibrée, libération des bas instincts)/ monogame (fidélité conjugale)/ montagnard (conscience étendue) •nuit, obscurité, mystère/ négatif, désagréable, malheur/ épreuve/ culpabilité/ fausse naïveté/ cyclothymie, attitude maniaco-dépressive/ célébrations, fêtes sociales.

Chocolat
•gâterie/ plaisir, agrément/ stimulation, excitation/ tentation/ facilité.

Chœur
1. ensemble vocal •chant*/ expression des sentiments/ harmonie/ entente/ groupe/ unanimité/ but collectif/ participation/ soutien social/ partage.
2. partie avant d'une église •mise en évidence/ élu, choisi/ scène/ cérémonie*/ culte religieux/ participation/ Voir *temple*.

Cholestérol
•lourdeur de la vie/ manque d'élan, d'optimisme/ tristesse.

Chômage
Voir *congédiement*.

Chou
légume herbacé/ à raz de terre (sensualité transposée)/ sphérique (le Soi*)/ à feuilles pommées (concentration)/ enroulement serré

autour d'un centre caché (action pour se rapprocher du centre, le Soi*)// prévient le cancer du côlon/ stimule le système immunitaire/ bon contre les ulcères (en jus)/ effet antiviral/ chou rouge et cru : le plus bénéfique •l'individu et sa totalité/ symbole du moi qui se forme autour de l'image du Soi*; image de ma personnalité en formation autour de l'idée de sa perfection, feuille à feuille, jour après jour par les simples actes quotidiens// Besoin de me centrer ?/ Mystère de ma naissance à éclaircir ? ♦chou frisé : réduit le cancer (surtout du poumon)// mêmes idées que le précédent, avec un aspect d'élégance et de délicatesse ♦chou rouge : mêmes idées que le premier + une invitation à concilier les valeurs des sens avec celles de l'esprit.

Choucas des tours

oiseau moyen/ tout noir avec nuque et cou gris (influence négative)/ vol comme le pigeon, mais avec plus d'aisance (agilité)/ omnivore (opportunisme)/ monogame (fidélité conjugale)/ longues fiançailles : 1 an (prudence)/ éducation par un vieux choucas (initiation)/ cavernicole : dans terriers, clochers ou trous des murs (clandestinité, effronterie) •vigilance/ éducation/ sagesse/ joie de la liberté/ vie en société.

Chou de Bruxelles

légume herbacé/ plante basse (sensualité transposée)/ sphérique (le Soi*)/ pousse en grappes (ordre, soutien social)// prévient le cancer, surtout du côlon et de l'estomac ♦un seul : même idée que pour le chou*, mais avec un aspect de restriction ♦plusieurs : même idée, mais avec un aspect 1. de diversité = Plusieurs aspects de ma personnalité. Je développe bien mes talents ?/ ou 2. de dispersion = Je manque d'unité ? J'ai plusieurs idées autour desquelles je développe ma personnalité ?

Chouette

gros oiseau/ rapace nocturne (terreurs nocturnes, couche-tard, danger caché, clandestinité)/ brun, roux, blanc, tacheté (adaptation, désir de passer inaperçu)/ fixité du regard (idée fixe, obsession, culpabilité)/ grande mobilité de la tête (agitation mentale)/ clignotement des yeux (divers points de vue)/ hulule (insinuation)/ immobilité (camouflage, immobilisme)/ vue et ouïe très fines (grande intuition)/ voit la nuit (perspicacité)/ disque blanchâtre autour des yeux (intimidation)/ claquement fréquent du bec (menace, appétit)/ pas de nid (liberté totale, vagabondage)/ vol silencieux (ruse, surprise)/ mange rongeurs, insectes, oisillons (utilité, agressivité, cruauté, intégration des bas instincts)// oiseau d'Athéna, déesse des arts, de la fécondité, de la sagesse et de la paix (par la guerre) •vision dépassant l'opposition ténèbres ↔ lumière, donc, vision au-delà de la dualité, 3e œil, voyance/ période d'intériorisation, d'incubation/ nécessité de la mort, du sacrifice pour la régénération/ domination des ténèbres = de l'épreuve/ rigidité sépulcrale/ charme de la timidité ♦chouette épervière : plus petite que la corneille/ longue queue arrondie (maîtrise sexuelle)/ allure d'épervier (menace, élévation)/ chasse le jour des oiseaux de sa taille (agressivité, courage)// •l'exceptionnel/ ce qui diffère/ déguisement/ aliénation/ ruse/ inversion des valeurs.

Chou-fleur

légume-fleur (instinct sublimé)/ agglomération des ramifications florales avant leur développement (récolte hâtive)// cru, riche en vitamine A, B et C/ prévient le cancer (surtout du côlon et de l'estomac) •invitation à incarner ses sentiments dans des actes concrets/ ne plus attendre/ union étroite/ aller à l'essentiel/ besoin de lumière, de conscience.

Chow-chow

chien* à allure de chien de traîneau/ museau court (science innée)/ babines épaisses et larges (bavardage, grossièreté)/ regard tombant (caractère soucieux)/ poil épais et long (tenue confortable)/ robe fauve, rouge, noire, bleue ou crème (humeur variable)/ palais, babines, gencives noires et langue indigo (goût pour le silence, télépathie avec le Soi*)/ robuste (force)/ bon gardien (service, prévoyance)/ air renfrogné (mauvaise humeur)/ très propre/ chien d'un seul maître (exclusivité)// caractère non enjoué (sérieux)/ calme et digne (caractère paisible, noblesse) •corps imposant, solide/ air grave/ attitude fermée/ bon contrôle sur les instincts/ sexualité affirmée sans excès/ belle sensualité/ étonnant don pour la parole/ confiance en soi/ besoin d'affection/ don de soi/ besoin d'impressionner/ originalité.

Christ

Verbe incarné/ symbole central et unificateur ♦conciliation entre couples d'opposés : passé et futur (Moïse, la loi et Élie, la prophétie), justice et miséricorde (les deux larrons), vie et mort (tribu de Judas et Judas Iscarioth; Joseph, époux de la Vierge et Joseph d'Arimathie), masculin et féminin (Jean et Marie), ancien et nouveau (Jean le Baptiste et Jean l'Évangéliste).../ accomplissement humain supérieur/ fusion réalisée de l'âme et de l'esprit/ révélation/ sauveur/ vie divine/ transcendance/ mutation ♦maître du serpent, c'est-à-dire de la mort, de la résurrection, de l'évolution/ domination des ténèbres, des forces du mal ♦embryon divin en chaque individu, appelé à se développer en transcendance.

Chrysanthème

des fleuristes/ grandes fleurs à grande diversité de couleurs et de formes (diversité, imagination, générosité, riche épanouissement)/ floraison tardive (adieu, succès tardif) •énergie de vie/ fin d'un cycle/ mélancolie/ invitation à la gloire/ vie bien remplie/ perfection/ longévité/ mort et résurrection/ centre/ rayonnement du Soi*.

Chute

Voir *tomber, cascade.*

Cible

•objectif/ visée/ précision/ intention/ atteinte/ victime/ adresse/ nouvelles.

Ciboulette

légume herbacé/ petite plante vivace (ténacité, permanence)/ ressemble à une agglomération de tout petits oignons (solidarité, sensualité transposée)/ condiment fin (désir, joie de vivre, stimulation)/ belles fleurs en touffe rose pourpré (morosité)// riche en vitamines/ stimule l'estomac •raffinement, délicatesse/ nuance/ concentration/ petite aide/ petits plaisirs.

Cicatrice

•combat/ marque distinctive/ vieille blessure émotive/ mauvais souvenir/ Voir la partie du corps concernée.

Ciel

♦ciel bleu: Optimisme?/ Bien-être?/ Confiance?/ Je suis superficiel?/ Trop sentimental? ♦ciel de coucher de soleil: Nostalgie?/ Besoin de renouvellement?/ Spiritualité romantique? ♦ciel orageux: Spiritualité fondée sur la crainte?/ Culpabilité?/ Colère?/ Besoin du drame pour me sentir vivant? ♦demeure des dieux, de

Dieu créateur avec ses manifestations : astres, planètes, phénomènes atmosphériques, apparitions.../ haut astral*// •ordre de l'univers/ principe actif/ demeure des bienheureux/ conscience supérieure.

Cierge

•culte chrétien/ dévotion/ le corps, alors que la flamme est l'âme/ sacrifice de la chair au profit de la lumière, de l'élévation spirituelle/ supplique/ promesse/ protection/ remerciement/ phallus*// Voir *cire, bougie.*

Cigale

insecte •cœur de l'été/ chaleur/ beau temps/ lumière/ loisirs/ période d'extériorisation/ imprévoyance/ parasitisme/ insistance/ paresse/ vibrations/ expression personnelle/ expression artistique/ joie de vivre// Beau temps sentimental ?/ Risque de monotonie ?/ Trop peu de variété ?

Cigare

•événement heureux/ naissance/ réussite/ satisfaction/ plaisir viril/ phallus*/ affirmation de soi/ mauvaise odeur*/ agressivité/ Voir *fumer.*

Cigarette

féminin en regard du cigare/ Voir *fumer.*

Cigogne

très grand oiseau/ échassier blanc*/ ailes noires (contraste, opposition*)/ bec et pattes rouges (danger, avertissement)/ niche sur les toits et cheminées (élévation)/ plane volontiers (économie de moyens, d'efforts, observation, surveillance, conscience élargie)/ couple uni pour la vie (fidélité conjugale)/ souvent sur une patte (équilibre)/ familier (confiance)/ mange insectes, grenouilles, lézards... (agressivité, transformation des instincts)/ sexes identiques (absence de discrimination sexuelle)/ son : claquette souvent (bavardage, indiscrétion) •équilibre/ fierté/ bonheur familial/ confiance/ annonce de naissance/ renouveau/ affection/ respect des parents/ délivrance du mal/ contemplation/ longévité/ cérémonie, rituel/ arbore les 3 couleurs de l'Œuvre alchimique, donc, un cycle de transformation accompli/ ♦noire : plus petite/ sauvage •œuvre au noir (désorganisation), mais annonce de tout ce qu'évoque la cigogne ordinaire.

Cils

•beauté/ les œillades de l'amour/ charme ♦faux cils : volonté de plaire, de séduire/ artifice/ attitude artificielle.

Cime

•réussite éclatante/ apogée/ grande élévation spirituelle/ orgueil/ recul psychologique/ le transcendant/ le Soi*/ Voir *montagne*.

Ciment

Voir *béton*.

Cimetière

•mort/ défunt/ décès/ repos/ peur/ renoncement/ souvenirs enfouis/ choses terminées/ refoulement/ Voir *mort*.

Cinéma

salle de projection de films/ le 7e art •histoires/ aventures/ rêves/ évasion/ illusion/ invraisemblance/ démonstration affectée/ projection/ trucage/ animation/ évocation/ force des images/ influence.

Cinéraire

plante d'appartement à fleurs du style de la marguerite/ grosses ombelles de fleurs veloutées à coloris très variés (variété, fantaisie, douceur de vivre)/ corolle souvent panachée ou carénée (décoration, fantaisie) •douceur/ vivacité des sentiments/ expressivité/ franchise/ sentiments renouvelés/ humeur caressante/ joie et diversité de l'amour épanoui/ ordre, discipline/ soutien joyeux du Soi*.

Cintre

barre pour vêtements •suspension/ mise à l'écart/ besoin de soutien/ changement/ sentiment de vide*.

Circoncision

•taille nécessaire pour donner des fruits, pour atteindre la vocation créatrice de l'homme/ condition pour mettre au monde le Verbe/ passer de l'organe de procréation à celui de la parole créatrice/ sacrifice nécessaire, pour ne plus mettre au monde, mais me mettre au monde (Souzenelle)/ phase initiatrice/ libération/ signe distinctif, appartenance à une communauté, à une religion/ se mettre à nu, se livrer, se confier.

Cire

•malléabilité/ moulage/ le corps humain ♦d'abeilles : Les abeilles édifient des rayons en cire où elles enferment le miel (gâteau): cire = corps; miel = âme •culte/ pureté/ êtres sans tache, consacrés/ sacrifice de la chair au profit de la lumière, de l'élévation spirituelle ♦artificielle (paraffine) •succédané/ bougie/ modelage/ formes/ lumière (moins noble)/ cierge/ lampion/ chandelle/ lubrifiant ♦cire à parquets ou à meubles •protection/ propreté/ douceur/ brillance/ chaleur/ beauté/ agrément d'une vie rangée/ confort douillet/ intériorité/ intimité/ effort.

Cirque

•spectacle/ distraction/ plaisir enfantin/ adresse/ instincts contrôlés/ curiosité, étrangeté/ diversité/ volonté d'impressionner/ joie tapageuse/ agitation/ désordre/ Voir *clown*.

Ciseau

outil d'acier en biseau •principe actif, pénétrant/ fécondation/ intelligence, conscience qui perce la matière obscure, la modifie/ moyen radical/ intervention énergique.

Ciseaux

instrument à 2 lames •élagage/ choix/ décision/ rupture/ sélection/ intervention radicale, rapide/ la mort/ une mort subite.

Citron

fruit du citronnier, ovale, aux extrémités en mamelon (les seins de la femme)/ écorce, le zeste*, jaune vif (vif désir)/ pulpe acidulée et très parfumée, divisées en quartiers (amabilité, stimulation, plaisirs charnels)/ à pépins (ennuis)// fruit médicinal par excellence/ bon antiseptique et tonique/ prévient et guérit le scorbut/ neutralise le cancer •fraîcheur/ santé/ esprit vif/ stimulation/ don total de soi/ action providentielle ♦citron vert, lime: même valeur que le citron, mais en plus fin.

Citrouille

très gros fruit/ rondeur (sensualité)/ côtes (les fesses)/ couleur d'or à l'extérieur (grand attrait sexuel)/ peu de saveur (fadeur, déception)/ plante à courants (attachement)/ vide (organes sexuels féminins, fausse promesse, vide intérieur)// prévient le cancer (surtout du poumon) •paraître/ aspect déclamatoire/ embarras/ grosse promesse et volupté décevante/ fausse représentation/ les récoltes/ les sorcières*/ l'Halloween* (exorcisme de la mort)/ Cendrillon (autodévaluation)/ inflation du moi/ prétention.

Clairaudience

perception extrasensorielle à base auditive, voir *clairvoyance.*

Clairière

•éclaircie/ besoin de voir clair/ découverte psychologique/ nouvelle compréhension/ ouverture d'esprit/ abandon d'une crainte/ étape d'évolution/ période de détente.

Clairon

instrument de musique à vent, en cuivre, sans pistons ni clefs •mêmes sens que pour la trompette*, mais plus simple, plus fruste, plus militaire: donc, expression d'un sentiment de façon déclamatoire, directe et spontanée/ éclat/ stimulation/ réveil brutal/ tension/ effet électrisant/ excitation/ exaltation/ appel/ communication/ attaque ou retraite.

Clairvoyance

perception extrasensorielle à base visuelle/ capacité de connaître le passé, le présent et l'avenir d'un individu ♦recourir à la clairvoyance: désir de pénétrer son avenir/ prise de conscience/ besoin de faire le point/ incertitude/ besoin d'attention ♦exercer la clairvoyance: avoir une très grande sensibilité et une intuition qui permettent de pressentir le psychisme d'autrui/ être sensible aux autres/ vouloir rendre service ♦La saisie de la destinée particulière ou de la programmation individuelle future se fait habituellement en pénétrant l'aura* (l'atmosphère psychique) et est établie sur des probabilités que les causes psychiques déclenchées produiront tel ou tel effet. Mis à part les abus du charlatanisme, la clairvoyance peut prétendre à la vérité, dans les meilleurs des cas, à 80 %. Le consultant peut ou non donner raison aux affirmations du médium en accentuant ou en contrant les énergies en voie d'accomplissement. Plus le consultant est évolué, moins il est déterminé, donc plus son avenir est difficile à pénétrer.

Clarinette

instrument de musique à vent muni d'une anche (vibrations variables)/ clefs (agilité, moyens, facilitation)/ classique et jazz (disponibilité, ouverture d'esprit) •expression des sentiments et des émotions/ rapidité/ habileté/ souplesse/ légèreté/ douceur/ astuce/ amusement.

Classe

division des élèves •groupe social/ sociabilité/ adaptation/ intégration/ comparaison/ affinités/ sélection/ pensée collective/ affirmation de soi/ Voir *école*.

Classeur

meuble à compartiments, voir *casier*.

Clavecin

instrument de musique à cordes pincées •expression de sentiments délicats/ tension/ atmosphère du passé/ goût raffiné/ rapidité/ fioritures/ enjolivement/ baroque/ maniérisme.

Clavicule

•fécondité/ Les clavicules sont les clefs de la Porte des dieux qui mène au-delà du cycle des réincarnations (Souzenelle)./ renforce le symbolisme de l'épaule* ♦cassée: besoin de faire le point sur mes croyances/ besoin de comprendre, d'avoir une philosophie de la vie, d'articuler ma vie autour d'une idée maîtresse.

Clef

•ce qui sait comment ouvrir = compréhension/ initiation intérieure/ discernement/ sexe masculin/ libération ♦précieuse: Nouveau savoir?/ Sexualité sous son aspect positif?/ Relations sexuelles trop rares? ♦ancienne: Appel à mon expérience en vue d'une compréhension nouvelle?/ Croissance personnelle s'est arrêtée?/ Relations sexuelles vidées d'intérêt?/ Façon ancienne de voir la sexualité? ♦tordue, gauchie: Compréhension faussée? Besoin de distinguer le moi du non-moi./ Je biaise et ruse avec le sens de la vie?/ Relations sexuelles détournées à d'autres fins?/ Mépris de la sexualité? ♦petite: La timidité m'empêche de m'ouvrir?/ Effort de compréhension nécessaire?/ On m'engage à un peu d'ouverture sur le plan sexuel? ♦perdue: manque de discernement/ perte de contrôle/ fermeture/ égarement/ oubli important ♦trouvée ou nouvelle: compréhension subite/ ouverture inattendue ♦d'auto, voir *automobile*.

Clématite

plante grimpante cultivée, vivace (ténacité, permanence) et vigoureuse (grand épanouissement)/ grandes fleurs indigo, pourpres, roses, blanches, en forme d'étoile, à cœur jaune (expressivité, spontanéité)/ feuilles qui s'enroulent en vrilles (tuteur, soutien, attachement) •fougue/ vitalité/ besoin de support/ sentiment de supériorité/ besoin de sacrifice, de discipline/ esprit ouvert/ goût de m'élever/ rêverie/ aspiration spirituelle.

Cléome

grande fleur aérienne sur hautes tiges (ferveur)/ rose, bleu lavande ou blanche (tendresse)/ houppe florale formée de plusieurs fleurs disposées en couronne (expression compliquée, besoin de discipline)/ odeur tenace (indiscrétion)/ tige à petites épines (caractère piquant) •association de robustesse et de délicatesse/ succès après un cheminement difficile/ méfiance en face d'une féminité envahissante/ tromperie d'une apparente facilité/ déliquescence d'un excès de douceur/ obséquiosité/ excès de féminité.

Cleptomanie

•égocentrisme/ dissimulation/ frustration/ détresse de l'être/ carence affective, besoin d'amour/ besoin d'aide.

Clin d'œil

•entente/ flirt/ connivence/ attrape/ malice/ encouragement/ rapidité.

Clignement d'yeux

•émotion/ distraction/ éblouissement/ désir de séduire.

Climatiseur

♦acquisition : aide au bien-être// Comment je mets le confort à profit pour mon évolution ? ♦en panne : Besoin de régulariser mon atmosphère psychologique ? Travaux ? Sorties ? Distractions ? Voyage ? Réceptions ?

Clitoris

petit organe érectile de la vulve/ correspond au signe du Scorpion* ♦problème : culpabilité/ peur de la jouissance sexuelle/ inhibition de la sexualité/ excès de sexualité.

Clochard

sans-abri, voir *vagabond, aumône.*

Cloche

instrument de métal, de forme évasée et creuse (féminin), suspendu et contenant un battant/ •le monde souterrain devenu aérien/ Le métal •la terre profonde (inconscient) qui devient sonore quand, entre ciel et terre, elle est frappée par un marteau (action volontaire)./ son: On donne la voix (un sens) aux instincts transformés (purifiés, fondus, moulés, élevés) et ils peuvent vibrer dans le ciel (servent à l'élévation spirituelle). •approche de qqn de l'au-delà/ protection contre les mauvais esprits/ annonce des malheurs = feu, orage, grêle; des bonheurs = baptême, mariage... (joie)/ cérémonies/ appel collectif de ralliement (clocher d'école, d'église)/ appel individuel (sonnerie de porte, de téléphone)/ alarme (pompiers, locomotives)/ donc, convocation, réveil, avertissement, appel intérieurs ♦entendre des cloches sans cause extérieure, voir *acouphène.*

Clocher

•église/ religion/ foi/ devoirs religieux/ aspiration spirituelle/ appel/ obligation/ repère/ ralliement/ alarme.

Cloporte

•petits crustacés terrestres/ corps segmenté (articulation)/ convexe (protection)/ grisâtre (dissimulation)/ pattes nombreuses (précaution)/ en alerte, peut s'enrouler en boule (repliement sur soi)/ habite la terre, les lieux sombres (vie cachée, retirée)/ nocturne (couche-tard, dissimulation, clandestinité)/ grégaire (sociabilité, collectivité) •être méprisable/ effacement/ travail obscur, ingrat/ inquiétude, nervosité/ appel au réalisme de la vie/ fuite de la lumière, de la conscience, de la renommée/ vie incompréhensible de l'inconscient.

Clôture

•ce qui délimite/ ce qui sépare/ ce qui distingue/ empêchement personnel (par des instincts, des sentiments, des jouissances...) qui entrave mes progrès, mon évolution/ empêchement qui vient des autres ou que je crois venir des autres/ limitation/ sélection/ propriété/ appropriation/ isolement/ protection/ limite de tolérance/ manque d'envergure/ mesquinerie.

Clou

1. outil/ en métal (résistance)/ perce (blessure)/ rentre par coups violents répétés (violence, répétition) •construction/ fixation/ union/ puissance sexuelle, voir *phallus.*
2. affection cutanée, voir *bouton, furoncle.*

Clown

•humour/ ironie/ parodie/ côté ridicule des humains/ facteur d'équilibre/ révélation de l'aspect gênant de la personnalité, de ce que je veux tenir dans l'ombre/ projection.

Club

association •sélection/ exclusion/ camarades/ rencontres/ communauté d'intérêts/ société de bienfaisance/ discussions/ égoïsme collectif/ identification à une cause/ besoin de soutien social/ besoin d'approbation/ insécurité/ loisir/ enrichissement d'idées.

Cobaye

petit rongeur* du Pérou/ grégaire (collectivité)/ domestication très ancienne (familiarité)/ dodu et trapu (concentration)/ sans queue apparente (sexualité secrète)/ robe tricolore: blanc, noir, roux (variété)/ longévité: 5 ans (courte vie)/ grande fécondité/ sert d'animal de laboratoire (expérience, service, don de soi)/ craintif (manque d'audace)/ aime se blottir (sensualité)/ mange herbes et racines (douceur)/ plutôt nocturne (discrétion)/ animal d'agrément (présence, compagnonnage) •docilité/ petite expérience sexuelle/ courte aventure/ inquiétude inutile/ joie simple/ rentabilité/ fugacité de la vie/ expérimentation/ victime.

Cocaïne

♦anesthésique, voir *anesthésie* ♦stupéfiant, voir *drogue, toxicomanie.*

Coccinelle

coléoptère de couleur orangée avec points noirs (simplicité)/ familier: dans les jardins et tâche de se retirer dans les maisons l'hiver (confiance)/ mange les pucerons (allié, aide)/ «bête à bon Dieu» (grâce) ♦L'irrationnel peut être un allié./ protection de ma vie sentimentale menacée.

Coccyx

♦blessé: nécessité d'agir/ besoin de partir, de changer/ erreur de base/ besoin de reprendre les assises de ma vie/ mauvaise orientation de mon évolution.

Cochon

Voir *porc.*

Cochon d'Inde

Voir *cobaye.*

Cœur

•centre, milieu/ point essentiel/ émotions/ désirs/ humeurs/ plaisir/ goût/ entrain/ passions/ amour/ affection/ tendresse/ attachement/ intuition/ bonté, altruisme/ générosité/ sensibilité/ sensibilité aux vibrations// cœur-muscle = courage/ cœur-organe = amour terrestre/ cœur centre = amour divin : Père centre★, source de tout (Souzenelle)// correspond au signe du Lion★ ♦troubles cardiaques : écœurement, dégoût/ émotions violentes/ absence d'amour, de joie, de plaisir... ressentie comme une privation/ sens du devoir prévalant toujours sur les sentiments/ problèmes émotifs durables.

Cœur de jeannette

ou cœur de Marie/ fleur de printemps★ en forme de cœur rose portée en plusieurs exemplaires sur une tige (amours multiples)/ feuillage de type fougère (délicatesse) •grâce/ amour avoué, déclaré/ lune de miel/ amour tendre et délicat/ fugacité de l'amour/ collection d'amourettes/ offrande amoureuse/ donjuanisme/ clin d'œil du Soi★.

Cœur saignant

Voir *cœur de jeannette.*

Coffre

•ranger/ cacher/ protéger/ conserver/ ouvrir/ fermer/ clef★/ choses précieuses/ souvenirs/ mystère/ secret/ intimité personnelle/ inconscient/ dissimulation.

Coffre-fort

•valeurs/ richesse/ protection/ sécurité ↔ insécurité/ méfiance/ soucis/ cachette/ fermeture/ dissimulation/ refoulement.

Cognac

•raffinement/ stimulant/ satisfaction/ Voir *alcool.*

Cognassier

arbuste (petite personnalité un peu capricieuse, mais affirmée) à fleurs moyennes, rouges, roses ou blanches (sentiments clairement exprimés)/ fruit, le coing = jaune, âpre, astringent et ne se mange que cuit en confiture, gelée (dure conquête sexuelle)/ les rameaux portent des aiguillons (susceptibilité, refus) •amour vif et difficile à vivre/ invite à la persévérance/ union de l'utile à l'agréable/ appel à la transformation.

Coiffure
Voir *cheveux, chapeau.*
Coin
•cul-de-sac/ cachette/ retrait/ punition/ culpabilité/ nécessité de faire face/ changement subit de direction/ traîtrise/ être pris en défaut.
Coïncidence
survenue rapprochée de deux ou plusieurs événements/ Voir *signe, synchronicité.*
Col
•cou*/ collet*/ mousse*/ rétrécissement/ épreuve, période difficile/ suffisance, snobisme/ rigidité mentale/ insécurité ♦blanc: employé de bureau/ fonctionnaire*/ embourgeoisement/ sécurité ♦bleu: marin*/ ouvrier.
Colère
•agressivité/ rage/ indignation/ révolte/ peur/ défense/ attaque/ perte de contrôle/ exaspération/ grand mécontentement/ éclatement/ défoulement/ orgueil/ susceptibilité/ grande énergie/ combativité.
Coléus
plante à feuillage décoratif jaune, rose, blanc, rouge ou vert, très souvent panaché de multiples motifs (fantaisie, improvisation, bonne énergie vitale)/ la fleur importe peu (sentimentalité réduite) •exubérance/ exagération/ attitude extravertie/ amour du spectaculaire/ plaisir dans le travail/ le travail comme but au lieu d'un moyen.
Colibri
le plus petit des oiseaux/ couleurs brillantes (désir de briller)/ plumage irisé (clinquant)/ bec en aiguille (finesse)/ boit le nectar des fleurs (aller à l'essentiel)/ langue extensible (discours symbolique)/ plumes rutilantes à la gorge (chakra* de la gorge)/ vol rapide, à faire disparaître les ailes (vivacité, invisibilité)/ fait du surplace et vole à reculons (réflexion, recul)/ querelleur (agressivité, esprit chicanier, intolérance)/ bourdonnement (agacerie)/ maîtrise des airs (habileté mentale, connaissance de la vie spirituelle)/ sans peur (bravoure, témérité) •l'Amérique*/ l'abondance des tropiques/ variété et beautés de la nature / vivacité/ beauté/ brio/ tape-à-l'œil/ performances/ agressivité par infériorité/ pointillisme/ gourmet/ gorge*/

parole intérieure/ précision/ certitude/ condensé d'énergie/ énergie fine/ énergie spirituelle/ combativité/ défection du père en éducation/ précocité/ vibrations élevées.

Colique

•peur/ contraintes mal supportées/ domination subie/ échec/ crainte de ne pas être à la hauteur des attentes des autres/ besoin d'affection.

Colis

•expéditeur/ destinataire/ livraison/ intériorité ↔ extériorité/ secret/ refoulement/ projection/ Voir *paquet, caisse.*

Colite

inflammation douloureuse du côlon, voir *colique.*

Colle

•réparation/ problème/ lien/ question difficile/ punition/ importun insistant/ glu des émotions et des sentiments.

Collection

•grand nombre/ rareté/ ancienneté/ musée*/ ensemble/ monomanie/ admiration/ séduction esthétique/ carence affective/ fixation/ accumulation/ cleptomanie*/ La nature des objets collectionnés est révélatrice.

Collège

•études/ élèves/ sociabilité/ jeunesse/ ensemble/ apprentissage/ formation/ éducation/ compétition/ succès/ échec/ le savoir/ Voir *école, classe.*

Collet

encolure de vêtement •cou*/ lieu d'émergence/ présentation/ la parole/ attitude guindée, rigide/ orgueil/ angoisse*/ Voir *col.*

Colley

chien* de garde ou de compagnie/ tête longue et fine (finesse d'esprit)/ yeux bruns en amande (charme, fascination)/ corps long, élégant (élégance corporelle)/ poil long, droit et abondant, formant crinière à la poitrine (tenue élégante)/ robe souvent tricolore (sociabilité)/ gardien de troupeaux (serviabilité, leadership)// puissant/ allure distinguée, souple, actif et intelligent • goût du luxe/ capacité d'organiser/ grande adaptabilité/ besoin d'affection/ corps solide et souple/ belle sensualité/ endurance/ sexualité prononcée et exprimée/ personnalité souriante.

Collier

bijou★ •dignité/ récompense, décoration/ attache/ lien entre celui qui le porte et celui qui l'a offert/ lien amoureux/ soumission/ mise en place, en ordre/ désir de plaire/ invitation à incarner mes sentiments dans des actes concrets de sensualité// La matière du collier importe. Voir *perle, or...* ♦cassé: l'un des aspects précédents est nié, fini/ abolition de l'ordre établi/ révolte/ séparation/ libération ♦volé: Un attachement me vole de l'énergie?/ Je suis trop soumis?/ Besoin de m'alléger? ♦de dents: J'affirme trop ou trop peu mon agressivité?/ Je m'occupe trop ou trop peu du temps qui passe (âge, durée, hâte)?// À mettre en relation avec le symbolisme de l'animal duquel proviennent les dents.

Colline

•douceur/ liberté/ rêve/ horizon/ colline du Golgotha: ma nature inférieure «crucifiée»/ progression/ émergence de la conscience/ début d'élévation ♦la gravir: premier engagement dans le sentier de la perfection/ initiation mineure.

Collision

♦entre 2 choses ou 2 personnes: trouver la relation ou l'opposition en cause/ contradiction ♦d'auto, voir *accident*.

Colombe

gros oiseau/ couple uni (fidélité amoureuse)/ grégaire (sociabilité)/ granivore (pacifique)/ oiseau de Vénus (amour) ♦colombe blanche: entièrement blanche (candeur, pureté)/ la forme à l'état pur/ harmonie/ simplicité/ douceur/ tendresse/ charme/ grâce/ bienveillance/ paix/ amour/ fidélité/ pureté d'intention/ Œuvre au blanc = étape tranquille de la transformation: grandir vers la lumière et consolider l'acquis/ lumière céleste/ présence terrestre de la divinité/ inspiration sacrée/ prophétie/ Saint-Esprit.

Colonne

•ce qui unit les pôles opposés, notamment le haut et le bas, l'un et le multiple/ axe du monde/ soutien moral/ solidité/ élan spirituel/ commémoration/ victoire/ relation avec le transcendant/ phallus★/ puissance/ limite protectrice/ garantie de l'ordre/ manifestation divine/ fécondité spirituelle/ affirmation de soi/ fierté.

Colonne vertébrale
•inconscient/ support du corps/ l'instant présent/ accord des contraires/ centre/ axe de l'essentiel, du divin/ lieu privilégié des étapes de l'accomplissement/ le juste milieu/ lieu de conciliation de l'ancien et du nouveau, de la justice et de la miséricorde.../ le Christ*/ lieu où s'inscrivent nos libérations, nos accomplissements successifs/ lieu de la rencontre, du mariage du masculin et du féminin, deux qui deviennent un ♦mal à la colonne: blocages psychiques, émotifs/ peurs/ refus/ tensions excessives/ manque de soutien/ trop de responsabilité (plein le dos), sentiment d'obligation, contrainte/ besoin exagéré de soutien/ désorientation de l'énergie/ indécision// haut du dos = manque de soutien affectif/ milieu du dos = culpabilité, passé lourd/ bas du dos = manque de soutien matériel, peur de l'argent (Hay).

Combat
•opposition*/ obstacle/ difficulté/ agressivité/ dispute/ courage/ effort/ victoire/ défaite/ point de vue divergent/ invitation à faire face/ volonté/ décision/ maîtrise/ invitation à prendre conscience.

Comédie
•divertissement/ tragédie/ fausseté, feinte/ attitude désagréable, caprice/ mise en situation/ situation comique/ manque de sérieux/ ridicule d'une situation/ invitation à prendre du recul/ humour/ Voir *acteur, théâtre*.

Comédien, Comédienne
Voir *acteur, vedette*.

Comète
•rapidité/ avertissement/ présage/ danger/ calamité/ inspiration/ succès soudain et passager.

Comité
•groupe d'étude/ séances/ discussion/ conclusion/ rapport/ recommandation/ moyen dilatoire/ façon détournée d'éluder un problème.

Commode
meuble •rangement/ ordre/ affaires personnelles/ secrets/ lettres/ esprit compartimenté/ souvenirs.

Compagne
♦pour une femme: ombre* devenue positive/ ma partie la plus profonde ♦pour un homme: conjointe, amoureuse/ complémentaire féminin (anima*).

Compagnon

♦pour un homme: ombre★ devenue positive/ ma partie la plus profonde ♦pour une femme: conjoint, amoureux/ complémentaire masculin (animus★).

Compas

•mesure/ calcul/ précision/ orientation/ finesse d'esprit/ faire le point/ évaluation/ correction/ ligne de conduite.

Complot

•opposition/ dissimulation/ clandestinité/ intrigue/ ruse/ nuisance, tort/ ennemi/ victime/ paranoïa/ dispersion des forces psychiques.

Comptable

•exécuteur/ conseiller/ prévision/ problèmes financiers/ impôt★/ précision/ évaluation/ attitude impitoyable.

Compte

•chiffres/ nombres★/ évaluation/ précision/ sérieux/ bilan/ réserve d'énergie/ facture/ responsabilité/ dette/ résultat/ karma★/ culpabilité★.

Compter

•évaluer/ calculer/ finances/ dette/ affaires/ profit/ succès.

Concert

Voir *musique.*

Concierge

•surveillance/ contrôle/ service/ bavardage/ indiscrétion/ espionnage/ culpabilité★.

Concombre

fruit-légume/ sur plante grimpante ou rampante (envahissement de l'énergie sexuelle), à feuilles grandes et rugueuses (rudesse, indélicatesse)/ forme plutôt cylindrique et souvent arquée (phallus★)/ chair verte ferme (plaisir charnel) avec pépins (difficultés aplanies, profit hâtif)// effet diurétique •fraîcheur/ pique-nique/ fécondité/ prévoyance/ promesse/ goûts sexuels.

Condamnation

sentence •innocence ↔ culpabilité★/ justice ↔ injustice/ sanction, correction/ interdiction/ délit / amende/ prison★/ crime/ loi/ blâme/ accusation/ autopunition.

Condom
•plaisir sexuel/ hygiène/ précaution/ prudence/ contraception/ sécurité.

Conducteur
•direction/ orientation/ guide/ décision/ chef de file/ leadership/ responsabilité/ initiative/ fil conducteur/ plan/ esprit, raison/ conscience/ cheminement/ évolution.

Cône
triangle* tournant sur lui-même, triangle développé dans l'espace/ forme tout à fait remarquable, puisqu'elle contient le point, la ligne, le cercle, la surface et le volume et peut engendrer, par ses sections, le cercle, l'ellipse, la parabole et l'hyperbole (Allendy) •synthèse/ fécondité/ perspective/ élévation/ grâce spirituelle.

Conférence
•sujet/ nouveau point de vue/ compétence/ connaissance/ communication/ plaisir de l'esprit/ ennui.

Confession
aveu •fautes, mauvaises actions/ culpabilité/ pardon/ confidence/ confiance/ rupture de secret/ conduite personnelle/ compromission/ défoulement/ libération, soulagement.

Confidence
•discrétion/ secret/ respect/ confiance/ information privilégiée/ amitié.

Confiture
•sensualité/ plaisirs sexuels/ infantilisme/ réserve d'énergie/ confusion/ erreur/ Voir le nom du fruit dont elle est faite.

Conjonctivite
Voir *œil*.

Congé
•répit/ repos, détente/ départ/ permission/ absence/ vacances/ démission/ renvoi/ loisir/ disponibilité/ liberté.

Congédiement
•justice ↔ injustice/ compétence ↔ incompétence/ départ/ chômage/ recyclage/ inquiétude/ changement/ occasion de faire le point/ autonomie.

Congélateur
•conservation/ réserves d'énergie vitale/ potentiel/ grande froideur/ inaction/ fermeture d'esprit/ arrêt d'évolution/ immobilité/

léthargie ♦en panne : Nécessité d'accumuler les richesses ?/ Insécurité ?/ Générosité ?/ Mauvaise conscience ?/ Gourmandise ?/ Manque de confiance dans la vie ?/ Trop indépendant ?/ Ma mentalité de fourmi travailleuse me fait-elle oublier mon côté cigale, artiste, rêveur et qui veut s'amuser ?

Congrès

•information/ communication/ discussion/ compromis/ point de vue/ opinion/ études/ rapport/ recherche/ entente, concertation/ divergence/ prise de décision.

Conifère

arbre à feuillage presque toujours persistant •aiguilles/ résine/ arôme/ atmosphère agréable/ permanence/ éternité/ Voir *pin, sapin...*

Conseil

avis •opinion/ consultation/ prudence/ sagesse/ éclairage/ point de vue/ indiscrétion/ hésitation/ orientation/ désir de voir clair/ présence du Soi*.

Conserve

aliment dans un récipient hermétique •prévoyance/ dépannage/ prolongation/ réserve d'énergie vitale/ fermeture d'esprit/ inaction/ souvenir*/ Voir le nom de l'aliment mis en conserve.

Constipation

Voir *intestin.*

Contrariété

•opposition*/ obstacle/ imprévu/ déception/ agacement/ adaptabilité.

Contrat

•engagement/ entente/ clauses/ signature/ convention/ consentement/ promesse/ respect/ obligation/ décision.

Contravention

Voir *automobile.*

Contrebande

•marchandise/ douane/ commerce/ illégalité/ banditisme/ risque/ malhonnêteté/ profit/ égoïsme/ tricherie/ insincérité/ aveuglement volontaire.

Coq

mâle de la poule*/ crête et barbillons rouges (affirmation virile, fierté, machisme)/ oreillons blancs (coquetterie)/ plumes faucilles de queue (autorité, vanité)/ coquerico (appel, prétention)/ ergot (agressivité)/ blanc, noir, gris, roux (réalisation)/ oiseau à la plus longue queue: 6 à 7 mètres, race Yokohama (concupiscence, extravagance)/ chante à l'aube (réveil, ferveur, joie de vivre)/ régente le poulailler (autorité, interventionnisme) •activité/ vivacité/ susceptibilité/ combativité/ vigilance/ courage/ intolérance/ domination terrestre/ polygamie/ infidélité conjugale/ donjuanisme, besoin insatiable de faire des conquêtes amoureuses/ ergotage, critique/ orgueil.

Coq de bruyère

gros gallinacé/ corps bleu-noir (opposition* lumière ↔ ténèbres)/ queue en éventail (étalage)/ sourcils rouges (coquetterie)/ emplumé jusqu'aux doigts (précaution)/ Pour faire sa cour, le mâle danse et crie en regardant le soleil (ivresse amoureuse, fascination spirituelle). Il perd alors tout moyen de défense (cœur vulnérable). •l'amour qui rend aveugle et sourd/ la transcendance de l'amour divin.

Coquelicot

fleur annuelle (sentiment transitoire) du genre pavot/ fleur rouge vif à 4 pétales chiffonnés et à cœur noir (folâtrerie, amour malveillant, passion amoureuse)/ associée aux céréales (goût pour la mise en scène) •vivacité/ simplicité/ gaieté/ spontanéité/ improvisation/ liberté/ amour simple, mais vif/ flirt/ fragilité/ arts.

Coquille

enveloppe calcaire des mollusques •fécondité/ érotisme/ naissance/ royaume des morts/ retrait// bivalve comme l'huître* = organe sexuel féminin/ univalve, comme la conque = organe sexuel masculin/ spiralé = mouvement évolutif.

Cor

instrument de musique en cuivre contourné en spirale, à pistons, à embouchure et à pavillon largement évasé •expression éclatante des sentiments et des émotions/ appel lointain, voilé ou profond/ aspect militaire/ attaque ou retraite/ signal/ communication/ chasse/ éclat/ inquiétude/ mystère.

Cor au pied

•mépris du corps/ manque de flexibilité, caractère rigide/ insécurité.

Corail

support calcaire des colonies de polypes coralliens/ carbonate de calcium/ dureté 3 à 3,5 (résistance réduite)/ mers chaudes (exotisme, vacances)/ rouge, rose, noir, blanc, crème (accomplissement)/ gouverné par Vénus* sous les formes rose, blanche et crème •la vie cellulaire/ la structure osseuse/ la force vitale/ les globules du sang/ étape de réorganisation corporelle de base, transformation cellulaire ♦noir: énergies négatives du passé, magie* noire ♦blanc: lumière venue de l'inconscient ♦crème: réconfort venu du Soi* ♦rouge: amour enfoui/ vitalité, énergie venues de l'inconscient.

Corbeau

grand oiseau/ tout noir (vibrations négatives)/ plumage lustré (inversion des valeurs)/ bec robuste (force d'attaque)/ sexes semblables (parité sexuelle)/ omnivore (opportunisme), mais plutôt charognard (mort et résurrection)/ vorace (cupidité)/ dépotoirs, falaises (plongée dans l'inconscient)/ fort cri rauque et aussi tintement de cloches (rude discours, engueulade, paroles doucereuses)/ polyglotte (don d'imitation)/ solitaire ou en bandes (solidarité intéressée, esprit d'équipe)/ monogame (fidélité conjugale)/ vit vieux (bonne longévité)/ s'apprivoise (intelligence, éducation)/ grande adaptabilité •sagesse/ messager des dieux/ initiation/ sagesse divine/ chaos primitif/ œuvre au noir = descente pour intégrer des forces inconscientes non encore assumées/ matrice universelle cachée = travail de transformation/ mort et résurrection/ le côté sombre du Soi*/ divinité inexprimable/ individu avide et sans scrupules/ idées noires/ défunt/ mauvaise conscience.

Corbillard

•la mort/ question sur l'après-vie/ qqch qui doit mourir en moi/ fin de qqch/ qqch dont je dois faire le deuil, à quoi je dois renoncer// Sa place par rapport à moi peut me renseigner./ Vaut aussi pour les morts morales.

Corde

•renforcement/ lien/ attachement/ moyen/ jugement qui lie et délie/ individuation/ fil de l'existence, la vie/ châtiment/ pendaison*/ désir d'ascension/ descente.

Corde à linge

♦bloquée ou cassée: Besoin d'aide pour me tenir en santé? pour me protéger?/ Besoin de changer d'air?/ Besoin de m'exprimer?/ Je fais trop grand étalage de mes mérites? de mes qualités? de mes besoins?/ Je me plains?

Cordes vocales

Voir *gorge*.

Cordonnier

•chaussure★/ cuir★/ fabrication/ réparation/ renouvellement/ protection/ négligence/ assurance/ nouvelle démarche.

Coréopsis

grande fleur toute jaune (énergie, victoire) au bout d'une longue tige (individualité), comme une marguerite d'or à pétales inégaux (lumière du Soi★) •rayonnement/ éclat/ intensité/ caractère entier/ extériorisation/ ardeur spirituelle/ arrivée de la lumière du Soi.

Corindon

espèce minérale comprenant plusieurs variétés, notamment le rubis★, le saphir★, l'améthyste★, la topaze★, l'aigue-marine★.

Cormoran

grand oiseau de mer/ aquatique (ambivalence)/ noir (inconnu, inversion des valeurs)/ bec mince et crochu (cupidité)/ piscivore (prise de conscience)/ plongeur expert (habileté, dialogue avec l'inconscient)/ grégaire (sociabilité)/ vol aligné (discipline)/ à l'arrêt, souvent les ailes en croix pour se faire sécher (rançon d'un engagement)/ peu craintif (audace) •respect d'autrui/ sacrifice/ introspection/ pénétration dans l'inconscient/ impérialisme/ envahissement.

Cornaline

pierre précieuse/ couleur chair ou rouge-brun (le corps transformé)/ brillante (éclat)/ de transparente à opaque (ouverture plus ou moins grande à la lumière)/ variété de calcédoine★/ contient souvent des lignes et zones comme l'agate (recherche du centre★)/ correspond au signe du Taureau★/ liée au chakra★ du plexus solaire •joie/ dynamisme/ courage/ étape du feu purificateur.

Corne

•force/ attaque/ moyen de défense/ puissance/ abondance/ attribut du diable (opposition des deux cornes, rattachée à la bipolarité)/ domination des instincts/ rage, colère/ couronne de sainteté (ressemble au croissant de la lune ou à des rayons de lumière)/ rayon (en hébreu, c'est le même mot)/ rayonnement moral ou spirituel/ lumière, conscience/ autorité/ inspiration/ appel/ avertissement/ moyen de communication ♦cassée : puissance brisée, renversée, fin de l'inspiration.

Corneille

grand oiseau/ tout noir (obscurité, inversion des valeurs)/ bec fort (force d'attaque)/ omnivore (opportunisme)/ dépotoirs (nettoyage)/ charogne (vampirisme, croque-mort, mort et résurrection)/ sexes semblables (non-discrimination sexuelle) / marche au lieu de sauter (anthropomorphisme)/ croasse et jacasse (cris, bavardage, propos malveillants)/ peut parler (vérité)/ s'apprivoise (intelligence, éducation)/ grégaire (sociabilité)/ rusé •sens de l'observation/ sagacité/ jeu de groupe/ prudence/ méfiance/ le courage de faire face à mes peurs/ indiscrétion/ extériorisation de l'obscur, des choses cachées/ annonce du meilleur ou du pire/ invitation à faire la part des choses/ fin de la nuit, de l'épreuve.

Cornet

instrument de musique à vent et à pistons semblable à la trompette •mêmes sens que pour trompette*, mais plus simple : donc, expression d'un sentiment de façon déclamatoire/ éclat/ stimulation/ tension/ excitation/ exaltation/ appel/ communication.

Cornichon

•goût de la vie/ négligé/ idiot/ Voir *concombre.*

Cornouiller

buisson, arbuste, de 3 à 6 m/ (personnalité orientée vers la générosité)/ grandes fleurs blanches, crème, roses ou rouges (expression des sentiments)/ fruits : baies rouges, blanches ou bleues, appréciées des oiseaux (petits désirs charnels, générosité spirituelle)/ bois lourd, dur, à fine texture (résistance, finesse) •l'exceptionnel/ beauté/ amour du spectaculaire/ sens de la présentation, du décor, de la mise en scène/ esprit créateur et liberté de la création/ fermeté/ charme/ constance des sentiments généreux/ échange très ouvert avec le Soi*.

Corps

humain •besoins, servitudes du corps/ véhicule terrestre de l'âme/ organisme périssable/ le corps a une conscience souvent représentée par le chien* (ou d'autres animaux) en rêve/ moyen concret qui permet à l'être humain d'agir dans le monde matériel ♦Tous les incidents corporels renvoient aux états d'âme, aux émotions, aux sentiments, aux attitudes psychologiques. Pour mieux situer le sens des points corporels, il est bien d'appliquer le schéma de la croix* au schéma corporel. (Voir *gauche, droite.*) Il convient aussi de distinguer l'extérieur et l'intérieur du corps: les malaises internes indiquent un mal plus profond, alors que les malaises externes renvoient à des relations avec le monde environnant. La distinction entre le haut et le bas demeure importante pour situer le niveau de vie en cause : vie spirituelle, intellectuelle, émotive, physique. Les membres supérieurs se rattachent à la vie émotive alors que les membres inférieurs ont un rapport avec les démarches et l'évolution.

Corpulence

•qqn d'important ou dont l'importance est exagérée/ ma mère/ mon père/ Voir *obésité, embonpoint.*

Cosmétique

•beauté*/ amélioration/ correction/ mise en valeur/ coquetterie/ désir de séduire/ charme d'emprunt/ besoin d'attirer l'attention/ accentuation des caractéristiques individuelles.

Cosmos

fleur du genre marguerite, à 8* pétales rouges, roses, blancs, jaunes, roux (totalité), étalés en couronne autour d'un cœur doré (le Soi*)/ tige légère, feuillage très léger (légèreté, fragilité, délicatesse)/ croissance rapide (ardeur) •grâce, élégance/ simplification/ esprit de synthèse/ mandala: recherche du centre*, de l'équilibre/ action structurante du Soi*.

Costume

façon de s'habiller// enveloppe/ couvre/ protège/ réchauffe/ décore •ma présentation sociale (moi et société) indépendamment de mon rôle/ paraître/ mon attitude, ma façon d'aborder les autres, d'en imposer, d'échanger, de me protéger// Voir *manteau.*

Côte

os plat du thorax, 12* paires chez l'humain dont 2 paires ne rejoignent pas le sternum ♦problème: protection exagérée (à droite)/ perte de protection (à gauche)/ surveiller de qui ou de quoi je m'entoure.

Coton

•vêtement*/ confort/ simplicité/ fraîcheur/ blancheur/ soins excessifs/ mollesse/ Providence/ travail pénible.

Cou

•1. large = puissance, force/ 2. long = élégance/ délicatesse/ curiosité/ correspond au signe du Taureau* ♦mal au cou : manque de flexibilité/ entêtement/ peur de confronter mes opinions// Besoin de tendresse, de caresse ?/ Je dissocie ma façon de penser de ma façon de vivre ?/ Besoin de me lier ou de reprendre ma liberté ?/ Besoin de changer de point de vue ?/ En avoir assez ?/ Être compromis ?/ Voir *torticolis*.

Couche

garniture de tissu pour envelopper les fesses •commodité/ précaution/ prévoyance/ infantilisme/ stade anal.

Couchette

petit lit* •inconfort/ sommeil* léger/ étape transitoire/ situation précaire.

Coucou

oiseau moyen/ gris et blanc (hypocrisie)/ se montre peu (cachotterie)/ solitaire (solitude, indépendance, autonomie, individualisme)/ au vol, rappelle l'épervier (déguisement)/ chant : deux notes : cou-cou (surprise), porte loin (avertissement clair) ; femelle : sorte de rire sonore (ricanement, moquerie)/ pas de nid (liberté totale)/ pas de couvaison (fuite des responsabilités)/ pond ses œufs dans le nid des passereaux : fauvette, rouge-gorge, rousserolle... (parasitisme, exploitation d'autrui)/ œufs remarquables : imitent les œufs des espèces parasitées (fausse représentation, faussaire)/ L'oisillon naît plus tôt que les autres et vide le nid (cruauté, égoïsme, loi du plus fort). •paresse/ détachement/ renoncement/ adaptation/ astuce/ fourberie/ subterfuge/ mauvais parents/ arrivée intempestive/ hôte indésirable/ comportement antisocial/ surprise désagréable/ conscience du temps qui passe.

Coude

•relation entre les sentiments et le corps/ défense/ violence, agressivité/ détour/ changement de direction/ moquerie/ affirmation sociale/ fermeté/ souplesse ♦mal au coude droit : Je m'impose trop ? J'écrase les autres ?/ Trop de tension dans mon action ?/ Le manque de souplesse me fait mal agir ?/ Mes sentiments et mes émotions vident mon corps de son énergie ?/ Trop d'alcool? ♦mal au coude gauche: Manque d'affirmation sociale?/ Manque de fermeté dans l'action?/ Ma vie émotive est presque morte?/ Manque de souplesse qui m'empêche d'agir? ♦se cogner le coude avec une sensation d'une décharge électrique: choc émotif avec répercussion dans le corps/ besoin de me secouer.

Coudre

•rapiécer/ assembler, lier/ réparer/ raccorder/ créer/ s'appliquer/ mettre en relation/ faire un rapprochement/ comprendre/ Voir *machine à coudre.*

Coulée de boue

Voir *glissement de terrain.*

Couleur

longueur d'onde particulière de la lumière blanche qui, elle, représente l'énergie totale •énergie différenciée, spécifique/ énergies fondamentales: rouge*, bleue* et verte*, dont les diverses combinaisons en intensité donnent chacune des énergies particulières, traduites en couleur/ particularité, nuance/ climat de l'âme ♦couleurs franches: Période de bonne vitalité?/ Simplicité enfantine? ♦couleurs vives: Période de grande intensité? Trop grande? Besoin de calme?/ Sensibilité à vif? ♦couleurs ternes: Manque d'intensité? de tonus vital?/ Besoin de me refaire une santé?/ Besoin de stimulant? ♦couleurs contrastantes: Énergies dispersées et risque d'épuisement?/ Victime d'énergies opposées? ♦couleurs pastel: Période de calme? de repos? de douceur?/ Trop d'agitation? Besoin de calme et de repos?/ Excès de délicatesse? Mièvrerie? Trop de nuance?

Couleuvre

reptile plutôt petit, jusqu'à 3 m/ corps cylindrique sans membres (sexe de l'homme, colonne* vertébrale)/ rampe (bassesse, ruse, humiliation)/ ni venimeux ni constricteur (fausse peur)/ mange petits rongeurs, oiseaux, œufs (allié équivoque)/ langue fourchue (double langage, contradictions, insinuations, confirmation, intuition fondée)/ ouvre la bouche démesurément (voracité)/ non dangereuse pour l'homme (immunité) •vitesse/ agilité, vivacité/ détours, ruse/ affronts/ sexualité/ + même symbolisme que serpent*, mais amoindri.

Coulicou

oiseau moyen/ sorte de coucou★ américain/ longue queue (affirmation de la sexualité)/ dessus brun, dessous blanc (désir de passer inaperçu)/ sexes semblables (parité sexuelle)/ fait un nid et couve, mais pond parfois dans le nid des autres espèces (refus partiel des responsabilités) •parasitisme d'occasion/ laxisme/ exploitation de la naïveté des autres/ sens moral émoussé/ pécheur repentant/ + mêmes sens que pour le coucou★, mais en plus atténué.

Couloir

•passage étroit/ col de l'utérus, donc, naissance, renaissance/ période transitoire de mon évolution et qui me permet d'accéder à des développements psychologiques nouveaux/ compréhensions nouvelles/ initiation/ épreuve/ communication/ ragots.

Coup

choc★ •action ↔ réaction/ action ponctuelle/ intervention/ violence/ soudaineté/ accident★/ blessure/ meurtrissure/ bris/ brisure/ décision/ effort/ changement brusque/ émotion ♦coup de soleil, voir *insolation*.

Coupe

verre à pied •moitié de l'œuf cosmique = terre qui demande la grâce/ sein maternel/ cœur/ intuition/ centre/ révélation et vie/ crâne/ renaissance suprahumaine/ action de grâces/ destinée humaine/ vase du Graal★/ abondance/ immortalité// Voir *verre, vase*. ♦coupes échangées: signe de fidélité ♦y boire: acceptation/ réjouissance ♦renversée: inversion des valeurs (chiasme)/ changement radical/ renonciation/ épuisement d'une source d'énergie et préparation à en recevoir une nouvelle.

Couper

première coupure = cordon ombilical, coupure de la mise au monde qui préfigure toutes les autres séparations ♦J'ai besoin ou je fais l'erreur de rompre, de supprimer, d'enlever, de m'abstenir ou de me séparer? (sens spécifié par la partie du corps en cause) ♦couper en deux: séparer pour distinguer ou dissocier/ ne plus être un/ diviser/ opposer ♦se couper: partie gauche du corps = Je devrais m'imposer une séparation./ partie centrale ou droite = Je m'inflige une séparation qui me fait tort.

Couperose

•J'ai honte de moi? Honte de mon apparence? Pourtant je peux déployer tellement d'amabilité.// Voir *peau, acné.*

Cour

1. espace découvert •domaine réservé/ jardin*/ propriété/ réception/ à droite*.

2. tribunal •justice/ juge/ procès/ autorité/ décorum/ avocat/ jury/ témoin/ accusation/ loi/ défense/ preuve/ culpabilité*/ innocence/ délibération/ impartialité/ sentence/ condamnation*/ autopunition/ libération.

Courbature

•Situation inconfortable?/ Inconfort moral?/ Par quoi mon action est-elle paralysée?/ Inaction prolongée? Où en est mon évolution?/ La partie du corps ankylosée me renseigne sur le secteur de ma vie qui est bloqué.

Courge

légume-fruit/ formes arrondies, multiples (rondeurs corporelles, sensualité)/ nombreux pépins (légers ennuis)/ sur plante rampante ou grimpante (envahissement de la sensualité, attachement)// prévient le cancer (surtout du poumon) •sensualité comblée/ abondance/ fécondité/ régénération spirituelle ♦coloquinte: ses couleurs soulignent une grande sensualité, une grande joie, une grande liberté d'expression et une grande variété de formes/ fruit immangeable: frustration sexuelle ♦calebasse: écorce impérissable = immortalité/ •le ciel et la terre, voir *coupe.*

Courir

•hâte/ impatience/ empressement/ urgence/ compétition/ tension/ vive émotion/ fuite, voir *poursuite.*

Couronne

•cercle qui réconcilie l'avant et l'arrière, la gauche et la droite/ mariage du créé et de l'incréé/ protection, immunité/ réussite, prestige/ autorité/ puissance/ souveraineté/ noblesse/ victoire/ accomplissement supérieur/ participation à la divinité/ chakra* de la tête.

Cours

enseignement •connaissance, savoir/ apprentissage/ mémorisation/ leçon/ classe/ examen*/ Voir *école.*

Course
•sport/ exercice physique/ urgence/ hâte/ impatience/ précipitation/ chasse/ peur*/ fuite/ poursuite*/ évolution rapide.

Cousin, Cousine
fils, fille du frère ou de la sœur •famille élargie/ point de comparaison/ similarité ↔ différence/ stimulation/ familiarité/ Voir *compagnon, compagne.*

Coussin
•luxe/ repos/ confort/ aise/ installation/ économie/ restriction.

Couteau
•intervention énergique/ arme/ séparation/ phallus* = pulsion sexuelle/ attitude agressive/ vengeance/ sacrifice/ un homme (par opposition à la cuiller ou à la fourchette qui évoquent alors une femme)/ valeur masculine/ Voir *canif.*

Couvée
•famille/ origine commune/ ressemblance ↔ différence/ ensemble/ naissance/ nouveauté/ création, œuvre.

Couvent
•vie spirituelle/ vie commune/ renoncement/ refuge/ société fermée/ perfectionnement personnel/ recueillement/ besoin de se centrer/ besoin de protection/ besoin de soutien social/ promiscuité/ problème de relation/ Voir *abbaye.*

Couvercle
•protection/ défense passive/ fuite, retrait/ attitude de fermeture/ besoin de solitude/ refoulement/ complexe d'infériorité.

Couvert
cuiller*, fourchette*, couteau* •repas/ restauration des énergies/ réception/ détails et petites nécessités de la vie ♦les frotter: travail fastidieux/ nettoyage pour rejoindre l'éclat premier.

Couverture de lit
•chaleur/ protection/ sécurité/ mère/ foyer/ dorlotement/ dissimulation.

Cow-boy
•liberté/ vie naturelle, un peu brute/ violence/ force, puissance/ vision puérile de la vie/ incapacité de se fixer/ machisme/ sentimentalisme/ sans soin.

Coxalgie

douleur ou maladie de la hanche, voir *hanche, arthrite.*

Coyote

carnivore (lascivité, agressivité)/ sorte de chacal* américain/ grisâtre et roussâtre (discret, rusé, sexualité discrète)/ glandes odorantes (présence indiscrète)/ tient la queue basse à la course (honte de la sexualité, culpabilité)/ hurlements et longs aboiements (ennui, signalement, ralliement, grossièreté)/ terriers (clandestinité)/ prairies (liberté)/ surtout nocturne (couche-tard, dissimulation, clandestinité)/ nécrophage (vampirisme, nécrophilie)/ très sociable (vie de famille)/ s'apprivoise (intelligence, éducation, identité d'emprunt)// C'est un loup et un renard manqués; il n'a pas leurs qualités (être indésirable, manque d'identité)./ La légende dit qu'il a inventé l'hiver* et la mort*. •caractère astucieux/ esprit mauvais, néfaste/ inspire le mépris/ lâcheté/ aspect lugubre/ la mort.

Crabe

crustacé/ carapace (protection)/ 5 paires de pattes (étrangeté)/ 2 pinces (stimulation)/ vorace (gourmandise)/ sans système cérébro-spinal (mollesse)// aspect de sale bête (répugnance)/ associé à l'eau, à la terre (trou) et à la Lune*/ vit de la désintégration d'une autre vie (vampirisme)/ marche latérale (méfiance)/ fuit sans tourner le dos (garder son ennemi à l'œil)/ chair délicieuse (gastronomie) •système cérébro-spinal/ fascination/ mal/ ruse/ vigilance/ délice/ inconscient dans sa partie impénétrable/ force vitale importante, presque magique/ forme archaïque de la vie/ énergie refoulée qui pince et ronge/ matrice universelle/ mort et résurrection/ énergie lunaire (illusion) ♦en voir: Épreuve initiatique?/ Je dois négocier avec l'adversité; ainsi mes désirs seront comblés? ♦en être pincé: Invitation à sortir de mon inertie?/ de mes illusions? ♦en être menacé: Je ne vis pas assez attentivement; ainsi beaucoup de choses retournent dans mon inconscient qui, en retour, devient menaçant?/ Méfiance envers un groupe qui s'entre-déchire? ♦en manger: Arrivée d'une énergie puissante succédant à une épreuve?/ Délices de désirs accomplis, après les souffrances nécessaires pour les obtenir?

Crachat
•rejet/ mépris/ trahison/ attitude rebelle/ agressivité/ défoulement/ grade, décoration/ supériorité.

Cracher
•action reliée à la salive* et à la bouche*/ mépriser/ trahir/ avouer/ engager sa parole donnée («juré, craché»)/ faire preuve de force.

Craie
bâtonnet de calcaire pour écrire •école*/ tableau, voir *ardoise*/ marque/ identification/ repaire/ aspect transitoire/ fragilité/ manque de résistance/ manque de fermeté.

Crampe
•tension/ volonté de retenir/ inquiétude// Voir la partie du corps concernée.

Crâne
•courage, bravoure/ cran, audace/ pensée/ sommet/ voûte céleste avec le Soleil (œil droit) et la Lune (œil gauche) = supériorité humaine, lien avec le divin/ symbole de la mort physique/ mort du vieil homme et transformation/ substance de l'être, intimité divine/ le Soi* ♦fracture du crâne: avertissement très sérieux de redresser mon orientation en fonction d'une élévation de l'esprit ou d'une spiritualité.

Crapaud
batracien/ à sang froid (répulsion)/ sans dents (sans défense)/ sans queue (vie sexuelle inexistante)/ couleur de terre (dissimulation)/ insectivore (agressivité)/ peau à boursouflures (problème cutané)/ venin sécrété par la peau, sans danger pour l'homme (peur ridicule, préjugé)/ fuit la lumière (photophobie, peur de savoir)/ ne va à l'eau que pour se reproduire (retour aux sources)/ chant: coassement (galimatias)/ hibernation (léthargie)/ ovipare (état embryonnaire)/ se déplace par petits sauts (progression lente et cahoteuse)/ happe sa proie avec sa langue visqueuse (propos venimeux)/ capable de longs jeûnes (ascèse)// lunaire (illusion, fécondité)/ lié à la sorcellerie, au squelette*, au diable* •humilité/ laideur/ maladresse/ victime/ être humain imparfait/ qqn d'empoisonnant/ ténèbres/ ce qu'il y a de caché, de méprisable/ ombre*, ce qu'on méprise en soi/ Mon inconscient peut prendre cette apparence pour me montrer que je le méprise,

mais, si je montre assez d'ouverture d'esprit pour accepter ce que je refoule, il peut se transformer en prince*, en conscience élargie, en énergie positive.

Cravate

•correction/ élégance/ rigidité/ caractère officiel/ aspect conventionnel/ caractère phallique = expression de la puissance masculine/ valeur accessoire.

Crayon

•esquisse, ébauche/ brouillon/ incertitude/ reprise/ expression.

Crédit

•aide/ prêt/ dette/ confiance/ optimisme/ énergie d'emprunt/ Voir *carte de crédit.*

Crème

matière grasse du lait •joie de vivre/ agrément/ délice/ embonpoint*/ cholestérol*/ le meilleur/ élite/ ton onctueux/ sentimentalisme/ obséquiosité/ écœurement.

Crème de beauté

•soin de la peau*/ souci esthétique/ apparence/ souci de l'image qu'on projette/ douceur/ séduction/ compensation/ illusion/ refus de l'âge*.

Crêpe

galette •moyen expéditif/ simplicité/ soumission/ lâcheté/ domination/ changement subit d'opinion/ opposition*.

Crépuscule

•Ouest*/ fin d'un cycle/ déclin/ mort/ adieu/ moment suspendu/ nostalgie, mélancolie/ annonce d'un renouveau après « une nuit » de transformation.

Cresson

plante vivace (ténacité, permanence)/ aquatique (fraîcheur)/ sert aux salades (légèreté)/ odeur piquante (goût de vivre)// riche en vitamines et en sels minéraux •santé/ tendresse/ ressourcement/ abandon/ danger potentiel par un manque de discernement ou un trop-plein d'émotion.

Crevaison

Voir *automobile.*

Cri

♦perçant : douleur/ alarme/ surprise/ délivrance ♦fort : appel/ agressivité/ attaque/ intimidation/ triomphe ♦prolongé : appel/

tristesse/ mélancolie/ désespoir ♦grave: douleur/ souffrance/ volupté/ Voir *gémissement.*

Cric

•aide/ poids/ moyen/ astuce/ crevaison, voir *automobile/* force/ énergie décuplée/ lourdeur/ sentiment d'écrasement/ dépannage/ solution/ embonpoint★/ invitation à hausser le niveau de ses pensées/ nouvelle étape d'évolution.

Crime

•faute/ mal/ loi/ justice/ victime/ meurtre/ viol★/ culpabilité/ remords/ Voir *assassin, cour* et *condamnation.*

Criminel

Voir *condamnation, assassin.*

Criquet

Voir *sauterelle.*

Crise

•point de rupture/ sommet/ éclatement/ tension excessive/ poussée/ attaque/ violence/ anarchie/ révolte/ perturbation/ hystérie★/ Voir *refoulement.*

Cristal

substance qui se solidifie sous une forme géométrique définie: cubique (équilibre), prismatique (descente de l'énergie), hexagonale (énergie naturelle), rhomboédrique = dont les faces sont 6 losanges (équilibre dynamique), orthorhombique = prisme droit à base en losange (descente de l'énergie créant un équilibre dynamique), monoclinique = prisme oblique à base rectangulaire (intervention indirecte du Soi★), triclinique = symétrique centrale (intervention directe du Soi★), quadratique = axes à angles droits (intervention équilibrée du Soi★)// dureté établie selon l'échelle de Mohs à 10 degrés (indique l'intensité de l'action du Soi★) •organisation de l'inerte/ union des contraires// emmagasine, transforme, transmet, focalise et amplifie l'énergie ♦verre au plomb, plus transparent et plus lourd que le verre ordinaire = coupe les hautes énergies/ ancre dans la terre, le concret du corps physique.

Cristal de roche

pierre précieuse, quartz★ hyalin, incolore et transparente (grande ouverture à la lumière)/ roi des quartz★ et des pierres (limpidité de l'ego)/ pointe à 6* côtés (réalisation naturelle)/ correspond au signe du Verseau*// symbole de divination, de sagesse et des pouvoirs mystérieux de l'homme •Sa transparence illustre bien l'union des contraires: plan intermédiaire entre le visible et l'invisible = bien que matériel, il laisse passer la lumière./ les palais de cristal des contes de fées, ce monde intermédiaire/ la substance lumineuse du monde astral*/ pierre de lumière, eau stabilisée (les reins), considéré comme la substance de l'autre monde; le corps de l'initié est rempli de cristal, de substance spirituelle, pierre du ciel/ perfection technique de l'autre monde/ On le dit fragment détaché du trône céleste./ sa limpidité = pureté, idée claire, esprit lucide/ solidité/ puissant amplificateur de la pensée/ entre en contact avec les fréquences les plus élevées/ aide à passer en état second (boule de cristal).

Critique

•réaction/ insatisfaction/ amertume/ envie/ refoulement*/ perfectionnisme*/ idéalisme/ rejet de la médiocrité/ inadaptation/ inacceptation de soi/ perspicacité/ peur de se tromper/ rejet de ses talents*/ besoin de reconnaissance publique.

Croc

canine développée •attaque/ rage/ colère/ menace/ déchirement/ sexualité insatisfaite ou blessante/ sacrifice/ peur*/ angoisse*/ cruauté/ domination/ paranoïa/ agressivité/ vampirisme, voir *vampire*/ Voir *dent, mordre*.

Crochet

•désir/ rétention/ ténacité/ attachement excessif/ attente/ agressivité/ ancrage/ insécurité/ fixation/ poison/ clé, solution/ vol*/ brusque détour/ changement de direction/ tricot*/ Voir *croc*.

Crocodile

reptile/ corps horizontal (dissimulation)/ 4 courtes pattes (terre à terre)/ longue queue robuste (puissance)/ peau: écailles cornées (protection, insensibilité)/ très grande gueule (grande menace)/ dents très nombreuses (danger évident)/ marais, bord de cours d'eau (malsain, stagnation)/ nage bien, marche mal (dialogue avec l'inconscient)/ flotte, seuls les yeux et les narines sont émergés (guet, vigilance, espionnage)/ immobilité prolongée (patience, léthargie)/ vorace (gourmandise, goinfrerie)/ vit de 50 à 60 ans (bonne longévité)/ pas d'ennemi, sauf l'homme (force invincible) •instincts d'en bas (bête primitive), énergie brute, fondamentale, inconsciente/ autonomie et mystères de l'inconscient/ support du monde/ forces telluriques/ besoin ou envie de mordre/ hypocrisie/ peur/ royaume des morts/ fécondité/ danger imprévu/ cruauté/ colère ou peur de la colère/ initiation/ inconscient collectif/ monstre du chaos primordial (Léviathan: dragon fabuleux qu'il faut se garder de réveiller et que seul Dieu peut vaincre)/ en somme = énergie inconsciente, qui semble inactive, mais toujours prête à bondir, capable de me dévorer à cause des refoulements★/ peur de la folie★.

Crocus

petite plante à bulbe (réserve, prévoyance)/ fleur blanche, jaune, dorée, lavande ou violette, parfois rayée (fraîcheur)/ 6★ pétales avec proéminence des étamines jaunes (lumière)/ la fleur en forme de coupe★ sort avant les feuilles (audace, sens du risque)/ à ras de terre (humilité)/ début du printemps (commencement)/ de culture facile (amabilité)/ une espèce fournit le safran★ •délivrance/ naissance/ renouveau/ confiance/ esprit novateur/ spontanéité/ surprise agréable/ hâte/ joie du cœur/ promesse/ attitude d'offrande, d'ouverture/ clin d'œil du Soi★.

Croix

symbole fondamental/ base de tous les symboles d'orientation •triomphe des instincts/ sacrifice/ mort du Christ/ salvation/ annulation/

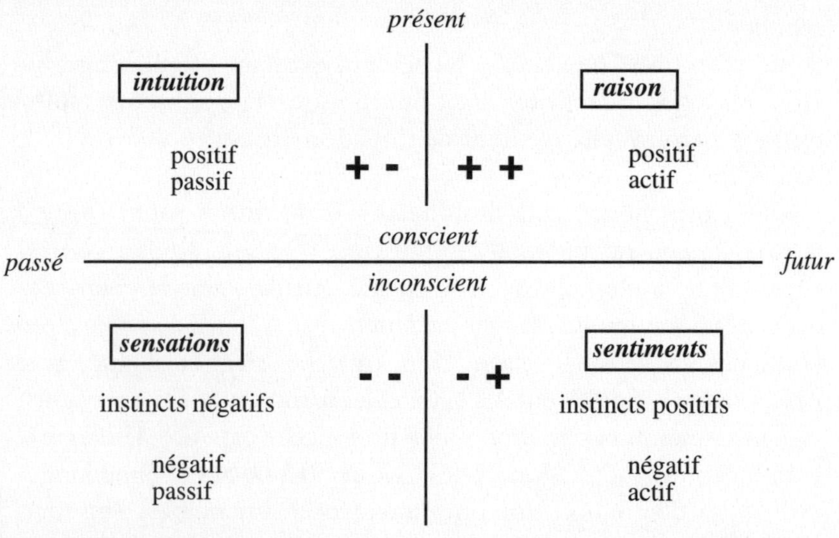

condition humaine de l'espace-temps/ décision cruciale/ repère/ marque/ signature*/ ♦quaternité: séparation de l'espace en quatre secteurs.

Crotte

d'oiseau: en avoir sur soi = invitation à accepter ce qui est humble (comme le corps et ses nécessités) et les inconvénients de la vie (C'est la matière première depuis laquelle on s'accomplit.)/ humiliation/ bénédiction, voir l'espèce d'oiseau dont je reçois la force vitale ♦marcher dans la crotte: désagrément/ manque de conscience/ erreur dans mes démarches/ besoin d'humilité// Je suis victime de la négligence des autres?/ Je critique trop?

Croustilles

chips •gâterie/ appétit/ enfantillage/ légèreté/ facilité/ séduction/ répétition/ dépendance.

Croûte

1. partie extérieure du pain* •nourriture/ appétit/ faim/ le fait de manger/ attirance/ apparence/ travail, emploi/ faim spirituelle.
2. partie superficielle durcie •protection/ apparence/ dégradation/ dissimulation/ endurcissement/ masque*/ personne bornée/ imbécile.

Cruche

récipient à anse •boire/ soif/ fraîcheur/ réserve ↔ débordement/ lassitude/ personne niaise/ ivresse/ soif spirituelle/ Voir *alcool, vin.*

Crucifix

croix sur laquelle se trouve la représentation de Jésus crucifié •mort de Jésus, le Sauveur/ sacrifice/ souffrance/ engagement chrétien/ dévotion/ épreuve/ Voir *croix.*

Cube

•monde matériel/ stabilité/ sagesse/ vérité/ perfection morale/ éternité/ certitude/ solidité/ régularité/ la pierre* philosophale, le Soi* qui me signifie que qqch est en construction, parvenu à une étape de réalisation.

Cuiller

ustensile qui sert à prendre, à contenir, à avaler (accepter) •repas/ restauration des énergies/ réception/ détails et petites nécessités de la vie/ remède/ main/ une femme (par opposition au couteau qui évoque l'homme)/ valeur féminine.

Cuir
•peau/ souplesse/ protection/ durabilité/ résistance/ rudesse/ sensualité/ luxe.

Cuisine
•feu/ eau/ provisions/ aliments (nourriture psychique)/ ce qui se prépare/ rendre le cru (brut), cuit (assimilable)/ lieu de préparation et de transformation// restauration de mes forces physiques et psychiques// lieu traditionnel de la mère nourricière// lieu où l'on trouve les produits de nettoyage ♦Surveiller mon alimentation?/ Je dois assimiler des contenus qui viennent de l'inconscient?/ Je vais connaître une étape de transformation?/ Ma fonction de «femme au foyer» est à revoir? (partage des tâches)/ Un secteur de ma vie aurait besoin d'un récurage?

Cuisinier, Cuisinière
•alimentation/ préparation/ savoir-faire/ organisation/ cuisson/ chef/ plats/ présentation/ recettes/ ingrédients/ appétit/ gourmandise.

Cuisinière électrique
♦en panne: Besoin de revoir mon régime alimentaire? Trop de friture?/ Je ne cuisine pas assez?/ Que fais-je pour alimenter ma vie psychique? ma vie sociale?

Cuisse
•force/ énergie/ virilité/ érotisme/ dignité/ orgueil/ naturalisme/ naissance d'un projet/ correspond au signe du Sagittaire.

Cuivre
métal rouge: Le cuivre est feu, amour, passion, sexualité, séduction./ très malléable/ bon conducteur électrique (canalise beaucoup d'énergie)/ entre dans plusieurs alliages (lie les personnes entre elles)/ s'oxyde à l'air (dehors méprisable de cette énergie dégradée)/ casseroles★ (convertible en énergie autrement utilisable)/ clochettes (petite voix, tentation)/ cymbale★/ instruments de musique à vent (expression des sentiments et des émotions)/ gouverné par Vénus★ (beauté séductrice) •éclat/ lumière/ force vitale/ eau/ changement/ instabilité/ apparence/ la vie qui change/ feu de la passion, métal de l'amour humain/ lépreux (oxydé), métal de la transformation, lèpre nécessaire/ communication/ relation/ poussée de sexualité.

Culpabilité

sentiment de mauvaise conscience qui mène à l'autodépréciation, à un sentiment d'infériorité ♦Nécessité d'amener à la conscience la cause de la culpabilité. Si la culpabilité est fondée, faire ce qu'il faut pour s'en libérer. La plupart du temps, ce n'est pas fondé. Il convient alors de se tenir un bon raisonnement pour remettre les responsabilités aux bons endroits. Refaire l'exercice aussi souvent que le sentiment se présente.

Curé

Voir *prêtre.*

Cuve

grand récipient ♦pleine : réserve d'énergie (dont la nature varie selon le liquide contenu)/ abondance/ économie/ insécurité/ prévoyance/ ambition/ maîtrise des instincts/ potentiel ♦vide : épuisement physique ou moral/ imprévoyance/ besoin d'aide ♦qui fuit : faille psychique/ perte d'énergie/ négligence/ Voir *refoulement.*

Cuvette

Voir *toilettes.*

Cyclamen

plante de jardin et de serre/ grande fleur en forme de volant de badminton, rose, rouge, fuchsia ou blanc (expression hystérique des sentiments)/ très parfumée (indiscrétion)/ longue floraison (sentiments durables)/ feuilles souvent marbrées (élégance) •grande élégance/ goût esthétique/ beauté du geste, danse/ expressionnisme/ besoin impératif de plaire, de séduire/ exaltation.

Cyclone

•bouleversement/ grande agitation/ difficultés nombreuses/ tourments/ violence/ personne étourdissante/ grand changement, voir *vent/* tension collective/ hypertension, surmenage ♦œil du cyclone : immobilisme dangereux/ culpabilité*.

Cyclope

•état sous-humain/ manque de perspective// Ma conscience souffre d'une vision trop étroite, de l'absence d'aspiration spirituelle ? Je ne tiens pas assez compte des grands traits de mon être qui risque de ce fait de devenir monstrueux ?/ Point de vue trop univoque ?/ Ou au contraire, sens plus rare : chakra* frontal, troisième œil, celui de la conciliation des contraires, l'œil spirituel.

Cygne

grand oiseau/ tout blanc (pureté, simplicité, lumière)/ sexes semblables (égalité sexuelle)/ long cou (pensée élevée, élégance)/ vol en formation (discipline)/ 40 à 50 ans (bonne longévité)/ herbivore et granivore (sobriété) •douceur/ élégance/ noblesse/ grâce/ lumière céleste/ Nature/ poésie/ conception paradisiaque/ désir de l'union des contraires/ androgynie/ élévation du monde et descente de la lumière/ pénétration de l'inconscient par la conscience/ initié à qui il reste encore à maîtriser ses désirs/ Esprit universel, âme du monde/ état angélique ♦cygne noir: même chose mais tout occulté ou non accompli, encore en potentiel/ divinité inexprimable.

Cymbale

•expression d'un sentiment fulgurant/ coup de foudre/ choc/ surprise/ éblouissement/ éclatement/ coup de théâtre/ décharge d'une tension/ inquiétude/ menace.

Cyprès

conifère/ tronc droit (rectitude)/ forme pyramidale ou élancée (personnalité fervente animée d'un élan spirituel)/ ramure conique et étroite (intensité)/ feuilles imbriquées, aiguës, persistantes et vert bleuâtre (tension, éternité)/ fruit: petit cône* sphérique (semence spirituelle)/ résine aromatique (agrément, charme, conservation)/ grande longévité (immortalité)/ bois léger, dur et à fil serré (consistance)// pouvoir antihémorragique, antiseptique, cicatrisant et vasoconstricteur// arbre sacré (mysticisme)/ consacré à Pluton* •rite funéraire/ deuil/ subtilité/ immortalité/ résurrection/ pureté/ incorruptibilité/ fermeté/ paix/ souvenir/ aspiration spirituelle soutenue.

D

•dualité/ Dieu, diable/ bien, mal/ bipolarité/ débrouillard/ 500, 5000 ou 50 000/ la note *ré* (mus.)// numérol. : valeur physique et active/ réalisation professionnelle et familiale/ appuis et protections/ recherche d'équilibre/ besoin d'intégrité, de calme et de méthode/ labeur, efforts (Piché).

Dahlia

grande fleur (ardeur)/ sur tige creuse (esprit pratique)/ à tubercule (prévoyance, provision)/ fleurs de toutes les couleurs, sauf bleu clair, de dimension variable (épanouissement terrestre, imagination)/ floraison multiple et durable (évolution continue, générosité)/ diversité des pétales (variété, ordre, perfection) •originalité/ imagination/ invention/ ordre, correction/ générosité/ somptuosité/ exploitation de tout mon potentiel/ accomplissement/ totalité/ cosmos/ mandala*, manifestation très diversifiée du Soi*.

Daim

cervidé/ fauve tacheté de blanc (douceur, lumière)/ porte des bois palmés (fierté, sens pratique)/ corps souple et élégant/ grandes oreilles (soif d'apprendre, crainte)/ courte queue (sexualité réduite)/ renommé pour avoir donné naissance à la forêt (excellente adaptation, création, pénétration des mystères) •aspiration de l'âme vers le transcendant/ ordre premier = enfance et paradis terrestre/ innocence/ foi dans la bonté et l'harmonie/ tendresse et douceur.

Dalmatien

chien* braque/ museau long et fort (bonne intuition)/ poil court et lustré (tenue simple et correcte)/ robe blanche marquée de taches rondes et noires ou acajou (originalité)// agréable, intelligent, doué et vif •caractère plutôt calme et réservé/ douceur/ corps solide et musclé/ élégance/ bonne endurance/ belle sensibilité/ sexualité équilibrée/ bon contrôle des instincts/ d'agréable compagnie.

Dames (jeu)

•concentration/ prévision/ organisation/ déduction/ réflexion/ patience/ stratégie/ galanterie.

Danois

chien* de garde/ corps athlétique, cou musclé, poitrine large (puissance)/ poil très court et brillant (mise stricte)/ robe jaune, bleu acier, noir, blanc rayé ou taché de noir (humeur changeante)// force, rapidité, harmonie et noblesse/ affectueux, vif, doux et gentil •corps imposant, puissant, beau, élégant et athlétique/ air sérieux/ grande amabilité/ manque d'intuition/ allure fière et noble/ absence de nervosité/ méfiance envers les étrangers/ excellente combativité/ courage et bravoure/ bonne sexualité/ confiance en soi.

Danser

•besoin de mouvement/ expression du moi, de ses pulsions corporelles/ défoulement/ discipline/ rituel/ organisation dynamique du monde/ réconciliation du terrestre et du spirituel/ présence divine/ victoire/ joie/ exubérance/ expression du feu sacré/ initiation/ recherche de l'illumination/ grande émotion/ prière/ effort de libération des limites matérielles/ en rêve = faire l'amour.

Datte

fruit jaunâtre du palmier dattier (désirs sexuels)/ très sucré (plaisirs sexuels)/ graine dure (surprise désagréable)/ très nourrissant (énergie)// combat les affections pulmonaires et l'anémie •concentration d'énergie/ importance des plaisirs de la chair convertibles en énergie supérieure/ grande récompense des efforts.

Dattier

arbre/ palmier qui produit les dattes* (personnalité ardente et productive)/ tronc droit (rectitude)/ grandes feuilles pennées (romantisme, raideur) •celui qui se dresse dans le dépouillement, la tête haute, et donne des fruits exquis/ l'homme vertueux/ retraite, solitude productive/ appel à la croissance spirituelle/ triomphe de la vie sur l'adversité/ exotisme.

Dauphin

mammifère marin/ corps fuselé (finesse, souplesse)/ queue horizontale (différenciation, distinction)/ peau nue (sensibilité, vulnérabilité)/ tête à museau (intuition)/ de 80 à 100 dents (force d'attaque, goût de vivre)/ évent derrière le museau (expressivité)/ vitesse : jusqu'à 55 km/h (énergie)/ piscivore (prise de conscience)/ mers tempérées et chaudes (vacances)/ nage en surface et fait des bonds hors de l'eau (plaisir de changer de milieu)/ très sociable, communique avec un langage complexe (don pour la communication)/ se dirige par une sorte de « sonar » (intuition supérieure)/ pupille de l'œil en forme de cœur (amabilité)/ psychisme évolué/ capable d'apprentissage complexe/ propension à sauver ses semblables et les humains (complexe messianique, aide) •aisance/ souplesse/ bienveillance/ dévouement/ aide de l'inconscient/ intelligence, sagesse/ compréhension de l'obscur/ discernement/ régénération/ médiateur du salut, le Christ*/ intervention divine, grâce/ guide/ élévation/ illumination/ bénédiction.

Dé à coudre

•précaution/ commodité/ protection/ résistance/ renforcement/ audace/ insistance/ sadisme/ Voir le nom du doigt où il est enfilé.

Dé à jouer

•chance ↔ malchance/ risque/ succès aléatoire/ indécision/ destin/ illusion/ paresse.

Décapage

•retour au naturel/ authenticité/ élagage/ sacrifice du superflu/ dépassement des apparences/ patience/ ouverture d'esprit/ déblocage émotif.

Décapitation

•perte de contrôle/ folie*/ psychose/ vide mental/ mental déficient/ absence de vie intellectuelle/ incapacité de comprendre/ inconscience/ tension émotive excessive/ grave manque de jugement/ séparation du plan divin/ besoin d'aide.

Décembre

•intériorisation/ sagesse/ indépendance/ espoir/ projet de relance/ réjouissance/ naissance/ renouveau.

Déchet

•perte/ débris/ résidu/ encombrement/ débarras/ rejet/ ancienne façon de voir, d'être/ dépouillement, épuration/ mésestime de soi/ rejet social/ abandon/ défoulement, voir *refoulement*.

Décor

•théâtre*/ coulisse/ cachette/ irréel/ enchantement/ porte-à-faux/ apparence/ dépaysement/ illusion*/ rêverie/ manque d'authenticité/ croyance/ environnement, cadre de vie/ atmosphère psychologique/ décoration, détails, superflu.

Décoration

1. ornementation •agrément de la vie/ détails, superflu/ élégance/ distraction de l'essentiel
2. insigne •distinction/ mérite/ honneur/ ambition/ reconnaissance sociale/ vanité/ souvenir/ bravoure/ exploit/ succès/ victoire/ besoin d'attention/ désir de vedettariat/ faiblesse de personnalité/ invitation à sortir de la médiocrité.

Découragement

Voir *désespoir*.

Dédoublement

sortie de la conscience du corps physique en corps astral* ou en corps éthérique (voir *éther*) ♦Le dédoublement astral peut se faire à l'état de veille ou pendant le sommeil. Celui du sommeil est habituel: presque tout le monde se dédouble la nuit./ ♦tendance au dédoublement involontaire: besoin d'appesantir ses vibrations en mangeant de la viande, en exerçant sa sexualité, en se livrant à des activités physiques.

Déesse

déesse-mère: ses équivalents, la Nature = la Terre = Isis = Notre-Dame = alchimie = inconscient = Esprit saint •archétype*, fonction psychologique importante, comme les complexes normaux, comme le moi, l'ombre*, l'anima* ♦déesse oubliée: fonction psychique négligée (la pensée, l'intuition, les sentiments ou les sensations).

Défense

1. interdiction •transgression/ obéissance ↔ désobéissance/ culpabilité*/ délinquance/ liberté/ punition.

2. action de se protéger •réaction/ peur★/ combat/ protection de son intégrité/ affirmation de soi/ passivité/ pacifisme/ défaitisme/ manque de cran.

Défilé

•célébration/ fête★/ succession/ mise en relief/ besoin d'attention, de valorisation/ attitude active ↔ passive/ choix/ souci de paraître/ besoin d'admirer/ projection.

Déguisement

•dissimulation/ artifice/ hypocrisie/ moquerie/ fausse représentation/ manque d'authenticité/ fuite/ manque de courage/ Voir *masque*.

Délire

•déraison/ confusion/ défoulement/ agitation psychique/ émotion excessive/ fièvre★/ refoulement excessif/ Voir *refoulement, hystérie* et *hallucination*.

Démangeaison

♦passagère: On attire mon attention sur une partie du corps qui désigne symboliquement un secteur de ma vie. ♦tenace: Rappel d'un désir insatisfait. ♦à droite: Excès, d'où culpabilité avec autopunition. ♦à gauche: Je ne m'occupe pas assez du secteur de ma vie indiqué par le symbole de telle partie de mon corps. ♦au milieu: Excès ou manque (de sexualité, par exemple).

Déménagement

•nécessité de changer/ nouvelle étape/ exagération/ insatisfaction/ instabilité/ traumatisme ↔ plaisir/ folie.

Démission

•départ/ défection/ justice ↔ injustice/ compétence ↔ incompétence/ renoncement/ fuite/ découragement/ chômage/ inquiétude/ réorientation/ changement/ fierté/ principes/ occasion de faire le point/ autonomie/ adaptation.

Démon

•mal/ malice/ vive envie/ crainte/ agitation/ culpabilité/ Voir *Satan*.

Dent

•prise de possession/ force/ combativité/ puissance/ mordant de la vie/ famille/ bouclier, muraille, défense/ pierre d'angle de l'édification spirituelle/ protège la langue, le verbe = interroge sur la qualité de ma parole: injuste? médisante? méprisante?.../ apparence, image de soi ♦mal aux dents en général ♦chez l'adulte: Perte d'énergie vitale de la part du conscient./ Mauvaise alimentation?/ Manque d'hygiène?/ Manque de mordant?/ Manque de sexualité? Chicane de famille?/ Indécision?/ ♦chez l'enfant: difficulté d'accéder à l'âge adulte/ ♦chez l'adolescent: difficulté d'accéder à la sexualité ♦4 sortes de dents: 1. les incisives •couper/ commencer/ montrer// relation sociale/ joie/ renommée/ 2. les canines •poignard/ mordre/ déchirer/ arracher/ retenir/ se défendre// force agressive/ acharnement/ haine// dent de l'œil = conscience/ 3. les molaires •pilon/ écraser/ broyer/ assimiler// endurance/ protections puissantes, mais cachées/ 4. de sagesse •force de l'âge/ maturité/ sagesse humaine à sacrifier pour une sagesse supérieure// Mettre ces valeurs en relation avec les secteurs qui suivent. (Voir *croix*.) ♦mal aux dents du 1. secteur haut + droit = conscient + actif: pensée, volonté et action// Je vis trop sur le plan intellectuel et de façon volontaire?/ Je veux aller trop vite et je n'ai pas le temps d'assimiler?/ Je fais ou je veux faire trop de choses?/ Je prends «les bouchées trop grosses»?/ Je veux trop tout comprendre?/ 2. secteur haut + gauche = conscient + passif: intuition// Je devrais écouter mon intuition et reprendre goût à la vie?/ Je me laisse conduire par les événements?/ 3. secteur bas + droit = inconscient + actif: sentiments// Je vis trop peu de sentiments positifs?/ Je suis englué dans les sentiments?/ Je trahis mes instincts positifs?/ 4. secteur bas + gauche = inconscient + passif: sensations// Je vis trop selon mes instincts?/ Je n'ai plus de volonté? ♦avoir les dents saines et belles: bonne santé, accord avec la vie, joie/ bonne réputation/ harmonie générale ♦en avoir plus que nature: affirmation très forte, résistance ♦dents plus longues que nature: Ambition exagérée?/ Démêlés avec la justice? ♦se brosser les dents: soigner son apparence/ séduction/ goût de la vie ♦se curer les dents: se débarrasser de parasites ♦avoir les dents gâtées: mauvaise santé, négligence ♦avoir des dents obturées: avoir de l'aide ♦avoir les dents cassées: déception, échec ♦se faire dévitaliser une dent: avoir de la chance ♦se faire extraire une dent malsaine: soulagement, mais perte ♦se faire extraire une dent saine ♦du haut: mort d'un être cher? (signe à confirmer par d'autres signes)/ ♦du bas: mort de qqn qu'on connaît? (signe à confirmer)

♦perdre ses dents ou dents qui tombent : perdre de l'énergie vitale/ perdre du mordant, de la défense et de l'attaque/ perdre sa force, sa jeunesse, sa beauté/ manque de combativité, d'initiative/ frustration, faillite/ souci de son apparence/ ne pas assez mordre à la vie/ disparition d'habitudes mentales anciennes ♦Numéros des dents telles que désignées par les dentistes : à partir des incisives = ♦haut droit : 11, 12, 13, 14, 15, 16, 17, 18/ ♦haut gauche : 21, 22, 23, 24, 25, 26, 27, 28/ ♦bas gauche : 31, 32, 33, 34, 35, 36, 37, 38/ ♦bas droit : 41, 42, 43, 44, 45, 46, 47, 48 // À mettre en relation avec le sens des nombres correspondants.

Dentelle

•délicatesse/ finesse/ subtilité/ complication/ réseau/ motifs, raisons/ labyrinthe*/ opération délicate/ tact.

Dentier

♦en porter un : recevoir de l'aide de l'extérieur/ adaptation/ souci de l'apparence ♦le casser : perdre cette aide/ perdre de la vitalité/ avoir besoin de renouvellement.

Dentiste

•soins dentaires/ hygiène/ piqûre*/ mal de dents/ soulagement/ mensonge.

Dépotoir

•l'inconscient où je refoule des choses, alors que je pourrais les rendre conscientes/ ménage à faire, invitation à me débarrasser de choses inutiles.

Dépression

•qqch me vole mon énergie/ trop grande pression/ tension imposée par un milieu, une situation/ angélisme, perfectionnisme*.

Descendre

♦de façon négative : dissipation, agitation/ suivre le poids du corps, de ses désirs et de ses instincts/ ♦de façon positive : incarnation/ activité utile, accomplissante/ approfondir ♦aussi : vieillir/ décliner/ descente de Dieu vers l'homme/ révélation/ inspiration/ subir des épreuves nécessaires à l'individuation.

Désert

•infertilité/ sécheresse intérieure/ isolement/ dépouillement/ aspiration spirituelle/ superficialité, apparences/ infini/ indifférenciation/ quête de l'essentiel/ privations, sacrifices/ ascétisme/ néant/

mort/ perte des désirs/ ardeur à l'état pur/ mirages, illusions/ domination des tentations/ expérience spirituelle/ châtiment/ purification/ silence/ révélations/ prophètes, vrais et faux/ dernier refuge/ découverte que je ne suis pas vivant = trop dépendant d'une vie relationnelle/ invitation à accepter ma solitude intérieure et à y faire face/ retour à la nature, à ma nature/ libération de toute convention/ temps d'incubation, d'initiation/ stérilité que seul Dieu peut féconder/ grâce divine.

Désespoir

•affliction extrême/ grande contrariété*/ vif regret/ absence apparente de solution/ pessimisme/ effondrement moral/ aveuglement émotif/ besoin d'aide.

Déshabiller

•être sans apprêt, au naturel/ découvrir/ dévoiler/ démasquer/ être désemparé/ dépouiller, épurer/ Voir *nudité*.

Désinfectant

•nettoyage/ épuration/ hygiène/ contagion/ sentiment d'indignité/ culpabilité*/ angoisse*/ hypocondrie*.

Dessert

•sensualité/ douceur de l'amour/ superflu/ facilité/ stimulation/ récompense/ gâterie/ goût de vivre/ joie.

Dessin

•ligne/ contour/ représentation/ habileté/ talent/ précision/ conception, intention, idée/ objectivation/ imagination/ intention.

Dessins animés

•retour à l'enfance/ infantilisme/ simplification/ fantaisie/ amusement, détente/ facilité/ prise de conscience élémentaire/ exagération/ imagination/ illusions/ libération des contingences matérielles.

Destin

plan de vie obligatoire contenant des événements heureux et malheureux inévitables •fatalité/ force aveugle/ déterminisme/ programmation/ absence de liberté/ manipulation/ volonté de Dieu/ karma*/ bonne étoile/ protection/ ange gardien/ providence/ épreuves/ rébellion/ combat, lutte/ soumission, acceptation ♦Le destin d'une personne peut avoir été préétabli dans un plan de vie auquel elle a pu souscrire avant sa naissance, selon la théorie de la réincarnation. Chose certaine, il est déjà esquissé dès la naissance par le tempérament et l'environnement social. Les grands traits de la personnalité en dessinent les grandes caractéristiques. Il arrive donc à chacun ce qui lui ressemble et ce dont il a besoin pour évoluer.

Destruction

•échec/ déception, désillusion/ renoncement/ épreuve/ recommencement/ effondrement moral/ découragement/ mort et résurrection/ abandon du passé/ dépassement/ nouvelle étape d'évolution.

Détective

•police/ enquête/ recherche/ découverte/ flair, intuition/ filature/ piste/ empreintes★ digitales/ secret/ paranoïa/ culpabilité★.

Dette

•dû/ payer/ obligation/ poids/ karma★ négatif/ libération/ acquittement/ reconnaissance.

Deuil

•décès/ tristesse/ perte/ privation/ renonciation/ noir★/ abattement.

Dévorer

•grande faim, avidité/ insatiabilité/ gourmandise/ temps/ vieillissement/ hâte/ précipitation/ privation.

Diabète

•pessimisme/ amertume/ désorientation de l'énergie/ manque de sagesse/ manque d'accomplissement/ choc émotif grave// Voir *pancréas*.

Diable

esprit des forces du mal/ principe qui entrave le progrès •l'extrême des basses vibrations/ trop de désirs négatifs, trop de désirs sexuels/ exagération, excès/ vue unilatérale/ opposition trop vive du bien et du mal/ côté noir qui exige d'être satisfait, « faire la part au diable », voir *ombre*/ une peur/ ♦travailler pour lui : ne pas s'accorder de répit ♦diable voleur : personnification d'un contenu inconscient qui soustrait de l'énergie.

Diamant

pierre précieuse par excellence (perfection, le Soi★)/ la plus dure (intensité absolue du Soi★)/ carbone pur (pureté)/ transparente (limpidité totale de l'ego, communication directe avec le Soi★)/

système cubique de cristallisation (équilibre)/ ne fond pas, mais peut brûler à haute température (permanence, recommencement possible) ♦correspondances: chakra* coronal/ vitalité/ force et pouvoir/ vision claire/ glande pinéale/ corps causal/ cerveau*/ vérité pure/ adepte réalisé/ Lion*/ volonté cosmique/ suprême énergie/ Soleil*/ Shiva •force de l'âme/ lumière minérale, de fond, de base; intérieure, à extraire par la conscience/ associé à notre corps (la chair): tous deux à base de carbone/ lumière corporifiée/ promesse d'immortalité/ lien indéfectible/ manifestation claire du Soi*: relation parfaite entre le conscient et l'inconscient.

Diarrhée

Voir *intestin.*

Dictée

•école*/ discipline mentale/ exactitude/ exigence/ autorité/ faute/ correction/ sévérité/ directive/ inspiration/ obéissance/ soumission.

Dictionnaire

•ordre/ méthode/ classement/ référence/ correction/ connaissance/ volonté de voir clair/ autorité.

Dieu

principe d'explication de l'existence du monde/ intelligence organisatrice/ cause première/ Être suprême/ créateur/ infini/ éternel/ omniprésent/ omnipotent ♦dieu: aspect particulier de cette Totalité/ qqn d'une grande beauté/ qqn d'adulé, idole •transcendant/ aspiration spirituelle/ être supérieur/ as/ contenu archétypique, fonction psychologique importante, comme les complexes normaux tels que le moi, l'ombre*, l'anima*, voir *âme, archétype* ♦dieu oublié = une des 4 fonctions psychiques* négligée: raison, intuition, sentiments ou sensations (Jung).

Digitale

plante à haute tige en forme de flèche (ardeur), portant des fleurs en grosses clochettes (intimité)/ blanches, jaunes, roses, rose fuchsia, pourpres, rouge rouille, portant des taches (séduction pleine de ressources)/ toxique (amour empoisonnant)// On en tire un stimulant cardiaque (amour fébrile). •attirance du mystère / sentiment trouble/ séduction sauvage/ amour menaçant/ élévation par la pénétration des secrets, des symboles, des mystères.

Digue
•intervention/ arrêt/ frein/ obstacle/ contrainte/ obligation/ empêchement/ retenue, refoulement★/ maîtrise des instincts/ liberté.

Dimanche
•fête/ congé/ dévotions/ joie/ repos/ sortie/ réception/ divertissement/ tenue chic/ suspension d'un travail/ période détendue/ liberté.

Dinde, Dindon
gros oiseau/ couleur bronze et noir (austérité, richesse)/ tête déplumée (calvitie, études, raison): peau granuleuse violacée (tache de vin, haute pression, orgueil) + caroncules rouges (amour des bijoux, vanité)/ le mâle se gonfle et fait la roue (prétention, pavaner)/ criard (discours ridicule)/ sauvage et fier/ vol pesant (manque d'aisance)/ se juche aux arbres (élévation très modérée)/ vit dehors (résistance, liberté)/ robustesse •érection phallique/ puissance virile/ fécondité maternelle/ mère couveuse/ colère/ prétention, suffisance/ stupidité/ duperie.

Diplôme
•succès/ efforts récompensés/ études/ compétence/ reconnaissance officielle/ étape/ valorisation personnelle/ aboutissement.

Directeur
•gérance/ administration/ organisation/ responsabilité/ mon attitude par rapport à un patron (respect, rejet, obéissance...)/ besoin d'autonomie/ raison/ logique/ le Soi★.

Discussion
•divergence de vue/ tentative de domination/ argumentation/ opinion/ confrontation/ contestation/ désaccord/ dispute/ adversaire★/ contrariété★.

Disque
•planète/ astre/ ciel/ soleil/ totalité/ sport/ arme/ musique/ chakra★/ ovni★/ mandala★/ perfection céleste/ sublimation.

Distraction
Voir *erreur, gaffe.*

Divan
•repos, détente/ confort/ réception sociale/ atmosphère chaleureuse/ intimité/ laisser-aller/ paresse/ facilité/ besoin de réagir.

Divorce

•rupture/ bouleversement/ libération/ besoin de prendre mes responsabilités/ solitude/ autonomie/ occasion d'assumer mon animus★ ou mon anima★/ nouveau départ.

Doberman

chien★ de garde/ tête longue (esprit réfléchi)/ museau pointu (fine intuition)/ oreilles dressées (attention vive)/ poil ras et lustré (tenue correcte)/ robe noir et feu (sobriété dans la mise)/ corps musclé (force physique)/ ardent à l'attaque (agressivité)// intelligent, très fidèle, mais doit être dominé (révolté, rebelle)/ peut devenir méchant avec l'âge (grincheux)/ puissance et élégance •corps élégant et athlétique/ démarche légère et aisée/ tempérament vif et ardent/ caractère trempé/ sexualité contredite/ goût des vêtements de cuir★/ besoin de discipline/ caractère aigri.

Doigt

•action fine et articulée/ habiles alliés: frères, sœurs, serviteurs/ manipulation/ aspect phallique/ volonté de Dieu// Je dois agir (ou m'abstenir d'agir) avec adresse et discernement?/ Je dois identifier clairement qqch?/ Voir aussi *main, phalange, pouce, index, majeur, annulaire* et *auriculaire.*

Dôme

•coupole/ toit★/ protection/ mère★/ attitude enveloppante, protectrice, maternelle/ sécurité.

Dominos

•noir et blanc★/ similarité/ astuce/ adversaire★/ chute successive par entraînement/ Les chiffres peuvent renseigner, voir *nombre.*

Dos

•passé/ inconscient (ce que je ne vois pas)/ l'inaccompli/ correspond au signe du Lion★ ♦mal au dos: manque de soutien/ dons, talents inexploités/ refoulement/ entêtement à ne pas tenir compte de l'inconscient/ mépris/ tout ce que je ne fais pas// bas du dos: raideur, attitude durcie/ manque d'humilité/ paresse/ trop de responsabilités ♦sentir une menace dans son dos: névrose/ paranoïa/ peur de l'inconscient/ besoin d'aide ♦tomber sur le dos, voir *tomber.* ♦lumbago, tour de reins: effort inconsidéré/ mauvaise façon d'assumer mes responsabilités réelles ou factices: On m'exploite?/ J'en supporte trop sans rien dire?

Douane

•censure/ loi/ examen/ sincérité/ tricherie/ conscience/ examen de conscience/ culpabilité*.

Double

•répétition/ 2*/ jumeau*/ sosie/ copie/ dualité/ duplicité/ hypocrisie/ opposition*/ L'ésotérisme parle du double pour désigner soit le corps astral*, soit le Soi*.

Douche

♦installation ou réparation: possibilité de se relier au courant d'énergie de la nature/ puissant revigorant/ purification/ régénération ♦ne marche pas: Privation des avantages précédents?/ Problème de renouvellement de mon énergie?/ Problème pour me remettre dans le courant évolutif? ♦renvoi bouché, voir *baignoire.*

Douleur

•souffrance/ avertissement/ inconscience/ malaise psychique/ Voir la partie du corps douloureuse. Voir *maladie.*

Dragon

monstre/ super reptile/ animal imaginaire: synthèse de plusieurs animaux/ gueule (force dévorante), griffes (force déchirante) et queue (force menaçante et agitée)/ crache le feu (fascination, menace) •instincts dévorants de la bête en moi = tendances démoniaques/ puissance de vie et de mort/ côté ténébreux et inquiétant des tendances régressives/ ensemble des forces irrationnelles/ amour tyrannique de ma mère/ l'ombre*/ l'inconscient menaçant/ gardien du trésor (Vaincre le dragon, c'est rentrer en possession du trésor.)/ gardien de la princesse prisonnière (âme libérée des instincts)/ Le dragon dominé met ses forces à notre service = il devient le serpent qui se mord la queue, qui se domine. C'est la réconciliation des contraires (le bien et le mal). Il forme un cercle, indiquant qu'un cycle est franchi./ La lutte entre le héros et le dragon est donc l'expression symbolique d'un processus de maturation./ menace, peur fondamentale, opposition totale qui varie avec l'âge: dans l'enfance = la mère; à l'adolescence = la sexualité; dans la jeunesse = la société; à l'âge adulte = toute opposition fondamentale.

Drain

•évacuation, élimination d'énergies négatives/ défoulement, voir *refoulement*/ canalisation des instincts/ épuration.

Drap

•repos/ sommeil/ confort/ sexualité/ sécurité/ décence/ situation critique ♦drap sale : situation critique, embêtante.

Drapeau

•appartenance à un groupe, à une nation, donc, identification à une collectivité/ ralliement/ pays/ patriotisme, nationalisme/ affirmation/ témoignage/ triomphe, victoire/ vantardise/ obéissance à l'impulsion de l'Esprit ♦blanc : abdication, acceptation.

Drogue

•commerce lucratif illégal/ monde de la pègre/ marché noir/ exploitation de la faiblesse des autres/ Voir *toxicomanie, marijuana.*

Droite

côté droit du corps •clarté/ conscient/ bien/ sec/ conforme à la règle légitime/ conservatisme// Voir graphique au mot *croix*. Voir le mot suivant.

Droite, Gauche

♦côté droit : côté conscient, actif, extériorisé, obligatoire, voir *croix* ♦côté gauche : inconscient, passif, intériorisé, libre ♦mal du côté droit : J'agis mal, je vais contre ma personnalité en agissant de travers ou en exagérant. ♦mal du côté gauche : Je me fais du tort en n'agissant pas.

Duel

•combat/ adversaire*/ insulte/ réparation/ fierté/ arme*/ épée*/ pistolet*/ attaque/ décision/ courage/ compétition/ opposition* destructrice.

Duo

•chant*/ musique*/ complémentarité/ entente/ harmonie/ soutien.

Dur-bec des pins

oiseau moyen/ rouge-rose terne (tendresse discrète)/ vol onduleux (démarche harmonieuse, souplesse de caractère)/ peu farouche (confiance)/ sédentaire (stabilité, esprit casanier, sécurité)/ chant court et roulé (charme passager) •amour comblé/ calme/ confiance en soi/ sérénité.

Dynamite

•explosion/ point de rupture d'une tension/ fébrilité extrême/ éclat, violence/ colère/ menace/ refoulement dangereux/

puissance de réaction/ énergie puissante/ décision à l'emporte-pièce/ scandale.

Dysenterie

•besoin de se libérer d'un problème/ élimination violente/ délivrance/ situation empoisonnante/ Voir *diarrhée*.

E

•potentiel/ intuition/ être/ existence/ mis pour : Excellence, Est*, électron/ nombre incommensurable (math.)/ la note *mi* (mus.)/ hésitation// numérol. : valeur physique/ rayonnement/ vivacité intellectuelle/ guérison rapide/ changements soudains/ amours joyeuses et instables/ arts/ enseignement/ communications/ richesse spirituelle (Piché).

Eau

•l'âme de la terre/ la clef de la vie/ fécondité/ force, énergie vitale/ eau en masse indéterminée = inconscient/ eau lustrale, purification, limpidité, fraîcheur ; purification opposée à passion, émotion/ eau mystique : véhicule de la teinture* = transformation, changement d'énergie ♦à l'état liquide : cours d'eau = énergie en marche, aller ou non dans le sens du courant (force de l'inconscient, de l'évolution)/ nécessité de résister ? ♦torrent* = énergie impétueuse de la passion ♦source* = énergie des origines, de l'enfance, force de renaissance/ connaissance ♦mare = stagnation (ou apparence de) ♦lac* = réserve d'énergie disponible ♦mer* = réserve/ conservation/ renaissance/ inconscient collectif ♦fontaine* = force vitale de ma petite communauté/ rajeunissement ♦robinet* = force vitale quotidienne/ contrôle de l'énergie ♦pluie* = fécondité, grâce/ confiance, malgré les apparences ♦rosée* = énergie très subtile, spirituelle ♦à l'état solide : neige et givre = cristallisation passagère de l'énergie/ glace = immobilisation plus durable de l'énergie/ réserve énergétique non immédiatement disponible ♦à l'état gazeux : nuage = sublimation naturelle temporaire d'énergie ♦vapeur = transposition forcée de l'énergie, privation ♦brume = dépassement dont on ne voit pas le bien-fondé ♦eau chaude: fécondité ♦eau froide: aspect pénible/ saisissement ♦eaux noires: aspect ténébreux, caractère inquiétant, noir, hostile/ aspect mortuaire: voyage sans retour, la mort ♦qui coule: fatalité/ temps qui passe/ image redoutable du sang menstruel ♦eau animée: s'anime avec facilité/ passion/ sentiments/ psychisme, l'âme ♦sale, boueuse: féconde, porteuse de vie/ ou dépravation ♦claire: comme source = vivifiante/ purifiante/ début/ origine/ naissance ♦panne d'eau: privation d'énergie élémentaire/ baisse d'énergie ♦dégât d'eau: énergie incontrôlée, mal orientée, voir *inondation* ♦eau qui coule du toit (plafond) = intrusion d'une énergie étrangère chez moi ou manque d'harmonie dans l'énergie de la personne avec laquelle je vis (ce «toi») ♦eau qui entre par la fenêtre: énergie étrangère qui m'envahit, invitation à en prendre conscience/ Je suis victime de racontars, de médisances?

Ébène

•noir* profond/ dureté/ densité/ luxe/ Afrique*/ esclavage/ l'inconscient.

Écaille

plaquette •poisson*/ reptile/ bourgeon/ coquille/ protection/ défense/ durcissement/ froideur/ dégradation/ aveuglement/ invitation à prendre conscience.

Échafaud

•condamnation*/ exécution/ pendaison*/ décapitation*/ peine de mort*/ culpabilité*/ honte, infamie.

Échafaudage

•assemblage/ édification/ soutien/ structure/ plan/ esquisse, projet/ château en Espagne/ réparation/ équilibre précaire/ les os/ instabilité/ édification intérieure/ retour de l'astral*/ construction mentale fragile/ incertitude/ risque/ restauration, amélioration.

Échapper

•Qqch m'échappe? Je dois m'interroger sur son usage./ Je dois prendre conscience de qqch? Ce qui m'échappe renseigne sur le sens.

Écharde

•excès de perfection/ stimulation/ avertissement (sens selon la partie du corps en cause).

Écharpe

bande d'étoffe ♦insigne: marque distinctive/ fonction sociale/ décoration*/ ♦cache-nez: protection/ sensualité/ chaleur*/ sécurité/ ♦bandage, voir *avant-bras*.

Échasses

•domination de difficultés/ prétention/ suffisance/ snobisme/ équilibre/ complexe de supériorité.

Échassier

oiseau à hautes pattes •dignité/ dédain/ mépris/ snobisme.

Échec

revers •perte/ refus/ défaite/ attitude inconsciente de perdant/ manque de confiance en soi/ manque de ténacité/ manque de flair/ occasion de s'y prendre autrement/ épreuve initiatique: besoin de dépasser les difficultés de départ.

Échecs (jeu)

•concentration/ prévision/ organisation/ déduction/ réflexion/ patience/ stratégie/ calcul/ finesse/ adversaire*/ destin*/ l'inconscient, le Soi*.

Échelle

•hiérarchie/ progrès/ vertige*, équilibre/ classement/ échelle sociale/ échelle de valeurs/ changement, rupture de niveaux/ colonne vertébrale*/ échelonnement des chakras*, centres d'énergie/ accès aux diverses dimensions/ mise en relation de la terre et du ciel/ initiation (échelle de Jacob)/ invitation à progresser/ descente du ciel, de la grâce.

Écho

•montagne/ caverne/ répercussion/ répétition/ confusion/ bruit/ nouvelle/ accueil, réaction favorable/ réponse/ retour sur soi/ copie conforme.

Éclair

Voir *foudre*.

Éclipse

•Lune*/ Soleil*/ obscurité/ disparition/ remplacement/ défaillance/ aveuglement/ ombre*/ épreuve initiatique de quelques mois: période de diminution de l'acuité intellectuelle// infection virale.

École

•apprentissage/ professeur/ classe*/ cours*/ examen/ punition/ échec/ humilité nécessaire pour apprendre.

Écorce

•extérieur/ apparence/ superficialité/ peau*/ protection/ défense/ rudesse ↔ douceur/ insensibilité/ préjugé.

Écume

mousse •impuretés/ déchets/ bave/ colère/ épilepsie/ lie de la société/ futilité.

Écureuil

petit animal à fourrure (sensualité, douceur)/ rongeur (soucis)/ gris, roux ou noir (équilibre, sexualité ou inconscience)/ arboricole (agilité)/ queue importante (sexualité)/ se nourrit de noix et de graines (concentré d'énergie)/ fait des réserves (prévoyance, inquiétude)/ écervelé (sans jugement) •gaieté/ mouvement/ rapidité/ vivacité/ spontanéité/ étourderie/ fantaisie/ joie du jeu/ certitude de l'instinct/ oubli/ nervosité/ agitation/ l'instant présent/ côté léger de la vie/ joie que procure la sexualité active/ circulation des énergies, la kundalini*/ libido transformable en énergie supérieure// Dispersion sexuelle? ♦gris: joie sexuelle normale/ ♦roux: passion sexuelle/ ♦noir: sexualité cachée ou négative ♦En voir un mort: sexualité morte ou inemployée. Renoncement? Privation? ♦En tuer un: Je tue une source d'énergie vitale?/ Je supprime la sexualité de ma vie? Je la transforme?

Écusson

Voir *blason.*

Eczéma

•Je suis contrarié?/ Je me fais une carapace?/ Sources d'inquiétude?/ Je triche?/ Je me triche?/ Désir insatisfait ou trop satisfait?/ Je manque de caresse?/ On me méprise? ou je le crois?/ Excès ou manque de... selon le secteur de ma vie indiqué symboliquement par la partie de mon corps mise en cause. ♦à droite, à gauche, voir *peau, démangeaison.*

Édredon

couvre-pieds de duvet... •bonheur douillet/ douceur/ chaleur/ confort/ substitut affectif/ sécurité maternelle/ régression.

Effraie

gros oiseau/ rapace nocturne (terreurs* nocturnes, clandestinité, danger caché)/ dos roux marqué de blanc (avertissement)/ ventre blanc (pureté d'intention apparente)/ disques blancs autour des yeux (lunettes, yeux cernés, conscience accrue)/ pas de nid (liberté)/ granges, greniers, clochers, ruines (conscience élargie)/ mange petits rongeurs (agressivité, destruction du mal, disparition des tracas) •peurs/ peur de l'inconscient/ période d'intériorisation/ transformation des instincts en forces spirituelles/ sacrifices nécessaires/ force et nécessité du silence pour l'éclosion de la vie intérieure.

Égarer (s')

•sentiment d'abandon, isolement au sein de la famille ou de la société// Je suis rejeté ? non désiré ?/ Besoin de revoir mon orientation ?

Églantier

rosier sauvage/ fleur rose pâle (douceur, harmonie), à 5* pétales// riche en vitamine C •simplicité/ résistance/ défense/ élégance/ résignation/ apathie/ pudeur/ fraîcheur.

Église

Voir *religion, temple.*

Égouts

♦qui refoulent : Problème fondamental = élimination d'accumulation de déchets psychiques ou de problèmes psychologiques. Vie trop stagnante ?/ Je compte trop sur les autres ? Ou pas assez ?/ Je ne surveille pas la qualité des gens que je fréquente ?/ Je ne suis pas dans le milieu qui me convient ?/ Je me sens méprisé ? Je me dévalorise ?/ Je dois examiner certains souvenirs pour mieux me situer par rapport à eux ?

Égratignure

•maladresse/ mépris du corps, mépris de soi (autodestruction)/ manque ou perte de protection/ témérité/ légère incorrection/ violence rentrée/ culpabilité/ autopunition/ sensibilité à vif, blessée/ Voir la partie du corps concernée.

Égypte

pays développé le long du Nil// pyramides (éternité, royauté, perfection, mystère)/ désert (isolement, solitude, dépouillement, sécheresse intérieure)/ momies (immobilisme, recherche d'immortalité)/ hiéroglyphes (écriture, décryptage, accès à l'inconscient)/ temples (religion, spiritualité)/ sphinx* (énigme, secret, temps)/ caravanes •ancienneté/ initiation*/ transformation/ pérennité/ intériorité.

Élastique

•extension/ souplesse/ agilité/ flexibilité/ tissu conjonctif, voir *vue, œil*/ ouverture d'esprit/ concession/ compréhension/ manque de fermeté/ laxisme/ avare*.

Élection

•choix/ politique/ discours/ vote/ circonscription/ candidat/ opposition/ décompte/ majorité/ polarisation/ manœuvres/ promesse non tenue/ déception.

Électricité

•analogue au feu* = puissance et lumière/ tonus sous contrôle de l'inconscient/ Les courts-circuits, les ampoules* qui brûlent ou les pannes* de courant sont des signes d'incompréhension ou de non-correspondance de ma part avec l'action de l'inconscient.

Éléphant

le plus gros mammifère terrestre/ végétarien (caractère pacifique)/ formes massives (lourdeur)/ peau épaisse (équilibre, insensibilité)/ pattes énormes (piliers) à extrémité élastique (souplesse imprévue)/ démarche silencieuse (discrétion)/ tête énorme (grand esprit)/ oreilles énormes (grande capacité d'attention, vigilance)/ yeux petits (distinguer l'essentiel)/ défenses, incisives en ivoire* (grande force réactionnelle, intimidation)/ longévité remarquable/ trompe mobile (très grande intuition, très grand habileté, polyvalence)/ mange 16 heures par jour (gourmandise, obésité, boulimie)/ vit en bandes (sociabilité)/ 2 grandes espèces africaines non domesticables (indépendance, énergie invincible, domination des instincts); l'espèce asiatique: plus petite et domesticable (docilité, contrôle, aide, éducation, vie de service, intégration des instincts)/ monture royale (dignité)/ pas d'ennemi (invulnérabilité)/ ne peut se cacher, victime des braconniers (difficulté de passer inaperçu, étalage de richesse, sans scrupule, persécution) •pesanteur/ poids de la vie/ manque d'élégance/ maladresse apparente/ puissance royale/ paix/ stabilité/ excellente mémoire/ prudence, vigilance/ flair/ éveil/ connaissance/ patience/ calme/ sagesse/ protection, chance/ support du monde/ base, fond/ importance du corps/ besoin d'affection/ accumulation des instincts non exprimés et augmentés au maximum ♦albinos = caractère sacré/ fécondité/ embarras/ dépenses inutiles.

Embonpoint

corpulence* •gourmandise/ grand appétit d'amour/ refoulement des émotions/ compensation pour les frustrations/ sentiment d'insécurité/ ego tout-puissant/ peur des privations/ peur du rejet des autres/ volonté de tout contrôler/ rejet de mon apparence corporelle.

Émeraude

pierre précieuse/ transparente (clarté de l'ego), vert foncé (énergie vitale intense)/ variété de béryl*/ cristallisation hexagonale (réalisation naturelle)/ dureté 7,5 (action intense du Soi*)/ pierre de Vénus* •3e œil, voir *chakra*/ sympathie et compréhension/ début du pouvoir ésotérique/ intuition affinée/ étape nouvelle de communication avec l'inconscient; laisser parler la Nature et observer/ invitation à se mettre en relation avec la Nature: plantes, animaux.../ accroissement de conscience.

Émeute

•agitation/ révolte/ trop de refoulement*/ trop de valeurs collectives, trop de non-moi/ trop de soumission, besoin d'affirmation personnelle/ dispersion des forces psychiques, besoin de se centrer, de faire le point.

Émigrant

•étranger*/ déracinement/ dépaysement/ voyage/ adaptation/ discrimination/ intégration/ mal du pays/ nostalgie/ regrets/ nouveauté/ défi/ esprit d'entreprise/ besoin de changement/ besoin de distraction, de vacances.

Emplâtre

•handicap/ aide/ restriction/ invitation à se calmer, à ralentir/ gaucherie/ sans énergie/ Voir *fracture, prothèse*.

Empoisonnement

•qqch ou qqn empoisonne ma vie/ refoulement d'un sentiment négatif important/ imprudence/ manque d'exercice/ accumulation de pensées négatives/ pessimisme/ manque de plaisir/ besoin d'aide.

Empreintes digitales
lignes du bout des doigts (identification) •détective*/ coupable ♦empreintes détruites, brûlées ou déformées (perte d'identité) ♦de la main droite : Je ne devrais pas mettre ma touche personnelle (dans le domaine indiqué par le doigt concerné) ?/ Je dois m'abstenir de faire une action qui ne regarde que moi ?/ Désir de changer d'identité ?/ Sentiment fondé de culpabilité ? ♦de la main gauche : Je devrais mettre ma touche personnelle (dans le domaine indiqué par le doigt concerné) ?/ Je dois faire une action qui me concerne exclusivement ?/ Aliénation de mon identité ?/ Sentiment injustifié de culpabilité ?

Encens
•prière/ esprit divin/ conjuration des esprits négatifs/ purification/ bonnes intentions/ subtilité/ calme.

Enclos
•limite/ l'être intérieur/ mise à part, élection/ la peau* qui enclôt le corps/ restrictions/ liberté compromise.

Enclume
•choc/ martèlement/ travail pénible/ retravailler/ forger/ donner une forme à qqch/ être coincé/ oreille*.

Encre
liquide noir ou coloré •écriture/ impression/ papier/ marque, trace/ moyen d'expression/ Voir *tampon*.

Encyclopédie
somme de connaissances •le savoir/ information/ événements/ érudition/ histoire/ ordre/ mémoire de l'humanité/ totalité/ variété/ diversité/ mémoire* personnelle.

Enfant
•avenir/ projet/ être intérieur/ personnalité renouvelée/ conséquence de mes actes ♦fille : projet émotif ♦garçon : projet professionnel, aspect décisionnel en cause ♦L'état de santé de l'enfant et son âge renseignent sur la qualité de l'avenir que j'entrevois, sur la qualité du projet que je fais et sur mon être intérieur.

Enfer
•damnation/ peine/ souffrances/ perdition/ situation très pénible/ épreuve extrême/ état psychique totalement négatif, accompagné du sentiment de ne pouvoir jamais en changer/ désespérance/

dégradation morale/ énorme culpabilité*/ châtiment éternel/ privation de la présence de Dieu// remarquable.

Enflure

♦à droite: importance exagérée, selon le sens indiqué par la partie du corps concernée = Surévaluation de mon importance? Inflation de l'ego? ♦à gauche: négligence exagérée, selon le sens indiqué par la partie du corps concernée = Mon ego est écrasé? Humiliation? Je suis trop soumis? J'exagère mes malheurs? Je m'apitoie sur mon sort? Je refuse de renoncer à qqn?

Engelure

•isolement/ manque de chaleur humaine/ peur d'abandon*/ imprudence/ insouciance/ désir inconscient de mourir/ engourdissement* moral/ arrêt d'évolution/ autopunition/ Voir la partie du corps qui en souffre.

Engoulevent

oiseau moyen/ grands yeux (conscience, perspicacité)/ large bouche (goinfrerie)/ pattes courtes (pragmatisme)/ brunâtre (dissimulation, mimétisme)/ nocturne (couche-tard, clandestinité)/ insectivore (agressivité)/ vol erratique (détours, caractère imprévisible)/ chasse en vol (agressivité, agilité)/ bon voilier (liberté, habileté)/ voix dans la nuit (indiscrétion)/ ne fait pas de nid (liberté, nomadisme) •nuits d'été/ instinct sûr/ habileté/ nourriture abondante/ gourmandise/ gueulard/ ruse/ camouflage/ dissimulation/ perspicacité/ exaspération/ air pur/ faiblesse des jambes/ détachement des biens matériels au profit de la liberté// L'inconscient veut me rejoindre? Être attentif à mes rêves? Besoin d'approfondir?/ Besoin de respirer le spirituel?

Engourdissement

♦temporaire: ♦à droite: Les circonstances m'empêchent d'agir? Besoin d'orienter mon énergie retenue?/ Agitation? Précipitation? Impulsivité ou spontanéité?/ Impatience devant l'avenir?/ Je m'y prends mal? Je m'entête dans une fausse attitude? ♦à gauche: Mauvaises attitudes?/ Trop passif? Besoin de réagir?/ Trop attaché au passé?/ Attitude conservatrice?/ Besoin de prendre position?/ Insensible à mes besoins? À ceux des autres? ♦durable: plus compromettant pour mon évolution qu'un engourdissement temporaire.

Enlèvement
•otage/ chantage*/ rançon/ situation odieuse/ lâcheté/ cruauté/ mépris/ danger grave/ privation de liberté/ prix à payer pour une libération/ conditions onéreuses/ besoin de protection, de soutien/ peur de l'abandon*/ grand déchirement intérieur qui prend toutes les énergies// négociation/ échange/ stratégie/ plan.

Enterrement
•tristesse/ séparation/ invitation à me situer par rapport à la mort*/ nécessité du détachement/ besoin de quitter des idées funèbres, morbides, déprimantes/ fin, abandon d'un projet.

Entonnoir
•absorption/ orientation/ convergence/ études/ écoute attentive/ naïveté/ contrôle/ censure.

Entorse
•démarche inutile/ manquement aux règles morales, civiles/ malhonnêteté/ Voir *pieds*.

Entrepreneur de pompes funèbres
•mort*/ service/ frais/ tristesse/ attitude composée, air de circonstance.

Enveloppe
•cachette/ intrigue/ discrétion/ frustration/ nouvelles/ révélation/ surprise/ message personnel/ importance individuelle/ refoulement/ nécessité de s'ouvrir.

Épagneul breton
excellent chien* de chasse/ tête arrondie (esprit équilibré)/ oreilles tombantes (indépendance)/ poil fin et ondulé (tenue soignée)/ robe blanc et orangé; blanc et marron; blanc et noir; ou tricolore (goût pour la variété, caractère changeant)// doux, gentil, intelligent, entêté, tendre et d'agréable compagnie •concentration/ grand courage/ corps harmonieux et infatigable/ sexualité très réduite/ sobriété/ bonne intuition/ besoin d'affection/ empressement/ enthousiasme/ succès/ élégance/ belle sensualité.

Épargne
•réserve d'énergie/ prévoyance/ peur*/ insécurité/ rétention/ stade anal/ constipation*/ blocage/ Voir *avare*.

Épaule

•appui (soutien)/ porter (responsabilité)/ joug (poids)/ carrure (force)/ correspond au signe des Gémeaux★ ♦mal à l'épaule droite ou aux deux épaules: Je porte ou je crois porter trop de responsabilités?/ J'épaule trop de gens?/ Je bouscule trop qqn d'autre?/ Manque de tolérance? ♦mal à l'épaule gauche: Je fuis ou je crois fuir mes responsabilités ou je les assume mal?/ Je pourrais aider les autres davantage?/ Je me compte pour battu?/ Je suis trop indifférent?/ Je ne peux plus épauler qqn?

Épée

•action qui sépare/ tranche/ coupe/ combat/ attaque/ défense/ puissance paternelle/ combat spirituel (saint Michel★, saint Georges★), victoire sur la bête, les instincts (chevalier★, héros★)/ trait de lumière-justice pour se couper d'attaches/ rayon de soleil, conscience, puissance/ nom de Dieu★/ jugement/ un, unité/ la parole/ le Verbe divin/ justice humaine ou divine.

Épervier

gros oiseau/ rapace diurne (danger évident)/ longue queue (sexualité prononcée)/ chasse sa proie au sol ou au vol (agressivité, grande agilité)/ vol agile (liberté)/ tue avec ses serres (emprise, compréhension, cupidité, cruauté)/ goulu (goinfrerie, voracité, cupidité)/ vit en forêt (sauvage, retraite)/ hardi (cran)/ fauconnerie (service, éducation, complicité) •rapacité, cupidité, usure/ personne agressive/ femme dominatrice/ noblesse/ soleil, conscience/ inspiration céleste/ analogue au faucon★.

Épervière

plante sauvage/ feuilles toutes à la base, poilues (humilité, sensualité)/ tige de la fleur, dressée et poilue (évidence)/ fleur voyante de style pissenlit, orangée ou jaune (victoire, énergie)/ sols secs (exigence réduite)/ envahissante (indiscrétion) •évidence/ besoin d'attirer l'attention/ présence embarrassante/ surprise décevante/ séduction/ sûreté/ ténacité.

Épice

•appétit/ stimulation/ exotisme/ goût de l'étranger/ goût de vivre/ goût des sensations (fortes)/ raffinement/ l'essentiel/ la quintessence/ subtilité/ imprégnation.

Épicéa
Voir *épinette.*

Épicier, Épicière
•goût/ appétit/ plaisir/ commerce lucratif/ aspect piquant de la vie/ stimulation/ exotisme/ conservation/ joie de vivre/ goût pour les sensations fortes/ étroitesse d'esprit/ esprit grivois.

Épilepsie
•refus total de la vie/ peur violente de vivre/ violence inexprimée/ sentiment de rejet complet/ régression importante/ tension extrême entre des contraires/ état de transe.

Épilobe
plante sauvage/ tige dressée (ardeur)/ feuilles effilées (prises de conscience précises)/ fleurs rose-pourpre (bonheur facile) en épis (collectivité)/ graines à aigrette très soyeuse (légèreté)/ très prolifique (abondance, succès)/ colore les champs, surtout après les incendies de forêt (renouvellement)/ besoin absolu de soleil (exigence) •légèreté/ hâte/ restauration, renouveau/ caractère passionné/ fécondité/ besoin ardent de spiritualité.

Épinard
légume herbacé/ petite plante dressée (vigueur)/ feuilles ovales, vert intense, bosselées (grande vitalité, sensualité)// prévient le cancer •force, résistance/ fraîcheur/ force vitale/ besoin du soleil, de conscience, d'humilité// m'interroger sur les sentiments que je nourris.

Épine
•asticoter/ pas d'amour sans souffrance/ piqûre*/ douleur/ difficulté/ défense/ désagréable/ douleur/ couronne d'épines du Christ = douleur transformée en rayons de gloire// Qqn qui m'aime m'inflige des coups involontaires, mais blessants ? Ou c'est moi qui le fais ? Ou c'est mutuel ?/ J'ai le tour d'atteindre les autres dans leur point le plus vulnérable ? Ou c'est moi qui suis victime de ce traitement ?/ Souci grave, comme une épine au pied ?/ Je me défends de ma souffrance en blessant les autres ?/ Trop de susceptibilité ?/ Remarque blessante ?/ Peur de prendre ma place au soleil ?

Épine-vinette
arbuste à petites fleurs jaunes parfois teintées de rouge (petite personnalité énergique), à petites feuilles qui se colorent en rouge

et orangé à l'automne (intensité)/ petites baies rouges persistantes (petits désirs charnels persistants, réalisation durable)/ rameaux arqués denses, garnis d'aiguillons nombreux (grande agressivité) •obstacle à franchir/ attitude défensive/ charme du romantisme/ séduction-piège/ besoin d'élagage/ nécessité et bienfait de certains sacrifices.

Épinette

conifère de forme conique (grande personnalité axée sur l'élévation spirituelle)/ tronc droit (rectitude)/ feuilles en aiguilles hérissées autour des rameaux et incurvées vers le haut (tension, protection)/ cônes (ingéniosité, semence spirituelle)/ racines peu profondes (aspiration spirituelle extrême)/ beaucoup d'espèces, dont l'épinette bleue qui revêt un caractère céleste/ bois léger, tendre pour construction et pâte à papier (docilité à l'appel de la transformation) •droiture/ constance/ dignité/ immortalité/ conviction/ caractère entier, mystique/ peu d'attaches terrestres/ aspiration totale vers l'éternité.

Épingle

•attache/ retrait adroit d'une situation délicate/ détail agaçant/ petite offense/ mise en évidence/ retenue/ stimulation.

Épiphyse

Voir *glande.*

Éponge

•absorption/ pardon/ extorsion/ soif/ ivrognerie/ réceptivité/ période d'incubation/ imprégnation/ soif de savoir/ potentiel.

Épouse

•anima*, psychologie féminine de l'homme/ la Création en regard de Dieu, son époux/ tout humain qui s'unit à Dieu/ l'humanité.

Époux

•animus*, psychologie masculine de la femme/ Dieu en regard de la création/ Dieu qui veut s'unir à tout humain.

Épouvantail

•fausseté/ simulacre/ astuce/ raideur/ ridicule/ désir d'impressionner/ évidence/ peur* vraie ou fausse.

Épuisement

•sentiment de vide/ ambition démesurée/ Voir *surmenage.*

Équerre

outil •droiture/ rectitude/ précision/ exigence/ mesure/ espace/ activité, dynamisme/ la matière/ rigidité/ froideur/ jugement catégorique.

Érable

grand arbre (forte personnalité généreuse et artiste)/ feuille typique à 5* lobes/ feuillage souvent magnifique à l'automne (gloire, peinture, sens du spectacle)/ samare, graine ailée (ingéniosité, semence)/ abondance de la sève (vie, générosité, distribution de l'énergie) dont on fait sirop et sucre (concentration d'énergie)/ bois dur (résistance, solidité, fiabilité) •grande vitalité/ surabondance de vie/ fermeté/ plaisir/ relation solide et féconde avec le Soi*.

Ermite

•solitude/ silence/ vie intérieure/ dépouillement total/ idéal de perfection ♦Trop ou trop peu de solitude?/ Manque de silence intérieur? de simplicité?/ Temps favorable pour entrer en contact avec le Soi*?/ Trop ou trop peu de privations, de sacrifices?/ Besoin d'un retrait social?/ Besoin de communion avec la nature?/ Besoin de profonde introversion?

Erreur

♦faute: manque d'attention/ ignorance/ distraction*/ illusion*/ incorrection/ tension/ nervosité*/ imperfection/ humilité/ culpabilité* ♦bévue, gaffe*: maladresse/ confusion/ excuse/ réparation/ mésentente/ Voir *acte manqué*. ♦erreur téléphonique, voir *téléphone*.

Escalade

•élévation/ effort/ ascension sociale/ montagne*/ volonté de dépassement/ vertige*/ aspiration spirituelle.

Escalier

•changement de niveau/ transformation psychique ♦monter: faire l'effort pour m'élever ou pour prendre conscience de qqch ♦monter ou descendre: accéder à un étage supérieur ou inférieur sur le plan social, psychologique, spirituel ♦Où conduit l'escalier? À interpréter selon la pièce où il mène (but visé). ♦débouler: Je veux brûler les étapes, précipiter les choses?/ Manque de réalisme?/ Je perds pied dans la conduite de ma vie?/ J'appréhende un échec? J'ai un sentiment d'insécurité?/ Tendance suicidaire inconsciente ?/ Voir *tomber.* ♦escalier mécanique : voir *ascenseur* ♦large : succès/ cérémonie/ facilité ♦délabré : difficulté ou impossibilité de m'élever/ déficience spirituelle ♦en colimaçon : mouvement du moi en déplacement spiralé autour de l'axe de ma vie, le Soi★ = évolution spirituelle.

Escargot

mollusque gastéropode/ corps mou dans une coquille dure (souplesse)/ coquille en spirale (évolution)/ bave (fertilité)/ ramper (lenteur)/ corps adhérent (ténacité)/ hermaphrodite : selon les besoins de la colonie, l'escargot est mâle ou femelle (composer avec les circonstances)/ cornes rétractiles (menace, intimidation ou non)/ associé à l'eau (fertilité), à la lune (fécondité, mariage)/ mandala★ (recherche du centre★) ♦On m'invite à la ténacité, à la constance ?/ On me parle de mon évolution dont certaines phases sont lentes ? et qui est un éternel recommencement ?/ Conseil de ne pas me presser ? Reproche d'aller trop lentement ?/ Conseil de composer avec les circonstances ?/ Conseil de ne rien brusquer ?/ Faire confiance à ma (la) nature qui est infiniment féconde ?/ Besoin de me centrer ?/ Besoin de sortir de ma coquille ? Ou d'y rester le temps que l'orage soit passé ?/ On m'invite à manifester les qualités masculines ou féminines selon que le besoin s'en fait sentir ?/ Besoin de me situer quant à l'homosexualité ?/ Période féconde de ma vie.

Ésotérisme

•sciences ésotériques, domaine des connaissances et des pratiques cachées, exploration d'états altérés de conscience, extension de conscience dans des mondes parallèles •goût du mystère/ fascination de l'inconnu/ école, maître, domination/ charlatanisme/ exploitation/ tâtonnement/ naïveté dangereuse/ magie★/ clairvoyance★/ volonté de puissance/ illusion/ hantise, possession/ contagion, exploitation de l'astral★ ♦L'exploration du domaine paranormal présente pour l'individu un danger de déséquilibre psychique et psychologique à cause de l'ignorance qu'il a des mondes invisibles et de la difficulté de vérifier la justesse des visions et des données qu'il reçoit. L'approche de ces plans suppose une grande prudence, un esprit critique aiguisé et un guidage éclairé et expérimenté, capable de transcender l'astral★.

Espion

•dissimulation/ mensonge/ cachotterie/ culpabilité*/ Voir *détective*.

Esprit

♦revenant, voir *apparition, mort* ♦intelligence: faculté mentale/ compréhension/ haute énergie mentale/ un des trois principes de l'humain dont les deux autres sont le corps* et l'âme*/ siège de l'intellect/ point du contact conscient qui doit s'opérer par la fusion*/ conscience mentale résiduelle filtrée par le cerveau et colorée par l'émotivité/ à l'ultime = le Soi*.

Esquimau

chien* de traîneau/ type loup (caractère farouche)/ crâne large (esprit large)/ poil en fourrure (tenue confortable, sensualité)/ robe de couleurs variées (humeur variée)/ très musclé et à forte ossature (puissance physique)/ résistance au froid (résistance)/ n'aboie pas, mais hurle comme les loups (problème d'expression verbale)/ regard perçant (attention soutenue, perspicacité)// doux, attaché à son maître •amour du grand Nord/ goût pour la vie rude et au grand air/ exigences réduites/ coopération/ hiérarchie/ corps solide et musclé/ regard fascinant/ sexualité harmonieuse/ audace.

Essence

pétrole distillé •existence/ identité/ énergie subtile/ potentiel/ concentration/ exceptionnel/ risque/ explosion/ l'essentiel.

Essieu

•axe/ point d'appui/ centre*/ concentration/ rotation/ relation entre 2 centres/ période entre 2 cycles/ écart entre 2 cycles/ conscience/ le Soi*.

Est

point cardinal/ point de l'horizon où le soleil se lève/ matin/ blanc/ aube/ Levant/ Orient •naissance/ renaissance/ commencement/ printemps/ résurrection/ le présent ou le futur/ départ/ clarté/ lumière/ conscience/ espoir/ fraîcheur.

Estomac

•assimilation des messages inconscients/ capacité ♦mal à l'estomac: émotion trop grande ou trop d'émotions/ peine qui étreint/ embarras/ aigreurs de la vie/ difficulté d'accepter, d'intégrer/ ambition démesurée/ manque de nourritures qui élèvent (intellectuelles, esthétiques, spirituelles)/ correspond au signe du Cancer*.

Estragon

épice •subtilité/ raffinement/ goût de vivre/ goût de la liberté, de la vie naturelle/ stimulation.

Étable

•protection/ élevage, éducation/ saleté, malpropreté/ pauvreté, simplicité/ grossièreté/ nourriture/ soins du corps.

Étage

•chacun des chakras*/ chacun des divers états de conscience/ chacune des diverses dimensions/ degré/ degré d'initiation/ élévation ou approfondissement/ catégorie/ Voir *ascenseur.*

Étain

métal blanc grisâtre/ très malléable/ orfèvrerie (désir de perfection, de raffinement)/ miroirs (reflet de chacun)/ grand nombre d'alliages (les alliances avec autrui aident à satisfaire mes besoins)/ fer-blanc, boîtes de conserve (nourriture, prévoyance)/ entre dans les soudures (association solide, mariage, famille, foyer)/ métal de Jupiter* (domination des besoins, des conditions) •les servitudes corporelles imposées par la faim, la soif, le sommeil, la chaleur, le froid, les soins corporels. •souplesse/ soumission, acceptation/ faible résistance/ caractère facile/ épuration/ le quotidien/ ancienneté/ humilité.

Étang

•secret / obscurité/ calme/ immobilisme, stagnation/ grand potentiel/ fascination pour l'interdit// On m'invite à réfléchir à la source de mon énergie vitale ?/ Période d'arrêt et d'assimilation ?

Été

•Sud*/ chaleur/ épanouissement/ milieu de la vie/ vacances/ voyages/ repos/ dessèchement/ liberté/ production/ fécondité/ conscience/ vitalité.

Éternuement

•irritation morale/ violent rejet inconscient de qqn ou d'une situation/ l'échapper belle/ besoin d'attirer l'attention/ approbation/ bons souhaits/ déblocage.

Éther

♦composé volatil : hôpital*/ désagrément/ anesthésie*/ désinfectant*/ précaution/ subtilité/ intuition ♦fluide subtil : l'air le plus pur/ ciel/ espace/ Selon l'ésotérisme, dimension élevée, plan parallèle de très haute vibration auquel l'humain peut avoir accès lors de la fusion*.

Étincelle

•début/ essai/ prise de conscience/ friction/ provocation/ poudre aux yeux/ boutefeu/ incendiaire*/ allumette*.

Étiquette

petit papier •marque/ identification/ contenu/ catégorisation/ ségrégation/ prix.

Étoile

•centre lumineux/ point de référence, guide/ 3e œil, voir *chakra*/ prise de conscience dans l'obscur/ esprit/ inspiration/ ange*/ résurrection/ messie attendu/ chance (bonne étoile)/ personnalité hors du commun ♦à 6 branches: hexagramme, sceau de Salomon = réunion de l'évolution et de l'involution = descente des forces fécondantes et aspiration évolutive de la création/ réunion de l'esprit et de la matière ♦à 5 branches: pentagramme (bouclier de David)/ l'homme spirituel, régénéré/ centre mystique/ point central/ les États-Unis/ androgynie/ accomplissement/ puissance ♦du matin (Vénus*): éternel retour/ fidélité ♦polaire: Nord*/ centre absolu/ point fixe/ orientation/ le sage/ le guide/ pivot ♦filante: aspect éphémère/ grâce accordée/ une inspiration ♦constellation: destin* (astrol.) ♦voie lactée: giclée de lait divin (lumière spirituelle)/ lieu de passage d'origine divine/ lien entre le ciel et la terre, entre les dimensions/ voie des mystiques.

Étoile de mer

échinoderme/ en forme d'étoile (rayonnement)/ fait de bras mobiles (recherche du centre*)/ mange surtout des mollusques (besoin de rendre conscientes certaines choses)/ saisit sa proie par ses bras (compréhension)/ projette son estomac par sa bouche (pas d'intermédiaire, voracité)/ se meut par force hydraulique (grande énergie)/ capable de régénérer un bras coupé •régénération, guérison/ le Soi* caché dans l'inconscient = énergie venant de l'inconscient/ force concentrée.

Étouffement

•refoulement*/ angoisse*/ frustrations/ oppression/ répression/ harcèlement/ milieu insupportable/ Voir *asthme*.

Étourdissement

•vertige*/ désorientation/ déséquilibre des énergies/ manque de réalisme/ attitude écervelée/ étape initiatique, ajustement/ Voir *dédoublement.*

Étourneau sansonnet

petit oiseau/ fort bec jaune (effronterie)/ queue courte (sexualité réduite)/ noirâtre (valeurs négatives)/ plumage moucheté clair (la lumière qui se fait)/ vol rapide et direct (sans fantaisie)/ grégaire (sociabilité)/ batailleur (voyou, compétition)/ vit souvent autour des habitations (familiarité, profiteur)/ chant: série incohérente de sifflements, de gazouillis, de clappements (voix et propos désagréables, commérage)/ insectivore (agressivité)/ envahissant/ s'apprivoise (intelligence, éducation) •vie de groupe/ opportunisme/ bavardage/ moquerie/ inélégance/ grossièreté/ spoliation/ adaptation/ audace/ coopération/ débrouillardise.

Étranger

pays, individu •dépaysement/ nouveauté/ adaptation/ inconnu/ ségrégation/ préjugé/ nouveau point de vue/ astral*/ contact avec l'inconscient/ exploration d'une nouvelle zone inconsciente.

Étranglement

Voir *étouffement.*

Étreinte

•affection/ émotion/ attitude chaleureuse/ accord, entente/ rapprochement/ empathie/ compassion/ attachement excessif/ possession/ domination/ rapport sexuel/ Voir *étouffement.*

Eucalyptus

grand arbre tropical (puissante personnalité orientée vers la santé)/ écorce lisse (caractère agréable, amène)/ croissance rapide (ardeur, maturité hâtive)/ bois rouge, pesant, cassant et résineux (ardeur, bien incarné, tension, conservation)/ avide d'eau (aspiration spirituelle)/ odeur aromatique (caractère agréable)/ feuille antiseptique (guérison)/ éloigne les insectes (libération des tracas)// fébrifuge/ stimulant •remède/ guérison/ grandeur/ élégance/ aide/ élan évolutif/ relation ardente avec le Soi*.

Évangile

•révélation/ enseignement/ doctrine/ dogme/ vérité absolue/ foi aveugle/ citation/ interprétation/ exégèse/ base/ chose indiscutable/ Bible*.

Évanouissement

•trop grande émotion/ trop grande douleur/ trop grande peur/ désir de disparaître, de fuir/ manque de combativité, de courage.

Éventail

•Choix entre deux attitudes: ouverte ou fermée?/ Excès de féminité? de vanité?/ Cachotterie? Intrigue? Indiscrétion?/ Je suis nerveux? agité? mal à l'aise?/ Embarras du choix?/ Trop romantique? Attaché au passé?/ Besoin de fraîcheur? de rajeunissement?

Évêque

•grand-prêtre/ autorité/ dignité/ royauté divine/ consécration/ Besoin de spiritualité?/ Besoin d'unifier mes forces?/ Grandes responsabilités sociales? Le Soi* m'en avertit avec autorité.

Évier

•maîtrise des énergies/ élimination/ épuration ♦bouché: Négligence?/ Difficulté d'éliminer l'énergie négative?/ Problème d'accumulation d'énergie?/ Besoin de distractions?/ Besoin de régler un problème qui traîne?/ Accumulation de déchets psychologiques? Besoin d'aide?

Examen

•tension/ épreuve à passer/ vérification/ étape/ synthèse/ vue globale/ prise de conscience/ angoisse de l'échec/ manque de confiance en soi/ compréhension à faire d'une situation pour passer à autre chose = invitation à changer d'attitude.

Excrément

•élimination/ rejet/ saleté/ puanteur/ mauvais/ signe de santé// fumier/ engrais/ concentré/ chargé de force vitale/ retourne à la terre où l'on trouve l'or/ lié à l'enfouissement comme l'or (or: excrément des dieux)/ fertilité/ faiblesse à maîtriser/ premier produit fait par l'homme (contrôle de l'animalité)/ début humble, mais sûr, fécond/ Il peut signifier honneur, science, perfection comme aboutissement. ♦problèmes avec des excréments: Besoin de me soulager d'un problème?/ Est-ce que je ne crée pas des ennuis autour de moi ?/ Besoin de plus d'humilité dans mon attitude ?/ Sentiment d'indignité ?/ Besoin de voir la vie telle qu'elle est ?

Exhibitionnisme

•agressivité/ frustration sexuelle/ provocation/ besoin de m'affirmer/ besoin de valorisation/ protestation.

Exil

•expulsion/ déportation/ isolement/ éloignement/ séparation/ renoncement/ déchirement/ dépaysement/ privation.

Explosion

Voir *dynamite.*

Exposition

•galerie/ création/ originalité/ besoin de reconnaissance publique/ besoin de susciter l'admiration/ mise en vedette/ rétrospective/ étalage/ vantardise/ exhibitionnisme*/ succès/ fierté/ besoin esthétique/ critique/ besoin d'immortalité/ refus de la mort.

Extraterrestre

•être venant d'une autre planète ou d'une autre dimension/ étrangeté/ soif de merveilleux/ désir de changement, de dépassement/ inadaptation/ quête spirituelle/ grande naïveté/ Voir *ovni.*

F

•femme/ principe féminin/ mis pour foutre/ mis pour *forte* et la note *fa* (mus.)/ souffle// numérol. : valeur intuitive/ réajustements familiaux/ grandes responsabilités/ bonne protection/ générosité, oubli de soi/ adaptabilité/ liaisons extraconjugales/ santé à surveiller (Piché).

Facteur

•messager/ intermédiaire/ nouvelles/ espoir d'amélioration/ besoin de merveilleux/ déception/ message de l'inconscient.

Faillite

•dettes/ insolvabilité/ chute/ ruine/ mauvaise administration/ malchance/ incapacité de faire face à mes obligations/ liquidation/ imprudence/ risques/ humiliation/ dépenses excessives/ mauvais calcul/ perte de confiance en soi/ attitude inconsciente de perdant.

Faim

•besoin de manger, de refaire mes énergies ♦Bonne alimentation ?/ Est-ce que j'assume les besoins de ma vie animale ?/ Besoin de refaire le plein d'énergie sur le plan intellectuel ou spirituel ?/ Plan émotif insatisfait ?/ Voir *manger*.

Faisan

gros oiseau/ couleurs brillantes (importance du vêtement, brio)/ longue queue chatoyante (sexualité prononcée, attitude provocante)/ se domestique (instinct partiellement dominé)/ prolifique (abondance, fécondité, succès)/ oiseau d'ornement (victime de l'étalage de sa fortune)/ aime la hiérarchie (esprit conservateur, attaché à l'ordre social)/ ballet nuptial (goût pour le rituel) ; combat acharné des mâles (rivalité, compétition)/ rusé/ intolérant/ gibier de luxe (fine gastronomie) •liberté/ éclat, goût du clinquant/ lumière/ couleurs/ beauté/ victime de mes prétentions et de mes vanités/ harmonie cosmique/ alternance de l'intériorité et de l'extériorité.

Falaise

•inaccessibilité/ empêchement/ danger subit/ rupture de niveau/ Voir *vide, tomber.*

Fantôme

Voir *apparition, mort.*

Faon

petit d'un cerf*, daim* ou chevreuil* •être sans défense/ charme/ candeur/ innocence/ beauté animale/ enchantement/ vulnérabilité/ beau projet fragile.

Farine

•union intime, fusion/ tromperie/ hypocrisie/ état de l'œuvre au noir: état de désorganisation en vue d'une transformation = être moulu comme de la farine.

Fatigue

•trop grande tension/ ennui, dégoût/ tracas/ excès/ efforts inutiles/ manque d'intérêt.

Faucille

•campagne/ moisson, récolte/ coupure/ décision tranchante/ temps/ mort considérée comme châtiment des méchants/ communisme soviétique/ espérance.

Faucon

gros oiseau/ rapace diurne (danger évident)/ brun, roux et gris (discrétion)/ corps élancé (sveltesse, élégance)/ ailes pointues (précision)/ oiseau le plus rapide après la frégate (intervention ultrarapide, surprise foudroyante)/ large champ visuel (conscience étendue)/ chasseur total: fonce sur tout ce qui vole (grande agressivité, intrépidité, cupidité)/ seigneur des airs (domination, noblesse)/ habite les tours, les clochers (élévation, surveillance)/ a servi en fauconnerie (service, éducation, complicité) •hardiesse/ indépendance/ chevalerie/ symbole solaire, ascensionnel/ supériorité/ victoire/ ardeur spirituelle/ mâle/ ange gardien/ victoire sur la libido/ principe céleste, conscience divine, l'œil qui voit tout/ fécondité universelle/ voracité.

Faute

Voir *culpabilité, dictée.*

Fauteuil

•confort/ repos/ détente/ paresse/ sentiment d'importance/ honneur/ fonction/ attitude habituelle/ esprit bourgeois/ situation de tout repos ♦profond: attitude arrêtée/ manque de dynamisme/ inaction dommageable ♦trop bas: attitude d'infériorité/ situation désavantageuse/ paresse préjudiciable ♦trop haut: attitude de supériorité/ situation dominante ♦chancelant: fausse sécurité/ situation incertaine.

Fauvette

petit oiseau/ couleurs brillantes, souvent du jaune (goût pour le costume)/ nerveux/ bec effilé et pointu (finesse, cruauté)/ insectivore (agressivité)/ chant énergique, agréable (joie de vivre, agrément, expression personnelle) •vivacité/ activité/ charme/ précision/ sagacité/ hâte/ délicatesse/ variété/ Voir *paruline.*

Faux

•lame/ campagne/ moisson, récolte/ calamité/ arrêt brusque/ intervention radicale/ coupe indifféremment tout ce qui vit, donc, la mort qui est égale pour tous.

Fée

•croyance au merveilleux/ légèreté/ pouvoir magique (baguette*)/ imaginaire/ influence cachée/ aide, faveur/ changement immédiat, mutation/ destin/ grande habileté/ travail délicat ♦bonne fée: présence positive de la mère/ protection ♦mauvaise fée: présence négative de la mère/ épreuve/ Voir *sorcière.*

Femme

humain de sexe féminin// épouse* 1. pour un homme: son anima* = médiatrice entre le moi et le Soi*; guide intérieur, qui transmet les messages du Soi*/ son complément féminin/ la nature/ l'âme ♦femme fatale = anima* mal intégrée qui risque de me perdre/ personnification de l'influence négative de la mère ♦femme inconnue: anima dont le conscient ne tient pas compte// 2. pour une femme: son ombre* (partie inexprimée)/ la nature/ l'âme ♦femme intellectuelle, froide et impitoyable = animus* mal intégré ♦femme primitive, grossière = ombre* négative ♦femme inconnue: animus dont le conscient ne tient pas compte.

Fenêtre

•conscience/ ouverture, réceptivité/ les sens (particulièrement la vue)/ prise de conscience.

Fenouil

plante vivace (ténacité, permanence)/ feuilles fines en frondes qui se déroulent (délicatesse, prise de conscience graduelle)/ aime l'humidité (contact avec l'inconscient) •humilité/ subtilité/ douceur/ rajeunissement spirituel.

Fer

métal gris (force disponible chez chacun)/ métallurgie du fer, forge (épuration, violence, sacrifice)/ aimantation (agressivité orientable en combativité) ♦Le fer évoque la force brute, l'instinct de conservation traduit en défense et attaque. Cet instinct peut dériver en pouvoir, en volonté de puissance, en domination sous la forme de l'acier*. •dureté/ fermeté/ résistance/ manque de souplesse/ caractère inflexible/ rigueur excessive/ affirmation/ moyen, intervention/ vulgarité/ utilité/ aide précieuse/ force brutale, diabolique/ matérialisme/ bruit/ enfer ♦rouillé: dégradation/ début de transformation.

Fer à repasser

•vêtement/ linge/ soin/ application/ mauvais pli*/ correction/ apparence ♦en panne: Je néglige mon apparence? J'y accorde trop d'importance? Trop de temps?/ Je suis froissé? blessé? humilié?/ Si je repasse pour les autres, dans quel esprit je le fais?

Ferme

•campagne/ animaux*/ besoins du corps/ culture des plantes*/ besoin de calme/ concentration et transformation d'énergie.

Fermeture éclair

•commodité/ facilité/ rapidité/ ingéniosité/ protection/ étroitesse d'esprit/ attachement/ refoulement*.

Fesse

•sensualité/ attrait sexuel/ station assise/ fécondité féminine/ correspond au signe du Sagittaire* ♦mal à la fesse droite: trop sédentaire/ pas assez de spontanéité/ trop de sexualité ♦mal à la fesse gauche: pas assez sédentaire, manque de stabilité, de réflexion/ désirs sexuels insatisfaits.

Festival

•musique*/ œuvres d'art/ cinéma/ danse/ révélation/ rétrospective/ événement important/ rencontre/ centre*/ démonstration remarquable.

Fête

•réjouissances/ cérémonie*/ patron, protection/ mise en valeur de mon prénom avec son sens/ bonheur, plaisir/ gaieté/ anniversaire*.

Fétiche

•vénération/ animisme/ superstition/ porte-bonheur/ protection/ mauvais sort/ hantise/ envoûtement/ peur/ désir/ pensée magique/ naïveté/ projection d'énergie émotive/ magie* blanche et magie noire.

Feu

combustion •mouvement/ intensité/ couleur/ fumée/ cendre/ énergie dévorante et dévastatrice (incendie*)/ ou énergie bienfaisante qui éclaire et réchauffe/ côté clair, conscient, mâle, actif/ Sud*/ été/ chaleur/ lumière/ destruction/ purification/ moyen d'unir le créé et l'incréé/ rouge*/ cœur/ passions violentes (amour, haine, colère)/ esprit/ connaissance intuitive/ feu sacré : ferveur/ ardeur du cœur, donc, aspiration, désir d'être transformé/ fièvre/ Esprit saint/ l'esprit intérieur et non plus extérieur/ sacrifice/ mort et renaissance/ foyer/ excitation sexuelle/ soleil/ manifestation divine/ souffle du Verbe créateur/ lumière de la conscience nouvelle/ foudre*/ feu du creuset pour purifier l'or = épreuves pour me purifier, me rendre plus vrai/ illumination/ sublimation/ feu sous-ombilical = transforme, élabore les énergies, séparant le pur de l'impur, l'accompli et l'inaccompli/ feu thoracique = distribue les énergies purifiées (Souzenelle) ♦colonne de feu = l'esprit, le centre des univers/ la colonne vertébrale.

Feu d'artifice

•fête*/ lumière/ fantaisie/ enchantement/ illumination*/ divertissement/ éblouissement/ fascination/ domination/ goût du merveilleux/ projection/ désir d'étonner/ infantilisme.

Feuille

appendice des plantes vasculaires/ en général, pièce plate et mince, verte*/ essentielle à la photosynthèse (captation de l'énergie psychique du Soi*)/ nervures conductrices de la sève (circulation de l'énergie vitale)/ attachée par le pétiole à la plante (jonction avec le Soi*)/ formes variées: simples, composées (de folioles), lobées... (modes personnels de prises de conscience, individualité)/ caduque ou persistante (renouvellement ou permanence)/ mort des feuilles en raison du raccourcissement des jours (fin d'une source d'énergie, fin d'un cycle) •été/ vie/ épanouissement/ multiplicité/ variété/ adaptation/ cycle/ réseau/ paix/ auxiliaire/ écrits/ lumière/ conscience supérieure/ bonheur/ prospérité/ solidarité/ assimilation/ acquisition psychique// feuille de papier, voir *page, papier.*

Févier

arbre/ tronc gros et court (personnalité orientée vers l'affectivité)/ armé d'épines (caractère méfiant, agressif)/ ramure à cime aplatie (élégance, calme)/ branches grêles, étalées et pendantes (détours, vulnérabilité)/ feuilles à 18 folioles et plus, ovales (fantaisie); rappellent celles des fougères (délicatesse)/ fleurs en grappes blanches (romantisme, disponibilité)/ fruit: longue gousse plate, brun foncé (sexualité importante)/ bois lourd, dur (bien incarné, égotisme, résistance); résiste à la carie (immunité, permanence)/ croissance rapide (ardeur)/ supporte bien l'air pollué et résiste bien à la sécheresse (grande résistance aux épreuves) •attitude défensive/ grande force sous des dehors délicats et agréables/ caractère déroutant, un peu tourmenté/ conduite imprévisible/ solitude, intimité/ élégance très personnelle/ prospérité/ fermeté/ lien indirect avec le Soi*.

Février

mois •ambitions/ projection/ essentiel/ sérénité/ attente, patience/ fin de solitude/ lumière au bout du tunnel.

Fiançailles

•promesse/ engagement officiel/ réjouissance/ consécration d'un rapport amoureux/ début d'alliance/ première étape/ engagement religieux et mystique.

Ficelle

•lien/ truc/ malin/ décoration*/ pain*/ exagération/ économie insignifiante/ attachement/ fragilité/ Voir *marionnette.*

Fièvre

élévation anormale de la température du corps (37° C)/ causes: maladies microbiennes, cancers.../ symptôme et moyen de défense/ accélération du pouls et de la respiration/ sudation abondante •colère rentrée/ désirs inexprimés/ vulnérabilité/ insatisfaction/ frustration/ passion/ impatience, hâte, désir de brûler les étapes/ ardeur excessive// fièvre des foins, voir *rhume des foins*.

Figue

fruit/ pulpeux (plaisirs de la chair)/ goût raffiné (délicatesse)/ séché (renoncement, souvenirs des plaisirs charnels)// riche en sucre (énergie)/ très nutritif (force)// combat le cancer/ effet antibactérien, vermifuge/ aide la digestion •scrotum, testicule/ initiation/ connaissance initiatique/ fécondité/ raffinement/ réserve/ richesse renouvelable/ Voir *figuier*.

Figuier

arbre/ tronc et branches à formes tortueuses (personnalité généreuse et tourmentée)/ grandes feuilles très découpées (prises de conscience importantes et douloureuses)/ biologie florale très complexe (épanouissement difficile)/ fruit: figue*, brune, violette, pâle, verte ou jaune (satisfaction sexuelle ou renoncement et recueillement)/ arbre sacré, consacré à Dionysos (vie naturelle épanouie, sensualité, sexualité) •abondance/ terre promise/ science religieuse/ le lait nourricier (générosité)/ fécondité/ cache-sexe (pagnes d'Adam et d'Ève) = dialectique pudeur ↔ impudeur, sexualité ↔ chasteté/ vie productive/ relation complexe avec le Soi*.

Fil

•mise en relation/ temps/ cours, enchaînement/ suite/ rattachement/ cause et effet/ vie/ lien psychique avec les autres dimensions et les autres êtres/ destin*/ fil conducteur/ quête spirituelle/ Voir *tissage*.

File

•succession/ trafic/ stationnement/ retard/ voie/ attente/ patience ↔ impatience/ blocage.

Filet

réseau à mailles •sport/ chasse/ pêche/ piège, embûche/ drague, racolage/ enchevêtrement psychologique/ action divine/ quête mystique.

Fille
•enfant de/ descendance/ conséquence/ jeune/ célibataire*/ religieuse/ à caractère féminin/ intériorité/ sentiments/ intuition/ prostitution*/ projet chancelant.

Film
•représentation/ témoignage/ déroulement/ fiction/ impressions/ histoire, récit/ imagerie mentale/ suggestions/ tranche de vie/ document/ facilité/ symbole/ rêve.

Filmer
•observer/ isoler/ choisir/ fixer, immobiliser dans le temps et l'espace/ retenir/ cristalliser// Voir *cinéma.*

Filtre
•passoire/ tri, sélection/ choix/ finesse/ épuration/ facteur personnel, subjectivité déformante/ cigarette*/ invitation à exercer son sens critique.

Fixation
liaison de la pulsion sexuelle à une personne, à un objet, à un stade de développement •conditionnement/ hypnotisme/ attention exclusive/ monomanie/ obsession*/ aliénation/ filtre*/ blessure émotive ou joie intense ressentie dans l'enfance/ besoin d'aide.

Flamant
grand oiseau/ échassier*/ de rosâtre à vermillon (air doucereux, séduction, sentimentalisme)/ bec épais, coudé, filtrant la nourriture (inversion des valeurs, prudence)/ se nourrit le bec submergé (dialogue avec l'inconscient)/ svelte/ marais, lacs salés (nostalgie, stagnation)/ En vol, apparaît le noir des ailes (contraste évident, travail obscur). •douceur/ romantisme/ celui qui connaît la lumière/ initiation/ passage des ténèbres à la lumière/ harmonie suprême.

Flambeau
•lumière parmi les ténèbres/ guide/ mentor/ transmission de la suite d'une action civilisatrice, d'une mission spirituelle/ feu sacré/ ardeur.

Flamme
•purification/ illumination/ amour/ ardeur/ aspiration/ esprit/ révolte/ envie/ passion/ luxure/ destruction// Voir *feu.*

Flanc
partie latérale du corps •vulnérabilité/ paresse/ fatigue/ ce qu'on a mis de côté ♦mal au flanc droit: Je suis exposé à cause de

mon action malavisée?/ Suractivité? Agitation? ♦mal au flanc gauche: Risque venant de mon inaction?/ Paresse?// Surveiller de qui ou de quoi je m'entoure.

Flèche

•direction/ vitesse/ idée/ but/ sport/ rayon de lumière (flèches du soleil)/ rayon de la conscience supérieure, du Soi*/ oiseau*/ aspiration, élévation, besoin de transcendance (vise le Très-Haut)/ intensité/ intuition/ volonté de reconquérir la puissance perdue/ orientation/ désirs inassouvis qui blessent/ ange/ attaques des autres, opinion d'autrui (pointes)/ fécondité/ enfant mâle/ œil, regard, conscience.

Fleur

•corolle, pétales/ calice, sépales/ couleur/ odeur/ passagère/ fleur masculine quand elle se dresse, phallique, en épée, en lance, en sceptre de roi, en bâton de chef, comme les lis, les iris, les glaïeuls/ fleur féminine dans le style de la rose, de la pivoine, de la pâquerette, de la primevère/ fleur hermaphrodite comme l'arum, la rose trémière, le narcisse, la jonquille/ fleur asexuée comme les pensées// charme/ séduction/ délicatesse/ fragilité/ beauté/ harmonie/ épanouissement/ perfection/ amour/ sentiment manifesté/ annonce de fruits*/ mandala* = recherche du centre*, le Soi* ♦belle: épanouissement naturel d'un sentiment/ femme vue de façon romantique/ sentiment amoureux déclaré ou à déclarer ♦coupée: C'est beau, mais passager. ♦en terre: sentiment durable/ état de la croissance de l'être intérieur/ ♦en pot: sentiment qu'on veut durable ♦nombreuses et de même nature: sentiment exprimé plusieurs fois [Le nombre peut indiquer un rythme; s'il y en a 6, par exemple, ce sentiment s'exprimera 6 fois, ou dans (ou pendant) 6 jours, 6 semaines, 6 mois, 6 ans.] ♦nombreuses et de natures diverses: le sentiment sera différent d'une fois à l'autre ♦fanée, flétrie, sans fruits: sentiment terminé/ sans satisfaction sexuelle ♦fanée, mais qui laisse voir le fruit ou les graines: satisfaction sexuelle/ sentiment qui fructifie, qui passe à une période de maturité et est rempli de promesses ♦séchée: sentiment passé à l'état de souvenir, complètement fini ♦blanche: épanouissement total d'un sentiment innocent, spirituel/ discrétion ♦bleue: épanouissement d'un sentiment de bonheur un peu irréaliste ♦jaune: épanouissement de la joie de vivre ♦mauve: épanouissement d'un sentiment de mélancolie, morosité ♦orangée: épanouissement d'un sentiment de joie dans le concret ♦rose: épanouissement d'un sentiment de grande douceur, d'harmonie, de tendresse ♦rouge: épanouissement d'un sentiment amoureux, douloureux, violent ♦violette: épanouissement d'un sentiment de renoncement, de privation ♦d'or: épanouissement d'un sentiment de magnificence et de puissance/ le Soi* ♦grosses: sentiments évidents, importants ou exagérés ♦petites: sentiments délicats, discrets, secrets ♦nouvelles sur terre: épanouissement de nouvelles idées/ épanouissement spirituel ♦Fleurs et les signes du zodiaque* (surtout d'après Sondaz): ♦Bélier: tulipe, houx, glaïeul, capucine, rose jaune ♦Taureau: pivoine, lilas, rose, jacinthe, muguet, œillet rose ♦Gémeaux: laurier, orchidée, zinnia, narcisse ♦Cancer: boule de neige (viorne), nénuphar blanc, monnaie du pape, jasmin, lilas blanc, œillet blanc, rose blanche, myosotis, arum, lis ♦Lion: tournesol/ mimosa/ papyrus/ bambou/ rose dorée/ amaryllis ♦Vierge: verveine, marguerite, cosmos, anthémis, reine-marguerite, gaillarde, dauphinelle, lupin, nielle, hellébore ♦Balance: azalée, gardénia, renoncule, rose trémière, digitale, rhododendron, œillet, (châtaignier) ♦Scorpion: crocus, coquelicot, sauge, bégonia, géranium, orchidée, chrysanthème, cinéraire, asphodèle, scabieuse, œillet rouge, camélia, balsamine, chardon ♦Sagittaire: giroflée, centaurée, anémone, iris ♦Capricorne: chèvrefeuille, gentiane, ixia, scille, crocus, cyclamen, muflier, campanule, (lierre) ♦Verseau: vigne, pois de senteur, hortensia, ancolie, violette, (fougère) ♦Poissons: orchidée, pavot, pensée, giroflée (algue).

Fleur de lys

•royauté française/ couronne (pierre* philosophale) = la transformation réussie/ naissance d'Athéna de la tête de Jupiter = sagesse/ le Québec.

Fleuve

•mouvement/ changement continu des formes/ la vie qui passe/ changement des conditions de la vie/ fertilité/ communication/ renouvellement/ aller avec le courant = ne pas résister aux événements; suivre le courant évolutif; se diluer dans la foule, dans le nirvana/ remonter le courant = résister aux événements, ne pas céder; retrouver ses origines/ passer le fleuve = franchir un obstacle qui sépare deux états, voir *pont*/ grâces/ le corps (lieu du changement).

Flûte

•expression des sentiments et des émotions/ légèreté, aspect aérien/ habileté/ douceur/ cri/ paix pastorale/ aspect militaire/ esprit/ âme/ voix intérieure/ élévation/ ravissement, extase/ délivrance/ montée au ciel/ variation dans les vibrations ♦flûte traversière : agilité, sophistication ♦flûte★ de Pan, à plusieurs tuyaux juxtaposés : expression naturelle des sentiments ♦piccolo : vibrations élevées, sentiments vifs ♦flûte à bec : douceur, simplicité, naturel.

Foie

organe qui joue un rôle dans la digestion, dans la formation du sang et dans les fonctions d'excrétion (bile★) •siège de toute émotion, peut devenir siège de la puissance divine/ engrange les énergies purifiées, lieu d'intégration des énergies accomplies (Souzenelle)/ régule les sentiments/ ma vocation de lumière/ second cœur/ le Soi★/ correspond au signe du Lion★ ♦mal au foie : refus de voir clair/ manque de discernement, de rectitude profonde/ colère/ forte poussée de désirs refoulés/ pessimisme/ apitoiement incessant sur soi/ inquiétude/ problème pour trouver mon centre, mon équilibre/ amertume/ émotivité excessive/ empoisonnement psychique, idées noires entretenues.

Foin

•nourriture/ argent, économies/ scandale/ protestation/ dédain, mépris.

Folie

trouble mental/ moi envahi par le non-moi/ conscient trop faible •fuite de ma réalité/ démission, manque de combativité, de contestation/ perméabilité excessive et abandon aux impressions, aux émotions/ besoin de changer de milieu, de situation, d'espace social/ trop grande tension/ envahissement par l'invisible (astral★)/ apitoiement et repliement/ manque de compréhension de la part des autres ; d'où cette solution finale d'isolement.

Fonctionnaire

•charge/ emploi/ état/ sécurité/ administration/ rouage/ service/ sinécure/ paresse/ efficacité/ formulaires/ paperasse/ collègues/ règlements/ organisation/ lourdeur administrative/ routine, ennui/ sclérose, ancrage dans des habitudes/ stagnation, arrêt de mon évolution.

Fontaine

•principe, source/ ressourcement/ régénération/ purification/ joie, exaltation/ grâce/ vie divine.

Football

•attaque/ but/ envoi/ passe/ coup de pied/ blocage/ dégagement/ interception/ course/ adversaire*/ mêlée/ coups/ compétition/ performance.

Forêt

•puissance de vie/ nature exprimée totalement/ masse végétale = masse de nos instincts et sentiments intriqués/ mystères/ profondeur = matière première/ sombre = inconscient/ inconnu, danger de me perdre// bêtes féroces = dangers, instincts, peurs/ angoisse/ épreuve de débrouillage du psychisme/ sentiments qui cachent la princesse endormie, l'âme/ le prince y est guidé par l'amour libérateur/ lieu des sorciers, des lutins*, du trésor caché/ demeure des dieux, temple*, sanctuaire = recueillement, introspection, prière/ l'héritage de mon enfance, touche donc à l'attachement à ma mère/ intimité/ fraîcheur/ désir de sécurité/ régénération/ besoin de me libérer de toute convention/ temps d'incubation, d'initiation ♦jungle impénétrable: toutes ces valeurs au maximum ♦forêt vierge: part intouchée de ma psyché ♦forêt traditionnelle: début de pénétration de cet inconscient par le conscient ♦éclaircie: Je viens de comprendre une partie de cet inconscient. ♦perdu en forêt: Besoin de distinguer le moi du non-moi, c'est-à-dire de comprendre, de classer, de dominer parmi la masse de mes sentiments pour qu'il en sorte ma nature authentique. Besoin d'affirmer ma vraie nature et les valeurs auxquelles je m'identifie. ♦promenade ou chasse en forêt: Début de compréhension. ♦j'y coupe des arbres, je m'y taille un chemin: Élagage de ma nature sauvage./ Début de séparation de mon enfance: distinction entre les valeurs transmises par ma mère et mes propres valeurs. ♦incendie de forêt: urgence d'agir. Besoin d'aide? ♦forêt desséchée ou remplie d'arbres morts: Besoin de me détacher des sentiments morts?/ Période d'assèchement des sentiments, manque de tonus? ♦si je suis un adulte qui a déjà bien établi sa personnalité: La forêt vient m'inviter à pénétrer d'autres profondeurs dans mon intérieur, car aucune force de pénétration n'est suffisante pour percer à tout jamais les mystères de l'âme. ♦être bien dans la forêt: invitation à rejoindre mon pays vierge, sa profondeur dans la solitude/ besoin de retourner à la nature, à ma nature/ régression créatrice nécessaire (retrait de la vie sociale) ♦en rêve, on peut y découvrir qu'on n'est pas vivant = trop dépendant d'une vie relationnelle/ accepter ma solitude intérieure et y faire face.

Forge

•feu transformateur, dure école, épreuve/ travail, application, efforts/ orientation des instincts/ transformation intérieure/ caractère trempé/ plan.

Forsythia

arbuste/ au printemps*, se couvre de fleurs jaunes, simples, à 4 pétales (énergie, hâte, stimulation)/ Les feuilles n'apparaissent qu'après la floraison (grand besoin d'exprimer ses sentiments). •renaissance, renouveau/ explosion d'intuition/ joie de vivre/ surabondance/ prise de conscience subite et très éclairante.

Fort, Forte

•robuste/ puissant/ résistant/ marquant/ important/ insistant/ écrasant/ intense/ exagéré/ protecteur.

Forteresse

•défense/ ville*/ forte résistance/ château*/ solidité/ inertie/ retranchement/ méfiance/ protection/ refoulement*.

Fortune

•aisance/ vie facile/ puissance/ ♦en rêve: compensation/ enrichissement de conscience/ Voir *millionnaire*.

Fosse

•cavité/ creux/ enfoncement/ oubli/ refoulement*/ profondeur/ l'inconscient/ bas instincts/ tombe*/ chute/ dépression/ besoin d'élimination.

Fossé

•défense/ canalisation de l'énergie/ différence/ séparation/ délimitation/ retrait/ protection/ dégradation.

Fossette

•sensualité/ enfant/ séduction/ particularité/ mise en valeur de la partie du corps où elle se trouve.

Fou de Bassan

grand oiseau/ blanc (simplicité)/ puissant/ falaise (proximité de l'inconscient)/ bord de mer (ressourcement)/ plongeons vertigineux pour pêcher (audace, folie, implication)/ très grégaire (sociabilité, promiscuité) •dépendance sociale/ sociétés fermées/ ghetto/ ardeur/ bravoure/ tension vers un but/ pénétration de l'inconscient/ nourriture intérieure.

Foudre

décharge électrique naturelle// tonnerre (choc, ébranlement, répercussion)/ éclair (décharge de tension, colère, illumination, révélation, volonté de voir clair, déchirement)/ orage (violence, tension, bouleversement) •tempête physique ou psychologique/ intervention, volonté divine: fécondation, avertissement ou destruction/ puissance divine justicière et bénéfique/ énergie explosive/ éclatement d'une tension/ grande crainte/ guerre/ force brutale/ étonnement majeur/ coup de foudre.

Fouet

•pouvoir judiciaire/ châtiment/ menace de la loi/ pénitence/ foudre* = énergie créatrice/ stimulation/ sadomasochisme.

Fougère

plante vivace (ténacité, permanence)/ jeunes tiges: frondes enroulées en crosses (prise de conscience graduelle)/ feuilles palmées (délicatesse)/ pousse sur rhizome (prévision, précaution) ou sur tige souterraine (secret)/ se multiplie par des spores (originalité, sentiments inexprimés)/ odeur caractéristique (fraîcheur)/ humidité (fécondité)// antiparasitaire, vermifuge •douceur/ élégance/ amabilité/ préparation/ déroulement/ fécondité/ manque de défense/ vie végétative.

Fouine

petit carnivore sanguinaire (lascivité, agressivité, cruauté)/ corps élancé et long (élégance, sveltesse)/ museau pointu (finesse, intuition)/ yeux vifs (attention)/ brun gris foncé, blanc sur gorge et poitrine (tenue élégante et sobre)/ glandes anales à liquide nauséabond (répulsion, indiscrétion)/ dévaste la nuit poulaillers, clapiers (cruauté, lâcheté)/ s'apprivoise (docilité, éducation)/ se dresse pour la chasse aux rats (contrôle des bas instincts) •ruse/ férocité/ vivacité/ curiosité malveillante/ souplesse/

dissimulation/ instinct destructeur/ instincts assouvis ou transposés.

Foulard

•bien-être/ caresses/ aventure amoureuse.

Foule

•multitude/ société/ public, officiel/ pensée collective/ esprit grégaire/ généralité/ nivellement/ uniformité/ médiocrité/ dévalorisation/ dispersion des énergies/ individualité menacée/ manipulation/ anonymat/ mélange/ gens*.

Four

•transformation/ régression en vue d'une renaissance/ sublimation/ obscurité, inconscience/ étape qui permet de brûler le bois mort, l'ancienne façon de faire et de penser/ échec.

Four à micro-ondes

•modernisme/ finesse/ rapidité/ efficacité/ luxe/ rayonnement// en panne : voir *cuisinière électrique*.

Fourche

•moyen/ campagne/ manipulation grossière/ ambivalence/ différenciation/ choix/ diable*.

Fourchette

•repas/ gros appétit/ restauration des énergies/ réception/ détails et petites nécessités de la vie/ gourmandise/ une femme (par opposition au couteau qui évoque l'homme)/ valeur féminine/ écart entre deux extrêmes.

Fourmi

•petit insecte qui vit en colonie/ 2 000 espèces (abondance, variété)/ devient ailée pour la reproduction (plaisir d'amour)/ femelle dépouillée de ses ailes après fécondation (désillusion)/ société très organisée (respect de l'ordre établi)/ creuse (recherche, approfondissement) •digestion/ moelle épinière/ grand sympathique// identification à ma fonction sociale/ mes relations sociales/ suractivité, activisme/ surexcitation/ nervosité*/ don total au service de la société/ aliénation de la personnalité/ anonymat/ engourdissement*/ petitesse/ caractère besogneux/ économie, épargne/ attachement exagéré aux biens matériels/ vie de service/ caractère infatigable/ fécondité, succès// Trop ou pas assez d'exercice ? de distraction ? de vie sociale ?

Fourrure

•chaleur/ protection/ animalité/ sensualité/ sexualité/ Voir le nom de l'animal à fourrure.

Fox-terrier

chien* de terrier ou de compagnie/ la taille de sa barbe lui fait le museau carré (franchise, détermination)/ poil dur, fourni (tenue fonctionnelle)/ robe blanche avec taches noires et brunes (sociabilité limitée) // beau, fort, vif, intelligent •caractère actif/ beau corps, bien campé/ distinction et belle allure/ vitesse et endurance/ invitation à approfondir/ sexualité affirmée/ sensualité un peu empêchée.

Foyer

•centre*/ ardeur/ aspiration/ passion/ intimité/ tranquillité/ refuge/ famille/ intériorité/ vie émotive/ le cœur*/ propagation/ infection/ source de rayonnement, le Soi*/ attention, intérêt/ mise au point/ Voir *cheminée, maison*.

Fracture

Voir *os*.

Fraise

petit fruit rouge (attrait sexuel)/ pousse à ras de terre (occasion sexuelle)/ sucré (plaisirs sexuels)// effet antiviral/ préviendrait le cancer ♦cultivée = plaisir de vivre/ séduction à domicile avec discrétion ♦sauvage = plaisir recherché/ aventures amoureuses cachées et savoureuses.

Framboise

petit fruit rouge, parfois jaune ou blanc, et charnu (plaisirs sexuels)/ très sucré (très satisfaisants)/ très parfumé (délicieux)/ sur plant épineux (réticences, précautions)// effet antibiotique ♦cultivée = succès après de gros efforts/ séduction délicieuse avec quelques difficultés ♦sauvage = les efforts sont plus grands/ la séduction, plus aventureuse.

Freesia

fleur d'intérieur/ forme de tube terminé par une corolle lobée (confidence)/ en grappes alignées (discipline)/ diverses couleurs à rayures (vitalité, diversité)/ très odorante (séduction) •recueillement/ obéissance/ acceptation de contraintes/ modération/ vigilance/ attitude attentive/ persuasion/ conviction/ civilité/ influence imprégnante du Soi*.

Freins

d'auto, voir *automobile.*

Frêne

arbre/ tronc droit (personnalité à caractère jeune et décidé)/ feuilles: de 5 à 11 folioles (fantaisie, adaptation)/ fruits: samares en grappes (semence, profit réinvesti)/ perd vite ses feuilles à l'automne (manque de persévérance)/ bois dur et souple pour manches d'outil, ébénisterie, hampes de lance, skis (disponibilité, joie de rendre service)// avec les feuilles, tisane: diurétique, «thé de jouvence», renouveau, renaissance; élimine l'acide urique et soulage l'arthrite (épuration)/ sacré pour les peuples germaniques: on rendait justice sous son ombre (justice, respect) •bonne vitalité/ exigences réduites/ ténacité/ opportunisme/ individualisme/ adolescence, jeunesse/ solidité puissante/ élan/ goût du sport/ invincibilité/ fermeté/ protection suprême/ lien enthousiaste avec le Soi*.

Frère

cet autre que je suis aussi ♦en bonne entente: mon attitude est bonne dans l'entreprise de l'épanouissement de mon être total et mon inconscient m'envoie de l'énergie qui va dans le même sens que mon action ♦en mauvaise entente: 1. Je reçois de l'énergie négative parce que qqch traîne dans l'ombre de l'inconscient quant à ma relation avec l'un de mes frères ou qqn que je considère comme mon frère./ 2. Il en va ainsi pour mes relations avec tous les hommes./ 3. ♦pour un homme: Trop de passivité de ma part transforme mon énergie positive en énergie négative./ ♦pour une femme: 1. Trop de passivité de ma part dans mes relations femme ↔ homme forme un centre négatif qui mine mon énergie. 2. Trop de passivité de ma part dans l'expression de ma partie masculine (animus*) transforme mon énergie positive en énergie négative.

Freux

gros oiseau/ tout noir (inversion des valeurs)/ bec et base du bec blancs (paroles trompeuses)/ sorte de petit corbeau*/ On lui connaît 114 cris (jurons, imagination)./ monogame (fidélité conjugale)/ grégaire (sociabilité)/ omnivore (opportunisme)/ acrobaties aériennes (grande agilité)/ carrousel aérien (sens du spectacle, tourner en rond)/ fouisseur (cachottier)/ habite des «cités-dortoirs» (collectivisme) •grande sociabilité/ vigilance/ solidarité/ organisation sociale/

association de malfaiteurs/ sens de l'observation/ sagacité/ jeu de groupe/ prudence/ méfiance/ volubilité/ indiscrétion/ habileté/ extériorisation de l'obscur, des choses cachées.

Frisson

•refroidissement/ émotion vive/ peur*/ tremblement*/ froideur/ fébrilité/ orgasme*.

Froid

•éloignement/ ankylose, voir *paralysie*/ froideur/ ambiance glaciale/ ralentissement/ effroi/ manque d'affection/ indifférence.

Fromage

•réserve énergétique/ soutien/ consistance/ transformation.

Front

•fierté/ inspiration/ idéal/ pensée/ noblesse/ effronterie/ honte/ souci/ cran/ orgueil/ conscience/ spiritualité/ succès/ puissance/ ténacité/ fécondité/ grande pureté/ accomplissement au-delà de la dualité ♦avoir mal au front: Trop ou trop peu de fierté?/ Besoin d'un idéal?/ Ma timidité m'empêche de m'affirmer?/ Trop de cran?/ Ma honte est-elle fondée?/ Je dois dominer mes soucis? faire face à mes difficultés?/ Besoin d'inspiration?

Fruit

produit de la fleur/ mûr (parvenu à maturité, prêt)/ sucré (plaisir, énergie)/ pelure (attrait, mise en appétit)/ parfum (goût particulier)/ saveur (sensualité)/ pulpe, chair (la chair, la sexualité)/ gâté (mauvais) •souvent les organes génitaux, donc plaisirs sexuels/ douceur/ abondance/ réussite/ prospérité/ gage de vie nouvelle/ aboutissement concret/ enfant/ résultat/ conséquence/ récompense/ tentation/ postérité/ désirs d'immortalité/ En rêve, leur nombre* indique un rythme = nombre de jours, de semaines... ♦à examiner: couleur/ forme/ saveur/ provenance/ maturité/ texture/ tendreté ♦cueillir un fruit sur un arbre qui m'appartient: autosatisfaction sexuelle/ mes efforts ont porté fruit ♦cueillir un fruit sur un arbre qui n'est pas à moi: avoir une relation sexuelle/ transgression en vue d'un enrichissement.

Fruits de mer

divers mollusques et crustacés comestibles// excellent pour le cœur et le cerveau/ réduit le cholestérol •des sentiments qui nourrissent/ prise de conscience/ résultat concret.

Fuite

•peur*/ défaite/ démission, retrait/ lâcheté, manque de courage/ évasion/ refus de responsabilité/ adversaire*/ recul/ régression/ refus d'une épreuve/ refoulement*/ invitation à faire face/ esquive/ prudence/ besoin d'un répit/ Voir *poursuite*.

Fumée

•avertissement/ prière, élévation de l'esprit/ purification/ conservation/ départ de l'âme/ ce que cache une rumeur/ ce qui est inconsistant/ absence de résultat/ Voir *feu*.

Fumer

•plaisir/ stade oral mal réglé/ insécurité/ insatisfaction/ frustration/ diminution du stress/ nervosité*/ autodestruction.

Fumier

Voir *excréments*.

Furet

petit carnivore (lascivité, agressivité)/ corps élancé et long (souplesse, élégance)/ fréquemment albinos (sacré, pureté)/ saigne ses victimes (cruauté, vampirisme)/ s'apprivoise (docilité, éducation)/ se dresse à chasser les lapins ou la vermine (service, contrôle des bas instincts) •furetage/ curiosité malsaine/ indiscrétion/ sagacité/ instincts assouvis/ disparition des soucis.

Furoncle

•furie, colère/ inquiétude, souci/ indignation/ douleur difficile à exprimer/ La partie du corps où se trouve le furoncle renseigne sur la dissonance émotive./ Voir *infection*.

Fusée

•envol/ départ fulgurant/ élévation/ espace/ mise en orbite/ enthousiasme/ exploration d'espace intérieur = prise de conscience nouvelle/ progression rapide/ emballement.

Fusible

•énergie/ sécurité ♦défectueux = perte d'énergie/ survoltage, tension nerveuse ♦nouveau = changement, renouvellement de l'énergie.

Fusil

•insécurité, peur/ menace/ blessure/ défense/ attaque/ agressivité/ violence/ guerre/ chasse/ phallus*/ machisme/ puissance.

Fusion

unification de l'âme humaine à sa source, au Soi* ♦D'après l'école de pensée de Srî Aurobindo, dont fait partie Bernard de Montréal, l'individu peut actuellement arriver à une fusion intérieure avec le Soi*, son double cosmique, par la descente de l'énergie supramentale*. Seul, le Soi* en a l'initiative. La fusion, qui se produit d'habitude graduellement, branche le mental humain sur le savoir direct de la réalité universelle. C'est à la suite de l'initiation* solaire que se fait la transformation. On a intérêt à envisager la fusion à long terme. Sa réalisation se fait très graduellement au fur et à mesure qu'on intègre la conscience du Soi* par une ouverture d'esprit, une remise en question de nos habitudes de penser et par une attitude réceptive qui suppose une transparence croissante du moi. Cette transparence arrive par la perte de toute naïveté, de toute illusion qui nous masque la réalité objective tant terrestre que celle du monde invisible, fondée sur des idées reçues.

G

•terre/ matière première/ gorge/ goût/ gramme/ intensité de pesanteur/ la note *sol* (mus.)/ germe divin, Dieu (*God, Goth*)/ équerre*/ étoile* polaire/ position centrale/ svastika*// numérol. : valeur mentale/ progrès intérieur/ besoin de calme, de solitude, de réflexion/ enfance à santé fragile/ réussite matérielle et popularité après de grands efforts/ mysticisme/ magnétisme/ possibilité de tension dans les rapports affectifs et amicaux (Piché).

Gadelier

Voir *groseillier.*

Gaffe

action ou parole maladroite •nervosité*/ tension/ malaise/ refoulement/ irréflexion/ décharge hypnotique d'un interdit/ manque de maîtrise/ L'objet de la gaffe est révélateur de l'estime dans laquelle on tient la personne qui la subit ou la circonstance qui la provoque./ Voir *acte manqué, lapsus.*

Gageure

•promesse/ défi/ ténacité/ projet, entreprise presque impossible/ parole donnée/ engagement/ enjeu/ certitude.

Gaieté

•plaisir de vivre/ entrain/ bonne humeur/ rire*/ humour*/ plaisanterie/ légèreté/ optimisme.

Gaillarde

plante vivace (ténacité, permanence) à tiges grêles, à feuillage velu (sensualité) et à grandes fleurs de style marguerite (rayonnement)/ couleurs vives : pétales rouges terminés par du jaune (présence vive du Soi*) •fort rayonnement d'amour/ générosité/ amour affirmé/ grande vitalité/ sens du décorum/ souffrance transformée en gloire/ noble ambition/ chaleur de la lumière du Soi*.

Galerie

véranda* •avantage/ extension de la personnalité/ attitude d'accueil/ extériorisation ♦galerie d'art, voir *exposition*.

Galet

caillou* •plage/ frottement/ polissage/ ballottement/ collectivité, foule/ inertie, abandon/ anonymat.

Galop

•rapidité/ urgence/ secousse/ battement anormal du cœur*/ grande émotion/ fuite du temps/ danse enlevée, voir *danser*.

Gang

•association louche/ manque d'autonomie, d'individualité/ faiblesse de caractère/ terreur/ élément inconscient inquiétant// en rêve : invitation à faire face, à tenir tête et à s'en faire ami, car la force menaçante se transformera en énergie positive.

Gangrène

Voir *infection*.

Gant

•main*/ protection/ chaleur/ docilité/ servilité/ qui convient parfaitement/ défi, provocation/ duel*/ acceptation d'un défi/ ménagements, précautions.

Garage

•sécurité/ besoins du corps (nourriture, exercice, soins)/ maladie ↔ guérison/ immobilité/ empêchement/ arrêt dans l'évolution/ difficultés de l'âge.

Garçon

•fils/ descendance/ conséquence/ jeune/ célibataire*/ à caractère masculin/ extériorité/ raison/ sensualité/ domestique, valet/ service/ projet solide.

Garde

gardien* •surveillance/ protection/ sécurité/ force/ lucidité/ méfiance/ défense.

Garde-manger

•armoire*/ conservation/ aliment/ nourriture*/ prévoyance/ provision/ réserve psychique.

Garde-robe

penderie à vêtements* que l'on peut porter (attitudes, rôles sociaux) •attitude fermée, réservée, sombre/ peur/ refuge/ punition/ potentialités.

Gardien

•intellect, raison/ méfiance/ protection, précaution/ vigilance// gardien de trésor, voir *trésor.*

Gare

•arrêt/ départ/ arrivée/ échange, étape/ potentialités/ choix, décision/ relation sexuelle ♦vide ou sans train: sentiment d'abandon ♦gare de triage = qqch en gestation ♦chef de gare = la société/ le Soi*/ Voir *train, bagages.*

Gargouille

gouttière •défoulement/ élimination/ canalisation/ monstruosité, voir *monstre/* diable*/ cathédrale*/ intégration des bas instincts.

Garrot

•point de tension/ compression/ torsion/ moyen radical de faire cesser une grande perte d'énergie/ supplice/ étouffement*/ angoisse*/ culpabilité*/ goût d'étrangler qqn, de le faire taire, de l'éliminer.

Gâteau

•récompense/ superflu/ facilité/ agrément/ anniversaire/ qqn qui gâte les enfants.

Gauche

1. contraire de droite •obscurité/ inconscient/ mal/ passé/ passivité/ inaction/ négativité/ potentiel/ à venir/ instincts/ maladresse/ Ce que je subis.// Voir *droite, croix.*
2. maladroit •inhabileté/ gaffe*/ déviation/ hésitation/ incertitude/ malaise/ manque de soutien/ manque d'assurance, de confiance en soi/ complexe d'infériorité.

Gaufre

Voir *crêpe.*

Gaz

1. corps fluide •légèreté/ esprit/ intoxication/ expansion/ matière première/ source d'énergie/ arme de guerre/ subtilité/ explosion.
2. flatulence •agitation de l'esprit, des émotions/ besoin d'humilité/ désir de trop bien faire, hypercorrection, hypercontrôle/ trop de

hâte/ impatience, précipitation/ activisme/ infatuation, prétention/ fermentation intérieure : étape de transformation.

Gazelle

antilope légère/ formes légères et gracieuses (liberté, élégance des mouvements)/ vit en petites hardes (sociabilité)/ supporte mal l'humidité (problème d'arthrite*)/ victime des fauves (danger)/ douceur du regard (charme, flirt)/ cornes souvent hélicoïdales (force de frappe, recherche du centre*)/ mange des fruits tombés (économie, récupération)/ agressif (énervement, agressivité) •vélocité/ rapidité d'esprit/ beauté des formes/ liberté/ danse/ vigilance/ vue perçante, perspicacité/ vie contemplative/ idéal spirituel.

Gazon

•civilisation/ ville/ plaisir de l'œil/ entretien/ présentation soignée/ fraîcheur/ agrément/ environnement agréable/ renouvellement/ humilité/ énergie vitale de base.

Geai

oiseau moyen/ bec robuste (force d'attaque)/ imite les chants des autres (manque de personnalité, moquerie) ♦geai huppé (dit geai bleu) : bleu vif et bigarré (goût pour le brio, le beau costume)/ collier noir (raffinement, chic)/ huppe (fierté, prétention, domination)/ omnivore (opportunisme)/ sédentaire (stabilité, esprit casanier, sécurité)/ criard, tapageur/ aussi chant flûté et doux (sait charmer à l'occasion)/ enfouit des glands dans le sol (prévoyance, cachotterie)/ pilleur de nids et mangeur d'oisillons (cruauté, banditisme)/ craintif/ curieux •réunions, congrès/ noces/ alerte/ indiscrétion/ dénonciation/ rapts/ lâcheté/ ruse/ crainte/ nervosité/ curiosité/ excitation/ tapage/ extériorisation/ bonne humeur/ fanfaronnade/ cabotinage/ prudence/ moqueries/ mauvais voisinage/ espionnage/ oubli/ dénonciation de la chasse/ vigueur/ bonheur qui surgit ♦geai gris : calotte noire (idées noires)/ plumes soyeuses, ébouriffées (discrétion de la mise)/ tranquille/ silencieux/ décolle à grands cris (départ spectaculaire, adieux larmoyants)/ sédentaire (stabilité, esprit casanier, sécurité)/ acrobate (agilité)/ curieux/ familier (confiance)/ chant nul (manque d'expression personnelle) •bavardage/ voleur/ imitation/ dissimulation/ indiscrétion/ adresse/ familiarité/ collection/ chacun pour soi/ excellente digestion ♦geai des chênes: beige, noir et blanc, ailes marquées de bleu vif (originalité)/ Voir sens du *geai huppé.*

Géant, Géante

•parent (père ou mère)/ grande importance/ exagération/ force invincible/ instincts primitifs, bestialité/ instincts puissants encore incontrôlés/ appel à l'héroïsme/ ennemi puissant/ autorité tyrannique/ démesure/ sentiment d'infériorité/ le grand Homme = manifestation du Soi* protecteur.

Gecko

petit lézard/ corps aplati/ doigts larges et adhérents: marche même au plafond (très grande agilité)/ couleurs vives (besoin d'attention, extériorisation)/ ovipare (état embryonnaire)/ peu fécond (succès incertain)/ insectivore (agressivité)/ nocturne (timidité)/ pays chauds et secs (vacances, sécheresse)/ s'ampute de sa queue si elle est saisie par un ennemi; elle se régénère (la sexualité qui revient toujours comme la faim)/ inoffensif (peur sans fondement) •sacrifice régénérateur/ libération des tracas/ abandon du superflu/ grande liberté d'action.

Gel

1. froid* •arrêt/ interruption/ gêne, timidité/ Voir *glace, engelure.*
2. cosmétique* •cheveux*/ arrangement/ raideur/ originalité/ l'apparence/ attitude figée/ attitude artificielle.

Gelée

corps gélatineux •concentration/ nœud affectif/ instabilité/ fragilité/ souplesse/ solidarité/ manque de fermeté/ manque d'assurance/ influence psychologique/ contagion psychique.

Gélinotte

gros oiseau du type poule/ brunâtre, à rayures blanches (goût vestimentaire sobre)/ vit sur le sol (pragmatisme)/ vol réduit (vie spirituelle médiocre)/ mange bourgeons, graines, insectes (opportunisme)/ sédentaire (stabilité, esprit casanier, sécurité)/ campe sous la neige (ingéniosité, vie au grand air)/ Le mâle fait des bruits de tambourinage avec ses ailes (vantardise, machisme)./ gibier (attitude de victime)/ camouflage (dissimulation, prudence)/ haute fécondité (abondance, succès)/ s'attache volontiers à un humain (docilité, familiarité, amitié étonnante) •ingéniosité/ adaptation/ prédateur/ amour/ beauté féminine/ démon/

courage/ astuce/ dépassement des épreuves/ détermination et insistance/ un attachement inattendu/ la gratuité dans l'amitié/ fidélité.

Gémeaux

•3e signe du zodiaque*, signe d'air, signe double •dernière phase du printemps/ dialectique du moi et du non-moi/ apparition de la conscience/ intelligence/ subtilité/ type souvent contradictoire/ désir de comprendre, de voir clair/ caprice/ esprit pratique, peut devenir calculateur, dissimulateur/ instabilité/ habileté, adresse manuelle ou intellectuelle/ dispersion/ jeu/ caractère jeune et vieux à la fois/ envie/ dynamisme/ curiosité/ mobilité/ rapidité/ aisance/ adaptabilité/ vedettariat/ grande verbalisation/ besoin de changement/ diversification/ bipolarité, voir *oppositions*, *Mercure*.

Gémissement

•plainte/ douleur intense/ appel de l'âme*/ détresse/ jérémiade/ réclamation/ besoin d'aide.

Gencive

♦mal aux gencives : colère rentrée/ haine/ manque de défense, de combativité/ difficulté d'assimiler certaines idées (Hay)/ privations sensuelles ou sentimentales/ besoin de consolider mes acquis.

Gêne

•tourment/ malaise physique, moral/ difficulté/ désagrément/ pauvreté/ privation/ manque d'argent/ besoin/ confusion, embarras/ timidité/ culpabilité/ manque d'assurance/ manque d'énergie.

Génératrice

dynamo •énergie/ production/ autonomie/ lumière*/ transformation/ électricité*.

Genêt

arbuste-buisson à feuillage très réduit, mais persistant (petite personnalité énergique et condensée)/ floraison abondante (expressivité), habituellement jaune (vivacité)/ fleurs odorantes (sensualité) •précocité/ abondance, générosité/ jaillissement de l'imagination/ inspiration/ rayonnement.

Genévrier

arbrisseau soit rampant, soit dressé (personnalité ardente orientée vers un idéal qui peut être contredit)/ droit, souvent en flèche (aspiration spirituelle) ; ou bien feuillage horizontal (élan brisé)/

feuilles en aiguilles imbriquées, vert foncé, parfois bleuté (ferveur spirituelle passionnée, protection)/ baies bleu-noir (réalisation spirituelle ou mentale), à odeur résineuse, aromatique, à saveur aigre-douce (résultat durable, agréable et stimulant) : baie de genièvre à vertus apéritives et diurétiques; utilisée en cuisine (joie de vivre)/ croissance lente (patience, longues études)/ bois tendre, à fine texture (disponibilité, qualité)/ conifère d'ornement (spiritualité souriante) •flexibilité/ adaptabilité/ protection de son intimité/ immortalité/ conservation/ subtilité/ raffinement/ aspiration spirituelle comblée ou non.

Genou

•lien/ plier/ marche/ terre/ naissance (générer), engendrer (Souzenelle), mettre au monde, concrétiser, matérialiser, réaliser/ humilité/ respect/ prière/ couronne*/ relation entre les sentiments et le corps/ jeunesse/ souplesse/ en relation avec Saturne* et le signe du Capricorne/ caractère autoritaire/ démarche/ évolution ♦mal au genou droit : manque de souplesse et durcissement qui me font fausser mon évolution/ orgueil, entêtement ou peur de l'opinion d'autrui qui me font agir de travers ♦mal au genou gauche : manque de souplesse qui me retient de faire des démarches essentielles/ raideur, inflexibilité qui nuisent à mon évolution/ orgueil, entêtement ou peur de l'opinion d'autrui qui m'empêchent d'agir ♦mal au deux genoux : épuisement/ manque de souplesse/ manque d'ouverture aux autres/ orgueil/ renaissance compromise/ réalisation interrompue/ mauvaise expression des sentiments.

Gens

•groupe/ foule*/ société/ opinion d'autrui/ pensée collective/ approbation ↔ désapprobation sociale/ énergie personnelle non unifiée.

Géographie

•terre*/ configuration/ représentation/ relief/ tempérament/ localisation/ nations/ Voir *carte géographique.*

Géranium

plante à fleurs/ buissonnante et fragile (ardeur, fragilité)/ feuilles odorantes quand on les touche : odeur de citron (manifestation spontanée des sentiments)/ sert à aromatiser (sensualité, joie de vivre, séduction)/ fleurs en ombelles, lavande, rose, rouge vif, rouge orangé, pourpre, saumon ou blanc, striées ou non (diversité, vivacité, franchise)/ floraison continue (épanouissement durable, sentiments renouvelés)/ vit au soleil (exigence) •affirmation/ besoin d'attirer l'attention/ exigences réduites/ besoin de conscience/ indépendance/ manque de souplesse/ vive aspiration spirituelle.

Gérant

Voir *directeur.*

Gerboise

petit rongeur* sauteur, comme un minuscule kangourou (évolution par à-coups)/ longue queue (sexualité prononcée)/ solitaire (indépendance, autonomie, individualisme)/ nocturne (dissimulation, clandestinité)/ steppes (liberté)/ mange herbes et graines (nature pacifique)/ ne boit jamais (sobriété remarquable)/ rapidité et zigzags (évolution rapide et imprévisible, hypocrisie)/ s'apprivoise facilement (docilité, éducation)/ longévité: 5 ans (courte vie) •échappatoires/ qqn de retors/ l'imprévisible, improvisation, détours/ invitation à me méfier des désirs refoulés.

Gerçure

•petit problème d'ego, d'image individuelle/ le moi se fissure; voir par où je perds de l'énergie (partie du corps concernée)/ influençabilité excessive/ milieu social ingrat, non stimulant// Ma conscience se fissure = Je renvoie trop de chose dans l'inconscient, je refoule?

Geyser

•soulagement/ défoulement/ éclatement/ Voir *volcan.*

Ghetto

•similitude/ regroupement/ milieu fermé/ séparation/ exclusion, rejet/ ségrégation/ peur/ recherche de protection/ isolement/ attitude de repli sur soi/ blessure affective.

Gibier

•chasse/ animal/ providence/ persécution/ victime de duperie/ vulnérabilité/ arme/ fuite/ piège/ nourriture/ mort/ supériorité/ domination/ recherche intellectuelle.

Gifle

•insulte/ humiliation/ provocation/ réveil brutal/ prise de conscience ébranlante, humiliante/ échec retentissant.

Gigue

•gaieté*/ fête/ agitation violente/ nervosité*/ effort pour se sortir d'un mauvais pas/ jambe*/ impuissance/ Voir *danser.*

Gilet

vêtement court sans manches •protection minimale/ élégance/ formalisme/ chaleur ♦gilet de sauvetage: aide précieuse/ prévoyance/ prudence/ tempête émotive dont on émerge.

Gingembre

rhizome (prévision, précaution)/ condiment: saveur poivrée (stimulation, agrément))// anticoagulant/ bon contre le mal des transports/ réduit le cholestérol/ prévient le cancer •goût de vivre/ stabilisation, consolidation/ aide agréable/ plaisir.

Girafe

ruminant (maturation, réflexion, rancœur)/ le plus grand animal terrestre: jusqu'à 6 m (ambition, démesure, domination, conscience élargie/ cou très allongé (tête légère, pensées élevées, dédain, snobisme)/ oreilles longues et mobiles (attention, vigilance)/ queue longue (bonne sexualité)/ petite crinière (fierté)/ 3 à 5 cornes couvertes de peau chez les 2 sexes (égalité sexuelle, agressivité rentrée)/ lèvre et langue préhensiles (ingéniosité, avidité)/ robe: taches fauves, séparées de lignes blanches disposées en réseau (originalité)/ sens développés (bonnes perceptions, sens de l'observation)/ presque muette (goût pour le silence, réserve)/ faible fécondité (succès incertain)/ régime: tiges et feuilles de mimosas* (insensibilité)/ farouche (esprit craintif)/ ennemis: lions (attitude de victime)/ défenses: mimétisme, fuite, ruades (vulnérabilité) •exagérations/ vouloir créer grande impression/ curiosité/ avoir la tête dans les nuages: rêves, irréalisme/ goût du surréalisme/ mégalomanie/ douceur/ pacifisme/ effort pour rejoindre la vie spirituelle/ inspiration.

Girofle

clou de girofle: bouton de fleur séché du giroflier (résultat hâtif)/ aromate (goût de vivre)// effet antiseptique/ calme les douleurs dentaires •stimulation/ vivacité/ esprit pénétrant/ propos piquants/ goût des sensations fortes/ ténacité.

Giroflée

plante cultivée/ petites fleurs groupées en épis (collectivité, hiérarchie)/ très parfumées (sensualité)/ jaunes, pourpres, roses, blanches, orange, bronze, carmin (vitalité, variété, imagination) •improvisation/ souvenir douillet/ choix/ ferveur/ hommage/ subtilité/ élection spirituelle.

Girouette

•axe/ flair/ sommet/ orientation/ agitation/ mobilité/ versatilité/ étourderie/ inconstance/ instabilité/ coq*.

Gitan

Voir *bohémien*.

Glace

1. eau gelée •énergie gelée, immobilisée = Je ne laisse plus l'inconscient s'exprimer par excès de raison ? d'agitation ?/ Besoin de rompre la glace pour intégrer de nouveau les contenus inconscients ?/ froideur/ isolement, manque d'amour/ glissement/ gêne ♦verre, voir *miroir, verre*.
2. crème glacée •gâterie/ fantaisie/ gratuité/ superflu/ diversité/ plaisir éphémère/ gourmandise/ plaisir de vivre/ Voir le fruit qui la parfume.
3. couche de sucre verni •gâteau*/ agrément/ apparence soignée/ attitude agréable/ joie de vivre/ séduction/ tentation/ attirance/ belle présentation.

Glacier

masse de glace •montagne*/ pureté/ lumière du Soi*/ immobilité/ permanence/ éternité/ Voir *iceberg*.

Glaçon

•rafraîchissement/ personne froide en amour/ menace/ Voir *glace*.

Glaïeul

fleur de jardin/ plante à bulbe (prévoyance)/ feuilles en forme d'épée (raideur)/ fleurs échelonnées sur une longue hampe (hiérarchie), grosses et de couleurs très variées, à pétales ondulés, souvent panachés (variété, fantaisie, vitalité)/ plein soleil (exigence) •victoire sur l'adversité/ courage, vaillance/ combat/ honneur/ ardeur/ générosité, don de soi/ ambition/ orgueil/ équilibre des valeurs féminines et masculines/ étapes d'accomplissement à respecter.

Glaise

•matière première/ malléabilité, flexibilité/ plasticité/ potentialités/ disponibilité/ modelage/ pétrissage/ manque de détermination/ possibilité de durcissement/ lourdeur/ art plastique/ création/ origine de l'homme.

Gland

♦fruit du chêne* ♦renflement du pénis*: jouissance sexuelle/ gonflement/ stupide ♦ouvrage en tissu frangé : décoration/ ornement/ mise en valeur/ superflu.

Glande

organe dont la fonction est de produire une sécrétion •programmation, engramme/ message/ lien au tout/ équilibre ♦troubles glandulaires : dérèglement, manque de discipline/ autodestruction/ manque de bonheur/ déséquilibre dans les fonctions psychiques (pensée, intuition, sentiments, sensations) ; exagération d'une fonction au détriment des autres ♦hypophyse (glande* pituitaire), située à la base du crâne : gouverne toutes les glandes endocrines = clef/ direction// troubles : direction fondamentalement faussée dans mon évolution ♦épiphyse (pinéale) : glande endormie, car non sollicitée/ riche en mélanine noire comme le fond de l'œil ; analyse les perceptions de la lumière/ C'est « le soleil dans la tête » des Égyptiens./ base du 3e œil*.

Glas

•agonie/ fin/ mort/ malheur/ tristesse/ renoncement.

Glaucome

maladie de l'œil caractérisée par une augmentation de la pression intra-oculaire qui diminue l'acuité visuelle •tension intérieure excessive/ manque de perspective d'avenir/ désir excessif ou refus de prendre conscience, de comprendre.

Glissement de terrain

•le fait de se sentir embourbé, enlisé, sans espoir/ découragement/ peine et impuissance/ base minée/ assises mal établies/ manque de prévoyance/ manque de soutien/ abandon gouvernemental.

Glisser

♦C'est agréable = tout va bien/ se laisser aller ♦C'est désagréable = déraper, perdre le contrôle/ être épuisé, besoin de repos/ ne pas insister/ montrer de l'indulgence.

Globe

sphère* •la Terre*/ le moi/ un monde/ totalité/ le Soi*.

Glouton

carnivore de taille moyenne (lascivité, agressivité)/ ressemble à un petit ours qui aurait une queue touffue (sexualité occupante)/ brun foncé rayé de 2 traits jaunâtres (avertissement, danger)/ solitaire (goût pour la solitude, indépendance, égocentrisme)/ très sauvage (caractère rebelle, attitude antisociale)/ odeur détestable (répulsion, indiscrétion, grossièreté)/ s'attaque à tout (courage, agressivité démesurée, effronterie) •rage/ force dévorante/ énergie sans limite/ appétit insatiable/ instincts déchaînés/ personne intraitable, infréquentable/ boulimie/ grand courage physique.

Gloxinie

plante de serre/ à bulbe (prévoyance)/ feuilles velues (sensualité)/ grande fleur en forme de cloche, soit dressée, soit pendante (générosité, débordement)/ habituellement rouge, rose, lavande, pourpre (dignité) •lourde sensualité/ sexualité épanouie/ attirance trouble/ mystère découvert/ invitation à l'approfondissement.

Gobelet

Voir *tasse.*

Goéland

gros oiseau/ blanc et gris argenté avec bout de l'aile noir (élévation, maîtrise du spirituel)/ palmé (adaptation)/ as du vol (supériorité, agilité, liberté)/ bon nageur/ omnivore (opportunisme)/ charognard (croque-mort, mort et résurrection)/ sédentaire (stabilité, esprit casanier, sécurité)/ mer, eau douce, champs, dépotoirs (adaptation, polyvalence)/ très sociable •puissance/ endurance/ élégance/ audace/ liberté/ voyage/ lumière/ débrouillardise/ adaptation/ envahissement/ manque de discrimination/ égoïsme/ corporatisme/ malfaiteur/ voleur/ pirate/ pègre.

Goglu

oiseau moyen/ noir, blanc et jaune, fauve en hiver (opposition* lumière ↔ ténèbres)/ insectivore (agressivité) et granivore (pacifique)/ nid au sol (imprudence, risque)/ chant le plus joyeux de l'Amérique du Nord (joie de vivre, agrément, riche expression personnelle, talent vocal)/ chante en vol (exubérance) •prairies*/ cœur en joie/ bon père/ double vie/ fausse piste/ astuces.

Goitre

tumeur de la thyroïde* •orgueil/ dérèglement, manque de discipline/ créativité en souffrance/ manque de joie/ déséquilibre dans les fonctions psychiques : vie intellectuelle très faible ou inexistante.

Golden-retriever

chien* de chasse/ retrouve le gibier abattu et le rapporte (serviabilité)/ crâne large (esprit épanoui)/ mâchoire forte (détermination)/ corps ramassé (force de frappe)/ poil long (tenue romantique)/ robe jaune doré (charme séduisant, désir de plaire)/ excellent nageur •beauté et harmonie du corps/ vigueur et robustesse/ belle sensualité/ sexualité affirmée/ caractère sympathique/ dévouement/ calme.

Golf

•exercice physique/ bâton/ coup/ étapes/ buts/ 9★/ 18★/ précision/ habileté/ nature/ aménagement paysager/ entretien/ club★/ amélioration du caractère.

Golfe

•entrée/ ouverture/ invitation au voyage/ refuge.

Gomme à mâcher

chewing-gum : mâcher sans se nourrir, ronger son frein •dérivatif/ substitut/ nervosité// Qu'est-ce que je rumine? Problème à régler.

Gond

•charnière/ lien/ mobilité/ point d'appui/ moyen d'ouvrir, de fermer/ colère.

Gonflé

•érection phallique, puissance/ orgueil/ inflation de la personnalité/ vol astral★/ exagération/ importance démesurée/ effronterie/ prétention/ dilatation.

Gong

•avertissement/ réveil/ surprise/ signal/ fin ou début/ solennité/ poussée subite d'une émotion/ recueillement/ échapper de justesse à qqch.

Gorge

lieu du boire et du manger (entrée du monde minéral, végétal et animal: intégration du monde extérieur)/ lieu de la voix (sortie du monde psychique: expression du monde intérieur)/ lieu de rencontre du monde intérieur avec le monde extérieur/ centre de la relation avec le monde ♦mal à la gorge: Angoisse?/ Rejet?/ Émotions, malaises psychiques à exprimer?/ Une situation me prend à la gorge?/ Jugements portés à tort et à travers?/ Propos blessants qu'on m'a adressés?/ Je dois surmonter ma peur de parler à qqn?/ Besoin de me confier?/ Peur de dire la vérité?/ Voir *goitre*.

Gorille

•force physique/ physique impressionnant/ puissance tranquille/ le corps*/ limite mentale/ attitude primitive/ grossièreté/ rustre, mal dégrossi/ grosse nature/ conscience du corps/ force brute/ garde du corps/ la bête en nous.

Goudron

•revêtement/ asphalte*/ toit*/ sol*/ malléabilité/ plasticité/ imperméabilité/ insensibilité/ obscurité/ confusion/ lourdeur/ manque de subtilité.

Gouffre

Voir *abîme.*

Gourde

récipient •réserve d'énergie/ prévoyance/ personne niaise/ maladresse.

Gourmand

Voir *embonpoint.*

Gourou

•maître spirituel brahmane/ maître à penser, mentor/ chef d'une secte*/ culte de la personnalité/ recherche du pouvoir/ instinct de domination/ exploitation de la crédulité et du sentiment religieux/ ♦La soumission totale à un gourou suppose une démission de la conscience qui ne peut être recommandable en ce qu'elle est aliénation.

Goût

perception gustative, aptitude à discerner •saveur/ plaisir/ sensualité/ appréciation/ critique/ discernement/ stimulation/ appétit/ désir, envie/ appréciation/ éducation/ esthétique/ jugement intuitif/ élégance/ penchant/ préférence/ opinion ♦désagréable: dégoût/ rejet/ laideur/ grossièreté/ écœurement ♦insipide: insignifiance/ fadeur/ ennui/ manque de charme/ vide.

Goutte

très petite quantité de liquide •très peu/ pluie*/ sueur*/ chose insignifiante/ trop/ exagération/ rien/ exaspération/ un peu d'alcool.

Gouvernail

•conduite/ direction/ orientation/ intellect, raison/ jugement/ maîtrise/ but/ le Soi*/ Voir *pilote.*

Graal ou **Saint-Graal**
vase sacré réputé pour avoir servi à la dernière Cène et avoir reçu le sang du Christ en croix •coupe sacrée/ calice/ sang royal/ idéal chrétien/ recherche de la perfection/ quête surhumaine/ cause ennoblissante/ tête coupée (silence mental).

Grain
fruit des graminées •production/ multiplication/ concentré d'énergie/ semence/ alternance de mort et de vie/ germination/ humilité/ acceptation de l'inévitable/ sacrifice/ l'inexprimé/ potentiel.

Grain de beauté
•marque/ particularité/ point de tension/ épreuve/ sensibilité particulière/ Signale une force ou une faiblesse dans le secteur de ma vie, indiqué par la partie du corps qui porte la tache. Peut être en relation avec une vie antérieure.

Graine
•dormance/ semence/ promesse/ espoir/ sperme/ reproduction/ gestation/ concentration/ réduction/ potentiel/ secret/ projet/ discrétion/ origine/ contrariété/ Voir *grain*.

Graisse
substance onctueuse •souplesse/ aise, aisance/ flexibilité/ réserves/ pot-de-vin/ embonpoint*/ cholestérol*/ mollesse/ glisser*.

Grammaire
•règles/ correction/ sérieux/ connaissance/ maîtrise/ langue/ écriture/ école*/ exigence/ autorité/ précision/ organisation/ ordre/ dictée*/ exception/ faute*/ chinoiserie/ contrainte/ obéissance.

Grand, Grande
•importance/ évidence/ puissance/ exagération/ hauteur/ longueur/ noblesse/ attention/ supériorité/ tyrannie/ Voir *géant*.

Grand-parents
•complicité/ tendresse/ le temps, la vie/ le passé, l'ancien temps/ hérédité/ ascendance/ descendance/ continuité/ postérité.

Grange
•abri précaire, anormal pour les humains/ réserves/ récoltes, économies// Instincts inexprimés comme des énergies en réserve?/

Besoin d'amener à la conscience quelques aventures érotiques d'enfance pour m'en libérer ?/ Dévalorisation sociale ?/ Insécurité psychologique ?/ Besoin d'aide ?/ Le Soi* se manifeste pour m'inviter à prendre conscience de ce que je suis ou de ce que je pourrais être ?

Granit

•dureté/ solidité/ densité/ caractère durable/ insensibilité/ éternité.

Gratter (se)

•guérison/ réveil/ attention à porter à telle partie du corps et à ce qu'elle symbolise/ Voir *démangeaison.*

Gravier

•matériau/ réduction/ multiplicité/ écrasement/ dispersion/ commodité/ équilibre/ concrétion/ concrétisation/ aménagement/ pierre au rein, au foie*: durcissement d'une attitude.

Gravure

•dessin*/ représentation/ précision/ habileté/ souvenir tenace/ impression profonde/ conditionnement/ habitude.

Grèbe

gros oiseau plongeur du genre canard/ long cou mince (élégance)/ tête à huppe (coiffure soignée, fierté, orgueil)/ noir, blanc, jaune, roux (mise soignée, importance de l'apparence)/ doigts lobés (sens pratique)/ bec pointu (intuition précise)/ pas de queue apparente (sexualité réduite, pudeur)/ médiocre voilier (liberté limitée)/ excellent nageur et plongeur (dialogue avec l'inconscient)/ nid flottant (instabilité dans l'habitation)/ porte ses petits sur son dos (responsabilité parentale un peu écrasante)/ piscivore (prise de conscience)/ sexes semblables (parité sexuelle)/ parade nuptiale très spéciale: dressés sur leurs pattes, ailes déployées, le mâle et la femelle courent de conserve sur l'eau (goût du spectacle, vedettariat, importance des prémices amoureuses, exubérance) •originalité/ élégance/ appui sur l'inconscient, sur l'instinct/ intégration de l'énergie sexuelle/ harmonie/ amour/ danse/ fantaisie/ créativité/ responsabilité parentale/ souplesse devant les changements de la vie = composer avec les événements.

Grêle

•durcissement/ violence/ désapprobation/ déception/ épreuve/ ruine d'un sentiment/ désolation intérieure.

Grenade

1. fruit du grenadier •rouge éclatant/ vive blessure affective/ coup de foudre/ plaisir sexuel accompagné de nombreuses difficultés/ éclatement/ débordement/ émiettement, dispersion.

2. projectile explosif •arme/ attaque/ rupture d'une tension émotive/ violence/ surprise renversante.

Grenat

pierre précieuse, surtout rouge (vitalité, amour), mais aussi verte (santé) ou jaune, topazolite (créativité), ou orangée, hessonite (amour divin), ou pourpre (dignité), almandine (inspiration).../ cristallisation cubique (équilibre)/ dureté 7 à 7,5 (action intense du Soi*)/ gouverné par Mars*/ relié au chakra de la kundalini* et au chakra* du plexus solaire •automne/ déclin/ mort violente/ lourdeur/ croyance/ fidélité/ sincérité/ l'éveil de la vie intérieure.

Grenier

•tête de la maison (inconscient)/ lieu où l'on va rarement (refoulement)/ charpente (structure mentale)/ objets du passé remisés (souvenirs)/ araignées*/ poussière*/ mal éclairé (obscurité) ♦Certaines expériences de l'enfance contribuent à charpenter mon passé. Certains souvenirs pourraient me faire savoir pourquoi je pense de telle ou telle façon.// Relations avec ma famille dans mon enfance?/ Expériences érotiques de mon enfance?/ Attachement au passé, romantisme qui me rend improductif?

Grenouille

batracien/ animal à sang froid (sang-froid, froideur)/ sans queue (sexualité inexistante)/ coloration variée (goût pour la mode)/ membres arrière très développés, palmés (adaptation, évolution par à-coups)/ naît dans l'eau (dialogue avec l'inconscient)/ ovipare (état embryonnaire)/ têtard (premier stade d'une mutation)/ branchies (ouverture, sensibilité au climat social)/ peau perméable (extrême sensibilité, très influençable)/ doit rester humide (fécondité)/ régime: insectes et petits animaux aquatiques (agressivité)/ happe sa proie en projetant sa langue (commérage, méchante langue)/ vit au bord des eaux stagnantes (stagnation, période d'intériorisation)/ alerte: se lance à l'eau et s'enfouit (fuite, peur)/ chant, coassement: sac vocal gonflé (joie de vivre, vantardise, séduction, appel amoureux)/ vue et ouïe développées (vigilance, curiosité, conscience développée)/ hibernation dans la vase (léthargie)/ respire par la peau (grande intuition)/ quantité d'ennemis (persécution, vie menacée)/ sert à la recherche biologique (don de soi)// reliée à la pluie (grande fécondité, succès)/ associée au mandala* à 64 cases (recherche du centre*) •naissance/ métamorphose après une épreuve redoutable/ proximité de la délivrance/ résurrection/ élan de l'inconscient qui tend à devenir conscient/ esprit de la nature, impulsion sexuelle et vitale/ annonce de la fin d'une stérilité psychologique/ situation vaseuse/ agitation, confusion/ dispersion/ grenouillage.

Grève

cessation de travail •protestation/ réclamation/ mésentente/ conditions de travail/ salaire/ abus d'autorité/ négociation/ rupture de contrat*/ conciliation/ opposition.

Greyhound

chien* de course/ le plus rapide/ tête longue (esprit réfléchi)/ cou long, souple (curiosité, caressant)/ nez pointu (fine intuition)/ poil court, lisse (tenue correcte)/ robe noire, blanche, brune, ardoise, fauve (goût pour le déguisement)// très élancé, très élégant, au corps musclé et harmonieux •rapidité/ goût du sport/ beau corps svelte/ vigueur des muscles/ regard ardent/ élan/ énergie/ audace/ force sexuelle soumise/ grande sensibilité/ finesse, raffinement/ spécialisation/ souplesse.

Griffe

•attaque/ défense/ agressivité/ rapacité/ capture/ critique malveillante/ remarque blessante/ domination/ cruauté/ bonne prise/ insécurité/ rétention/ signature*/ marque d'un auteur.

Griffon-korthals

chien* de chasse/ sourcils et moustaches prononcés (soucis et autorité)/ museau long et carré (détermination)/ poil droit, long (tenue naturelle, négligée)/ robe gris acier avec taches marron; ou marron uniforme... (humeur variable)/ bon chien rapporteur (serviabilité)/ très attaché à son maître (grande fidélité)/ attentif et très intelligent •courage/ forte endurance/ grande combativité/ ardeur/ corps très robuste, peut-être un peu lourd/ air rébarbatif/ forte sexualité souvent contredite/ sensualité réduite/ capacité de concentration/ fiabilité.

Gril
grille métallique de cuisine★ •cuisson/ appétit/ manger★/ ardeur/ impatience/ thorax.
Grillage
•sécurité/ protection/ prudence/ filtre★.
Grille
entrecroisement de lignes, de barreaux •protection/ délimitation/ déchiffrement/ interprétation/ analyse/ clefs/ horaire/ agenda★/ succession/ ordre/ catégorisation/ prison/ recoupement, mise en relation/ conciliation des oppositions★.
Grille-pain électrique
appareil destiné à griller du pain en tranches ♦en panne : Qualité de mon alimentation ?/ Trop de tension ?
Grillon
•été★/ sécurité/ calme/ confort/ bonheur/ foyer/ amour/ simplicité/ répétition/ monotonie/ discrétion/ intimité/ joie de vivre/ évolution par à-coups.
Grimace
•déformation/ douleur/ désapprobation/ déception/ indignation/ malaise intérieur/ moquerie/ mépris/ singe★/ amertume/ succès malgré une opposition.
Grimpereau
petit oiseau/ brun à ventre blanc (discrétion)/ bec fin et recourbé (finesse, intuition, précision)/ arboricole (élévation, agilité) : débarrasse les troncs d'arbres des insectes (soin, service, agressivité)/ ascension des arbres en spirales (évolution)/ sédentaire (stabilité, esprit casanier, sécurité)/ sons plaintifs (apitoiement sur soi) •méthode/ minutie/ patience/ tâche sans fin.
Grippe
•besoin de repos, d'un temps d'arrêt/ expression de divers malaises psychiques, sociaux/ confusion/ influençabilité/ crainte de faire face.
Gris
ensemble de 3 énergies combinées en faible intensité : rouge, bleu, vert •cendre★/ douleur/ pénitence/ tristesse/ ennui/ semiconscience/ tiédeur/ humilité// centre★, milieu/ synthèse/ intermédiaire/ équilibre/ nuance/ indifférence ♦gris franc (entre le

blanc et le noir) : Besoin de nuancer mon attitude ?/ Je gagnerais à être plus modeste ?/ Équilibre idéal ?/ Sacrifices dictés par la culpabilité et l'autopunition ? ♦gris perle (agréable) : Période d'exaltation : très émotif ? Imagination survoltée ? Suractivité ? Besoin de calme. ♦gris ennuyeux : Période de calme plat. Besoin de rompre la grisaille en provoquant les événements ? en sortant de la routine ? en m'accordant des distractions ? en recherchant des émotions vives ? ♦gris bleu : manque d'intensité/ indifférence/ froideur/ solitude ♦gris argent, voir *mercure*.

Grive

oiseau moyen/ dos brun (discrétion)/ poitrine tachetée, grivelée (adaptation)/ mange baies, vers, insectes (opportunisme)/ gibier (attitude de victime)/ habite la forêt (discrétion, retraite)/ chant harmonieux (joie de vivre, agrément, expression personnelle, talent) •amour du chant, de la musique/ belle voix/ chakra* de la gorge/ corps éthérique, voir *éther*/ simplicité/ discrétion/ indépendance/ charme/ protection de l'intimité/ retraite bénéfique/ élévation spirituelle.

Gronder

Voir *réprimande*.

Gros, Grosse

•importance/ exagération/ évidence/ puissance/ grossièreté// Voir *embonpoint*.

Gros-bec

oiseau moyen/ massif (manque d'élégance, certitude)/ jaune, brun, blanc, noir (tenue réservée)/ très gros bec (solide intuition, mauvaise humeur, bouderie)/ casse les noyaux (recherche de l'essentiel)/ vol onduleux (démarche harmonieuse, souplesse de caractère •errance/ côté bohème/ changement/ nouveauté/ accès à l'inaccessible, à l'intériorité ♦gros-bec des pins, voir *durbec des pins*.

Groseillier

arbrisseau ♦groseillier à maquereau (petite personnalité soucieuse et besogneuse)/ rameaux épineux (agressivité)/ baie ovoïde, vermeil, hérissée de soies, à saveur douce (petits plaisirs charnels badins)/ confitures (satisfaction sexuelle)// effet laxatif, reminéralisant, digestif.../ guérit la diarrhée/ protège les vaisseaux sanguins/ bon pour la longévité/ •plaisir mérité/ besoin de me ressaisir/ besoin de douceur/ besoin d'exercer ma patience ♦groseillier sauvage ou gadelier (petite personnalité vigoureuse)/ tige non épineuse (bon caractère)/ petites baies en grappes, brillantes, à saveur acidulée (petits plaisirs charnels clandestins)// tonique, diurétique, digestif, apéritif.../ •petites joies gratuites de la vie/ besoin de stimulations/ traits d'esprit parfois blessants.

Gros lot

•chance/ aide exceptionnelle/ argent*/ fortune/ libération/ sortir de la médiocrité, de l'anonymat/ valorisation personnelle/ aisance matérielle/ puissance/ succès/ adaptation/ épreuve/ nouvelles responsabilités ♦en rêve: compensation/ enrichissement subit de conscience.

Grossesse

•préparation/ période d'incubation/ caprices/ modification corporelle/ confiance dans la vie/ grande joie qui se prépare/ projet en route/ promesse.

Grotte

•monstres*, cristaux*, mines*, nains*, trésor*/ matrice maternelle/ lieu de naissance de Jésus, donc, de l'enfant divin en moi/ renaissance/ initiation (mort et germination) = Toute initiation à un stade supérieur est précédée de dépouillement, de solitude et d'épreuves. ♦Renaissance après une série d'épreuves?/ Exploration du moi intérieur refoulé, pour en tirer une nouvelle énergie?/ pour me libérer du passé qui me tient prisonnier?/ J'ai enfoui mon âme dans les passions et je dois la libérer en m'occupant davantage de ma vie intellectuelle et spirituelle?/ Une attitude d'enfant confiant et enthousiaste me remettrait au monde?/ Secret qui me libérerait si je le dévoilais?/ Période d'intériorisation et d'assimilation psychiques?

Grue

1. machine de levage •hauteur/ force/ élévation/ aide/ effort pour grandir, progresser/ point de vue global/ déplacement/ mise en place/ construction.
2. grand oiseau/ échassier*/ plus robuste que le héron (élégance alliée à robustesse)/ croupion panaché (sexualité évidente)/ cou très

allongé (curiosité, vie intellectuelle active)/ sexes semblables (parité sexuelle)/ omnivore (opportunisme)/ vol en formation alignée (discipline, esprit d'équipe)/ vole avec le cou tendu (tension, élan spirituel)/ niche sur le sol (sens du risque)/ danses nuptiales (mariage, importance des préparatifs sexuels)/ ♦blanche : face rouge et bouts des ailes noirs (cycle de transformation accompli)/ ♦du Canada : gris teinté de rouille (équilibre, discrétion)/ face rouge (vivacité de caractère, tension, honte) •discipline/ majesté/ longévité/ fidélité/ maladresse/ sottise/ cérémonial, rituel permettant de rejoindre le ciel/ immortalité/ régénération/ traîtrise/ destruction/ sadisme/ voyage/ présence des 3 couleurs de la transformation alchimique, mais particulièrement l'œuvre au rouge = transformation réussie ♦couronnée •succès de l'œuvre de transformation/ le Verbe/ la beauté.

Guépard

grand félin/ port élancé (grande élégance)/ longues jambes (agilité)/ longue queue (sexualité prononcée)/ griffes non rétractiles (emprise, compréhension, cupidité, cruauté, promptitude)/ chasseur (agressivité)/ le plus rapide (grande vitesse, évolution rapide)/ facilement domesticable (docilité, contrôle, intégration des instincts) •rapidité/ dignité/ charme/ noblesse/ sociabilité/ instincts au service de nobles idéaux.

Guêpe

•C'est le dard sans le miel. ♦Je dois me secouer ? Manque de vigilance ? Relâchement ?/ Désirs sexuels insatisfaits ?/ Les idées spirituelles ne parviennent pas à me rejoindre ?/ Dans quel guêpier suis-je tombé ?/ Besoin de me maîtriser ?

Guerre

lutte armée entre groupes sociaux •conflit/ danger/ crise/ grande tension dans un secteur de ma vie/ ennemis/ hostilité/ inimitié/ droit/ attaque/ défense/ guerre intérieure/ envahissement psychique/ destruction/ lutte contre le mal/ combat entre l'ombre et la lumière/ ascèse.

Gui

petit arbrisseau en touffes sphériques (petite personnalité axée sur la dépendance et l'irréalisme)/ parasite : pousse dans les arbres (manque d'autonomie)/ baie ronde blanche non comestible (petits désirs innocents, fausse sagesse, manque de générosité)/ cueilli par les anciens druides (anciennes valeurs religieuses)/ vie aérienne (idéalisme) •panacée douteuse/ guérison ou rémission/ vigueur/ magie★ blanche/ rituel/ besoin de m'affranchir/ nouvelle année = nouveau cycle/ régénération/ vie supérieure d'emprunt/ immortalité apparente/ relation faussée avec le Soi★.

Guide

•orientation/ initié/ protecteur/ renseignement/ sagesse/ expérience/ conseiller spirituel/ intuition/ ♦Selon l'ésotérisme, chacun a un ou plusieurs guides qui l'inspirent, le guident et le protègent, comme les anges gardiens.

Guides

Voir *bride.*

Guillotine

•mort/ fenêtre★/ échéance ferme/ décision radicale/ attitude inexorable/ jugement catégorique/ Voir *échafaud, décapitation.*

Guimauve

•bonbon★/ sensualité/ mollesse/ saveur doucereuse/ mièvrerie/ sentimentalité excessive/ insignifiance.

Guirlande

•cordon/ décoration/ fête/ suspension/ agrément/ variation/ liberté/ joie/ sinuosité/ détour/ mouvement/ ondulation/ harmonie/ hésitation/ alternance de hauts et de bas/ lâcheté/ limite mal établie.

Guitare

instrument de musique à 6 cordes pincées avec les doigts (tension)/ classique (naturelle)/ électrique (sophistication, perfectionnement)/ manche (phallus★)/ caisse de résonance plate et étranglée en son milieu (rondeurs féminines)/ ouïes (ouverture)/ barres transversales (mesure)/ plectre ou onglet (aide) •expression des sentiments et des émotions/ ♦instrument = netteté/ tension/ ♦sonorité = expression d'un sentiment de douceur, de nostalgie, de révolte, de violence, d'affirmation, de douleur, d'exaspération...

Gymnase

•appareils/ moyens/ gymnastique/ exercice physique/ part du corps★.

Gypsophile

plante à tige ramifiée/ myriades de délicates petites fleurs étoilées (étincelles de joie)/ roses, carmin ou blanches (innocence)/ soleil et sol pauvre (vie spirituelle) •extrême délicatesse/ raffinement/ humilité/ simplicité/ acceptation de mes limites/ Rien n'est négligeable./ sollicitude du Soi*.

H

•émotion/ étonnement, surprise/ hydrogène/ hectolitre/ heure/ heure H/ bombe H/ rayons H/ hache*// numérol. : valeur mentale/ équilibre/ indépendance/ logique/ justice/ pouvoir/ gain par héritage (Piché).

Hache

•guerre/ destruction/ sacrifice/ peine capitale/ décapitation/ colère/ justice/ foudre*/ force/ pénétration spirituelle/ attitude radicale/ moyen grossier/ suppression du superflu/ discernement/ différentiation/ illumination ♦à double tranchant : destruction et production/ avantage et inconvénient/ victoire/ vie et mort/ 2 natures du Christ dans la même personne ♦coup de hache : coupure brutale/ décision radicale/ ouverture subite/ brutalité/ C'est par un coup de hache de Vulcain, que Jupiter reçut sur la tête, qu'Athéna (sagesse) vint au monde en sortant de ce cerveau sacrifié : savoir sacrifier la raison pour atteindre la sagesse.

Haie

•clôture/ limite/ protection/ discipline/ taille/ maîtrise des sentiments/ obstacle/ saut* ♦impénétrable : fermeture affective ♦épineuse : agressivité ♦fleurie : accueil/ épanouissement/ ♦brèche : ouverture/ faille.

Haine

•passion/ violence/ antipathie/ colère rentrée, voir *refoulement*/ indignation/ rancune/ ségrégation/ rivalité/ rejet/ aversion profonde/ blessure émotive/ rêve de vengeance/ autodestruction : l'auteur de la haine s'autodétruit.

Haleine

•souffle personnel/ création/ fraîche (bonne santé)/ forte (hygiène, mauvaise digestion)/ fétide (maladie, répulsion) ♦mauvaise haleine: qqn ou qqch que je supporte mal/ désir d'éloigner les autres ou trop grand besoin d'eux/ mépris de soi/ médisances ou calomnies/ attitude ou propos malveillants.

Hall

•accès/ accueil/ ouverture d'esprit/ solennité/ rencontre/ préliminaire/ manque d'intimité.

Halloween

fête américaine de la veille de la Toussaint (31 octobre), comparable à la mi-carême •enfants/ déguisement*/ masque*/ friandises/ fantaisie/ exorcisme de la mort et de la peur/ goût de changement, de transformation.

Hallucination

perception ou sensation éprouvée par un individu ou par un groupe d'individus sans fondement objectif dans la matière •illusion/ erreur/ vif désir/ grande crainte/ perception juste d'éléments d'une autre dimension (envahissement de l'astral*, entre autres)/ conscient trop faible/ clairvoyance*/ téléperception/ scène de vies antérieures ♦hallucination négative: non-perception d'une réalité physique •grande tension/ insécurité/ aveuglement/ grand besoin de la chose occultée/ distraction/ concentration divergente.

Halo

♦importance de la Lune* ou du Soleil* ♦aura* émanant d'une personne.

Hamac

•été/ repos/ suspension/ balancement/ liberté/ individualité/ égoïsme/ exception/ instabilité/ retour à l'état fœtal = régression/ renaissance.

Hameçon

•pêche/ piège/ leurre/ illusion/ appât/ victime/ le fait d'être accroché, retenu, entiché.

Hamster

petit rongeur*/ queue courte (séances sexuelles abrégées)/ poil roux (forte sexualité)/ provisions dans ses joues (gourmandise, goinfrerie)/ hiberne (léthargie, inertie)/ gros stockage pour l'hiver (prévoyance excessive, avarice)/ faible longévité : 2 ans •petite passion/ flirt, béguin/ libido contrôlée/ charme de ce qui est petit/ charme enfantin/ fébrilité/ nature pacifique/ petite inquiétude.

Hanche

•équilibre/ sensualité/ intimité/ force/ défi/ maîtrise de la conscience supérieure ♦problème de hanche : évoque le combat avec l'ange = très grand défi (Jacob lutte avec l'ange et lui demande son nom ; il ne l'obtient pas, mais change de nom = Israël, celui qui s'est montré fort avec Dieu. Il en sort boiteux.)/ épreuve de l'âge, première cassure de la vie/ visite de Dieu, invitation à m'ouvrir sur l'après-vie/ indécision importante.

Hangar

•situation précaire, sécurité minimale/ solution temporaire/ débarras, refoulement*/ expériences sexuelles infantiles/ réserves/ souvenirs, choses dépassées.

Hanneton

Voir *scarabée.*

Harcèlement sexuel

♦victime : attitude de victime/ refus de la sexualité/ désir sexuel inconscient/ attitude équivoque/ naïveté ♦auteur : mépris d'autrui/ obsession/ frustration/ instinct sexuel exaspéré/ lâcheté/ abus d'autorité/ domination/ Voir *viol.*

Harfang

gros oiseau rapace, diurne (danger évident)/ blanc (adaptation, simplicité)/ vol non silencieux (indélicatesse)/ se juche pour épier (guet, indiscrétion)/ déserts arctiques (grande résistance, silence, isolement) •danger de l'isolement, de l'immensité/ le silence rompu/ la mort qui guette/ épreuve porteuse de lumière/ une aide pour dominer les ténèbres.

Haricot

légume-graine/ cosse verte ou jaune (plaisirs sexuels crus)/ en grappes, sur petits plants dressés, à feuilles rêches (énergie brute)/ origine botanique inconnue (don du ciel)// réduit le cholestérol/ prévient le cancer/ stabilise le taux du sucre dans le sang/ abaisse la tension artérielle/ aide le côlon/ guérit la constipation/ prévient hémorroïdes et troubles intestinaux/ haricot vert : combat l'appendicite

•vulve et clitoris/ testicules/ liquide séminal/ union sexuelle/ union des contraires/ simplicité/ prévoyance/ tendresse/ réunion/ petites sensualités/ début de projet/ réincarnation/ communication mystique/ protection.

Harmonica

•expression d'un sentiment/ nostalgie/ intimité/ simplicité.

Harnais

•maîtrise des instincts/ course/ pari/ travail/ contrainte.

Harpe

instrument de musique à cordes pincées// attribut du roi David (aspirations spirituelles) •expression des sentiments et des émotions/ tradition/ lumière/ union du ciel et de la terre/ tension des énergies/ équilibre/ recueillement/ recherche du bonheur suprême/ harmonie supérieure/ ciel/ inspiration/ enchantement, ravissement.

Hasard

À mon avis, le hasard n'existe pas. Le monde repose sur le sens et non sur le hasard. Le hasard est une notion fourre-tout, commode pour notre ignorance des causes, des effets et des multiples influences. Le hasard serait dû tout au plus aux atomes qui cherchent un sens à leur existence dans un monde encore en formation. Même alors, les atomes ne sont que disponibles et suivent le plan du Sens qui nous échappe. Plus le monde nous paraît chaotique, plus le hasard s'impose à notre esprit. Plus le monde fait sens à nos yeux, moins le hasard s'impose comme notion explicative valable./ Voir *destin.*

Haut-parleur

•besoin de s'exprimer?/ besoin d'écouter? de s'écouter?/ de hausser le ton?/ de baisser le ton?

Havresac

•équipement/ poids/ essentiel/ équipement psychologique/ mon corps/ voir *bagages*.

Hélice

•propulsion/ suspension/ nervosité/ orientation/ inspiration/ mise en mouvement/ progression/ élan, poussée/ essor ♦qui tourne à vide: risque d'hypertension, de *burnout*, de surmenage.

Hémérocalle

grande fleur en forme de lis (individualité, ardeur, générosité)/ couleurs diverses (variété, vivacité)/ feuilles en ruban incurvé (élégance) •conscience du temps qui fuit/ beauté éphémère/ hâte/ expressivité/ élégance/ fierté/ don de soi/ prière/ ouverture du cœur.

Hémorragie

•trop grande tension/ perte d'énergie psychique/ vampirisme psychique/ dépendance, soumission/ fuite devant la vie/ blessure morale/ manque de courage/ Voir la partie du corps concernée. ♦hémorragie cérébrale, voir *apoplexie*.

Hémorroïdes

Voir *anus*.

Hépatite

•peur/ haine/ envie/ Voir *foie*.

Herbe (mauvaise)

•mauvais endroit/ corrupteur/ élagage/ choix/ sélection/ rejet/ élimination/ envahissement/ concurrence déloyale/ défauts/ vigueur.

Herbe à poux

plante sauvage/ feuilles très découpées (délicatesse)/ son pollen peut provoquer le rhume* des foins (agacerie)/ aromatique (séduction)/ huile comestible (quintessence)/ fournit un colorant rouge (désir de changement) •fécondité/ agression/ grande sensibilité/ rejet d'une situation/ épanouissement qui peut nuire aux autres/ danger diffus/ incognito/ sentiments cachés/ atmosphère empoisonnée.

Herbe à puce

arbuste buissonnant (petite personnalité rebutante)/ son contact provoque une éruption cutanée avec démangeaison (irritation)/ fournit une encre indélébile (secret, dissimulation)/ difficile à éliminer (petite peste)/ contient une substance dangereuse dont l'ingestion peut mener au délire (exaspération) •hypocrisie/ danger caché/ mauvaises intentions/ imprudence/ incompatibilité/ promesses trompeuses/ tache ineffaçable/ besoin de me secouer.

Herbes

petites plantes/ effets médicinaux, aromatiques/ fines herbes, voir *épices*/ mauvaise herbe*/ gazon* •fertilité/ fécondité/ fraîcheur/ traitement, remède/ guérison/ santé.

Hérisson

petit mammifère insectivore/ corps lourd (manque d'élégance)/ dos et flanc couverts de piquants qui se dressent (humeurs massacrantes)/ se roule en boule en cas de danger (fermeture totale)/ hiberne (léthargie)/ déteste l'eau (malpropreté, phobie)/ immunisé contre le venin des vipères (immunité) •peur/ bonne nature sous des dehors rébarbatifs/ émotions à fleur de peau/ hystérie/ susceptibilité extrême/ acuité des sens/ perspicacité/ mauvais caractère/ caractère trop tendre/ grande vulnérabilité/ léthargie/ protection/ guérison/ défense passive, non-violence/ domination de la libido/ réveil/ gourmandise/ retrait schizoïde/ persécution/ docilité.

Héritage

•don/ gratuité/ aide, chance/ élan/ souvenirs/ argent*/ hérédité/ transmission d'énergie.

Hermaphrodite

forme humaine à deux sexes •bisexualité/ autosuffisance/ synthèse/ unité accomplie/ union des contraires, voir *oppositions*/ Voir *animus, anima.*

Hermine

petit carnassier (lascivité, agressivité)/ corps long et mince (finesse, souplesse)/ marron à ventre blanc (sexualité)/ tout blanc l'hiver (pureté, innocence), sauf le bout de la queue qui est noir (adaptation, alternance des périodes de sexualité et d'abstinence, cycles et rythmes naturels, trahison, imperfection)/ vide ses victimes de leur sang (sadisme, vampirisme)/ En alerte, elle éjecte un liquide noir nauséabond (défense, répulsion, mépris)./ très chassée pour sa fourrure (persécution) •méfiance/ méchanceté/ cruauté/ réflexes rapides/ vigueur/ problèmes d'embonpoint/ tartuferie/ magistrature/ honneur/ royauté/ noblesse/ instincts assouvis.

Hernie

•effort démesuré/ exigences trop grandes envers soi/ besoin de la considération des autres/ violence retenue/ colère rentrée/ mésorientation de ma force créatrice ♦discale, voir *colonne vertébrale.*

Héroïne

♦drogue, voir *toxicomanie* ♦personnage, voir *héros.*

Héron

grand échassier*/ long bec pointu (intuition précise)/ long cou (pensée élevée, élégance)/ parfois aigrette*/ gris (discrétion)/ sexes semblables (parité sexuelle)/ surtout piscivore (prise de conscience)/ affût (attention, surprise)/ immobilité (patience)/ vol majestueux (noblesse)/ destructeur des serpents (domination du mal) •éveilleur, éducateur/ prise de conscience/ héros*/ vigilance/ curiosité/ calme/ certitude/ esprit fin et pénétrant/ détachement/ précautions/ contemplation/ vieux sage/ majesté/ renaissance/ amplification de la symbolique de l'oiseau*.

Héros, Héroïne

qui se distingue par ses exploits, son courage/ profil du héros : naissance miraculeuse et obscure (envoyé, origine céleste) ; témoignages précoces de sa force surhumaine (don, marque divine) ; protégé par des puissances tutélaires (protection céleste) ; lutte triomphante contre les forces du mal (valeur positive, justicier, victoire) ; sa défaillance devant la tentation de l'orgueil (inflation de la personnalité) ; mort en sacrifice héroïque (mort salvatrice)// archétype* = énergie intérieure qui affranchit de la mère-monstre (dragon), transforme le chaos en ordre civilisateur/ symbole nécessaire à la société qui a besoin d'établir son identité collective •premier stade de la différentiation de la psyché/ le moi qui cherche à réaliser le Soi*/ sentiment d'importance/ union des forces célestes et terrestres/ valeur/ exception/ modèle/ exaltation/ aveuglement/ élan évolutif/ volonté de dépassement ♦pour enfant : invitation à fortifier la conscience/ porteur de sagesse, de réussite/ image du Soi*.

Herpès

Voir *peau* et la partie du corps affectée.

Herse

instrument aratoire •assouplissement/ émiettement/ préparation/ aménagement.

Hêtre

arbre au tronc droit et massif (puissante personnalité à noblesse d'âme)/ croissance lente (patience, sérieux)/ fruit comestible : la faine (don de soi, fruits spirituels)/ Jeune, il garde ses feuilles sèches pendant l'hiver (pudeur, débuts difficiles)./ ombre très dense (bonne protection)/ jusqu'à 300 ans (bonne longévité) •résistance aux passions/ grande vigueur/ lente maturation/ lien indéfectible avec le Soi★.

Hibiscus

plant ou arbrisseau (petite personnalité généreuse et épanouie)/ grandes fleurs en trompette, à 5 pétales, qui ne tiennent qu'une journée (révélation, emballement passager, empressement)// succédané du café★/ infusion tonique/ parfumerie (sensualité)/ textile/ papier •coups de foudre, engouements à répétition, selon la couleur de la fleur★.

Hibou

gros oiseau/ rapace nocturne (dissimulation, danger caché)/ hululement sinistre (terreurs★ nocturnes)/ pas de nid (liberté)/ aigrettes (attention, déguisement, vigilance)/ vol silencieux (précaution, hypocrisie)/ de 30 à 40 ans (bonne longévité)/ ♦grand-duc: monogame (fidélité conjugale)/ mange tout gibier (agressivité, voracité)/ ♦moyen-duc: mange petits rongeurs (intégration des bas instincts)/ En cas de danger, il fait la roue avec ses ailes (intimidation)./ ♦petit-duc: insectivore (agressivité)/ immobilité (immobilisme, patience)/ camouflage •obscurité/ tristesse/ retraite solitaire (solitude, indépendance, autonomie, individualisme)/ le froid, la nuit, la mort/ la foudre★/ seigneur satanique des ténèbres/ peur du mystère, de l'inconnu/ aide et protection contre les épreuves/ pénétration consciente de l'inconscient/ attitude ou période d'intériorisation.

Hippopotame

très gros mammifère/ amphibie (double vie, esprit ouvert, dialogue avec l'inconscient)/ peau rugueuse, nue (sensibilité rentrée)/ épaisse couche de graisse (problème de poids, importance du corps)/ grandes canines inférieures, défenses (grande force réactionnelle)/ très grande bouche (gourmandise, boulimie)/ rivières, lacs... (immobilisme)/ herbivore (caractère pacifique)/ fuit sous l'eau (refoulement)/ de 40 à 50 ans (bonne longévité) •lourdeur de la vie/ endurcissement/ manque d'élégance morale/ croupissement dans les sentiments/ attitude du moindre effort/ manque de sécurité/ peur de la vie/ force brutale, indomptable/ inconscient dans son côté insaisissable: mystère des profondeurs élémentaires qui ne tolèrent pas d'intrusion.

Hirondelle

petit oiseau/ forme élancée (élégance)/ vol gracieux (légèreté, liberté)/ pattes minuscules (détachement)/ longues ailes en pointe (élan spirituel)/ queue encochée (vive sexualité)/ large bouche (goinfrerie)/ mange des insectes en vol (agressivité, agilité)/ vie aérienne (importance de la vie spirituelle, idéalisme)/ plumage sobre (costume sans recherche)/ migrateur (besoin de changement, sensibilité aux cycles saisonniers, besoin de vacances)/ nid de boue (ingéniosité)/ vit près de l'eau (dialogue avec l'inconscient)/ annonce du printemps* •cycle des renaissances/ résurrection/ pureté/ fécondité/ association/ élévation, élan spirituels/ message spirituel.

Hiver

•Nord*/ gelée/ neige*/ glace*/ période d'intériorisation, de maturation/ phase cachée/ immobilisation/ arrêt, retraite/ isolement/ vieillesse/ mort.

Hochet

•amusette/ futilité/ illusion/ agitation/ manipulation.

Hockey

•esprit d'équipe/ habileté/ accrochage/ coup/ rudesse/ adversaire*/ but/ échange/ bâton*/ attaque/ défense.

Homard

grand crustacé/ décapode (10* pattes)/ carapace: squelette extérieur (protection, insensibilité)/ sans colonne vertébrale ni cerveau (mollesse, écervelé)/ paire de pinces redoutables (agressivité, arme)/ yeux au bout de pédoncules (guet, conscience mobile)/ solitaire (solitude, indépendance, autonomie, individualisme)/ marin (dialogue avec l'inconscient)/ mange mollusques et poissons morts (croque-mort, mort et résurrection)/ de 40 à 50 ans (bonne longévité)/ beaucoup pêché (gastronomie)/ fuit à reculons (vigilance, objectivité) •gestation/ projet/ nécessité de revenir les pieds sur terre/ inconscient dans sa partie impénétrable/ force vitale.

Homme

humain de sexe masculin ♦pour l'homme: 1. son ombre*/ 2. l'autorité/ 3. le concurrent, l'adversaire* ♦pour la femme: 1. l'animus*/ 2. mon destin = m'accomplir/ 3. Dieu le Père/ 4. l'autorité/ 5. un mari, un amant, un collègue ♦homme rouge: Amérindien/ homme terrestre, non transformé ♦homme vert: homme divinisé, transformé (Souzenelle) ♦grand Homme (en rêve): figure gigantesque personnifiant le Soi*.

Homosexualité

•différence/ exception/ partenaire/ orientation sexuelle/ minorité/ marginalité/ préjugé/ rejet social/ discrimination/ mépris/ culpabilité/ droits/ acceptation, refus/ génétique? ♦en rêve: tendance homosexuelle refoulée?/ opposition trop marquée entre les deux sexes?/ rejet trop violent de l'homosexualité?/ besoin d'affirmation de l'anima* chez l'homme ou de l'animus* chez la femme?

Hôpital

•intervention/ élimination/ guérison/ difficultés psychiques/ crainte de la maladie/ mise à part, isolement.

Hoquet

•gourmandise/ avidité/ hâte, précipitation/ crispation/ nervosité/ rejet/ perte de contrôle/ avertissement// La vie m'étouffe?/ Privations?/ Choc émotif?

Horizon

•lointain/ espace/ étendue/ ouverture d'esprit/ dégagement/ recherche/ avenir/ perspective/ rencontre du terrestre et du spirituel.

Horloge

•le temps/ mise au point/ régularité/ exactitude, précision/ retard/ mécanisme/ conscience du temps qui passe/ vieillissement/ autorité ♦en retard: Je diffère trop certaines choses?/ Mon évolution retarde?/ Je perds mon temps? ♦en avance: Je veux brûler les étapes?/ Impatience?/ Je presse trop les autres? ♦détraquée: Je ne suis pas les étapes normales?/ Manque d'ordre?/ Mon évolution est bousculée? ♦arrêtée: Le temps est venu de passer à une autre étape?/ Mon évolution est arrêtée?/ Temps d'arrêt pour faire le point? ♦remettre à l'heure: Ramener dans la juste mesure, dans la vraie perspective. ♦acheter ou transporter: prendre son temps/ être maître de son temps.

Hortensia

arbuste (petite personnalité agréable) à grosses sphères de fleurs (sentiments très bien exprimés) bleues, roses ou blanches (douceur), petites, plates, tassées, à 4 pétales (regroupement, totalité) •rêve narcissique/ goûts extraterrestres/ refus de l'amour/ intériorité/ recueillement.

Hôte, Hôtesse

personne qui reçoit ou qui est reçue •invitation/ réception/ repas/ hébergement/ client/ habitant d'un lieu/ cellule parasitée/ l'âme/ attitude d'accueil.

Hôtel

logement commun, impersonnel/ halte hors de chez soi/ voyage/ prix à payer ♦habiter un hôtel: Je ne suis pas dans mon milieu?/ Ma personnalité n'est pas assez développée?/ Effacement social? ♦autres clients: Aspects peu développés de ma personnalité. ♦y passer: Situation temporaire de flottement qui m'invite à faire le point?/ Liberté ou contrainte de ma vie professionnelle? ♦hôtel minable: Je trouve ma vie minable et je dois réagir?/ Un refoulement des instincts m'amène à rechercher des amours de passage? ♦Le nom de l'hôtel me renseigne sur mon attitude.

Hôtesse de l'air

•service/ accueil/ patience/ gentillesse/ sécurité/ confort/ voyage/ étranger.

Houx

arbuste ornemental (petite personnalité brillante, mais difficile)/ feuilles dures à pointes épineuses (susceptibilité)/ toujours vert (grande énergie)/ baies rondes et rouges, noires ou jaunes, non comestibles, très purgatives (petits désirs charnels non réalisables)/ croissance très lente (patience, maturité tardive)/ jusqu'à 300 ans (grande longévité)/ décorations de Noël*/ supporte bien vent et pollution (endurance) •paix armée/ dénigrement/ attaque et conquête/ envie/ haine/ défense de soi/ résistance/ joie/ goût et esthétique/ permanence/ immortalité.

Huard

Voir *plongeon*.

Hublot

fenêtre* •œil*/ aperçu/ prise de conscience.

Huile

•souplesse, flexibilité/ douceur, adoucissement/ aise/ facilité/ prospérité/ consécration, élection/ autorité/ puissance/ gloire/ esprit de Dieu/ Messie/ lumière, conscience/ pureté/ lien intime/ étroite adhésion/ fécondité/ lutte corporelle ou spirituelle.

Huissier
•porte*/ accueil/ service/ loi/ ordonnance judiciaire/ saisie/ perte/ renoncement/ sans pitié.
Huître
•sexe féminin/ humilité/ sagesse/ mollesse/ inertie/ répulsion/ refoulement*/ trésor caché/ perfection/ richesse intérieure/ perle*: blessure qui devient positive parce qu'acceptée/ handicap transformé en une forme de perfection.
Humour
•recul, objectivité/ côté drôle/ bonne humeur de la vie/ détachement/ santé mentale.
Huppe
1. oiseau moyen/ beige orangé (besoin d'attention)/ ailes noires rayées de blanc (opposition conscient ↔ inconscient/ huppe roussâtre très mobile (fierté, orgueil, goût de domination)/ long bec recourbé (cupidité)/ insectivore (agressivité)/ moyen de défense: sécrétion nauséabonde et projection d'excréments liquides (effronterie, mépris, grossièreté)/ oiseau de Salomon (sagesse spirituelle) •intégrité/ malpropreté/ taudis/ répliques mordantes/ antipathie/ aptitude à se faire des ennemis/ imposition du respect/ guide/ amour filial/ inspiration/ magie/ trésors cachés/ acuité intellectuelle/ protection/ message du monde invisible/ vérité/ l'âme à la recherche du divin.
2. touffe de plumes sur la tête •ornement/ supériorité/ domination/ brio/ orgueil/ prétention/ vanité/ excitation/ inspiration spirituelle.
Hurler
•douleur/ rage/ exagération/ dissonance/ impuissance/ appel/ urgence.
Hutte
•confort rudimentaire/ humilité/ misère/ manque de sécurité/ dépouillement/ faiblesse du moi, déficience du conscient.
Hyacinthe
pierre précieuse/ rouge feu, orangée (grande énergie, amour divin)/ correspond au Sagittaire* •passions maîtrisées/ fidélité/ humilité.
Hydravion
•adaptation/ spécialisation/ maîtrise de la sensibilité/ maîtrise de la spiritualité/ Voir *avion*.

Hyène

carnivore (lascivité, agressivité)/ charognard (croque-mort, mort et résurrection)/ nocturne (dissimulation, clandestinité)/ très forte mâchoire (ténacité, volonté)/ allure inélégante (physique ingrat)/ odeur infecte (répugnance, grossièreté)/ mange les restes, les os (opportunisme, pique-assiette)/ odorat subtil (grande intuition)/ ricanements sinistres (moquerie, sadisme, terreurs★ nocturnes) •mort/ répugnance/ voracité/ lâcheté/ caractère hargneux/ sarcasmes/ sadisme/ difficulté vaincue/ assimilation de la connaissance humaine/ toute entreprise humaine, vouée à la mort// Problème avec mes os★?

Hymne

•chant★/ solennité/ louange de Dieu/ louange de la patrie/ joie/ culte.

Hypnotisme

•domination/ commandement/ suggestion/ fascination/ grande influence/ perte d'individualité.

Hypocondrie

•maladie★ imaginaire/ angoisse★/ indignité/ neurasthénie/ obsession★/ apitoiement sur soi/ peur de la mort★/ tristesse/ besoin d'aide.

Hypocrite

•dissimulation/ fausseté/ manque d'authenticité/ tromperie/ sévérité excessive/ échappatoire/ refoulement.

Hypoglycémie

•faiblesse/ manque de discipline/ trop grandes exigences envers soi/ déséquilibre (Le corps est négligé.)/ manque de joie.

Hypophyse

Voir *glande.*

Hypothèque

•emprunt/ aide/ dette/ charge/ handicap/ obstacle/ hérédité chargée/ avenir compromis/ responsabilité/ manque de liberté.

Hystérie

•symptômes/ mimétisme/ tempérament impressionnable/ peur★/ paralysie★/ hallucination★/ angoisse★/ défoulement/ crise/ simulation/ excitation intense/ manque de contrôle/ Voir *refoulement.*

I

•sexe masculin/ domination/ puissance/ (math.) unité imaginaire/ un/ détail minuscule, mais important// numérol. : valeur émotive/ vie d'émotion à tendance négative/ retards/ tristesse/ richesse spirituelle (Piché).

Ibis

échassier*/ bec effilé, arqué et mou (ruse, propos trompeurs)/ blanc et rouge (éclat, besoin d'attention, santé)/ marais (mélancolie)/ mange animaux aquatiques (agressivité)/ vol en file ou en V (discipline, solidarité)/ excellent voilier (liberté, habileté) •sacré/ sagesse personnifiée/ verbe créateur/ hypocrisie/ relaxation/ opération de l'intellect pratique/ connaissances ésotériques/ prévision/ lavements/ goût pour le silence/ étape du sacrifice et garantie de succès.

Iceberg

•détachement/ dérive/ majesté, grandeur/ masse/ partie cachée/ danger potentiel/ danger de renversement de situation/ puissance d'inertie/ masse d'énergie émotive à intégrer.

Idole

•image/ fétiche/ petit dieu/ vedette*/ adoration/ culte/ admiration/ fascination/ projection/ compensation pour une vie sans relief/ domination.

If

conifère arbrisseau (petite personnalité axée sur une spiritualité souriante et souple)/ tronc souvent tordu (concessions)/ branches jusqu'au sol (diversification hâtive, pudeur)/ baies charnues, rouge corail (vifs petits plaisirs sexuels) comestibles, à noyau toxique (mauvaise surprise, inconvénient)/ bois orangé, lourd, dur, fort et durable, pour arcs, avirons, boucliers, lances (caractère solide et fervent) •simplicité/ magie/ fruit de science/ fermeté/ côté militaire/ poison/ mort et renaissance.

Iguane

lézard★ d'allure très primitive de dragon★/ à crête (volonté d'impressionner, intimidation)/ queue longue (forte sexualité, importance du passé)/ membres développés (force)/ paupières mobiles (douceur, côté humain)/ végétarien (caractère pacifique)/ gibier apprécié (attitude de victime, don de soi) •apparences trompeuses/ besoin de tenir compte de l'ombre★/ occasion de convertir une valeur négative en valeur positive.

Île

•centre/ centre spirituel essentiel/ individualité/ paradis/ concentré/ refuge/ retraite, solitude ou isolement/ rêves, désirs/ désir du bonheur/ le moi/ le Soi★.

Illumination

phénomène psychique qui amène une conscience spirituelle supérieure •moment de grâce/ enthousiasme/ initiation★/ subite inspiration★/ nouvelle étape d'évolution/ modification de la perception intérieure/ période de contact avec le Soi★ qui confère une vue plus vaste de la réalité/ fausse impression, piège astral/ fascination illusoire.

Illusion

erreur de perception fondée sur une fausse apparence •mauvaise interprétation/ hallucination★/ fausse opinion/ croyance/ désenchantement/ vif désir de la chose ou personne qui apparaît/ subjectivité prononcée/ surestimation/ tromperie/ naïveté/ utopie/ Voir *apparition.*

Imitateur

•habileté/ critique/ moquerie/ drôlerie/ humour/ travers, tic/ dénonciation/ manque d'originalité/ dispersion/ démystification/ substitution/ mimétisme/ influence/ fausseté/ parasitisme.

Immeuble

♦tour d'habitation : Fuite des responsabilités élémentaires ?/ Manque de contact avec la réalité ?/ Besoin d'une vie sociale intense ? Vie dissipée ?/ À quel étage et à quel numéro ? Ces nombres peuvent renseigner. ♦tour à bureaux : j'y travaille = Quelle est ma contribution sociale ? Nuit-elle à mon accomplissement ?// j'y passe = obligations sociales/ Révolte ? ♦entrepôt : Qu'est-ce qui est entreposé ? L'inexploité en moi.

Immortelle

fleur de jardin/ rouge, saumon, pourpre, jaune, rose ou blanche (diversité, vivacité)/ pseudo-pétales à consistance de paille (faux épanouissement)/ sèche en gardant ses couleurs (permanence) •sentiment permanent, éternel : amour, joie... selon la couleur*/ retenue/ esprit conservateur/ force du souvenir/ vie tournée vers le passé/ dépassement du provisoire/ immortalité ♦du Japon (anaphale) fleurs en forme de bouton, en grappes, faites de pétales blancs, autour d'un cœur jaune (immortalité, rayonnement du Soi*)/ feuilles duveteuses (sensualité)// •économie/ virginité/ pureté enfantine/ la vie des moniales.

Impasse

•situation sans issue/ déficit/ évolution arrêtée/ découragement/ détresse/ réorientation/ besoin d'aide.

Impatiente

fleur, voir *balsamine*.

Impôt

•imposition/ obligation/ contribution/ devoir de citoyen/ problème financier/ moment pénible et inévitable/ force impitoyable/ écrasement.

Impuissance sexuelle

•besoin d'un arrêt dans l'exercice de la sexualité/ perte de pouvoir ou d'influence sociale/ domination subie/ orgueil/ tension/ culpabilité*/ impression d'être âgé/ dépit contre un conjoint précédent (Hay).

Incendie

•purification par le feu/ sacrifice/ liquidation du passé et renouvellement/ urgence d'agir, de décider/ trop de hâte.

Incendiaire

•criminel/ profiteur/ passion violente/ Voir *pyromane*.

Inceste

•viol*/ dommages irréparables/ monstruosité/ déséquilibre émotif/ blocage/ secret déchirant/ partage entre l'amour et la haine/ détresse morale/ culpabilité★/ perte de l'estime de soi/ scandale/ besoin d'aide.

Incinération

crémation •purification par le sacrifice/ élévation/ sublimation.

Inconscient

Partie du psychisme qui échappe à la conscience du moi. Centre intelligent communiquant avec l'individu habituellement par les rêves et les événements dans le but de le faire évoluer. Il s'agit de l'instance cosmique et intemporelle de l'individu avec laquelle celui-ci est appelé à s'unir. Voir *fusion, Soi.* ♦Il se manifeste en symboles menaçants quand on s'entête à ne pas en tenir compte.

Incontinence urinaire

•peur d'un parent, surtout du père (Hay)/ crainte de déplaire/ grande crainte/ grande douleur.

Index

doigt de Jupiter★/ correspond à la vésicule biliaire •indication/ commandement/ devoir/ interdiction/ avertissement/ menace/ dénonciation/ direction/ enseignement ♦mal à l'index droit: Je devrais m'interdire une chose que je fais ou vais faire?/ Je suis trop autoritaire et directif?/ Je me trompe de direction? ♦mal à l'index gauche: Je m'interdis à tort une action, ou une direction à prendre?/ Pas assez volontaire?/ Manque d'affirmation personnelle? ♦je pèle: signe positif de renouvellement dans la direction de mon évolution. Je fais ce qu'il faut.

Indien

Amérindien •vie libre/ vie saine/ vie naturelle/ sauvage/ tribu/ courage/ dépossession/ endurance/ sagesse/ noblesse/ scalp: changement de mentalité.

Indigestion

•rejet d'une situation/ anxiété★/ mésentente/ contenu inconscient refusé, non intégré/ Voir *estomac, vomir.*

Indigo

bleu profond et violacé, voir *arc-en-ciel/* teinture qui vient de l'indigotier •correspond à l'hypophyse et au chakra★ du 3e œil/ intuition/ profondeur/ bain lustral/ vibration d'entrée dans l'éthérique, voir *éther/* changement durable/ marque indélébile/ fin discernement.

Infection

•manque de défense, de combativité, de protection/ contamination psychique/ besoin de réagir/ trop de tolérance/ influence négative/ irritation/ colère rentrée/ exaspération/ excitation/ rejet d'une situation désagréable/ imprudence/ Voir la partie du corps infectée.

Infirmier, Infirmière

•traitement/ soin du corps/ aide, soutien/ guérison/ attention aux autres/ service, dévouement/ besoin de s'occuper de soi.

Infirmité

♦congénitale : handicap de départ pour me rendre plus fort, pour pousser mes possibilités/ besoin de dépassement/ karma*/ décision prise dans une vie antérieure ou avant de naître, peut-être pour éviter une mésorientation ♦accidentelle : atteinte à mon intégrité psychique/ culpabilité*, autopunition/ tendance au suicide/ mépris de soi/ Voir la partie du corps concernée.

Inflammation

Voir *enflure*.

Initiation

♦admission aux mystères*, à des connaissances secrètes, voir *secret* •cérémonie/ secte/ religion/ révélation/ privilège/ supériorité/ grand maître/ degrés ♦accès à une connaissance donnée •rudiments/ apprentissage/ instruction/ début, premiers pas/ maître/ adepte/ aptitudes/ talent/ adresse/ vocation/ engagement/ métier, profession ♦initiation solaire : Selon la pensée de Srî Aurobindo, actualisée par Bernard de Montréal, = épuration de l'ego qui acquiert de la transparence par le détachement vis-à-vis des sentiments et de tout ce qui l'aliène ou le manipule ; cette épuration prédispose à la descente de l'énergie supramentale* du Soi*. Cette initiation est dite solaire par opposition aux initiations mystiques du passé qui semblaient lunaires, inférieures, relevant du plan astral* au lieu du plan universel.

Inondation

•débordement des sentiments/ accablement/ besoin de nettoyer/ fécondation/ énergie mal orientée/ renouvellement/ exagération/ catastrophe personnelle ou collective exprimant un débordement de peine causé par une situation désespérée : larmes impuissantes qui appellent une autodestruction ; résignation collective dangereuse/ appel à un renouvellement, à un changement de vibration.

Insecte
•ce qui agace, tracasse/ l'irrationnel// Choses à rendre conscientes?/ Qu'est-ce qui m'énerve? me préoccupe?/ J'accepte mal l'irrationnel dans ma vie?/ Ma sensibilité s'assèche?

Insigne
•marque/ fonction/ identification/ grade/ décoration*/ appartenance à un groupe/ besoin d'attention/ identité.

Insolation
•imprudence/ manque de jugement/ surmenage/ déséquilibre/ rejet du corps/ désir de changer de situation/ passion amoureuse/ sensualité excessive/ domination paternelle/ domination spirituelle.

Insomnie
•peur*/ inquiétude/ surexcitation/ hâte, impatience/ peur des cauchemars*/ manque d'exercice physique/ insécurité/ refus de s'abandonner/ tension/ anxiété/ grande peine/ culpabilité/ manque de discipline de l'esprit/ manque de confiance dans la vie/ désir de tout contrôler/ Voir *nervosité.*

Inspecteur
•surveillance/ vigilance/ contrôle/ normes, lois, règlements (obligation, contraintes)/ sanction/ examen/ policier*.

Inspiration
♦révélation intérieure, impulsion surnaturelle •grâce/ contact avec un guide spirituel ou avec le Soi*/ élan spirituel/ Voir *mission, illumination./* ♦souffle créateur porteur •idée et goût de créer/ muse/ point de départ d'une création, d'une œuvre/ influence.

Instituteur, institutrice
•éducation/ instruction/ apprentissage/ autorité/ obéissance/ leçon/ devoir/ écriture/ lecture/ enfance/ Voir *école.*

Instrument de musique
•apprentissage/ moyen/ pratique/ répétition/ discipline/ virtuosité/ expression et maîtrise des sentiments/ Voir *flûte, piano...*

Insulte
•affront/ offense/ humiliation/ dévalorisation/ mépris/ fierté/ culpabilité*/ susceptibilité/ importance de l'ego/ besoin de me recentrer.

Interprète
•langue/ traduction/ intermédiaire/ explication/ approximation/ équivalence/ acteur*.

Interrupteur

♦défectueux: Contact difficile avec qqn? avec mon âme? avec le transcendant?/ Besoin d'une nouvelle compréhension?

Intestin

•élimination/ assimilation/ période d'incubation/ correspond à la Vierge* ♦douleurs, troubles: peur/ anxiété*/ trac/ vulnérabilité émotive ♦constipation*: cramponnement à de vieilles idées (Hay), mesquinerie, retenue des biens matériels/ difficulté de choisir entre le «bien» et le «mal»/ rigidité caractérielle/ durcissement, tension/ domination parentale/ manque de générosité, de naturel/ anxiété ♦diarrhée*: hâte et impatience/ peur du rejet ou mépris de soi (Bourbeau)/ urgent besoin d'éliminer un malaise psychique/ rejet violent d'une situation, d'une personne/ manque d'assimilation des idées, des sentiments/ besoin de faire le point.

Intrigue

•liaison amoureuse cachée/ situation compliquée/ manigance/ esprit tordu/ envie/ paranoïa/ défi mental.

Invasion

•attaque/ violence/ dévastation/ empiètement négatif dans ma vie/ irruption de l'inconscient = intervention après trop de refoulement ou trop de fausseté.

Invisibilité

•liberté totale/ impunité/ goût du mystère/ indiscrétion/ espionnage/ désir de passer inaperçu/ embonpoint*/ rejet de son corps, de son apparence/ dissimulation/ complexe d'infériorité.

Invité

Voir *hôte*.

Iode

•désinfectant/ odeur/ mer*/ glande thyroïde*/ teinture.

Iris

plante vivace (ténacité, permanence) à tubercule, à rhizome ou à bulbe (prévision, précaution)/ grande fleur (générosité) de couleurs diverses (diversité, vitalité)/ feuilles en épées* (raideur, défense)// consacré à Iris, messagère des dieux (réconfort du Soi*) •goût du luxe, du somptueux/ complexité/ sophistication/ féminité affirmée/ beauté/ sentiment de comble/ victoire après un combat/ relation spirituelle/ protection/ autorité/ royauté/ gloire.

Irish-terrier

chien* de terrier/ poil mi-long (tenue correcte)/ légère barbe (autorité)/ robe rougeâtre (vêtements voyants)/ bon chasseur (agressivité)// souple, doux, loyal, courageux, affectueux, fier, batailleur •fort tempérament/ corps léger et gracieux/ grande douceur avec les proches/ intolérance/ tendance à la querelle/ bon contrôle sur les bas instincts/ forte sexualité difficilement exprimée.

Irritation

inflammation légère •colère/ excitation/ démangeaison*/ agacement, contrariété/ exaspération par trop ou trop peu de désir/ Voir la partie du corps concernée.

Ivoire

•dents*/ richesse/ pureté/ chaleur, sensualité/ incorruptibilité/ trophée, victoire// Préoccupation, indécision à régler?/ Il faut faire face, me battre? L'enrichissement de l'être est à ce prix. La victoire suivra.

J

•je = ego/ affirmation individuelle/ le jour J/ adolescent/ jeu// numérol.: valeur mentale/ belle évolution spirituelle et matérielle/ activité/ responsabilités nombreuses/ progrès matériels en vue/ énergie positive (Piché).

Jacinthe

plante à bulbe de jardin/ hampe florale bien remplie (discipline) de fleurs simples: blanches, jaunes, roses, bleues, violettes (fraîcheur, générosité)/ printemps*/ parfum doux et tenace (agrément, séduction) •renouveau/ sensualité/ affirmation/ évidence et force de l'intériorité/ dépassement des apparences/ volonté de franchir des limites/ transcendance.

Jade

pierre précieuse/ vert ou verdâtre (énergie vitale équilibrante); aussi autres couleurs*/ la plus précieuse: vert émeraude (compréhension du mystère de la vie)/ dureté: 6,5 à 7 (action intense du Soi*)/ figurines chinoises (perfection, inspiration)/ en Chine et au Japon, symboliquement supérieure à l'or* et au diamant*/ correspond à la Balance*, à Neptune* •eau végétale, fécondité/ dignité/ perfection/ immortalité/ la promesse de l'inconscient que nous serons des dieux.

Jaguar

grand fauve carnivore (lascivité, agressivité)/ équivalent de la panthère*/ robe jaune tachetée de noir (tenue remarquable)/ très fort (puissance)/ aime nager (dialogue avec l'inconscient)// déesse lune-terre (relation avec le bas astral*)/ sorcière*/ force tellurique (force inébranlable)/ gardien du feu (transformation, sacrifice, période d'épreuve) •sacrifice du cœur et de la chair/ maître des instincts/ soleil noir (travail intérieur, forces cachées)/ taches solaires (perturbations)/ feu sacré/ initiation.

Jais

pierre précieuse noire (pénétration des mystères) d'origine végétale, une forme de charbon★/ dureté 3,75 (action faible du Soi★)/ gouvernée par Saturne★/ correspond au Capricorne★ •deuil/ passé négatif/ magie noire/ épreuve/ besoin d'approfondir.

Jalousie

•envie/ amour exclusif/ attachement excessif/ possessivité/ rivalité/ chagrin/ inquiétude/ insécurité/ doute/ soupçon/ espionnage/ incertitude/ peur de perdre/ domination.

Jambe

•locomotion, déplacement, démarche extérieure et intérieure/ avenir/ croissance/ énergie et période de la conception d'un projet/ sexe masculin/ la libido = Les jambes conduisent le cheval qui est la force entre les cuisses, la force sexuelle dominée et orientée./ correspond au Verseau★ ♦mal à la jambe droite : mauvaise démarche/ avancement inopportun/ croissance précipitée et fragile/ expérience sexuelle négative/ témérité/ précipitation/ déplacement inutile et négatif/ nécessité de ralentir ♦mal à la jambe gauche : démarche remise, à mauvais escient/ croissance compromise/ immobilisme préjudiciable/ expérience sexuelle ratée ou remise/ peur de l'avenir/ peur de s'engager/ déplacement toujours remis ♦mal aux 2 jambes : empêchement/ perte d'élan/ inaction préjudiciable/ paralysie psychique, arrêt de mon évolution/ paresse.

Jambon

•cuisse humaine/ sensualité, sexualité/ prospérité, abondance/ épargne// en manger en rêve = faire l'amour.

Janvier

•arrêt/ gel, immobilisation/ isolement/ réflexion/ concentration/ planification/ évaluation/ potentiel.

Jappement

•appel/ menace, intimidation/ avertissement/ colère/ victime/ protestation du corps/ rébellion des désirs charnels.

Jardin

•beauté de la nature/ mise à part, prédilection/ richesse intérieure/ ambiance sentimentale/ intériorité, l'âme// ce que je manifeste = ma personnalité/ mon centre intime, secret/ mandala* incarné = centre psychique de la personnalité/ éden, bonheur/ le corps féminin dans son intimité/ états spirituels ♦jardin potager: sens pratique/ amour de la vie/ sens du goût physiologique développé ♦jardin de mon père: mon corps// avec fleurs épanouies = amour.

Jardiner

•favoriser la croissance, le développement = enseigner, conseiller, cultiver/ entretenir des sentiments/ interpréter des rêves, des symboles*.

Jargeau

plante sauvage/ grimpante et enchevêtrée (besoin de soutien, désordre)/ à vrilles (attachement)/ tige grêle (fragilité apparente) fleurs nombreuses bleuâtres (sentimentalité), ressemblant à des petits oiseaux retenus à la tige par le bec (prison, liberté illusoire)/ mellifères (séduction)/ minuscules haricots comestibles (velléités sexuelles, petits résultats)/ considérée comme mauvaise herbe difficile à éliminer (vitalité, envahissement)/ riche en protéines (énergie) •désordre/ délicatesse/ cage dorée, liberté entravée/ réunion intime/ grande sensibilité/ grande mobilité/ ténacité/ petites inspirations qui portent fruit.

Jarret

•élan/ effort/ force/ solidité/ fermeté/ souplesse ♦mal au jarret droit: déployer trop d'élan, d'effort, de force/ force, effort, élan mal orientés/ manque de souplesse ♦mal au jarret gauche: manque d'élan, d'effort, de force, de conviction, de fermeté.

Jaseur

petit oiseau/ plumage lisse (correction)/ brun cannelle et gris (discrétion, tendresse)/ huppe (fierté)/ masque noir (déguisement, mauvaises intentions)/ ailes terminées par une bande rouge vif (vitalité, coquetterie)/ queue terminée par une bande jaune vif (vivacité de la sexualité)/ insectivore (agressivité) et baies (plaisirs)/ chant: murmure (secret, problème d'élocution) •élégance du geste et du vêtement/ tenue impeccable/ allure distinguée/

coquetterie/ vanité/ dégustation/ goinfrerie/ ivresse/ goût du voyage/ discrétion de la voix/ gentillesse de manières/ affection et tendresse/ vie de couple uni/ adoption d'orphelins/ vie intellectuelle active/ sagesse.

Jasmin

plante grimpante à feuillage persistant (permanence)/ fleurs blanches (candeur), au parfum délicieux (séduction) •charme séduisant/ force persuasive/ innocence/ pureté/ insistance/ ravissement/ subtilité/ ouverture à l'indicible.

Jaspe

pierre précieuse opaque (ego non transparent)/ variété de calcédoine*/ rouge, jaune, vert ou brun (énergie vitale)/ correspond à l'argent*, au mercure*, au Lion*, chakra* du 3e œil/ gouverné par Pluton*/ relié à l'hypophyse* •base souterraine/ partie inconnaissable de l'inconscient/ ce qui me fait humain/ étape préliminaire à l'éveil de la lumière/ simplicité, naturel.

Jaune

couleur en rapport avec le soleil*, la flamme*, l'or*, le miel*, le citron*, le beurre*, le soufre*, la moisson, le safran*... •âme/ stimulation/ intuition/ inspiration/ esprit créateur/ arts/ besoin de connaître/ gêne/ jalousie, envie/ orgueil/ esthétique/ intelligence/ le Nord*/ correspond aux glandes surrénales et au plexus solaire ♦franc : énergie puissante, combinée du vert et du rouge, qui me parle de ma couche minérale, de ma 4e partie, celle qui me met en relation avec l'univers, avec l'inconscient collectif, avec le transcendant ♦clair : Besoin de suivre mon intuition ?/ Inspiration en vue ? ♦lourd : Besoin de contact avec les arts ? Besoin d'exprimer mes dons artistiques ?/ Besoin d'accentuer ma vie spirituelle ?/ Besoin de soleil, de grand air ? ♦or : La soumission à ma vérité me promet une réussite éclatante ? Perfection ?/ Venue d'énergie divine ? Humilité nécessaire ?/ Concilier richesse matérielle et spirituelle en vue. Choix ? ♦jaune et noir : curiosité dans la nuit/ jaune et noir en alternance = danger.

Jaunisse

•dépit violent/ épuisement psychique/ préjugés (Hay).

Javelot
•lance*/ sport/ arme*/ compétition/ rectitude/ projection/ attaque.

Jazz
•musique*/ vivacité/ imitation/ variations/ agilité/ invention/ transposition/ facilité/ gratuité/ improvisation.

Jérusalem
ville de Palestine, séparée en deux (tensions, opposition émotive), ville sacrée pour les Juifs, les Arabes et les chrétiens (combat pour la vérité) •opposition ancien ↔ moderne, richesse ↔ pauvreté/ complexe des frères ennemis/ situation explosive/ la Jérusalem céleste = cité divine, la Terre transformée/ lieu saint/ centre spirituel/ le Soi*/ immortalité.

Jetée
•une avancée dans l'inconscient, prise de conscience/ Voir *quai, port*.

Jeter
•élaguer, purifier/ gaspiller, excès de consommation/ besoin de renouvellement, d'allégement.

Jeton
•numéro/ marque/ valeur/ jeu* de hasard/ présence/ hypocrite/ frousse/ coup, gifle/ imitation/ fausseté.

Jeu de hasard
•appât du gain/ tenter le destin/ facilité/ besoin de valorisation, de rêve/ fuite des responsabilités/ désespoir/ s'en remettre à la pensée magique.

Jeûne
•purification/ deuil/ demande/ force/ pénitence/ besoin de mieux être, de mieux paraître/ maîtrise des instincts/ besoin de régénération/ effort d'intériorisation/ besoin d'élévation spirituelle.

Jockey
•intelligence/ direction/ conduite/ maîtrise des instincts, voir *cheval*/ course/ rapidité/ légèreté/ régime alimentaire.

Joker
•valeur universelle/ passe-partout/ refus de répondre/ moyen inattendu/ surprise/ puissance/ humour/ avantage, atout/ donnée inconnue/ revirement.

Jongler
•habileté physique/ habileté mentale/ attention/ rapidité/ désinvolture/ détachement/ concentration.

Jonc
1. plante herbacée, •eau, été, étang, pêche, osier/ baguette★, canne★// souplesse, fragilité, sveltesse, légèreté/ ♦2. bague★ sans ornement, •métal, cercle★, or// union, fidélité conjugale, engagement, serment, mariage, association, alliance.

Jonc fleuri (butome)
plante aquatique sauvage (proximité de l'inconscient)/ belles fleurs roses (épanouissement harmonieux avec un brin de mélancolie)/ groupées en parasol au bout d'une longue tige (ardeur, collectivité, éclatement)/ à rhizome (prévision, précaution)/ envahissante (ténacité, vigueur, embarras) •grâce/ harmonie jaillissant des profondeurs de l'être/ joie légère/ sentiments simples et purs/ goût audacieux/ mélancolie dominée/ enthousiasme/ cadeau du Soi★.

Jonquille
variété de narcisse★ à fleur jaune (lumière, inspiration, stimulation) et odorante (sensualité).

Joubarbe
plante vivace (ténacité, permanence)/ à ras de terre (humilité)/ feuilles grasses persistantes, disposées en rosette (rayonnement énergique du Soi★)/ hampe à fleurs roses (petit bonheur facile)/ se multiplie par rejets (prolifération, descendance)/ «barbe de Jupiter» (grande sagesse)// sa feuille fraîche soigne les cors, les dartres, les gerçures, les piqûres et les brûlures •vigueur/ simplicité/ organisation/ protection/ combativité/ immortalité/ centre/ manifestation très simple du Soi★.

Joue
•douceur/ caresse/ tendresse/ santé/ soufflet, insulte/ honte/ timidité.

Jouet
•enfance/ manque de sérieux/ façon détournée de régler certains problèmes psychologiques/ personne dont on se moque/ victime/ qqn livré à une force extérieure.

Journal
périodique •nouvelle/ opinion/ mondanités/ réputation/ publicité/

scandale/ réclame/ célébrité/ sensationnalisme/ dénonciation/ manifestation/ impression/ publication/ photos/ personnage/ star/ clientèle.

Journaliste

•nouvelle/ information/ opinion/ écriture/ documentation/ communication/ interprétation/ échéance/ citation/ enquête/ audace/ défense des droits/ dénonciation des abus/ conscience collective.

Juge

•loi/ justice/ conscience sociale/ conduite/ culpabilité/ condamnation/ clémence, indulgence/ punition/ prison/ liberté/ abus, excès/ crime/ jugement, jugeote/ honnêteté/ transgression/ objectivité.

Juillet

•été/ plasticité/ passivité/ réceptivité/ détente, vacances, paresse/ épanouissement/ expansion.

Juin

•été/ prise de conscience/ curiosité/ extériorisation/ instabilité/ caprice/ mobilité/ aisance/ facilité verbale, faconde/ rapidité.

Julienne

plante vivace (ténacité, permanence)/ petites fleurs, en bouquets lâches (autonomie dans un groupe)/ du pourpre au blanc (lumière spirituelle discrète)/ odeur agréable (séduction)/ clairières (besoin de voir clair)/ se propage facilement (vitalité)// diurétique, expectorante et sudorifique/ feuilles fraîches en cataplasme hâtent la maturation des abcès •exubérance/ connivence/ goût de la taquinerie/ sentiment d'envahissement/ simplicité rustique/ danger d'épuisement/ évolution par les petits actes.

Jumeaux, Jumelles

•double/ copie/ symétrie/ dualité/ opposition/ différenciation/ objectivation/ l'homme terrestre et l'homme divin en moi, sacrifice de l'un au profit de l'autre.

Jumelles

instrument d'optique •rapprochement/ observation/ réflexion/ indiscrétion/ prise de conscience/ ajustement = changement de perspective.

Junco

petit oiseau/ gris et blanc (discrétion, costume sévère)/ familier (confiance)/ mange au sol (modestie, recherche)/ doux trilles et gazouillis (joie de vivre, expression personnelle discrète) •association/ appels sexuels/ ouverture d'esprit/ petit éveil de la kundalini*.

Jungle

•mystère/ peur/ la loi du plus fort/ confusion/ désordre/ refoulement multiple/ danger/ licence complète/ déchaînement des instincts.

Jupe

•féminité/ excitation sexuelle/ surprotection maternelle/ refuge/ autorité féminine/ variation de la décence et des affaires économiques: «à courte jupe, mauvaises finances».

Jupon

•femme, fille/ décence, pudeur/ fantaisie/ dessous, aspect caché/ protection/ Voir *jupe.*

Jupiter

planète géante (grande importance)/ envoie plus de chaleur dans l'espace qu'elle n'en reçoit du Soleil (rayonnement, dilatation)/ boule d'hydrogène et d'hélium (fécondité et légèreté)/ révolution: 12 ans (influence durable)/ 16 satellites (grande attraction, influences multiples) ♦Planète consacrée au dieu Jupiter (dieu suprême)/ couleur correspondante: azur (valeur céleste, optimisme)/ son métal: l'étain*/ ses pierres: saphir*, turquoise*, ivoire*, tourmaline* bleue •Dieu/ autorité imposée, spirituelle ou humaine/ décision/ contrainte/ vitalité impulsive/ place centrale/ principes moraux/ équilibre/ ordre/ justice/ stabilité/ abondance/ épanouissement/ légalité/ confiance/ majesté/ profits, bénéfices/ consommation/ gourmandise/ générosité/ paix et bonheur/ libre expression des instincts/ protection/ victoire/ besoin d'ordre et d'organisation ♦type jupitérien: entrain/ élan, essor/ concrétisation/ tonus, optimisme/ bonne santé/ bonne humeur/ ardeur/ amabilité, facilité, chaleur, générosité/ besoin d'agir/ imagination exubérante/ extraversion/ superficialité/ emballement/ cyclothymie/ manque d'intuition.

Juron

Voir *blasphème.*

Jury

•groupe/ crime/ examen d'une question/ opinion publique/ critique/ sélection/ jugement/ culpabilité*/ innocence.

Jus

•liquide/ essentiel/ le meilleur/ effet/ situation éprouvante/ effort extrême/ expression totale.

K

•mort/ choc/ coup/ dureté/ paradis perdu/ mis pour 1000*/ énergie/ volonté// numérol. : valeur intuitive/ succès en affaires/ karma* à purger/ mission/ protection divine/ nervosité/ émotions à maîtriser (Piché).

Kaki

couleur •poussière/ discrétion/ militaire/ camouflage/ ennui.

Kaléidoscope

•émerveillement/ fascination/ changement brusque/ configuration mentale temporaire/ poudre aux yeux/ illusion/ organisation mentale/ mandala*/ le Soi*.

Kangourou

marsupial à poche ventrale (mère possessive, début laborieux et risqué)/ tête petite (petit esprit, vie intellectuelle réduite)/ oreilles dressées (attention, curiosité)/ forte queue servant d'appui (forte sexualité stabilisante)/ pattes arrière très développées (progression rapide)/ fait des bonds (fuite, évolution par à-coups, mutation)/ port souvent dressé (dignité)/ plutôt nocturne (timidité, crainte)/ inoffensif/ bon nageur (dialogue avec l'inconscient) •innocence/ rapports chaleureux/ originalité/ naissance prématurée/ intimité familiale/ attachement maternel excessif/ colère des doux.

Karaté

•exercice physique/ attaque/ maîtrise/ volonté/ dureté/ puissance/ confiance en soi/ force de caractère/ violence.

Karma

selon l'hindouisme, destinée de qqn déterminée par les actions passées, y compris celles des vies antérieures/ sorte de justice/ Voir *destin, réincarnation.*

Kerry-blue

chien* de terrier/ crâne plat (esprit sans fantaisie)/ tête rendue carrée par toilettage (rectitude acquise)/ poil droit, abondant et ondulé (tenue soignée)/ robe bleue (conservateur)/ bon chasseur (agressivité)/ bon pisteur (belle intuition, esprit de recherche)/ bon chien de garde (sécurité) •grande adaptabilité/ originalité/ bon contrôle des bas instincts/ caractère aimable, doux et vif/ courage et hardiesse/ bonne résistance/ talent d'organisateur/ forte sexualité souvent contredite/ belle sensualité/ corps bien campé/ importance du costume/ côté mondain.

Ketchup

•mélange/ le feu de l'action/ accompagnement/ goût de vivre/ stimulation/ goût des sensations.

Klaxon

•rappel à l'ordre/ avertissement/ surprise/ risques/ prudence/ éveil intérieur.

Koala

petit marsupial à poche dorsale (responsabilité, charge familiale, attachement)/ sans queue (sexualité inexprimée)/ poil gris et laineux (chaleur, sensualité, équilibre)/ museau nu (vulnérabilité, franchise)/ abajoues (gourmandise)/ arboricole (élévation, agilité)/ surtout nocturne (timidité, crainte)/ mange des feuilles d'eucalyptus (sobriété)/ pacifique/ lent/ doux/ s'apprivoise facilement (grande docilité, éducation)/ décimé pour sa fourrure (persécution) •manque de défense, de combativité/ douceur excessive/ attachement maternel excessif/ gentillesse/ charme enfantin/ infantilisme/ relations chaleureuses.

Kundalini

selon l'hindouisme, énergie subtile située dans le périnée, figurée par un serpent lové, et appelée à monter pour éveiller les autres chakras*, grâce à la maîtrise de l'énergie, acquise par des exercices de yoga.

Kyste

cavité contenant une substance surtout liquide/ production pathologique (production morbide, déformation)/ petit centre secondaire de production organique (personnalité secondaire développée au détriment de ma personnalité vraie)/ détournement de matière organique (aliénation du moi au profit du non-moi) •problème d'authenticité/ reproche personnel tenace/ apitoiement sur moi-même/ désir de changer mon destin, ma personnalité pour une autre/ blessure émotive entretenue (Hay)/ Voir la partie du corps affectée.

L

•eau/ souplesse/ ange/ mis pour litre, livre/ livre sterling/ 50, 50 000 // numérol. : valeur mentale/ besoin d'efforts et de détermination/ énergie lente/ illusion/ hésitations/ problèmes de conscience/ illumination/ abandon/ renoncement/ sacrifices/ projets qui rendent populaire/ croissance matérielle/ élévation spirituelle et intellectuelle/ voyages fréquents/ responsabilités/ décisions importantes (Piché).

Laboratoire

•expériences/ recherches/ méthode/ précision/ préparation, élaboration/ cobaye★/ médicament.

Labrador

bon chien★ de chasse et de garde/ poil ras et dense (tenue confortable)/ robe noire ou fauve (sociabilité modérée ou excellente)/ bon rapporteur (serviabilité)/ adore nager★// massif, robuste, infatigable •corps solide et harmonieux/ simplicité/ sexualité épanouie/ bonne combativité/ excellente santé/ caractère sympathique/ ardeur/ calme modéré.

Labyrinthe

•complication inextricable/ grave problème d'orientation/ parcours difficile/ recherche difficile du centre, du Soi★/ voyage intérieur/ épreuve initiatique/ épreuves servant à éliminer les incapables/ système de défense/ aléas de la vie/ période difficile/ cerveau, rationalité dont je dois m'échapper/ intestins★/ l'inconscient/ étape/ situation complexe sans issue apparente/ attachement à la mère/ oreille★ interne.

Lac

•réserve d'énergie disponible/ sentiments stables/ plaisirs, loisirs/ tranquillité/ intelligence et sollicitude de l'inconscient/ échec/ mère*.

Laine

•souplesse/ chaleur/ tissu/ chandail*/ dépouillement/ manque de défense/ protection/ renouvellement/ abondance.

Laisse

•contrainte/ privation de liberté/ guide de conduite/ maîtrise des instincts/ direction.

Lait

liquide des glandes mammaires; de vache* (générosité)// prévient l'ostéoporose* et le cancer*/ bon contre la diarrhée*/ prévient les ulcères, les caries dentaires, la bronchite/ réduit l'hypertension et le cholestérol/ stimule les facultés mentales/ augmente l'insomnie •abondance/ fécondité/ croissance/ nourriture spirituelle/ connaissance initiatique/ immortalité// en rêve: ♦je prends du lait = infantilisme/ ma mère + ce qui m'a fait tel que je suis/ renaissance spirituelle ♦je donne du lait = ce, celui ou ceux que je nourris/ ce que je crée et ce dont je suis responsable.

Laitue

légume herbacé/ plante basse (sensualité transposée)// effet laxatif et calmant •verdure/ tendreté/ été/ salades/ pique-nique/ régime/ douceur de vivre/ vie libre et simple/ anti-aphrodisiaque/ calme/ fraîcheur/ ma vie végétative, ma santé/ besoins primaires.

Lama

grand mammifère/ long cou et porte la tête haute (indépendance, snobisme)/ bête de somme (vie de service)/ herbivore (caractère pacifique)/ fournit laine et viande (providence)/ irrité, il crache (mépris) •désert/ protection/ chaleur/ élévation/ aide pour périodes arides évolutives ♦alpaga: donne la meilleure laine animale (douceur, chaleur, luxe) ♦vigogne: le plus petit et plus gracieux/ encore à l'état sauvage (élégance, chaleur, liberté, respect du sacré).

Lame

•épée*/ jugement/ coupure/ justice/ dureté/ raideur/ attitude tranchante/ droiture/ chirurgie/ intervention impitoyable.

Lampe

•lumière/ nuance/ ambiance/ veille/ intimité/ confidence// Besoin d'un éclairage particulier dans un secteur de ma vie?/ Besoin de tranquillité ou de recueillement?/ Besoin de nuancer ma pensée? mon attitude?/ Laisser «parler» la lumière intérieure?

Lampe de poche

•lumière/ précaution/ prise de conscience/ commodité/ rayon*/ besoin de prendre conscience d'une démarche/ mise en évidence/ malfaiteur.

Lance

•projection/ blessure/ axe/ force/ guerre/ puissance/ action divine/ L'aspect pénétrant de la lance du héros* dans la masse informe du monstre reflète celle de l'intelligence dans l'inconscient et cet éclairage met l'âme au monde.

Lancer

•me débarrasser/ faire des projections psychologiques: reconnaître ou dénoncer chez les autres mes traits de caractère, mes défauts, mes carences/ établir une relation entre 2 choses, 2 personnes par comparaison, par analogie.

Langage

•parole/ pensée/ culture/ émotions/ projections, voir *lancer*/ bavardages// en rêve: ♦en langue maternelle = dialogue avec mon inconscient/ ♦en langue seconde ou en allemand = message symbolique de l'inconscient/ ♦en charabia = Trop de couches inconscientes accumulées, trop de refoulements. Besoin d'aide.

Langue

♦mal à la langue: Je parle trop ou trop peu?/ Indiscrétions?/ Problème de communication?/ Problème d'expression?/ Changements souhaités dans ma vie? ♦se mordre: Grande tension?/ Trop d'application? Trop d'efforts?/ Besoin de me taire ou de parler?/ Regret d'en avoir trop dit?/ Période trop intellectuelle ou trop spirituelle?/ Besoin d'assumer ma sexualité?/ Communication intérieure bloquée? ♦aphte: petit ulcère* •aigreur, manque de joie/ commérage/ refoulement oral ♦crampe*.

Lapin

petit herbivore/ gris roussâtre (lascivité)/ grandes oreilles (attention, vigilance)/ lèvre supérieure fendue (silence, parole blessante)/ sauteur (évolution par à-coups)/ creuse des terriers (peur, clandestinité)/ prolifique, élevage (rentabilité, succès, abondance)/ gibier universel (attitude de victime, Providence)// doux/ inoffensif/ faible/ sociable •innocence/ grande fécondité/ naissance/ renaissance/ printemps/ lunaire = renouvellement cyclique/ initiation/ lubricité/ coprophagie/ fuite/ prudence/ esprit timoré.

Lapis-lazuli

pierre précieuse/ bleu royal (dignité intellectuelle)/ opaque (ego non purifié)/ souvent criblé de taches dorées et blanches (étincelles d'intuition)/ dureté 5 (action moyenne du Soi*)/ pas très fragile, mais poreux (disponibilité à la pénétration du Soi*)/ associé à l'Égypte*/ relié au chakra* du cœur •la Terre-Mère/ franchise/ finesse/ délicatesse/ méditation/ idéal/ étape de l'action transformatrice dans le corps.

Lapsus

projection verbale de l'inconscient, révélatrice des blocages, des obsessions, des préoccupations, des émotions de l'individu. Le mot en cause devrait mettre sur une piste d'interprétation.

Larme

•peine/ détresse/ la difficulté d'être humain/ trop grande joie/ toute émotion trop forte ♦don des larmes : grâce qui introduit la joie ♦se réveiller en larmes : trop de refoulement émotif/ prendre la vie au tragique/ apitoiement sur soi/ Voir *sanglot*.

Laryngite

•peur de m'exprimer, ravaler mes opinions/ ravaler des remarques désobligeantes/ colère rentrée, ressentiment, rancune.

Latrines

•pestilence/ besoins élémentaires/ élimination/ Voir *toilettes*.

Laurier

plante aromatique/ arbuste (personnalité noble un peu guindée)/ fleurs jaunes (énergie, lumière)/ feuilles persistantes (permanence)/ baies violet foncé (désirs sexuels occultés), huile à friction (stimulation spirituelle)/ assaisonnement (joie de vivre)// antiseptique/ sédatif/ stimulant/ aide la digestion// couronnait les héros, les sages •appétit/ protection/ succès, gloire/ immortalité/ sagesse/ héroïsme/ double vue ♦laurier rose : arbuste buissonnant (personnalité un peu précieuse)/ fleurs roses (charme, harmonie)/ feuilles rigides persistantes (permanence) •protection/ purification/ immortalité/ noblesse/ harmonie/ joie.

Lavabo

•eau froide (fraîcheur, saisissement)/ eau chaude (confort, détente)/ robinets (contrôle des émotions)/ renvoi (élimination)/ laver (nettoyer, épurer) ♦bouché: Négligence des soins du corps?/ Excès de propreté?/ Besoin d'éliminer un problème personnel?/ Besoin de me confier?/ Accumulation de pensées négatives?

Lavande

petit arbrisseau aromatique (petite personnalité ardente et discrète)/ feuilles gris-vert, étroites (petites prises de conscience)/ fleurs minuscules, bleu-violet en épis (discipline de l'esprit)/ odeur pénétrante (subtilité)/ grande vitalité/ terres arides et chaudes (endurance)// effet insecticide (éloignement des tracas)/ antiseptique (immunité) •propreté/ fraîcheur/ protection/ conservation/ guérison/ agrément.

Lave

•fusion*/ débordement/ fluidité/ ardeur/ passion envahissante.

Lavement

•déblocage/ duperie/ casse-pieds/ Voir *constipation.*

Laver

•besoin de nettoyer, d'épurer/ changer de vibration/ renouveler/ oublier, pardonner/ perdre ses illusions/ revoir son échelle de valeurs/ se détacher/ culpabilité*.

Lécher

•sensualité/ caresse/ basse flatterie/ désir/ grand soin.

Lecture

•déchiffrage/ décodage/ connaissance/ information/ vue*/ prise de conscience/ interprétation/ évasion/ reproduction/ Voir *livre.*

Légume

•saine alimentation/ sensations/ instincts corporels/ plaisirs charnels/ énergie de base ♦Combiner ces sens avec la valeur symbolique du légume en cause selon les situations: J'en suis friand?/ J'évite d'en manger?/ J'en ai dégoût?/ J'y suis allergique?/ J'en achète et ils sont piqués? Meurtris? J'ai beaucoup de perte?/ Au contraire, ils sont délicieux?/ On m'en offre et je les accepte? Je les refuse ?/ Ils coûtent cher ? Ils sont rares ? Bon marché ?/ J'en offre souvent à mes hôtes ?

Lemming

petit rongeur*/ toundra (isolement)/ caractérisé par des suicides collectifs causés par la surpopulation •sexualité excessive/ contrôle des naissances/ mon espace vital/ danger des psychoses collectives, des idées à la mode, des sectes.

Léopard

Voir *panthère.*

Lèpre

•hygiène/ insalubrité/ pénibles conditions de vie/ ce qui ronge/ remords/ mal qui s'étend/ découragement, désespoir : besoin d'aide.

Lettre

♦caractère typographique, voir *alphabet* ♦missive : nouvelles/ confidence/ message personnel/ Voir *facteur.*

Lévitation

•la psyché/ pouvoir de l'esprit sur la matière/ élévation spirituelle/ mysticisme/ Voir *vol.*

Lèvre

de la bouche •baiser/ amour/ sensualité/ expression/ sourire, joie/ parole ♦minces : autorité, sévérité, aigreur, mesquinerie ♦belles : harmonie, honnêteté, franchise, ♦épaisses, pulpeuses : sensualité, générosité, gourmandise, effronterie, indélicatesse ♦gercées : culpabilité, refus de l'amour, propos malveillants, refoulement oral/ manque d'affection ♦maquillées : recherche de séduction, propos doucereux, manque de naturel ♦mal à la lèvre supérieure ♦à droite : Je dis qqch de trop ? une parole désobligeante ? Un baiser indu ? Culpabilité ?/ Amour déchaîné ?/ ♦à gauche : Je me retiens de dire qqch que je devrais dire ?/ Je retiens indûment un baiser, une bonne parole ?/ Je ne suis pas mon intuition en amour ? ♦mal à la lèvre inférieure ♦à droite : Je me montre méprisant ?/ Je fais trop facilement part de mes sentiments négatifs ?/ Je n'obéis pas à mes réels sentiments en amour ?/ ♦à gauche : Je parle à tort et à travers ?/ Propos incohérents ?/ Manque de discrimination en amour ?/ Je réduis l'amour à la sensualité ? ♦bouton de fièvre, herpès à l'une des lèvres = urgence d'arrêter qqch/ affection contredite.

Lévrier
Voir *greyhound*.

Lévrier afghan
chien* de course/ tête allongée (esprit réfléchi)/ poil long, soyeux, sauf la face et le museau (importance de l'apparence, goût pour la mode)/ robe fauve, crème, noir et feu ou tricolore (relations ouvertes)// grande beauté, allure altière et distinguée/ robuste, endurant, très fidèle, très tendre et gai •grande taille/ corps délié et élégant/ originalité/ romantisme/ grande sensualité/ forte sexualité/ importance de la mise/ raffinement.

Lézard
reptile/ corps agile (agilité)/ couvert d'écailles (protection, froideur)/ queue longue et fragile: repousse si elle est coupée (sexualité prononcée et tenace, régénération)/ large bouche à petites dents (voracité)/ langue fourchue (double langage, opposition*)/ aime la chaleur (le farniente)/ immobilité prolongée (patience, paresse, inertie, vie végétative) •nonchalance/ repos, vacances/ image amoindrie du dragon*/ peur sans fondement/ recherche de la lumière/ extase/ énergie endormie prête à se réveiller, talent inexploité, ressources cachées.

Libellule
insecte carnivore (lascivité, agressivité)/ yeux globuleux (grande attention, conscience globale)/ corps allongé (sveltesse)/ 4 ailes transparentes (rapidité, transparence)/ vol rapide ou stationnaire (alternance dans les étapes d'évolution: progression et intégration)/ bourdonnement (sensibilité aux vibrations, activité intense, grande dépense d'énergie)/ énorme appétit (gourmandise, boulimie) •élégance/ légèreté/ rapidité/ fascination/ Japon// Préjugés? Superstitions? Croyances?/ Je suis fasciné par des idées dont je risque d'être la proie? ou qui me nourrissent?

Lichen
plante basse/ sans racines (détachement)/ sans feuilles (autonomie)/ tige en lames aplaties, sèches et recroquevillées (énergie élémentaire)/ vert-olive à vert-brun (discrétion)/ fruit: excroissance rouge (petits désirs accomplis)/ sur les rochers et les arbres (vie rude)/ adhère sans parasiter (hôte respectueux)/ peut rester en vie latente pendant un an (latence)/ contient un principe amer

(amertume)// antiseptique, antivomitif, antispasmodique, expectorant, tonique •vigueur/ caractère accommodant/ humilité/ grande simplicité/ dépouillement/ besoin de soutien/ patience/ endurance/ ténacité/ source imprévue d'énergie.

Licorne

animal fabuleux, cheval blanc à pieds fourchus (diabolique), à corne droite et torsadée au front (lumière) ♦symbolise: l'union des opposés = les deux cornes habituelles des bêtes sont unifiées = règlement du conflit instinct ↔ volonté/ aspect surnaturel de notre nature/ puissance positive/ pureté/ vertus royales/ justice/ inspiration, révélation// vierge fécondée par l'Esprit = fécondation spirituelle/ fascination de la pureté/ sublimation de la vie charnelle/ féminité ♦deux licornes en lutte: combat de la pureté contre la fécondité, conflit surmonté par des relations spirituelles/ union des opposés rendue explicite.

Licou

•lien/ manque de liberté/ direction/ manque d'autonomie/ influence indue/ attachement servile/ dépendance émotive.

Lierre

plante grimpante (besoin de soutien, aspiration, dépendance, souplesse)/ feuilles persistantes (permanence)/ non parasite (hôte agréable)/ toujours vert (éternité)/ jusqu'à 400 ans (longévité remarquable)/ fruits toxiques (désirs sexuels négatifs, cadeau empoisonné)// consacré à Bacchus (épanouissement de la vie naturelle) •corrupteur/ ivresse/ lien/ besoin de masquer, de cacher/ besoin impératif d'étendre son influence/ envahissement/ désir irrésistible d'élévation/ ambition/ domination/ vigueur/ réseau/ l'éternel retour (cycles).

Lierre terrestre

plante rampante/ vivace (ténacité, permanence)/ feuilles rondes et gaufrées (bonne énergie vitale)/ petites fleurs violâtres (renoncement)/ odeur forte et agréable (agrément, sensualité)/ saveur âcre (mauvaise humeur)// vertus toniques •ténacité/ endurance/ hypocrisie/ réconfort/ stimulation/ petit flirt/ présence envahissante.

Lièvre

petit herbivore (caractère pacifique)/ gris roussâtre (sexualité diffuse, toujours présente)/ grandes oreilles (attention soutenue, vigilance)/ lèvre supérieure fendue (silence, parole blessante)/ sauteur (saut évolutif)/ ne creuse pas de terriers (liberté)/ solitaire (indépendance, autonomie)/ prolifique (abondance, succès)/ gibier universel (attitude de victime)// doux/ inoffensif/ faible/ timide •peur/ fuite/ innocence/ spontanéité/ printemps*/ renaissance/ grande fécondité/ immortalité/ esprit timoré/ infidélité/ rendez-vous manqué/ coprophagie.

Lilas

arbuste (personnalité très vigoureuse avec dehors brouillons)/ fleurs en grappes mauves, blanches, violettes, roses, pourpres (sentiments généreux)/ parfum délicat (discrétion, subtilité)/ printemps* •multiplicité/ simplicité/ endurance/ doux aveux/ épanouissement en raison d'actes multiples, remplis de simplicité.

Limace

mollusque gastéropode/ sans coquille (vulnérabilité, mollesse)/ masse visqueuse oblongue (répulsion, rejet)/ brunâtre (indécision)/ avance par reptation (humiliation, dégradation)/ redoute le soleil (aveuglement)/ sort par pluie (grande fécondité)/ végétarien (caractère pacifique)/ hermaphrodite: porte les 2 sexes derrière la tête, mais non capable d'autofécondation (bisexualité, besoin des autres) •lenteur/ aspect informe/ mépris/ vie cachée/ dissimulation/ période d'intériorisation/ souplesse/ accommodement sexuel/ opportunisme.

Lime

outil •frottement/ adoucissement/ travail soigné/ patience/ ajustement/ précision.

Limette

fruit du limettier, voir *citron*.

Linaire

plante à fleurs sauvages jaunes (audace, inspiration), en grappes dressées (ordre, petits secrets)/ mauvaise odeur (désagrément, rejet)/ vivace (ténacité, permanence)/ dans les lieux ingrats (exigence réduite)/ n'est pas mangée par les bestiaux (discrimination, rejet)/ mellifère (sensualité)// utile dans les maladies du foie, des reins, de la peau; hémorroïdes •optimisme/ amusement/ pragmatisme/ surprises/ déception/ adaptation ♦linaire du Maroc: espèce cultivée comme fleur/ couleurs variées (diversité, vitalité) •clowneries, espiègleries/ joie.

Lion

très grand fauve/ dimorphisme (discrimination sexuelle)/ crinière (fierté, orgueil, rayonnement, autorité, royauté)/ monogame (fidélité conjugale)/ Afrique*/ nocturne (clandestinité, ruse)/ cri puissant (grande menace, avertissement sérieux)/ chasse en groupe (association de malfaiteurs)/ hiérarchie sociale (respect de l'autorité)/ savanes (liberté)/ carnivore (lascivité, agressivité) •été/ maturité/ force d'attaque/ plénitude de vie/ élévation/ grand seigneur/ puissance/ noblesse/ souveraineté/ justice/ analogue au soleil, à l'or, à la lumière/ force humaine assez puissante pour nous porter ou nous dévorer/ le Soi*/ énergie divine/ le Christ* ou le diable*/ terreur/ impétuosité/ instincts incontrôlés/ despotisme/ ambition/ colère ou peur de la colère/ courage/ correspond au cœur*, à la fougue, à la passion ♦lionne: mêmes sens atténués ♦attaquant ou mordant: révolte de la sexualité/ tension menaçante ♦noir: occultation de la conscience ♦vert: prise de conscience ♦doré ou rouge: apothéose du Soi*.

♦5e signe du zodiaque*, signe de feu •type solaire, bilieux/ affirmation de l'individualité/ autonomie/ liberté/ épanouissement/ maturation/ élégance/ plénitude/ volonté/ culte du moi/ rayonnement/ aristocratie/ apparence/ superficialité/ volonté de briller/ autorité/ domination/ assurance/ force, courage/ égocentrisme/ hospitalité/ fierté, orgueil/ le cœur/ principes moraux/ justice/ volonté de puissance/ désir de perfection/ ambition/ idéal/ maîtrise/ héroïsme/ grandeur.

Lis

plante à bulbe/ grandes fleurs (générosité, évidence) en forme de cornet (association, ardeur, révélation)/ couleurs variées, souvent ornées de points (coquetterie)/ étamines très évidentes (indiscrétion)/ très parfumé (agrément, sensualité, séduction) •excellente expressivité/ élégance/ noblesse, dignité, majesté/ fierté/ solennité/ autorité/ dialogue/ perfection/ amours interdites/ homosexualité/ tentation/ postérité/ amour intense/ amour idéalisé ou sublimé/ gloire/ fécondité/ élu du cœur/ abandon à la Providence/ dépassement de soi/ prière/ monde angélique/ ouverture du cœur.

Liseron

plante grimpante à grandes fleurs blanches (innocence) ou à petites fleurs roses (tendresse) en forme d'entonnoir (secret livré)/ se ferme la nuit (réserve)/ feuilles triangulaires (prise de conscience précise)/ s'enroule (besoin de soutien, parasitisme)/ à rhizome (prévision, précaution) •lien étroit/ relation étouffante/ simplicité/ féminité/ ténacité/ réceptivité/ clairaudience*.

Lit

•repos/ intimité/ sommeil/ rêve/ amour/ régénération/ relations conjugales/ naissance/ renaissance/ le corps/ maladie/ mort ♦mal fait: comportements à revoir ♦bien fait = santé/ énergie/ correction/ exigence ♦trop grand = importance exagérée de la sexualité, de la paresse.

Litchi

petit fruit globuleux (apport extérieur d'énergie, rêveries)/ d'un grand arbre (personnalité étrangère)/ en grappes (générosité, abondance)/ écorce rugueuse, du rose au rouge (tendresse sous des dehors rudes, vif attrait sexuel, réticences)/ chair blanc nacré et translucide, acidulé, au parfum de rose et de muscat (très grande sensualité, délices sexuelles)/ noyau (mauvaise surprise, inconvénients) •luxe/ volupté/ transfiguration de la chair par la semence immortelle de la spiritualité.

Livre

•science/ connaissance/ univers/ roman/ histoire/ document/ compte*/ la Nature/ initiation/ nourriture intellectuelle/ nourriture spirituelle.

Lobélie

plante courte à petites fleurs (humilité) bleues (esprit), blanches (candeur) ou carmin (sensualité), à gorge blanche ou jaunâtre (conscience) •légèreté/ gentillesse/ bonnes pensées/ intimité/ petites lumières spirituelles.

Locataire

•mensualité/ demeure temporaire/ l'âme et l'esprit, locataires du corps/ absence de soucis, de responsabilité/ instabilité/ pauvreté/ détachement.

Loi

•justice/ obligation/ règlement/ autorité/ droit/ obéissance/ infraction/ délinquance/ interprétation/ domination/ commandement/ constat/ phénomène naturel/ régularité/ convention/ norme/ conscience.

Loir

petit rongeur*/ arboricole (élévation, agilité)/ hiberne (léthargie)/ gris argenté (tenue discrète)/ longue queue touffue (sexualité prononcée)/ frugivore (goût des plaisirs)/ en montagne (élévation, conscience élargie)/ s'apprivoise (docilité, éducation) •agilité/ touche-à-tout/ dispersion/ oubli/ inconstance/ paresse/ gaspillage/ désir sexuel refoulé qui disperse l'énergie/ problème de sommeil.

Loriot

oiseau moyen/ jaune or avec ailes et queue noires (synthèse du conscient et de l'inconscient)/ caché dans la cime des arbres (prudence, élévation spirituelle, idéalisme)/ insectivore (agressivité) et frugivore (goût des plaisirs)/ nid: hamac solide et tissé (ingéniosité, création)/ chant mélodieux (voix bien timbrée, joie de vivre, agrément, expression personnelle) •beauté/ discrétion/ lumière intérieure appuyée sur l'inconscient/ mariage/ richesse/ amour du foyer/ joie/ renouveau.

Losange

•vulve/ matrice de vie/ passage initiatique/ divinité souterraine/ bonheur en amour/ victoire/ contact spirituel/ équilibre des 4 fonctions psychiques*.

Loterie

•gain/ désir de sortir de la médiocrité, de l'anonymat/ rêves/ pensée magique/ naïveté/ déception/ Voir *gros lot.*

Louche

ustensile •soupe*/ estimation grossière/ grande quantité/ main/ malhonnêteté.

Loucher

•manque de franchise/ duplicité/ envie/ convoitise/ convergence/ timidité/ humiliation.

Loup

carnivore/ en meute hiérarchisée (respect de l'ordre social)/ hurlement (appel pressant, ennui, douleur)/ en forêt (sauvage, retraite)/ affamé, il est dangereux (instincts à satisfaire)/ sujet à la rage (individu intraitable, colère violente)/ voit dans la nuit (perspicacité, intuition) •vigueur/ résistance/ peur, effroi/ être dangereux/ inconscient★ sous son aspect initial/ instincts dévorants/ Identifié à la nuit★, il dévore le soleil = la mort./ le temps qui dévore (angoisse de l'âge★)/ gueule dévorante = descente aux enfers (épreuves initiatiques)/ aide les morts à s'orienter (libération des fantômes, des esprits du bas astral★)/ rapports avec la sorcellerie et les esprits de la forêt (influences négatives, magie★ noire, invitation à dominer ses peurs) ♦loup-garou = les instincts ont pris le dessus ♦blanc: angoisse opposée à un instinct sûr ♦l'entendre hurler: appel des instincts et rappel d'une peur fondamentale ♦le capturer: sacrifier de l'ego ♦le tuer: courage/ faire face à ses peurs/ illusion de tuer les instincts en nous ♦louve: force sauvage des instincts sexuels, débauche/ force bienfaisante de la Nature qui nourrit (Rémus et Romulus)/ fécondité.

Loupe

•besoin de porter attention/ approfondissement/ exagération.

Loutre

carnivore moyen, brun★/ pattes palmées (adaptation)/ queue puissante (sexualité prononcée)/ glandes anales odorantes (phase anale, séduction)/ nageuse excellente (adresse, fécondité, maîtrise des instincts)/ piscivore (prise de conscience)/ méfiante, rusée/ rapide •aisance/ souplesse/ confiance en soi/ intelligence/ joie de vivre/ loisirs, jeux/ goûts sportifs/ sociabilité/ bonne relation avec l'inconscient/ initiation par mort et résurrection symboliques/ aide à passer au paradis.

Lucarne

•grenier★/ comble/ romantisme/ réduction de conscience.

Luciole

coléoptère ailé et lumineux •transformation de mes tracas en petites joies/ petites intuitions/ un brin de poésie/ agrément imprévu/ succès/ petits clins d'œil d'encouragement du Soi★.

Lumière

•conscience/ intelligence/ sagesse/ sainteté/ révélation, parole divine/ compréhension/ illumination/ monde céleste/ présence divine/ force fécondante/ énergie organisatrice/ vie/ salut/ bonheur/ éternité/ valeur ascensionnelle/ initiation.

Lune

satellite de la Terre/ lumière de nuit (vie affective, faible éclairage = conscience inférieure)/ présente toujours la même face (synchronisme, illusion, constance, dissimulation)/ phases de la Lune: croissant (cycles, croissance ↔ décroissance = variation de la conscience)/ éclipses (suspension d'une influence, perturbation)/ reflète la lumière du Soleil (lumière d'emprunt, fausseté, réflexion)// planète non sacrée, caractérisée par l'harmonie ↔ le conflit// On dit qu'elle a une influence négative./ influence les marées (fécondité, menstruations)/ en relation avec la perle* et la pierre de lune/ son métal: l'argent*/ consacrée à Isis, Isthar, Diane, Hécate (beauté et valeurs féminines) •les rêves/ la lumière du moi, en regard du soleil, la lumière du Soi*/ changement, instabilité/ l'épouse par excellence/ l'âme/ le temps/ mort et résurrection/ sortie de l'épreuve de la nuit obscure/ dépendance/ rythmes de la vie/ végétation/ le temps qui passe, le quotidien/ connaissance théorique, conceptuelle/ passivité, réceptivité/ guide/ Islam (croissant)/ imagination/ rêverie/ influence maternelle/ pulsions instinctives/ œil* gauche.

Lunettes

•vision faible, déformée/ aide/ protection/ précision/ correction de la conscience ♦en porter: refuser de voir la réalité en face/ mauvaise conception de la vie/ désir de me masquer un aspect de ma vie/ manque de perspective ♦de soleil: teintent la vision, dissimulent le regard et protègent de la lumière vive = infériorité/ culpabilité/ dissimulation/ timidité/ optimisme ou pessimisme/ refus de la vérité/ suffisance, vanité, mépris.

Lupin

plante à feuilles palmées et à grands épis floraux (discipline) bleus, blancs, jaunes, rouges ou roses (diversité, vitalité)/ fleurs en forme de coque (secret, danger caché)/ très toxique (sentiment empoisonnant)// graines riches en protéines, succédané du café •stimulation/ volonté/ attitude rigide et fermée/ caractère affirmé/ ambition/ dérivatif.

Lustre

•éclat/ esprit brillant/ clinquant/ suspension/ romantisme/ éblouissement.

Lutin

petit élémental, être féerique espiègle et malicieux, surtout nocturne/ Ces petits esprits semblent s'identifier aux éléments de la nature : ondins, ondines pour l'eau* (fluidité), elfes pour l'air* (légèreté), salamandres pour le feu* (vivacité), gnomes pour la terre* (stabilité). Les trolls habiteraient les arbres* (esprits grincheux). Ils seraient les gardiens de la nature.

Lutte

•obstacle/ opposition*/ épreuve/ Voir *adversaire*.

Lutteur

athlète* •adversaire*/ défi/ force/ persévérance/ courage/ cran/ caractère énergique.

Luxation

•lien faussé// Mauvaise relation entre mon corps et mon âme ou entre mon âme et mon esprit ?/ Je force les choses ou les gens ?/ Voir la partie du corps concernée.

Lynx

félin/ queue courte (sexualité réduite)/ hautes pattes (hauteur, dédain)/ oreilles terminées en pinceaux (intuition, clairvoyance)/ grimpeur (agilité)/ saute sur sa proie du haut des arbres (mauvaise surprise, attaque sournoise, danger imprévisible)/ instincts sanguinaires (cruauté)/ vue perçante (perspicacité) •instincts indomptés/ acuité des sens/ rapidité des réflexes/ vigilance/ conscience pénétrante.

M

•masculin/ monde, société/ onde/ ère du Verseau/ mis pour mètre, maxwell/ Monsieur/ 1000/ murmure/ vibration/ montagne// numérol.: valeur physique/ évolution à transformations nécessaires/ courage/ patience/ besoin d'efforts/ volonté/ empêchements/ détachements/ confusions intérieures/ énergie centrée sur le travail, le foyer, la santé et les finances (Piché).

Macaroni

•insulte/ nullité/ manque de caractère/ disponibilité/ commodité/ préparation/ anonymat/ esprit grégaire.

Mâcher

•mordre*/ broyer, écraser/ préparer/ faciliter/ ruminer, songer/ être mécontent, amer.

Machine à coudre électrique

sert à confectionner vêtements, rideaux... ♦défectueuse: Quel usage en fais-je?/ Pour qui est-ce que je couds?/ Je me sens exploité?/ Négligence vestimentaire?/ Je ne m'occupe pas assez de mon apparence? Trop?

Machine à écrire

•écriture/ mécanisme/ lettres, alphabet*/ document officiel/ lettre*/ secrétaire*/ doigté, tact/ clarté/ besoin de me faire comprendre.

Machine à laver

♦en panne: Privation d'aide?/ Besoin de revoir ma façon de concevoir les manières de clarifier ma vie, de l'épurer? ♦fuite d'eau: Perte d'énergie.

Machine à laver la vaisselle

♦acquisition: Luxe?/ Libération d'une contrainte? ♦détraquée: De l'aide m'est refusée? Je dois faire des efforts?/ Invitation à la discipline?

Mâchoire

♦du haut: l'univers d'en haut/ conscient/ actif ♦du bas: l'univers d'en bas/ inconscient/ passif ♦les deux mâchoires: accord des contraires = conscient et inconscient associés dans le même travail d'assimilation ♦serrées: colère/ haine/ indignation/ volonté/ décision ferme/ tension/ ambition/ détermination ♦mal aux mâchoires: Je mords trop ou trop peu à la vie?/ Je parle trop ou trop peu?/ Je retiens une colère? Ou j'en fais une injustifiée, mal dirigée ou mal contrôlée?/ Décision à prendre?/ Manque de volonté?

Magasin

•besoins/ nécessité ↔ luxe/ accumulation/ échange d'énergie/ dépense d'énergie/ choix.

Magie

•trucs/ apparition, disparition/ divination/ envoûtement/ rite/ sort/ prestidigitation (rapidité extrême)/ illusion/ très grande habileté/ secret ♦blanche: sans volonté de nuire/ manipulation des énergies positives ♦noire: manipulation des énergies négatives, de basses vibrations (s'attendre au choc en retour)/ mauvais sort/ malédiction.

Magicien

•spectacle/ passe-passe/ magnétisme/ tour, truc/ besoin de croire au merveilleux/ enchantement/ naïveté/ foi dans les solutions miracles/ illusion/ fausseté, mensonge/ poudre aux yeux/ infantilisme/ besoin de dépasser les limites matérielles/ se faire jouer/ secret/ fascination/ amusement/ passion, séduction/ sorcellerie.

Magnétophone

♦acquisition: Besoin de musique? (Voir *appareil stéréo*.)/ Besoin de m'écouter?/ Besoin d'objectivité? de communiquer? de chanter? de créer? ♦panne ou vol: Je suis privé des besoins précédents?/ M'interroge sur l'usage que j'en faisais?/ Prendre conscience de mes besoins fondamentaux? Écouter mon intériorité?

Magnolia

arbuste à croissance lente (personnalité calme et élégante)/ très grandes fleurs blanches et rosées (épanouissement important et harmonieux), odorantes (sensualité), à pétales épais (générosité)/ fleurs au printemps* avant les feuilles (confiance aveugle dans la vie) •admiration, étonnement/ ravissement/ foi en la beauté de la vie/ luxe/ épanouissement de l'âme/ renouveau magistral/ harmonie supérieure/ beauté du Soi*.

Mai

•créativité/ générosité/ joie de vivre/ beauté/ plan, projection/ installation/ tendresse/ sûreté.

Maille

•boucle/ entrelacement/ tissu/ filet/ réseau/ armure/ défense.

Maillet

Voir *masse.*

Maillot

•sport/ exercice/ aise/ souplesse identification ♦de corps: protection minimale/ intimité// le porter en public: laisser-aller/ effronterie/ agressivité/ rejet des conventions ♦de bain, voir *baignade.*

Main

•faire/ prendre/ tenir/ toucher/ porter/ contacter/ travailler/ posséder/ connaissance concrète/ puissance/ maîtrise/ domination/ activité créatrice/ manipulation/ usine* ♦mains ouvertes: offre/ demande/ réception/ accueil/ générosité ♦fermées: cachette/ secret/ refus/ avarice ♦unies: intensité/ rencontre/ union/ jonctions des contraires ♦jointes: prière/ recueillement/ conquête de l'unité/ force/ connaissance/ pitié implorée/ ferveur/ volonté/ désespoir ♦sales: mauvaise action/ culpabilité/ travail pénible ♦main grande: main de Dieu le Père, sa protection, son aide/ invite à l'abandon/ puissance/ présence, action ♦dressée: autorité/ protection/ domination ♦imposition des mains: mouvement qui sacre, initie, bénit, guérit ♦mal à la main droite: Trop d'effort à posséder, à retenir?/ J'agis mal?/ Mon père, mon frère ou mon fils auront des ennuis de santé?/ Je manipule indûment les autres?/ Besoin de remanier qqch?/ J'exerce une domination indue? Manque de maîtrise? ♦mal à la main gauche: Je diffère une action./ Mépris de l'argent? Je gaspille?/ Ma mère, ma femme ou ma sœur n'ira pas bien?/ Inaction?/ Je me laisse manipuler?/ Je néglige mes devoirs de protection? ♦mal au dos de la main: Besoin de voir les deux côtés d'une action?/ Un revers en vue?// droite: Je devrais éloigner qqn ou qqch de moi?/ Besoin de choisir, d'élaguer?// gauche: On essaie de m'éloigner?/ Je subis une humiliation?/ J'ai tort d'éloigner qqn ou qqch de moi? ♦tranchant: sévérité/ justice/ exigence ♦mal au tranchant de la main droite: Manque de souplesse? Principes trop rigides?/ J'exige autant de moi que des autres?// ♦mal au tranchant de la main gauche: Manque de décision?/ de sévérité?/ d'exigence?/ de fermeté?

Main courante

•aide/ appui, soutien/ guide/ sécurité/ accompagnement/ descente/ montée.

Maïs

céréale/ n'existe pas à l'état sauvage (don du ciel)/ jusqu'à 2,50 m (ardeur), à grandes feuilles rubanées (élégance)/ fleurs femelles en épis (ordre) d'où sort une «barbe» (sagesse); fleurs mâles en panache au sommet de la tige (fierté, orgueil, goût d'élévation)/ grains dorés, mais aussi marron, noirs ou variés, sucrés et laiteux (générosité, providence)/ huile (quintessence)/ très nutritif (grande énergie)// prévient cancer, caries, maladies de cœur/ huile à action anticholestérol •prospérité/ bénédiction/ phallus*/ fécondité/ fierté/ énergie vitale/ prévoyance/ hérédité/ ordre/ Amérindiens (culte du soleil, de la lumière)/ aspiration spirituelle.

Maïs soufflé

•petit plaisir/ gâterie/ cinéma/ éclatement/ légèreté/ exagération/ inconsistance/ dispersion.

Maison

•espace vital/ univers personnel/ famille/ chaleur humaine/ sécurité/ maison d'enfance (éducation)/ ancestrale (ascendance, hérédité)/ refuge maternel/ mon corps/ mon monde psychique*/ château* intérieur en voie d'édification/ le moi/ le corps/ la situation consciente ♦L'état de la maison donne une idée de mon état psychique. ♦en démolition: besoin d'aide ♦en construction: nouvelle conception de la vie ♦éléments de la maison: le moi et ses besoins (maison = mon corps) ♦tuyauterie: énergie, sang, digestion, évacuation ♦système de chauffage: estomac, intestins, poumons (soufflerie) ♦étages: niveaux, dimensions ♦pièces qui couvrent toutes les nécessités: salle de toilettes*, salle* de bains, chambre*, cuisine*, salon*, bibliothèque*, salle à manger = vie familiale, vie sociale, amitié//

fenêtres★// portes★// plantes: sentiments spontanés, naturels// musique★ ♦parties de la maison: toit★/ le haut, le grenier★/ sous-sol★/ le rez-de-chaussée: la conscience/ mon état d'esprit ♦extérieur, façade: personnalité extérieure, image sociale (négligée? soignée? exagérée?) ♦l'avant: aspect du moi officiel, public, conscient ♦l'arrière: aspect du moi officieux, privé, inconscient, inavoué ♦maison vide: solitude?/ pauvreté intellectuelle?/ pauvreté affective? ♦les pièces: parties de moi/ organisation intérieure ♦événements qui s'y passent: cela se passe aussi en moi ♦agrandissement: extension psychique, augmentation de la conscience, découverte ♦plus petite que d'habitude: diminution de la personnalité ♦Les maisons occupées antérieurement peuvent signifier des étapes passées de ma vie ou des vies antérieures. ♦en être délogé: santé menacée (physique ou psychique) ♦maisons en rangée: états psychiques successifs/ d'autres personnes ♦maisons des autres: passer par ces maisons = avoir recours aux autres.

Majeur

doigt de Saturne★ •le point milieu/ ma destinée/ mon orientation fondamentale/ mon évolution essentielle/ vulgarité// correspond à la rate★ et au pancréas★ ♦mal au majeur droit: Une action majeure va fausser mon orientation. ♦mal au majeur gauche: Accroc majeur à l'orientation de mon être profond en n'agissant pas. ♦je pèle: Je me renouvelle et fais ce qu'il faut pour accomplir mon être.

Malachite

pierre précieuse/ vert intense et varié (vie terrestre, énergie vitale)/ structure mamelonnée, zonée (prises de conscience, recherche du centre★)/ de translucide à opaque (besoin d'épurer l'ego)/ gouvernée par Vénus★/ reliée au chakra★ du larynx •profusion de la vie/ sa variabilité/ compréhension/ régénération/ intelligence/ sagesse/ besoin de fréquenter la nature.

Maladie

La maladie physique est une conséquence d'un malaise psychique important, une conséquence d'une mésorientation de l'énergie vitale qui m'éloigne de son évolution juste. •besoin de me faire dorloter/ apitoiement sur soi/ pitié/ dépendance/ hypocondrie★/ chantage émotif, manipulation/ manque de responsabilité/

épreuve, épuration/ sacrifice ♦chronique ou congénitale: Ces maladies peuvent avoir leur origine dans une vie antérieure. ♦Besoin de se demander quel avantage me procure ma maladie: «Les alibis et les excuses que nous utilisons pour nous justifier ont tendance à se matérialiser.» (Vallières) ♦Chaque maladie nous interroge et nous oblige à descendre dans la nuit de l'inaccompli (Souzenelle).

Maladie vénérienne

•excès de sexualité/ culpabilité/ imprudence/ partenaire sexuel qui ne me convient pas/ peur/ sexualité mal assumée.

Malaria

•moustique/ marais/ fièvre intermittente/ crise/ faiblesse/ misère/ environnement hostile/ parasitisme/ ennemi caché/ adversité/ tempérament passionné/ mépris du danger.

Mal de l'air

•peur de la mort/ peur des grands changements/ sens de l'adaptation limité.

Mal de mer

•peur de la mort/ grande emprise maternelle ou, au contraire, trahison de la mère/ peur de se laisser aller.

Mal de tête

Voir *migraine.*

Mal des transports

•besoin de contrôle sur sa vie, peur d'être manipulé/ peur de s'abandonner, de lâcher prise/ besoin de liberté, d'autonomie/ besoin de comprendre.

Malle

grand coffre*, voir *bagage, valise.*

Manche

•protection/ chaleur/ dissimulation/ travail/ manipulation/ difficulté/ argument en réserve.

Manchon

pièce d'habillement •chaleur/ commodité/ cachotterie, dissimulation/ coquetterie/ esprit conservateur.

Manchot

gros oiseau/ noir et blanc (opposition* marquée)/ pêcheur (dialogue avec l'inconscient par les rêves et par les signes)/ station debout (dignité)/ marin (ressourcement)/ inapte au vol (adaptation, handicap, rigidité)/ plumes fourrure (douceur, sensualité)/ grand élan pour sortir de l'eau (émergence de la conscience)/ très grégaire (sociabilité, promiscuité, manque de personnalité)/ sexes identiques (parité sexuelle)/ pôle Sud (grande résistance) •maladresse/ victime des oppositions/ attitude figée/ courage/ besoin de soutien social/ embonpoint/ dénuement/ force contre l'adversité/ force d'appui sur l'inconscient.

Mandala

cercle avec un centre d'où rayonnent des lignes et des couleurs, souvent à base 4 et ses multiples/ image du monde/ actualisation des puissances divines/ figure du plan supérieur/ cercle lumineux émanant de certaines personnes/ Beaucoup d'images évoquent le mandala comme les fleurs, les jardins, les pierres précieuses... •recherche du centre/ recherche d'équilibre/ présence de Dieu au centre du monde/ le Soi*/ « Centre psychique de la personnalité qui ne doit pas être identifié à l'ego. » (Jung)/ intégrité de la personne// guide imaginaire et provisoire de la méditation/ sa contemplation conduirait à l'illumination/ inspire la sérénité, le sens de la vie/ conserve ou restaure l'ordre psychique/ « Ces figures produites par l'inconscient n'expriment pas seulement un ordre, elles le créent aussi. » (Jung)

Mandarine

tout comme l'orange*, mais en plus réduit, plus délicat.

Mandoline

instrument à cordes pincées et à caisse bombée/ se joue avec un médiator (aide, intermédiaire) •expression des sentiments et des émotions/ tension/ générosité/ débordement/ tremblement/ extériorisation/ excitation.

Manège

Voir *carrousel*.

Manger

•me nourrir sur le plan intellectuel, spirituel/ assimiler/ intégrer des connaissances, des contenus inconscients ♦de la nourriture = Je refais mon énergie. ♦de la viande : besoin de sexualité ♦légumes : besoin de sensualité ♦fruits : sensualité et sexualité satisfaites ♦gâteries : petites joies (Manque de nourriture solide ?)// en rêve ♦un livre : le lire, l'intégrer, l'assimiler ♦du papier : J'intellectualise trop ? ou trop peu ? ♦du métal : passage difficile, obligatoire ♦de la terre : Je me nourris mal ? besoin de minéraux ? période d'humiliation ? besoin d'humilité ? besoin de réalisme ? initiation*? Acceptation du côté terrestre de la vie ? ♦mes propres excréments : avoir des problèmes graves/ recherche d'autonomie/ l'acceptation de l'inconscient qui m'avait jusque-là paru méprisable.

Mangeuse de chair

Voir *myosite.*

Manifestation

démonstration collective •protestation, dénonciation/ justice/ pression sociale/ troubles/ affirmation// Je dois prendre position quant à l'opinion commune exprimée ?/ Appel à mon sens social, à la solidarité ?/ Qqch cherche à se manifester à ma conscience ?

Mannequin

•vêtements*/ manque de caractère/ impression de vide/ manipulation/ modèle*/ inertie ↔ changement/ beauté plastique/ rêve de célébrité/ besoin d'amour/ sacrifice de l'intériorité au profit de l'apparence.

Manteau

•protection/ le corps/ la peau/ personnalité « par-dessus » = extérieure = apparence/ attitude sociale, comportement/ dissimulation/ sentiment global/ sagesse/ dignité/ rôle/ moi-même.

Manufacture

Voir *usine, immeuble.*

Maquillage

•figure/ beauté/ amélioration/ mise en valeur/ accentuation des qualités/ atténuation des défauts/ soigner les apparences/ insécurité/ manque de naturel/ falsification/ trucage/ mensonge/ Voir *cosmétique.*

Marais

•passivité/ immobilisme/ tranquillité/ paresse véritable ou apparente/ centre spirituel/ plaisirs sensuels/ inconscient/ mère/ mystère/ phase d'initiation/ contemplation/ croupissement/ étape d'intériorisation/ introversion/ mélancolie.

Marbre

•dureté/ froideur, insensibilité/ impassibilité/ durabilité/ intégrité/ luxe, richesse.

Marche

Voir *escalier, promenade.*

Marché
•achat/ vente/ variété/ diversité/ abondance/ rassemblement/ convergence/ animation/ trouvaille.
Marcher
•liberté/ démarche individuelle/ progression lente/ évolution naturelle.
Marécage
•difficultés/ environnement inculte/ bourbier/ enlisement/ période éprouvante/ Voir *marais, étang.*
Marée
•alternance/ envahissement ou retrait de l'inconscient/ puissance des sentiments/ hésitation/ recommencement.
Marguerite
fleur sauvage (naturel, indépendance, vigueur)/ feuilles dentelées (délicatesse)/ tige dressée (ardeur)/ pétales blancs rayonnants autour d'un cœur d'or (le Soi*) •liberté/ simplicité/ naïveté/ jeunesse/ virginité/ amourettes.
Mariage
•accord/ association/ alliance/ fusion/ conciliation des opposés/ acceptation du contraire/ complémentarité/ soutien mutuel/ conciliation entre le conscient et l'inconscient/ amour/ réjouissance/ union de l'âme avec le Soi*, avec Dieu.
Marijuana
•rire/ plaisir/ détente/ fuite, évasion/ état de bien-être/ petit paradis artificiel/ légère dépendance/ mollesse, vie facile/ insouciance/ détachement de la réalité/ élasticité du temps psychologique/ goût des sensations/ amplification et altération des perceptions/ accroissement de la sensibilité/ accentuation des états d'âme/ désir d'exploration psychique.
Marin
•rudesse/ instabilité/ appel de la mer*/ voyage/ étranger, lointain/ besoin de changement/ aventure/ détachement/ aise avec l'inconscient.
Marionnette
•personne légère, frivole/ qqn sans caractère/ manipulation/ manque de consistance dans la conduite de la vie/ apparences/ stéréotype/ comportement stéréotypé/ représentation des drames de la vie, des passions, des épisodes historiques/ simplification de

la vie/ exagération/ pouvoir magique : elle finit par se charger de l'énergie psychique des valeurs qu'elle représente.

Marjolaine

aromate/ feuilles veloutées (sensualité)/ fleurs minuscules, blanches ou rosées (candeur, naïveté), en épis globuleux (groupement harmonieux)// antiseptique, antispasmodique, hypotensive •goût de vivre/ oubli/ bonheur/ vie saine/ esprit pénétrant et subtil/ concentration.

Marmite

gros chaudron*.

Marmotte

gros rongeur/ forme lourde (obésité)/ oreilles courtes (attention limitée)/ gros yeux saillants (conscience claire)/ couleur fauve (tenue : le confort d'abord)/ basse sur pattes (inélégance)/ en petites colonies (esprit de famille)/ végétarien (caractère pacifique)/ terriers (refuge, clandestinité)/ hiberne (léthargie, inertie)/ fourrure •douceur/ affection/ amabilité/ joie familiale// Manque d'expression personnelle ?/ Manque d'affirmation ?/ Peur à maîtriser ?/ Trop de sommeil ? pas assez ? fuite dans le sommeil ?/ Embonpoint*?

Marque

•repère/ tache*/ trait/ indication/ étiquette*/ signe/ empreinte/ flétrissure/ signature*/ création/ symbole*/ timbre*/ indice/ trace/ preuve/ influence/ appartenance, possession/ authenticité/ domination.

Marquise

auvent •toit*/ protection/ abri/ entrée/ décorum/ aspect officiel/ attitude d'accueil/ extension du moi/ recherche de sécurité.

Marron

1. fruit comestible du châtaignier cultivé, contenu dans une enveloppe hérissée (réticences), à fécule nourrissante (sexualité crue) ; cuit, saveur agréable et à grande valeur nutritive (acceptation des plaisirs charnels) •clandestin/ en fuite/ brun/ de race noire/ coup de poing/ être attrapé// Risque de me faire rouler ? ♦marron chaud : automne*/ réconfort// marron glacé : Noël*

2. couleur rouge brun/ énergie du jaune* de faible intensité vibratoire ♦Trop ou pas assez de contact avec la réalité. ♦Si je suis de race noire, ma négritude est en cause. Selon le contexte de ma vie, je gagnerais à l'affirmer ou à montrer de la réserve.

Marronnier

châtaignier cultivé, grand arbre/ tronc court et massif (importante personnalité orientée vers un épanouissement personnel remarquable)/ écorce noire (caractère sérieux et ardent) qui fournit teinture rouge (changement vital, surprise en amour)/ feuilles palmées, de 5 à 7 folioles (grande énergie vitale, grande ouverture d'esprit)/ fleurs en épis (amour de l'ordre), blanches, roses, rouges ou verdâtres (distinction)/ ombre épaisse (protection)/ jusqu'à 250 ans (excellente longévité) •Ouest★/ automne★/ prévoyance/ puissance, importance/ élégance morale/ lien fort et harmonieux avec le Soi★.

Mars

1. mois •fonte des neiges/ dégel, reprise/ transition/ gestation/ irrésolution/ ambiance fiévreuse/ fécondité, créativité.

2. la planète rouge (ardeur)/ atmosphère de gaz carbonique (atmosphère étouffante)/ 2 satellites : Phobos, « peur » et Deimos, « terreur » (accompagnent la guerre)// consacrée à Mars, dieu de la guerre/ métal correspondant = fer★ •énergie/ volonté/ tension/ vie et mort/ vifs désirs/ dynamisme/ virilité/ force physique et force d'âme/ art militaire/ médecine/ sport/ compétition/ rivalité/ hostilité/ ambition ♦type martien : bilieux-sanguin/ combat/ conquête/ succès ↔ échec/ rebondissement/ périodes de suractivité, de luttes, de conflits/ alternance de contraction et de dilatation explosive/ besoin d'activité physique, de domination, de réalisation/ recherche des défis/ recours à la violence/ colère/ vie passionnelle.

Marteau

•construction/ moyen violent/ menace physique/ menace morale/ argument frappant/ oreille★ interne/ souci/ répétition/ entêtement.

Martinet ramoneur

petit oiseau/ noirâtre (vie cachée)/ corps en fuseau (pénétration de la vie spirituelle)/ queue réduite (faible sexualité)/ longues ailes pointues, presque toujours en arc (ardeur spirituelle)/ vol très rapide (vibrations élevées), saccadé, clignotant (fébrilité, nervosité, détours)/ chant : cliquetis rapide (bavardage)/ dans les cheminées ou les arbres creux (entretien, renaissance)/ se pose sur une surface verticale (audace, proximité de l'inconscient)/ très grégaire (sociabilité, promiscuité)/ nid imbibé de salive (créativité)/ mange des insectes au vol (agressivité, agilité, précision)

•endurance/ rapidité/ élévation spirituelle par d'humbles moyens: mantras, formules de prière (qui occupent le mental)/ aspiration spirituelle constante/ sublimation.

Martin-pêcheur

oiseau moyen/ à dominance bleue (bonheur)/ trapu (concentration)/ robuste (résistance)/ huppe en désordre (négligence de la coiffure, fierté, inspiration)/ grosse tête (vie intellectuelle intense, prétention)/ gros et grand bec (force d'attaque, intuition solide)/ piscivore (prise de conscience)/ pêcheur (dialogue avec l'inconscient)/ vol qui rase l'eau (ressourcement, expression des sentiments)/ solitaire (solitude, indépendance, individualisme)/ habile/ inélégant/ habite un terrier (besoin de protection)/ voix: crépitement de crécelle (avertissement, semonce)/ capacité de vol stationnaire (objectivité)/ renommé pour transporter les âmes au paradis/ présage de calme et de paix •devoir de gagner sa vie/ robustesse/ habileté/ perspicacité/ fidélité/ bonheur conjugal/ noblesse/ l'au-delà.

Martre

petit carnivore/ corps élancé (sveltesse)/ pattes courtes (inélégance)/ brun (tenue discrète)/ tache orangée sous la gorge (coquetterie, gourmandise, éloquence)/ queue touffue (sexualité importante)/ forêt (sauvage, retraite)/ farouche/ régime varié (équilibre alimentaire, opportunisme)/ belle fourrure (chaleur, sensualité)/ glandes anales odorantes (sensualité, séduction) •certitude/ confiance en soi/ souplesse/ méfiance/ énergie sexuelle exprimée ou transformée en force vitale/ maternité différée.

Martyr

•victime d'une foi, d'une cause/ persécution/ souffrance/ torture/ souffre-douleur/ victime de mauvais traitements/ manie de la persécution/ complexe d'infériorité/ sentiment d'indignité/ culpabilité.

Mascarade

•fête/ déguisement*/ travesti/ spectacle burlesque/ accoutrement bizarre, ridicule/ manifestation hypocrite/ fausseté.

Mascotte

•porte-bonheur/ fétiche*/ personnalisation, image/ symbole/ point de mire/ agitation, cabotinage/ extériorisation superficielle/ échappatoire/ poudre aux yeux.

Masque

•déguisement/ mascarade/ dehors trompeur/ changement d'apparence/ incognito/ en cachette/ hypocrisie/ fausseté dissimulée ou dévoilée/ théâtre/ extériorisation ↔ intériorisation/ catharsis/ soins et guérison/ sorcellerie/ cérémonie funéraire, initiatique, rituelle/ esprit, génie, démon, dieu/ puissance magique/ canalisateur des énergies du monde invisible/ possession/ médiateur/ tout ce qui cache ma vraie personnalité = le rôle social, la conformité sociale, le désir de bien paraître, celui de plaire... ♦Le masque peut se charger de la force vitale de qqn au moment où il meurt. ♦un loup noir: découverte des mystères ♦blanc, argenté ou doré: découvertes spirituelles.

Massage

•soin corporel/ toucher/ pétrissage/ détente/ sensualité/ relâchement des tensions musculaires/ rééquilibrage des énergies corporelles et psychiques/ intimité/ nudité/ caresses et attouchements sexuels/ besoin d'un contact corporel.

Masse

•coup/ force/ choc émotif violent/ prix excessif/ puissance de la connaissance/ temps destructeur/ foudre*/ pouvoir d'une domination écrasante.

Massette

plante aquatique à épis cylindriques, marron, dressés au bout de hampes droites (vigilance, discipline trop sévère), s'effilochant, à maturité (relâchement excessif, fuite du temps, transformation des valeurs dites masculines en valeurs féminines)/ envahissante (embarras) •verticalité, élévation/ vigilance/ élégance/ phallus*/ autorité/ tranquillité/ mélancolie/ paix domestique/ initiation à l'amour sexuel.

Massue

•arme*/ combat/ hostilité/ humeur massacrante/ agressivité/ événement imprévu et contrariant/ argument sans réplique/ énergie brute/ force brutale/ défoulement/ crainte/ choc émotif.

Mastic

•aide/ mise en place/ adhérence, adhésion/ souplesse/ flexibilité temporaire/ rejet d'influence, esprit réfractaire/ fixation*/ servilité/ besoin d'encadrement.

Masturbation

•hygiène, baisse de la tension sexuelle/ solitude/ infantilisme/ narcissisme/ impossibilité de m'engager dans une relation sexuelle/ révolte contre les interdits/ en rêve: difficulté à accepter la sexualité/ infécondité, période improductive.

Matelas

•lit*/ sommeil*/ confort/ effet tampon/ somme rondelette.

Matin

début du jour •éveil/ réveil/ fraîcheur/ nouveauté/ commencement/ idées claires/ hâte/ jeunesse/ régénération/ élan/ départ/ prise de conscience.

Mauve

1. couleur: quantité égale de lumière bleue et rouge •déclin/ fin de cycle/ mélancolie/ tendresse mélancolique/ regret/ mièvrerie/ désir chimérique.
2. plante à fleurs abondantes (générosité) mauves, roses ou blanches (douceur)/ vivace (ténacité, permanence)/ plante sacrée pour les disciples de Pythagore (sagesse)/ ancienne panacée (guérison miraculeuse)// vertus calmantes et laxatives •élégance naturelle/ ardeur/ sentiment renouvelé de tendresse/ un brin de nostalgie/ désir stable/ grande ténacité.

Mazout

carburant à chauffage ♦en manquer: Je me nourris mal? Et sur le plan social? spirituel?/ Énergie mal gérée?/ Imprévoyance? ♦en perdre: Dispersion de mes forces et de mes énergies? Gaspillage?

Mécanicien

•savoir-faire/ machine/ moteur*/ conduite/ réparation/ corps/ santé/ besoin d'aide.

Méchant, Méchante

•mauvais/ danger/ formidable/ malfaisant/ adversaire*/ diable*/ cruauté/ férocité/ obstacle/ ombre*/ refoulement*.

Mèche

1. cordon combustible •disponibilité/ danger/ potentiel/ énergie latente/ centre/ complicité/ désir/ secret* ♦allumée: amorce, déclenchement/ prise de conscience/ attention.
2. foret de perceuse •trou/ précision/ ajustement/ calibre/ astuce, ingéniosité/ pénétration, prise de conscience.

Médaille

♦décoration★ ♦médaille pieuse = protection/ rappel.

Médecin

•diagnostic/ ordonnance/ soins/ opération/ remède★/ hôpital★/ problème de santé/ maladie/ guérison/ hypocondrie/ anxiété/ besoin d'attention, d'affection/ égotisme/ dépendance.

Méduse

•grande souplesse/ mollesse dévastatrice/ élégance/ danse★/ ondulation, variation/ saisie/ moyen efficace/ danger caché/ influence enveloppante/ proie/ vive piqûre★/ démangeaison★/ poison★/ stupéfaction/ fascination/ mort subite/ inconsistance/ corps astral★.

Mélancolie

•pessimisme/ abattement/ tristesse/ vague à l'âme/ nostalgie/ laisser-aller à des idées négatives/ besoin de changement, de distraction/ besoin d'aide.

Mélasse

•énergie vitale/ situation pénible et inextricable/ obscurité/ confusion/ potentiel/ matière première des contenus inconscients transformables en éléments conscients.

Mélèze

conifère/ forme pyramidale (personnalité puissante et mystique)/ croissance rapide (hâte, impatience)/ aiguilles molles et caduques (mort et résurrection)/ rameaux grêles (souplesse)/ cônes (ingéniosité, semence spirituelle)/ bois dur, lourd ; résiste bien à la carie (assurance d'immortalité) •force sous des dehors fragiles/ peur de l'échec/ désir d'immortalité/ aspect funèbre/ fermeté/ délicatesse et raffinement/ aspiration ardente vers le Soi★.

Mélilot

herbacée sauvage (naturel, vigueur, indépendance), à minuscules fleurs blanches ou jaunes (lumière) en épis (besoin de soutien social) et très parfumées (agrément, sensualité, joie de vivre)/ fleurs en forme d'oiseaux (liberté illusoire, élévation)/ fourrage (énergie)// combat l'insomnie et les spasmes/ vertus anticoagulantes/ protège les vêtements des mites/ bon pour les yeux fatigués •délicatesse des sentiments/ aspiration spirituelle, prière/ joie spirituelle tenace/ libération des soucis/ subtilité.

Mélodie
•chanson*/ plaisir auditif/ création, œuvre/ art/ expression des sentiments/ émotion/ harmonie.

Melon
gros fruit (organes sexuels féminins, rondeurs corporelles)/ plante courante munie de vrilles (attachement, dépendance)/ culture délicate (exigences)/ pulpe ferme, juteuse, parfumée et sucrée (jouissance sexuelle)/ nombreux pépins (difficultés, inconvénients, copulation)// effet diurétique et laxatif/ anticoagulant/ prévient le cancer •prévoyance/ fécondité/ plaisir/ fraîcheur/ maturation/ besoin de conscience/ sexe féminin uni au sexe masculin/ union des contraires/ richesse cachée/ cadeau du Soi* ♦melon d'eau, voir *pastèque*.

Mémoire
•souvenirs/ expériences/ passé/ enrichissement de l'âme/ nostalgie/ regrets/ remords/ régression/ vies antérieures/ histoire/ leçon/ oubli ♦mauvaise : choc ou problème émotif/ anxiété/ refoulement*/ souvenirs pénibles ♦Les oublis sont significatifs ; se demander ce qu'on est porté à oublier, dans quelle circonstance, avec quelle personne./ Voir *Alzheimer*.

Mendiant
•humiliation/ sollicitation/ dégradation sociale/ indigence matérielle ou psychologique/ quête amoureuse/ inconscient négligé/ Voir *ombre, animus* et *anima*.

Menstruation
•fécondité/ vie/ cycle ♦problèmes : traumatisme/ peur ou grand désir d'être enceinte/ rejet de l'état féminin/ refus de mon côté animal/ culpabilité/ mauvaise intégration de la sexualité.

Menthe
plante vivace (ténacité, permanence)/ vigoureuse et envahissante (sentiment fort et tenace)/ arôme puissant, saveur fraîche (fraîcheur, réconfort)/ tisanes (calme)// le menthol = stimulant de l'estomac (assimilation)/ antiseptique/ analgésique : abus dangereux pour le bulbe rachidien/ menthe poivrée = sédatif et antispasmodique •amour de la Nature nourricière/ agréments de la vie/ douceur de vivre/ réconfort/ sagesse/ émotivité exagérée.

Menton

♦tendu : volonté/ cran/ détermination ♦levé : dédain/ mépris/ défi/ fierté/ idéal ♦très développé : ténacité/ volonté de puissance/ aspect phallique ♦mal du côté droit : Attitude trop volontaire ? orgueilleuse ? méprisante ? dominatrice ? ♦mal du côté gauche : Manque de fierté ? de volonté ? d'audace ?

Menu

liste des mets •appétit/ alimentation/ restaurant/ choix/ décision à prendre/ ordre du jour/ consultation/ souci du détail.

Mer

eau primordiale/ vie première (mère)/ recycle les eaux (renouvellement)/ salée pour se conserver (permanence, incorruptibilité)/ réserve d'eau de la planète (essentiel, lien vital, potentiel collectif)// marées (cycles, étapes)/ vagues (mouvements, agitation)/ courants (autorégulation, influences, mouvements) •inconscient collectif/ vie/ retour au lieu de sa naissance = régénération/ origine/ incertitude, indécision (la mer est sans chemin)/ danger de perdition, de mort/ ma mère/ agitée = déchaînement des passions/ grosse vague = émotion forte / immensité, infini/ Quelle relation j'entretiens avec l'inconscient collectif? avec le Soi*?// Voir *abysse*.

Mercure

1. métal gris clair, brillant et liquide (souplesse extrême)/ bon conducteur (orientable)/ peu réactif (neutre, sans émotion)/ rôle important en électrochimie et dans les appareils scientifiques (l'intellect, instrument de connaissance scientifique)/ agent passif de la transformation alchimique (le mental en regard du Soi*, élément actif comme le soufre) •intellect/ température/ indifférenciation/ purification/ fragmentation des énergies/ régénération intérieure/ énergie inconsciente/ argent liquide/ fluides du corps/ énergie intérieure/ lien, agent de liaison/ transformation psychique en cours.

2. planète la plus près du Soleil et la plus rapide (instabilité, agitation)/ sans satellite (indépendance)/ orbite très elliptique (désinvolture)/ absence d'atmosphère (caractère sec)// planète sacrée du 4e rayon, celui de l'harmonie par le conflit, de l'art et de la béatitude// relation avec l'améthyste*, l'écaille de tortue, le mercure*

♦Mercure, dieu du vent: du mouvement, de l'énergie, des ondes et de tout souffle = musique, chanteur, orateur/ messager de Dieu: dieu des voyageurs, du commerce, des profits. D'où les ailes à son chapeau et à ses talonnières. Il porte le caducée*, symbole du mouvement essentiel de bas en haut: il guide les âmes à la mort. Met les êtres en interrelation dynamique. •adolescence/ intelligence/ idées/ inquiétude/ lien/ jeu/ adresse/ rapidité/ adaptation/ curiosité/ envie/ ingéniosité/ principe dualiste des contradictions, dialectique/ messages concernant mon évolution.

Mère

•le non-moi/ conscience collective/ monde des émotions/ ma façon émotive de percevoir le monde et les autres femmes/ tout ce qui me fait naître à qqch/ inconscient collectif et personnel/ matrice de ma totalité/ la matière, la Nature/ l'Église/ Mère divine, principe féminin/ Vierge Marie/ sublimation/ potentialités/ l'amant ou l'amante en ce que l'amour met au monde ♦je suis la mère de = ce que j'ai créé et dont je suis responsable/ ♦ma mère = ce qui m'a fait tel que je suis/ tout ce qui me crée, me modèle ♦mère rajeunie (en rêve): ♦pour l'homme = «La Mère œdipienne contraignante se transfère sur l'anima-Épouse.» (La Rocheterie)/ ♦pour la femme = «L'image de la Mère terrible devient une image de la sœur intérieure qui assiste et secourt.» (La Rocheterie).

Merisier

arbre (personnalité indépendante et brillante)/ écorce brun acajou, satinée (contact agréable et précieux)/ fleurs blanches (disponibilité), à parfum d'amande (agrément, joie de vivre)/ baies rouges acidulées à noyau (petits plaisirs sexuels aigres-doux, petites générosités) •douceur/ brio/ originalité/ beauté simple/ finesse/ subtilité/ correction/ grande civilité/ discrétion/ modération/ tension/ vanité/ contact fin avec le Soi*.

Merle

♦merle d'Amérique: oiseau moyen/ gris et roux (simplicité, fierté)/ près des maisons (familiarité)/ vermivore (recherche) et frugivore (goût des plaisirs)/ chant mélodieux (joie de vivre, agrément, expression personnelle)/ chante à l'aube (fraîcheur, hâte)/ actif/ brouillon/ messager du printemps* •un familier/ confiance/ joie du quotidien/ transformation du méprisable en moyens d'évolution/ civilité, correction ♦merle européen: oiseau moyen/ mâle noir, femelle brune (discrétion, discrimination sexuelle)/ chant mélodieux, varié (talent vocal, charme)/ migrateur (jeune)/ sédentaire (stabilité, pantouflard, sécurité)/ réunion bruyante au crépuscule (assemblée tumultueuse, partie de plaisir) •adaptabilité/ bon voisinage/ élimination des rivales/ prudence/ secret/ calme/ plaisir de la musique/ ♦merle bleu: petit oiseau/ bleu à poitrine rouge (union du ciel et de la terre)/ tendre gazouillis (joie de vivre, charme, expression personnelle)/ femelle chante aussi (parité sexuelle)/ familier (confiance) •azur/ beauté/ élévation/ inspiration/ le bonheur et sa fugacité/ message du ciel/ renouveau/ persécution/ sollicitude/ ma part de rêve.

Mésange

très petit oiseau (légèreté)/ rondelet (confiance en soi)/ gris, blanc, noir, jaunâtre (équilibre)/ bavette noire, capuchon foncé (secret)/ bec court (caractère décidé)/ mouvements acrobatiques (agilité)/ sexes semblables (parité sexuelle)/ sédentaire (stabilité, esprit casanier, sécurité)/ sifflements clairs (voix couverte, confidence) •souplesse/ confiance/ bonne humeur à toute épreuve/ zèle/ familiarité/ charme/ adaptation.

Métal

minéral à éclat/ polissage (travail, application)/ fusion (intégration)/ alliage (alliance, renforcement)/ épuration (sacrifice)/ aimantation (énergie orientable) ♦Les métaux évoquent l'ensemble des instincts primaires, des attitudes et des réactions attachés aux servitudes imposées par les conditions de vie archaïques et enfouies dans la mémoire de l'humanité./ Ce matériel enfoui, une fois parvenu à la conscience (extraction), purifié (fusion), forgé et moulé (transformation), peut devenir des outils, des armes, des bijoux, des instruments de musique = des moyens d'épanouissement. •quintessence de la terre, comme les pierres précieuses, mais les métaux étant aimantables en sont comme le système nerveux; ils sont propres à la circulation de l'énergie (conducteurs de l'électricité) = énergie qui vient d'en bas (instincts primaires), de la profondeur de notre terre (inconscient), de nos misères vécues en épreuves transformatrices./ connaissance supérieure qui s'ensuit/ libération des influences planétaires nocives (destin*, karma*, thème astrologique), car à chaque métal correspond une planète/ le feu souterrain/ l'enfer/ froideur/ dureté/ solidité/ fermeté.

Météorite

•rapidité/ lumière/ signe de changement/ bouleversement/ danger subit/ menace/ rareté/ manifestation céleste.

Mètre

•mesure/ standard/ convention/ règle/ modèle rationnel/ dimension humaine/ précision/ point de comparaison/ référence// poésie/ technique d'écriture.

Métro

•réseau caché de relations, les influences que je ne vois pas/ labyrinthe*/ question d'orientation/ les circuits du cerveau*/ la grande ville*/ moyen d'évolution collective obéissant à des lois cachées/ réseau souterrain de déplacement = sentiments, vie émotive commune/ le prendre: période où mon évolution est tributaire de l'évolution collective.

Meule

1. cylindre à broyer •réduction/ épreuve écrasante/ oppression/ étape pénible de transformation

2. disque en matière abrasive •affûtage, polissage = affinement de l'esprit, acuité/ frottement = irritation, nervosité*.

Meurtre

Voir *assassinat*.

Microbe

•détail/ ennemi invisible/ ♦peur des microbes: manque ou excès d'hygiène/ insécurité/ manque de confiance dans la vie/ caractère timoré/ esprit paralysé par le détail/ scrupule/ culpabilité*/ égocentrisme prononcé.

Microscope

•grossissement/ exagération/ examen minutieux/ recherche/ scrupule/ curiosité/ études/ sévérité excessive/ découverte intérieure/ perspicacité/ lucidité/ intuition/ introversion.

Miel

•nourriture du paradis terrestre restauré/ inspiration/ initiation*/ immortalité/ processus d'individuation/ stimulation agréable/ récompense.

Migraine

•tension/ problèmes émotifs/ sensibilité inexprimée/ caractère bouillant et dominateur non canalisé/ trop de retenue/ attitude de durcissement/ inquiétude/ insécurité/ peurs d'origine sexuelle (Hay).

Milan

gros oiseau/ rapace diurne (danger évident)/ impression qu'il est en acier (froideur)/ queue fourchue (bisexualité)/ forme élégante (grande élégance)/ excellent voilier (liberté, habileté)/ plane en cercles (observation, surveillance, conscience élargie, recherche du centre*)/ serres faibles (faible emprise, compréhension quelconque)/ affût (guet, surprise désagréable)/ éboueur (nettoyage, polyvalence, très grande adaptation)/ odeur fétide (répulsion)/ nid fait de matériaux dégoûtants (grossièreté)/ sexes semblables (parité sexuelle)/ vole des proies au faucon (cran, vol)/ oiseau d'Apollon, dieu de la lumière, de la beauté, de la poésie •propreté ↔ malpropreté/ aisance/ grâce/ unit le vulgaire au sublime/ crapule aux allures de seigneur/ beauté qui peut sortir du sordide/ oppositions*, contradictions/ clairvoyance*/ inexorabilité et froideur de la mort.

Millet

céréale/ cultivée depuis fort longtemps (mémoire séculaire, inconscient collectif)/ tige: plus d'un mètre (ferveur)/ épis pendants (collectivité, offrande)/ petites graines (patience)/ remplacé par riz et maïs (énergie de base) •multiplicité/ prévoyance/ abondance/ générosité/ fécondité/ joie de servir.

Milliardaire, Millionnaire

•fortune/ indépendance/ puissance/ exception/ sollicitation/ philanthropie/ sécurité ↔ insécurité/ ambition/ exploitation/ (en rêve) compensation, à moins de l'être vraiment.

Mime

•expression corporelle/ spectacle/ mutisme/ simplicité/ imitation/ moquerie/ mimétisme, influence/ évocation/ extériorisation/ importance du corps.

Mimosa

espèce d'acacia*/ fleurs d'or: petites boules duveteuses (étapes réussies de l'évolution)/ odeur pénétrante (subtilité) •délicatesse/

abondance/ douceur/ sécurité/ croissance d'un sentiment délicat et généreux avec une réussite superbe/ certitude d'accomplissement dans la magnificence, après épreuves indispensables.

Mine

•métal*/ pierres* précieuses/ minéral/ fond de l'âme/ recherche/ découverte/ veine, chance/ trésor enfoui/ ce qui est inconscient/ approfondissement/ extériorisation/ psychanalyse/ explosif.

Ministre

♦du culte, voir *prêtre* ♦député élu : autorité séculière/ responsabilité/ mon engagement social/ sentiment d'importance.

Mirabilis

ou belle-de-nuit, plante à fleurs qui s'ouvrent la nuit (amours clandestines, prostitution)/ croissance rapide (flirt, tricherie, fugacité)/ fleurs de couleurs variables (passion, tristesse, désillusion, déception) ; odorantes (séduction) ; en entonnoir (envoûtement, tromperie, confidence) •fragilité/ délicatesse/ goût pour la tristesse/ involution/ régression/ recherche obscure/ période de maturation/ veilles, insomnie/ fréquentation des rêves/ aspect impénétrable de l'inconscient.

Miroir

•permet une vue réflexive = raison, intellect/ prise de conscience/ invitation à réfléchir/ sans mensonge/ narcissisme/ vanité/ vérité, sincérité/ pouvoir de l'inconscient de refléter l'individu avec objectivité/ autrui, qui me reflète/ contenu du cœur/ intelligence créatrice/ soleil*/ lune*/ illusion (image inversée)/ magie/ voyance/ âme, miroir de Dieu/ connaissance de soi/ besoin d'objectivité/ besoin d'authenticité/ lucidité ♦éclaté : séparation/ vérité faussée/ dispersion/ grande tension ♦rétroviseur : expérience/ regard vers le passé/ souci des conséquences de mes actes/ regrets.

Mission

•plan de vie/ but spirituel/ appel intérieur/ inspiration*/ religion/ générosité/ complexe messianique/ désir de vedettariat/ inflation de la personnalité/ influence indue, haute manipulation ♦L'illusion souvent prétentieuse et naïve de la mission n'enlève pas l'idée que chacun peut avoir un plan de vie. L'amour d'autrui n'a rien à voir avec la mission qui prend tout l'être et qu'on croit tenir d'une autorité spirituelle. Voir *destin*.

Missionnaire
prêtre★ •étranger/ conversion/ religion/ prédication/ éloignement/ baptême/ aventure/ dévouement/ martyr/ païen/ propagande/ mission★ personnelle, rôle social ♦Quel est mon rôle en accord avec mes talents?/ Besoin de dépaysement pour stimuler ma générosité?/ Besoin de voyager au loin pour me ressourcer?/ Besoin de faire du bénévolat?

Mite
♦en voir, en tuer: Relations sociales à revoir?/ Agacerie dans ma vie intime?/ Un bout de ma vie n'est pas en ordre?/ Vide à combler?

Mode (la)
•création/ nouveauté/ esprit conventionnel/ goût transitoire/ originalité/ pensée collective/ imitation/ tendance/ influence.

Modèle
•imitation/ archétype★/ faiblesse d'individualité/ projection/ exemple/ idéal/ référence/ perfectionnisme★/ nudité★/ mannequin★/ développement de mes talents★/ conformisme/ émulation/ maquette = concrétisation des idées, création.

Moelle
•essentiel/ âme/ quintessence/ le tréfonds de l'être/ très grande intimité/ centre vital/ régénération.

Moine
religieux ♦Trop ou pas assez seul?/ Besoin de perfectionnement personnel?/ Besoin de faire le point? de plus de simplicité? de dépouillement? de chasteté? d'obéissance aux grands traits de mon être?/ Voir *ermite.*

Moineau
petit oiseau/ gris et brun (simplicité, peuple)/ grégaire (sociabilité)/ familier (confiance)/ agressif/ pépiement (expression déficiente, élocution monotone)/ robuste/ citadin (urbanisé)/ querelleur/ voleur de nids (spoliation, squatter, parasitisme)// consacré à Vénus★ •vie quotidienne/ vie en société/ dépouillement/ anonymat/ sexualité/ lubricité/ mauvaise réputation/ concurrence déloyale/ instincts primaires/ agressivité.

Moisissure
•altération de la santé/ corruption/ attente excessive/ inaction/ croupissement/ parasitisme.

Mollet
•force/ départ/ élan/ ténacité/ démarche énergique/ Voir *jambe.*

Monnaie
Voir *argent.*

Monocle
•point de vue unique/ froideur, mépris/ culpabilité/ attention.

Mononucléose
•impatience/ hyperactivité/ incertitude/ rage de vivre/ fébrilité/ problème d'amour : trop, pas assez ou amour mal orienté.

Monstre
•mère terrible/ combat victorieux à remporter/ menace de régression/ ombre*/ inconscient*/ façon primitive de penser/ l'incompréhensible/ toute opposition importante/ Voir *dragon.* ♦le capturer : dominer les instincts/ rentrer en contact avec l'inconscient* ♦le tuer : refoulement majeur/ idéalisme/ angélisme/ poursuite illusoire de la perfection de fait ♦pour l'enfant : sa mère dont il doit s'affranchir/ le monde incompréhensible avant l'âge de raison ♦marin : mère dominatrice/ inconscient* sous son aspect initial.

Montagne
•lieu de rencontre du ciel et de la terre/ élévation/ immutabilité/ permanence/ abondance/ centre*/ révélation/ affirmation des valeurs spirituelles/ mont Thabor, lieu de la transfiguration = Au-delà des apparences terrestres, nous sommes appelés à devenir des dieux./ mont Golgotha ou du Calvaire = mort transformatrice/ accroissement de conscience/ lieux sacrés pour les Élohim = contacts spirituels/ l'évidence/ mère/ le concret/ analogue à l'échelle*, à l'ascension/ masse d'énergie disponible/ initiation majeure/ le Soi* ♦la gravir : changer de niveau/ avoir de l'idéal, de l'ambition/ suivre le chemin qui conduit au ciel = ascension spirituelle ♦se retirer sur le sommet = retrait de la vie sociale ♦noire : racine de la pierre, profondeur = inconscient*.

Monter
•rapport terre-ciel/ grandir, devenir adulte, évoluer/ effort/ aspiration/ purification, détachement, allégement/ ascension sociale, spirituelle/ intériorisation/ Voir *échelle, montagne* et *descendre.*

Montgolfière
•légèreté/ désir de s'élever/ rêverie, évasion/ manque de direction/ recul, objectivité/ hasard, destin*/ risque calculé.

Montre

•le temps/ mise au point/ régularité/ exactitude/ retard/ mécanisme/ conscience du temps qui passe/ vieillissement ♦détraquée: Qqch que je remets tout le temps. Temps d'agir. ♦la perdre: perdre son temps ♦arrêtée: période terminée, révolue. Je m'attarde?

Moquerie

•plaisanterie*/ raillerie/ critique/ dénonciation/ ridicule/ méchanceté/ insatisfaction/ dépit/ envie/ aigreur, amertume/ mépris.

Moquette

•luxe/ confort/ chaleur/ protection complète/ discrétion/ Voir *tapis*.

Moqueur

oiseau moyen/ silhouette élancée (élégance)/ fortes pattes (stabilité, fermeté)/ longue queue (sexualité prononcée)/ insectivore (agressivité) et frugivore (goût des plaisirs)/ buissons (cachotterie)/ excellent chanteur: il a 7 paires de muscles de cordes vocales (grand talent vocal, riche expression personnelle)/ chante souvent (joie de vivre)/ imite les autres oiseaux (moquerie, parodie) •intérêt pour la musique, pour les chansons/ excellente oreille/ voix exceptionnelle/ taquinerie/ adaptation/ polyvalence/ imitation/ manque de personnalité/ dissimulation/ cabotinage/ plagiaire, faussaire.

Mordre

•Je mords trop ou trop peu à la vie?/ Désirs sexuels insatisfaits?/ J'exprime trop ou trop peu mon agressivité?/ Je risque de me faire jouer? ♦me mordre: agressivité tournée contre moi-même: ♦les lèvres: rager/ avoir des regrets/ ♦l'intérieur des joues: agressivité ravalée/ autopunition venant de la chair non satisfaite/ faim, manque de nourriture/ anémie ♦la langue* ♦les doigts: Impatience?/ Contrariété?/ Remords? ♦me faire mordre: ♦par un animal terrestre: Besoins ou désirs de mon corps insatisfaits?/ Trop de hâte, d'impatience? refus de l'âge?/ L'inconscient* veut me faire prendre conscience d'un contenu important./ ♦par un animal marin: Problèmes de relation avec ma mère; présence dévorante?/ Trop de refoulement?/ Invitation à ouvrir la porte aux rêves et à la vie./ ♦par un humain: Qqn me domine ou me fait du tort?/ Ma bonté me nuit?/ J'exaspère qqn?/ Ingratitude?

Morgue
•mort*/ atmosphère macabre/ air sinistre/ vibrations négatives/ nécrophilie/ influence du bas astral*/ vampirisme, voir *vampire.*
Morphine
•état de bien-être ♦anesthésie* ♦drogue, voir *toxicomanie.*
Morpion
•J'ai ou je suis un mauvais partenaire sexuel?/ On profite de moi ou c'est moi qui profite de qqn?/ Culpabilité?/ Dysharmonie sexuelle?
Mort (la)
•passage à une autre dimension/ perdurance de l'âme, de l'esprit/ l'au-delà: paradis, purgatoire, enfer/ peur fondamentale/ inconnu/ affliction, tristesse/ adieu, séparation/ disparition/ rupture définitive/ fin/ enterrement/ incinération/ absolu/ destin*/ destruction/ très grande souffrance/ désespoir/ Voir *mort, morte, ciel* et *astral.*
Mort, Morte
♦voir, en réalité ou en rêve, un mort que je connais = contact avec la personne décédée: Elle veut des prières? Elle se détache? Elle vient m'aider? Elle s'accroche à moi? (La convaincre qu'elle n'est pas dans ses sphères évolutives normales.)// Si le défunt apparaît menaçant ou mal en point = sentiment de culpabilité* que j'éprouve envers ce mort. Les relations suivies avec les défunts exigent de la prudence. Mais une relation d'aide mutuelle est toute naturelle. ♦voir un mort que je ne connais pas: qqch chose est mort en moi ou fini pour moi; ou c'est positif parce que cette chose devait mourir pour que je passe à autre chose; ou c'est négatif parce que je laisse périr un talent, un projet, une relation... ♦un personnage qui représente la mort = excellent conseiller/ besoin de réfléchir à ce que je fais de ma vie ♦avoir l'intuition (ou rêver) de la mort de qqn = Peur de le perdre?/ Mort morale de cette personne = séparation, relation terminée?/ Besoin de dominer cette personne?/ Un don de voyance ou beaucoup d'intuition peut m'annoncer la mort véritable de cette personne? ♦rêver de ma propre mort: manquer de vitalité/ mort de l'ego, de la prétention du conscient à tout régenter/ mort d'une période révolue ♦mort du père ou de la mère: autonomie acquise/ devenir adulte.

Moteur
•énergie/ effort/ élan, progression/ aide/ motif déterminant/ puissance/ cœur.

Mortier
•mélange/ lien/ brique*/ assemblage/ solidité/ construction.

Motocyclette
•vitesse/ bruit (besoin d'attention)/ équilibre/ jeunesse/ sexualité forte ou faible (compensation)/ évolution/ corps/ volonté de puissance/ risque/ violence/ besoin d'intensité (physique)/ griserie, fuite/ côté rebelle, ado/ ♦aller en moto: J'enfourche la vie avec rage et agressivité?/ Étape qui demande un certain esprit sportif?/ Je suis pressé de vivre jusqu'à risquer la mort?/ Besoin impérieux de m'affirmer?/ Soif de liberté?/ ♦accident: ♦dont je suis la victime = avertissement sérieux; attitudes fondamentales à revoir/ ♦dont je suis la cause = m'interroger sur mon agressivité, mon manque de contrôle, mon inconscience, mon sens de la responsabilité.

Mouche
•malpropreté/ microbes/ maladies/ finesse// Agitation?/ Les pensées qui m'agitent en valent-elles la peine?/ Préoccupations domestiques envahissantes?/ Trop d'activités autour de moi?/ Trop de gens importuns?/ Parasitisme?

Moucheron
•agacerie/ détail/ vigilance/ préoccupation/ tout petit garçon.

Mouchoir
•nez*/ appel à l'intuition/ sueur/ châle*/ déchet/ rejet/ défoulement/ ♦en pochette: élégance/ convention/ correction/ soin de l'apparence.

Mouette
gros oiseau/ palmipède (adaptation)/ blanc et gris (éthéré, élévation)/ tête noire ou brune (intention inavouable)/ pattes et bec rouges (danger)/ bon voilier (liberté, habileté)/ omnivore (opportunisme)/ grégaire (sociabilité)/ familier (confiance)/ grande flottabilité (légèreté) •liberté/ lumière/ excitation/ vitalité/ endurance/ économie des forces/ composer avec l'adversité/ manœuvres adroites/ superficialité/ bon équipement psychique.

Mouffette

petit animal à fourrure (chaleur, sensualité)/ noir et blanc (avertissement)/ à grosse queue touffue souvent dressée (menace, sexualité prononcée)/ fin museau (intuition)/ omnivore (opportunisme)/ peu agressif (sûr de ses moyens)/ en alerte, projette une bruine d'une grande puanteur (rejet, répulsion) Menacée, mon énergie vitale ou sexuelle devient empoisonnante. ♦en voir ou en sentir une: Mes humeurs ou mes réactions peuvent devenir négatives? ♦en être «arrosé»: Mépris de mon corps? ♦en voir une morte: Source de vie tarie en moi?/ Perte de mon système d'autodéfense? ♦en tuer une ou en voir une morte: Perte de confiance dans la vie?/ Je me débarrasse des humeurs qui empoisonnaient tout le monde?

Mouflon

forme sauvage du mouton/ cornes recourbées très grosses chez les 2 sexes (dignité, grande force de frappe, combativité, parité sexuelle)/ vit en montagne (élévation, indépendance, lucidité)/ en troupeaux unisexués (association, club) •aspirations/ ambitions/ liberté/ évolution/ noblesse/ entêtement/ sujet aux coups de tête étonnants/ rivalité/ concurrence brutale.

Moule

1. mollusque •inertie/ léthargie/ mollesse/ sottise ♦ne pas la digérer: rejet des conventions/ indépendance d'esprit/ besoin impérieux de liberté.

2. matrice* •création/ forme/ modèle/ contrainte/ copie, reproduction/ intégration sociale/ attitude conventionnelle/ pensée collective.

Moulin à vent

•meule*/ ailes (légèreté)/ roue (mandala* vivant, le temps qui passe)/ suivre les grands traits de mon être et mon intuition pour évoluer/ ancien temps/ donquichottisme/ chimère.

Mourir

♦se voir mourir par vision ou en rêve: sentiment d'insignifiance = autodévaluation/ se sentir émotivement blessé, près de tomber malade = autopunition, culpabilité*/ une partie de moi doit mourir et je dois en faire le deuil pour passer à autre chose/ grand besoin de donner un sens à ma vie en fonction du transcendant/ Voir *mort*.

Mousquetaire

•redresseur de torts/ bravoure/ cran/ vantardise/ dignité/ désinvolture/ attaque.

Mousse

1. le végétal, voir *sphaigne.*
2. écume •besoin d'attention/ éclat, poudre aux yeux/ exagération/ colère, rage/ joie/ fête, célébration/ purification/ transformation.
3. de savon •préparation/ application/ souci/ excès/ propreté/ luxe/ pollution.
4. apprenti marin •novice/ aventure/ audace/ goût de voyager/ besoin de changement/ inexpérience/ apprentissage/ service/ abus/ exploitation humaine.

Moustache

♦pour un homme: besoin de s'affirmer/ coquetterie// ♦fine et soignée = besoin de dominer, de commander/ distinction/ prétention/ ♦importante = puissance sexuelle affichée (parfois par compensation) ♦pour une femme: besoin d'affirmer son côté masculin = rationalité, sensualité, décision, initiative.

Moustiquaire

•filtre*/ protection minimale/ fin des agaceries/ éloignement des indésirables.

Moustique

•réveil, besoin de réagir/ stimulation/ exercice de patience, de maîtrise/ enfant/ personne minuscule/ tracas/ Voir *piqûre.* Voir la partie du corps en cause.

Moutarde

plante annuelle à fleurs jaune pâle (évidence, goût criard, jalousie, insinuation)/ feuilles rudes (brusquerie)/ Les graines donnent le condiment piquant connu (joie de vivre).// stimule la digestion/ brocho-dilatateur/ antiscorbutique/ bon contre les gaz intestinaux, contre l'arthrite et les rhumatismes •le piquant de la vie/ stimulations/ esprit taquin/ vitalité/ goût des sensations fortes/ éveil/ mélancolie/ utilité de ce qu'on n'aurait pas cru utile/ intuition à suivre.

Mouton

bélier* castré (stérilité) ou mouton en général/ herbivore (caractère pacifique)/ ruminant (maturation, réflexion, rancœur)/

domestiqué depuis l'Antiquité (docilité, contrôle, aide, intégration des instincts)// berger* (besoin d'un guide)/ chien (protection, discipline)/ laine* (chaleur), viande (sexualité), cuir (résistance), lait (vie) (Providence)/ animal de boucherie (don de soi) •calme/ placidité/ douceur/ force de groupe/ esprit grégaire: manque d'originalité, d'initiative, de personnalité/ victime/ obéissance aveugle/ abandon à la volonté divine ♦mouton noir: personne indésirable/ forte personnalité, originalité/ rejet social/ inadaptation.

Muflier

plante à fleurs en épis (ordre relatif)/ couleurs chaudes (variété, vivacité)/ en forme de coques (secret, intériorisation) •pudeur/ vigueur/ joie/ générosité/ vérité crue/ Le silence est d'or.

Muet, Muette

•mutisme/ silence/ discrétion/ cachotterie/ choc émotif/ humeur taciturne/ refoulement*/ retrait, misanthropie.

Muguet

petite plante (humilité)/ fleurs en clochettes (petits secrets) d'un blanc pur (innocence) et très parfumées (sensualité, séduction mine de rien)/ printemps* (renaissance)/ baies rouges non comestibles (petits désirs sexuels non concrétisés, danger)// renforce et ralentit les battements de cœur •bonheur humble et intense/ pureté d'intention/ naïveté/ première enfance/ attachement.

Mule, Mulet

hybride de l'âne et de la jument/ stérile (infécondité, célibat)/ peu élégant (extérieur ingrat)/ très résistant/ bête de somme (serviabilité, travail abrutissant)/ pied sûr (assurance, équilibre, certitude)/ sensible au froid (adaptation limitée) •intelligence pratique/ mémoire/ résistance/ caractère rancunier/ sûreté de l'instinct/ sobriété/ exigence réduite/ simplicité de vie/ vertu du travail/ raideur.

Mulot

petit rongeur* champêtre/ grandes oreilles (vigilance)/ longue queue (sexualité importante)/ gris-roux (discrétion relative)/ sauteur et grimpeur (agilité)/ stockage pour hiver (prévoyance)/ très prolifique (fécondité, succès)/ déprédateur des récoltes (vol, rapine, gaspillage) •charmant voyou, exploiteur/ abondance, richesse/ épargne/ besoin de protéger mes acquis/ calme champêtre/ libido à exprimer.

Mur

•protection/ sécurité/ limite du moi/ isole de l'extérieur = séparation/ défense ♦percé : surveillé, épié ♦délabré, écroulé : besoin de sortir ou manque de sécurité, de défense ♦Le mur de l'ego qui m'enferme dans ma personnalité extérieure : ma personnalité repose alors sur l'extérieur au lieu l'intérieur. L'abat de ce mur ne doit pas se faire prématurément ; laisser le temps à l'intériorité d'agir et au mur de tomber.

Mûre

fruit de la ronce*, du mûrier/ baie violette, sucrée, brillante (plaisirs sexuels difficiles, cachés ou accompagnés de morosité)/ sauvage (plaisirs libres, libertinage)/ sur plant à épines (réticences, précautions, résistances) •ténacité/ récompense/ profit durement acquis/ joie après le sacrifice/ séduction amoureuse bien méritée.

Musaraigne

rongeur, plus petit mammifère d'Europe, aussi peu que 2 g (petit corps, force vitale réduite)/ museau pointu (grande intuition)/ yeux minuscules (conscience réduite)/ brun ou gris (discrétion)/ nocturne (prudence)/ forte odeur de musc comme moyen de défense (défense efficace, mépris)/ insectivore (agressivité)/ solitaire (indépendance, individualisme) •flair/ excès de discrétion, effacement/ caractère désagréable/ tantôt mignon, tantôt petite peste.

Muscade

noix du muscadier/ amande des graines (essentiel)/ épice (goût de vivre) •plaisir/ agrément/ stimulation/ secret éventé/ pénétration du mystère.

Muscari

petite plante à petites fleurs bleues (le paradis sur terre, romantisme), très parfumées (séduction inattendue), en forme de clochettes (petits secrets), groupées en épis (ordre) •bonheur simple renouvelé/ début d'un bonheur un peu irréaliste/ attachement spontané et idéalisé/ joie enfantine.

Muscle

•force physique/ énergie/ vitalité ♦mal à droite : effort démesuré/ intervention trop raide auprès des gens ou des événements/ désir d'impressionner/ recours intempestif à la force physique/ effort mal orienté ♦mal à gauche: manque d'activité physique/ manque d'effort/ manque de détermination/ trop de relâchement/ manque de courage ♦mal des deux côtés: manque d'entraînement/ manque de préparation/ sentiment d'impuissance / Voir la partie du corps concernée.

Musée

•passé collectif/ mon passé/ souvenir/ chose précieuse/ collection/ continuité/ accumulation/ sélection/ retrait.

Musicien

•air, mélodie/ jouer/ composition/ habileté/ virtuosité/ discipline/ répétition/ talent/ apprentissage/ canalisation des émotions/ inspiration/ exécution.

Musique

•mélodie/ rythme/ harmonie/ charme, séduction/ sentimentalisme/ romantisme/ expression concertée des sentiments: harmonisation des sentiments par transposition avec effort et apprentissage (alors que la fleur symbolise l'épanouissement naturel d'un sentiment) ♦instruments de musique: leur symbolisme est évident du fait qu'ils font «vibrer» leurs cordes tendues ou leur colonne d'air •des sentiments et des émotions exprimés; il s'agit d'une expression très claire, très consciente et qui peut contenir de la stratégie/ sentiments actifs/ le côté artistique ennoblit l'expression émotive ♦écouter de la musique, selon le choix: besoin de m'élever, de me nourrir, de canaliser mes sentiments/ tendance à tout cérébraliser, même les sentiments/ désir de saisir les autres dimensions et de lier avec le cosmos/ tendance à me laisser manipuler, à m'aliéner et à m'avilir/ tendance à me complaire dans un sentimentalisme débilitant/ détente/ désir de danser/ besoin de m'intérioriser/ désir de fuir le silence et de me fuir/ besoin de transposer ma sensualité/ besoin de pleurer sur une enfance inconsolable.

Myopie

Voir *œil*.

Myosite nécrosante

•muscle*/ force, puissance/ volonté déterminée/ rude combat/ lutte contre le destin*/ concentration extrême/ très grande tension/ défi considérable/ Voir la partie du corps concernée./ Voir *amputation, cannibale.*

Myosotis

petite plante vivace (ténacité, permanence, humilité) à très petites fleurs bleu poudre (céleste, divin)/ C'est la « ne-m'oubliez-pas » des Anglais (souvenir).// bon contre les inflammations des yeux/ vertus sédatives et toniques •timidité/ innocence/ naïveté/ douceur/ mélancolie des regrets/ oubli/ attendrissement/ souci du détail/ raffinement.

Myrtille

petit arbuste (petite personnalité plaisante et généreuse)/ baies rondes, myrtilles ou bleuets, bleu-violet, juteuses, sucrées (petits plaisirs sexuels réitérés)// combat la diarrhée/ effet antiviral/ bon pour les vaisseaux sanguins •joie de vivre/ résultat de la répétition des efforts/ don/ récompense/ niais.

Mystère

•connaissance, révélée ou non, inaccessible à la raison/ énigme/ naïveté/ mystification, fascination/ manipulation/ défi à la force de pénétration de l'esprit humain/ ignorance temporaire : tout est à la mesure de notre perspicacité/ La fusion* conduit à la pénétration des mystères.

Mythomanie

déséquilibre psychique qui porte à l'affabulation •rêverie/ idéalisme/ simulation/ fascination du merveilleux/ vie ennuyeuse, sans relief/ carence de personnalité/ besoin de valorisation/ inadaptation au réel/ enthousiasme/ infantilisme/ utopie/ imagination délirante.

N

•négation/ nuit/ noir/ mis pour nom, nombre/ Untel// numérol. : valeur cérébrale/ mouvement/ instabilité/ curiosité/ inquiétude/ recherche de l'originalité et de la nouveauté/ grande énergie/ besoin de prudence en affaires/ besoin de détente, de patience/ grand cercle d'amis/ événements qui invitent à changer (Piché).

Nacre

•coquillage/ bibelots*/ bijoux*/ camée (anima*, profil psychologique)/ intimité/ accomplissement intérieur/ valeurs spirituelles/ atmosphère céleste.

Nager

•libération/ maîtrise de la peur/ progression lente/ dialogue avec l'inconscient.

Nain, Naine

•réduction/ concentré ♦positif: mines, trésor*/ Selon la tradition, les nains sont d'excellents artisans : orfèvres, tisserands, forgerons (aide, habileté, aptitude, talent)./ phallique = pulsions créatrices issues de l'inconscient ♦négatif (rarement destructeur) : première intuition créatrice venant de l'inconscient et encore à demi cachée dans le sein de la nature ♦méchant = libido non exprimée/ aspect contrariant et irritant de l'animus-anima* = discussions niaises, chinoiseries, mesquineries ; ne pas distinguer l'important du reste/ manque d'humour/ soif de puissance/ amoindrissement/ attitude revendicatrice = compensatrice d'une attitude trop consentante.

Naissance

•mise au monde d'un projet, d'une création, d'une partie nouvelle de soi/ renaissance/ mort de qqn parce qu'il naît dans l'au-delà/ Voir *accouchement*.

Nappe

tissu •manger*/ présentation/ accueil/ réception/ aveu/ préparation à recevoir de l'énergie du Soi*.

Narcisse

fleur blanche au cœur d'or/ plante bulbeuse (prévoyance)/ printemps*// L'odeur des fleurs peut provoquer l'assoupissement (séduction hypnotisante). •élégance/ égotisme/ adolescence éternelle/ refus de vieillir/ besoin de me faire admirer/ narcissisme/ psychanalyse/ beau parleur/ homosexualité/ autonomie/ idéalisation/ le poète/ renouveau/ recherche de la perfection/ illusion/ aspiration à intégrer mon corps de lumière.

Natte

♦entrelacement de fibres, voir *lit, tapis* ♦tresse de cheveux, voir *cheveux*.

Naufrage

•faillite/ trop-plein de sentiments/ envahissement de l'inconscient, manque de conscience/ perdre ma vie à la gagner = destruction de l'ordre de l'ego.

Nausée

•angoisse/ chagrin/ écœurement/ saturation/ malaise social/ rejet de qqn ou de qqch/ mise au monde d'un projet/ étape initiatique.

Navet

légume-racine/ rond et gonflé (énergie sexuelle)/ blanc, à dessus mauve (disponibilité, plaisir morose)/ dur (besoin de préparation)/ goût prononcé (sexualité à l'état brut)//prévient le cancer •accumulation de l'impulsion sexuelle/ médiocrité.

Nectarine

•rondeurs du corps/ fesses/ attrait de la peau, sensualité/ délices sexuelles/ grande énergie/ mauvaise surprise/ amabilité/ beauté/ agrément de la vie.

Neige

•énergie immobilisée, accumulée = potentiel énergétique inutilisé/ stabilisation des énergies/ vie affective figée/ oubli, souvenirs enfouis/

pureté, lumière/ froideur/ solitude ou isolement/ dénuement/ conscience dans un état de pureté, de silence et de paix/ disparition d'une ancienne vie mentale pour la venue d'une nouvelle/ héroïne*.

Nénuphar

plante des eaux dormantes (mystère de l'inconscient)/ grandes feuilles flottantes (vigilance, attente)/ grandes fleurs en surface, jaune doré (trésor précieux, épanouissement essentiel après une période de maturation inconsciente)/ à rhizome (prévision, précaution) •expression des forces obscures/ abondance/ perfection/ fécondité/ invitation à sortir de la stagnation, à transformer ma nature instinctive pour atteindre un épanouissement essentiel/ chakra* du plexus solaire/ lumière divine ♦Pour autres plantes dites nénuphars, voir *nymphée*.

Neptune

planète bleue/ atmosphère à vents violents (perméabilité à l'ambiance)/ entourée de plusieurs anneaux (expansion, dispersion)// planète sacrée, caractérisée par la dévotion/ pierre correspondante : le jade*/ consacré à Neptune, dieu de la mer (intégration et dissolution universelle) •réceptivité passive : inspiration, intuition, médiumnité ; folie, perversion, anxiété/ dépressions/ manies/ anarchie/ surréalisme/ pluralité, la foule/ communisme/ solidarité/ police/ stupéfiants/ radiations/ radiodiffusion/ télévision/ mysticisme/ matière première/ dispersion/ communion/ contemplation/ goût pour la poésie/ fréquentation de l'inconscient/ goût pour l'irrationnel ♦type neptunien : hypersensibilité/ introverti à conscience distendue/ aptitude à s'identifier aux autres/ sujet à l'extase, aux visions/ don de voyance/ perception intérieure des vibrations/ méfiance/ hésitations/ grande tolérance/ sens humanitaire/ fait pour la vie monastique/ donquichottisme/ hallucinations, illusions, chimères/ peut se noyer dans son affectivité/ bisexualité/ type schizoïde.

Nerf

♦problèmes nerveux : caractère irritable/ agacement/ manque de compensation, de canalisation de l'énergie/ problème de communication/ anxiété accumulée ou continue/ appréhension, crainte/ tension excessive/ besoin de changer de situation sociale ou de modifier celle-ci/ hâte, impatience, précipitation/ Voir *nervosité*.

Nervosité

♦en raison d'un afflux excessif d'énergie nerveuse: besoin de canaliser cette énergie dans des activités physiques ♦en raison d'une agitation émotive: besoin d'extérioriser les causes de cette agitation en l'exprimant par le dessin, la danse, la parole ou tout autre moyen qui nous est naturel pour en vider la surcharge émotive ♦en raison d'une excitation de l'imagination traduite en un flot continu d'images: besoin d'en contenir le débit en canalisant son attention avec une bonne lecture ♦en raison de la venue d'une énergie un peu forte transmise par le Soi*: besoin d'une activité physique pour s'aider à intégrer cette nouvelle énergie ♦en raison d'une affection physiologique des nerfs, besoin d'aide.

Nettoyer

•laver*/ purifier/ désirer voir clair/ réparer des erreurs/ me mettre au clair.

Neveu

•famille élargie/ autre génération/ point de comparaison ♦pour l'oncle: ombre* ♦pour la tante: animus*.

Névralgie

•fatigue nerveuse/ épuisement/ tension/ Voir le nom de la partie du corps concernée./ Voir *nerfs, nervosité.*

New York

•liberté/ fortune/ consécration, réussite/ modernisme/ gigantisme/ puissance/ pollution/ agitation/ anonymat/ perte d'identité/ inhumanité/ individu écrasé par la société, pression sociale.

Nez

•flair, intuition/ en rapport avec la colonne vertébrale*, avec l'arbre*, avec la tour*, avec la beauté/ épanouissement de l'éros sublimé/ foi ♦mal au nez: Problème de senteur? de parfum?/ Besoin d'utiliser mon flair, ma finesse?/ Naïveté? Manque de prévoyance?/ Tenir compte d'une évidence?/ Haine de qqn ou de qqch?/ Besoin de changer d'air?/ Manque d'aspiration supérieure? ♦saignement: soupape, élimination de pression/ contrariété?/ fermeture?/ perte d'énergie par manque de flair, d'intuition?/ rejet?

Nickel

métal gris-blanc (besoin de paraître), malléable (disponibilité)/ s'oxyde difficilement (fierté, orgueil)/ constituerait avec le fer le noyau de la Terre (force d'attraction, attitude égocentrique) ♦Le nickel représente, par sa brillance, l'apparence, la vanité, l'éblouissement, la fascination, l'illusion, en somme, la dialectique de la vérité et de la fausseté •stabilité/ persistance/ résistance/ brio/ clinquant/ poudre aux yeux/ extériorisation/ inaltérabilité/ modernisme/ impeccabilité/ miroir★.

Nid

•chez-soi/ état chaleureux/ milieu familial/ tendresse/ douceur/ sensibilité et paix avec la nature/ coupe★/ centre★/ appel/ empreinte/ le Soi★.

Nièce

•famille élargie/ autre génération/ point de comparaison ♦pour l'oncle : anima★ ♦pour la tante : ombre★.

Nigelle

plante à fleurs moyennes/ couleurs tendres (tendresse)/ feuillage filiforme (délicatesse)/ fruits en capsules (gros secret) •fertilité/ finesse/ confiance dans la vie/ joie malgré tout/ affirmation du bonheur/ force d'âme/ cheminement fécond/ insistance.

Noce

•mariage★/ réjouissances/ fête/ anniversaire/ cortège/ excès, débauche.

Noël

fête chrétienne, le 25 décembre, commémoration de la naissance du Christ★/ crèche (pédagogie spirituelle, catéchisme, mise en scène)/ sapin★ de Noël/ réveillon (réjouissance)/ Père★ Noël/ étrennes (récompenses, mérites)/ solstice d'hiver = début du rallongement des jours (espoir, espérance, début de conscience) •renaissance à la vie/ tendresse/ enfance/ le merveilleux/ nostalgie/ joie/ paix/ lumière spirituelle/ amour/ grâces.

Nœud

•union/ mariage★/ problème/ contrariété★/ point essentiel/ situation compliquée/ enchevêtrement des sentiments/ retenue émotive/ blocage/ boucle/ gland★ de la verge ♦nœud coulant : lasso/ piège/ prise/ pendaison★/ étouffement★.

Noir

couleur en rapport avec la nuit★, le charbon★, la suie★, le goudron★, la terre★, les cavernes★, les trous★, les gouffres★ •absence/

négatif/ pessimisme/ tristesse/ mélancolie/ éclipse/ mort/ profondeur/ mystère/ réservoir/ potentiel/ peur/ caché/ secret/ inconscient*/ sévérité/ épreuve/ approfondissement/ absence d'énergie physique, émotive ou intellectuelle/ période noire de la transformation : désorganisation en vue d'un renouveau/ face obscure de moi-même/ partie instinctive, spontanée (compensation à l'intellectualisme)/ rencontre de l'ombre* ♦Mauvaises intentions ?/ Idées négatives ?/ Deuil à faire ?/ Peur de l'inconnu ? ♦Si je suis de race noire, ma négritude peut être en cause : selon le contexte de ma vie, je gagnerais à l'affirmer ou à montrer de la discrétion. ♦noir sur blanc : Qqch m'est indiqué très clairement./ évidence ♦noir et blanc : manque de nuance, opposition*/ en alternance : danger, avertissement.

Noisetier

arbuste à tiges multiples (petite personnalité vigoureuse et simple)/ fleurs en chatons (sensualité, discrétion)/ fleurit en septembre, répand son pollen en hiver (originalité, risque)/ fruit, la noisette*/ tiges très flexibles (souplesse)/ bord des ruisseaux (dialogue clair avec l'inconscient)/ fournit la baguette des sourciers (clairvoyance)// effets amaigrissants, antihémorragiques, fébrifuges, vasoconstricteurs •magie/ fruit de science/ patience dans le développement mystique/ prévoyance/ fécondité/ mariage/ inconstance/ vie productive.

Noisette

fruit du noisetier/ très nutritive et stimulante (plaisir sexuel, luxure, ou continence dans un but supérieur) •obstacle à vaincre/ recherche intérieure/ invitation à méditer, à percer un mystère/ stimulation.

Noix

fruit du noyer* et d'autres arbres, à amande, couverte d'une écaille et d'une coque (testicule, vulve, plaisir sexuel ou continence dans un but supérieur)/ huile (quintessence, adoucissement)// préviendrait le cancer •effort à rejoindre mon centre intérieur (le contact du Soi* nourrit)/ problème à résoudre/ tête/ cerveau/ compréhension/ énergie/ prévoyance/ protection/ flexibilité.

Nom

•désignation/ identification/ authenticité/ définition de soi ♦chercher un nom : nécessité d'identifier, de rendre conscient ♦changer de nom: changer de personnalité/ vouloir renaître ♦nom de personne: identité/ réputation/ vibrations propres de la personne/ maître-mot, chargé de puissance pour évoquer qqn ♦nom de Dieu: identité divine/ invocation/ vertu magique = capable de miracles/ blasphème.

Nombre

(Voir chaque nombre en ordre numérique à la fin du volume.) •archétype*(s) de l'ordre du cosmos •idées/ forces/ relations/ ordre/ hiérarchie/ saisie du monde/ divisibilité ↔ indivisibilité/ opérations/ pair = principe d'équilibre/ impair = action transitoire, passage ♦Tout est nombre et mesure parce que tout est vibration avec des cycles mesurables et estimables en chiffres. ♦Si tous les nombres sont des clefs, il y en a qui sont des clefs maîtresses. C'est le cas du 3, du 4 et de leur combinaison, le 7 (3 + 4) et le 12 (3 X 4). Le 3 et le 4 sont très importants parce qu'ils ont leur base en nous. Le 3 correspond à notre nature triple (corps, âme, esprit) projetée par le Créateur à son image. Alors que nos fonctions psychiques* sont au nombre de 4. ♦Le 7 trouve également ses bases dans notre corps physique: les 7 chakras*. On dit que l'univers compte 7 dimensions dont chacune trouverait un écho dans nos chakras. ♦Le 12 trouve aussi son fondement hors de nous: c'est le nombre des 12 constellations (les 12 signes du zodiaque*) qui nous influencent au fil des 12 mois de l'année. Il représente tout l'espace et le temps qui nous gouvernent. ♦un grand nombre: On gagne souvent à le défaire en parties ou à le soumettre à la réduction théosophique en en additionnant les chiffres qui le composent, jusqu'à ce qu'il forme un nombre plus réduit (ex.: 995 834 = 38 ou 11 ou 2); il peut alors évoquer pour moi une date importante, un numéro de téléphone, un rythme...

Nombril

•centre/ origine/ rupture avec la mère/ l'ego/ sentiment de mon importance ♦mal au nombril: égocentrisme/ besoin de me centrer/ besoin de m'affranchir de ma mère/ besoin de m'affirmer/ question troublante sur mes origines, mon hérédité/ besoin de renouvellement.

Nord

point cardinal/ pôle (axe, sens)/ étoile polaire (repère, certitude)/ froid et gel (léthargie)/ jaune*/ nuits* longues (maturation, retraite, période d'épreuve)/ continent hyperboréen, légendaire: pays de la félicité éternelle (paradis perdu) •orientation ↔ désorientation/ magnétisme/ aimantation/ initiation/ révélation/ gauche★/ obscurité/ introversion/ froideur/ absence d'amour/ stérilité/ intuition/ étape hostile de relation avec le Soi★ qui semble se dérober, voir *boussole*.

Nourriture

•vie d'un organisme/ faim, désir/ éducation/ besoin d'être nourri affectivement, intellectuellement, spirituellement/ dépendance orale/ ce qui alimente, fait durer/ Voir *manger, cuisine*.

Notaire

•document officiel/ testament★/ contrat/ authenticité/ conseil/ loi★.

Nouille

pâte •personne niaise/ mollesse/ courbe/ facilité/ flexibilité.

Nouvel An

•fête, réjouissances/ un/ premier/ recommencement/ changement/ début/ inauguration.

Novembre

•mort/ renoncement/ tristesse/ obscurité/ fin/ regrets/ dégoût/ refoulement/ possibilité de me ressaisir/ combat, lutte.

Noyé

•mort★/ englouti dans l'inconscient/ refoulé/ débordé par les sentiments/ perdu dans un ensemble/ inondé, voir *inondation*.

Noyer

arbre/ croissance rapide (personnalité ardente, riche et détachée)/ feuilles aromatiques (prise de conscience agréable, fantaisie)/ fleurs mâles en chatons, sortent à l'automne et persistent tout l'hiver (risque, sensualité)/ fruit: noix★ rugueuse (résistance), très nutritif, reconstituant (énergie vitale supérieure)/ huile (quintessence, l'essentiel)/ bois recherché, tendre, lourd ou léger (sensibilité, souplesse)// vertus antiseptiques, astringentes, cicatrisantes, toniques, vermifuges, hypoglycémiantes/ ne doit pas être associé à un autre remède •exclusivité/ prévoyance/ versatilité/ continuité/ foi inébranlable dans la vie/ associé, aide/ guérison/ adaptation/ caractère influençable/ prospérité/ vie productive/ lien intime avec le Soi★ ♦noix: clairvoyance/ connaissance/ obstacle à vaincre/ invitation à méditer/ concentration.

Nuage
•obscurité/ dissolution de l'ego en vue de la transformation/ activité divine/ fécondité/ révélation/ métamorphose en vue/ atmosphère psychologique confuse/ distraction, rêveries/ manque de sérénité/ menace, danger/ paradis.

Nudité
•sentiment d'être dépouillé/ dévoilé/ dépourvu/ vulnérable/ découvert/ non adapté à la situation présente/ honte de soi, sentiment d'infériorité.

Nuit
•coucher/ sommeil/ obscurité/ veille/ inconscient/ profondeur d'où vient la lumière/ incompréhension/ égarement, aveuglement/ mort/ calme/ intériorisation/ gestation/ potentialités/ idées noires/ conspirations/ méfaits/ mystères/ préparation ♦blanche : agitation mentale/ inquiétude/ perturbation émotive/ volonté de tout contrôler/ incapacité de lâcher prise/ manque de confiance/ précipitation/ hâte.

Nuque
•articulation (indépendance d'esprit)/ souplesse/ raideur ♦mal à la nuque : Je m'entête à ne pas comprendre qqch dont je devrais être conscient ?/ Refus de mon destin*?/ Je ne devrais plus dire non ?/ Voir *torticolis*.

Nylon
•tissu/ résistance/ élasticité, souplesse/ bas*/ aspect artificiel/ substitution/ modernisme.

Nymphe
déesse de la nature •jeune fille séduisante/ nudité/ légèreté/ aspect aérien/ charme/ seconde étape de métamorphose/ fée*/ petite lèvre de la vulve*.

Nymphée
(nénuphar) plante aquatique/ fleurs très grandes, flottantes (générosité, offrande), en coupe évasée à cœur doré (le Soi*)/ odeur forte d'anis ou de vanille (sensualité prononcée)/ feuilles flottantes (attente, vigilance, docilité), vertes avec revers parfois rouge vin (mélancolie, renoncement)// réputée autrefois comme anaphrodisiaque •expression des forces obscures/ transformation des instincts en conscience supérieure/ éblouissement/ vie émotive

unifiée/ suprême élégance ♦à fleurs blanches: grâce parfaite/ pureté virginale retrouvée/ chakra* coronal/ conscience supérieure/ intensité/ harmonie/ communion entre le moi et le Soi*/ épanouissement optimal de l'être ♦à fleurs roses: grâce parfaite/ harmonie sublime/ joie ultime/ jonction avec le Soi*/ chakra* coronal après la montée de la kundalini*/ amour mystique.

O

•totalité/ sexe féminin/ origine/ conciliation des contraires/ oxygène/ Ouest/ fils de/ fermeture ↔ ouverture/ étonnement// numérol. : valeur émotive/ désir d'amélioration/ douceur/ amour/ sensibilité/ passion/ discernement/ besoin de prudence/ excès à éviter/ paix intérieure à entretenir/ besoin d'affirmation/ protection divine/ destruction et reconstruction (Piché).

Oasis

•fécondité/ chance/ repos/ refuge// Besoin d'un lieu ou d'un moment de repos ? de vacances ?/ Fécondité, enfin ?/ Profit inespéré ?/ Récompense après isolement et privations ?/ Retour à l'essentiel ?

Obélisque

•puissance/ victoire/ pierre dressée : lieu sacré, haut lieu/ centre du monde/ initiation/ manifestation du Soi★/ Voir *Égypte.*

Obésité

Voir *embonpoint, corpulence.*

Obscurité

•nuit/ incompréhension/ mystère★/ inconnu, étranger★/ caché/ inconscient/ refoulement/ étape d'épreuve/ anonymat/ sans renom/ Voir *éclipse.*

Observatoire

•astronome★/ télescope★/ ciel★/ étoile★/ astre★/ planète★/ lieu élevé/ étude/ point de vue.

Obsession

•tourment/ hantise/ phobie/ manie/ besoin de distraction/ épuisement nerveux, voir *nerf, nervosité.*

Obsidienne

roche volcanique vitreuse et dure/ de vert à noir (énergie terrestre)/ se taille en arêtes aiguës (précision, élagage) •couper/ Sacrifice exigé: privation d'une chose qui me fait du tort pour parvenir à la guérison physique ou morale. Il s'agit là d'une exigence d'évolution.

Obstacle

•difficulté/ empêchement/ contrariété*/ contretemps/ épreuve/ initiation*/ adaptation/ ténacité/ reprise.

Obus

Voir *bombe.*

Occultisme

Voir *ésotérisme.*

Ocre

•terre/ naturel/ simplicité/ sobriété/ discrétion/ intégration.

Octobre

•automne/ déclin/ dépouillement/ abandon/ changement/ difficultés passagères.

Oculiste

•incompréhension/ autre point de vue/ prise de conscience/ Voir *vue.*

Odeur

émanation •détection/ soupçon/ particularité/ aspect caché/ subtilité/ pressentiment ♦agréable: parfum*/ fumet/ séduction/ stimulant/ appétit/ goût/ atmosphère agréable ♦désagréable: puanteur/ pourriture/ mort/ répulsion/ prudence/ avertissement/ dégoût.

Œil

cornée (protection)/ humeur aqueuse (transparence de l'ego)/ cristallin (précision, clarté de la conscience, ajustement de la pensée)/ pupille (ouverture, perspicacité, importance)/ rétine (impression intérieure, prise de conscience)/ cônes (sensibilité, interprétation, identification des vibrations)/ bâtonnets (opposition, intensité)/ couleurs* •« miroir de l'âme » = reflète sentiments et passions/ prise de conscience/ conscience/ orgueil intellectuel ♦un œil: sein maternel// se faire regarder par un œil = culpabilité* ou manifestation du Soi*/ omniprésence de Dieu/ mauvaise conscience ♦droit: Soleil*/ activité/ futur/ conscience intellectuelle

♦gauche : Lune*/ passivité/ passé/ conscience intuitive ♦yeux multiples : conscience pénétrante/ la plus grande puissance/ omniprésence/ omniscience// se faire regarder par beaucoup d'yeux = culpabilité*/ timidité ♦mal à l'œil droit : Je vois très bien ce que je devrais faire, mais je ne le fais pas. ♦mal à l'œil gauche : Il y a qqch que je devrais voir et que je ne vois pas ?/ Qqn m'est tombé dans l'œil ? ♦mal aux deux yeux : Ma perspective est faussée, je ne sais plus m'orienter ?/ J'oppose trop intuition et conscience ?/ Je ne vois pas la vie telle qu'elle est ?/ Trop perturbé par ce que je vois ? ♦myopie : Manque de perspective ?/ Manque de spontanéité ?/ Peurs chroniques ?/ Refus de voir la vie telle qu'elle est ?/ Refus de me voir tel que je suis ? ♦hypermétropie : perception de ce qui ne me concerne pas, alors que je ne fais pas attention à ce qui se passe tout près de moi ♦yeux fermés : refus de voir, de comprendre/ manque d'objectivité/ retrait, recueillement/ peur/ concentration ♦3e œil, œil frontal : union des contraires = sagesse et intelligence/ union du ciel et de la terre pour donner l'enfant divin/ le feu/ le présent/ perception intuitive/ accord des deux cerveaux (droit et gauche), perception globale/ vision pénétrante/ œil mystique, vision au-delà de la dualité/ illumination/ intuition/ clairvoyance*/ en relation avec le Verbe/ visions et rêves prémonitoires/ nouvelles orientations/ décisions positives/ Voir *chakra du front*.

Œil-de-chat

pierre précieuse/ variété de quartz* chatoyant/ de brun pâle à brun foncé, iridescent (aperçu, prise de conscience concrète, intuition non confirmée)/ cristallisation orthorhombique (équilibre dynamique)/ dureté 8,5 (action intense du Soi*)/ taille en cabochon (recherche de perception globale)/ variété : œil-de-faucon = verdâtre ou bleuâtre (désir de compréhension supérieure) •perspicacité/ illusions/ invitation à changer de point de vue, à ne pas écouter ses peurs/ étape de discernement des vraies valeurs.

Œillet

fleur cultivée, couleurs variées (vitalité, imagination)/ parfum épicé de cannelle (joie de vivre)/ feuillage mince (distinction, froideur)/ au soleil (exigence)/ fleur de Jupiter* •esprit de fête/ célébration/ disponibilité/ offrande/ négligence contenue/ art de vivre/ amour confiant/ conscience de la durée/ immortalité ♦œillet de poète: fleurs en bouquets (offrande) souvent panachées (influence, chaleur)/ parfum sucré ou sans odeur (séduction variable) •profusion/ fantaisie/ expression délicate de sentiments et d'émotions ♦œillet mignardise: sentiment envahissant ♦œillet de Chine: ténacité et nuances d'un sentiment/ raffinement.

Œillet d'Inde

Voir *tagète.*

Œuf

•incubation/ naissance/ printemps*, résurrection, renaissance/ espoir/ promesse/ commencement/ coquille, blanc, jaune = éléments terre, eau, feu/ le germe, 4e élément = raison d'être de l'œuf, le Soi*, principe et terme de l'évolution; point de la naissance divine, jaune (feu) et blanc (eau)/ coquille = conscience; intérieur = inconscient renfermant les deux principes opposés/ naissance du monde, création/ œuf cosmique: Esprit premier/ immanence de l'esprit enfermé dans la matière/ monde de la perfection/ totalité/ semence de vie/ concentration de l'esprit/ potentialités/ origine/ idée ingénieuse.

Ogre, Ogresse

•force aveugle et dévorante/ temps qui dévore/ père ou mère terrible qui empêche ses enfants de se développer/ influence dont on doit se libérer/ mort transfiguratrice = mort de l'ego pour naître à l'esprit/ la guerre/ appétit gargantuesque/ les émotions, dévoratrices d'énergie/ nouvelles conceptions ou valeurs qui dévorent les précédentes/ appétit démesuré de vivre/ toute passion qui gobe les énergies/ le sacré, mangeur d'hommes/ Voir *géant, monstre.*

Oie

grand oiseau/ corps massif (attachement terrestre, force)/ aquatique (dialogue avec l'inconscient)/ long cou (souplesse de caractère)/ bec épais (bonne saisie du réel)/ très grégaire (sociabilité, promiscuité)/ sexes semblables (parité sexuelle)/ broute au sol (caractère pacifique)/ jusqu'à 80 ans (grande longévité) ♦sauvage: blanc, gris, bleu (valeurs célestes)/ bruyant en vol (manque de discrétion)/ vol en formation échelonnée (discipline, esprit d'équipe)/ monogame définitif (fidélité éternelle, manque d'autonomie)/ contrôle 3 éléments: terre, eau, air (équilibre)

•endurance/ importance de la première impression/ fixation/ défensive bruyante et coléreuse/ besoin d'un guide/ respect de l'ordre établi, de la hiérarchie sociale/ message de l'autre monde/ conscience extraite de l'inconscient/ cycle de l'évolution/ lumière créatrice/ transcendance ♦domestique : besoin de marcher (besoin d'exercice)/ peu d'exigences (simplicité)/ polygame (infidélité conjugale)/ querelleuse/ sociable/ familière/ intelligente •vigilance/ innocence/ sottise ou sagesse/ bavardages/ méfiance/ prudence/ contrôle/ expérience/ surveillance/ ordre social/ écriture (plume d'oie)/ patte d'oie = rides*.

Oignon

légume-racine à feuilles tubulaires et creuses/ bulbes aromatiques et charnus, faits pelure sur pelure (renouvellement du plaisir sexuel)/ blanc, jaune ou violacé (éveil, jalousie ou humeur morose)/ saveur piquante (stimulation, vive envie)/ condiment (goût de vivre)// riche en vitamines et sels minéraux/ remède contre les maladies de cœur et du sang/ stimule le bon cholestérol/ clarifie le sang/ stabilise le sucre dans le sang/ effet antibiotique, antianémique/ décongestionne les bronches/ déconseillé aux dyspeptiques, aux gens qui saignent facilement ou qui souffrent d'une dermatose •tristesse feinte/ plaisir sexuel excitant/ secret excitant/ l'individu et sa totalité/ symbole du moi qui se forme autour de l'image du Soi*/ besoin de me centrer.

Oiseau

animal caractérisé par les ailes*, le vol* (élévation)/ bec (froideur)/ plumes (légèreté)/ pattes cornées (résistance)/ griffes (emprise, compréhension, cupidité, cruauté)/ chant (joie)/ nid (maison, chaleur)/ œufs (état embryonnaire)/ mue (renaissance)/ vision perçante (conscience)/ gibier (attitude de victime)/ cage (prison)/ femelle en livrée souvent plus discrète que le mâle en guise de protection (prudence, discrimination sexuelle)/ mange souvent des concentrés d'énergie : graines, insectes, bourgeons/ longévité : petites espèces, de 20 à 25 ans (longueur de vie normale) ; les grandes espèces, jusqu'à 60 ans et plus (grande longévité) •espace/ lien entre le ciel et la terre/ instincts supérieurs/ message/ inspirations/ ange*/ grande liberté/ envol/ élan vers le haut/ aspiration spirituelle/ âme/ peur/ renoncement à toute possession/ loi de l'imprévoyance, du dépouillement/ liberté/ confiance dans la Providence ♦blanc : conscience morale/ totalité/ pureté/ lumière/ élévation/ bonne nouvelle/ le Soi* ♦noir : inconscient/ inconnu/ approfondissement/ absence/ mort/ néant/ venue d'une épreuve ou fin d'une épreuve purificatrice/ mauvaise nouvelle ♦rouge : amour/ vie/ vitalité/ visibilité, évidence/ affirmation/ dynamisme/ intensité/ ardeur/ désir/ passion/ feu purificateur/ la part du cœur/ présence du divin ♦bleu : esprit/ intelligence/ sentiments/ romantisme/ bonheur ♦nuée d'oiseaux : esprit grégaire/ manque d'originalité/ sens social/ réunion/ association.

Olive

fruit de l'olivier*/ ovale (testicule, vulve, plaisir sexuel), à noyau très dur (inconvénient, refus)/ huile (essentiel, souplesse) •prévoyance/ fécondité/ sensualité/ petites joies/ irréductibilité/ utilité de ce qui peut paraître négligeable/ fruit de nombreux petits efforts/ habitude positive.

Olivier

arbre/ tronc tortueux et noueux (personnalité inébranlable, tourmentée et généreuse)/ feuilles lancéolées, persistantes (prises de conscience aiguës, durables et profondes)/ fruit : olive* (don de soi)/ climat sec (renoncement)/ longévité remarquable// arbre civilisateur (Providence)/ Jardin des oliviers (souffrance morale extrême)/ arbre sacré (mysticisme)/ consacré à Athéna, à Jupiter et à Minerve (lien avec la divinité) •exigences réduites/ paix/ fécondité/ longévité/ purification/ force/ victoire/ succès/ amabilité/ grande fermeté/ récompense/ initiation/ amour/ conscience/ chance/ hospitalité/ séjour bienheureux/ Israël/ renonciation à l'ego/ danger d'épuisement/ souffrance transformatrice/ relation mystique avec le Soi*.

Ombre

•apparence trompeuse/ spectre/ reflet affaibli de ce qui a été/ inquiétude ♦partie de la personnalité qui n'est pas exprimée (Jung) et souvent refoulée ; elle est constituée de tout ce que la société, les convenances, la morale ou les circonstances ne permettent pas de faire ; des talents laissés inexploités et de ce qu'on remet à plus tard. Toute cette part inaccomplie finit par créer un nœud d'énergie négative qui nous suit comme une ombre et cherche à s'exprimer. Moins nous en permettons l'expression, plus elle devient négative ; elle est symbolisée par les gens du même sexe que nous et plus ces personnes sont négatives plus notre ombre est importante et demande à laisser sortir de la pression. Voir *refoulement.*

Omelette

•casse/ action de battre/ facilité/ rapidité/ mélange/ stimulation/ intégration/ inconvénient inévitable.

Oncle

•famille élargie/ autre génération/ point de comparaison/ image paternelle ♦pour le neveu : ombre★ ♦pour la nièce : animus★.

Ongle

•combativité/ agressivité/ arme/ défense/ animalité/ volition/ ténacité/ opiniâtreté// attitudes à nuancer selon la valeur de chaque doigt concerné ♦cassant : maladresse/ manque de défense ♦cassé (main droite) : trop d'agressivité/ (main gauche) : trop peu de combativité ♦retourné (main droite) trop ou (main gauche) trop peu de combativité, de décision et ça se retourne contre moi ♦arraché : perte de moyen de défense par (droite) trop ou (gauche) trop peu de combativité ♦écrasé : Imprudence ?/ Je suis écrasé là où je devrais résister ?/ Je ne m'occupe pas de mes affaires ? ♦cornu : J'exagère mes défenses et mes interdictions ?/ Attitude tendue ? ♦incarné : Refus de l'animalité de ma nature ?/ Manque de réalisme ? d'humilité, ce qui menace mon équilibre ? ♦rongé : L'agressivité inexprimée se retourne contre moi ?/ Insécurité affective ?/ Rancune tenace envers l'un de mes proches ?/ Conflit intérieur ?/ Angoisse, infériorité, culpabilité par manque d'avoir été compris et aimé. ♦long : Féminité exagérée ?/ Agressivité ?/ Inaction ?/ Négligence ?/ Paresse ?/ Prétention ? ♦soigné : Minutie ?/ Application ?/ Méticulosité ? ♦verni : Souci de plaire, d'attirer l'attention ?/ Affirmation du tonus vital ? ♦court : affirmation de la masculinité/ renonciation/ douceur/ ordre/ calme ♦terne : manque de tonus vital ♦strié : stress ♦décollé : Trop cramponné ? Trop volontaire ?/ Je veux tout contrôler ?/ Pessimisme ?

Onguent

•crème/ pommade/ huile★/ plaie★/ soin/ remède★/ soulagement/ guérison/ réparation, excuse/ souplesse/ douceur/ apaisement/ compréhension, sympathie/ parfum★.

Onyx

pierre précieuse/ variété de calcédoine*/ bandes nettement séparées entre elles (recherche du centre*)/ couleurs alternantes et contrastées (opposition*, évidence)/ gouverné par Saturne* •discorde/ séparation/ épreuves/ agressivité/ besoin de protection/ besoin d'établir des limites, de bien cerner une situation ♦onyx noir: douleur qui permet de m'élever/ deuil à faire ♦sardonyx: bandes rouges ou chocolat, séparées par des bandes blanches = candeur, séparation, distinction clairement établie.

Opale

pierre précieuse laiteuse (stade obscur de la conscience en réorganisation)/ fragile (action faible du Soi*)/ translucide (épuration en cours) •période obscure, vague/ fascination/ totalité/ mystère/ intuition/ indécision/ malheur, souffrance ♦perdue: période de purification ratée ou terminée/ On dit qu'elle disparaît mystérieusement quand le possesseur n'est pas digne d'elle. ♦opale de feu: purification par les passions et la souffrance/ gouvernée par Uranus* ♦opale noire: intervention incompréhensible du Soi*, étape de nuit noire (patience)/ a servi à faire des camées (profil psychologique).

Opéra

•chant*/ grande voix*/ chœur*/ livret, histoire/ plaisir bourgeois/ attitude théâtrale, déclamatoire/ genre ancien/ expression de sentiments/ amours déchirantes/ cri transposé artistiquement/ expression noble de la souffrance émotive.

Opération

intervention chirurgicale, voir *chirurgie.*

Opium

latex des capsules du pavot*, voir *toxicomanie, morphine.*

Oppositions

valeurs contraires: ténèbres ↔ lumière/ silence ↔ parole/ froid ↔ chaleur/ sec ↔ humide/ immobilité ↔ mouvement/ être ↔ non-être/ haut ↔ bas/ ciel ↔ terre/ matière ↔ esprit/ positif ↔ négatif/ droite ↔ gauche/ jour ↔ nuit/ blanc ↔ noir/ Yin (passif) ↔ Yang (actif)/ attraction ↔ répulsion/ amour ↔ lutte (rejet)/ Dieu ↔ Diable/ Logos ↔ Cosmos/ moi ↔ non-moi/ moi ↔ toi/ moi ↔ tous/ homme ↔ femme •axe de valeurs contraires/ contraste/ tension/ exagération ♦Plus les oppositions sont présentes dans nos vies, plus nous en sommes victimes. L'idéal est de tâcher de concilier les contraires qui constituent deux pôles d'une même valeur, d'une même énergie.

Opticien

Voir *oculiste, lunettes.*

Or

métal précieux/ très malléable (disponibilité)/ inattaquable à l'air et à l'eau (inaltérabilité, besoin religieux de l'âme qui peut se canaliser dans une religion donnée)/ étalon (définit les autres valeurs)/ monnaie (échange spirituel) •permanence/ pureté/ richesse/ chose précieuse, rare, excellente/ L'homme réalisé : « On sème un corps corruptible pour récolter un corps incorruptible. » (Saint Paul)/ en relation avec les excréments*: C'est la condition terrestre./ L'or peut se changer en excréments, si la haute valeur spirituelle est mise au service de notre égoïsme./ L'or vient de l'ordure purifiée, comme le Christ* naît la nuit dans une étable./ lumière céleste/ rayonnement spirituel/ produit d'une lente maturation/ victoire/ triomphe.

Orange

fruit de l'oranger*/ sphérique (plaisir total)/ écorce épaisse orangée (vif désir)/ chair sucrée et parfumée (délices amoureuses et sexuelles)/ intérieur en quartiers (plaisirs partagés)/ nombreux pépins ou sans (inconvénients ou non)// bon contre certains cancers, certains virus/ abaisse le cholestérol/ bon pour les artères/ énergise le système immunitaire// pomme d'or de l'arbre de vie (tentation suprême, riche vitalité, saveur de la vie)/ fruit parfait (accord des sentiments et de la sexualité) •fécondité/ demande en mariage/ union de l'amour et de l'esprit/ amour porté à un sage/ promesse tenue/ totalité accomplie/ cadeau du Soi*.

Orangé

couleur intermédiaire entre le jaune et le rouge/ couleur en rapport avec l'orange*, le soleil*, l'or*.../ correspond à la rate*, aux organes sexuels et au 2e chakra* •équilibre entre l'or et le sang = l'esprit et la libido/ énergie/ ardeur/ valorisation/ fidélité ou infidélité.

Oranger

arbre fruitier (personnalité généreuse, bienfaisante et consolatrice)/ feuilles vert vif (ténacité, permanence)/ fleurs blanches (éveil), très parfumées (séduction, indiscrétion)/ fruit: orange* •arbre des noces entre Dieu et l'humanité/ vie productive/ don, grâce/ joie/ distinction/ connaissance supérieure/ présence comblante du Soi* ♦fleurs: virginité/ apaisement des passions/ subtilité/ présence agréable/ confiance.

Orchestre

•musique*/ musicien*/ ensemble/ accord/ harmonie/ direction/ chef/ baguette/ interprétation/ harmonisation de la vie affective/ élévation des sentiments.

Orchidée

fleur d'appartement/ la plus récente de la nature (mutation, esprit créateur)/ beaucoup de variétés (diversité, imagination)/ souvent épiphyte (besoin de soutien)/ fleurs splendides (luxe, noblesse, excentricité) •fécondation/ perfection spirituelle/ pureté spirituelle/ sentiment trouble/ goût de l'exotisme, du dépaysement, de l'aventure/ aspect précieux/ danger potentiel d'une relation/ goût pour l'esthétique/ sens de la durée, de la permanence/ plénitude, maturité/ recherche de l'excellence/ aristocratie/ pénétration des mystères/ épanouissement spirituel.

Ordinateur

•programmation (destin*, fatalité)/ logiciels (organisation mentale)/ clavier (accès, écriture)/ banques de données (connaissance)/ cerveau/ raison/ mémoire*/ accumulation des expériences émotives ♦en panne: Abus? Trop de temps? Trop de jeux? Comment est organisée ma vie intellectuelle? Grande nervosité de ma part? ♦panne d'écran: aveuglement/ manque de conscience/ problème visuel/ abus d'utilisation/ ♦perdre des données: Manque de discipline? de prudence? Besoin de recommencer? de repenser? de parfaire? ♦imprimante défectueuse: Difficulté de fixer mes idées?/ Je veux impressionner?/ Impatience?

Ordre

•organisation/ méthode/ régularité/ succession/ classement/ bon fonctionnement/ société/ système social/ sécurité/ norme/ règlement/ loi*/ lucidité/ maîtrise/ harmonie/ précision/ esprit discipliné ♦excès d'ordre: insécurité/ refoulement/ étroitesse d'esprit/ rigidité mentale/ durcissement, tension/ domination parentale/ esprit conservateur/ manque de générosité/ absence de naturel/ anxiété*.

Ordure

•saleté/ excrément*/ souillure morale/ rejet/ grossièreté/ obscénité/ débauche/ défoulement/ injure/ l'inconscient* méprisé.

Oreille

•ouverture (fonction réceptrice, féminine et intériorisante)/ accession aux ondes sonores (à la parole, liée à la fonction du Verbe: fécondation spirituelle)/ responsable de l'équilibre •confidence/ sollicitude/ intériorité, compréhension/ communication/ ♦droite: connaissance intellectuelle ♦mal: Je n'écoute pas ma raison?/ Qqn ou qqch que je ne veux plus entendre? ♦sifflement: On parle en bien de moi.// ♦gauche: connaissance intuitive ♦mal: Je n'écoute pas mon intuition?/ Je devrais tenir compte d'un avis? ♦sifflement: On parle en mal de moi?// ♦mal aux 2 oreilles: rejet total, révolte, colère?/ Perturbé par ce que j'entends?/ Manque de discrimination, de jugement?/ Repli sur soi?/ ♦percées: engagement/ soumission/ désir de plaire, voir *perçage* ♦bourdonnement ou tintement d'oreille: tension/ trop d'ego/ importance accordée à l'opinion d'autrui sur moi, souci pour ma réputation/ curiosité malsaine/ Voir *acouphènes*. ♦le pavillon = comme un germe, un fœtus qui récapitule le corps entier/ •tout le corps/ fœtus/ naissance/ création/ projet en formation ♦grandes oreilles: sens positif = allusion à l'écoute intérieure comme chez le Bouddha ou Lao-tseu •sagesse/ longévité/ immortalité// sens négatif = signe de stupidité (oreilles d'âne) ♦lobe de l'oreille: intuition/ sensualité/ réflexion.

Oreiller

•écoute des messages de nuit = les rêves/ écoute de mon monde intérieur/ repos/ sommeil = restauration des forces.

Orgasme

•sommet de jouissance/ plaisir suprême/ exultation du corps/ hystérie/ excitation extrême/ Voir *sexualité*.

Orge

céréale/ plante herbacée qui porte un épi semblable à celui du blé (discipline)/ accompagne le blé depuis des temps immémoriaux (compagnonnage, association)/ panifiable, voir pain*/ contient amidon, protéines et lipides (source d'énergie)/ Germée, elle est indispensable à la fabrication de la bière*./ le malt, grain germé, grillé = succédané du café*: agréable, nutritif, digestible/ sert aussi à l'alimentation des animaux (énergie de base)// réduit le cholestérol/ bon pour l'intestin et contre la constipation/ préviendrait le cancer •fécondité/ ordre/ vie productive/ inspiration/ illumination/ soutien/ bon second/ prévoyance/ association bénéfique/ accroissement/ mort et renaissance/ fructification.

Orgelet

Voir *paupière*.

Orgie

•débordement/ manque de contrôle/ immoralité/ plaisirs grossiers/ abus/ dégradation/ défoulement/ surabondance.

Orgue

instrument de musique à vent, à clavier et à tuyaux/ 2 500 tuyaux (grand registre de vibrations)/ 3 claviers (complexité)/ pédalier (profondeur)/ soufflerie (esprit)/ soupapes (ouverture et fermeture) •expression des sentiments et des émotions/ multiplicité/ variabilité/ puissance/ aspect sacré/ cérémonies/ religion/ harmonie/ affirmation/ totalité/ plénitude/ ampleur/ sérieux/ solennité/ autorité/ majesté.

Origan

épice/ plante sauvage (indépendance)/ feuilles à dessous poilu (sensualité)/ très petites fleurs rose-pourpre (discrétion, renoncement)/ odeur aromatique (agrément)/ saveur amère (amertume)// stimule l'appétit et la digestion, tonique/ antiseptique, antispasmodique •goût de vivre/ stimulation/ goût du plein air/ vie saine/ esprit pénétrant et subtil/ concentration.

Original

•création/ indépendance d'esprit/ rareté/ individualité/ forte identité/ personnalité remarquable/ nouveauté/ particularité/ détraqué.

Orignal

le plus grand des cervidés/ haute taille (personnalité imposante)/ puissant/ museau large et recourbé (force de vie, humeur massacrante)/ barbe en pinceau (sagesse)/ porte de grands bois palmés (fierté, haute estime de soi)/ forêts marécageuses du Nord (sauvage, retraite, fécondité, succès)/ solitaire (indépendance, autonomie, individualisme)/ bon nageur (dialogue avec l'inconscient)// «père de la forêt» (grande force créatrice, patriarche) •force/ puissance de la nature/ pénétration de l'inconscient/ approfondissement et élévation/ grandeur/ offrande.

Oriole

oiseau moyen/ doré et noir (accord du conscient et de l'inconscient)/ voix riche (beau timbre de voix, beau parleur)/ chant roulé irrégulier (joie de vivre, agrément, expression personnelle)/ fréquente les grands arbres (transcendance)/ insectivore (agressivité) et frugivore (goût des plaisirs)/ nid tissé et suspendu (importance du logement) •côté aristocratique/ chant d'amour/ fin travail/ voisinage amical/ confort/ plénitude/ affirmation du côté faste de la vie/ équilibre.

Orme

grand arbre (puissante personnalité à grand idéal)/ feuilles rugueuses et asymétriques (contact brusque et un peu gauche)/ tout petit fruit-semence ailé, amer, comestible (énergie réinvestie)/ bois dur, lourd, fort (force de caractère, cohérence); parfois rouge: ormeau (passion)/ arbre d'ornement (vedettariat)/ résiste aux vents violents (inébranlable)/ jusqu'à 500 ans (longévité remarquable)/ décimé par une maladie de la sève (énergie vitale) = sérieux avertissement à l'Occident qui se met en péril par son manque de respect de la nature et sa rupture avec le transcendant/ arbre sous lequel on rendait justice (majesté, respect) •résistance/ force et souplesse/ gratuité/ élégance/ grand élan/ souplesse/ élévation/ danger d'épuisement/ sentiment de transcendance/ paix champêtre/ fermeté/ perfectionnisme*/ relation forte et ardente avec le Soi* ♦de Chine: feuilles petites/ feuillage fourni (grande énergie)/ résiste bien aux maladies et à la pollution (grande résistance)/ tolère bien la taille (adaptation, docilité)// •ténacité/ grande vitalité/ exigences réduites/ soutien moral/ adaptabilité/ lien solide et discret avec le Soi*.

Orphelin

•abandon*/ peur de tout abandon émotif ultérieur/ désavantage/ solitude/ vulnérabilité/ dépendance/ adoption/ méfiance/ instabilité/ inadaptation sociale/ handicap de départ/ occasion d'acquérir autonomie hâtive, indépendance d'esprit, force de caractère.

Orteil

♦mal aux orteils droits : Manque de réalisme qui me fait agir de travers et compromettre mon équilibre ?/ Je marche sur les pieds des autres ?/ Je me cramponne trop à la vie ? ♦mal aux orteils gauches : Manque de réalisme qui me rend passif et compromet mon équilibre ?/ Je me laisse marcher sur les pieds ?/ Je ne me cramponne pas assez à la vie ? ♦Mal au gros orteil (le résumé de tout le corps, l'élan vital) : droit = excès, erreur, agitation/ gauche = manque d'élan, de vitalité ♦autres orteils : accorder à chacun la même valeur qu'au doigt* correspondant.

Orthographe

•langue/ correction/ respect/ attention/ autorité/ •faiblesse en orthographe : distraction/ esprit créateur/ refus de l'autorité/ esprit rêveur, fantaisiste/ luxe des gens intelligents/ négligence/ manque de discipline/ anticonformisme/ Voir *dictée, grammaire.*

Ortie

plante vivace (ténacité, permanence)/ feuilles fraîches provoquent des démangeaisons (éveil, irritation)// nombreuses propriétés médicinales et qualités alimentaires (avantages certains malgré les inconvénients de départ) •mépris/ méfiance/ manque de prudence/ précaution récompensée/ risque/ danger imprévu.

Os

•structure/ permanence/ fermeté/ force/ noyau d'immortalité/ l'essentiel/ maigreur ♦problème d'os : L'essentiel de mon évolution est compromis ?/ Manque de caractère ? de force ?/ Je dois accepter de vieillir de corps et de rajeunir d'esprit ?/ Perte d'un support important, d'une aide essentielle ?/ Révolte contre les structures ? Refus de l'autorité ?/ Voir la partie du corps concernée. ♦fracture : Rupture importante dans mon évolution ? Rappel à l'ordre ?/ Besoin de ralentir mes activités extérieures ?/ Refus de la réalité ? de l'autorité ?/ Voir la partie du corps concernée.

Oseille

plante aromatique vivace (ténacité, permanence)/ feuilles en fer de flèche, acidulées et comestibles (stimulation) ; rehaussent les salades, cuites avec omelettes (agrément)/ toxiques en trop grande quantité (danger des excès) •argent/ goût de vivre/ stimulation/ invitation à la modération.

Ostéoporose

Voir *os*. •fragilité structurelle/ allégement/ faiblesse de la fonction rationnelle.

Otage

Voir *chantage, enlèvement.*

Ouate

•confort/ chaleur/ blancheur/ hygiène/ pansement*/ soins excessifs/ mollesse/ vie douillette/ milieu très protégé/ refoulement.

Oubli

•équilibre/ refoulement* (l'objet de l'oubli renseigne sur la nature du refoulement)/ surmenage*/ tension nerveuse/ mépris/ chose désagréable, pénible/ Voir *amnésie, Alzheimer, mémoire* et *acte manqué.*

Ouest

•crépuscule*/ couchant/ soir/ froid/ bleu*/ fin/ mort/ nécessité de m'occuper des choses que je refoule/ disparition/ le passé/ tendance/ les vies antérieures.

Ouragan

Voir *cyclone.*

Ours

bête sauvage puissante/ très poilue (chaleur maternelle)/ à dents et à griffes (emprise, menace, cruauté)// mythologie grecque = Déesse-mère, mère nature •la bête en moi, instincts indomptés/ domination de la mère/ l'inconscient* sous son aspect dangereux ♦Représente notre structure instinctuelle : charge dynamique, autodéfense, droit à la vie/ Représente l'être humain (marche debout) sous deux aspects : 1. aspect féminin : constellation de la Grande Ourse : évidence/ étape oursonne à l'adolescence (12 à 16 ans) pour jeune fille, période de « garçon manqué » (Aeppli)/ certaine délicatesse qui se cache sous une peau d'ours/ correspond au développement de l'animus*/ 2. aspect masculin : souvent prince enchanté, ensorcelé = sous des dehors de brute (d'ours mal léché), se cache une personnalité qui peut apparaître après la domination des instincts ♦blanc : Qqch est figé dans ma vie instinctuelle ; cette source d'énergie ne sert pas ?/ Mes instincts bien canalisés ?/ Trop distancié de mes instincts? ♦brun ou noir: dévoreur d'énergie = refoulement des instincts? ♦Je le fuis = Peur de mon inconscient? de mes instincts?/ Influence indue de ma mère?/ Besoin de faire face à mes peurs pour les transformer en force positive? ♦Je l'affronte = Attitude courageuse, mais peut être épuisante; plus de compréhension de ma nature animale serait souhaitable?/ Je fais face à de la brutalité?/ L'influence maternelle s'est transformée en agressivité? Elle pourrait encore se transformer en compréhension? ♦Je le tue = Danger de tuer en moi une source importante d'énergie?/ Besoin d'assumer ma nature animale?/ Séparation trop radicale de ma mère? ♦Je le capture ou le dompte = Bon contrôle des instincts et de l'influence de la mère.

Oursin

échinoderme marin/ couvert de piquants (défense, inaccessibilité)/ comestible (énergie accessible) •défense passive/ sensibilité exacerbée/ idées agressives/ caractère intraitable, piquant/ susceptibilité/ danger/ bon, malgré les apparences.

Ourson

petit de l'ours* ♦Je sous-estime la force des instincts? Je dois les assumer?/ Je suis dominé par ma mère et cela me fait régresser à un stade infantile? ♦en peluche: substitut maternel/ objet d'attachement = chaleur maternelle/ l'attachement à la mère que cette forme permet à l'enfant de dominer; donc, moyen de détachement.

Outarde

bernache* du Canada.

Ovaire

•féminité/ fécondité/ naissance/ créativité/ renaissance/ correspond au signe du Scorpion* ♦problème: peur ou trop grand désir d'être enceinte/ désir d'arrêter d'avoir des enfants/ mort d'un enfant/ culpabilité*/ grande inquiétude.

Ovale

•vulve*/ douceur/ concentration/ ouverture/ léger déséquilibre/ alternance/ Voir *œuf*.

Ovni

•théophanie (manifestation divine)/ transcendance/ totalité/ illusion/ espoir/ terreur, angoisse*/ communication avec le spirituel/ contact avec une autre dimension/ désir de merveilleux/ besoin d'aide ♦Signe universel de la très grande tension créée par l'insatisfaction des aspirations spirituelles de l'âme* humaine. Annonce de changements catastrophiques du type apocalyptique./ Apparition de véhicules extraterrestres et extradimensionnels accompagnée d'une manipulation psychologique d'envergure.

Oxalide

petite plante sauvage/ feuilles comme celles du trèfle, mais chaque foliole en forme de cœur (cœur conscient)/ fleurs jaunes (stimulation)/ goût acidulé des feuilles, utilisables en salade (disponibilité), toxiques en grande quantité (danger des excès) •chic/ correction/ civilité/ attachement/ stratégies amoureuses/ intimité/ santé/ besoin de prendre conscience/ besoin de me tenir au clair avec moi-même.

Oxygène

•respiration/ asphyxie/ air pur/ apport vivifiant/ stimulation/ oxydation, rouille*/ corrosion, altération, dégradation/ euphorie.

P

•père/ personnalité/ pierre/ base/ phosphore/ page/ moine/ doux// numérol. : valeur mentale et mutable/ difficultés sentimentales/ réussite après une dure lutte/ voyages/ projets démesurés/ orgueil (Piché).

Page (une)

•une chose à la fois/ moment/ période actuelle/ au courant de l'actualité/ à la dernière mode/ texte/ événement/ limite précise// blanche, voir *papier.*

Pagode

•élégance/ excentricité/ Voir *temple, Asie.*

Paille

chaume •reste/ faible énergie/ inutilité/ sécheresse/ hasard, sort/ lit* (repos)/ aspiration/ pauvreté/ faillite/ aveuglement/ humilité/ dénuement/ défaut/ chose négligeable/ légèreté/ insignifiance/ faiblesse/ déchet.

Paillette

•parcelle d'or*/ mica/ brio/ poudre aux yeux/ présence tapageuse/ fausseté/ superficialité/ besoin d'attention/ infantilisme.

Pain

aliment fait de farine, d'eau, de sel et de levain, pétri (souffrance), fermenté (inspiration) et cuit au four* (épreuve)/ croûte (extériorité, appétit)/ mie (blancheur, tendresse) •nourriture essentielle/ image du processus alchimique, processus de la transformation/ nourriture spirituelle/ travail/ subsistance.

Paire

•association/ union amoureuse ou amicale/ ressemblance/ double*/ alter ego.

Palais

1. maison, voir *château.*

2. cloison interne de la bouche ♦palais dur: évoque: voûté/ limite de la parole/ fermeture/ appui/ certitude/ cloison, séparation ♦palais mou: intermédiaire/ souplesse/ goût, gourmet/ arrière-goût.

Palmier

•personnalité ardente/ élégance/ exotisme/ romantisme/ vacances/ appel à la croissance spirituelle/ triomphe de la vie sur l'adversité/ pilier du monde.

Pamplemousse

gros fruit rond et jaune (vifs désirs sexuels maîtrisés)/ intérieur en quartiers (plaisirs partagés)/ chair sucrée et parfumée, jaune ou rose, acide (grands plaisirs sexuels délicieux et stimulants)/ nombreux pépins ou sans (inconvénients ou non)// excellent pour le système cardio-vasculaire/ réduit le cholestérol/ bon pour les artères/ prévient le cancer •fécondité/ abondance/ générosité/ soleil, lumière, prise de conscience concrète/ saveur de la vie/ totalité accomplie/ cadeau du Soi*.

Panais

légume-racine/ cylindre aiguisé (sexe masculin)/ jaunâtre (stimulation, jalousie)/ filandreux (hésitation, flou)/ goût particulier et sucré (plaisir spécial) •impulsion sexuelle transposée ou retardée/ suggère que le sexe caché stimule le désir: Sexualité? Puissance? Réserve d'énergie sexuelle?/ besoin de nettoyer le secteur des instincts pour accéder à la lumière.

Pancréas

glande mixte/ sécrète le suc indispensable à la digestion (travail de la forge*, du feu)/ fabrique l'insuline, agent du métabolisme des sucres (énergies): les sucres passent de l'inaccompli dans le pancréas à l'accompli dans le foie (première étape de réalisation)/ pancréas = «toute chair» (en grec): opposé à l'esprit ou à l'âme spirituelle/ lieu de l'union la plus intime avec Dieu (Souzenelle) •accomplissement de toutes les énergies dans la recherche de

Dieu/ sagesse/ descente nécessaire aux enfers/ terre des profondeurs, de l'inaccompli/ énergies en attente ♦problème : Déséquilibre entre les occupations terrestres et spirituelles ?/ Matérialisme ?/ Traumatisme affectif: rejet d'une situation émotive ?/ Manque de sagesse ?

Panda

•gentillesse/ amabilité/ clownerie/ Voir *ours, ourson.*

Panier

•légèreté/ fragilité/ pique-nique/ déchet/ consommation/ voiture cellulaire/ le derrière.

Panique

•affolement/ peur* extrême/ fuite/ épouvante collective/ perte de contrôle/ crise d'angoisse*/ débordement émotif/ besoin d'aide/ Voir *terreurs nocturnes, émeute.*

Panne

électrique ♦générale : Nervosité dans l'air. Je suis lié ou victime du courant général d'évolution ?/ Besoin d'évaluer l'atmosphère psychologique commune ?/ Dépendance ? Manque de pensée personnelle ?/ ♦privée : Trop grande accumulation d'énergie ? nerveuse ? spirituelle ? Besoin de la faire circuler./ Énergie mal orientée ?/ Je suis mal branché avec le transcendant ?/ Coupé de ma véritable évolution ? Besoin d'un nouvel éclairage ? ♦d'auto, voir *automobile.*

Pansement

•plaie*/ soin/ aide/ soulagement/ guérison/ renouvellement/ empathie, compassion/ Voir la partie du corps pansée.

Pantalon

♦chic : autorité masculine/ affirmation/ désir de bien paraître/ distinction ♦jeans : détente, relâchement/ identification au collectif/ simplicité.

Panthère

grand félin carnivore (lascivité, agressivité)/ robe fauve tachetée de noir (originalité)/ grimpeur (agilité, surveillance)/ nageur (fréquentation de l'inconscient) •conscience qui a apprivoisé l'inconscient/ initiation/ crainte des instincts indomptés ♦panthère noire : mêmes sens, mais à venir/ soleil* noir = forces occultes/ forces contenues/ terreurs* nocturnes/ pénétration d'un mystère menaçant/ peur de l'inconscient*/ Asie*.

Pantin

•guignol/ articulation*/ mouvement/ agitation/ manipulation/ manque de discernement/ superficialité/ Voir *marionnette, girouette.*

Pantoufle

•inaction/ paresse/ inertie/ mollesse/ détente/ repos/ caractère casanier et sédentaire/ manque d'activité sociale.

Paon

le plus grand des gallinacés/ queue de longueur embarrassante (grand souci vestimentaire, tenue élaborée)/ port imposant (fierté)/ démarche fière (dignité)/ proportions élégantes et sveltes (élégance du corps)/ mouvements fiers, majestueux (noblesse)/ tête petite (silence mental), bleu-vert brillant à pourpre, à reflets dorés (vie spirituelle riche)/ aigrette* légère (pensées élevées)/ long cou et poitrine: bleu à reflets violets, or, vert éclatant (orgueil, vanité, goût du spirituel)/ dos: vert bronze et bleu foncé (gloire, richesse)/ ailes: blanc et brun (démarches directes)/ vol lourd et bruyant (embarras, attachement)/ queue de 100 à 150 plumes très longues; vert bronze (goût de se donner en spectacle, fort instinct sexuel)/ ocelles (témoin, culpabilité, nostalgie du paradis perdu, imploration)/ fait la roue (mise en relief, parade, goût de se mettre en valeur); au coucher et au lever du soleil*; comme le phénix, meurt triomphant au soir sous les feux mourants du soleil pour renaître avec les feux du jour qui se lève (mort et résurrection)/ aime se jucher (besoin de briller, vigilance)/ granivore et mange petits serpents (victoire sur les bas instincts)/ éclat majestueux de l'arc-en-ciel* (triomphe)/ voix forte et désagréable (manque d'éloquence, discours déplaisant)/ crie à la moindre alerte (vigilance) •séduction du jour/ gloire/ symbole de la résurrection/ fécondité/ beauté de l'existence/ renaissance/ valeur protectrice/ réussite/ couleurs dominantes: or (soleil), bleu (ciel), vert (terre) = union des valeurs terrestres et spirituelles/ conscience omniprésente/ cycles/ ocelles qui fascinent = vision béatifique/ splendeur triomphante/ macrocosme, kaléidoscope, étalage splendide et abondant comme pour la pierre* philosophale (l'être transformé)/ dialectique jour ↔ nuit, lumière ↔ ténèbres, vie ↔ mort/ transfiguration

♦paon blanc : mêmes sens, mais à venir/ transcendance, valeurs purement spirituelles.

Pape

souverain pontife/ successeur de saint Pierre •spiritualité/ infaillibilité/ autorité spirituelle/ dignité/ décorum/ Vatican/ qui fait autorité ♦pour catholique = qualité de ma relation avec l'Église, avec le Soi*: Manque d'humilité ?/ Grave rappel à l'ordre ?/ Grande consolation et haute bénédiction ?

Papeterie

magasin •école*/ écriture/ bureau*/ outillage, moyen/ moyen d'expression/ équipement psychologique.

Papier

•écriture/ fragilité/ pureté/ susceptibilité/ disponibilité/ tracasserie administrative/ identification/ projection/ permis/ compétence reconnue ♦papier écrit ou à écrire : l'écrit, les livres, la vie de l'esprit/ excès : connaissance trop livresque de la vie ♦s'il est vierge : Rien de décidé ? Nouveau chapitre à ma vie ?/ Je néglige la vie de l'esprit ?/ Peur de me compromettre ?

Papier carbone

•copie conforme/ double*/ reproduction/ jumeau*/ multiplication/ répétition/ recommencement/ influence indue.

Papier de verre, Papier émeri

•polissage/ frottement/ adoucissement/ finesse/ agrément/ travail bien fait/ exigence/ ténacité/ stade final.

Papier peint

•décoration/ motifs/ impression/ répétition/ obsession*/ imagerie mentale/ point de vue imposé/ conditionnement.

Papillon

insecte à grandes ailes colorées (élégance, goût pour la mode)/ connaît une métamorphose (allégorie de la transformation réussie, résurrection, mutation)/ capable de détecter une odeur à 10 km (intuition excellente)/ se nourrit du suc des fleurs (va à l'essentiel)/ vol hachuré (fantaisie, apparence d'instabilité, détours) •transformation de la servitude en liberté/ immortalité de l'âme/ développement du corps spirituel/ libertinage/ frivolités/ flair, finesse spirituelle/ beauté/ succès, réussite éclatante ♦papillon de nuit : vaines frayeurs nocturnes/ inspiration/ épanouissement intérieur/ transformation inconsciente.

Paprika
•appétit/ goût de vivre/ excitant/ stimulant/ raffinement/ apparence.

Pâquerette
plante très basse (humilité)/ fleurs blanches teintées de rose autour d'un cœur jaune or (présence du Soi*)/ au printemps* (hâte, épanouissement hâtif) •pudeur/ étonnement/ modestie/ Pâques, résurrection.

Paquet
•ensemble/ contenant ↔ contenu/ accumulation/ départ, retrait/ critique/ beaucoup/ Voir *colis, caisse.*

Parachute
•toile/ harnais/ ouverture/ descente/ chute/ atterrissage en douceur/ garantie, sécurité/ aide/ ralentissement/ frein/ choc atténué/ vertige*/ retour de l'astral*/ nomination inattendue.

Paradis
lieu des bienheureux •béatitude éternelle/ royaume de Dieu/ royaume de Jésus/ bonheur parfait/ suprême récompense/ séjour enchanteur/ abri fiscal: sécurité financière, injustice/ Voir *astral.*

Paradis terrestre
•origine/ création/ créateur(s)/ apparition des humains/ innocence/ inconscience/ lieu de bonheur parfait/ descente de l'âme dans la matière/ tentation/ serpent*/ chute, péché originel/ le bien et le mal/ liberté/ interdit/ désobéissance/ expulsion/ punition/ évolution/ changement de niveau de conscience.

Paralysie
•Sentiment d'être pris au piège?/ Prisonnier d'un mariage malheureux?/ Émotions conflictuelles?/ Blocages qui inhibent l'action?/ Désarroi devant une situation?/ Sentiment d'impuissance?/ Résistance passive devant une situation inacceptable?/ Figé de peur?/ Voir *courbature, croix.*

Paranoïa
•rejet de responsabilité/ projection/ culpabilité/ grand orgueil/ méfiance/ grande susceptibilité/ interprétations/ justifications/ complexe de persécution.

Parapet
•protection/ appui/ aide/ léger obstacle/ délimitation.

Parapluie

♦fermé : masculin/ agressif ♦ouvert : féminin/ protecteur// Besoin de protection ?/ Besoin exagéré ?/ Peur de me compromettre ?/ Je me protège des influences négatives qui polluent mon atmosphère ?/ Indifférence à des propos malveillants ?/ Je me protège de l'agression, surtout masculine ?/ Je crains d'être enceinte ?

Parasol

♦ombrelle : Excès de féminité ? coquetterie ? sentimentalisme ?/ Attachement au passé ?/ Crainte de la violence ?/ Crainte de la vérité ?/ Besoin de me protéger contre un éblouissement ? ♦de plage : ouvert = protection/ détente/ vacances/ prudence// fermé = masculin/ agressif.

Paratonnerre

♦Je tiens à me garantir des dangers ?/ Nervosité*?/ Je provoque pour mieux me défendre ?/ Je crains la violence ? ou je la provoque ?/ Crainte de Dieu ?

Parc

•enclos/ jardin*/ stationnement*/ réserve naturelle (protection, conservation, respect)/ intériorité/ individualité/ vie privée.

Parc d'attractions

•plaisir/ diversité/ sensations fortes/ vertige*/ excitation/ agitation/ amusement/ défoulement/ manège/ Voir *carrousel*.

Parc zoologique

Voir *zoo*.

Pare-brise

•protection/ prise de conscience/ précaution/ prévoyance/ avenir.

Pare-chocs

•amortissement, atténuation/ précaution/ effet tampon/ tamponnage/ heurt/ ♦avant : combativité/ cran/ attaque/ force de frappe ♦arrière : réaction/ essor/ inconscient/ résistance.

Pare-étincelles

•écran/ précaution/ prudence/ protection/ empêchement/ méfiance/ contrôle des émotions.

Parents

♦père et mère •mes origines/ mon milieu/ point de référence/ le passé à dépasser : besoin d'offrir à la vie ma propre solution et non celle de mes parents/ l'autorité/ ma moralité/ invitation à redevenir un enfant, à en retrouver la simplicité, la confiance devant la vie/ encouragement à fusionner le masculin et le féminin en un 3e être = l'enfant que je suis ♦oncle★, tante★, cousin★... •mes énergies disponibles.

Paresse

•nonchalance/ oisiveté/ mollesse/ manque d'intérêt, de motivation/ refus de l'effort/ goût pour la facilité/ manque d'exigence/ manque d'ambition/ manque d'encouragement, de stimulation/ inertie/ négligence/ fatigue/ manque de confiance en soi/ blessure émotive d'enfance qui a entraîné une dévalorisation.

Parfum

•subtilité/ souvenir, mémoire/ évocation/ influence/ envahissement/ sensualité/ force vitale/ lumière/ perception fine, intuition/ aspect spirituel des sentiments = sentiment religieux et sublimation/ nourriture spirituelle/ vertu/ sainteté.

Pari

•défi/ jeu★/ gageure★/ incertitude/ souhait/ croyance.

Paris

•beauté de la ville/ art de vivre/ pensée/ culture/ contrainte de la culture, conservatisme/ vie intellectuelle/ correction/ exigence/ compétition/ tension/ chauvinisme/ snobisme/ consécration culturelle/ l'amour/ liberté sexuelle/ la lumière★/ centre de rayonnement/ le Soi★.

Parjure

•mensonge/ trahison/ déloyauté/ malhonnêteté/ manque d'honneur/ peur, manque de courage.

Parkinson

•déficience du schéma mental pour comprendre la vie/ insécurité profonde/ sentiment d'indignité, d'impuissance/ traumatisme ou frustration dans l'enfance.

Parlement

•parti politique/ discussion/ opposition/ majorité/ loi/ vote/ discours/ argumentation/ modérateur/ chambre/ décorum/ autorité officielle.

Parrain, marraine

•baptême★/ inauguration/ tuteur/ garant/ substitut des parents/ protecteur/ responsabilité/ honneur/ chef d'un groupe illégal.

Partenaire
•allié/ associé/ échange/ aide/ apport/ relations sexuelles/ ombre★.
Paruline
Voir *fauvette.*
Pas
•marche/ enjambée/ danse/ rythme/ engagement/ progression/ début/ étape/ démarche/ trace/ empreinte/ allure/ passage/ obstacle/ seuil.
Passage
•issue/ débouché/ période/ transition/ connexion/ Voir *étroit, tunnel* et *couloir.* ♦passage étroit: épreuve obligatoire/ initiation★.
Passager
voyageur •voyage★/ dépendance/ période où l'on n'est pas maître de son évolution/ Voir *auto-stoppeur.*
Passeport
♦le faire établir: besoin de me définir/ besoin d'affirmation/ renaissance/ désir de repartir sur de nouvelles bases ♦l'oublier: personnalité dispersée?/ Je ne me conduis pas selon ma vraie personnalité? ♦le perdre: perte d'identité/ Je ne suis plus moi-même?/ Qqn ou qqch m'aliène? ♦me le faire voler: qqn ou qqch tente de me voler mon identité = Influence trop grande?/ Émotion ou sentiment trop grand qui m'aliène?
Passerelle
pont★/ élévation/ étroitesse/ situation précaire/ passage★ étroit/ vertige★/ accès.
Passerose
grandes fleurs (générosité), à pétales fripés (hâte, impatience, spontanéité), sur une haute hampe (élan, hiérarchie, élévation)/ variété de guimauve★ •respect des étapes/ continuité/ colonne vertébrale et les chakras★ / aspiration et croissance spirituelles rapides.
Passe-temps
•loisir/ détente/ divertissement/ impatience/ perte de temps/ agrément/ passion, intérêt marqué.
Passiflore
plante grimpante à vrilles (besoin de soutien, attachement)/ belles fleurs décoratives (très bel épanouissement)/ couronne de filaments

colorés (exubérance, générosité, spiritualité)/ la fleur ne dure qu'un jour (intensité, fugacité)/ fruit comestible (petits plaisirs raffinés, succès)/ appelée aussi fleur de la Passion, car les chrétiens y ont vu les instruments de la Passion du Christ* (sacré, mystique) •sophistication/ raffinement/ complexité/ fascination/ contact mystique/ méditation qui porte fruit/ contemplation.

Passoire

•filtre*/ choix, tri/ rejet/ mauvaise mémoire*/ manque de vigilance.

Pastèque

fruit sphérique ou oblong (rondeurs du corps) à pulpe rouge vif et très juteuse (plaisirs sexuels abondants et grossiers) et à graines noires (inconvénients importants) •fraîcheur/ abondance/ fécondité/ surprise «juteuse».

Pasteur

Voir *berger, prêtre.*

Pâte

•mélange/ préparation/ nourriture/ base/ disponibilité/ mollesse/ influence/ indétermination/ bonté/ générosité.

Patin

à lame ou à roulettes •vitesse accrue/ équilibre/ activité accrue/ occasions à saisir/ spontanéité/ imprévu/ souplesse/ jeunesse/ esprit sportif/ légèreté/ intuition.

Patinoire

•piste/ glace*/ sport*/ hockey*/ mouvement/ de grands pas*/ tourner en rond/ Voir *patin.*

Patio

•cour*/ grand air/ été/ jardin*/ fermeté/ sécurité.

Patrie

•pays habité par une nation/ chez-soi/ identité collective/ pays d'origine/ pays d'adoption, voir *émigrant*/ histoire/ institutions/ civilisation/ culture/ devoir civil/ enracinement/ attachement/ Voir *pays, exil.*

Patron

1. modèle •encadrement/ forme/ pochoir/ saint/ protection/ sécurité/ imitation/ contrainte/ manque d'originalité/ manque d'identité/ pattern, comportement.

2. directeur •chef/ maître/ employeur/ professeur*/ réussite/ domination.

Patte
•jambe★/ main★/ rouflaquette (ancien)/ mouvement.

Paume
♦mal à la paume droite: Action contraire à mon destin★. ♦mal à la paume gauche: Mon inaction fausse mon destin. ♦mal aux 2 paumes: Inaction préjudiciable par méconnaissance de mes aptitudes. ♦lignes de la gauche: destin imposé/ karma★, programmation ♦lignes de la droite: ce que je fais de ce destin.

Paupière
•éveil ↔ sommeil/ mort/ contrôle sur la conscience ou l'inconscience ♦lourde: soucis/ pessimisme/ tristesse/ apitoiement/ quête de compassion, de pitié/ manque de sommeil ♦orgelet à droite: Ignorance coupable?/ Manque de sommeil?/ Je veux tout voir, tout contrôler?// à gauche: Ignorance par inconscience?/ Manque d'attention? de vigilance?/ Je dors trop? ♦tremblement, voir *titillement*.

Pavé
bloc de matière dure •revêtement/ rue★/ voie aménagée/ sécurité/ fermeté/ facilité/ blocage ↔ déblocage émotif.

Pavot
fleur à grands pétales vifs (fragilité, sentiments déclamatoires), au cœur noir (mystère, inconscient)/ ne tient pas longtemps (fragilité)/ pétales comme de la soie brute froissée (précieux, spontanéité, négligence)/ souvent très parfumé (séduction, sensualité)/ graines minuscules et oléagineuses (petites semences essentielles)/ sa sève donne l'opium (hallucination) •songes/ drogue★/ paradis artificiels/ exploration intérieure/ mysticisme/ oubli/ rêveries/ fugacité de la beauté/ réminiscences/ fragilité du corps/ éblouissement/ douceur d'aimer jusqu'au sacrifice.

Pays
territoire d'une nation •région, contrée/ patrie★/ les habitants/ pensée collective/ lieu d'origine/ domaine/ étranger★.

Paysage
•nature/ site/ vue/ aspect général/ situation/ arrangement/ harmonie/ atmosphère psychologique/ état d'âme.

Peau
épiderme (sensibilité de surface)/ derme (sensibilité profonde)/ poils★/ transpiration (travail, peur)/ enveloppe du

corps humain (ego, individualité, défense, tolérance, apparence)/ écailles (superprotection)/ dermatite (irritation, rejet) ♦maladie de peau : Mal dans ma peau ? Je rejette mon corps ? mon image ? ma personnalité ?/ Manque de sécurité ?/ Besoin de changer de situation ? Malaise social ?/ Je soigne trop ou trop peu mon apparence ?/ Je suis superficiel ?/ On m'invite à suivre ce que je sens ?/ J'empêche les choses de venir à ma conscience ?/ Mon individualité est menacée ? ♦chez l'adolescent : Je dois accepter de perdre l'image de l'enfance pour revêtir celle de l'adulte./ Voir *acné, démangeaison...* ♦tachée : 1. tache de naissance : Force ou faiblesse dans le secteur de ma vie indiqué par la partie du corps en cause. Voir *grain de beauté.*/ 2. tache nouvelle : Attire mon attention sur le secteur de ma vie représenté par la partie de mon corps en cause. Excès (à droite) ou négligence (à gauche)./ Acceptation de mon âge ?/ 3. tache accidentelle : Culpabilité ?/ Besoin de me purifier ? ♦peau foncée : santé/ mystère// Je me cache qqch ?/ Je refoule ? ♦peau ridée : Soucis ?/ Vieillissement, maturité ? ♦peau pelée : Je me renouvelle dans le secteur de ma vie indiqué par la partie du corps concernée.

Pêche

fruit arrondi (rondeurs du corps), marqué d'un sillon (fesses), recouvert d'un fin duvet velouté et rosé (attrait de la peau, grande sensualité), à chair tendre et juteuse (délices sexuelles) ; riche en sucres (grande énergie)/ noyau ligneux à amande toxique (soucis, gros inconvénient, mauvaise surprise)// effets antibiotiques/ usages cosmétiques •douceur, tendresse/ amabilité/ beauté/ agrément de la vie/ protection// négatif: sous des dehors doucereux, nature fermée, dure et dangereuse/ séduction pernicieuse.

Pêcher

1. arbre fruitier (personnalité vouée à la générosité)/ n'existe plus à l'état sauvage (don du ciel, besoin de soins, dépendance)/ fruit : pêche★/ vient de Chine (initiation aux mystères) ♦fleurs : pudeur/ virginité/ jeunesse/ renouveau/ amour fugace/ mariage/ dignité/ immortalité ♦arbre : grande civilité/ souplesse/ divination/ fin du voyage initiatique/ présence agréable du Soi★.

2. aller à la pêche •choisir/ convertir/ capturer/ patience/ surprise/ loisir// Besoin de gagner ma vie ?/ Laisser sortir des choses qui sont inconscientes ?

Pédaler

•aller vite/ faire l'effort/ faire des efforts inutiles/ évoluer/ Voir *bicyclette.*

Pédalo

•détente/ calme/ légèreté/ esprit enfantin/ porté par les sentiments.

Pégase

cheval ailé fabuleux qui fit jaillir une fontaine dans laquelle on put puiser l'inspiration poétique •comme la licorne*, il représente des aspects surnaturels de ma nature/ relation avec la source = inspiration/ sublimation de l'instinct = génie poétique, créateur/ appel au dépassement de la réalité terrestre/ sage initié.

Peigne

•propreté ↔ saleté/ apparence/ désir de séduction/ mise en ordre de mes idées/ individualité/ différenciation, discernement/ remise en condition de ma force vitale.

Peine

Voir *chagrin, condamnation.*

Peintre

♦en bâtiment, voir *peinture* ♦artiste •création/ représentation/ évocation/ composition/ image/ ligne/ dessin/ couleur/ pinceau/ spatule/ toile/ médium/ sujet/ contraste/ galerie/ exposition/ signature/ style/ tendance/ école/ groupe/ portrait/ paysage*/ tableau*.

Peinture

pigment ♦en appliquer : besoin de changement/ changer d'énergie/ remplir de telle énergie, voir *couleur*/ prendre possession de/ imposer mes goûts/ manipuler les énergies/ soigner les apparences/ masquer l'essentiel ♦l'enlever : retrouver le naturel, la sincérité, l'authenticité/ dépasser les apparences.

Pékinois

petit chien*/ museau très court, ridé et noir (caractère distant, peu expansif)/ yeux proéminents (attention)/ poil long et droit (tenue soignée et originale)// d'agréable compagnie, vif, affectueux et fidèle •corps petit/ noblesse/ originalité/ racisme, chauvinisme/ humeur variable/ jugement, discernement/ sexualité importante et harmonieuse/ belle sensualité.

Pelade

•refus du côté animal de notre nature/ rejet de la sexualité/ manque de force vitale/ excès d'intellectualité/ traumatisme non réglé/ besoin de se distinguer, de se mettre à part.

Peler

desquamer •renouvellement, renaissance/ Voir *peau* et la partie du corps concernée.

Pèlerin, Pèlerine

•dévotion/ voyage/ défense d'un projet/ centre sacré/ vénération/ but, objectif/ démarche spirituelle/ l'âme avec son désir de transcendance.

Pélican

très grand oiseau (départ difficile)/ excellent au vol (liberté durement acquise)/ maladroit sur terre (gaucherie, manque d'élégance)/ palmipède (adaptation)/ brun, blanc, rose (simplicité)/ immense bec à membrane extensible (gourmandise, boulimie, goinfrerie)/ de 40 à 50 ans (bonne longévité)/ pêcheur (dialogue avec l'inconscient)/ technique commune de pêche: s'alignent en demi-cercle et rabattent le poisson (association, esprit d'équipe)// renommé pour nourrir ses petits de sa propre chair (générosité parentale, sacrifice de sa vie) •constitution d'un corps spirituel/ contre toute attente, résurrection du corps/ l'Eucharistie/ le Christ*.

Pelle

•nettoyage/ débarras/ invitation à approfondir/ modification de mes conditions de vie/ effort/ travail/ enterrement.

Pelote

•économie/ nervosité*/ personne désagréable/ balle*/ progrès/ consolidation/ égocentrisme/ fermeture émotive/ tourner en rond/ centre d'intérêt/ centre de gravité/ attraction/ évolution continue/ recherche du centre*.

Pelure

•peau*/ vêtement*/ manteau*/ extérieur/ apparence/ surface/ mince couche/ protection.

Pendaison

•gibet/ potence/ supplice/ condamnation*/ étouffement*/ mort*.

Pendule

•alternance/ polarisation/ opposition*/ balancement/ oscillation/ hésitation/ aller-retour/ mesure/ amplitude/ fréquence/ Voir *horloge*.

Pénis

•potentiel sexuel/ impudeur/ impuissance/ basses vibrations/ correspond au signe du Scorpion*/ Voir *phallus*. ♦affection: mépris de la sexualité ou excès/ culpabilité*/ perte d'énergie, de puissance, d'influence/ humiliation/ manque de confiance dans la vie/ revers amoureux/ revers, défaite/ forces créatrices inemployées ou mal orientées ♦amputé: obsession sexuelle/ privation sexuelle/ culpabilité/ absence d'activité sexuelle/ chasteté/ angélisme/ abus.

Pensée

plante basse (sans prétention)/ fleur à 5 pétales plats dont 4 orientés vers le haut (ouverture d'esprit, évidence), à cœur clair ou noir (dialectique conscient ↔ inconscient)/ On dirait une fleur qui n'a pas d'épaisseur (le mental, la pensée). •importance de la raison, de sa lumière/ sentiment d'ordre/ simplification/ dépassement de l'émotion/ compréhension de l'univers affectif/ esprit de synthèse/ apaisement/ une pensée, idée/ méditation/ réflexion/ l'humain ♦pensée sauvage: beaucoup plus petite (spontanéité)/ tricolore (inspiration spirituelle)/ •idem + simplification/ intégration totale du monde de l'affectivité/ retour à la simplicité et à l'essentiel.

Pépin

•semence/ regroupement/ intériorité/ ennui/ inconvénient/ mauvaise surprise/ béguin.

Pépite

•petit morceau/ or* natif/ trouvaille, prise de conscience/ grâce/ accomplissement.

Perçage corporel

•initiation/ besoin d'attirer l'attention/ recherche d'originalité/ mutilation/ valorisation extérieure/ solution extérieure à une carence intérieure de personnalité, d'identité/ rejet de la société/ révolte/ rage/ automutilation par autopunition/ L'endroit du perçage est révélateur: voir la partie du corps concernée.

Perce-neige

petite fleur faite de 3 pétales blancs (candeur, simplicité) et 3 sépales blanc verdâtre, en forme de clochette (humilité, secret)/ à bulbe (prévoyance)/ première à fleurir au printemps* (vaillance, hâte, impatience, initiation, esprit primesautier) •dégel des énergies/ audace, cran/ renaissance/ esprit novateur/ pudeur/ pureté, chasteté/ ténacité/ fidélité/ recueillement/ nouvelle initiative du Soi*.

Perceuse

Voir *mèche, vilebrequin.*

Perchoir

•appui/ élévation/ refuge/ observation/ arrêt/ oiseau*/ siège* élevé/ dignité/ retrait/ domination.

Perdrix

gros oiseau/ brunâtre, à rayures blanches (simplicité)/ vit au sol (pragmatisme)/ vol réduit (élévation difficile)/ sédentaire (stabilité, esprit casanier, sécurité)/ campe sous la neige (vie de plein air, endurance)/ mâle fait des bruits de tambourinage avec ses ailes (prétention, vantardise)/ gibier (attitude de victime)/ farouche (méfiance)/ camouflage/ haute fécondité (abondance, succès) •indépendance/ bravoure/ ingéniosité/ adaptation/ élégance hautaine/ amour/ beauté féminine/ démon/ astuce/ dépassement des épreuves/ invisibilité/ détermination et insistance.

Père

•le non-moi/ monde extérieur/ société/ conscience collective/ autorité// marque la forme de la sensibilité chez la fille et l'image qu'elle en a intériorisée influe sur sa perception des autres hommes/ conscience collective/ esprit traditionnel/ opinion d'autrui/ ordre/ défenses, interdictions/ la loi/ le responsable d'un concept, d'une découverte/ origine ♦père rajeuni (en rêve): pour l'homme = «L'image du Père Tyran devient une image fraternelle sur laquelle on peut compter.»/ pour la femme = «Le Père œdipien contraignant se transfère sur l'animus*-Époux.» (La Rocheterie).

Père Noël

•cadeaux/ merveilleux/ enchantement/ pensée magique/ espoir/ naïveté/ candeur/ illusion/ mensonge/ abus de confiance/ générosité/ récompense/ gratuité ♦Première illusion dont se départit naturellement l'enfant vers l'âge de 7 ans et qui l'habitue à faire face aux autres illusions que la vie lui réserve. Voir *Noël.*

Perfectionnisme

•tendance à l'échec/ manque de confiance en soi/ ambition démesurée/ obsession*/ impuissance/ désir de tout contrôler/

orgueil/ besoin de l'admiration d'autrui/ besoin de plaire, d'être aimé/ idéal.

Périscope

•vue globale/ prise de conscience/ émergence/ recherche/ détection/ menace/ danger/ largeur de vue/ observation/ faire le point/ vérification/ élévation au-dessus des obstacles.

Perle

concrétion de nacre*, aragonite/ sécrétion de l'huître (réaction, protection)/ sphérique (totalité, le Soi*)/ dureté 3 à 4 (délicatesse)/ laiteuse (vague, rêverie)/ irisée (énergies différenciées)/ couleurs variées: blanche, la plus précieuse (lumière totale), rose (douceur, bonheur) ou noire (mystère, secret); jaune (conscience supérieure) ou bleue (joie céleste, élévation)/ peut vieillir: sensible aux épidermes, aux acides, aux parfums (sensibilité, fragilité, beauté fugace)/ consacrée à Isis et à Vénus* •rareté/ beauté/ chose précieuse/ pureté/ perfection/ remarquable/ féminin/ lunaire/ fœtus, enfant/ semence divine: l'enfant divin en l'homme/ le Christ*/ naissance d'un rêve, d'un beau projet/ belle surprise/ trésor caché/ âme sauvée/ pierre* philosophale/ connaissance supérieure/ travail de l'imagination créatrice/ virginité/ Immaculée Conception/ illumination// douleur et chagrin (naît d'une irritation): blanches = larmes de femme; roses = larmes d'enfant; grises = larmes d'homme ♦en bijou: noblesse/ aspect précieux, sacré/ fragilité, délicatesse.

Perle de verre

•éclat/ pacotille/ substitut/ imitation/ fausseté/ Voir *bille, bijou* et *verre*.

Peroxyde

•désinfectant/ soin/ précaution/ brûlure/ purification.

Perron

•entrée/ accueil/ extension de la personnalité/ extériorisation/ ouverture d'esprit.

Perroquet

gros oiseau/ grimpeur (élévation, agilité)/ fortes griffes (emprise)/ bec crochu, très épais (importance de la parole, médisance, calomnie)/ tête volumineuse (connaissances)/ corps massif (force, inélégance)/ couleurs éclatantes (infantilisme, franchise, besoin d'attention)/ s'apprivoise (docilité, éducation)/ imite la voix humaine (imitation, moquerie, bavardage, radotage)/ de 40 à 50 ans (longue vie)/ besoin d'éplucher, d'écorcer (étude, analyse)/ frugivore (goût des plaisirs) et granivore (pacifique) •miroir sonore/ adresse/ gymnastique/ bonne mémoire/ goût d'apprendre/ attachement/ haine/ jalousie/ gentillesse/ propos blessants, irréfléchis/ envie de détruire/ indiscrétion/ agitation mentale/ obsession/ tic verbal/ amour de l'exotisme ♦ara : belle livrée (goût pour les tenues élaborées et brillantes, personnalité très extériorisée)/ très longue queue (sexualité très prononcée)/ s'apprivoise facilement (confiance, attachement)/ parle peu (intelligence limitée) •bon caractère/ compagnonnage/ pièges de la beauté corporelle (vanité, recherche de l'admiration, superficialité)/ apparence/ énergie solaire, feu céleste difficile à conquérir ♦cacatoès : blanc/ huppe érectile (fierté, soupe au lait, inspiration)/ parle difficilement (problème d'élocution)/ siffle (flirt, gaminerie, grossièreté)// •vanité/ dédain/ sensibilité/ docilité/ panache/ innocence/ inspiration/ lumière.

Perruche

oiseau moyen/ plusieurs couleurs (charme, séduction)/ longue queue (sexualité prononcée)/ peu doué pour la parole (mutisme, problème d'élocution)/ excellent voilier (liberté, habileté)/ babil (bavardage)/ jusqu'à 100 ans (longévité remarquable) •amour des couleurs/ compagnonnage/ vagabondage/ tendresse/ attention à l'autre/ amabilité/ grâce/ fécondité, abondance/ fertilité, succès/ risque d'insolation/ apoplexie/ besoin de boire.

Perruque

•artifice/ fausseté/ apparence/ dignité/ goûts démodés/ préjugés ridicules/ détournement de matériaux/ Voir *cheveux*.

Persil

petite plante au feuillage ramifié (complexité, fantaisie)/ aromate (goût de vivre)// facteur important d'équilibre nutritionnel et remède végétal (santé, guérison) •appétit/ décoration/ délicatesse/ nuances/ disponibilité/ générosité.

Perte

•privation/ séparation/ perte d'énergie/ besoin de m'alléger/ sentiment de culpabilité*/ perte du respect de soi, sentiment de dégradation/ perte d'un sentiment positif/ négligence/ attachement excessif/ invitation au détachement, à une épuration/ besoin de m'ouvrir aux réalités spirituelles// peur de perdre = peur de la mort.

Pervenche

plante couvre-sol à petites fleurs solitaires (indépendance), bleu lavande (esprit, idéal)/ tige rampante (grande humilité)/ feuilles persistantes (permanence)/ préfère l'ombre (humilité)// anticancérigène •discrétion/ caractère accommodant/ ténacité/ continuité/ modestie récompensée/ foi.

Pet

•mépris des convenances/ incorrection/ manque de respect/ Voir *gaz*.

Pétale

•élément/ douceur/ étape de développement d'un sentiment/ épanouissement ♦détaché : détachement/ sentiment terminé, dépassé/ hommage/ admiration/ amourette.

Pétard

•tension/ surprise/ explosion/ réjouissance/ nouvelle sensationnelle/ révélation/ bruit/ tapage/ besoin d'attention/ revolver*/ fessier, derrière/ fofolle/ cigarette de marijuana*.

Péter

éclater avec bruit •explosion/ défoulement/ échec/ exagération/ folie*.

Pétrole

•richesse/ exploitation/ approfondissement/ source, réserve d'énergie/ éclairage/ lumière de l'inconscient/ Voir *mazout*.

Pétunia

fleur de jardin/ fleur en entonnoir évasé (révélation) aux couleurs très diverses (vitalité)/ très florifère (générosité)/ grande vigueur/ feuillage duveteux (sensualité) •enthousiasme/ apaisement/ douceur/ susceptibilité/ versatilité/ disponibilité/ empressement/ inspiration/ diversité des prières.

Peuplier

grand arbre (puissante personnalité axée sur la grandeur)/ feuilles triangulaires et luisantes (énergie équilibrée et caractère avenant)/ odeur balsamique (présence agréable et recherchée)/

fleurs en chatons (sensualité, discrétion)/ graine à houppe de poils blancs (légèreté, douceur)/ jusqu'à 300 ans (longévité remarquable)/ un peu sensible aux champignons et aux insectes (point faible insoupçonné)/ bois: menuiserie, allumettes* (disponibilité)/ consacré à Hercule (capacité d'héroïsme)// écorce fébrifuge (guérison, bon sens) •dualité/ facteur déclencheur/ descente aux enfers/ douleur/ sacrifice/ souvenir/ subtilité/ fécondité/ dignité/ relation très forte avec le Soi* ♦peuplier d'Italie: arbre longiligne, très ornemental •idem + élan/ veille/ forte aspiration spirituelle.

Peur

•insécurité/ inconnu/ angoisse*/ phobie*/ manque de confiance en soi/ rejet du changement/ manque d'adaptabilité/ manipulation/ manque d'audace/ précautions/ protections/ garanties/ invitation à faire face: occasion d'exorciser les sources de peurs souvent mal fondées/ Voir *terreurs nocturnes*.

Phalange

à partir de la main, la 1re phalange (base du doigt) symbolise le corps, la 2e phalange symbolise l'âme, la 3e phalange symbolise l'esprit ♦À mettre en relation avec chacun des doigts, voir *index, majeur...*

Phallus

organe mâle en érection/ canal de la semence/ principe actif •création, fécondation/ force vitale/ fécondité/ image la plus ancienne de la divinité/ énergie, puissance/ source de la vie/ l'Orient, l'Est, le soleil levant, chaleur/ équilibre/ relié à Bacchus et à Dionysos, dieux de la nature/ figuré par la verge de Moïse, le caducée*, le sceptre des rois, des empereurs, la crosse des évêques/ autorité souveraine/ supériorité/ pulsions passionnelles/ forces créatrices.

Phare

•lumière/ force de pénétration de l'esprit/ prise de conscience/ intuition/ repère/ aide/ esprit brillant/ projection positive/ chef de file/ maître à penser/ guide/ le Soi* ♦d'auto, voir *automobile*.

Pharmacien

•remèdes/ herbes/ soulagement/ guérison/ poison/ soin du corps/ besoin d'aide, de conseil/ secrets/ mystère/ initiation/ Voir *remède, pilule*.

Philadelphus
Voir *seringat*.
Phlox
plante de jardin/ bouquets abondants (offrande)/ blancs, rouges, roses, violets (vitalité)/ parfum (séduction) •joie des jardins/ déclaration/ affirmation/ extériorisation/ épanouissement ♦phlox mousse: fleur de rocaille (humilité, adaptation)/ en nappe fleurie (abondance)/ printemps★ •amour confortable/ douceur de vivre/ ravissement/ délicatesse de sentiment.
Phobie
dissimule souvent un sentiment de culpabilité: cause à trouver/ remonte souvent à une période inconsciente de l'enfance/ ou à une vie antérieure/ obsession rattachée à une interdiction/ responsabilité assumée à tort.
Phoque
mammifère/ carnivore (lascivité, agressivité)/ corps en fuseau (adaptation)/ tête ovoïde (stupidité)/ oreilles sans pavillon (indépendance)/ poils brillants (goût pour le brio, le spectacle)/ membres en nageoires (maladresse)/ excellent nageur (fréquentation de l'inconscient)/ piscivore (prise de conscience)/ Hors de l'eau, il rampe (spécialisation, humiliation, maladresse, infériorité)./ aboie et hurle (problème d'expression)/ très chassé (persécution)// lié à la croyance aux sirènes★ •souplesse/ équilibre/ caractère insaisissable/ initiative imprévisible de l'inconscient/ dangers du refoulement★/ divinités infernales = dangers du bas-astral★.
Photographie
représentation d'une image/ développement (évolution)/ révélateur (prise de conscience)/ négatif (contraire, mise en évidence)/ pellicule (intermédiaire, sensibilité)/ impression (évidence)/ double (le Soi★) ♦en faire: Vouloir arrêter le temps?/ Besoin d'objectivité? Besoin d'objectiver une situation?/ Affirmer son point de vue?/ Prise de conscience?/ Voir *appareil photo*. ♦en développer: Accepter les étapes de mon propre développement?/ Accepter la réalité telle qu'elle est?/ Besoin de passer par le négatif pour accéder au positif? ♦en recevoir: marque d'amour/ dépend du sujet ♦les classer: Mettre de l'ordre dans mes sentiments? Dans mon passé? Reprendre le fil? ♦en regarder: Ressasser

le passé ? Faire remonter les souvenirs ?/ Besoin de retrouver un sentiment de continuité ?/ Sentimentalisme ? ♦en perdre : Besoin de quitter le passé ?/ Besoin de renouveler ses énergies ?

Piano

instrument de musique à clavier et à cordes frappées/ notes, blanches et noires (oppositions*)/ table d'harmonie (totalité)/ piano à queue (qualité, luxe, concert), piano droit (démocratisation de la musique) •expression des sentiments et des émotions/ romantisme/ subjectivité/ diversité/ variété/ composition/ générosité/ éclat/ force et douceur/ harmonisation de la vie affective.

Pic

oiseau grimpeur (désir d'élévation)/ surfaces verticales (proximité de l'inconscient)/ queue rigide (forte sexualité)/ bec puissant (grande intuition)/ mange insectes et sève (agressivité et vigueur)/ nid dans un trou (protection, construction)/ sédentaire (stabilité, esprit casanier, sécurité)/ pas de chant (problème d'expression personnelle)/ oiseau de Mars* •robustesse/ énergie/ invitation à prendre conscience, à approfondir/ certitude/ sécurité/ don de prophétie, de voyance/ guide/ renaissance/ Le rouge à la tête des pics en fait des porteurs de feu divin et leur action symbolise la pénétration de l'esprit.

Pie

oiseau moyen/ couleurs contrastées (opposition*)/ bariolé (illusion)/ longue queue (sexualité prononcée) ♦pie bavarde : noir et blanc (dialectique du conscient et de l'inconscient)/ sexes semblables (parité sexuelle)/ construit plusieurs nids (sens de la propriété, prudence, investissement)/ omnivore (opportunisme)/ collectionne et cache ce qui est brillant (fascination, naïveté)/ jacassement (commérage, bavardage)/ •vêtements brillants/ queue-de-pie/ habitations secondaires/ brigandage, vol/ rapt/ collection/ ruse/ guet, surprise/ cumul des richesses/ langage vide, snobisme ♦pie-grièche : gris-bleu, marron, blanc, noir (déguisement)/ bec crochu (cupidité)/ mœurs de rapace (danger, banditisme)/ empale ses proies sur des épines (cruauté)/ imite chants d'autres oiseaux pour les attaquer (piège, leurre, attrape)/ farouche (méfiance)/ proies plus grosses qu'elle (cran, témérité)/ cri de chasse (avertissement, menace)/ carnivore (lascivité, agressivité)/ •courage/ sérieux/ tromperie/ pièges/ danger des illusions/ faux-frère.

Pied

mon point de contact avec le sol (contact avec la réalité)/ permet la marche (mouvement, évolution), la station debout (équilibre, dignité)/ terminal (potentiel de tout le corps)/ physiquement loin de la conscience (ce que je ne veux pas savoir)/ correspond aux Poissons*// Voir *orteil, talon.* •l'homme en évolution/ démarches physiques et morales/ devenir en puissance, ressemblance avec le fœtus/ potentiel énergétique de départ = début, départ, enfance/ récapitulation du corps: les orteils* correspondent à la tête, le talon correspond au fondement, la plante, au tronc ♦pieds nus: non fortifié/ insécurité/ humiliation/ risques/ manque de prudence/ besoin de liberté, d'authenticité, d'affirmation/ confiance en la vie ♦mal au pied droit: faux ou mauvais départ/ trop ou pas assez de précautions/ démarche erronée/ matérialisme/ volonté d'évoluer trop vite ou évolution faussée/ erreur d'orientation ♦mal au pied gauche: départ manqué/ hésitation/ indécision/ démarche annulée à tort/ manque de réalisme/ refus d'évoluer/ immobilisme ♦fracture: erreur profonde qui touche mon évolution (voir mal au pied droit, au pied gauche) ♦mal au cou-de-pied droit: coup de pied de trop que j'ai donné/ intolérance// gauche: coup de pied que je retiens/ trop de tolérance (se laisser marcher sur les pieds) ♦mal à la plante du pied droit: Un mauvais contact avec la réalité me fait agir de travers?/ J'ai fait un mauvais pas, une erreur?// gauche: Excès de réalisme, de pessimisme qui m'empêche d'agir?/ Je ne fais pas le pas qu'il faudrait? ♦lavement des pieds: régénération/ passage à un état supérieur, à l'état christique ♦tendon d'Achille: ma partie vulnérable, mon point faible/ mal: un coup bas// Voir *entorse.*

Pied d'alouette

plante de jardin/ fleurs bleues, blanches, lavande, mauves, roses ou violettes (variété, spiritualité)/ inflorescences en forme de candélabre (ardeur, élévation)/ feuilles rappellant l'empreinte des pattes de l'alouette* •coordination/ ordre/ douceur/ fierté/ élégance/ union du féminin et du masculin/ union des contraires/ élan/ sens de l'effet/ goût du spectacle/ aspiration spirituelle.

Pied d'athlète

dermatose des pieds, voir *pied, peau.*

Pierre

minéral/ ossature de la terre (solidité, structure, base)/ L'intérieur de la pierre est identique à l'extérieur (authenticité, vérité)./ Parfois l'intérieur est plus beau (découverte intérieure)./ Elle peut faire jaillir le feu (potentiel amoureux, prise de conscience)./ rapport avec Taureau*, Capricorne* et Pluton* •statues/ monuments/ routes/ constructions/ solidité/ ossature de l'humain/ inertie apparente/ permanence/ densité/ cohésion/ concentration/ authenticité/ base et couronnement/ existence à l'état pur, sans sentiments, émotions, raison/ édification du château* intérieur/ stabilité, d'où sagesse / le Soi*/ éternité/ toute potentialité/ vie intuitive, partie supérieure de l'âme/ marque un lieu important, saint (témoignage)/ symbole de l'homme en qui s'est fait l'éveil de la conscience ♦dressée (phallus*) = énergie éternelle, cosmique/ souvent présence divine/ pierre tombale, voir *stèle* ♦carrée, horizontale, ronde = valeurs féminines ♦brute (non taillée), naturelle = androgyne, image de la transformation/ Taillée, elle devient conique ou cubique, masculine et féminine avec les valeurs correspondantes./ réussite de la transformation ♦construction en pierre: sédentarisation/ édifice spirituel/ durabilité ♦noire: sacrée comme tombée du ciel (météorite) = pierre à message/ obscurité, mystère du divin ♦angulaire: notre base/ le Soi*/ le Christ* ♦cylindrique: édification intérieure ♦philosophale, voir *pierre philosophale* ♦grosse pierre: autel sacré qui demande des offrandes/ centre de rayonnement important/ lieu d'élection d'un égrégore bénéfique/ masse énergétique capable de déclencher un état de voyance/ Voir *rocher.* ♦bois pétrifié: éternisé/ blocage? vision erronée qui fige l'inconscient?/ vie intérieure pétrifiée? ou cristallisée, consolidée?/ vie émotive sacrifiée? transformée? ♦lancer une pierre: combativité/ attaque/ défi ♦avoir une petite pierre dans sa chaussure: détail agaçant/ inconfort moral/ scrupule.

Pierre philosophale

étape réussie d'un processus de transformation psychique/ Il s'agit de la cristallisation d'un changement intérieur. Dans l'évolution de chacun, il y a beaucoup d'étapes réussies. Quand une étape est accomplie, il faut passer à une suivante: on dit que la pierre philosophale éclate et c'est à recommencer. On passe par d'autres épreuves. Il faut refaire la pierre plus riche et plus belle, jusqu'à la dernière réussite qui est mutation, alors que le moi et le Soi★ ne font plus qu'un. La transformation compte 3 phases: l'œuvre au noir (période de désorganisation), l'œuvre au blanc (période de sacrifice, de purification) et l'œuvre au rouge (période de lumière, réussite)// sagesse/ le Christ★.

Pierre précieuse

minéral/ rareté (intervention ponctuelle du Soi★)/ éclat (lumière, conscience)/ valeur (importance)/ pierre mûrie dans la terre (énergie qui se cristallise peu à peu en corps de gloire)/ brute (disposition naturelle)/ taillée (mise en valeur des qualités naturelles)/ polie (travail assidu)/ transparente, translucide, opaque (épuration de l'ego qui laisse passer plus ou moins l'énergie du Soi★)/ cristallisée (réalisation concrète), voir *cristal* •œuvre de la nature/ quintessence/ lumière, énergie qui vient d'en bas, de mes misères vécues en épreuves transformatrices/ connaissance qui s'ensuit, la conscience supérieure/ lente élaboration de mon corps de lumière, mon corps spirituel/ lumière qui vient de l'inconscient: me donne l'état de mon évolution/ Les pierres accentuent, filtrent et canalisent les ondes, les vibrations, la lumière sous ses diverses qualités; leurs couleurs (longueurs d'onde) correspondent à des vibrations différentes, aux différents chakras★. ♦en bijou: représente l'intégration d'un contenu inconscient dont mon âme se pare de façon particulière (Jung)/ affirmation de qualités morales ♦correspondances avec signes du zodiaque★: Bélier: sardoine et rubis★/ Taureau: cornaline★/ Gémeaux: topaze★/ Cancer: calcédoine★/ Lion: jaspe★/ Vierge: olivine/ Balance: jade★/ Scorpion: tourmaline★/ Sagittaire: hyacinthe★/ Capricorne : jais★ et chrysoprase/ Verseau: cristal★ de roche/ Poissons: aigue-marine★ ♦cassée ou perdue: blocage dans la relation avec mon inconscient = Mon attitude rigide, trop rationnelle ou agitée empêche l'inconscient de communiquer./ Une étape est franchie, je dois passer à autre chose. ♦volée: un excès d'émotivité bloque la relation avec mon inconscient.

Pinson

petit oiseau/ bec fort (bon équipement psychologique)/ granivore (pacifique) et insectivore (agressivité)/ brunâtre (simplicité)/ chant réduit (charme discret, intimité) •vie quotidienne/ apparence discrète, réservée/ joie, gaieté.

Pipe

•gosier/ rage/ rire/ phallus*/ tricherie ♦cassée: maladresse/ impuissance/ maladie/ mort/ besoin de changer.

Pique-nique

•été/ campagne/ plein air/ partage/ détente/ liberté/ évasion.

Piquer

•Qqn qui m'aime m'inflige des coups involontaires mais blessants? Ou c'est moi qui le fais? Ou c'est mutuel?/ J'ai le tour d'atteindre les autres dans leur point le plus vulnérable? Ou c'est moi qui suis victime de ce traitement?/ Souci grave, comme une épine au pied?/ Je me libère de ma souffrance en blessant les autres?/ Trop de susceptibilité? Je suis intraitable et hérissé à propos de tout?/ Blessé par une remarque qui bloque encore mon élan vital? Mal à prendre ma place au soleil?

Piquet

•immobilité/ attente/ punition/ ancrage/ réalisme/ solidité/ raideur/ repère/ attachement/ grève*, mécontentement.

Piqûre

♦thérapeutique: Besoin de calme?/ Martyre à coups d'épingle?/ Introversion?/ Initiation avec épreuves? ♦d'insecte: J'ai des idées parasites?/ J'ai une idée négative de la nature qui me le rend bien?/ Manque de vigilance?/ La libido me démange?/ Besoin de réagir?/ Mauvaise humeur?/ J'excite l'agressivité par mes attitudes?/ Juste retour des instincts auxquels je m'abandonne?/ Besoin d'exercer ma patience?/ Voir *moustique*.

Pirate

•bandit/ escroc/ attaque/ sans scrupules/ profiteur/ otage/ dépossession/ dépouillement/ Voir *vol*.

Piscine

•détente/ purification/ sécurité/ uriner/ vie émotive sous contrôle ♦intérieure = inconscient limité par le rationnel; sentiments très contrôlés ♦extérieure = inconscient limité par le rationnel, mais moins confiné ; sentiments contrôlés sans excès ♦sale ou avec eaux croupissantes : vie émotive asphyxiante/ beaucoup d'aspirations du cœur auxquelles je ne donne pas suite.

Pissenlit

plante basse à fleurs jaunes (rayonnement, centre*)/ tiges creuses à latex (fragilité)/ pousse partout (universalité, prospérité)/ capitule : fructification qui offre ses graines disposées en sphère (le Soi*) et munies d'un parasol de soie (légèreté, dissémination)/ envahissant (vigueur, ténacité, embarras)// excellent pour blessures et plaies •gaieté/ vivacité/ fraîcheur/ générosité/ quantité/ exubérance/ fertilité/ banalité/ la petite enfance/ manifestation constante du Soi* par les signes.

Piste

•trace/ chemin*/ sentier/ pas*/ Voir *détective.*

Pistolet

•défense/ attaque/ agressivité/ ennemi/ menace/ peur/ courage/ phallus*/ individu bizarre ♦pistolet revolver : ajoute l'idée de répétition.

Pivoine

plante de jardin/ abondance des fleurs et des pétales désordonnés (prodigalité)/ lourdeur des fleurs (générosité débordante)/ blanches, rouges ou roses (absolu)/ parfum lourd et sucré (séduction, sensualité, indiscrétion)/ •abondance et richesse des sentiments/ exagération, débordement/ romantisme débridé et ostentatoire/ ravissement/ plénitude/ richesse/ honneur/ superstitions/ don de soi.

Placard

•volonté d'ignorer/ refus de vivre ce que signifie la chose que j'y range/ peur/ aspect caché/ inconscient// Voir *armoire, garde-robe.*

Plafond

•protection/ pensée/ la raison/ crâne ♦dont tombe un morceau : Mon foyer est menacé ?/ Personnalité menacée dans ses acquis ? ♦d'où l'eau coule : Je suis envahi par une influence indue ?/ Je dois me protéger ?

Plage

•sable/ baignade*/ bain de soleil/ repos/ vacances/ rencontres/ point d'émergence, prise de conscience.

Plaie

•blessure*/ peine, déchirement/ fléau/ chose très pénible/ personne insupportable/ Voir *couper.*

Plainte

Voir *gémissement.*

Plaisanterie

•blague/ humour*/ rire*/ légèreté/ gaieté/ moquerie/ bagatelle/ détachement/ plaisir.

Planche

•appui, support/ aide providentielle/ force/ raideur/ ski*/ interrogation/ service/ insensibilité/ construction, édification spirituelle.

Plancher

•base de ma vie, principes, philosophie de la vie.../ stabilité psychologique/ sécurité ↔ insécurité/ minimum/ limite du conscient.

Planète

♦Chaque planète n'est qu'une détermination particulière de l'énergie universelle, comme chaque couleur représente une énergie particulière de la lumière totale (blanche). Cela est évident dans la représentation graphique que les astrologues ont donnée aux planètes: tous les dessins font appel au cercle dans leur graphisme, alors que le cercle total sans modification représente le Soleil, soit l'énergie totale./ Voir *Soleil, Terre, Lune, Mercure...* •un monde/ sphère d'activité/ individualité/ spécificité/ influence/ observation/ système solaire/ cosmos/ astronome*/ astrologue*.

Planeur

véhicule aérien •hauteur/ calme/ aisance/ douceur/ élégance, grâce, harmonie/ euphorie/ joie intellectuelle ou spirituelle/ moment de grâce/ moment de répit/ insouciance/ manque de réalisme/ retour à la réalité.

Plantain

plante basse/ mauvaise herbe (rejet)/ sans tige (pragmatisme)/ feuilles étalées en rosette (bonne énergie vitale)/ fleurs insignifiantes en longs épis dressés (discipline étouffante)/ graines mûres = délice des oiseaux (don de soi)/ On en tire une teinture verte (changement bienfaisant).// Ses feuilles s'utilisent en salade et, séchées, pour leurs vertus médicinales (hémorroïdes, acné, maux de gorge, piqûres, brûlures... •panacée/ guérison/ humilité, grande simplicité/ ténacité/ endurance/ caractère accommodant/ productivité/ qqch de fructueux, malgré les apparences.

Plante

vie végétale qui germe, croît, fleurit, fructifie, décline et meurt (étapes de la vie humaine)// stationnaire (immobilité, inertie)/ racine (point de contact avec la réalité)/ tige (croissance, aspiration)/ ramifications (différenciation)/ feuilles (captation de l'énergie)/ sève (vie, fluides du corps)/ fleurs (épanouissement)/ corolle (rayonnement, le Soi*)/ pétales (individualité)/ parfum (séduction, subtilité)/ fruits (production)/ graines (semences, prévoyance, survie)/ germination (naissance, début)/ croissance (aspiration, élévation)/ se dresse dans le ciel (aspiration spirituelle)/ phototropisme, se tourne vers le soleil (relation avec le Soi*)/ synthèse chlorophyllienne (acquisitions psychiques) •vitalité/ croissance physique, émotive, psychique = niveau d'évolution, selon le développement de la plante/ émotions et sentiments qui poussent en moi pour s'épanouir/ vie humaine/ cycles/ recommencement/ enracinement/ alimentation/ remède, guérison ♦mourante : mort d'un sentiment/ vitalité très basse ♦malade : sentiment inharmonieux/ faible vitalité ♦qui ne fleurit pas ou qui meurt : sentiment qui n'est plus source d'énergie ♦nouvelle : nouveau sentiment/ recrudescence de vitalité/ épanouissement spirituel ♦plante inconnue : sentiment nouveau/ exploration d'une autre dimension.

Plastique

•flexibilité, malléabilité, souplesse/ disponibilité/ banalité/ durabilité/ incorruptibilité/ commodité.

Plat

•alimentation/ nourriture intellectuelle, affective, spirituelle/ principal, essentiel/ réception/ partage/ service/ susceptibilité/ maladresse/ flirt.

Platane

grand arbre à tronc court (puissante personnalité solide et fiable)/ écorce s'écaillant par grandes plaques (contact difficile, détaché)/ ramure étalée (grande énergie vitale)/ croissance rapide (ferveur)/ fruits en boule piquante (semence, susceptibilité)/ longévité remarquable/ bois lourd, dur et peu solide (sensibilité intériorisée)/ bonne résistance à la pollution (indépendance) •prendre sa place au soleil/ grande force de vie/ adaptation/ présence bienfaisante de la nature/ certitude du lien avec le Soi*.

Plateau

plat★ •repas★/ service/ caprice/ égard/ satisfaction d'un désir.

Plate-forme

•solidité/ base/ terrasse/ élévation/ certitude.

Platine

métal précieux, blanc grisâtre (correction)/ à l'état natif, associé à 7 métaux (perspicacité, discrimination) ♦Le platine représente l'ordre, les lois, les droits, les devoirs, l'autorité, le gouvernement. ♦Métal à grand éclat (grande répercussion)/ malléable/ le plus pesant de tous les métaux, après l'iridium (la rigueur de la loi)/ inaltérable à l'air (stabilité, sécurité)/ le mètre étalon est en platine (autorité, norme, règlement)/ en relation avec Uranus★ •rigueur/ inaltérabilité, constance/ ténacité/ luxe/ flexibilité/ mesure/ modèle/ importance/ réalisme.

Plâtre

•lien/ mort et résurrection/ inertie/ immobilité/ flexibilité, souplesse/ disponibilité/ blancheur.

Pleurer

Voir *larme*.

Pli

rabat •ondulation/ marque/ ride, vieillissement/ susceptibilité/ lettre/ cachette/ repli/ désordre/ inexactitude/ mauvais ajustement/ mauvaise habitude.

Plomb

métal très dense et lourd, gris bleuâtre ♦Le plomb, qui obéit d'abord à la loi de la gravité, représente tout ce qui nous rabaisse: la maladie, la mort, la tristesse, le désespoir, le pessimisme, l'inertie. ♦Métal mou (paresse)/ facilement fusible (versatilité)/ fusibles électriques (prêt au sacrifice)/ consacré à Saturne★/ source d'intoxication (maladies) •lourdeur/ enfoncement/ matière, matérialisme/ base/ soumission excessive/ individualisme/ ego/ période noire/ force d'inertie/ possibilité de transmutation, de spiritualisation.

Plombier

•tuyau★/ équilibre des liquides du corps/ circulation et contrôle de l'énergie vitale/ organisation/ canalisation des choses inconscientes/ mise en relation avec le Soi★.

Plongeon

1. action de plonger •compromission/ engagement/ acceptation/ chute, voir *tomber.*

2. huard, gros oiseau/ noir, gris avec mouchetures blanches (soin et élégance de la tenue)/ bec fort et pointu (force d'attaque)/ plumage velouté de la tête (sensualité)/ palmé (adaptation)/ excellent plongeur et nageur (excellent dialogue avec l'inconscient)/ vol rapide (diligence, franchise)/ maladroit au sol (démarches maladroites)/ nid sommaire (peu d'attaches matérielles)/ dos voûté en vol (inélégance)/ sexes semblables (parité sexuelle)/ région arctique (grande endurance)/ cri = rire hystérique en vol (hystérie, sauvagerie) ou longue plainte, le soir (plaintes, nostalgie)/ muet l'hiver (mutisme cyclique) •folie/ curiosité/ solitude/ bon éducateur/ intolérance/ démarrage difficile/ conscience en plongeant dans l'inconscient/ interprète des rêves/ symboliste.

Pluie

•bénédiction/ faveur divine matérielle et spirituelle/ période féconde/ influences spirituelles/ sperme/ semence/ manifestation/ purification/ prospérité/ tristesse/ très ennuyeux/ Voir *inondation.*

Plume

•fertilité/ douceur/ délicatesse/ légèreté/ caractère volage/ écriture/ dessin/ élévation/ puissance/ autorité/ justice/ sacrifice/ aspect céleste/ clairvoyance★.

Pluton

planète la plus éloignée du Soleil (obscurité, fin de la vie)/ éclat faible (lumière de l'inconscient)/ petite (intériorisation)/ un satellite : Charon/ planète non sacrée, caractérisée par la volonté et le pouvoir/ mort de la personnalité (épuration de l'ego)/ consacrée au dieu Hadès sous son aspect bénéfique, frère de Zeus qui habite le monde souterrain/ régente l'immense réserve des plantes et des êtres vivants ♦type plutonien : la bête intérieure/ richesses intérieures cachées/ profondeur/ mort/ agressivité/ forces infernales/ destruction pour renaissance intérieure •grandes mutations des ères géologiques et des espèces/ profondeurs de la matière/ monde atomique/ conquête de l'espace/ chirurgie du cœur/ changement subit et bénéfique/ justice transcendante/ techniques ultramodernes : télévision, ordinateur, laser, antibiotiques/ tendances sadiques/ révolte/ angoisse/ absurde/ néant/ volonté de puissance occulte/ étape infernale.

Pluvier

petit échassier*/ coureur (urgence, excitation, efficacité)/ sexes semblables (parité sexuelle)/ nid au sol (sens du risque)/ mange petits organismes (opportunisme)/ fait «l'aile cassée» pour fourvoyer l'ennemi (ruse, astuce) •confiance/ stratégies/ échappatoires/ feinte, esquive.

Pneu

•trace/ marque/ aide/ tension/ effet tampon/ adoucissement/ facilitation ♦dégonflé ou crevé: baisse d'énergie vitale, épuisement/ manque d'appui/ besoin d'arrêt/ manque de courage, de cran.

Pneumonie

Voir *poumon.*

Poche

partie d'un vêtement •argent*/ portefeuille*/ clefs*/ affaire conclue/ appartenance/ ce qui est personnel, individualité/ intimité.

Poêle

1. appareil de chauffage •chaleur/ cuisson/ cuisine*/ sécurité/ Voir *cuisinière électrique.*

2. ustensile de cuisine •alimentation/ appétit/ moyen/ maîtrise/ transformation/ préparation à une prise de conscience/ Voir *cuisine.*

Poésie

•expression/ rythme/ sonorité des mots/ vers/ formule verbale/ charme/ émotion/ sensibilité/ génie/ cri transposé en art/ image, métaphore/ transposition verbale de la réalité/ élévation/ qualité d'émotion esthétique/ essence des choses/ état d'esprit altéré/ rêverie/ sens second de la réalité.

Poète

•écrivain qui a une vue particulière de la réalité/ inspiration/ muse/ qqn qui sait exprimer autrement la réalité/ rêveur/ bohème/ Voir *poésie.*

Poids

•pesanteur/ lourdeur/ sérieux/ évaluation/ embonpoint*/ difficultés de la vie/ charge, tâche/ responsabilité pénible/ densité/ influence.

Poignard
•agressivité/ violence/ blessure*/ phallus*/ acuité/ Voir *couteau*.

Poignée
permet le contrôle des portes*... ♦de porte : liberté de s'ouvrir ou de se fermer à qqch ou à qqn ♦cassée ou défectueuse : perte de contrôle, manque de maîtrise.

Poignet
•souplesse/ habileté/ force/ lien entre l'esprit et les sentiments ♦mal au poignet droit : Problème de relation entre le cœur et l'esprit et ça me fait agir de travers ?/ Manque de souplesse dans mon action ?/ L'avoir crée chez moi une tension dommageable ?/ Manque de recul pour évaluer mon action ? ♦mal au poignet gauche : Problème de relation entre le cœur et l'esprit et ça me rend inactif?/ Manque de volonté, de ténacité, de tension dans mon action ?/ Trop d'analyse paralyse ?/ Mon avoir m'échappe par manque de fermeté ?

Poil
•l'animalité/ vitalité/ antenne de modes vibratoires subtils/ discrétion, pudeur/ intimité// grossièreté/ être primitif.

Poing
•défense/ solidarité/ puissance/ menace/ révolte/ colère/ emprise ♦droit : expression de puissance, de détermination, d'agressivité, de révolte, de menace, de solidarité ♦gauche : même chose, mais inexprimée.

Pointer
le meilleur chien d'arrêt (flair subtil)/ museau carré (détermination)/ cou long (curiosité)/ poil court et brillant (tenue correcte)/ robe bicolore (sociabilité, adaptation) •corps racé et vigoureux/ élégance/ souplesse/ du style/ capacité de concentration/ tension vers un but/ sensualité réduite/ sexualité intense et raffinée/ grande sensibilité.

Poire
fruit à rondeurs féminines/ jaune doré (vif attrait sexuel)/ saveur douce et juteuse (jouissances sexuelles)/ pépins (inconvénients)// riche en sucre, en sels minéraux •fraîcheur/ soif/ désir sexuel/ sensualité et érotisme que procure le corps féminin/ appel au dépassement des plaisirs terrestres/ invite à la prévoyance.

Poireau

légume-bulbe/ feuilles rubanées en éventail (élégance dans l'acte sexuel)/ bulbe blanc, allongé (phallus*)/ condiment (stimulation)// contient de nombreux sels minéraux/ effet laxatif et diurétique/ Le bulbe cru calme les piqûres d'insectes (apaisement). •stimulation sexuelle modérée/ goût de vivre/ aspiration du moi/ besoin de me centrer/ épanouissement harmonieux/ lumière intérieure/ amabilité.

Poirier

arbre fruitier (personnalité généreuse)/ 1 000 espèces (diversité, imagination)/ épineux (caractère un peu difficile)/ fruits: poire* (don de soi, succès) •fécondité/ prospérité/ défense passive/ vie productive.

Pois

légume-graine/ grimpant (désir)/ vrilles (attachement, besoin de soutien)/ fleurs en papillons (fantaisie, élégance)/ gousse verte à graines rondes (plaisirs sexuels, profit, économie)/ très nutritif (énergie)// agent contraceptif/ prévient l'appendicite/ réduit le cholestérol/ bon contre l'anémie/ ♦pois chiche: prévient le diabète •vulve et clitoris/ testicules/ liquide séminal/ union sexuelle/ union des contraires/ hérédité/ prévoyance/ retour sur le passé/ les diverses phases du développement intérieur.

Pois de senteur

plante grimpante à vrilles (dépendance, attachement)/ fleurs à pétales froissés et ondulés, en papillons (fantaisie, élégance) et à coloris délicats (variété, douceur, imagination)/ parfum pénétrant et suave (délicatesse, séduction tout en finesse) •élégance/ légèreté/ besoin de soutien/ confiance/ joie et douceur de vivre/ pudeur/ sublimation de l'instinct sexuel/ attachement sincère ou inconstance/ goûts changeants/ éternelle jeunesse/ monde éthérique (voir *éther*)/ raffinement et subtilité/ évolution spirituelle.

Poison

•danger/ danger caché/ qqch de pernicieux/ antidote/ personne insupportable/ chose ennuyeuse/ malice/ mal insidieux/ humeur noire/ tristesse, mélancolie/ Voir *empoisonnement*.

Poisson

1. animal vertébré aquatique/ nageoires (atrophie des membres, spécialisation, adaptation)/ branchies (adaptation)/ écailles (protection,

froideur)/ queue (gouvernail, orientation, jugement)/ arêtes (structure, défense, étouffement)/ silencieux (recueillement, solitude)/ yeux fixes (obsession, idée fixe, culpabilité)/ grande quantité et variété (diversité)/ lié à Neptune★ et à Jupiter★ •concrétisation de ce qui est indéterminé, l'eau = prise de conscience/ l'inconscient/ révélation/ pénétration du mystère (œil ouvert)/ l'avaleur avalé, contenant ↔ contenu, extérieur ↔ intérieur, corps ↔ âme, conscient ↔ inconscient, le moi et le Soi★/ inconscience des autres dimensions/ universalité/ mysticisme/ monstre qui sauve, voir *baleine, dauphin*/ phallus★/ amour/ fécondité (milliers d'œufs)/ productivité/ perméabilité, influence/ baptême, initiation/ Ichtus, le Christ★/ anonymat ♦nombreux: dispersion des forces/ abondance ♦unique: un contenu de l'inconscient va venir à ma conscience ♦très gros ou menaçant: l'inconscient risque de m'absorber si je continue à refouler.
2. aliment: clarifie le sang/ bon pour les artères/ diminue le cholestérol et la tension artérielle, le risque de crise cardiaque/ soulage de l'arthrite, des migraines, de l'asthme/ effet anti-inflammatoire/ stabilise le système immunitaire/ stimule l'énergie mentale/ poissons de mer préviennent et soulagent l'arthrite/ huile de poisson, bonne contre le lupus et l'asthme •simplicité/ raffinement/ délicatesse/ maîtrise des instincts/ énergie venant de l'inconscient/ mysticisme.

Poissons

12e signe du zodiaque★, signe d'eau, signe double •fonte des neiges/ gestation/ sensualité/ confusion, indétermination/ mysticisme/ immensité/ inconscient collectif/ exploration de l'inconscient/ renoncement au monde/ fin, aboutissement/ multitude/ infini/ latence/ irrationnel/ toute l'humanité/ influence du milieu ambiant/ hésitation/ faiblesse/ esquive, fuite/ utopie/ voyance/ extase/ épreuve, sacrifice/ les pieds/ fin de l'ère des Poissons: retour du Christ★, voir *ère*.

Poitrine

•intimité/ chaleur/ amour/ force/ étreinte/ ego, individualité/ sein★/ sexualité ♦problème: angoisse/ situation étouffante/ émotions trop grandes/ Voir *cœur, poumon*.

Poivre

baie séchée du poivrier/ épice piquante (agrément, goût de vivre)// stimule les fonctions digestives (assimilation)/ poivre vert: prévient le cancer •besoin de sensations fortes/ stimulation/ enthousiasme/ réconfort/ libération/ concentration/ intervention énergique.

Policier

agent •ordre social/ autorité/ justice/ défense/ force yang, extériorisée ♦avoir affaire à un policier: Ma conscience sociale me reproche qqch?/ Je crains de transgresser les interdits, les habitudes ou les valeurs sociales pour être moi-même?/ Trop ou trop peu de relâchement?/ Mon corps est menacé ou sauvé? ♦intervention policière dont je suis victime: Justice?/ Juste retour des choses?/ Je joue facilement les victimes?/ Culpabilité?

Politesse

•courtoisie, délicatesse/ attention aux autres/ éducation/ marque de respect/ désir de plaire/ sociabilité ♦excessive: sentiment d'indignité/ culpabilité*/ manque de spontanéité/ attitude conventionnelle/ obséquiosité, affectation/ servilité, flatterie/ correction extérieure, apparence/ dissimulation/ hypocrisie.

Poméranien

chien*, voir *spitz nain.*

Pomme

fruit du pommier/ rouge, jaune ou vert (désir plus ou moins marqué)/ parfumé (attrait, désir, tentation)/ chair croquante et juteuse, à saveur sucrée ou aigre (relation sexuelle réussie ou non)/ forme en cœur (présence de l'amour)/ queue (sexe)/ cœur à pépins (inconvénients)// fruit santé/ stimule les glandes digestives/ protège la muqueuse gastrique/ excellent pour le cœur/ réduit le cholestérol/ abaisse la tension artérielle/ stabilise le sucre dans le sang/ calme l'appétit// jus de pomme: effet antiviral •fruit d'immortalité/ fruit de la connaissance du bien et du mal = rejoindre Dieu = *felix culpa,* péché de Prométhée = dérogation à la loi d'un état antérieur qui mène à une conscience supérieure/ révélation/ fruit magique qui libère des besoins et épreuves terrestres/ nourriture inépuisable de la conscience spirituelle/ fontaine de Jouvence/ amour/ vie/ ensemble des désirs terrestres opposés aux aspirations spirituelles: invitation à évoluer vers un état supérieur// véreuse: relation amoureuse attaquée de l'intérieur.

Pomme de terre

légume-tubercule cabossé, souterrain (le scrotum avec ses réserves de vie)/ abondance (renouvellement du désir sexuel)/ réserves (liquide séminal)/ yeux (désirs, culpabilité)/ beige ou rose (bonheur facile)// vertus reminéralisantes •désirs et caresses sexuelles/ qqn de niais/ qqch de raté.

Pommier

arbre fruitier (personnalité très généreuse)/ 1 000 variétés (diversité, imagination)/ se couvre de fleurs parfumées (séduction, confiance aveugle), de blanches à roses (naissance, bonheur simple)/ fruit: pomme*// bois dur, lourd, à fine texture pour sculpture, gravure (don de soi, immortalité)// arbre sacré (respect, religion)/ arbre de l'Autre-Monde/ Arbre de Vie (énergie vitale de base)/ Arbre de la science du bien et du mal: de la connaissance par opposition, dualité/ arbre mythique: ouverture du ciel •offrande/ fécondité/ prospérité, abondance/ beauté/ joie/ séduction, volupté et, à l'opposé, aspiration supérieure/ gratuité/ manifestation terrestre du Soi*.

Pompe

•aspiration/ refoulement*/ désir sentimental/ canalisation d'un sentiment/ accès à l'énergie provenant de l'inconscient*/ prélèvement/ parasitisme/ exercice de musculation/ seringue*/ épuisement/ chaussure*/ tricherie scolaire.

Pompier

•feu*/ rapidité/ urgence/ désastre/ aide/ goût douteux, prétentieux/ courage/ danger/ sauvetage.

Pont

•intermédiaire, médiateur/ changement d'état psychologique/ transition/ maîtrise des événements/ changement de point de vue/ échange/ sortie d'une impasse, solution/ relation transpersonnelle/ voyage, cheminement initiatique/ passage périlleux/ danger à surmonter/ nécessité de faire le pas*/ choix crucial/ pontife, pape*/ le Soi*/ passage vers l'au-delà, la mort// Quel obstacle franchit le pont?/ Quels lieux sont reliés par le pont? Leurs noms peuvent renseigner, ainsi que ce qu'ils représentent pour moi.

Porc

mammifère/ domestique (docilité, contrôle, aide, intégration des instincts)/ corps épais (force, manque d'élégance)/ nez en groin pour fouiller la terre (recherche, intuition)/ grandes oreilles (indépendance)/ petite queue (sexualité réduite)/ pattes courtes (pragmatisme, manque d'idéal)/ omnivore (opportunisme)/ grande fécondité (succès)/ se vautre dans la vase (dégradation, abandon aux bas instincts)/ porteur de la trichine et du ténia, transmissibles à l'homme (parasitisme, remords)/ frappé d'interdit religieux par l'islam et le judaïsme (interdit religieux, prudence, exclusion) •voracité/ avidité grossière/ goinfrerie/ malpropreté/ débauche/ abandon aux plaisirs des sens/ ignorance/ besoin de revenir les pieds sur terre/ prospérité/ Providence/ abondance/ argent/ épargne.

Porc-épic

gros rongeur/ recouvert de longs piquants (avertissement, danger, défense passive)/ fonce à reculons (attaque sournoise) •caractère antisocial/ violence des doux/ exaspération/ défense efficace/ mauvaise humeur/ solitude/ initiation/ explosion d'agressivité/ réaction agressive devant la peur.

Porche

•prémisse/ commencement/ entrée en matière/ accueil/ accès/ impression/ entrée, initiation.

Port

havre •arrivée ↔ départ/ voyage/ rêve/ ouverture/ proximité de l'inconscient.

Porte

•tout chakra* sous son aspect d'ouverture à la réalité divine/ passage, transition entre 2 domaines, 2 états, entre connu et inconnu/ invitation à franchir ce passage/ changement de milieu/ Pâques, «passage»: mort et résurrection/ initiation/ accès à la révélation divine/ Jésus-Christ («Je suis la porte...»)/ accès à la vie éternelle/ les autres dimensions/ communication ♦fermée ou bloquée: fermeture des sens, recueillement/ fermeture d'esprit/ peur/ inhibition/ immobilisme/ inaccessibilité/ interdiction/ horizon bouché/ refus de changer/ faute/ secret ♦ouverte: ouverture d'esprit/ attention/ extériorisation/ permission/ accessibilité/ appel/ perspective/ innocence, spontanéité ♦ouvrir: entrer en relation avec les autres/ comprendre ♦trop basse: humilité/ naissance/ obscurité ♦petite et resserrée: épreuve sévère à accepter pour accéder à un autre état.

Portefeuille
•identité/ énergie (argent*)/ soi-même ♦le perdre: perte d'énergie/ aliénation du moi ♦l'oublier: perte d'énergie/ aliénation du moi avec la possibilité de se ressaisir ♦me le faire voler: diminution de l'authenticité/ exploitation/ excès d'émotion.

Porte-monnaie
•argent*/ monnaie*/ scrotum ♦le perdre: perte d'énergie/ privation d'une relation sexuelle ♦l'oublier: manque d'énergie ♦me le faire voler: excès d'émotion/ exploitation.

Porteur
•facteur*/ aide, appui/ fardeau/ travail pénible/ servilité/ bénéficiaire/ effets importants.

Portrait
•personnalité/ représentation/ ressemblance/ profil psychologique.

Poste
service postal •communication/ expédition/ réception/ facteur*/ timbre-poste*/ lettre*.

Pot
•ventre/ utérus/ fertilité/ connaissance/ stupidité/ surdité/ enjeu/ réserve d'énergie/ le derrière/ chance ♦cassé: négation des évocations précédentes/ dommage, perte/ responsabilité/ fin, mort de qqch/ moyen radical.

Poteau
•verticalité, élévation/ droiture/ appui/ point d'attache/ raideur/ attente/ immobilité, inertie/ exécution, peine de mort, voir *condamnation.*

Potence
•appui, support/ instrument de supplice, voir *pendaison.*

Potentille
arbrisseau (petite personnalité vaillante et plaisante)/ petites fleurs blanches, jaunes ou rouges (lumière, vitalité)/ feuillage vert gris, duveteux (discrétion, sensualité, douceur) •audace, cran/ inspiration/ disponibilité/ simplicité/ la quintessence, l'essentiel.

Potin
•indiscrétion/ détail croustillant/ curiosité malsaine/ frivolité/ esprit mesquin/ dénonciation/ tapage.

Pou

•malpropreté/ négligence/ fréquentation douteuse/ parasitisme à mes dépens/ pensées importunes/ agitation mentale/ influence indue des idées des autres/ détails énervants à régler.

Pouce

doigt opposé aux autres/ doigt de Vénus*/ correspond à la tête •ténacité/ force/ écrasement/ phallus*/ puissance créatrice/ volonté ♦mal au pouce droit: J'exagère dans mes actions?/ J'oppose tout en noir et blanc et je fais des actions sans nuance?/ Je suis trop entier?/ Je me nuis en écrasant ce qui ne fait pas mon affaire? ♦mal au pouce gauche: Je ne pousse pas assez: inaction qui nuit à mon affirmation?/ Je ne m'oppose pas assez à certains?/ Je ne termine pas ce que j'entreprends?/ J'hésite trop avant d'agir?/ J'analyse trop et paralyse ainsi mon action?/ Trop d'indulgence? ♦je pèle: J'ai corrigé une des fausses attitudes décrites ci-avant.

Poudre

•anéantissement/ inconsistance/ passage pénible: mort et résurrection/ masque*/ dissimulation des sentiments/ conflit/ vivacité/ éclatement/ légèreté/ dispersion/ finesse/ délicatesse/ recommencement/ base essentielle.

Poulailler

•juchoir*/ nid*/ œuf*/ poule*/ bavardage, caquetage/ sécurité.

Poulain

•charme/ bonne humeur/ liberté/ cheval* en potentiel.

Poule

gros oiseau domestique (docilité, contrôle, aide, intégration des instincts)/ élevage millénaire (ancienneté)/ blanc*, noir*, gris*, roux* = air, terre, eau, feu (totalité terrestre)/ crête et barbillons rouges (fierté, séduction)/ gloussement (propos doucereux, confidence)/ caquetage (bavardage)/ œufs*/ poussin*/ poulet*/ basse-cour (commodité, bavardage)/ universel/ gratte le sol (recherche, découverte) •dévouement/ générosité/ chaleur maternelle/ protection/ joie paysanne/ Providence.

Poulet

•avenir/ activité/ adolescence/ les 3 phases de l'opération alchimique de la transformation: la désorganisation (pattes noires), la purification (plumes blanches) et la fixation (crête rouge).

Poulie
•aide, appui/ poids★/ lourdeur/ soulagement/ gorge★/ grincement/ tourner en rond.

Pouls
•veine★, artère/ battement de cœur★/ circulation de l'énergie vitale/ tonus vital/ contraction/ indication, indice/ évaluation/ variation/ émotion.

Poumon
•maître du souffle/ esprit/ Esprit saint/ origine de la parole, du chant, du Verbe/ correspond au Cancer★ ♦maladie : état dépressif/ émotivité perturbée/ atmosphère irrespirable/ peur de la vie/ crainte de déranger/ besoin d'affirmation.

Poupée
jouet d'enfant •enfance/ femme jolie et futile/ jeune fille, jeune femme/ cible/ doigt★ malade, pansement/ mère/ sentiment de sécurité.

Pouponnière
•nouveau-né/ désir d'avoir un enfant/ accouchement★/ grossesse★/ maternité/ fécondité/ surprotection/ incubateur/ création/ soin délicat.

Pourboire
•service/ supplément/ gratification/ appréciation/ servilité.

Pourpre
couleur rouge★ foncé tirant sur le violet★ •dignité sociale/ gêne, honte/ colère/ automne, déclin/ nuit/ richesse du renoncement/ clarté au sein des ténèbres/ « savoir absolu » (Jung), savoir inné ; savoir octroyé par la fusion avec le Soi.

Pourriture
•putréfaction/ la mort★/ altération profonde/ dégradation/ décomposition/ personne ignoble/ corruption morale/ fin d'une étape.

Poursuite
•fuite/ crainte/ pression des émotions (rage, passion)/ exigences de mon entourage/ refoulement★/ nécessité de faire face à une peur★, de l'apprivoiser.

Poussière
•multiplicité/ inertie/ nécessité de me secouer/ invitation à abandonner le passé/ anéantissement/ humilité/ dépouille mortelle, cendres// pollen = force créatrice, voir *poudre*.

Poussin
•fragilité/ besoin de protection/ promesse de croissance/ douceur/ affection/ innocence/ spontanéité.

Poutre
•charpente★/ structure essentielle/ appui/ soutien/ force/ raideur/ lourdeur/ solidité/ construction mentale/ édification spirituelle/ grand trait de tempérament/ aveuglement/ équilibre.

Prairie, Pré
•champ/ herbe★/ nourriture/ foin/ pâture/ duel★/ nature/ campagne/ ouverture/ liberté/ légèreté/ spontanéité.

Précipice
abîme★ •rupture de niveau/ désastre/ malheur/ vertige★/ déséquilibre/ danger d'effondrement moral.

Prépuce
•protection/ pudeur minimale/ sensibilité accrue/ jouissance/ condom ♦mal : culpabilité/ excès sexuels ou, au contraire, désirs insatisfaits/ sexualité mal intégrée/ refus d'être un homme/ sexualité non désirée/ peur des maladies/ peur de faire un enfant/ refus de mon homosexualité/ complexe de castration★/ inhibition sexuelle ♦ablation, voir *circoncision.*

Pression sanguine
♦haute : attitude passionnée/ tension/ problème émotif soutenu (Hay)/ caractère bouillant ♦basse : attitude pessimiste/ tristesse/ défaitisme (Hay).

Prêter
•aider/ faire confiance/ manquer, avoir besoin/ faire preuve de générosité/ acheter l'amitié de qqn.

Prêtre
ministre du culte/ consacré (isolement)/ médiateur entre ce monde et le monde spirituel (aide spirituelle)/ célibat (chasteté, privation sexuelle)/ prédication (initiation)/ prière★ ♦Invitation à faire un sacrifice ? une offrande ? à prier ?/ Conciliation entre le conscient et l'inconscient ?

Prière
•demande/ dévotion/ supplication/ élévation spirituelle/ méditation/ culte/ religion/ besoin/ sentiment religieux, une des aspirations fondamentales de l'âme.

Primevère

fleur de jardin/ printemps*/ feuillage à ras de terre (humilité)/ fleurs en bouquet (offrande)/ blanche, jaune, rose à pourpre (dignité), à cœur plus pâle (conscience) •esprit primesautier, spontané/ détermination, malgré une apparente fragilité/ fraîcheur/ vivacité/ tendre féminité.

Prince, Princesse

•grand seigneur/ grand de ce monde/ principal personnage/ pouvoir suprême/ jeunesse rayonnante/ homme et femme idéalisé(e) = beauté, jeunesse, amour, héroïsme/ invitation à la générosité/ moi supérieur caché par l'ego/ présence du Soi*// prince de ce monde = Satan*, le mal, la nuit, la mort/ prince de l'Église = cardinal*.

Printemps

•Est*/ germination/ éveil/ réveil/ fraîcheur/ nouveauté/ commencement/ départ/ jeunesse/ renaissance/ prise de conscience/ stimulation/ élan de vie/ énergie vitale, vigueur (sève)/ enthousiasme/ gaieté/ optimisme.

Prise de courant

•disponibilité/ aspect féminin de réceptivité ♦branchement = rencontre du mâle et de la femelle/ contact électrisant/ amour/ union des oppositions avec ce que cela suppose d'éclairant et de dynamisant/ contact avec le Soi*.

Prison

•enfermement/ privation de liberté/ situation sans issue/ labyrinthe mental/ aveuglement émotif.

Prisonnier

•crime/ culpabilité/ responsabilité/ erreur judiciaire/ condamnation/ justice ↔ injustice/ retrait de la société/ isolement/ esclave de/ enfermement dans une conception ♦être prisonnier de voleurs = dominé par son ombre* (Jung).

Prix

•coût/ valeur/ tarif/ argent*/ réduction/ augmentation/ négociation/ déduction/ effort à fournir/ concurrence/ calcul/ importance/ récompense/ succès.

Procès

•justice*/ cour*/ juge*/ avocat*/ accusation/ défense/ condamnation*/ culpabilité*/ critique systématique/ esprit chicanier.

Professeur
•savoir/ connaissance/ prestige/ besoin d'une vie intellectuelle/ soif, nécessité d'apprendre/ une des figures de l'animus*/ le Soi*.
Projecteur
•vedette*/ mise en évidence/ prise de conscience/ projection.
Promenade
•sortie/ excursion/ plaisir/ détente/ liberté d'esprit/ fantaisie.
Propriétaire
•dépenses/ taxes/ mensualités/ hypothèque/ responsabilités/ stabilité/ sédentarité/ sécurité/ richesse/ maître chez soi/ le corps.
Prostate
♦inflammation = culpabilité d'origine sexuelle/ manque de sexualité/ le fait de se laisser impressionner par son âge/ tension trop forte/ revers.
Prostitution
♦nature à l'état animal; énergie instinctive à utiliser ou à canaliser/ infidélité organisée/ amour universel/ fécondité, union avec la divinité/ besoin d'incarnation et d'approfondissement dans l'humilité de l'amour humain/ la mère négative/ dégradation/ mépris de soi/ recherche éperdue d'amour/ exploitation.
Prothèse
♦dans la réalité = substitut/ aide, soutien, appui/ correction d'une faiblesse/ maîtrise d'une situation difficile/ volonté de corriger une erreur/ adaptation/ moyen exceptionnel/ service/ Voir *amputation, béquille, dentier.* ♦dans le rêve, membre artificiel = attitude artificielle, non personnelle: s'aligner sur les normes générales de la société/ être dépourvu de sentiments/ remplacement de l'instinct, dégradation de ma nature/ passivité/ besoin d'aide, de soutien.
Pruche
grand conifère (puissante personnalité axée sur l'élévation spirituelle)/ tronc droit (rectitude, aspiration)/ aiguilles aplaties (éternité, sans tension)/ branches flexibles (souplesse et calme)/ fruits: petits cônes (ingéniosité, semence spirituelle)/ bois léger, assez dur: construction, pulpe (plaisir de servir, disponibilité à l'action du Soi*)/ écorce rougeâtre, riche en tanin (ardeur intérieure) •puissance/ droiture/ élan vertical: vive aspiration spirituelle/ immortalité/ compréhension/ protection.

Prune

fruit du prunier★, globuleux, avec sillon (testicules, fesses, vulve)/ bleu-noir, pourpre, jaune ou rouge (désir sexuel plus ou moins vif)/ chair juteuse, plus ou moins parfumée (relation sexuelle facile); noyau allongé, aplati, à amande toxique (inconvénient)/ nombreuses variétés (imaginations sexuelles)// effet antibiotique •fraîcheur/ petites joies/ facilité/ offre/ gratuité/ avantage réduit.

Pruneau

prune séchée •besoin de purgation/ besoin de défoulement/ souvenirs sexuels/ balle★ d'arme à feu.

Prunier

grand arbrisseau (personnalité orientée vers la générosité)/ tronc parfois épineux (contact stimulant)/ fleurs blanches très nombreuses, avant l'apparition des feuilles (grande disponibilité, confiance aveugle); parfois malodorantes (protection personnelle, rejet de séduction)/ bois lourd et dur (caractère résistant) •abondance/ confiance en la vie/ productivité, succès/ bonne vitalité/ défense passive/ jeunesse/ foisonnement d'activités/ jeux sexuels/ chance// fleurs: pureté/ joie/ immortalité.

Psoriasis

•Qqch ou qqn me contrarie?/ Je n'ai rien ni personne pour féconder ma vie? À trouver./ Affectivité inexprimée?/ Voir *peau, riz*.

Psychique

♦qui touche l'une des 4 fonctions psychiques humaines: les sensations (vie corporelle), les sentiments (vie émotive), la pensée (vie du mental inférieur), l'intuition (vie du mental supérieur) ♦désigne plus particulièrement ce qui relève de l'âme, de la vie émotive par opposition à psychologique, qui touche le mental (sens du terme dans cet ouvrage) ♦Certains réservent ce mot pour désigner le supramental★, par opposition à psychologique, qui couvre la vie mentale.

Psychologue

•âme/ vie mentale/ équilibre/ folie/ désordre/ confidence/ problème psychologique/ besoin d'aide, de conseil/ invitation à comprendre, à prendre conscience de certaines de mes attitudes/ mon évolution/ le Soi★.

Psychologique

qui touche l'organisation de la vie mentale par opposition à psychique*.

Puanteur

•pourriture*/ infection/ avertissement/ dysharmonie/ répulsion/ rejet/ prétention odieuse/ affaire louche.

Pubis

•grande sensualité/ grande intimité/ énergie d'en bas, sexualité*.

Publicité

•public/ suggestion/ sollicitation/ influence indue/ information/ répétition/ tapage/ abrutissement/ lavage de cerveau.

Puce

insecte sauteur, parasite de l'homme ou de l'animal/ vecteur de la peste (gros ennuis)/ très grands sauts (rebondissements) •parasitisme/ répugnance/ gêne, agacement/ vif désagrément, exaspération/ petitesse/ rapports sexuels discordants/ influence négative/ dissimulation/ danger que peut entraîner une petite négligence.

Puceron

•parasitisme, exploitation/ enfant/ petitesse/ faiblesse/ amour menacé/ invitation à changer le niveau de mes préoccupations/ vétilles.

Pudding

•plaisir quelconque/ mélange/ arrangement un peu grossier.

Puits

•ressourcement/ fécondité/ mystère/ lien entre le ciel, la terre et les enfers = synthèse des dimensions/ abondance/ connaissance/ sagesse/ abîme*/ sincérité/ droiture/ vérité/ énergie venant de l'inconscient.

Puma

le plus grand félin américain (large territoire, liberté)/ robe sable (adaptation)/ grimpeur (agilité, surveillance)/ chasseur crépusculaire (agressivité, stratégie)/ solitaire (autonomie, indépendance)/ regard lourd (romantisme, menace)/ n'attaque pas l'homme (respect de l'être humain) •agilité/ rapidité/ élégance/ terreur* nocturne non fondée/ pseudo-ennemi/ Voir *lion*.

Punaise

insecte à corps aplati et à odeur infecte •être méprisable/ hypocrisie, dissimulation/ rejet ♦de maison : Problème de propreté physique ?

morale? d'odeur?/ J'héberge un parasite ou je le suis moi-même?/ On exploite ma mollesse? ♦de jardin: Accepter l'imperfection de ce monde?/ Trop ou pas assez de tolérance? ♦en croquer une: surprise désagréable/ parole méprisante/ dégoût.

Pus

•infection/ inflammation/ inquiétude/ amertume/ besoin de défoulement.

Pustule

•refoulement, voir la partie du corps concernée = origine du malaise/ Voir *peau*.

Putois

petit mammifère à fourrure douce (chaleur, sensualité), à odeur nauséabonde/ bon nageur (dialogue avec l'inconscient)/ bon grimpeur (agilité, astuce)/ mange rongeurs, reptiles, volailles (lascivité, agressivité)/ en défense, il projette un liquide fétide (rejet, répulsion) •Menacée, mon énergie vitale ou sexuelle devient empoisonnante pour les autres. ♦pour situations, voir *mouffette*.

Puzzle

•patience/ casse-tête/ tracas/ reconstitution/ complexité/ éléments disparates/ formes/ ressemblances/ couleurs/ imbrication/ rapprochement/ énigme/ ensemble.

Pygmée

•nain★/ instinct/ énergie élémentaire/ lutin★.

Pyramide

•éternité/ royauté/ perfection/ mystère/ calcul/ calendrier séculaire/ initiation/ conservation/ Égypte★.

Pyrèthre

plante de jardin/ fleur du genre marguerite de couleur/ aromatique (séduction crue)/ feuillage de fougère (délicatesse)/ graine: toxique pour animaux à sang froid; a servi à faire de l'insecticide (libération des ennuis) •fragilité/ légèreté/ grâce/ simplicité/ rayonnement/ jeunes filles/ découverte de l'amour/ séduction pernicieuse/ aspect chaleureux du Soi★.

Pyromane

•feu★/ fixation★/ excitation/ besoin d'attention/ impulsion obsédante/ passion violente/ jouissance/ tort/ inquiétude/ dommage/ urgence/ destruction/ désir d'épater.

Q

•instinct de conservation/ force vitale élémentaire/ prolongement/ intervention/ grâce// numérol. : valeur intuitive/ réalisation des désirs profonds/ assistance de l'énergie cosmique/ liberté d'action/ ouverture extrasensorielle/ tendresse et affection en amour/ vedettariat/ tendance à la mégalomanie/ dispersion (Piché).

Quai

•aménagement/ commodité/ départ/ arrivée/ invitation à plonger, à m'engager/ appel du lointain = invitation au rêve, à la vie spirituelle.

Quartz

pierre de silice/ maître des minéraux (base)/ dureté 7 (action intense du Soi*)/ cristallisation rhomboédrique (équilibre dynamique)/ angle de pointe = 52° (cycle, conquête de mon corps de lumière)/ de transparent à translucide (bonne épuration de l'ego)/ utilisé en optique, électricité (prise de conscience, hautes vibrations, lumière, haute précision) ♦variétés transparentes : cristal* de roche (ouverture totale à la lumière, à la conscience du Soi*) ♦variétés colorées : améthyste*, girasol (laiteux = conscience en formation), citrine (conscience supérieure), prase (vert = énergie vitale), jaspe*, quartz rose (harmonie), quartz enfumé (mystère de l'inconscient), aventurine*, œil-de-chat*, agate*, calcite*, cornaline*, tourmaline*, sardoine (brune = terrestre), chrysoprase (vert pomme = santé), saphirine (bleue, voir *saphir*), hyacinthe*, rhodolite, rutile, sodalite... ♦rose (rare) : pierre de l'énergie émotionnelle (« pierre de la compassion »)/ étape d'harmonisation intérieure, amicale et sociale ♦enfumé : relié à la terre/

de polarité opposée à celle de l'améthyste*/ en relation avec la kundalini*/ gouverné par Saturne*// •stabilité/ responsabilité/ période de clarté confuse, contact mystérieux avec l'inconscient/ un mystère se fera connaître.

Quenouille

plante, voir *massette.*

Question

•ignorance/ curiosité/ information/ réflexion/ devinette/ raison/ intuition/ indiscrétion/ enquête.

Questionnaire

•examen/ inventaire/ mise au point/ évaluation/ Voir *question.*

Queue

prolongement de la colonne vertébrale/ attribut animal (animalité)/ appendice (prolongement)/ aspect serpent*/ phallique, voir *phallus* •puissance guerrière/ affirmation de ma vie animale/ attachement à la terre/ humeurs manifestées/ sexualité/ fin, terme ♦amputée : complexe de castration/ absence de sexualité/ fin ratée.

Quille

1. de bateau •stabilité/ base/ appui, soutien/ possibilité de renversement.

2. objet cylindrique à col étroit •galbe féminin/ jongleur/ station debout/ jambe*/ bouteille/ attention/ instabilité/ raideur.

Quilles

jeu, voir *bowling* •association, groupe/ instabilité/ bousculade/ renversement/ déboires/ choc/ chute sociale/ être bon perdant/ se relever, recommencer.

Quincaillerie

•outil/ ustensile/ métal/ équipement/ utilité/ bijou quelconque/ ensemble des objets de l'occultisme.

Quiscale

oiseau moyen/ noir à reflets (valeurs négatives, inversion des valeurs)/ œil jaune pâle (intelligence, conscience claire)/ chant : charnière rouillée (voix et propos désagréables)/ grégaire (sociabilité)/ voleur de nids (paresse, squatter, banditisme)/ pilleur d'œufs (cruauté)/ vol rigide (inélégance)/ vagabond (sans-abri, nomadisme)/ marais (stagnation, mélancolie) •rustre, grossier/ brutalité/ malfaiteur/ sans-gêne/ avocat véreux/ côté râpeux de la vie.

R

•roue/ karma*/ cycle/ renaissance/ retour/ recommencement// numérol. : valeur très émotive/ tension/ sujet à l'illusion/ forte imagination/ logique affaiblie par les émotions/ besoin de ralentir/ prudence requise/ amours de courte durée/ grande sensibilité, susceptibilité/ danger des drogues (Piché).

Rabbin

•scribe/ le Talmud/ synagogue*/ Bible*/ théologien/ Israël/ orthodoxie/ tradition/ Voir *prêtre.*

Rabot

•dégrossissement/ polissage/ affinement/ ajustement.

Rachitisme

•manque de soutien affectif, d'amour, de confiance/ refus de la vie.

Racine

•vie cachée/ base/ bas instincts/ vie bien concrète/ installation/ attachement/ stabilité, solidité/ approfondissement/ travail dans l'inconscient// Amitié ou amour bien ou mal assumés ?/ Besoin ou excès de réalisme ?/ La vie inconsciente s'organise pour me soutenir ?

Radeau

•abandon/ indolence/ dérive, errance/ abandon aux sentiments/ manque de moyen, de volonté, de décision/ situation périlleuse/ besoin de me ressaisir/ besoin d'aide.

Radiateur

•chaleur/ réchauffement ↔ refroidissement/ rayonnement ♦problème : perte d'énergie/ pression excessive/ refoulement*.

Radio

appareil •musique★/ information (éveil, connaissance, relation avec le monde)/ culture/ distraction/ actualité/ influence/ la pensée/ le mental humain qui capte les pensées ♦acquisition ou réparation: Besoin de lien avec ma communauté humaine?/ Besoin de culture? de distraction? de m'ouvrir sur l'extérieur? ♦en panne: Quel usage fais-je de ce moyen de communication? Abus? M'empêche de penser? Peur du silence? Fuite?/ Besoin de relier avec mon intériorité? Besoin de faire le bilan?/ Quel genre de musique j'écoute? Celle qui abrutit ou celle qui nourrit, élève?/ Manipulé par l'opinion populaire?

Radis

légume-racine/ rouge ou rose (vif désir, bonheur facile), ou noir (excitation sexuelle grossière)/ rond ou long (organe sexuel)/ difficile à digérer (sexualité à l'état pur)/ sans grande valeur nutritive (énergie réduite) / saveur piquante (propos salaces)// en jus, dissout les calculs biliaires, bon contre bronchites, rhumes, rhumatismes, allergies et abaisse le taux de cholestérol •de peu d'importance/ spontanéité/ stimulations sexuelles.

Rafle

•pillage/ dépossession/ descente de police/ imprévu/ activité douteuse/ culpabilité★.

Rage

1. maladie contagieuse mortelle 2. colère •fureur/ explosion de violence/ dépit/ impuissance/ trop de refoulement★/ crise/ envie violente/ mal très douloureux/ déchaînement/ perte de maîtrise/ solution agressive à un conflit.

Ragoût

•mélange/ mijoter/ réfléchir/ préparer/ planifier.

Rainette

tout petit batracien/ doigts à ventouse (stabilité)/ arboricole (élévation, agilité)/ couleur suivant l'habitat (adaptation, expression des sentiments)/ chant nocturne (appel sexuel, inspiration, rêves)// belle comme un bijou (séduction, goût pour la mode) •joie/ apaisement/ simplicité/ charme de ce qui reste à découvrir/ bienfaisance de la nuit/ fécondité/ transformation, petite métamorphose/ tintamarre.

Raisin

fruits de la vigne, en grappes, blanc, noir ou rouge (désirs sexuels répétés plus ou moins avoués)/ pulpe croquante et parfumée (plaisir sexuel)/ à pépins (inconvénients)/ donne le vin* par fermentation (transposition spirituelle de l'énergie sexuelle)/ se mange frais ou sec (persistance du désir sexuel)// prévient les caries/ neutralise les virus/ très énergétique/ effet antianémique, tonique, vasoconstricteur •testicule/ fécondité/ abondance/ sensualité/ résultat positif de mes efforts.

Rame

•effort pour évoluer/ évoluer grâce aux sentiments/ direction.

Ramer

avironner •faire de gros efforts/ progresser lentement par mon propre mérite/ miser sur mes instincts/ compter sur mon flair/ volonté d'arriver/ prendre les moyens adaptés à une situation.

Rampe

•inclinaison, penchant/ transition/ passage à un autre plan/ propulsion/ élan/ lancement/ main* courante, appui/ persévérance/ lumières/ mise en évidence/ prise de conscience/ scène, voir *théâtre.*

Ramper

•progression pénible/ humiliation/ servilité/ manque de fierté/ manque d'élévation morale/ détours/ hypocrisie/ évolution lente.

Rançon

•prix d'une libération/ contrepartie de la liberté/ inconvénient/ désavantage d'un plaisir/ céder au chantage*.

Rancune

•rancœur/ désir de vengeance/ frustration/ hostilité/ rejet du pardon*/ blessure émotive/ injustice/ préjudice.

Râpe

•aspérités/ rudesse/ dégrossissage/ adoucissement/ réduction/ usure/ frottement/ irritation/ mise en poudre*/ désagrégation.

Rapide

cours d'eau •agitation/ précipitation/ instabilité/ danger/ pas le choix de suivre le courant général/ Voir *torrent.*

Raquette

•moyen adapté à une situation/ extension/ coup/ force de frappe/ réaction/ tension/ répercussion/ équipement psychologique/ maîtrise.

Raser

•couper/ rapetisser/ réduire/ dépouiller/ faucher/ supprimer/ détruire/ anéantir/ niveler/ frôler/ se dissimuler/ Voir *cheveux, poil.*

Rasoir

•acéré/ tranchant/ irritation/ parfaitement ennuyeux/ équilibre très précaire ♦rasoir électrique, en panne : Où en suis-je avec ma vie physique ? mes instincts ? Trop ou pas assez de temps consacré à mon apparence ?/ Voir *barbe.*

Rat

rongeur*/ museau pointu (finesse, intuition)/ longue queue nue (sexualité importante)/ vorace/ prolifique (nombreuse descendance)/ sur toute la terre (inquiétude universelle) ♦d'égout : gris (discret)/ incisives à croissance continue (inquiétude constante)/ excellent plongeur (dialogue avec l'inconscient)/ omnivore (opportunisme)/ vie sociale complexe et hiérarchisée (respect de l'ordre social)/ vit aux dépens de l'homme (parasitisme)/ appétit monstrueux (gourmandise, boulimie)/ attaque l'homme (courage, audace)/ morsure dangereuse = vecteur du virus de la peste, du typhus et de la rage (danger des bas instincts non contrôlés)/ intelligent/ haï de tous y compris des animaux (ennemi public n° 1, le pestiféré, l'indésirable) •mon pire ennemi/ ennemi caché/ répulsion/ méchanceté/ abjection/ clandestinité/ rejet/ refoulement/ remords/ ce qui ronge, inquiète/ désirs sexuels devenus négatifs parce que refoulés/ richesse, prospérité/ perspicacité/ ténacité/ sagacité/ avarice/ cupidité ♦des moissons : roux vif (sexualité)/ petit (petite inquiétude)/ insectivore (agressivité) •émotions qui me volent de l'énergie/ petite aventure sexuelle très libre et libératrice ♦blanc : variété albinos (pureté, caractère inoffensif)/ sert aux expériences de laboratoire (cobaye, expérimentation, recherche, don de soi) •énergie négative devenue positive/ la libido s'exprime bien/ guérison/ service éminent/ expérience sexuelle positive.

Rat musqué

très gros rongeur (inquiétude)/ aquatique (dialogue avec l'inconscient)/ belle fourrure (chaleur, sensualité)/ odeur de musc (sexualité, séduction)/ stockage pour hiver (prévoyance)/ terriers : minent les berges (dégâts, débordements) •flair/ contenu inconscient qui doit devenir conscient sans quoi il minera ma santé.

Rate

glande endocrine/ produit globules rouges (vie)/ règle le système sanguin (contrôle)/ inséparable du pancréas★ et complémentaire de la moelle★ •humeurs/ rire/ changement/ réserve d'énergie vitale/ centre important du corps éthérique (voir *éther*)/ grande sensibilité, discernement/ correspond au jaune★, au vert★, au centre★, au bois★, au printemps★ ♦malade: nécessité de transformation du moi/ besoin d'un retour à la terre/ soucis.

Râteau

•ramassage/ mise en ordre/ nettoyage/ différenciation/ aide/ reprise/ ténacité.

Rater

•retard/ erreur/ renoncement/ partie remise/ frustration/ difficulté à m'affirmer, à exprimer mes sentiments.

Raton laveur

carnivore moyen (lascivité, agressivité)/ brunâtre (discrétion)/ masque noir (déguisement, dissimulation)/ queue annelée de noir (cycles dans le plaisir sexuel)/ fin museau (finesse, intuition)/ pattes fines (agilité, habileté)/ lave sa nourriture: n'a pas de glandes salivaires (hygiène, adaptation)/ omnivore (opportunisme)/ rusé/ agile/ vif/ à fourrure (chaleur, sensualité)/ souvent victime des autos (accidents, persécution) •épuration/ bonnes intentions/ caractère fouineur, indiscrétion/ esprit enjoué/ ingéniosité.

Ravin

•descente/ perte d'énergie/ approfondissement/ angoisse★/ passage★ étroit/ période dépressive.

Rayon

trace de lumière •clarté, lumière★/ rayonnement/ irradiation/ vibration particulière/ prise de conscience/ éclairage spirituel/ mesure/ énergie du Soi★.

Rayons X

•vérification/ acuité mentale/ intuition/ compréhension nouvelle/ vision astrale★/ conscience du corps★/ structure intérieure.

Réception

Voir *hôte*.

Recette

•ingrédients/ détails/ étapes/ mélange/ savoir-faire/ indication/ procédé/ ordre, succession/ facilité/ esprit d'analyse/ intégration/ manque d'initiative/ obéissance servile.

Récompense

•succès/ fruit des efforts/ reconnaissance, gratitude/ service rendu/ conduite méritoire/ honneur/ avantage/ karma* positif.

Rectangle

•rectitude/ rigidité/ maison/ carré* imparfait/ avec proportions du nombre d'or (rapport de 3 à 5) = perfection, équilibre, juste relation entre le ciel et la terre.

Rectum

Voir *anus*.

Refoulement

Attitude psychologique qui consiste à refuser l'extériorisation d'une source d'énergie psychique qui pousse à agir ou à réagir : un désir, une émotion, un sentiment, un goût, un talent*. Refoulée dans l'inconscient, cette énergie accroît sa force et devient négative. Tenue sous tension, elle ressortira, quoi qu'on fasse, sous forme de maladie, d'accident, de crise, de souffrance ou d'incident malheureux. Pour un temps, on peut en contenir l'impulsion en compensant par un moyen de dérivation. Pour éloigner la menace de déséquilibre psychique représentée par un refoulement, la meilleure solution reste de lui permettre de faire surface de façon acceptable, même s'il s'agit de pulsions les plus inavouables. Si, par exemple, on a le goût de couper les gens en morceaux, on peut toujours se faire boucher ou chirurgien ! •timidité/ honte/ peur*/ rejet des instincts/ tendance à l'angélisme/ manque d'acceptation de soi/ manque d'affirmation personnelle/ aveuglement/ manque de conscience/ tension nerveuse/ déséquilibre/ dépression/ hystérie/ défoulement/ expression.

Réfrigérateur

♦en panne : M'interroger sur ce qui me nourrit ? Équilibrer mon alimentation ?/ Besoin d'inventaire de ma nourriture morale : vie intellectuelle ? sociale ? spirituelle ?

Refuge
•abri/ retrait/ fuite/ protection/ régression/ insécurité/ répit/ repli sur soi/ peur★.

Réfugié
•fuite/ expatriation/ persécution/ adaptation ↔ inadaptation/ opposition★/ Voir *refuge, émigrant.*

Règle
baguette •rectitude, droiture/ rigidité/ mesure/ précision/ justesse/ justice/ rationalité/ construction/ plan/ conception/ perfection/ cohérence/ logique/ proportion/ régularité/ calcul/ ordre de l'univers/ perfectionnement personnel.

Réincarnation
•goût du mystère/ vie actuelle insatisfaisante/ besoin de valorisation personnelle/ effort de prise de conscience/ naïveté/ illusion/ manipulation/ Voir *karma, destin.* ♦L'état actuel des connaissances officielles ne nous permet pas de conclure au bien-fondé de la réincarnation. Certaines religions et l'ésotérisme en affirment la réalité généralisée. La réincarnation est vraisemblable et bien des indications la rendent plausible. Il n'est pas, pour autant, très utile de rechercher ou de se faire révéler ses vies antérieures parce qu'il peut être pénible d'en porter les données et parce que, n'ayant pas de moyen de contrôle, on ne sera jamais tout à fait sûr de telle ou telle existence antérieure. ♦À distinguer de la métempsycose qui soutient que l'âme humaine peut se réincarner dans un animal ou une plante, ce qui supposerait bien improbablement une dégradation en nature de l'âme humaine.

Reine
•la femme/ la nature/ la création/ conscient collectif/ autorité/ centre organisateur/ femme d'éminente qualité/ ce qui domine/ rayonnement/ préfiguration des noces éternelles de l'âme avec Dieu ♦malade = inadéquation de l'attitude collective à laquelle il faut trouver une solution.

Reine-marguerite
super marguerite/ pétales abondants (générosité)/ couleurs diverses (variété)/ culture difficile (mérite, côté rebelle) •profusion/ amour mûr et ses différents aspects/ diversité des influences du Soi★.

Reins

•la base de l'être/ force et fragilité/ la dimension divine en relation avec la peur/ sièges des désirs secrets/ puissance/ fécondité/ correspond à la Balance★ ♦maladie : critique/ frustration/ pessimisme/ apitoiement sur soi/ déception, mécontentement/ besoin de faire la part des choses.

Religion

•moyen d'établir un lien avec le transcendant/ foi et rituel établis pour mettre l'âme en rapport avec Dieu/ croyance/ orientation du sentiment religieux dans une foi donnée/ idéologie spirituelle/ sentiment de respect/ respect du sacré/ besoin de soutien.

Religieux, Religieuse

Voir *couvent, moine*.

Remède

•souci de santé/ besoin d'intervenir/ guérison/ besoin d'attention/ recherche de solution/ solution/ palliatif/ Voir *pilule*.

Remorquage

•dépannage/ être à la merci de qqn/ bagage★/ le passé/ évolution tributaire de qqn d'autre/ retardataire/ sans énergie, épuisement/ sans moteur★.

Remous

•tourbillon★/ agitation/ mouvement social/ contre-courant/ frein/ refoulement★.

Renard

carnivore (lascivité, agressivité)/ fin museau (grande intuition)/ oreilles dressées (attention, observateur)/ canines développées (cruauté)/ queue touffue (sexualité importante)/ terrier (clandestinité)/ chasseur nocturne (ruse, agressivité cachée)/ fourrure (chaleur, sensualité) •finesse/ ruse/ charme/ mirage/ instinct subtil/ rivalité/ invitation à garder l'esprit en éveil et à user de finesse ♦sauvage (et menaçant) : Envieux dont je risque d'être la victime ? ♦domestiqué : discernement et finesse requis/ faire confiance à mon intuition ♦roux : Aventure sexuelle risquée ? ♦noir : Qqn d'un peu diabolique ? Un rival ? Me montrer plus rusé. ♦blanc : conseils judicieux de qqn ♦argenté : Attention aux séducteurs, flatteurs et dissimulateurs ? Il peut être question d'argent./ Donjuanisme ? ♦bleu : risque de tomber littéralement sous le charme d'un beau parleur.

Rendez-vous

•rencontre/ échange/ occasion unique/ échéance/ destin*.

Renne

cervidé du Grand Nord/ forme massive (puissance)/ Les deux sexes portent des bois semi-palmés (parité sexuelle, fierté, ingéniosité)./ pieds larges et plats (adaptation, démarche indiquée)/ très grégaire (grande sociabilité, les foules, rassemblement, puissance collective, évolution collective)/ mange mousses et lichens (caractère pacifique, frugalité, sobriété)/ excellent nageur (dialogue avec l'inconscient)/ polygame (infidélité conjugale)/ domestiqué par les Lapons (Providence, docilité, éducation, contrôle, intégration des instincts)/ résistant •joie de Noël*/ travail dans l'inconscient en vue d'une renaissance/ maîtrise d'une période difficile/ restrictions/ promesse de renouveau/ cérémonie funéraire.

Renommée

•opinion publique exprimée/ recommandation favorable/ notoriété/ popularité/ réputation/ célébrité, voir *vedette.*

Réparation

•avarie/ dégâts/ préjudice/ dommage/ rénovation/ recharge d'énergie/ repos, restauration des forces/ duel*/ dédommagement/ indemnité/ somme d'argent.

Repas

Voir *manger, hôte.*

Repassage

•soin, entretien/ correction/ opération ennuyeuse/ insistance/ application/ Voir *fer à repasser.*

Répondeur téléphonique

•désir de rester en contact/ disponibilité/ modernisme/ intermédiaire/ froideur ♦panne: vie sociale trop ou pas assez active/ égoïsme dans les contacts sociaux.

Réprimande, Reproche

•blâme/ tort/ désapprobation/ autorité/ sévérité/ honte/ correction/ critique/ culpabilité*.

Requin

gros poisson de mer/ corps fuselé, long et couvert de denticules en rasoirs (contact dangereux)/ nageur puissant (inconscient* menaçant)/ mâchoires hérissées de plusieurs rangées de dents/ L'odeur du sang le met dans une folie furieuse (sadisme)./ accompagné des rémoras (parasitisme) •« dents de la mer » (mère) = mère envahissante ou privation de mère/ colère ou peur de la colère/ angoisse/ autopunition/ férocité, rage/ horreur/ puissance aveugle/ personne cupide et sans pitié.

Réservoir

•provision/ potentiel/ prévision/ richesse/ vaut par ce qu'il contient.

Résine

sève gommeuse (conservation, adhésion)/ transparente (ego épuré)/ sert d'encens★ •pureté/ immortalité/ élévation spirituelle/ prière.

Ressort

•tension/ spirale★/ compression/ détente/ rebondissement/ énergie/ élasticité/ printemps★/ dynamisme/ vitalité/ mécanisme/ évolution/ ressourcement/ réaction/ résistance/ force morale.

Restaurant

•public/ luxe/ service/ amitié/ fête/ ressourcement.

Retard

•inertie/ stagnation/ frein/ piétinement/ ralentissement/ paresse/ délai/ réaction tardive/ attente/ inadaptation/ mésorientation/ lenteur mentale/ décalage/ sous-développement/ conservatisme.

Retraite

•éloignement/ repli, recul/ fin des activités/ repos/ isolement/ calme/ tranquillité/ recueillement/ abandon★/ débandade, défaite/ pension/ abri, refuge★/ repaire/ loisirs, temps libre/ diminution/ démotivation/ liberté/ rattrapage.

Réunion

•rencontre/ activité commune/ échange d'opinions/ partage/ objectif/ discussion/ concertation/ assemblage, regroupement des énergies.

Rêve

activité onirique ♦données symboliques ou directes de l'état psychique et psychologique de l'individu/ rééquilibrage psychique/ communication de la part du Soi★ en vue de l'évolution de l'individu ♦analyser : accroître sa conscience/ dialoguer avec le Soi★ ♦ne pas rêver : illusion, car tout le monde rêve ♦ne pas se rappeler : Ne pas accorder de crédit aux rêves ?/ Se lever trop rapidement ?/ Pour se souvenir : se dire, avant de s'endormir, qu'on se souviendra d'un rêve. ♦rêver qu'on rêve : Précaution psychique pour se rassurer ? Pour souligner l'importance du rêve en question ? Pour éviter la censure du mental ?/ préliminaire aux rêves lucides ♦rêve lucide : le fait de prendre conscience qu'on est en train de rêver et de pouvoir décider des événements du rêve = dédoublement* astral plus prononcé que d'habitude/ La recherche de ce genre de rêve peut perturber le rééquilibrage de l'âme. La programmation des rêves peut avoir le même effet indésirable. Les messages de l'inconscient peuvent en être déformés. La lucidité onirique vient naturellement à son heure. ♦rêve prémonitoire : rêve à renseignements sur l'avenir sous forme d'information ou d'avertissement ; les événements du rêve peuvent être évités s'ils sont malencontreux, à condition de changer l'attitude mise en cause dans le rêve. Voir *cauchemar*.

Réveille-matin

•éveil/ matin/ aspect brutal/ précision/ sécurité ↔ insécurité/ fidélité/ ponctualité/ casse-pieds/ temps/ hâte/ ressaisissement, sursaut.

Révolte

•refus de l'autorité/ rejet du système social/ soulèvement/ violence/ destruction/ résistance/ opposition/ oppression/ trop de refoulement*/ Voir *émeute*.

Révolution

•changement soudain/ renversement de l'autorité/ changement profond/ renouveau total/ avènement d'un nouveau régime/ Voir *révolte*.

Rhinocéros

mammifère/ corps massif (corps important, tout d'une pièce)/ peau épaisse (insensibilité)/ 1 ou 2 cornes sur le nez (accord des contraires)/ fait pour charger (caractère de bélier mécanique, grossièreté)/ solitaire (indépendance, autonomie, individualisme)/ de 40 à 50 ans (longévité modérée)/ mauvaise vue (manque de conscience)/ se roule dans la fange (luxure, dégradation)/ cornes = pseudo-aphrodisiaque (illusion, naïveté)/ victime des braconniers (persécution) •esprit borné/ force brute des instincts/

sexualité prononcée/ insensibilité/ humeur massacrante/ susceptibilité/ colère/ brutalité/ manque de perspective/ curiosité grossière/ force, puissance/ courage physique/ force inconsciente insaisissable avec laquelle on doit composer.

Rhododendron

Voir *azalée.*

Rhubarbe

fruit-tige/ très grandes feuilles (puissante vitalité, prise de conscience élémentaire)/ acide oxalique (stimulation)// propriété laxative, tonique et vermifuge •aspect aigre-doux de la vie/ abondance/ vigueur/ épuration/ renouvellement/ sexualité épanouie.

Rhumatisme

Voir *arthrite.*

Rhume

•embêtements/ contrariété/ préoccupations/ accablement/ excès de travail, de tâches, de responsabilités qui m'empêchent de m'occuper un peu de moi/ imprudence/ manque d'orientation claire.

Rhume des foins

•problème émotif chronique/ retour périodique de circonstances ou d'atmosphères que je n'aime pas/ rejet inconscient d'une situation désagréable/ influençabilité.

Richesse

•avoir/ fortune/ aisance/ puissance/ grande valeur/ somptuosité/ abondance/ importance/ densité/ accumulation/ avidité/ cupidité/ générosité/ capital/ trésor*/ grand potentiel humain/ Voir *milliardaire.*

Ricin

plante annuelle très grande/ feuilles très larges rouge bronze (grand déploiement de moyens, vitalité remarquable)/ fleurs insignifiantes (sentiments plutôt refoulés)/ cultivé pour son feuillage (prise de conscience importante et étonnante)/ fruit en capsules épineuses (avertissement)/ graines très toxiques (résultats dangereux, cadeau empoisonné, sexualité pernicieuse)/ huile comestible à effet laxatif (épuration sévère) •goût pour l'exotisme, pour le spectaculaire/ grande force vitale/ exubérance/ hâte comportant un certain danger/ course au miracle/ illumination transitoire/ évolution trop rapide, épuisante/ imprévisibilité des voies de Dieu/ absurdité apparente du monde.

Ride

•vieillissement/ maturité/ caractère/ souci// Besoin d'affermir mon caractère ?/ Je crains le vieillissement et perds de l'énergie ?/ Besoin de me distraire, de m'amuser ?/ Je me vexe facilement ?/ Je m'en fais pour rien ?/ Je n'aime pas mon image physique ?

Rideau

•filtre personnel, sentiments ou idées qui masquent ma conscience/ intimité/ discrétion/ dissimulation/ théâtre*/ cesse, fin.

Rigole

•canal*/ écoulement/ circulation de l'énergie/ début d'unification des énergies/ récupération des forces/ direction.

Rire

•joie/ humour/ moquerie*/ santé (catharsis, thérapie)/ angoisse/ énervement/ fuite de la réalité intérieure, de l'émotion/ détente/ soulagement.

Rite, Rituel

•règles/ culte/ précision/ habitude/ tradition/ conservatisme/ superstition/ magie.

Rivage

•arrivée/ étape/ délivrance/ sécurité/ réussite/ détente/ fin du voyage/ mort/ changement.

Rival

•concurrence/ adversaire*/ lutte/ avantage/ prétendant amoureux/ vie émotive/ Satan*.

Rive

•limite/ canalisation/ contrainte/ orientation/ pays*/ destination/ arrivée/ départ/ objectif atteint/ changement/ Voir *rivage, plage*.

Rivet

•martèlement/ écrasement/ lien solide/ union étroite/ forte adhésion/ attachement excessif.

Rivière

•cours de la vie quotidienne/ mouvement// Son orientation indique la nature de l'énergie à recevoir: vers l'Est*, l'Ouest*.../ temps qui passe/ calme/ résistance ou docilité à l'action du Soi*, selon que je remonte ou descends le courant/ Voir *eau*.

Riz

céréale/ épillets (solidarité, ordre)/ nourriture de 2 milliards d'humains (source d'énergie collective, inconscient collectif)/ 100 000 variétés (extrême diversité, imagination débordante)/ donne le saké (ivresse spirituelle)// Complet, il est très énergétique (grande source d'énergie)./ fait baisser la tension artérielle/ soulage le psoriasis/ prévient le cancer, les calculs rénaux/ combat la diarrhée// On le dit d'origine divine (don du ciel)./ jeté en guise de confettis lors des mariages (porte-bonheur, prospérité) •énergie/ labeur/ abondance/ richesse/ universalisme/ collaboration, union/ l'essentiel/ réussite méritée/ nourriture spirituelle.

Robe

•état féminin/ coquetterie/ séduction/ personnalité extérieure (paraître)/ clerc, professionnel/ justice/ attitude/ activité, fonction particulière ♦robe de chambre: repos, détente/ aspect pantouflard/ négligence/ caractère douillet/ intimité/ aspect chaleureux, enveloppant, protecteur.

Robinet

règle le débit d'eau (maîtrise de l'énergie)/ eau chaude (réconfort, fécondité)/ eau froide (fraîcheur, réveil)/ mélangeur (dosage) ♦qui fuit: Je gaspille mon énergie à des futilités?/ Problème des fluides du corps?/ Besoin de boire davantage?/ Besoin de m'épancher? ♦qui grince: Mon énergie circule mal?/ Mes instincts sont contredits?/ Mon corps se plaint? Je le néglige?

Roc, Rocher

•dureté/ solidité/ immobilité/ immuabilité/ permanence/ qqn d'inébranlable/ sécurité/ poids écrasant/ principe suprême/ le Soi*/ Dieu.

Roi

chef souverain// sceptre (autorité)/ globe (règne)/ trône (puissance)/ couronne (honneur, dignité)/ dais (respect, protection)/ royaume (influence, lieu protégé, paradis) •l'homme/ archétype* de la perfection humaine/ pouvoir/ le meilleur en son domaine/ magnat/ représentant éminent/ le plus grand/ conscient collectif/ représentation terrestre du principe solaire, lumière/ centre organisateur/ médiateur entre le ciel et la terre/ clarté de la conscience rationnelle qui peut tuer la vie intérieure et doit être tempérée par le sentiment/ le Soi*/ Dieu ♦malade: inadéquation de l'attitude collective à laquelle il faut trouver une solution.

Roitelet

le plus petit des oiseaux chanteurs/ actif (vivacité)/ bec fin (discrimination, jugement)/ couronne éclatante (triomphe)/ insectivore (agressivité)/ agilité/ haussements d'épaules (tic, agitation)// roi-prêtre = union de la religion et de la politique, cumul des dignités •vivacité/ activité continue/ agitation/ délicatesse/ surtout la joie/ La couronne souligne l'importance de ce qui paraît petit, négligeable. ♦à couronne rubis: chant très varié (créativité, don vocal, charme, expressivité).

Roman

•fiction/ série d'événements/ histoire invraisemblable/ vie peu banale/ invention, fabulation/ projection/ besoin d'attention/ besoin d'évasion.

Romarin

épice/ arbrisseau buissonnant, toujours vert (petite personnalité ardente et tenace)/ terrains ensoleillés et chauds (plein air, santé, vacances)/ entre dans la composition de l'eau de Cologne (sensualité, influence subtile) •goût de vivre/ certitude/ concentration/ diversité/ conservation/ immortalité/ confiance/ stimulation/ vivacité.

Ronce

arbrisseau très épineux (petite personnalité rebelle, sauvage et agressive)/ plante vigoureuse (puissante vitalité)/ fruit: la mûre*/ feuilles, mélangées à celles du framboisier, donne un thé délicieux (calme, intimité, sagesse)/ vertus médicinales •intolérance/ exubérance/ vigueur/ sensibilité blessée/ plaisir inattendu.

Rongeurs

•manifestations de l'inconscient personnel ou collectif, symboles des profondeurs, forces primitives à convertir/ bas instincts qui grugent/ inquiétude.

Rose

1. couleur en rapport avec la rose*, l'aurore*, le flamant*, les lèvres*, les joues* •force vitale jeune/ nouveau-né/ naissance ♦franc: énergie combinée du rouge intense, du vert et du bleu,

qui traduit l'harmonie, la douceur d'aimer, la joie; difficile à maintenir/ Recherche de cette harmonie?/ Une force nouvelle naît en moi? ♦vif: Joie exubérante? tapageuse? vulgaire?/ Mes sentiments manquent de profondeur? ♦tendre: Bonheur naissant?/ Besoin d'une grande tendresse?/ Mièvrerie? Sentimentalisme?/ J'aspire à un bonheur facile?/ Besoin de douceur?/ Je suis trop ou pas assez doux?
2. reine des fleurs (perfection)/ odeur suave (séduction spirituelle)/ dessin exquis (grande élégance)/ épines (mise en garde, défense)/ pucerons (parasitisme, ennemi dissimulé) •finesse/ grâce/ fraîcheur/ classique/ beauté/ séduction/ grande spiritualité/ richesse de l'âme/ divin/ sacré/ l'Un/ l'amour/ le cœur/ la beauté féminine/ l'un ou l'autre des chakras*/ lieu de naissance divine/ épanouissement naturel d'un très beau sentiment/ amour idéalisé avec risque d'un retour brutal à la réalité/ l'amour qui ne va pas sans blessures ♦blanche: amour pur, platonique/ mystique ♦rouge: amour incarné, passionné/ souffrant ♦rose: douceur de l'amour/ initiation ♦vermeil: amour mystique, divin ♦d'or: le Soi* ♦sur une croix: la souffrance mue en beauté et amour/ l'éphémère et l'éternité/ le Soi*/ le Christ* ♦centre de la rose = retour à l'Un ♦rose trémière = passerose*.

Roseau

•souplesse/ fragilité/ tranquillité/ émergence/ réveil/ prise de conscience.

Rosée

•fraîcheur/ douceur/ calme/ commencement/ discrétion/ fécondation/ grâce, chance/ Providence/ inspiration/ succès.

Roselin

petit oiseau ♦familier: brunâtre à rayures/ mâle: parties rouge-rose (vigueur, bonne force vitale)/ chant gai et ardent (discours passionné, charme) •joie affirmée/ ardeurs de l'amour/ confiance/ ♦pourpré: rouge vineux (amour)/ chant mélodieux (joie de vivre, agrément, expression personnelle)/ chante en vol (exubérance) •séduction/ amour comblé/ bonheur.

Rossignol

petit oiseau/ marron et grisâtre (discrétion)/ sexes semblables (parité sexuelle)/ chants: de beaux à médiocres (talent vocal, joie de vivre, agrément); voix puissante (forte expression personnelle); chante la nuit et le jour (exubérance)/ La femelle chante aussi (égalitarisme)./ se tient près du sol (pragmatisme)/ souvent en captivité (prison) •virtuosité/ la célébrité et ses servitudes/ réputation surfaite/ don pour la musique/ amour déclaré/ chansons d'amour/ rêverie sans fondement, désillusion.

Rot

•tension/ défoulement/ grossièreté/ Voir *gaz*.

Roue

•le moi tournant autour d'un centre immobile et rayonnant, le Soi*/ pensée/ mouvement/ soleil/ cosmos/ le monde, la création, la vie et son agitation/ karma*/ cycle/ ce qui tourne en rond/ répétition/ recommencement/ mandala*/ Bouddha/ l'un ou l'autre des chakras*/ évolution de l'univers et de l'individu.

Rouge

couleur en rapport avec le feu*, le vin*, le sang*, le cœur*, la bouche*, la chair •vitalité/ action/ amour/ chaleur/ signal/ dynamisme/ intensité/ ardeur/ désir/ danger/ passion/ violence, agressivité/ combativité/ interdits/ le Sud*/ correspond au chakra* de la kundalini*/ énergie physique/ dernière phase d'une transformation psychique: réussite, union des contraires ♦franc: énergie puissante de la force vitale (corps et sensations/) Question de santé, bonne ou mauvaise?/ Vie intense? Ma vie affective est centrale? ♦vif: Danger?/ Interdiction?/ Passion?/ Émotion vive: agressivité? orgueil? colère? honte?/ Trop ou pas assez de combativité? ♦profond: Un amour profond et lourd?/ Romantisme exagéré?/ Voir *pourpre*. ♦vin: Mélancolie?/ Sentimentalisme débilitant? ♦rouge et noir: naissance/ tragédie/ vie et mort.

Rouge à lèvres

•mise en évidence des lèvres*/ signal, appel sexuel.

Rouge-gorge

petit oiseau/ brunâtre, à gorge roux vif (simplicité, mais ardeur)/ sexes semblables (parité sexuelle)/ fait une cour passionnée (élans amoureux)/ actif/ niche au sol (sens du risque)/ s'apprivoise (éducation, confiance)/ vit en cage (prison, sécurité)/ voix pure (voix agréable)/ chant mélancolique (romantisme, agrément, expression personnelle)/ nid parasité par le coucou (attitude de victime, tolérance excessive)/ Voir *merle d'Amérique,* parfois appelé rouge-gorge. •sympathie/ amabilité/ notoriété/ naïveté/ débonnarité/ romantisme/ individualisme/ vivacité/ activisme.

Rougir

•émotion vive/ honte/ pudeur/ timidité/ surprise/ colère/ culpabilité★.

Rouille

•dégradation/ vieillissement/ altération de la santé/ changement/ transformation psychique positive.

Rouleau

♦à pâte ou compresseur •écrasement/ étalement, extension/ grande tension/ oppression ♦de fil •concentration/ égocentrisme/ déroulement/ la vie/ tourner en rond/ repliement sur soi/ centre d'intérêt/ évolution continue/ recherche du centre★.

Rouler

•bien aller/ progresser/ manquer de sérieux/ être instable/ jouer ou se faire jouer/ manquer d'objectif/ manquer de volonté, de décision.

Roulette

•aide/ déroulement/ facilité/ mouvement, mobilité/ instabilité/ bonne période/ jeu★ de hasard/ destin★.

Roulotte

•nomadisme/ instabilité/ changement/ indépendance/ liberté/ autonomie/ cambriolage dans une auto, voir *vol.*

Route

Voir *chemin.*

Roux, Rousse

•ardeur/ énergie/ valorisation/ amour brûlant/ déchaînement des passions/ luxure/ enfer/ le feu destructeur.

Ruade

•imprudence/ réaction violente/ peur★/ défense/ défoulement/ révolte du corps★/ Voir *cheval.*

Ruban

•attachement/ décoration/ succès, honneur/ inauguration/ cadeau/ gratuité/ ornement/ élégance morale/ sentiment amoureux/ accomplissement/ nœud★/ fleur (épanouissement)/ continuité// sens modifiés par la couleur★ et l'importance du ruban.

Rubis

pierre précieuse/ transparente (limpidité de l'ego), pourpre ou vermillon (énergie d'amour ardent)/ dureté 9 (action très intense du Soi★)/ cristallisation rhomboédrique (équilibre dynamique)/ taille en ovale (totalité en formation)/ Sa rareté le rend la plus coûteuse des pierres (intervention rare et précieuse du Soi)./ affinité avec le fer★/ relié à Shiva (mort et renaissance)/ gouverné par Mars★/ relié au chakra★ du plexus solaire/ Les rubis balais ou rubis spinelles ne sont pas des rubis véritables (mêmes valeurs, mais amoindries). •dévotion et piété/ force et santé physiques/ l'action et la passion (lié au sang, à l'amour et au feu)/ même symbolisme que le rouge★/ ardeur/ compassion/ amour suprême et universel/ étape d'intensité dans ma lutte évolutive.

Ruche

•grande activité/ agitation/ organisation/ société/ Voir *abeille.*

Rudbeckie

fleur du genre marguerite (vaillance)/ demande le plein soleil (exigence)/ vivace (ténacité, permanence)/ résistante/ à cœur brunâtre, important et hérissé (exigences sévères du Soi★)/ à feuilles rudes (rudes préparations) •pourpre (fleur): dignité/ générosité sous une nature une peu rude/ certitude/ don de soi/ exaltation/ mysticisme •jaune (fleur dorée): la force vitale/ capacité de rayonnement/ certitude/ période d'épanouissement/ présence puissante du Soi★.

Rue

•vie urbaine/ relations sociales, communications/ domicile/ passage/ impasse/ sens interdit/ orientation/ évolution au quotidien ♦barrée: interdiction/ rupture avec les habitudes/ détour/ retard, besoin de ralentir.

Ruelle

•petite voie, humilité/ voie détournée/ indiscrétion/ timidité/ hypocrisie/ grossièreté/ intériorité/ action discrète de l'inconscient.

Rugby

•affrontement/ énergies vitales/ importance du corps/ essai/ rudesse/ mêlée/ lancée/ échappée/ passe/ coup de pied/ Voir *football.*

Ruines

•destruction/ échec/ faillite/ le passé/ besoin de refaire, de reprendre à neuf.

Ruisseau

•fraîcheur/ jeunesse/ vivacité/ la force de vie dont je m'empare/ énergie nouvelle/ percée de l'inconscient ♦y boire : L'énergie circule bien. Je m'abreuve à une bonne source. ♦s'y baigner : Renouveler ma force ?/ Courant vivifiant d'énergie ? ♦le regarder : On m'invite à me renouveler ?/ À suivre les forces vives que je sens en moi ?

Rutabaga

légume-racine/ rond et gonflé (énergie sexuelle)/ ocre, à dessus mauve (disponibilité, plaisir quelconque et morose)/ dur (besoin de préparation)/ goût prononcé (sexualité à l'état brut)// effet diurétique •accumulation de l'impulsion sexuelle/ rudesse/ médiocrité/ grossièreté.

S

•souffle/ serpent/ savoir/ sexualité (potentielle), source d'énergie/ Esprit/ seconde (temps)/ Sud / route sinueuse// numérol. : valeur émotive/ action créatrice/ besoin de solitude/ émotions à maîtriser/ forte influence cosmique/ ambition et succès/ impulsivité/ besoin de vigilance (Piché).

Sable

•base instable/ malléabilité/ plasticité/ forme indéfinie/ appel à la transformation/ désert*/ oasis*/ générations/ abondance/ abrasif = purification, affinement par le feu du sacrifice/ accumulation d'actes/ patience/ durée/ appel d'action personnelle/ intervention du vent de l'Esprit pour en dégager des trésors (roses du désert, plantes, découvertes archéologiques = richesses enfouies dans la sécheresse du présent ou du passé) ♦sa couleur dorée : le soleil, la plage, les vacances avec le repos = régénération/ rivage*/rive*.

Sablier

•conscience du temps qui passe/ mesure/ étape/ échéance/ angoisse/ inversion des valeurs : une source d'énergie est tarie/ temps de passer à autre chose.

Sabot

chaussure* paysanne •protection/ aspect primitif/ élémentaire/ privation/ raideur/ bruit/ sabot animal/ prisonnier/ été*/ liberté/ campagne/ indélicatesse/ charme des souvenirs.

Sac

•réserves/ l'intérieur/ potentiel/ réprobation/ gonflé*: plénitude, excès/ malfaiteur/ argent, richesse*/ surprise/ malice/ trucs/ affaire réglée/ mollesse.

Sac à main
•intimité/ secrets/ bric-à-brac/ sécurité/ le moi/ le ventre/ l'intérieur secret/ le sexe féminin.

Safran
épice venant du crocus* violet (spiritualité)/ couleur d'or (précieux, victoire)/ coûte très cher (luxe)// stimulant et tonique •goût de vivre/ fécondité/ richesse/ vie divine/ essentiel/ sagesse/ patience.

Sage
•jugement avisé/ conduite sensée/ équilibre/ calme, sérénité/ esprit détaché/ compétence/ objectivité/ bon sens/ ♦vieux sage: guide*/ expérience/ le Soi*.

Sagittaire
grande plante aquatique (proximité du Soi*)/ fleurs blanches à cœur doré, en épis (épanouissement spontané venant de l'inconscient)/ feuilles en pointe de flèche (accord entre la conscience terrestre et céleste)/ envahissante (sentiment de comble) •élégance en tout/ impeccabilité/ charme tranquille/ corps, âme et esprit sains, visant la perfection/ attente puérile de consolations intérieures.

♦9e signe du zodiaque*, signe de feu •cyclothymique/ hanche, cuisses/ dialectique matière ↔ esprit/ instincts mis au service d'un idéal/ désirs de grandeur/ besoin d'affirmation/ recherche d'efficacité/ goût pour les voyages, les expéditions/ aspirations culturelles, religieuses, métaphysiques/ goût pour l'humanisme/ enthousiasme/ indépendance de pensée/ aspiration à la sagesse/ tendance à l'embonpoint*/ idéalisation de l'amour.

Saint-bernard
chien* au corps volumineux (puissance de vie)/crâne large (esprit compréhensif)/ peau du front lâche (souci d'autrui)/ babines développées (éloquence)/ à poil court ou à poil long (adaptation, tenue confortable)/ blanc et roux (besoin d'attirer l'attention)// intelligent, doux, patient et paisible •corps imposant et robuste/ bonté, générosité/ grande endurance/ confiance en soi, assurance/ forte sexualité/ protection/ caractère bon enfant/ dévouement/ amour de la montagne et de la neige.

Saint Georges

héros libérateur de la vierge prisonnière •Il perce le dragon avec sa lance*, symbole de l'intelligence qui pénètre l'inconscient, et, grâce à cet éclairage, il met l'âme au monde./ libération de l'âme/ triomphe sur la masse inorganisée, confuse, complexe de qqch de monstrueux/ héroïsme/ combat/ libération/ protection/ compréhension libératrice/ victoire.

Saint-hubert

gros chien* robuste (force naturelle)/ tête très longue (esprit réfléchi)/ front et joues à larges rides (compassion)/ babines et paupières pendantes (sagesse, expérience)/ yeux enfoncés (vie intérieure)/ poil court et dur (tenue stricte)/ robe noire et feu (relations chaleureuses)/ bon limier (intuition, esprit de recherche)// air noble et puissant/ timide, affectueux et pacifique •apparence vieille/ côté débonnaire/ confiance en soi/ capacité de faire équipe/ dignité/ réserve/ sexualité affirmée et harmonieuse/ de la vieille noblesse.

Saint-Joseph

fleur, voir *pétunia.*

Saint Michel

archange, «Semblable à Dieu», chef des armées célestes •manifestation lumineuse de la divinité/ grande force spirituelle/ justicier, épée* de justice/ combat victorieux contre la bestialité, les instincts/ protection divine/ Voir *saint Georges.*

Salade

•légèreté/ fraîcheur/ frugalité/ mélange/ confusion/ désordre/ histoires, mensonges/ mauvais spectacle.

Salamandre

batracien du genre lézard/ amphibie (double vie, adaptation réussie)/ couleurs diverses, souvent tachetées (avertissement, mode)/ peau à venin (contact malsain)/ mange vers et limaces (transformation des bas instincts)/ hibernation (léthargie, inertie)/ ovipare ou vivipare (facilité de mettre au monde)/ connaît une métamorphose, sauf pour certaines espèces (transformation radicale)/ 4 ans de grossesse (naissance différée, très longue grossesse)/ démarche comme le mouvement d'une flamme*/ Selon la légende, elle vit de feu et éteint le feu (énergie élémentaire, puissance de la vie)./

Voir *lutin*. •bon équipement psychologique/ stade d'union avec l'inconscient: feu devenu chaleur et clarté/ maîtrise des passions/ patience qu'il faut pour vivre le processus de la transformation, pour arriver à la montée de la kundalini*.

Salicaire

très petites fleurs en épis, rose foncé (élan vers des bonheurs faciles)/ terrain humide (création spontanée de la sensibilité)/ très envahissante (sentiment déséquilibrant) •paix champêtre apparente/ fécondité/ sentiment d'harmonie mélancolique/ tristesse malsaine/ danger masqué/ aspiration spirituelle appuyée sur le renoncement.

Salive

•appétit/ lumière/ reliée au pouvoir magique de la bouche = guérir ou corrompre/ créativité/ destruction/ mépris.

Salle de bains

•soins du corps/ purification/ régénération/ détente/ intimité/ libération.

Salon

•vie sociale/ luxe/ détente/ correction/ respect/ réception/ réunion/ visite.

Samoyède

chien* polaire/ museau effilé (flair prononcé)/ fourrure épaisse (tenue confortable, chaleur, sensualité)/ blanche, crème ou grise (adaptation)/ chien de traîneau (service)/ très musclé (goût pour le sport)/ bonne résistance au froid (résistance)/ Voir *esquimau*. •goût pour la vie rude et au grand air/ exigences réduites/ coopération/ hiérarchie/ bonne santé, bonne forme physique/ sexualité harmonieuse/ fière allure.

Sandale

•protection minimale/ salissant/ souplesse/ été/ liberté/ vacances.

Sandwich

•frugalité/ simplicité/ rapidité/ coincement entre 2 situations, 2 oppositions, 2 personnes/ étroit encadrement/ opposition*.

Sang

•force vitale/ support de la conscience en tant que nourriture du cerveau/ contient l'âme/ vie/ chaleur/ ardeur/ parenté/ passion/

noblesse/ lien/ hérédité ♦maladie : peur de la vie/ manque d'élan vital/ peur des idées nouvelles/ problèmes émotifs/ traumatisme psychique/ absence de joie/ pensée stagnante (Hay)/ manque d'objectifs vitaux/ danger grave (aviser).

Sanglier

porc sauvage (liberté)/ robe brune/ corps étroit (vitesse)/ tête, hure, pointue avec boutoir (force de frappe), groin (sensibilité)/ pattes minces (légèreté)/ yeux petits et brillants (malice, ruse)/ vue faible/ ouïe et odorat excellents/ défenses : canines à croissance continue (attaque, danger, agressivité)/ immunisé contre le venin des vipères (immunité)/ forêts (sauvagerie)/ humeur enjouée (bonne humeur)/ fonce droit sur son ennemi (courage physique)/ gibier (victime malgré soi)/ fait des dégâts (ravage, désastre)/ se vautre dans la boue (dégradation, luxure) •brutalité/ rudesse/ force indomptable/ affrontement/ combat/ grande vitalité/ approfondissement/ instincts destructeurs/ pulsions incontrôlées/ appétit/ ignorance/ impétuosité/ esprit fouineur, fureteur.

Sanglot

•douleur/ angoisse/ trop plein d'émotions/ débordement de tristesse.

Sangsue

ver cylindrique (mollesse, souplesse excessive)/ verdâtre ou rougeâtre (dissimulation, danger)/ en eaux douces (familier)/ hermaphrodite (bisexualité)/ ventouses à chaque bout (force d'ancrage, ténacité)/ suce le sang (vide de l'énergie vitale)/ autrefois utilisée pour les saignées, aujourd'hui pour attirer le sang dans une région mal irriguée (soins médicaux) •stimulation/ parasitisme/ vampirisme/ qqn de collant/ insinuation/ victime de mon inaction/ émotions vidantes/ danger des sentiments stagnants/ sentimentalisme débilitant/ stagnation dans des souvenirs.

Saphir

pierre précieuse transparente et bleu foncé (énergie très élevée)/ dureté 9 (action très intense du Soi*)/ cristallisation rhomboédrique (équilibre dynamique)/ autres teintes : rose (harmonie), jaune (stimulation), mauve (renoncement), vert (équilibre)/ taille en ovale (totalité en formation)/ parfois, reflet en étoile lumineuse à 6 branches (transformation de la nature de l'ego), taillé en cabochon (totalité atteinte)/ affinité avec l'étain*/ consacré à Indra, à Zeus (action divine)/ pierre de l'illumination des bouddhistes/ portée par les cardinaux*/ relié au chakra* du cœur •azur/ ciel/ œil/ conscience spirituelle/ élévation/ pureté/ idéal/ force spirituelle/ amour-sagesse/ étape de spiritualité, de méditation.

Sapin

grand conifère triangulaire (puissante personnalité axée sur l'élévation spirituelle)/ tronc droit (rectitude)/ aiguilles persistantes (certitude de l'éternité)/ ramure dense (intimité)/ très résinifère (conservation, piété)/ fruits: cônes dressés (ingéniosité, semence spirituelle)/ jusqu'à 800 ans (immortalité)/ bois de pulpe et bois d'œuvre: léger, tendre, faible (disponibilité pour la transformation) •constance/ longévité remarquable/ dignité/ générosité/ subtilité/ conviction/ descente de la lumière/ contact constant avec le Soi* ♦sapin de Douglas, le plus grand et le plus majestueux du Canada, jusqu'à 100 m (présence du Soi* sur terre) •mêmes sens que séquoia*.

Saponaire

plante rustique (sentiment vigoureux)/ fleurs rose clair en bouquets lâches (manque de rigueur)/ toxique/ a fourni le premier savon (moyen traditionnel de purification: renoncement)/ vertu antiseptique (poursuite de la perfection par la privation, complexe de propreté, phobie des microbes, culpabilité)/ envahissante •fraîcheur/ propreté/ caractère brouillon/ sans prétention/ sentiment d'être utile/ angélisme/ ascèse exagérée/ sentiment excessif.

Sardines

•promiscuité/ inconscient collectif/ se perdre dans la foule/ soumission à la société/ manque d'identité, d'affirmation personnelle/ manque d'initiative/ mollesse, insouciance/ nécessité de réagir/ besoin d'aide.

Sarrasin

céréale/ grande valeur nutritive (grande source d'énergie) •union/ fusion/ restriction/ pauvreté/ période difficile/ richesse, malgré les apparences.

Sarriette

aromate/ petites fleurs mauve pâle (épanouissement réinvesti dans l'énergie vitale)/ aide la digestion (assimilation)// vertus antibiotiques, antiseptiques, toniques et expectorantes •goût de vivre/ vie saine/ agrément de la vie/ don de soi/ stimulant physique et psychique/ transformation en cours.

Satan

chef des démons, des diables*/ Lucifer, ange* déchu •principe, puissance du mal/ prince de ce monde qui est son royaume = étend son influence négative sur toute la terre// adversaire*/ accusateur/ calomniateur/ personne foncièrement mauvaise/ descente de l'âme dans la matière, incarnation.

Satellite

•attraction/ attirance/ séduction/ spécialisation/ précision/ influence/ dépendance/ le moi dans son rapport au Soi*.

Saturne

2e plus grosse planète du système solaire (influence importante)/ froide (cérébral)/ révolution autour du Soleil: 29 ans 167 jours terrestres (le temps qui dure, qui mûrit, influence durable)/ atmosphère: hydrogène et hélium (fécondité intellectuelle)/ anneaux spectaculaires (rayonnement important, grandes œuvres, concentration, protection)/ 21 satellites, dont le plus important: Titan (projections multiples dont une importante)// planète sacrée avec cette caractéristique: intelligence active et adaptation/ métal correspondant: le plomb* (qui peut se changer en or)/ gouverne les pierres noires: jais*, charbon*, onyx*, houille ♦planète consacrée au dieu Saturne ou Cronos, dieu des semailles, de la vigne, de l'agriculture/ détrôné par Jupiter, il se réfugie en Italie qui connaît alors l'âge d'or (prospérité, paix...)/ Titan qui dévore ses enfants (le temps qui tue), sauf Jupiter qui lui échappe et obligera Saturne à dégorger ses enfants (à se débarrasser de son passé). Alors libéré, il connaîtra un âge d'or (symbole du temps de l'accomplissement). Dialectique du passage de l'avoir vers l'être. •les os/ concentration/ contraction/ fixation/ condensation/ inertie/ frein dans l'évolution/ arrêt des changements/ obstacles/ malchance/ impuissance/ paralysie/ justice/ droit/ profonde pénétration/ fidélité/ constance/ renoncement/ chasteté/ religion/ chagrins et épreuves/ détachement/ abandons/ sacrifices/ vie intellectuelle, morale, spirituelle/ avidité, cupidité, jalousie, avarice/ érudition/ effacement de soi/ insensibilité/ froideur/ pessimisme/ mélancolie/ refus de la vie ♦type saturnien: nerveux introverti/ oralité importante/ possessivité/ insatisfaction/ hésitation/ adaptation difficile au monde extérieur/ artiste persévérant/ intensité/ importance de l'inconscient/ approfondissement/ solitude/ étude/ sérieux/ célibat/ subtilité/ inquiétude/ tristesse/ misanthropie/ indépendance/ inhibition/ contrôle/ timidité/ prudence/ crainte de perdre son temps/ nécessité de liquider son passé pour accéder à une situation nouvelle.

Sauce

•concentration/ agrément/ goût de vivre/ aménagement/ préparatifs/ mode de pensée/ engagement/ compromission/ spécificité/ individualité.

Saucisse, Saucisson

viande*/ porc*/ boyau*/ épices*/ mélange/ entassement/ manque d'aise/ enchaînement/ sottise.

Sauge

♦plante aromatique : saveur un peu âcre (humeur piquante)/ à feuilles velues (sensualité, discrétion)/ fleurs bleuâtres en épis grêles (épanouissement réinvesti dans l'énergie vitale)// On la dit bonne contre l'asthme, le cafard, les malaises. •ce qui sauve/ les humeurs/ aide/ amélioration/ immortalité/ bonheur familial/ accès de sentimentalité ou sensibilité profonde/ attachement silencieux/ source de l'être ♦plante ornementale à fleurs écarlates en épis (ardeur, intensité) •chercher à faire de l'effet/ sentiment saisissant, violent/ amour passionné/ grande ferveur.

Saule

arbre à port retombant ; de buissons rabougris à grand arbre (personnalité toute en souplesse, capable de puissance)/ branches flexibles (agitation extérieure, influençabilité)/ feuilles lancéolées (prises de conscience aiguës et bénéfiques)/ berges (dialogue avec l'inconscient)/ fleurs en chatons soyeux (grande sensualité)/ osier (grande docilité)/ bois léger et tendre, mais fort et résistant (sensibilité vibrante) ♦saule blanc : croissance rapide (impatience, ferveur)/ Son acide salicylique entre dans la composition de l'aspirine comme analgésique (détente mentale). •amour de l'eau/ mystère, étrange/ tragique, tourment/ amertume/ souplesse/ fragilité et force/ grande vitalité/ sensibilité à l'inspiration/ fécondité intellectuelle/ immortalité/ méditation/ renouvellement/ relation très intériorisée avec le Soi*/ ♦pleureur: (personnalité axée sur le romantisme)/ branches très retombantes (poésie, lyrisme) •mélancolie/ grâce/ tristesse/ caractère féminin/ sentimentalité/ souplesse remarquable/ relation avec le Soi* compromise par excès de sentimentalisme.

Saumon

1. poisson •cran, courage/ oubli de soi/ sacrifice pour ses enfants/ vie réussie/ retour à la source/ effort pour prendre conscience/ attraction du Soi*.

2. couleur •chair/ sensualité/ charme vif/ énergie/ intensité/ lumière divine.

Saut, Sauter

•énergie/ progression brusque/ rebondissement/ évolution par à-coups ♦en l'air: libération/ liberté/ joie de vivre/ enthousiasme/ révolte, injure/ surprise ♦de haut sur le sol: invitation à revenir aux réalités concrètes, à mes instincts/ chute de pression/ choc émotif/ retour d'une illusion/ retour de l'astral*/ angoisse ♦dans le vide: nécessité de plonger, de m'engager/ perte d'énergie (s'il s'agit d'une chute)/ retomber sur ses pattes = s'engager, se compromettre et retrouver son équilibre.

Sauterelle

insecte sauteur (évolution par à-coups)/ ailes (aide supplémentaire, progression rapide)/ nuée (invasion) •désastre/ fléau, calamité/ dévastation/ menace de stérilité/ ravage de ma vie sentimentale envahie/ tourment/ supplice moral et spirituel.

Savon

•hygiène/ propreté/ précaution/ prévention/ nettoyage/ purification/ aide/ aseptisation/ réprimande/ aspect insaisissable♦ excès: poursuite de la perfection/ complexe de propreté/ phobie des microbes/ culpabilité.

Saxophone

•expression des sentiments et des émotions/ agilité/ rondeur/ mollesse/ détente/ clowneries/ facilité/ modernisme/ jazz, rock, blues.../ compromis.

Scabieuse

plante ornementale vivace (ténacité, permanence) à grandes fleurs (présence discrète du Soi*)/ pastel (épanouissement d'un sentiment tendre)/ odeur suave (séduction délicate, subtilité)/ feuilles très découpées (délicatesse) •nuances/ grande douceur/ exquise féminité discrète/ grande sensibilité spirituelle.

Scarabée

•succès/ boue, mal/ soleil qui renaît de lui-même = résurrection, Dieu qui devient/ naissance de l'embryon de l'immortalité, à partir de la bouse, du mal// J'oublie de me servir de mes ailes, de l'humour?/ Le Soi* me rappelle ma destinée spirituelle?/ Je ne prends pas ma place au soleil?/ Je suis trop pragmatique? Je manque d'optimisme, de rêve?/ Je me durcis?/ Aveuglement?

Sceau

cachet officiel, voir *timbre, tampon.*

Schipperke

chien* à tête de renard (finesse)/ regard vif (perspicacité, culpabilité)/ oreilles droites, mobiles (grande attention)/ pattes fines (côté aristo)/ corps trapu (force, concentration)/ poil court, crinière au cou (tenue correcte et élégante)/ noir profond (chic)/ queue inexistante (absence de sexualité)/ aime les chevaux/ bon chasseur (agressivité)// remuant, agile, infatigable, doux avec les enfants •esprit pénétrant/ corps harmonieux/ bon contrôle sur les bas instincts/ amour de la navigation/ agréable compagnie/ gaieté/ belle sensualité.

Schizophrénie

psychose •rejet de la vie terrestre/ repli sur soi/ incompréhension/ blessure affective profonde/ inadaptation totale/ fuite/ retrait de son milieu/ désespoir/ prisonnier des vies antérieures/ prisonnier des autres dimensions (astral*).

Schnauzer moyen

chien* à tête forte et longue (esprit réfléchi et solide)/ poil raide, mi-long (tenue décontractée)/ sourcils très poilus et moustache épaisse (inquiétude, virilité)/ robe noire; ou poivre et sel (sociabilité stable)// bon compagnon des enfants/ solide/ énergique, vigilant, courageux, fidèle, méfiant envers les étrangers •caractère sympathique/ sexualité réduite/ originalité/ pacifisme/ corps solide et plutôt ramassé/ sens du compromis.

Sciatique

douleur sentie à la hanche et dans la jambe, le long du trajet du nerf sciatique •coincement/ tension/ ralentissement ♦jambe droite:

avancement en dehors du sens de mon évolution, orientation à revoir/ peur de l'avenir ♦jambe gauche: empêchement de progresser/ évolution compromise par mon immobilisme/ peur du passé.

Scie

•coupure graduelle/ déchirement/ aide/ intervention radicale/ construction/ attention, intérêt discontinus/ élagage, taille/ rajeunissement/ mordant/ va-et-vient ♦à métal: aspect volontaire/ force/ énergie/ séparation de l'inséparable/ rigueur extrême/ usure du temps.

Sclérose

•entêtement, attitude durcie/ sécheresse du cœur/ inflexibilité (Hay)/ Voir la partie du corps concernée. ♦Sclérose en plaques •grande souffrance/ grande injustice/ autodévaluation/ peur du rejet/ révolte.

Scorpion

arachnide/ carapace (protection, insensibilité)/ 8* pattes dont 2 pinces (attaque, agressivité)/ queue à aiguillon venimeux (forte autodéfense, provocation, danger)/ nocturne (dissimulation, traîtrise)/ fuit la lumière (photophobie, peur de la vérité, inconscience)/ carnivore (lascivité, agressivité)/ après l'accouplement, le mâle est dévoré par la femelle (matriarcat, castration*, victime de l'amour ou de la sexualité)/ vivipare (individualité, bon équipement psychologique) •peur de l'obscur/ menace voilée/ mauvaise humeur/ caractère farouche/ déclaration de guerre/ goût du drame/ sexualité négative/ automne, mort/ stagnation/ tendance sadique ou masochiste/ épouse tyrannique/ sacrifice/ besoin d'approfondir/ goût pour le mystère/ peur de prendre conscience. ♦8e signe du zodiaque*, signe d'eau •novembre, nuit/ type lymphatique émotif/ dialectique de l'amour et de la mort/ instincts de mort, de destruction/ agressivité, combativité/ mort et renaissance/ désir d'immortalité/ aspirations spirituelles/ nostalgie/ amour du passé/ refoulement émotif/ organes sexuels/ érotisme ♦en valeurs négatives: horreur, peur, dégoût, monstruosité, obscénité, cruauté.

Scottish-terrier

chien* de type basset*/ le toilettage lui donne une tête rectangulaire (détermination)/ poil raide, abondant (tenue guindée)/ robe grise ou noire (distinction)/ bon chasseur de renards (fine intuition, ruse)// musclé, robuste, actif, courageux, décidé, gai •caractère sympathique, vif et franc/ corps petit, mais vigoureux/ ardeur/ bon contrôle des bas instincts/ besoin de sport/ sensualité un peu rude/ forte sexualité maîtrisée/ goût du luxe/ bon contact avec la réalité.

Sculpture

•volonté/ art/ forme/ pose/ durée/ statue*/ immobilisme.

Seau

•plein ↔ vide/ puits*/ fécondité/ disponibilité, service/ changement, déplacement.

Sécheresse

•épuisement/ infécondité, stérilité/ mort/ vide/ échec/ abandon*.

Sécheuse à linge

•fécondité/ allégement/ force centrifuge, fuite/ agitation ♦en panne : Privé de l'aide artificielle qui me tient en santé ? qui me protège ?/ Besoin de chaleur humaine ?/ Besoin d'aération psychologique ?

Séchoir à cheveux

•aide/ gagner du temps/ paraître ♦en panne : Trop ou pas assez de temps pour les soins de mon corps ?/ Ma santé est exposée ?/ Sortie à retarder ?

Secret

•confidence/ confiance/ discrétion/ cachotterie/ mystère/ initiation*/ poids du secret/ mise à l'écart/ mystification, fascination, illusion/ piège/ recherche du pouvoir/ mouvement occulte/ naïveté ♦confier : faire confiance/ faire l'important/ initier qqn ♦recevoir : être initié/ mériter la confiance de qqn ♦découvrir : être indiscret/ être perspicace/ faire une prise de conscience ♦garder : discrétion/ volonté de dominer/ avoir la force de le porter ♦trahir : manquer de parole, de fiabilité.

Secrétaire

•confiance/ service/ confidences/ discrétion/ lettres/ écriture.

Secte

•organisme religieux/ séparation/ originalité/ endoctrinement/ dictature/ contrôle absolu/ abus de pouvoir/ règne de terreur/ aliénation de la conscience des adeptes*/ Voir *gourou*.

Seigle

céréale voisine du blé/ épi plus fin (discipline sans excès)/ grain panifiable, voir *pain*/ pain bis: blé + seigle: (association étroite, assimilation)/ alcool par fermentation: rye-whisky (transformation qui amène une conscience spirituelle)/ résistance au froid (robustesse)/ aliment énergétique (force)/ •peu d'exigence/ fécondité/ endurance/ générosité/ remplaçant/ substitution/ alliance.

Sein

de la femme •intimité/ sexualité/ nourriture/ aspect maternel ♦maladie: refus de ma féminité/ sexualité mal assumée/ attitude trop autoritaire, tranchante/ attitude maternelle trop prononcée/ surprotection (Hay)/ manque d'intimité.

Sel

chlorure de sodium/ cristal cubique (équilibre)/ essentiel à la vie animale (nourriture spirituelle)/ soluble dans l'eau (fusion*)/ détruit par corrosion (trop de sagesse humaine empêche la venue du Soi*) •saveur de la vie/ conservation/ transmutation/ protection contre la corruption/ purification/ sagesse/ cristallisation d'une situation/ stabilité/ incorruptibilité/ rituels/ touche personnelle/ aridité/ amertume/ amitié/ hospitalité/ parole donnée/ loyauté/ don divin.

Selle

de cavalier* •protection/ fermeté/ sécurité/ confort/ commodité.

Selles

Voir *excréments*.

Semelle

•protection/ fermeté/ contact avec la réalité/ appui/ renforcement.

Sentier

Voir *chemin*.

Septembre

•récolte, succès/ comble/ sursis/ reprise des activités/ études/ nostalgie/ début de la vieillesse/ renoncement.

Séquoia

conifère/ le plus grand arbre, jusqu'à 120 m, et 10 m de diamètre (très puissante personnalité qui fait le lien entre le ciel et la terre)/ aiguilles persistantes (immortalité)/ écorce rougeâtre, molle, spongieuse (intensité, disponibilité, fécondité)/ jusqu'à 5 000 ans (éternité)/ Californie/ bois de construction de qualité (édification du château* intérieur) •le transcendant/ l'éternité/ élan spirituel irrésistible et puissant/ longévité exceptionnelle/ majesté, grandeur/ volonté indéfectible/ force de vie surhumaine/ instructeur de l'humanité/ présence du Soi* sur terre.

Serin

petit oiseau/ acclimaté en cage (dégénérescence, adaptation, confiance, manque d'autonomie, aliénation)/ très métissé (expériences, créativité)/ granivore (pacifique)/ beauté et richesse du plumage (importance du vêtement, de l'apparence)/ souvent jaune* (lumière céleste)/ chant mélodieux (grand talent vocal, joie de vivre, agrément, expression personnelle)/ jusqu'à 15 ans (longévité réduite) •don pour le chant, la musique/ gaieté/ douceur/ docilité/ fragilité/ victime de son talent.

Seringat

arbuste (petite personnalité épanouie et plaisante) à fleurs dégageant un parfum pénétrant (séduction, sensualité)/ fleurs blanches abondantes (sentiment simple renouvelé, présence constante et réconfortante du Soi*) •virginité/ innocence/ énergie pure/ reconnaissance/ atmosphère agréable, bon climat social/ plaisirs simples/ fidélité/ foi dans le spirituel.

Seringue

Voir *vaccin, piqûre* et *toxicomanie.*

Serment

•promesse solennelle/ parole donnée/ honneur/ attestation/ engagement/ fidélité/ fermeté/ décision/ résolution.

Séropositivité

♦pour hétérosexuel : Je me méprise ? Attitude d'autodestruction ?/ Je montre un vif mépris pour les homosexuels ?/ J'assouvis de façon excessive mon instinct sexuel ? Manque d'éthique sexuelle ?/ Trop de drogues ? Fuite ? Course aux sensations ?/ Je me sens victime ? ♦pour homosexuel : Refus de mon homosexualité ? Je la porte comme une tare ? Besoin d'aide./ Je ne supporte pas ma marginalité ? Je la vis comme un rejet social ? Besoin de faire face./ Je me culpabilise ? Je me méprise ? Attitude autodestructrice ? Où est ma faute si cette orientation est de naissance ?/

J'assouvis de façon excessive mon instinct sexuel? Manque d'éthique sexuelle?/ Trop de drogues pour oublier mon orientation sexuelle? pour accroître mes sensations?

Serpent

reptile au corps allongé (sexe de l'homme)/ jusqu'à 500 vertèbres (colonne* vertébrale)/ sans pattes (atrophie, infériorité)/ couvert d'écailles (protection, insensibilité)/ mue annuelle (renaissance, mutation)/ bouche s'ouvre démesurément (voracité)/ dents en crochets (menace)/ venin (empoisonnement, intoxication, paralysie, mort)/ langue fourchue à fonction olfactive et tactile (double langage, opposition*, insinuations, confirmation, intuition fondée)/ œil à paupière fixe (fascination pétrifiante, domination, culpabilité)/ à sang froid (sang-froid, froideur)/ mange animaux vivants (agressivité)/ rampe (humiliation, manque de dignité)/ ondule (hypocrisie, ruse)/ silencieux (discrétion, piège, surprise désagréable)/ perçoit les infrarouges par la peau (perception tactile fine, intuition, clairvoyance par le toucher) •peur/ dédain/ répulsion/ angoisse/ force d'évolution/ énergie vitale impersonnelle qui pousse à évoluer/ fécondité/ gardien de trésors psychiques = la kundalini*/ gardien de l'immortalité/ le démon/ le Christ*/ la transcendance/ la mort/ la haine et l'envie/ résurrection, renaissance, renouvellement/ sagesse/ manifestation des forces primitives des profondeurs ♦taille: plus il est grand et gros, plus les valeurs symboliques sont importantes ♦blanc: intestin/ affirmation des valeurs symboliques positives ♦noir: affirmation des valeurs symboliques négatives ♦vert: renouveau, mutation ♦rouge: valeurs sexuelles dangereuses ♦le fuir: Je refuse la sexualité par peur?/ Je refuse d'évoluer?/ Je refuse de faire face à mes peurs, à en trouver la source?/ Je refuse mon rapport à la transcendance? ♦l'attaquer, le tuer: Il y a des moments où c'est la façon qui convient pour arriver à faire face à son instinct sexuel; c'est la façon des héros. Risque de tuer en nous une source d'énergie nécessaire à notre évolution. Plus de compréhension serait souhaitable?/ Je refoule certains désirs? certaines peurs?/ Je m'attaque à une source d'angoisse? Je fais face à mon destin? ♦le contourner: Angoisses non réglées?/ Problèmes de sexualité?/ Refus de la sexualité par un excès de dignité?/ Je ruse avec mon destin, mon évolution? ♦le charmer ou le prendre: J'accepte mon destin?/ J'accepte en philosophe d'intégrer la sexualité?/ Fascination de la sexualité?/ J'accepte d'évoluer?/ J'accepte de m'incarner tout à fait? ♦plusieurs: Plusieurs relations sexuelles? Nœud complexe de désirs? ou de relations sociales plus ou moins désirables? ♦se faire mordre: Désirs sexuels inassouvis? ♦dans un arbre: inconscient, médiateur entre le ciel et la terre ♦qui se mord la queue: cycle temporel accompli, évolution.

Serre

édifice •protection, surprotection/ avantage/ privilège/ épanouissement des sentiments et des sensations/ ouverture d'esprit/ progrès intérieur/ conditions favorables/ orientation des instincts, maîtrise/ transparence de l'ego/ conscience accrue.

Serrure

•attitude fermée/ interdiction/ secret/ intimité/ sécurité/ méfiance/ indiscrétion/ sexe féminin/ mécanisme psychologique de défense.

Serviette

1. pièce de linge •soin du corps/ purification/ intimité/ correction/ disponibilité/ service/ utilité/ confort/ amabilité/ aspect chaleureux.
2. sac •étude/ documents/ rangement/ ordre dans les idées/ aspect sérieux/ secret/ affaires/ extension psychologique/ esprit compartimenté.

Serviteur

•aide/ humilité/ manque d'identité/ liberté ↔ servitude/ soumission/ servilité/ fidélité à des directives/ domination/ indiscrétion/ supériorité ↔ infériorité/ domestication des instincts/ ombre* positive.

Setter Gordon

chien* de chasse/ oreilles tombantes (indépendance)/ poil en franges (tenue élégante)/ robe noire brillante (contact chaleureux, présence brillante)// puissant, élégant, bon caractère •bon contrôle des instincts/ bon compagnonnage/ grande endurance/ corps robuste et souple/ bon sens de l'adaptation/ docilité/ excellente intuition/ belle sensualité/ sexualité harmonieuse/ importance du vêtement, de la tenue/ grande capacité d'attention, de concentration.

Setter irlandais

chien* le plus ancien des setters (noblesse)/ tête fine, longue (finesse d'esprit)/ poil lisse (tenue agréable)/ robe rouge acajou, soyeuse (bons rapports sociaux)// souple, élégant, distingué, affectueux, enjoué, mais pas toujours facile à éduquer •besoin d'affection/ corps bien délié/ caractère jeune, enjoué/ sexualité harmonieuse/ belle sensualité/ grande émotivité/ maîtrise des instincts/ attitude contrastée : capable de concentration et de dissipation/ besoin de discipline.

Seuil

•limite à franchir/ hésitation/ début ou fin d'une étape/ commencement/ limite inférieure/ minimum/ initiation/ passage du profane au sacré/ séparation/ accueil/ accès/ transition/ mort.

Sève

•principe vital/ sang/ printemps*/ vitalité/ poussée d'ardeur/ jeunesse, vigueur/ impulsion sexuelle/ liquide séminal/ sentiment bien vivant/ nourriture essentielle = vie spirituelle/ montée des énergies pour se réaliser en vie divine/ immortalité causée par la sublimation de l'impulsion sexuelle.

Sexualité

instinct sexuel •jouissance animale/ prémisse de l'union à Dieu// en sacrifier (maîtrise sexuelle)/ Énergie convertible en créativité./ Y rester fixé, c'est arrêter sur le chemin de l'évolution (juste milieu)./ La procréation seule ne fait que multiplier et non progresser l'humanité (survie).// union sexuelle = recherche de l'unité/ satisfaction sexuelle = apaisement de la tension/ en rêve, faire l'amour = être en accord total avec le ou la partenaire ♦problèmes sexuels : Trop d'expériences sexuelles ? Besoin d'une éthique ?/ Trop peu d'expériences sexuelles, malgré de vifs désirs ?/ Culpabilité* ?

Sida

Syndrome Immuno-Déficitaire Acquis/ Voir *séropositivité*.

Siège

•repos/ répit/ arrêt/ assise, base/ l'acquis/ position intérieure/ attitude ♦raide : attitude guindée/ attitude tendue/ situation inconfortable ♦rembourré : attitude détendue/ situation de tout repos.

Sifflet
•avertissement/ alerte/ besoin d'attention/ mécontentement/ gorge*, gosier/ parole/ autorité/ interruption/ arrêt subit/ interdiction/ aspect décontenancé.

Signature
•nom/ marque personnelle/ individualité/ création/ contrat/ document/ droit/ auteur/ œuvre/ propriété intellectuelle/ engagement/ déclaration/ authenticité/ reconnaissance officielle.

Signe
coïncidence significative d'un événement avec un état d'âme, une émotion/ activation d'un archétype*/ message du Soi*/ Voir *synchronicité.*

Silène enflée
plante sauvage/ petite fleur au calice ventru (sentiment de gaieté simple)/ surnommée *pétard*/ évoque Silène, dieu grec qui aimait boire •originalité à tout prix/ petites prétentions/ espiègleries/ besoin d'attention/ soûlerie.

Silex
pierre de silice/ jaune, gris, brun ou noir (énergie terrestre)/ pierre à feu, pierre à fusil (mental disponible à passer à un stade supérieur)/ armes primitives (début de la conquête de la lumière) •froid/ nuit/ aridité/ foudre de Dieu/ De l'aridité de ma nuit, doit sortir le feu avec sa lumière et sa chaleur réconfortantes./ contexte difficile qui fait appel à mon instinct de conservation = combat pour garder mon intégrité/ Besoin de me défendre, mais attention au parjure qui attirerait les foudres sur ma tête.

Silo
•alimentation/ réserves d'énergie/ potentiel/ phallus*.

Singe
mammifère primate/ quadrumane (habileté)/ couvert de poils (animalité)/ arboricole (élévation, agilité)/ a souvent une queue (animalité), parfois préhensile (agilité, astuce)/ psychisme développé (intelligence)/ capable de communiquer avec l'homme (sociabilité, apprentissage)/ capable d'utiliser des moyens pour atteindre des buts (esprit pratique)/ vit en groupe (sociabilité) •côté maléfique et bénéfique, comme l'inconscient/ bruit, agitation/ imitation/ plaisanterie, bouffonnerie/ nécessité de l'humour/

irritabilité/ dissipation/ grande adaptabilité/ sûreté de l'instinct/ modèle accompli de l'homme-animal = la vie naturelle/ complaisance dans l'inconscience/ vagabondage/ caractère querelleur/ habileté dans les arts manuels/ lubricité/ comportement humain anarchique entre 7 et 12 ans, période d'irresponsabilité/ celui qui imite/ grimace* ♦sens négatif, le singe de Dieu, caricature = le diable ♦sens positif, l'imitateur de Dieu/ sagesse.

Sinusite

•Rejet d'une situation ?/ Ou de qqch ou de qqn qui me touche de près ?/ Voir *nez*.

Sirène

1. animal mythique •illusions, séductions/ aspect dangereux de l'anima* mal intégrée et des mirages destructeurs qui s'ensuivent/ séduction et illusion des passions et des plaisirs qui perdent corps et âme
2. instrument acoustique : cri/ alerte/ avertissement/ urgence/ danger/ ambulance*/ pompier*/ policier*/ guerre*.

Sitelle

petit oiseau/ bleu gris, ventre blanc (simplicité)/ capuchon noir ou brun (chic, mauvaises intentions, secret)/ grimpeur (bonne santé mentale)/ cache glands et noix dans les écorces (prévoyance, inquiétude, économie, épargne)/ se déplace tête en bas le long des troncs (originalité, adresse)/ sexes semblables (parité sexuelle) •nouveau point de vue/ bonne tenue/ équilibre/ originalité.

Sizerin flammé

très petit oiseau/ boréal (grande résistance)/ de passage (sans-abri, bohème, liberté)/ brunâtre à rayures et poitrine blanc rosé (simplicité, amabilité)/ front rouge vif (grande audace)/ familier (confiance)/ vol ondulé (fantaisie)/ chant crépitant et sifflé (joie de vivre, agrément, expression personnelle) •chaleur dans le froid/ amour malgré tout/ confiance/ réconfort/ vivacité/ inspiration/ ardeur.

Ski

♦en faire = dominer l'isolement, faire contre mauvaise fortune bon cœur/ stabilisation des énergies/ se maîtriser/ bonne adaptation /descendre une pente et ça va bien = détente, soulagement/

ça va mal = baisse d'énergie ♦en perdre ou en casser un = manque de coordination des efforts/ hésitation entre l'action et l'inaction.

Skye terrier

chien★ type basset★ (réalisme)/ démarche glissante (discrétion, insinuation)/ yeux couverts de poils (timidité, insinuation)/ poil rêche jusqu'au sol (tenue prude)/ fourrure séparée par une raie (sociabilité équilibrée)/ robe grise, bleue ou fauve (relations ouvertes)/ excellent chasseur (agressivité)// intelligent, actif, gai, fidèle et courageux, n'aime pas la taquinerie •bon sens de la réalité/ allure bizarre/ grande sensualité/ côté secret/ invitation à approfondir/ caractère vif avec capacité de calme et de pondération/ bonne maîtrise des instincts/ manque d'humour.

Sodomie

•recherche du plaisir sexuel/ se faire rouler, être dupe ♦pour ceux qui trouvent la pratique condamnable: abomination/ animalité/ immoralité/ punition, châtiment/ culpabilité★/ rejet.

Sœur

♦pour un homme = sa sensibilité ♦pour une femme = son centre second, celui qui n'est pas encore très exprimé, son ombre★/ le Soi★ déguisé en qqn de familier// ♦en bonne entente: Bonne attitude évolutive. ♦en mauvaise entente: 1. Mauvaise relation avec une de mes sœurs ou qqn que je considère comme ma sœur. Besoin de me mettre au clair avec elle. 2. Il en va ainsi pour mes relations avec toutes les femmes. 3. ♦pour une femme: Trop de passivité. ♦pour un homme: Trop de passivité dans mes relations homme-femme?/ Trop de passivité dans l'expression de ma partie féminine (anima★)?

Soi

♦au point de vue psychique: archétype★ de la totalité psychique de l'humain/ somme des contenus conscients et inconscients/ union des opposés dont l'animus★ et l'anima★ ♦au point de vue de la perfection (attirance légitime et très forte de l'humain vers le bien suprême): instance supérieure et ultime de l'humain/ son archétype★ parfait/ sa source/ son image divine/ l'homme intérieur, invisible, incorporel, incorruptible, immortel/ illustré par le Christ = incarnation du Soi parfait/ On l'appelle aussi le double lumineux, le Moi cosmique ou la contrepartie cosmique de l'ego.

Soie
•délicatesse/ finesse/ légèreté/ douceur/ luxe/ caractère très agréable.
Soif
•désir passionné et impatient/ aspiration/ vif désir intellectuel/ besoin pressant/ On m'invite à nourrir ma vie spirituelle?/ On m'invite à demander la grâce, à prier?/ Voir *boire*.
Soja
grain au plus élevé des potentiels nutritifs végétaux (énergie du Soi*)/ 2 fois plus de protéines que dans la viande (concentration d'énergie)// grande valeur énergétique/ réduit le cholestérol/ prévient et dissout les calculs biliaires/ soulage la constipation/ stabilise le sucre dans le sang/ prévient le cancer/ aide la contraception •énergie/ concentration/ période de latence/ conception interrompue.
Sol
•terrain/ patrie/ plancher*/ terre* arable/ appui, soutien/ base/ assise/ le réel/ le concret/ réalisme/ solidité/ fermeté/ équilibre/ horizontalité/ évolution terrestre.
Soldat
•action aveugle/ homme de main/ guerre/ combat/ arme/ défense/ attaque/ conquête/ défenseur d'une cause, d'une croyance/ besoin de discipline/ engagement inconsidéré/ intégrité de mon corps menacée/ attitude trop rigide.
Soleil
étoile, centre de notre système planétaire (influence déterminante)/ tous les 11 ans les taches solaires se décuplent et perturbent la Terre et les humains// Selon la tradition occulte, le Soleil irradie 3 forces: 1. Chaleur vitalisante; 2. Fluide électrique en rapport avec les nerfs et le cerveau; 3. Rayon de lumière pranique ou énergie vitale du corps physique./ métal correspondant, l'or*// consacré à Apollon, dieu de la lumière •vie, lumière, chaleur/ meurtrier (sécheresse)/ Dieu/ le Soi*/ le temps/ soleil levant = éveil de la conscience, Japon/ soleil couchant = plongée dans l'inconscient/ conscience supérieure/ chakra* coronal/ œil* droit/ 3e œil, contemplation/ influence céleste/ centre/ résurrection/ immortalité/ le cœur/ initiation/ royauté/ connaissance intuitive immédiate/ principe actif/ père/ illumination/ lumière

intérieure/ le Soi* ♦soleil noir = chute, désorganisation, première phase d'une transformation psychique.

Sommeil

•fatigue/ repos/ détente/ abandon/ renonciation temporaire à la conscience, à la vie, au contrôle/ confiance dans la vie/ rêve* ♦troublé, voir *insomnie*.

Sorbier

arbre (personnalité axée sur l'élégance et la générosité)/ écorce lisse (caractère plaisant)/ ramure légère (gentillesse, inconstance)/ petites fleurs blanches, à senteur délicate (éveil collectif, petites prises de conscience)/ baies abondantes orangées (vifs petits désirs sexuels, plaisir d'offrir); saveur sucrée et âpre (succès un peu amers); non comestibles crues (petits plaisirs sexuels non satisfaits ou si peu) •sorcellerie/ enchantement/ certains résultats médiocres transformables en réussite/ besoin de nourriture spirituelle.

Sorcière

•personnification de l'influence négative de la mère ♦pour un homme: anima* mal intégrée ♦pour une femme: déception sentimentale inconsciente/ mépris de soi.

Sou

•petite monnaie*/ argent*/ sans valeur ♦neuf: très propre.

Soubresaut

contraction involontaire des muscles du corps à l'endormissement ou à l'éveil et qui tire du sommeil ♦signale souvent le retour du corps éthérique (voir *éther*), du corps astral* ou des deux dans le corps physique •tension/ excès de correction sociale/ excès de contrôle, incapacité de lâcher prise/ peur, terreur.

Souci

plante de jardin à fleurs de type marguerites doubles (générosité); jaunes ou orangées (ardeur, stimulation)/ de culture facile (docilité)// effet anti-inflammatoire, antiseptique, cicatrisant •souci de son apparence/ docilité/ chaleur rayonnante/ joie ou amertume selon ma capacité de dépasser ou non les contrariétés/ attitude plutôt optimiste/ guérison/ action créatrice de l'inconscient.

Soucoupe

•précaution/ correction/ période de débordements ou de restrictions/ influence indue que je subis ou que je fais subir/ ovni*.

Souffler
•exercer une action créatrice/ transposer une énergie sur un plan créateur/ amener à la vie/ insuffler une âme à qqch/ animer/ cesser de peiner/ éteindre, cesser/ dépoussiérer, remettre à jour/ être soulagé d'une tension/ Voir *vent*.

Souffrance
Voir *douleur, maladie*.

Soufre
élément atomique (en poudre ou en cristaux jaune citron) •principe actif du feu, de l'épuration/ purification/ qui affermit l'esprit/ épreuve qui permet la transformation/ élément déterminant/ influence suspecte, diabolique/ Voir *allumette*.

Soulier
•bonne protection/ confort/ correction/ respect des usages/ démarche/ cheminement/ voyage/ identité/ manque de souplesse, de liberté/ attitude conventionnelle/ formalisme/ assurance/ vagin/ Voir *couleur*. ♦trop grand ou trop petit: inconfort/ inadaptation ♦sans chaussette: manque de confort/ non conformisme ♦perte: perte d'assurance dans les démarches ♦un seul: qqch cloche/ désunion/ solitude.

Soupe
•repas/ restauration des énergies/ confort du foyer/ mélange/ argent/ explosif/ compromission.

Soupir
•soulagement/ rétablissement de l'équilibre/ mélancolie/ ennui/ amour douloureux/ plainte lyrique.

Source
•force vitale/ fécondité primordiale/ maternité/ pureté/ purification/ aspect inépuisable/ origine, principe/ origine d'une information/ document très riche/ texte original/ instruction intérieure/ énergie spirituelle/ sens de la vie/ le Soi*.

Sourcil
•costume du regard/ expression/ Je me fais menaçant? Je me sens menacé?/ Je dois corriger mon point de vue?/ J'exprime trop (sourcil droit) ou trop peu (gauche) ma façon de voir? ♦abondants: vitalité ♦épilés: vanité?/ souci de l'apparence?/ souci de charmer?/ négation de mon côté animal?/ manque de naturel?

♦froncés: soucis?/ tracas?/ colère?/ menace?/ volonté?/ soupçons? ♦neutres, droits: point de vue?/ indifférence?/ neutralité? ♦lourds: fatigue?/ amour du drame?/ romantisme? ♦sourcil droit: point de vue mental, volontaire/ conscient ♦sourcil gauche: point de vue intuitif/ inconscient.

Souris

petit rongeur*/ très prolifique (grande fécondité, succès)/ gris (discret)/ grandes oreilles (vigilance) •ce qui est gracieux/ petites inquiétudes/ agaceries/ pénis*/ vol d'énergie/ phase souterraine de communication avec le sacré ♦blanche: variété de souris grise (pureté d'intention)/ familière/ très intelligente (acuité)/ grâce/ gentillesse// La libido s'exprime bien./ Relation sexuelle en vue.

Sous-sol

Voir *cave.*

Souterrain

•caché/ obscurité/ clandestinité/ communication/ instincts/ inconscient*/ approfondissement/ Voir *tunnel.*

Soutien-gorge

•confort/ soutien/ apparence/ tenue/ séduction/ artifice/ Voir *sein.*

Souvenir

•bonnes ou mauvaises expériences/ témoignage/ fidélité/ temps forts du passé/ le poids du passé/ émotions passées/ retour en arrière/ nostalgie/ romantisme/ conservatisme/ bibelot*/ Voir *mémoire.*

Spaghetti

•facilité/ commodité/ flexibilité/ mollesse/ potentiel/ insulte/ nullité/ manque de caractère/ disponibilité/ préparation/ anonymat/ esprit grégaire.

Spectacle

•vedette*/ théâtre*/ acteur*/ paraître/ besoin d'attention/ volonté de plaire/ désir de s'afficher, de se mettre en valeur/ indiscrétion, hystérie, éclat/ joie de communiquer/ manque de confiance en soi.

Sphaigne

plante basse (humilité), brune à sommet vert (aspiration)/ croît indéfiniment, en se décomposant par la base (mort et résurrection)/ forme d'épais tapis moussus de tourbe (solidarité, douceur de vivre, confort)/ feuilles très petites (petites prises de conscience)/ reproduction par des spores (résultat caché)/ acide (stimulation) •douceur de vivre/ renouvellement constant/ évolution continue/ fécondité/ tabler sur le passé/ accumulation/ association/ don de soi.

Sphère

•forme la plus parfaite: perfection/ la plus «économique» de l'espace: concentration/ l'androgyne originel/ l'âme/ le crâne/ un monde, un domaine/ le ciel/ la Terre/ champ d'activité/ influence/ homme unifié/ petit véhicule = forme souvent prise par l'être humain pour voyager dans l'astral*/ planète/ la totalité/ le Soi* ♦sphères concentriques: les diverses dimensions/ englobement.

Sphinx

monstre aux pieds de taureau, au corps de lion, aux ailes d'aigle et au visage de femme •les 4 évangélistes/ les 4 fonctions psychiques = le taureau-sentiments, le lion-corps (roi-ego), l'aigle-intellect, la femme-intuition/ Voir *4*/ chérubins qui, comme le sphinx, sont les gardiens de l'arbre de l'Éden et servent de trône à Dieu/ l'inévitable/ contrainte/ énigme/ mystère/ personne énigmatique.

Spirale

•évolution/ progression/ émanation à partir d'un centre/ ouverture/ épanouissement, déploiement/ mouvement/ cycles/ développement cyclique/ mort initiatique et renaissance/ degrés initiatiques/ fécondité/ changement continu/ dynamique de la vie/ création continue/ évolution ou involution selon le mouvement vers le centre ou vers l'extérieur/ retour à Dieu après la mort/ stérilet.

Spirée

petit arbuste (petite personnalité fière), à panaches de fleurs minuscules (sentiments délicats) •joie tenace/ appartenance sociale avec action positive/ bienfait de la modestie/ détermination ♦spirée de Van Houtte: rameaux fleuris blancs retombants (petite personnalité candide et très expressive)/ •abondance/ bénédiction/ accès à une conscience supérieure.

Spiritisme

contact avec les trépassés ou les esprits de l'astral* ♦Il n'y a pas grand-chose à retirer de ces contacts sinon des illusions, des contradictions et des mensonges, d'après Allan Kardec qui s'est fait une spécialité d'étudier ce domaine. Un esprit peut se faire passer pour n'importe qui et ce sont surtout ceux du bas-astral qui se manifestent auprès des humains. On manque de moyens pour en établir l'identité et pour vérifier leurs dires.

Spitz loup

chien* du genre polaire (amour de l'hiver)/ muqueuses noires (goût pour le silence, les secrets)/ queue touffue (du panache, sexualité bien exprimée)/ démarche sautillante (légèreté, gaieté)/ épaisse fourrure (tenue confortable, chaleur, sensualité)/ robe grise, blanche, brune ou fauve (adaptation)// bon gardien, vif, attentif, attaché à ses maîtres, mais un peu méfiant •corps solide/ agitation/ obligeance, empressement/ bon flair du danger/ côté rassurant/ expressivité.

Spitz nain

chien* à tête triangulaire (finesse, équilibre)/ poil long (tenue soignée, sensualité)/ couleurs variées (diversité des relations)// actif, vif, gai, joueur, affectueux, mais un peu hargneux et aboyeur •grand sens d'adaptation/ côté grognon, chicanier/ méfiance envers les étrangers/ besoin d'affection/ fidélité remarquable/ grande vigilance/ belle sensualité/ sexualité épanouie/ sens du danger/ coquetterie/ expressivité/ corps petit, bien équilibré.

Sport

•exercice physique/ spectacle/ records/ arène/ performance/ efforts/ dépassement/ esprit d'équipe/ compétition/ progression/ volonté de vaincre/ acceptation de la défaite/ vedettariat/ besoins du corps.

Squelette

•mort/ démon/ étape de désorganisation de la transformation/ événement transformateur/ savoir de celui qui a percé les secrets de la mort/ brièveté de la vie/ aspect macabre/ peur/ maigreur/ structure/ immortalité/ problème d'os*/ schéma.

Stade

terrain •sport*/ athlète*/ public/ spectacle*/ étape d'une évolution.

Statice

plante cultivée à petites fleurs pastel (sentiment calme, douceur), groupées sur 2 rangs (discipline)/ fleurit longtemps (sentiments discrets, mais stables)/ au séchage, garde ses couleurs (permanence) •amour de l'ordre/ amour des souvenirs/ cristallisation de sentiments/ caractère très ou trop raisonnable/ immobilisme/ immortalité.

Stationnement

•arrêt/ repos/ arrêt d'évolution ♦contravention, voir *automobile.*

Station-service

•réparation*/ entretien/ sécurité/ intervention/ faire le plein d'énergie/ soins de santé/ Voir *automobile.*

Statue, Statuette

•anima* ou animus* figé/ sentiment figé/ énergie bloquée/ état statique/ connaissance initiatique/ protection/ parfois chargée de force magnétique, spirituelle ou de force vitale ♦érection d'une statue = atteinte d'un cycle de la transformation ♦de pierre : danger de pétrification : fascination devant des forces dont celles de l'inconscient/ peur panique.

Stèle

•mort*/ permanence de l'âme/ lieu privilégié (pierre mise à part, sanctifiée)/ souvenir/ respect des défunts/ inscription/ nom/ date/ témoignage/ attachement.

Sterne

oiseau aquatique/ gris, blanc ; parfois calotte noire (simplicité, secret)/ ailes longues et pointues (aspiration spirituelle)/ queue fourchue (bisexualité)/ excellent voilier, toujours en vol (liberté, habileté)/ bon pêcheur (dialogue avec l'inconscient)/ très bavard (inquiétude, présence, nervosité, besoin de communiquer) •grande élégance/ légèreté/ habileté/ hardiesse/ excitation/ maîtrise du spirituel/ ardeur spirituelle.

Sternum

•pivot/ clef*/ colonne*/ montée/ structuration/ centre, recherche du milieu, de l'équilibre/ carrefour, rencontre/ gardien du cœur* et des poumons*/ lien entre le chakra* du cœur et celui de la gorge/ relation entre le ciel et la terre.

Store

•coupure avec l'extérieur/ séparation/ protection/ intimité/ discrétion/ repli sur soi/ fermeture/ retrait/ recueillement.

Stylo

•écriture/ expression, manifestation/ communication/ message/ trace, marque/ signature, engagement.

Sucre
aliment tranquillisant/ antidépresseur/ détruit bactéries/ agent cicatrisant (en application)/ apaise l'angoisse/ relaxant/ renforce la concentration •énergie/ gâterie/ récompense/ plaisir, agrément/ facilité/ apaisement.

Sud
point cardinal/ secteur du ciel où se tient le soleil/ pôle/ rouge*/ feu*/ chaleur/ milieu du jour •été/ milieu de la vie/ droite/ lumière/ conscience/ extraversion/ intensité/ épanouissement/ sentiment/ transformation positive ou négative.

Suicide
•découragement/ dépréciation personnelle/ détresse/ appel au secours/ danger d'accident grave/ nécessité de se confier/ urgent besoin d'aide.

Suie
•résidu/ besoin de nettoyer/ noir* absolu/ inconscience totale/ saleté, impureté/ épreuve/ pessimisme/ insinuation malfaisante ♦explosion de suie : trop de refoulement/ frustration sexuelle accumulée/ colère rentrée.

Suisse
petit rongeur, voir *tamia.*

Supramentale (conscience)
énergie intelligente du Soi* ♦D'après l'école de pensée de Srî Aurobindo, une énergie mentale supérieure est descendue sur terre en 1969 et a pris contact avec des individus capables de la recevoir. À son initiative, le Moi universel de chaque individu peut réaliser la fusion* avec le moi terrestre après une initiation* solaire./ Cette conscience permet « d'interpréter une vibration dès qu'elle se manifeste à la conscience » (Bernard de Montréal).

Surdité
•besoin excessif d'isolement, de tranquillité, de paix/ repli sur moi-même/ scrupule/ rejet du « monde »/ entêtement (Hay)/ refus d'entendre qqn ou qqch/ rejet d'une émotion forte.

Sureau
arbuste (personnalité moyenne, vigoureuse, orientée vers les soins de la santé)/ fleurs minuscules en épis blancs (riche sentiment agréable et secret), au parfum pénétrant (sensualité)/ petites baies

rouges ou noir violacé (fruits spirituels) ; saveur acidulée : en confiture, gelée (petits plaisirs sexuels réalisables, besoin de transformer une attitude trop acerbe)/ feuilles finement dentées (délicatesse, inconstance)// vertus médicinales nombreuses (santé)// protection et lien avec les lutins★ •action un peu magique/ purification/ autres dimensions/ monde angélique/ profits spirituels.

Surf

•équilibre/ cran/ habileté/ esprit sportif/ engagement/ goût du risque/ défi/ appui sur les sentiments pour évoluer/ goût des sensations fortes/ alternance des hauts et des bas/ adaptation remarquable.

Surmenage

•épuisement/ tension/ travail sous pression/ excès de travail/ dépassement/ infériorité/ Voir *dépression*.

Svastika

croix gammée •souffle, tourbillon créateur/ création continue/ courants d'énergie/ croix★ en rotation/ roue★ en mouvement/ dynamisme/ changement/ régime nazi/ néo-nazisme.

Symbole

•représentation/ évocation/ personnification/ emblème/ Voir *signe*.

Synchronicité

♦Relation entre un événement et un état d'âme/ Carl Gustav Jung a mis en évidence qu'il existe une relation entre un fait physique donné et un état psychologique de même valeur. Il nomme ce phénomène synchronicité. Il faut une forte émotion pour déclencher les événements qui manifestent dans le monde extérieur un état intérieur individuel ou collectif. Quand plusieurs faits se produisent, Jung dit que l'archétype★ mis en cause est *constellé*. On pourrait parler alors plus simplement d'intersignes./ ♦Intersignes : deux ou plusieurs faits réunis par le sens/ message du Soi★ dont la teneur est indiquée par la nature de l'événement.

Syphilis

Voir *maladie vénérienne*.

Système de chauffage

•chaleur/ bien-être/ cœur de la maison★ ♦panne : Problèmes de cœur ?/ Besoin de contacts humains ?/ Besoin de me renouveler ? de retrouver le feu sacré pour qqch ? de réchauffer mon atmosphère ?

T

•croix★/ espace-temps/ la terre/ sacrifice/ combat/ tonne/ « tutti » (tous) en mus./ en forme de T/ équerre// numérol. : valeur émotive et mutable/ goût des initiatives/ intuition, imagination/ plan sentimental : paix, harmonie, don de soi/ changements/ peur à combattre par la confiance/ liaisons secrètes/ pensée positive en affaires (Piché).

Tabac

1. usage du tabac, voir *fumer.*

2. plante de jardin/ tige raide (tension)/ fleurs en trompette (révélations, urgence, nouveauté)/ variété des coloris (calme, adoucissement)/ parfum tenace et agréable, surtout le soir (confidence touchante) •amour du soir/ inspiration/ partie secrète du moi/ sentiments languissants/ dévotion romantique/ insistance indiscrète.

Table

•repas/ aspect social/ aspect amical/ vie affective/ vie corporelle, état de santé/ partage de mes idées, de mes sentiments/ stabilité/ ♦sa forme : état de mon harmonie intérieure ♦ronde = grande harmonie ; centre spirituel, le Soi★ ♦carrée = la vie quotidienne de la maisonnée ; équilibre/ ♦rectangulaire = harmonie en route ; famille ♦vide = besoin de mon âme/ isolement émotif/ ♦d'émeraude : l'essentiel pour faire l'œuvre alchimique, c'est-à-dire la transformation de notre nature en surnature ♦de la loi★: sacrée, celle où Dieu écrit = les lois qui nous régissent et les coordonnées de notre destin, inscrites dans nos cellules mêmes/ conscience/ morale, éthique.

Tableau
représentation artistique •projection personnelle/ ma façon de voir la vie/ mon atmosphère psychologique: varie en fonction du sujet, de la manière, des émotions évoquées: abstraction, lyrisme, romantisme, réalisme, classicisme, tachisme, automatisme, pointillisme, cubisme, surréalisme...

Tableau noir
Voir *école, ardoise.*

Tablette
•rangement/ classement/ mise au rancard/ oubli/ négligence/ dévalorisation/ délai.

Tablier
•travail/ initiation dans un domaine/ protection/ franc-maçonnerie/ service.

Tache
♦sur un vêtement = malaise ou maladie dans le corps (le vêtement ici figurant le corps)/ réputation salie/ rappel de mon imperfection/ impureté, défaut/ faute morale/ dégradation/ désordre/ aspect éphémère de la perfection/ grain* de beauté/ vieillissement/ dossier judiciaire/ culpabilité.*

Tagète
fleur de jardin/ variété et vivacité des coloris: du crème au marron, en passant par le jaune et l'orange (goûts criards, extériorisation tapageuse)/ rappelle la forme du chrysanthème (abondance, générosité)/ parfum pénétrant ou inodore (manque de subtilité)/ de culture facile (docilité)/ chasse les insectes (libération de soucis) •vigueur/ banalité des sentiments/ vie émotive saine/ foi dans la vie/ expressionnisme/ verbosité/ petite joie quotidienne/ optimisme.

Talent
•savoir-faire/ habileté/ capacité/ aptitude/ arts/ hérédité/ entraînement/ développement/ accomplissement/ évolution/ réussite ♦Il s'agit d'une source d'énergie qui pousse l'individu à exercer une aptitude donnée. Celui qui suit cette pente naturelle épouse son dynamisme propre dans la poursuite de son évolution. Celui qui ne le fait pas comprime une poussée intérieure qui risque de le déséquilibrer./ Voir *refoulement.*

Talon

•base de l'humain/ inconscient★ oublié/ aspect mortel de l'homme/ potentiel humain/ potentiel divin en l'homme (Souzenelle)/ point d'attaque dans le fait de marcher, d'avancer ♦mal au talon droit: perte d'énergies = énergies employées pour la conquête extérieure au détriment de la conquête intérieure/ activisme/ rappel que c'est le Soi★ qui mène et que moi, je ne fais qu'agir/ ne pas faire le bon pas ♦mal au talon gauche: arrêt de l'évolution/ piétinement/ immobilisme/ paresse/ peur d'agir/ inaction sur le plan humain et sur le plan spirituel/ rappel que c'est le Soi★ qui mène et que moi, je dois agir/ manque de décision, inaction ♦tendon d'Achille: vulnérabilité/ point faible// mal à droite = Accroc volontaire à mon code moral?/ Effort inconsidéré?/ Je donne un coup bas?// mal à gauche = Accroc involontaire à mon code moral?/ Manque d'effort?/ Je reçois un coup bas?

Tamaris

arbuste à rameaux plumeux (personnalité à grande délicatesse romantique), voilés de panaches (flou, fierté) de fleurs roses minuscules et odorantes (perte de l'individualité dans une collectivité, sentiment agréable et harmonieux, charme diffus) •résistance/ vigueur/ beauté vaporeuse/ romantisme/ impression de légèreté/ rêveries/ désirs un peu irréalistes/ évasion/ goût de la nuance/ besoin de douceur, de tendresse/ finesse/ douceur de la solitude/ action presque imperceptible du Soi★.

Tambour

instrument de musique à percussion (coup, réveil)/ membrane tendue sur une caisse de résonance (tension, amplification)/ joué à main nue, avec mailloches ou baguettes (sensualité ou sécheresse)/ ♦timbale: caisse hémisphérique (force, solennité + sens ci-après) •terre/ fertilité/ sexe/ mort/ combat/ décision/ incantation/ marche/ danse/ bruit/ rythme/ cycles, rythmes vitaux/ rituel/ cérémonie religieuse/ demande de faveurs célestes/ guerre/ foudre/ destruction/ force sacrée/ alarme, offensive/ protection/ magie/ initiation/ médiation entre le ciel et la terre/ fécondité/ concret.

Tamia

petit rongeur/ roussâtre, rayé de blanc et de noir (goût pour les vêtements brillants)/ solitaire (indépendance, individualisme)/

stockage d'hiver (prévoyance)/ hiberne (léthargie)/ vit 3 ans; 8, en captivité (courte vie) •vivacité/ caractère irascible/ fébrilité/ nervosité/ humeur vive/ vitalité/ joie de vivre/ amusements/ séduction/ sexualité exprimée.

Tampon

marque officielle •caractère officiel/ document officiel/ cachet/ date/ événement, moment important/ reconnaissance/ compétence/ approbation/ autorisation/ confirmation/ titre/ authenticité/ origine/ individualité/ identité/ personnalité/ particularité/ droit/ empreinte.

Tam-tam

•éveil/ message/ Afrique*/ danse/ primitivisme/ excitation / Voir *tambour.*

Tante

•famille élargie/ autre génération/ point de comparaison/ image maternelle/ homosexuel efféminé ♦pour le neveu: anima* ♦pour la nièce: ombre*.

Tapis

•luxe/ confort/ douceur/ intimité/ discrétion/ attitude servile/ espace sacré/ jardin*/ paradis/ la demeure, le territoire personnel ♦rouge: bonheur, joie, honneur, ardeur ♦vert: renouveau, détente, permission, jeu de hasard ♦jaune or: pouvoir, grandeur ♦blanc: pureté, lumière, paix ♦noir: destruction, révolte.

Tapisserie

•décoration/ immobilité/ patience/ Voir *tissage, tenture* et *papier peint.*

Tarte

•préparation/ facilité/ gifle/ ridicule/ sottise/ partage.

Tas

•accumulation/ refoulement/ désordre/ lourdeur/ multitude/ ramassis.

Tasse

•présence/ rencontre/ amitié/ partage/ réconfort/ accueil/ avaler* malgré soi/ refoulement/ pertes.

Tatouage

•marque distinctive/ coquetterie/ appartenance à un clan, à une classe sociale/ besoin de se distinguer/ besoin d'affirmer sa personnalité/ solution extérieure au besoin d'individuation/ besoin de témoigner de sa virilité/ initiation/ aspect inaltérable/ identification à une puissance mystique ou magique (protection, appropriation)/ L'endroit et l'image du tatouage marquent l'individu de leur symbolisme.

Taupe

petit mammifère/ fouisseur (caractère secret)/ pelage épais, ras, velouté, gris foncé (sensualité, séduction)/ pas de cou (manque d'élégance)/ bouche en boutoir (esprit fonceur, voracité)/ yeux minuscules (conscience très réduite, aveuglement)/ pas d'oreilles apparentes (manque d'attention)/ ouïe fine (compensation, vigilance)/ pattes antérieures robustes (difformité, force, audace)/ insectivore (agressivité) et vermivore (recherche)/ creuse sans arrêt (obsession, vie de recherche)/ vie souterraine (travail inconscient, psychologie, psychiatrie)/ solitaire (besoin de solitude, indépendance, autonomie)/ gros appétit (gourmandise)/ creuse des taupinières, couloirs (organisation clandestine, pègre)/ pourchassé (persécution, surveillance) •myopie/ agent double/ labyrinthe*, dédales = raisonnements tortueux, casse-tête, problèmes insolubles/ prison mentale/ situations kafkaïennes/ dégâts/ manque de perspective/ manque de joie/ besoin de plein air/ besoin d'approfondir/ claustrophobie/ isolement/ caractère besogneux/ initiation aux mystères et à la mort/ guide dans l'épreuve/ guérison.

Taureau

bœuf mâle non castré/ reproducteur et animal de combat (fécondité, agressivité)/ herbivore (caractère pacifique)/ ruminant (maturation, réflexion, rancœur)/ 2 cornes (force de frappe, opposition*)/ forme massive (puissance impressionnante)/ mufle large et nu (force de vie, vulnérabilité)/ cou fort et court (force) avec ou sans fanon (prestance, vanité) •esprit mâle combatif/ puissance/ fougue/ brute/ force aveugle/ déchaînement de violence/ ardeur/ l'énergie sexuelle/ virilité/ force créatrice/ grande fécondité/ base du monde/ principe de vie/ animal royal (dignité)/ eau et feu, lunaire et solaire (= mort et résurrection)/ animal de sacrifice ou tué: sauve et donne la vie éternelle; désir d'une vie de l'esprit ♦noir: la mort/ tendance dominatrice/ endurcissement de l'âme/ père dominateur, déchaîné.

♦2e signe du zodiaque*, signe de terre •2e phase du printemps/ force créatrice/ déploiement de la végétation/ amour de la nature/ rythme lent/ calme/ stabilité/ densité/ grande fécondité/ productivité/ générosité/ bonté/ abondance/ paix/ joie de vivre/ dynamisme réaliste/ sensibilité/ tendresse/ nature vénusienne, voir *Vénus*.

Taxe

•prix/ impôt*/ obligation/ rançon*/ chantage*/ écrasement.

Taxi

•service/ rapidité/ facilité/ tarif/ compteur/ chauffeur*/ direction/ pourboire*/ remise de la conduite de ma vie entre les mains de qqn, démission de conscience dont il faut payer le prix/ abandon à un gourou*.

Teckel

chien* basset*/ à poil ras ou à poil long (adaptation)/ corps très allongé, bas sur pattes (originalité, réalisme, ridicule)/ poil court, brillant (tenue correcte)/ robe noire à contours de feu (goût pour le cuir, ardeur)// allure fine et élégante/ affectueux et drôle/ courageux, tenace et mordant/ vif et très intelligent •jambes courtes/ difformité assumée/ corps musculeux/ grande sensualité/ invitation à approfondir/ très grande résistance/ gaieté/ bon contrôle sur les instincts/ bonne maîtrise nerveuse/ fierté/ capacité de faire équipe/ bonne combativité/ tendance au caprice, à l'entêtement/ vivacité.

Teinture

•besoin de changer de vibration/ transformation/ grâce divine/ le Christ*/ changement d'énergie, d'apparence, d'identité/ Voir *couleur*.

Télégramme

•message/ communication/ nouvelle/ information/ rapidité/ urgence/ attention aux autres/ manque d'intimité/ essentiel.

Téléphone

♦problèmes: Problèmes de communication? Excès? Pas assez?/ Besoin de solitude? de tranquillité?/ Besoin de choisir dans mes relations? ♦interrompu temporairement: Pertinence de la communication en cours? Trop émotive? Manque d'intérêt? ♦changement de numéro: changement de vibration selon le nouveau numéro. Voir *nombres*. ♦erreurs téléphoniques: 1. Que je fais = Valeur ou pertinence de mon appel. 2. Qu'on fait à mon endroit = Qui demande-t-on ? Le nom de la personne sert d'indice symbolique de l'énergie qui se présente à moi.

Télescope

•ciel/ astres*/ étoiles*/ planètes*/ rapprochement/ grossissement/ observation/ loin/ grandeur/ évidence/ vue globale/ exploration visuelle/ prise de conscience/ élargissement du champ de conscience/ Voir *astronome.*

Téléviseur

•possibilités d'information, de distraction, de culture/ élargissement de conscience ♦en dérangement : L'usage que j'en fais ? Abus ? Croupissement ? Abrutissement ? Paresse ? J'échappe à la vraie vie ? Trop de distraction ? Besoin de sortir pour me distraire autrement ?

Tempe

♦mal à la tempe droite : Mon avenir crée de la tension ?/ Trop grande largeur de vue ? Laxisme ?/ Trop grande concentration ?/ Pseudo-sagesse ? ♦mal à la tempe gauche : Mon passé crée de la tension ?/ Manque de largeur de vue ? Scrupule ?/ Trop grande concentration ?/ Manque de sagesse ?

Tempête

•puissance, colère divine/ leçon d'humilité/ ce qui immobilise/ ce qui stoppe un projet/ ce qui ralentit/ enferme/ éprouve/ fait tomber ce qui n'est pas solide/ arrêt pour faire le point.

Temple

•maison de Dieu/ monde divin/ présence de Dieu/ âme, corps, demeure divine/ contact avec le divin/ lieu sacré/ solennité/ silence, recueillement/ apaisement/ prière/ élévation spirituelle/ réconfort/ microcosme/ manifestation du Soi*.

Tendinite

•tension/ effort exagéré/ énergie mal orientée/ perfectionnisme/ Voir la partie du corps concernée.

Tente

•lieu du contact avec le divin/ situation temporaire/ installation précaire// Besoin de secouer mon confort ?/ Besoin de contact avec la nature ?/ Retour aux besoins élémentaires pour mieux évaluer l'essentiel ?/ Besoin d'un dépouillement temporaire et volontaire pour voir clair ?

Tenture

•toile/ tissu/ tapisserie/ ornement/ chaleur/ atmosphère feutrée/ intimité/ discrétion/ immobilité/ dissimulation.

Terrain

•lieu/ propriété/ possession/ site/ emplacement aménagé/ limite/ compétition/ état d'un organisme/ Voir *champ, sol.*

Terre

matière de la croûte terrestre •inertie/ fixité/ chaos/ habité par l'âme de la terre/ mon corps/ principe passif, féminin, obscur qui s'oppose au ciel, principe actif, masculin, lumineux/ la Nature/ support/ matrice/ fécondité/ nourricière et destructrice/ réalité concrète/ inconscient passif/ source d'énergie vitale.

♦3e planète du système solaire/ satellite: la Lune*/ mère universelle (terre nourricière)// consacrée à Cybèle, à Vespa, à Titée (à valeur féminine = modifiable, anima*)/ Le Logos de la Terre serait en train de «passer par des initiations cosmiques qui feront de notre planète une terre sacrée». (Coquet) •l'humain/ manifestation/ le conscient/ aventure humaine/ évolution/ royaume de Satan opposé au royaume céleste et divin/ La Terre pourrait être un organisme vivant, selon une théorie moderne.

Terre-neuve

chien* à tête massive (esprit solide)/ cou, poitrine, dos forts (puissance physique)/ membres puissants (assurance)/ pieds larges et palmés (adaptation)/ poil long et huileux (tenue confortable, fonctionnelle)/ robe noire (authenticité et discrétion)/ excellent nageur (engagement), sauve les gens de la noyade (aime aider)/ remarquable gardien (serviabilité)// sympathique, calme, attentif, fidèle et ami des enfants •bon contrôle sur les instincts/ grande douceur/ patience/ complexe du Messie (désir de sauver tout le monde)/ amour de l'eau/ serviabilité jusqu'à la servilité/ corps important/ force tranquille/ sensualité/ sexualité bien présente/ prestance, belle apparence.

Terreurs nocturnes

crises d'angoisse chez l'enfant (sans cause apparente) •grande nervosité*/ trop de refoulement*/ harcèlement/ culpabilité*/ mauvaise conscience/ secret difficile à porter/ suite d'un traumatisme ♦Ces terreurs peuvent aussi relever des peurs fondamentales comme la peur d'être abandonné, la peur de mourir, la peur de l'inconscient★ (représenté par l'inconnu ou des monstres★)./ Voir *peur, abandon, angoisse* et *cauchemar.*

Terrier lhassa apso

petit chien★/ crâne étroit (petit esprit)/ tête à poils longs, sur les yeux (timidité, dissimulation)/ moustache et barbe importante (caractère viril et autorité)/ poil long, dense et doux (tenue moyenne)/ robe dorée, sable ou ardoise (relations courtoises)// robuste, observateur, obéissant et attaché à son maître •originalité/ risque de querelles/ petitesse et beauté du corps/ bonne santé/ noblesse/ belle sensualité/ d'agréable compagnie/ gaieté/ sexualité harmonieuse/ coquetterie/ fierté, indépendance.

Testament

•mort/ dernières volontés/ directives/ document/ héritage★/ descendance/ famille/ partage/ légataire.

Testicule

•virilité/ audace ♦problème: inhibition ou peur de la sexualité/ complexe de castration/ excès sexuel/ peur de ne pas paraître assez viril/ peur ou trop grand désir de faire un enfant.

Tête

•la vie humaine/ l'essentiel/ la pensée, le mental opposé au cœur/ le divin, la sagesse et l'intelligence/ correspond au signe du Bélier★ ♦mal de tête, voir *migraine* ♦coup sur la tête: nécessité de comprendre qqch de fondamental/ entêtement/ coup de tête/ incertitude/ conseil d'arrêter de me « casser la tête », de me tracasser ♦tranchée = séparation du plan divin, oubli de l'origine divine, voir *décapitation, Graal* ♦grosse tête bleue = puissance de la nature matérielle ♦tête de mort = mort/ absurdité de la vie humaine/ silence mental.

Thé

feuilles du théier// teneur en caféine souvent plus forte que dans le café (stimulation, énervement)/ stoppe les caries, surtout le thé vert/ antibiotique (virus de leucémie et sida)/ prévient le cancer (estomac...)/ fait baisser la tension artérielle/ freine le durcissement des artères/ combat la mauvaise haleine/ bon pour la longévité •éveil/ paix/ sobriété/ dépouillement/ silence contemplatif/ rite★/ longévité/ civilité/ intimité/ essence du Soi★.

Théâtre

salle de spectacle/ scène (mise en évidence)/ décor (illusion)/ coulisses (travail caché, influence occulte, rouages)/ œuvre dramatique (dramatisation)/ acteurs*/ costumes (paraître, le non-moi)/ rôles (fonctions, incarnations, représentation) •drame, tragédie/ comédie/ farce/ distraction/ rebondissement/ la vie transposée, avec ses passions, ses péripéties/ mon action dans le monde, mon rôle/ projection, identification aux acteurs/ catharsis = expression de mes complexes, problèmes, insatisfactions, malaises inconscients; purification, délivrance/ exagération, comportement hystérique.

Thermomètre

•fièvre, vif désir/ évaluation/ extériorisation/ précision/ pression, tension/ extension/ dilatation/ degré/ indice/ repère.

Thuya

conifère touffu (nommé improprement cèdre)/ jusqu'à 70 m (personnalité solide axée sur l'élévation spirituelle)/ tronc droit (rectitude)/ rameaux aplatis (discrétion, amabilité)/ feuilles imbriquées (continuité, constance), persistantes (immortalité)/ très aromatiques (séductions spirituelles)/ supporte bien la taille (docilité à l'épreuve)/ jusqu'à 800 ans (longévité remarquable)/ bois léger, tendre, cassant et aromatique (corps spiritualisé); résiste à la carie (incorruptibilité)// effet abortif, diurétique, sédatif •Est*/ printemps*/ conservation/ subtilité/ raffinement/ élégance/ fraîcheur/ élan vital/ ténacité/ éternité.

Thym

aromate/ tout petit arbrisseau (petite personnalité vigoureuse et serviable)// feuilles et sommets fleuris à très nombreuses valeurs médicinales: antiseptique, antispasmodique, vermifuge... •goût de vivre/ vie saine/ bravoure/ esprit pénétrant et subtil/ concentration/ succès des soins médicaux/ transformation en cours.

Thyroïde

glande endocrine/ pomme d'Adam, cartilage thyroïdien du larynx/ contient les hormones/ sensible aux vibrations/ glande qui sécrète de l'iode/ fonction directe sur la croissance •la parole/ le Verbe ♦maladie: évolution compromise/ problème d'expression, de communication/ orgueil/ indiscipline/ manque de créativité/ arrêt dans la progression/ vie intellectuelle déficiente/ Voir *goitre, gorge.*

Ticket

•droit/ accès/ permission/ métro*/ autobus*/ spectacle/ bagage*/ rationnement/ le fait de plaire énormément à qqn.

Tigre

le plus grand félin/ robe de roux à ivoire, rayée de noir (déguisement, mise flamboyante)/ solitaire (autonomie, indépendance, individualisme)/ forêt (sauvage, retraite)/ Asie*/ craint la chaleur (sensibilité)/ boit et se baigne beaucoup (se nourrit d'inconscience)/ attaque à l'improviste (traîtrise) •peur/ colère ou peur de la colère/ instincts indomptables et puissants dont on peut être la victime/ passions déchirantes/ l'inconscient* menaçant.

Tilleul

arbre, 15 à 30 m (belle personnalité imposante)/ branches nombreuses (diversification, orientations multiples)/ feuilles en forme de cœur (conscience du cœur)/ à grandes ou à petites feuilles (soif de conscience)/ ombre fraîche (protection bienfaisante)/ minuscules fleurs très odorantes à odeur de miel (séduction, sensualité, énergie spirituelle); en infusion: soporifique (apaisement)/ chargé de légendes (personnalité mystérieuse)/ bois blanc, tendre, léger (plasticité, potentiel, fragilité)/ supporte bien la pollution (résistance, indépendance)// arbre sacré du peuple germanique (mysticisme) •majesté/ distinction/ équilibre/ pudeur/ discrétion/ délices/ bonne vitalité/ bienveillance/ présence agréable/ amitié/ fidélité/ lien subtil avec le Soi*.

Timbale

instrument de musique, voir *tambour.*

Timbre

marque, voir *tampon.*

Timbre-poste

•droit/ voyage/ destination/ écriture/ affranchissement/ collection.

Tire-bouchon

•circulation/ ouverture/ pénétration/ rotation/ traction/ spirale*/ vin.

Tiroir

•rangement/ ordre/ sécurité/ secret/ oubli/ mémoire*/ vieillerie.

Tisane

•herbes*/ saveur/ douceur/ calme/ raffinement/ réconfort/ recueillement/ quintessence/ essentiel/ mauvais alcool.

Tisonnier

•rigidité/ réveil/ stimulation/ intervention/ Voir *braise.*

Tissage

fil/ trame (intrigue)/ chaîne (destin)/ fuseau (autorité, fuite du temps, mise en ordre)/ navette (aller-retour, mouvement)/ entrecroisement (croix*)/ couleurs*/ métier (travail)/ tension/ enchaînement/ alternance/ motifs •fil du temps/ trame de la vie/ patience/ hérédité// Je vais donner naissance et je tisse les espoirs et les qualités de mon enfant ?/ Je dois tenir compte de l'enchaînement de toute ma vie ? de toutes mes vies ?/ Intrigue en cours ? / Patience ?/ Les influences de l'existence ?

Titillement

agitation involontaire et rapide d'un muscle ♦attire l'attention sur une partie précise du corps/ besoin de m'interroger sur mon agitation, relative au secteur de ma vie identifiée par la partie du corps concernée.

Toile

•tenture*/ voile*/ voilure, voir *voilier/* tableau*/ décor de théâtre, voir *rideau/* ♦toile d'araignée, voir *araignée.*

Toilettes

♦chasse d'eau en panne : Manque d'aide ?/ d'énergie ? ♦renvoi bouché : Difficulté d'éliminer les déchets psychiques ?/ Besoin de secouer mes habitudes ? ♦cuvette qui renverse : Angoisse par refoulement* ?/ Trop de malaises, de problèmes ? Besoin de me confier ? Besoin d'aide ?/ Besoin d'assainir le psychisme ?/ Culpabilité* accumulée ?/ ♦cuvette tachée : Vieilles blessures psychiques à ramener à la conscience ? ♦l'eau de la chasse d'eau continue de couler : Perte d'énergie ?/ Je disperse mes forces ?

Toit

•foyer, logement/ protection/ crâne*/ hospitalité/ l'autre avec qui l'on vit ♦qui prend l'eau : Perméabilité à une énergie qui détériore ma protection ?/ Émotion mal contrôlée ?/ Tension ? ♦dont tombe un morceau : Mon foyer est menacé ? ♦« toit » peut désigner le « toi » avec qui l'on vit: problème de relation; le toit coule = je perds l'autre ou l'autre se perd; changer de toit = il n'y a plus de toi; le toit est rouge = l'autre est très amoureux, en colère, en danger...

Tôle

•commodité/ cuisson/ toit*/ pauvreté/ bruit/ vulnérabilité/ rouille*/ prison*/ carrosserie, voir *automobile.*

Tomate

légume-fruit/ rondeurs (sensualité et sexualité)/ rouge vif, rose ou jaune brillants (vif désir sexuel)/ juteux (sexualité satisfaite)/ tendreté (plaisir charnel)/ fragilité (plaisir passager)/ acidité (relent de regret)// vitamines A et C à taux maximum/ prévient le cancer et l'appendicite/ bon pour la prostate •fécondité/ érotisme affiché/ séductions/ faire l'amour.

Tombe

•sépulture/ séparation/ souvenir/ mort/ métamorphose du corps en esprit/ cimetière intérieur: désirs refoulés, amours perdues.../ vie inconsciente/ chute.

Tomber

•changement de niveau/ figure la naissance ou la mort/ épreuves/ échecs/ peur/ faute/ insécurité/ inflation de la personnalité/ insécurité? peur?/ Peur de perdre l'appui (ou une personne) sur lequel je comptais?/ Sentiment de commettre une faute? Culpabilité?/ Besoin de réalisme?/ Échec en vue? Une épreuve?/ Manque de modestie? Je me prends pour le Soi*?/ Je présume de mes forces?/ Je me dévalorise? Je m'inflige de l'humiliation?/ J'accepte mal de vieillir? Quelle image je me fais de la mort?/ Épreuve mystique en vue d'une renaissance? ♦sur le dos ou à la renverse: Refoulement?/ Quelle attitude je dois renverser? ♦en rêve, chute douce: rentrée de l'astral*.

Tombereau

•charge/ lourdeur/ inconfort/ basculement/ défoulement/ dur labeur.

Tondeuse à gazon

•entretien/ coupure/ renonciation/ bruit/ danger/ rage/ mort.

Tonneau

•réserve d'énergie/ abondance/ source de vie physique et intellectuelle/ trésor/ boisson/ vin*/ richesse/ joie/ désir insatiable/ Voir *baril.*

Tonnerre
Voir *foudre*.

Topaze
pierre précieuse/ cristallisation orthorhombique (descente de l'énergie créant un équilibre dynamique)/ dureté: 8 (action intense du Soi*)/ transparente ou translucide (ego épuré ou en voie de l'être)/ dorée (énergie consciente du mental supérieur alliée à un côté chaleureux)/ correspond aux Gémeaux*, au cuivre*, au chakra* du sacrum, aux glandes sexuelles •la connaissance supérieure/ illumination/ exaltation de l'âme/ étape de réception énergétique totale/ grande compréhension.

Torche
flambeau* grossier •lumière*/ feu*/ aspect tragique/ première prise de conscience/ impression/ instinct primitif/ mémoire ancienne/ Voir *lampe de poche*.

Torchon
•toile/ chiffon/ serpillière/ malpropreté/ nettoyage/ mépris/ souillon.

Tornade
Voir *cyclone*.

Torrent
•impétuosité, emportement/ rage/ exagération/ violence/ précipitation/ intensité/ passion ravageuse/ grande énergie à intégrer/ Voir *rivière, fleuve*.

Torticolis
•manque de souplesse/ désobéissance/ refus/ orgueil/ entêtement/ refus de comprendre certains contenus inconscients/ rébellion devant mon destin// Position morale ou psychologique pénible? ♦à droite = Mauvaise attitude pour corriger la situation inconfortable où je me suis mis? ♦à gauche = Refus de ma situation?

Tortue
reptile/ tronc enfermé dans une carapace rigide (surprotection, frayeur)/ pattes, tête et queue dehors ou dans la carapace (fuite des difficultés, défense passive)/ sans dents, bec corné (agressivité, substitut, méchanceté)/ peut jeûner 5 à 6 ans (jeûne, sobriété)/ vit jusqu'à 200 ans (longévité record)/ aquatique, terrestre ou amphibie (adaptation, aise dans tous les milieux)/ hibernation

(léthargie)/ à sang froid (sang-froid, froideur)/ silencieuse (discrétion, goût pour le silence, la solitude)/ •démarche assurée, certitude/ concentration/ sagesse/ persévérance/ résistance/ stabilité/ rythme lent/ métabolisme ralenti/ effort de conscientisation/ début d'une spiritualisation/ accord du terrestre et du céleste.

Toucher

sens tactile ♦affection du sens du toucher: Problèmes d'affection et d'attention?/ Manque d'adhésion à la réalité? Angélisme?/ La partie du corps peut me renseigner sur le secteur de ma vie.

Toupie

•rotation/ équilibre/ étourdissement, agitation/ immobilité apparente/ énergie statique/ emballement mental/ obsession/ impulsion/ tension/ tourner en rond/ hypertension, surmenage.

Tour

édifice •désir d'élévation/ désir d'étendre la conscience/ influences célestes/ objectivité/ vue globale/ éveil, surveillance/ ambition/ personne massive.

Tourbillon

•cyclone*/ étourdissement*/ vertige/ grande agitation/ mouvement rapide et irrésistible/ le fait de tourner en rond/ aveuglement causé par une suractivité.

Tourmaline

pierre précieuse, cristal de quartz/ couleurs variées: du noir à l'incolore (énergie complexe)/ cristallisation rhomboédrique (équilibre dynamique)/ dureté 7 à 7,5 (action intense du Soi*)/ correspond au plexus solaire, au Scorpion* •diversité/ imagination/ intuition/ discernement/ goût du surnaturel/ influence tendre et subtile de l'inconscient/ période pourtant électrisante ♦verte (verdelite): sérénité ♦noire: contrôle de soi, discipline et stabilité ♦rouge (rubellite): lumière pailletée (l'inconscient envoie sa lumière par petites étapes) = énergie d'amour/ compassion pour les autres et pour soi/ confiance en soi/ bonté.

Tourner

•cycle/ temps/ durée/ évolution/ centre d'intérêt/ accumulation d'énergie/ s'étourdir/ changement d'orientation/ Voir *roue*.

Tournesol

fleur très grande (sentiment clairement exprimé, grand épanouissement)/ pétales jaune d'or (le Soi*)/ variétés (vitalité, diverses manifestations du Soi)/ tige élevée et rude (ardeur un peu rude)/ feuillage rude (absence de sensualité)/ héliotropisme prononcé (fidélité au rayonnement du Soi*)/ graines comestibles (nourriture spirituelle)/ huile (quintessence)/ Son huile abaisserait le cholestérol. •fierté/ orgueil/ grande vitalité/ besoin de briller ou d'être reconnu/ fortes impulsions spirituelles/ fascination spirituelle/ angélisme/ désir de fusionner avec le Soi*/ enivrement/ prière/ contemplation.

Tournevis

•énergie orientée/ désir rivé dans la chair (sexualité)/ construction/ ténacité/ retour sur soi/ habitude.

Tourniquet

•décompte/ calcul/ individualité/ point de non-retour/ engagement personnel/ transition/ Voir *garrot*.

Tourterelle

oiseau moyen/ colombe sauvage (indépendance)/ couleur chamois (douceur, sensualité)/ chant mélancolique (plainte, douceur, roucoulement romantique)/ élevage (don de soi, confiance)/ vit en couple (fidélité amoureuse) •douceur/ harmonie/ amour/ amitié/ tendresse/ intimité/ mélancolie/ sentimentalité/ innocence.

Toux

•être étouffé par la vie, oppressé par une situation/ signe d'ennui ou de critique (Hay)/ besoin d'attirer l'attention/ stress, irritation.

Toxicomanie

•désir d'oublier la vie terne, besoin d'évasion/ goût des paradis artificiels/ course aux sensations fortes/ stimulation/ ambition/ soif insatisfaite d'amour/ dommage organique/ désir d'autodestruction/ mépris de soi/ goût pour la dégradation/ abandon aux forces du bas-astral*/ goût pour l'aliénation/ goût pour les états d'âme modifiés.

Tracteur

•puissance/ orientation de base/ énergie fondamentale/ force vitale/ évolution lente et certaine/ motivation/ désirs/ grosse besogne/ fermeté.

Train

transport en commun/ locomotive (élément moteur, dynamisme) et ensemble des wagons (remorquage, inertie)/ chemin de fer (rigidité)/ voie ferrée (obligatoire)/ rails (solidité, parallélisme)/ destination (objectif)/ gare (étapes)/ arrêt (fin, immobilité) •destin/ Mon évolution est liée à celle de la société./ vie collective à laquelle je suis assujetti/ train de vie/ ce qui est en train, se développe/ ponctualité/ précision/ lien/ voyage/ communication/ rencontre/ vitesse du véhicule = vitesse d'évolution ♦le manquer = manquer une occasion de s'épanouir socialement ♦retards, erreurs = manquer une occasion/ sentiment d'impuissance, d'infériorité, d'insécurité/ évolution retardée par des problèmes personnels ♦contrôleur: honnêteté/ conseiller/ guide/ juge★/ sanction ♦locomotive: forces disponibles/ le conscient ou le Soi★/ pulsion de base ♦déraillement: névrose/ mésorientation de mon évolution ♦écrasement par un train: une de mes fonctions psychiques★ est écrasée/ refoulement.

Traîneau

voiture à patins •adaptation/ glisser★/ période d'évolution facile/ miser sur la stabilisation des énergies ♦traîné par des animaux: se fier à son instinct, à son flair.

Transformation

évolution, voir *fusion* ♦en rêve, un chien qui se transforme en sanglier, un oiseau en insecte... = évolution d'une situation/ Voir les éléments en cause.

Transpiration

•travail pénible/ désintoxication/ effort/ peur/ angoisse★/ le mal de vivre/ soulagement/ épuration.

Trappe

1. piège = capture/ enfermement/ étouffement/ refoulement.
2. porte basculante = ouverture/ souvenir/ accès à l'inconscient/ prise de conscience/ accès à une autre dimension.

Trébucher

même sens que tomber★, mais en moins grave.

Trèfle

plante fourragère (énergie vitale)/ feuilles à 3★ folioles/ fleurs en forme de petit oiseau, réunies en sphères blanches, rouges ou blanc et rose (liberté illusoire devant le Soi*)/ parfum agréable (agrément, attrait)/ mellifère (douceur, nourriture spirituelle) •abondance/ paix pastorale/ douceur de vivre/ nourriture terrestre/ Irlande/ Trinité ♦à 4 feuilles: exception/ marginalité/ choix, élection/ rareté/ chance.

Tremble

sorte de peuplier*/ écorce lisse (abord agréable)/ feuilles très mobiles (instabilité, nervosité, grande sensibilité)/ fleurs en chatons (sensualité, discrétion)/ bois sans cœur, léger, mou et tendre: papier, allumettes (mollesse, aspect transitoire)/ de 50 à 100 ans (longévité réduite)// propriétés antiseptiques et astringentes •élan, enthousiasme/ fragilité/ fébrilité, hâte/ grande sensibilité extériorisée/ anxiété/ spiritualité/ inspiration.

Tremblement

•peur, angoisse* intense/ émotion vive/ ébranlement, incertitude/ fatigue extrême/ hésitation prolongée/ manque de fermeté/ fébrilité/ pressentiment d'un danger/ méfiance généralisée/ parkinson*.

Tremblement de terre

•catastrophe*/ angoisse*/ insécurité totale/ écroulement de mon monde/ nettoyage/ besoin de recommencer/ principes, bases de ma vie à revoir/ traumatisme majeur// idem sur le plan collectif + libération d'une immense tension sociale accumulée/ karma* collectif.

Trésor

•grande richesse*/ ressources importantes/ richesse de l'inconscient si je sais l'exprimer/ connaissance cachée/ réussite après de longues épreuves/ vie intérieure/ sagesse/ le Soi*/ Dieu caché.

Tresse

entrelacement •intimité/ solidarité/ le nombre 3*/ association étroite/ consolidation ♦de cheveux* ♦cordon*.

Triangle

1. figure à 3 côtés •dialectique de l'influence entre corps, âme et esprit/ équilibre plus ou moins atteint selon l'égalité des côtés/ solution et recherche de solution/ ♦équilatéral: équilibre remarquable/ bon jugement/ harmonie/ juste proportion/ perfection de la divinité/ Dieu ♦la pointe en haut: rayon de soleil* = fécondité/ feu*, énergie, ardeur, aspiration/ élévation/ montagne*/

caverne*/ cœur ♦la pointe en bas: pubis/ eau*/ matrice/ intervention divine ou diabolique/ création/ grâce.
2. petit instrument de musique •agrément/ intuition/ expression de sentiments délicats ou spirituels/ légèreté/ joie/ féerie, merveilleux.

Tricot

•mailles/ croisement/ calcul/ automatisme/ nervosité*/ progression/ délicatesse/ subtilité/ patience/ chandail*.

Trille

plante sauvage à fleur printanière/ pétales, sépales, feuilles au nombre de 3*/ à rhizome (prévision, précaution)/ grande fleur solitaire (individualité), rouge foncé à mauvaise odeur (sentiment de vie et mort) ou blanc devenant rose ou blanc à cœur pourpre et sans odeur (sagesse, dignité)/ sous-bois (fécondité) ♦blanc: charme inattendu/ fraîcheur élégante/ attendrissement/ continuité/ solution à trouver/ toute triade affective/ corps, âme et esprit engagés dans une relation émotive ou dans la poursuite d'une perfection personnelle/ la Trinité ♦rouge: beauté troublante/ amour douteux, inquiétant, décevant ou incompatible/ qui commande le respect/ solitude/ éloignement/ solution imposée/ manque d'aspiration spirituelle.

Troglodyte

très petit oiseau/ brun (discrétion)/ bec fin et recourbé (retors)/ queue dressée (sexualité vive)/ furtif (fuyant)/ construit plusieurs nids (précaution, insécurité)/ nid parasité par le coucou (exploité)/ chant fort et stéréotypé (besoin d'attention, manque de créativité, un certain charme) •activité/ grande énergie/ agitation, suractivité/ gaieté/ entrain/ combativité/ confiance/ construction/ architecture/ habitation/ curiosité/ indiscrétion/ parent modèle/ libido prononcée/ infidélité conjugale/ adaptation et exigences réduites.

Trompette

instrument de musique en cuivre qui annonce et célèbre les grands événements militaires et religieux (appel au combat laïc ou sacré)/ son puissant (réveil, urgent appel) •expression déclamatoire des sentiments et des émotions/ on se trompe ou on est trompé/ attitude brillante, mais tapageuse/ triomphe/ événement historique ou cosmique/ solennité/ cris/ religion/ aspect militaire/ effet galvanisateur/ annonce/ conquête/ attaque/ manifestation céleste.

Trône

•domination/ règne/ succès personnel/ triomphe/ installation/ certitude/ supériorité/ complexe de supériorité/ ordre/ influence excessive/ tyrannie de l'intellect, de l'ego/ refoulement émotif.

Trou

•vide/ ouverture sur l'inconnu/ aspect caché/ secret/ privation/ potentialités/ fertilité/ organe féminin/ voie de la naissance/ l'au-delà/ abri/ refuge/ dette/ oubli/ petit village perdu/ prison/ lieu de perdition/ serrure*/ aspect usé/ anus*.

Troupeau

•société/ esprit grégaire/ pensée collective/ leadership ♦de bêtes sauvages: forces aveugles qui tendent à s'unir/ instincts puissants et menaçants à orienter ♦de bêtes domestiques: forces vitales sur lesquelles je peux compter.

Truie

femelle du porc* •succès/ abondance/ prospérité/ grande fécondité/ naissance/ malpropreté/ souillon.

Tube

cylindre •tuyau*/ orientation/ canalisation des énergies, voir *canal*/ phallus*/ médicament/ vaut par son contenu/ chanson* à succès.

Tuberculose

•manque de combativité/ grand tracas, grande inquiétude/ égoïsme, possessivité (Hay)/ Voir *poumon*.

Tuer

•la mort*/ assassinat, meurtre/ accident*/ arrêt radical/ suppression/ éradication/ désespoir/ débarras/ colère/ besoin de manger de la viande ♦tuer père ou mère en rêve = se libérer de leur influence, devenir adulte, autonome.

Tuile

•bonne protection/ agencement/ aspect durable/ résistance/ solidarité/ chevauchement/ désagrément/ malchance/ catastrophe/ Voir *toit*.

Tulipe

fleur en coupe* dressée, à couleurs vives, bien dégagée (sentiment pur et franc)/ bulbe (prévoyance)/ printemps* •vaillance/ vigueur/ ardeur/ spontanéité/ franchise/ affirmation/ simplicité/ dépouillement ♦rouge: déclaration d'amour, courage, honneur, passion, exhibitionnisme.

Tumeur

•manque d'authenticité/ double personnalité/ blessure émotive/ apitoiement sur moi/ désir de changer de peau : manque d'acceptation de ma vie.

Tunnel

•passage* difficile/ manque de lumière/ percée/ prise de conscience/ espérance/ aspiration à la lumière.

Turquoise

pierre précieuse/ bleu-vert tendre (équilibre entre la vie naturelle et la vie spirituelle)/ opaque (ego à épurer)/ tendance à pâlir (acquis fragile)/ dureté 5 à 6 (action moyenne du Soi*)/ était sacrée en Égypte, Perse, Tibet, Amérique du Sud (idéal religieux)/ reliée au chakra* du cœur/ dominée par Jupiter* •enthousiasme/ naïveté/ spontanéité/ charme/ brio/ union du corps et de l'esprit/ immortalité/ élévation des sentiments/ étape de grâces, de signes positifs.

Tuyau

•canalisation de l'énergie/ conduite/ orientation/ ouverture/ branchement/ communication/ information privilégiée/ couloir*/ passage* étroit/ réseau caché, clandestin/ relation inconsciente.

Tyrolienne (chanter à la)

iodler •espace/ projection/ portée/ variations/ joie/ expression spontanée/ souplesse.

U

•profondeur/ resserrement/ opposition apparente/ utérus (naissance, renaissance)// numérol. : valeur intuitive et mutable/ imagination et intuition/ chance, succès, protection/ résultats concrets, mais lents/ bonne santé/ préjugés/ taquinerie/ révolte/ manque d'ouverture d'esprit/ générosité à apprendre/ responsabilités familiales senties comme un fardeau/ esprit positif à développer (Piché).

Ulcère

•tension/ violent ressentiment/ irritation/ blessure émotive/ impatience, anxiété/ obligations ennuyeuses, contraintes.

Université

•enseignement supérieur/ esprit conservateur/ recherche/ prestige/ haut savoir/ voix officielle/ diplôme/ compétence/ vie intellectuelle/ autorité.

Uranus

planète géante (influence importante)/ translation : 84 ans terrestres (influence durable)/ épaisse atmosphère de méthane et d'hydrogène (ambiance de feu électrique, le big-bang initial)/ 9 anneaux (ouverture sur l'extérieur)/ 15 satellites (beaucoup de projections paranoïdes, influences multiples)// planète sacrée caractérisée par le cérémonial, le rite*/ sa pierre : l'opale* de feu/ consacrée à Ouranos, dieu du ciel étoilé, feu primordial, fécondeur/ dégagement de l'informe/ réformateur/ valeurs neuves •les nerfs, crispation (spasmes, crampes, tics, infarctus)/ tension intérieure/ changement, bouleversement subit et imprévu/ l'éveillé éveilleur/ inventions/

créations originales/ progrès/ électricité/ aviation/ cinéma/ fusée/ esprit novateur/ monde moderne/ dynamisme/ individualisation poussée/ tendance à l'absolu/ exploits/ aller plus loin/ volonté de puissance/ révolte/ tyrannie virtuelle/ individualité/ excentricité ♦type uranien: idéalisme/ volontaire/ engagement total/ monopolisation/ unité/ dureté potentielle/ affranchissement radical de son milieu/ insensibilité/ paranoïde (complexe de persécution)/ intransigeance/ goût pour l'œuvre structurée, la science/ intelligence objective/ attention sélective avec raideur ou intensité/ composante homosexuelle.

Urine

•énergie s'écoulant librement du corps/ invitation à mettre les contraires en relation/ fertilité// Voir *incontinence urinaire.* ♦humaine, surtout de petite fille: énergie transformante à l'œuvre ♦en boire en rêve: Besoin d'intégrer les instincts au lieu de les refouler?/ Manque de renouvellement?// en réalité: En être réduit aux dernières extrémités?/ Désirs inassouvis qui font errer?/ Voir *uriner.*

Uriner

•soulagement/ satisfaction sexuelle/ problème à «liquider»/ tension à régler/ suivre la nature ♦uriner sur qqch ou qqn: mépriser/ féconder d'énergie transformante/ aberration sexuelle.

Urne

•mort, incinération/ eau (principe vital)/ sécurité de la maison/ utérus*/ fécondité/ chance/ élections, votes = volonté populaire/ régime électoral/ unité sociale.

Urticaire

♦Mauvaise élimination physiologique?/ Rejet d'une situation?/ Exagération de mes ennuis?/ Petites peurs cachées? (Hay)/ Voir *peau, démangeaison.*

Usine

•travail/ automatisme/ production/ transformation/ répétition/ monotonie, routine/ anonymat/ Voir *immeuble.*

Ustensile

•aide/ utilité/ moyen/ commodité/ intervention/ Voir *couvert.*

Utérus

•centre/ vase de la vie/ mandala*/ Graal*/ analogue au calice des fleurs où se forme l'enfant divin (Souzenelle) = fusion de l'ego et de l'esprit ♦maladie ou problème : Le temps n'est pas venu de donner naissance ?/ Trop vif désir de mettre au monde ? Examiner mes motivations ?/ Trop de craintes ?/ Une naissance compromettrait mon évolution ? ma santé ?/ Évolution gravement compromise ?/ Exercer autrement ma créativité ?

V

•vol, envol/ victoire/ élévation/ volume/ volt / 5*/ initiation/ intervention divine// numérol.: valeur intuitive et stable/ aptitude à résoudre des problèmes difficiles/ nouvelles idées, excentricité/ chance de célébrité/ aide cosmique pour servir l'humanité/ nouvelles amitiés/ évolution intérieure/ ambitions parfois démesurées/ projets utopiques/ manque d'ordre, de discipline et de sens pratique/ prodigalité/ prudence requise (Piché).

Vacances

•arrêt de travail obligatoire/ repos/ détente/ loisirs/ rupture de rythme/ voyage*/ liberté/ Voir *congé*.

Vaccin

•antidote/ prévoyance/ guérison/ redressement d'une situation/ aide médicale/ pensée magique/ maîtrise des instincts/ Voir *piqûre*.

Vache

mammifère/ herbivore (caractère pacifique)/ ruminant (maturation, réflexion, rancœur)/ 2 cornes (force d'attaque, opposition*)/ mufle large et nu (puissance de vie et vulnérabilité)/ domestique (docilité, contrôle, intégration des instincts)/ lait, viande, cuir (don de soi, Providence) •mère nourricière/ la Nature-mère/ patience/ générosité, abondance/ fécondité/ renouveau/ docilité/ paix et calme/ vie champêtre/ animal sacré en Inde (respect de la vie, consécration, fascination, divinisation d'un symbole) ♦blanche: processus d'illumination ♦noire: aide le défunt à passer au paradis/ espoir en l'existence de la survie ♦noir et blanc: contraste/ accord des contraires, voir *opposition*.

Vacher

oiseau moyen/ noir délavé, tête brune (déguisement, incognito)/ voix de crécelle (voix ingrate)/ sans nid (liberté)/ pond dans le nid des autres (parasitisme)/ fréquente les troupeaux (opportunisme) •mœurs douteuses/ inélégance/ manque de goût/ mère dénaturée/ abandon des enfants/ précocité.

Vacher, Vachère

gardien* de vaches •gardien de la vie/ sécurité/ bon instinct/ vigilance/ raison par rapport aux instincts.

Vadrouille

•nettoyage, épuration/ prostituée/ sortie, balade/ force des actes quotidiens en vue de la transformation.

Vagabond

•errance/ inadaptation sociale/ instabilité/ aventure/ liberté/ négligence/ affranchissement des lois sociales/ irresponsabilité/ détachement/ confiance en la Providence/ impossibilité de fixer son esprit sur un objet de pensée.

Vagin

•couloir*/ naissance/ grande intimité/ sexualité ♦maladie, malaise: culpabilité*/ peur de perdre qqch ou qqn de cher (Hay)/ trop ou pas assez de sexualité, compte tenu du désir sexuel/ sexualité mal assumée.

Vague

eau •agitation/ perturbation/ progression/ masse, ensemble/ mode, tendance/ force d'inertie/ puissance/ irruption soudaine de l'inconscient/ pulsion instinctive/ sentiments agités/ impatience/ instabilité/ apport.

Vaisseau

récipient pour liquides = contrôle des émotions// vaisseaux sanguins = canalisation de l'énergie vitale/ Voir *bateau*.

Vaisselle

•manger*/ nourriture*/ cuisine*/ plonge, travail fastidieux, goût de l'ordre/ Voir *assiette, soucoupe*...

Valise

•mon corps/ voyage/ changement/ plein ↔ vide/ l'avoir opposé à l'être/ besoin de distinguer l'accessoire de l'essentiel/ Voir *bagage*. ♦la perdre: besoin de m'alléger/ désir de quitter des attachements émotifs/ insécurité ♦volée: perte d'énergie/ trop d'émotion/ besoin de détachement/ manque de générosité ♦pleine et lourde: mon attachement aux biens matériels me retarde/ insécurité ♦vide: Vidé de mon énergie?/ Je me libère?/ Je perds ce qui m'appartient?

Vallée

•humilité/ approfondissement/ vie/ chaleur humaine/ fécondité/ sexe féminin/ douceur de vivre/ richesse, abondance/ intériorisation/ centre spirituel primordial/ lieu de transformation/ grâce de Dieu/ insouciance/ facilité/ juste milieu/ union féconde des forces contraires, des oppositions*.

Valse

•entente harmonieuse entre deux personnes/ échange de postes politiques/ mouvement enlevant/ modification, changement ♦en rêve: faire l'amour.

Vampire

•parasitisme/ perte d'énergie causée par mes émotions/ besoin d'exorciser la peur pour me rassurer/ Voir *chauve-souris.*

Vanille

épice*, fruit: sorte de gousse (plaisir sexuel précieux, succès agréable) •goût et douceur de vivre/ esprit subtil/ caractère agréable/ délices et sensualité/ ennuis qui se transforment en valeurs positives/ valeurs du cœur.

Vanneau

petit échassier*/ huppe élégante (fierté, inspiration)/ dos vert à bordures mauves (originalité)/ bariolé (camouflage)/ vol de parade en cabrioles (exubérance)/ monogame (fidélité conjugale)/ marécages (mélancolie)/ nid au sol (risque)/ trottine en groupe (association, grande sociabilité) •coopération/ élégance/ spectacles/ noces/ célébrations/ générosité/ ingéniosité/ transformation du vil en noble.

Vapeur

•tension nerveuse/ pression intérieure/ besoin de détente, de ralentir/ besoin de me confier, de m'exprimer/ défoulement.

Varice

•effort persistant/ contraintes mal acceptées/ découragement (Hay)/ attitude négative/ situation pénible dont on ne peut se tirer/ être impressionné par son âge; croire à la décrépitude/ Voir la partie du corps concernée pour connaître le point de tension.

Varlope

Voir *rabot*.

Vase

1. boue★ •saleté/ dégradation/ matière première = naissance, origine/ fécondité/ régénération.

2. récipient •isolement/ attitude de réceptivité/ trésor/ corps humain, lieu de la transformation/ utérus, lieu de naissance = renaissance/ métamorphose/ réservoir de vie/ matrice/ le corps/ ♦en or = trésor spirituel/ Graal★.

Vautour

oiseau★/ le plus grand et le plus fort (puissance, supériorité)/ vue perçante (conscience claire)/ grand planeur, en cercles: (surveillance, conscience élargie, recherche du centre★)/ charognard (croque-mort, renaissance)/ tête dégarnie (calvitie, esprit rebelle)/ bec long et crochu (cupidité)/ larges narines, odorat développé (forte intuition)/ sans nid (liberté)/ goulu (voracité, goinfrerie)/ capacité de jeûne prolongé (cure d'amaigrissement, jeûne)/ insensible à la température (endurance, insensibilité)/ besoin de se baigner (purification)/ paresseux/ lourdaud (inélégance)/ dégage odeur de cadavre (répulsion)/ sédentaire (stabilité, esprit casanier, sécurité)/ bonne longévité •la mort qui rôde/ mort aux fausses valeurs/ personne dure et rapace/ malfaiteur qui profite de mes faiblesses/ promesse de triomphe sur la mort/ l'œuvre au noir des alchimistes = désorganisation physiologique et régénération de la force vitale ♦blanc: assurance de triompher après une mort symbolique.

Veau

•printemps/ énergie nouvelle/ poussée de vitalité/ élan, essor/ potentiel/ liberté/ innocence/ exubérance/ étourderie/ ingratitude/ caractère d'enfant gâté.

Vedette

Voir *acteur, artiste, anima* et *animus*. •célébrité/ besoin de briller/ supériorité/ réputation/ domination ♦admirer une vedette ou rêver d'en être une: compensation pour ma médiocrité, rêver de devenir qqn/ besoin d'attention/ besoin d'être reconnu.

Végétal

♦m'informe de ma vie affective en général (amitié ou amour) ou quant à un attachement qui se développe comme une plante ♦Par ses étapes de croissance, le végétal symbolise bien les étapes de la vie humaine et de l'individuation. ♦Mon évolution se fait-elle dans le sens de mon être le plus vrai ?/ Y a-t-il une partie de ma vie où je végète ?/ Bonne digestion ?/ état de la plante = état de ma transformation.

Végétations

lésions des papilles des muqueuses •conflits familiaux, querelles (Hay)/ rejet affectif subi/ maintien d'une orientation que je déteste/ haine, rejet/ intolérance/ Voir *nez*.

Véhicule

•le corps/ les divers corps : physique, astral* ou émotif.../ le mental ; pensée exprimée par le cerveau/ individualité, ego/ mon mode d'évolution/ Voir *camion, train...*

Veine

vaisseau sanguin •épuration, tonus vital/ ♦gonflée : effort, chance ↔ malchance, joie de vivre, déception/ Voir *sang, varices*.

Velours

•douceur/ sensualité/ progression sans heurts, moment de répit.

Vent

•mouvements dans l'âme/ autonomie totale de l'inconscient/ inspiration, intuition/ don spirituel gratuit, grâce/ annonce de changement/ nettoyage/ agitation/ instabilité/ impulsion violente/ Esprit saint/ souffle créateur/ énergie spirituelle/ ♦déchaîné, voir *cyclone*.

Ventilateur électrique

•aide au bien-être, à la respiration/ fraîcheur, regain de vie/ renouvellement du climat psychologique/ ♦en panne : Besoin de sorties ? de distractions ? de voyage ?

Ventre

•vie végétative/ intestin*/ émotions/ sensations/ nourriture/ faim/ assimilation/ vulnérabilité, fragilité/ centre vital/ centre de gravité/ force/ correspond à la Vierge*/ ♦mal au ventre : répugnance, écœurement/ mauvaise assimilation des idées/ tension/ peur/ Voir *constipation, diarrhée, colique* et *gaz*.

Ventriloque

•ventre/ dissimulation/ subterfuge/ spectacle/ marionnette*/ manipulation/ dédoublement*/ voix intérieure.

Vénus

2e planète/ appelée étoile du berger (l'amour qui veille)/ seule planète rétrograde du système solaire (originalité)/ a la plus lente rotation : 243 jours terrestres (calme, sérénité)/ atmosphère très dense (côté enveloppant de l'amour)// selon la tradition, plus vieille que la Terre ; fut la cause de la venue du mental sur notre planète (astral* supérieur)/ gouverne le cuivre*/ pierres correspondantes = vertes : sels de cuivre, émeraude*, malachite*, corail* ♦consacrée à Vénus, déesse de l'amour, de la fécondité, de la végétation/ a séduit plusieurs dieux et humains (grande beauté féminine séductrice)/ met au monde Éros (incarnation de l'amour aveugle et libre, force d'attraction) •mort et renaissance/ amour et volupté/ joie et jouissance/ destin/ sentiment/ sympathie/ harmonie/ douceur/ art, esthétique/ confidences/ agrément/ charme, grâce/ enivrement des sens/ tendresse/ bonté/ bonheur/ ♦type vénusien : sanguin-lymphatique/ dilatation/ formes souples et gracieuses/ besoin d'échange, d'affection/ sensualité/ sentimentalité/ beauté/ tendresse/ luxure potentielle.

Ver

•vie renaissant de la mort/ embryon/ désorganisation préalable et nécessaire à la transformation/ régression réelle ou apparente/ état larvaire, préparation à l'envol spirituel/ transition/ la mort/ fin d'une affection très chère/ désastre/ nécessité de l'humilité/ état méprisable/ trop ou pas assez de réalisme, de dépouillement/ plaisirs corporels trop nombreux.

Véranda

•avantage/ privilège/ ouverture d'esprit/ conditions favorables/ transparence de l'ego/ extension de la personnalité/ accroissement de conscience.

Verge d'or

plante, sauvage en Amérique, cultivée en Europe (adaptation)/ tige dressée (ardeur), à panaches, de minuscules fleurs jaune or (sentiment diffus et éclairant, réussite)/ mellifère (douceur réconfortante)/ donne teinture orangée (transformation spirituelle)/

graines comestibles (nourriture spirituelle) •trésor monnayé (générosité, prodigalité)/ chance/ détails/ légèreté/ humeur folichonne/ solennité/ goût des magnificences, du luxe/ élégance morale/ succès/ honneurs/ pénétration diffuse de la lumière du Soi*.

Verger

•période productive/ enrichissement/ succès/ réussite/ sensualité.

Vergerette

plante sauvage •ardeur/ timidité/ faiblesse/ souvenir/ délicatesse/ douceur/ attitude méticuleuse/ indépendance/ grande correction/ petites prises de conscience.

Verglas

•beauté cristalline/ lumière/ immobilisation/ gel, fixation dans un état/ froideur/ rigidité/ statisme/ épreuve/ refus d'évoluer/ hésitation qui paralyse/ vie figée dans des habitudes/ besoin de secouer les idées reçues/ émondage naturel (stimulation).

Vermine

•malpropreté/ parasitisme/ personne méprisable/ scrupules/ rejet, mépris.

Vernis

•politesse, civilité/ raffinement/ mise en évidence/ belle apparence/ superficialité/ ouverture d'esprit/ transparence/ invitation à approfondir.

Verre

•fragilité/ raideur/ lumière/ froideur/ prise de conscience/ mental/ processus de la transformation/ matière spirituelle/ vision supérieure ♦bris de verre : tension excessive/ décharge émotive/ décision à prendre/ Voir *briser*.

Verre à boire

•soif/ santé/ avaler*/ satisfaction/ amitié/ enivrement/ souhait, voir *coupe* ♦cassé : fragilité de ma sensibilité/ tension nerveuse/ exaltation/ tension entre 2 oppositions*, décision à prendre ♦renversé : exaspération/ débordement/ énervement/ excès/ besoin de parler, de m'exprimer.

Verrou

•peur/ sécurité ↔ insécurité/ protection/ fermeture d'esprit/ blocage émotif/ refoulement/ prison.

Verrue

•culpabilité*/ désir charnel trop exprimé (à droite) ou trop réprimé (à gauche)/ grande suggestivité/ peur que mes désirs coupables soient découverts/ mépris de soi/ la partie atteinte renseigne sur le sens.

Verseau

11e signe du zodiaque*, signe d'air •homme de l'âge nouveau/ type passionné, mais réservé/ originalité/ non-conformisme/ ambitions pour une grande aventure/ liens, relations/ fraternité universelle/ souci de l'essentiel/ besoin de clarté/ l'idéal/ don de soi dans le collectif, accomplissement par le collectif/ ondes, moyens de communication/ modernisme/ émancipation féminine/ amour libre/ recherche de la sérénité/ jambes, mollets, chevilles/ circulation sanguine.

Vert

•énergie puissante et fondamentale qui me parle de ma vie affective et de mes fonctions végétatives/ sentiments/ calme/ détente/ nature/ campagne/ printemps/ été/ jeunesse/ vigueur/ santé/ guérison/ espoir/ renouveau/ alimentation/ signal/ permission/ patience, attente/ sensation/ équilibre/ repos/ Vénus*/ chakra* du cœur/ harmonie et sympathie// ♦franc : besoin de contact avec la nature/ guérison ♦foncé : Trop ou pas assez plongé dans les sentiments ?/ ♦pâle : Besoin de calme ? de me refaire une santé ?/ Trop ou pas assez de tendresse ?/ Vie affective superficielle ?/ Besoin d'un renouveau sentimental ?

Vertèbre

Voir *colonne vertébrale*.

Vertige

•égarement/ déséquilibre moral, psychologique/ orgueil, vanité/ inflation de la personnalité/ tension créée par la continence sexuelle/ besoin de m'ancrer dans le réel matériel/ malaise ressenti devant l'irrationnel de l'inconscient*.

Verveine

♦plante aromatique : autorité/ aspect sacré/ respect de la parole donnée/ fonction d'intermédiaire/ épuration/ tension/ prosélytisme/ magie et sorcellerie/ guérison/ calme/ réconfort/ douceur discrète/ petit élan/ ♦fleur décorative : générosité/

délicatesse/ fragilité/ bonté/ souci du détail/ douce insistance du Soi*.

Vésicule biliaire

•matrice du feu (purification)/ voie du juste milieu/ arbitre, décide et juge (Souzenelle) ♦problème: anxiété/ refus de voir clair, manque de discernement, de rectitude profonde/ accumulation de frustrations/ problème de décision.

Vessie

♦problème: tension, stress/ difficulté d'éliminer (de régler) un problème que je renvoie à l'inconscient au lieu de l'examiner/ rétention des vieilles idées (Hay).

Veste

Voir *veston, gilet.*

Vestiaire

lieu •préposé/ jeton/ numéro/ réception/ dépouillement/ oubli.

Vestibule

♦pièce d'entrée •accueil/ attente/ préambule/ Voir *hall.* ♦partie de l'oreille interne, voir *oreille.*

Veston

•décorum/ correction/ démarche officielle/ formalisme/ obligation sociale/ attitude guindée/ période d'extériorisation/ manque de naturel, de liberté/ réputation/ apparence qui masque l'être.

Vêtement

•ce qui protège, masque, déguise, classe, identifie/ Voir *manteau, robe...* •fonction sociale/ attitude sociale/ le corps (seconde peau)/ expression de l'état intérieur/ apparence/ corps spirituel ♦uniforme: intégration sociale/ masque l'aspect individuel/ groupe spécifique, appartenance sociale/ personnalité sans relief/ dépersonnalisation ♦en bas de la ceinture = le corps et les fonctions corporelles ♦en haut de la ceinture = l'âme et la vie affective ♦de tête (chapeau*, voile*...) = l'esprit et la vie mentale.

Vétérinaire

•animaux/ médecine/ soins/ santé/ attention portée au corps/ conscience du corps/ forme physique/ besoin de trouver les causes psychiques d'une maladie.

Veuf, Veuve

•mort/ deuil*/ privation/ solitude/ liberté/ autonomie.

Viande

•besoin de protéines animales/ aspect charnel de l'amour/ Les diverses sortes de viande nuancent les relations charnelles évoquées (veau, bœuf, poulet, porc).

Vide

•néant/ absence/ isolement/ disparition/ immensité/ inconscient/ ♦Situation vidée, dépassée, finie ? Prêt pour recommencer, pour un renouveau ?/ Je manque de...?/ Je me sens isolé ? Je le suis ?// Voir *abîme, trou* et *tomber*. ♦vidé = sans effet, épuisé.

Vierge

•jeune fille, jeune homme/ pureté/ candeur/ respect/ idéal/ non fécondé/ intact/ non souillé/ neuf/ non utilisé/ inculte, inexploité.

♦6e signe du zodiaque*, signe de terre •type nerveux/ raison, logique/ intellectualisation/ moisson/ efficacité/ droiture, rectitude/ norme, cadre, lois, droits/ objectivité/ science/ inquiétude/ insécurité/ souci de santé, d'hygiène, de propreté/ méfiance/ maîtrise personnelle/ honnêteté/ respectabilité/ abnégation/ sécheresse/ obsession/ souci du détail/ rejet des instincts/ désir de culture, de perfection/ bon goût/ dépit/ l'intestin.

Vierge Marie

mère de Jésus/ fécondée par le saint Esprit/ sans faute originelle/ modèle féminin de la sainteté/ mère de l'Église •pureté absolue/ aspect féminin de la divinité/ protection/ indulgence/ miséricorde/ sécurité/ Voir *apparition*.

Vieux, vieillard

•durée/ expérience/ maturité/ conscience du temps/ usure/ dégradation/ baisse des énergies vitales/ sagesse/ gâtisme, radotage/ respect/ passé/ dépassement, décalage.

Vigne

plante beaucoup cultivée/ arbuste à rameaux ligneux (personnalité souple, disponible et dépendante)/ feuilles lobées (accueil, harmonie)/ vrilles (attachement)/ fleurs en grappes et qui donnent le raisin*// symbole du culte de Dionysos (vie naturelle épanouie)/ arbre sacré qui donne le vin*, la boisson des dieux (joie du vin, double vue, ivresse spirituelle) •la vie/ Israël/ le Messie/ Jésus/ royaume de Dieu/ mort et résurrection/ immortalité/ cosmos/ nécessité de tailler, de sacrifier/ cache-sexe, pudeur/ abondance/ vie productive/ fécondité/ ambition/ désir d'élévation spirituelle ♦vigne sauvage : même sens que *vigne vierge*.

Vigne vierge

arbuste grimpant à petits fruits bleu-noir (désirs sexuels sauvages ou enfantins) •besoin de soutien/ sens de la décoration/ vitalité/ dissimulation/ abondance/ gratuité/ liberté/ envahissement/ tendance à dominer/ personnalité souple, vigoureuse et parasite/ nourriture spirituelle/ agrément/ besoin irrépressible de s'élever par ambition ou par spiritualité.

Vignoble

•activité productrice/ effort en vue d'une transformation/ Voir *vigne*.

Vilebrequin

•mèche*/ manivelle/ pénétration/ approfondissement/ effort de compréhension/ application/ précision.

Village

•organisation sociale autonome/ campagne/ éloignement/ regroupement des énergies/ activités, expériences du moi qui le rapprochent du Soi*.

Ville

•société/ modernisme/ promiscuité/ le corps comme organisme/ un monde/ stabilité/ centre/ concentration/ cœur/ la mère/ protection/ anonymat/ commodité/ abondance/ diversité/ lieu de perdition/ moi-même/ relations/ anima* (Jung).

Vin

•sang*/ joie/ ivresse/ égarement/ vie naturelle/ vie intérieure, esprit libéré/ connaissance/ initiation/ contemplation/ immortalité/ vérité/ amour divin.

Vinaigre

•conservation/ aigreur/ côté piquant de la vie/ mauvaise tournure d'un événement/ stimulation/ vitesse.

Vinaigrier

arbuste à tronc duveteux (personnalité originale et sensuelle)/ thyrses de fruits rouges, duveteux et vinaigrés (sensualité, chaleur à relent amer)/ envahissant (présence importune)/ souvent à l'état sauvage (besoin d'indépendance)/ bois riche et onctueux à très belles veines (étonnante richesse intérieure) •ténacité/ élégance/ exotisme/ intensité/ inconstance/ ramifications secrètes/ nostalgie/ regret de la tendresse et de la douceur amoureuses/ romantisme/ paradis perdu/ présence aigre et transformante du Soi.

Viol

♦victime: crime/ impuissance/ traumatisme physique et moral/ perte de dignité/ frustration sexuelle/ refoulement* sexuel/ attitude de victime/ détresse/ besoin d'aide ♦auteur: abandon aux instincts/ excitation névrotique/ mépris de la sexualité/ haine/ domination maternelle/ lâcheté/ agressivité/ détresse/ besoin d'aide.

Violet

couleur intermédiaire, donc équilibre entre le rouge* et le bleu*, entre la terre et le ciel, le corps et l'âme, la passion et l'intelligence/ correspond à la glande pinéale et au chakra* coronal/ fin d'un grand cycle d'existence et début d'un autre/ couleur du plan bouddhique •spiritualité/ tempérance/ lucidité/ mort et résurrection/ réincarnation ou immortalité/ obéissance, soumission/ mortification, renoncement, sacrifice/ aspect morose, souffrant, insatisfait/ recueillement.

Violette

petite fleur •simplicité/ discrétion/ timidité/ humilité/ désirs secrets/ douceur/ renoncement stimulant/ spiritualité/ subtilité/ dépassement/ angélisme/ amour indéterminé/ enchantement du rêve/ mélancolie/ tendre amitié/ ténacité/ confidences.

Violon

•expression des sentiments et des émotions/ haute civilisation/ raffinement/ élégance/ émotions très vives/ romantisme/ précision/ tension/ justesse/ habileté/ virtuosité/ aspect dramatique/ caractère incisif.

Violoncelle

•expression d'émotions et de sentiments profonds/ gravité, sérieux/ prendre au tragique/ assurance, certitude/ touchante sollicitude/ confidences/ exploration d'une couche inconsciente profonde.

Viorne

arbuste (personnalité généreuse et expressive)/ petites fleurs blanches groupées en ombelle ou en boule (lumière par le collectif)/ rameaux très souples (docilité)/ Les branches ploient sous la floraison (abondance, sentiment comble d'absolu). •souplesse/ poursuite de l'unité/ simplification/ esprit de synthèse/ poids de la conscience/ besoin de faire circuler l'énergie accumulée/ partage des responsabilités.

Vipère

serpent* venimeux •danger caché, inattendu/ rencontre empoisonnée/ personne malfaisante/ méchanceté/ médisance/ calomnie.

Vis

•fixation par insistance soutenue/ tension/ ténacité/ habitude « vissée », positive = force; négative = vice/ Voir *spirale.*

Visage

•siège des cinq sens/ expression de l'état intérieur/ apparence/ beauté ↔ laideur/ fierté ↔ honte/ le moi partiellement dévoilé à autrui/ perception que j'ai des autres ou qu'on a de moi/ intelligence/ le divin en l'homme ♦de face = représenterait mon présent/ de profil = représenterait mon passé ♦caché : religion/ discrétion, réserve/ jalousie/ intrigue/ dissimulation/ tyrannie/ honte.

Vision

apparition d'images semblant provenir du monde spirituel et provoquant souvent une transe ♦Les visions et révélations privées sont toujours reçues à travers le prisme de l'individu qui les déforme selon ses croyances, son éducation et ses cadres de références. Il est donc imprudent de prendre ces interventions spirituelles au premier degré. Une épuration s'impose dans leur décodage qui tiendra compte des facteurs subjectifs et limitatifs des visionnaires. La plupart des messages sont intégristes, réactionnaires et empreints d'un merveilleux infantile qui les rendent sujets à caution. Voir *apparition, hallucination* et *mort.*

Visiteur, Visiteuse

•rencontre, échange/ accueil/ hospitalité/ inspection/ nouveauté/ prise de conscience/ Voir *hôte.*

Vison

petit carnivore (lascivité, agressivité)/ corps élancé (élégance, souplesse, sveltesse)/ courtes pattes (esprit terre à terre)/ marron (tenue conservatrice)/ solitaire (indépendance, individualisme, autonomie)/ excellent nageur (dialogue avec l'inconscient)/ mange petits animaux, poissons (opportunisme)/ près des rivières et lacs (adaptation, vie équilibrée)/ glandes anales odorantes (phase anale, séduction)/ fourrure lustrée (chaleur, sensualité, luxe)/ élevage (don de soi) •confiance en soi/ importance de la mise/ énergie sexuelle transformée en force vitale/ amour du luxe.

Vitre

Voir *verre*.

Voile

•secret, caché/ dissimulation/ discrétion/ retrait/ intériorité/ vie religieuse/ mystère/ obscurcissement/ ignorance/ séparation/ symbolisme, métaphore du réel/ le monde visible qui voile l'invisible/ expériences profondes qui doivent rester secrètes (Leur nature est inexprimable.) ♦retiré, déchiré : révélation/ prise de conscience.

Voilier

•légèreté/ liberté/ naturel/ avancer par l'esprit/ avoir le vent dans les voiles = avoir de la chance, de l'élan ♦aller en voilier = être porté allègrement par les forces de l'inconscient.

Voisin

•familier/ quotidien/ ombre*/ tension intérieure/ proximité de l'inconscient.

Voix

sons produits par le larynx quand vibrent les cordes vocales/ accent (attention)/ ampleur (importance)/ étendue (capacité d'expression)/ intensité (émotion)/ inflexion (nuance)/ registre (limite personnelle)/ tessiture (harmonie)/ timbre (charme, personnalité)/ volume (besoin d'attention, mise en relief)/ vibration (chaleur, émotion)/ mue (changement) •la parole/ la conscience/ puissance créatrice ou destructrice/ le Verbe créateur, le Logos, principe créateur de l'univers ♦problème : Importance de contrôler ce que je dis ?/ Trop de critique ?/ On me reproche de trop parler ?/ Je n'écoute pas assez ma voix intérieure ?/ ♦entendre des voix : clairaudience*/ message intérieur : se demander de qui il vient, méfiance/ en rêve : vérité ou condition certaine.

Vol

1. aérien •monter au-dessus/ triomphe (liberté) sur la matière, le temps, l'espace/ désir d'élévation/ désir de libération de la lourdeur de l'existence/ libération, joie de vivre/ besoin de recul, d'objectivité/ besoin d'accomplir une prouesse/ fuite, manque de réalisme, angélisme/ désir d'échapper à mes responsabilités/ activité télékinésique, dédoublement, voyage astral*/ relation avec la divinité, avec les dimensions plus subtiles/ contemplation/ sublimation/ désir de dépasser les conflits.

2. cambriolage ♦faire un vol: manque d'éthique/ désir de me faire justice, de me venger/ besoin d'attention/ quête d'amour, d'affection/ esprit rebelle/ défi/ frustration/ refoulement*/ L'objet volé renseigne sur la nature de la frustration, du refoulement... ♦cleptomanie*: privation inconsciente de l'amour et de la tendresse maternelle/ ♦être victime de vol: Besoin de dépouillement?/ Mes émotions me volent de l'énergie?/ Voir *voleur.*

Volaille

•œuf*/ viande*/ nourriture/ Providence/ groupe de femmes/ prostituée/ Voir *poulailler, poule, coq...*

Volcan

•feu intérieur/ tension intérieure/ menace/ explosion/ exaspération/ débordement/ colère/ passion/ crise de nerfs/ pleurs douloureux/ mauvaise conscience/ éclatement par suite de refoulement/ refoulement collectif, voir *catastrophe.*

Voler

dérober ♦On me vole. = Je me vole moi-même de l'énergie: 1. sur le plan corporel, avec l'alcool? avec le tabac? avec les stupéfiants? par manque de sommeil? avec des abus?/ 2. sur le plan émotif: trop d'émotions? trop de sentimentalité?/ Qqn me vole mon énergie? On me vampirise?/ Je tiens trop à mes choses? Avantage d'une simplicité volontaire?/ Je gagnerais à me départir de certaines choses? ♦Je vole qqch: envie/ besoin d'attention, d'amour/ Voir *vol.*

Voleur

•ce qui me prend de l'énergie/ ce qui s'empare de mes trésors ♦mon animus-anima* destructeurs, négatifs: perte des possibilités et richesses de l'animus-anima positifs/ ♦mon ombre* positive

= désir de vivre/ négative = réalisation viciée, mauvaise évolution/ compensation pour une attitude trop unilatérale (trop intellectuelle, trop émotive...)/ arrivisme (réussite sans effort)/ ♦prisonnier des voleurs = dominé par mon ombre (Jung)/ Voir *voler.*

Volière

•agrément/ observation/ prison/ garde à vue/ privation ou limitation de liberté/ promiscuité/ Voir *cage.*

Volubilis

plante grimpante à fleurs en entonnoir (révélation, prise de conscience), bleues, pourpres, roses, écarlates, blanches (couleurs* = nature de la révélation)/ s'ouvrent de l'aurore à midi (fraîcheur, début, naissance)/ feuilles en forme de cœur (prise de conscience venant des sentiments)/ tiges volubiles (besoin de soutien, dépendance) •simplicité/ réceptivité/ légèreté/ ouverture d'esprit/ attitude réservée/ amour de la clarté/ influence bien dosée du Soi*.

Vomir

•allergie*/ rejet d'une situation/ révolte/ tension/ peur/ excès d'intellectualisme, de sentimentalisme ou de moralisme/ ♦du sang: rejet de la vie/ rejet de l'inconscient/ libération violente.

Vote

•élection*/ candidature/ opinion exprimée/ choix/ décision/ volonté collective.

Voûte

•arc/ courbure/ firmament/ solidité/ intériorité/ protection/ sollicitude maternelle/ besoin de sécurité/ Voir *dôme.*

Voyage

•besoin de changement/ changement effectif/ appel de la découverte, du bonheur, de la paix, de l'immortalité/ quête de la vérité/ fuite de soi/ besoin d'aventures, d'expériences nouvelles, de ressourcement/ étape de la progression spirituelle/ recherche psychique ou mystique/ insatisfaction/ voyage intérieur vers le Soi*.

Voyou

Voir *gang, bandit.*

Vrille

•attachement/ besoin de soutien/ tuteur/ descente, acrobatie aérienne, voir *avion, chute*/ approfondissement/ Voir *mèche.*

Vue

•lucidité, conscience/ trouble (émotion)/ point de vue ♦problème : peur de voir la vérité en face/ peur de l'avenir/ crainte de la vie, de la mort/ perception erronée de moi-même/ refus de ma personnalité/ Voir *œil, lunettes.*

Vulve

•sexualité/ grande intimité/ réceptivité/ ouverture aux richesses secrètes, aux connaissances cachées/ correspond au Scorpion* ♦mal : culpabilité/ excès sexuels ↔ désirs insatisfaits/ sexualité mal intégrée/ inhibition sexuelle/ refus d'être une femme/ sexualité non désirée/ peur des maladies/ peur d'être enceinte/ peur d'avoir un enfant/ refus de mon homosexualité/ complexe de castration/ épuisement moral/ manque de joie.

W

•étranger/ lieu/ choix/ tungstène/ watt/ fourche*/ victoire/ gémellité/ répétition/ dédoublement// numérol. : valeur physique et mutable/ goût du changement et d'évolution/ besoin de stabilité matérielle/ assurance/ allant/ aventures amoureuses/ mariage/ impulsivité à contrôler/ puissante énergie/ changements rapides/ besoin de flexibilité/ joie et rayonnement/ besoin de conseil (Piché).

Wagon

Voir *train*.

Weigela

arbuste (personnalité vigoureuse et exubérante), à fleurs creuses, roses, rouges ou blanches (santé, éclat, révélation, secret)/ odorantes ou non (désir de séduire ou non)/ très abondantes (expressivité) •affirmation/ assurance/ joie de vivre/ vivacité des sentiments/ admiration/ besoin d'attirer l'attention/ capacité d'intériorisation annulée par les sollicitations de la vie.

X

•chiasme/ inversion des valeurs/ le Christ*/ ère des Poissons/ valeur, chose, personne inconnues/ rayons X/ temps indéterminé/ petit tabouret/ crochets/ croix de saint André/ croisement des opposés et détermination d'un centre/ négation, annulation/ sablier// numérol. : valeur émotive et mutable/ doute, hésitation, confusion/ forte affectivité/ appel spirituel/ énergie centrée sur le foyer/ amour difficile à démontrer/ chance matérielle/ émotions à contrôler (Piché).

Xylophone

•expression des émotions et des sentiments/ netteté/ clarté/ éclat/ répétition/ heurt/ extériorité.

Y

•bifurcation, choix/ unification/ bélier*/ feu*/ initiation/ magie/ androgynie/ arbre* renversé/ réconciliation du bien et du mal// numérol. : valeur intuitive et mutable/ importance de l'évolution/ volonté/ puissance/ précision, clarté/ buts accessibles/ ouverture aux messages cosmiques/ triomphe sur les ennemis/ lutte enrichissante (Piché).

Yacht

•aisance, richesse/ luxe/ privilège/ maîtrise des conditions matérielles/ Voir *bateau.*

Yack

bovidé de l'Himalaya, du Tibet (altitude, élévation)/ toison de longs poils (protection, adaptation)/ mugit et grogne (sauvagerie)/ grimpeur (agilité)/ résistance exceptionnelle/ bête de somme (docilité, contrôle, vie de service)/ fournit des produits de base (Providence) •Résistance à des conditions très hostiles?/ Période favorable à l'exploitation de mon potentiel intérieur (méditation)?/ Malgré les apparences, je suis protégé?/ Épreuve étrange qui sollicite mes dernières énergies?

Yogourt

•transformation/ altération/ intériorisation/ incubation/ consolidation.

Yorkshire

chien* terrier/ crâne plat (sans imagination)/ tête petite (esprit superficiel)/ poil soyeux, jusqu'au sol (tenue brouillon)/ robe bleu acier et feu (grande sociabilité)// bon gardien, très intelligent, affectueux, vif, docile, très sensible, obéissant •charme/ amabilité/ vivacité d'esprit/ élégance et distinction/ corps réduit, mais alerte et sportif/ ardeur/ bon contrôle sur les bas instincts/ grande sensualité/ forte sexualité souvent inexprimée/ caractère enjoué.

Z

•dispersion/ sexualité active/ fin/ dernier/ cosmos/ foudre/ Zeus, Dieu, fin de tout// numérol. : valeur émotive et créatrice/ rayonnement/ réussite des projets pratiques et financiers/ héritage possible/ besoin de détente/ besoin d'assainir les finances/ contretemps à prévoir/ rupture sentimentale possible/ influence sur les autres (Piché).

Zèbre

équidé d'Afrique/ rayures (contraste, élégance du costume), variables (personnalité)/ presque invisible au crépuscule quand le lion chasse (dissimulation, camouflage)/ crinière (fierté) et queue comme l'âne (sexualité)/ savanes (liberté)/ grégaire (sociabilité)/ très rapide (nervosité)/ rebelle à la domestication (indépendance, caractère rétif)/ cri: sorte de braiment (râleur) •originalité, excentricité/ humour/ l'absurde/ victime des oppositions*/ hésitations/ visibilité, évidence/ ordonnance/ le rationnel, les âneries de la machine mentale = affirmations et leurs contraires/ illusions.

Zeste

•isolant/ conservation/ intermédiaire/ très peu/ indécision.

Zinc

métal dur, blanc bleuâtre (conscience supérieure)/ pigment blanc utilisé en peinture (absolu qui change tout)/ beaucoup d'utilisations (touche la totalité de la vie)// Le zinc se trouve en grande quantité dans l'huître. Préviendrait la prostatite. ♦Le zinc représente la base de l'existence, le mystère de la vie et de la mort, les questions existentielles. Il renvoie à l'intuition, à la kundalini*. •base/

résistance/ lumière convertible en sagesse divine/ disponibilité, potentiel/ petit bar, alcool = ouverture aux autres dimensions/ avion = accès à la dimension spirituelle.

Zinnia

plante de jardin/ fleur de type grosse marguerite à nombreux pétales rugueux (rudesses du Soi★) et à coloris crus (franchise, affirmation des sentiments)/ feuillage rêche (prise de conscience un peu raide) •endurance/ robustesse/ rudesse/ courage/ comportement primaire/ caractère entier/ générosité/ l'essentiel/ aspect âpre du Soi★.

Zircon

pierre précieuse/ cristallisation quadratique (intervention équilibrée du Soi★)/ dureté 7 à 7,5 (action intense du Soi)/ son éclat le fait ressembler au diamant/ variétés: incolore = le diamant matura; jargon = jaune à scintillement coloré; hyacinthe★ = orangé; malacon = brun ♦zircon proprement dit = vert (énergie vitale) •force/ endurance/ copie, suppléant/ sentiment durable/ équilibre.

Zodiaque

zone céleste divisée en 12 parties égales nommées d'après les constellations les plus proches: 12 mois de l'année répartis selon ces constellations •totalité spatio-temporelle/ tempérament/ caractère/ avenir/ événements de la vie/ tendances/ destin★/ programmation/ Voir *astrologie, Bélier, Taureau...*

Zona

•résistance à la circulation de l'énergie/ Pourquoi est-ce que je m'en fais à ce point?/ Je retiens ma sensibilité au lieu de l'exprimer?// Voir *peau.*

Zoo

•observation attentive/ curiosité/ manque de liberté/ concentration des instincts/ maîtrise artificielle des instincts/ danger potentiel de déchaînement des passions/ études des instincts et des besoins corporels.

Nombres

Note : Les données s'inspirent largement de René Allendy et, en numérologie, de Brenda Piché.
« Dés » renvoie aux *Dés de la destinée.*

0

néant/ inexistant/ absence/ sacrifice/ moment de la conception/ incubation/ période de latence/ potentialités/ indice de multiplication/ sexe féminin/ totalité, voir *cercle/* sans valeur/ nullité/ préparation/ épuisement/ silence mental/ délégué/ renversement de polarisation/ vie fœtale/ fou aux yeux des hommes/ ♦tarots : équivalent de la carte 22★.

1

le Tout indivis, immuable, universel, éternel, infini/ Dieu/ « Je suis »/ Principe/ Père/ point de départ, d'origine, d'arrivée, de synthèse/ puissance créatrice originelle/ individualité/ le moi/ ♦correspondances : l'as/ la tête/ le feu/ l'épée/ le pic/ la licorne/ le matin/ l'Est★/ le lundi/ solitude, isolement/ cercle/ Soleil/ le point/ ♦ordre angélique : les Séraphins, première ébauche de l'univers/ ♦astrol. : 1re maison, celle de l'être, de la personnalité/ signe du Bélier/ tête/ ♦tarots : la carte du Bateleur = illusion du Monde et de l'incarnation/ ambivalence = le un et le tout/ le destin de l'homme/ hésitation, incertitude/ le Mage, connaissance des secrets essentiels ♦Dés : création/ perception/ ♦numérol. : soif de connaître/ esprit créateur/ courage/ ambition/ originalité/

volonté/ courage/ qualité de chef/ indépendance/ force morale/ sens de l'organisation// égoïsme/ esprit critique/ envie/ entêtement/ domination/ ♦donc, nombre de l'unité, de l'individu, de l'homme.

2

l'unité divisée/ différenciation intérieure de l'Absolu/ différenciation primordiale/ deuxième personne de la divinité, le Fils/ Être et Non-Être/ polarisation : positif et négatif/ principe de la pluralité/ multiplication de l'individualité/ dualité, antagonisme, complémentarité/ toutes les paires d'oppositions* qu'on doit tenter de concilier/ duplication/ duplicité/ antithèse avec l'illusion de l'antithèse absolue/ correspond à la passivité, à la gestation/ réceptivité/ naissance de la conscience/ mutation/ transition/ diversité/ variation/ ♦ordre angélique : les Chérubins = expriment l'aspect Verbe de Dieu/ ♦astrol. : 2e maison, celle de l'avoir/ correspond au signe du Taureau, au cou et au cœur/ ♦tarots : La Papesse = invitation à percer les secrets du monde/ ♦Dés : inconnu/ émotion/ énigme/ ♦numérol. : sensibilité/ réserve/ douceur/ collaboration/ esprit de groupe/ sincérité/ harmonie/ calme/ silence/ intuition/ équilibre// dépendance/ émotions incontrôlées/ hésitation/ manque de confiance en soi.

3

nombre de l'action, de la création/ relation entre le 1 et le 2, complément nécessaire à la différenciation universelle/ rupture d'équilibre dans l'opposition initiale des forces contraires/ principe de l'action/ dynamisme de l'activité universelle/ l'unité parfaitement manifestée/ principe de la Trinité-Une : « Tout être doué d'une existence une se révèle à la fois triple dans son mécanisme et double dans les tendances de sa polarité. » (Allendy)/ point intermédiaire entre les 2 extrêmes du 1 et du 2/ troisième élément émané des 2 éléments de l'unité divisée pour les assembler dans une unité plus riche/ mouvement/ dynamisme/ immanence divine/ Trinité : le Père est l'intention, le Fils est la pensée, l'idée, le Verbe (support des conceptions), le Saint-Esprit est la manifestation, la volonté, l'âme universelle du monde, l'intelligence de la nature./ notre nature triple = corps, âme, esprit/ conception pour une idée, mise en œuvre pour un acte/ résultat de la gestation = manifestation/

le juste milieu/ conciliation des contraires/ série/ progression/ ordre, harmonie, loi du nombre créateur par excellence/ ♦figures: le triangle, le cône*/ ♦correspondances: la feuille de trèfle, le trille*, les trois jours de lune noire/ les 3 segments des membres humains/ les 3 segments du corps des insectes*: tête (esprit), thorax (âme), abdomen (corps) = symbole d'équilibre/ les 3 Cyclopes/ rapport à Jésus: 30 ans de vie cachée, 3 ans de vie publique, mort à 33 ans, 3 jours au tombeau/ à sa transfiguration, 3 témoins et 3 apparitions/ subit 3 tentations/ visite des 3 mages/ Jonas: 3 jours dans la baleine/ saint Pierre: le coq chantera 3 fois/ l'espace à 3 dimensions/ le trident, attribut de Neptune*/ ♦astrol.: 3e maison, celle des proches, de l'entourage/ correspond au signe des Gémeaux, aux épaules* et aux bras*/ ♦ordre angélique: les Trônes = expriment l'esprit prêt à passer à un autre plan/ anges de force et de vie/ ♦tarots: l'Impératrice, Isis, la mère cosmique, fécondité universelle/ incarnation/ stabilité/ intelligence qui donne le pouvoir/ la vie de tout/ ♦Dés: mouvement/ raison/ printemps/ roue/ ♦numérol.: sens de l'adaptation/ vivacité, brio/ gaieté/ indépendance/ sociabilité/ générosité/ franchise/ création, imagination/ optimisme/ calme, sérénité/ culture/ importance de la liberté// extravagance/ vanité/ vagabondage/ fanatisme/ incapacité de prendre des responsabilités/ superficialité/ agressivité/ envie/ prodigalité.

4

nombre de la forme, de la force, de la Terre/ ♦2+2 = 4 = double opposition irréductible et permanente/ limitation de l'absolu dans la forme du monde créé/ ♦3 +1 = résultat de l'action du 3 = la Nature, Mère universelle = divinité agissant sur le monde sous la forme des lois de la nature, cadres de la création = quantité, qualité, temps, espace, masse, poids, température, vitesse/ cycles: saisons et étapes de la vie = croissance, épanouissement, fléchissement, mort/ les 4 éléments de la nature = air, terre, eau, feu/ les 4 sortes d'élémentals (êtres formés d'un seul élément) = les gnomes (terre), les ondines (eau), les sylphes (air), les salamandres (feu)/ nos 3 parties (corps, âme, esprit) + une, qui est l'intuition/ «Quand je deviens 4, je redeviens 1.» = Quand je change mon centre égotique pour le centre de l'inconscient (Soi*) en me fiant à mon intuition, j'unis mes fonctions psychiques et redeviens un./ Quand je m'unis à la Trinité, je redeviens un comme Dieu./ expression de la totalité du Soi*/ cristallisation momentanée/ première consolidation, sécurité/ stabilité relative/ matière/ résistance/ mort/ matrice/ lieu clos de l'épreuve/ isolement/ porte/ arrêt pour un passage/ Le 4 et le 5 ont la même valeur au sens de dépassement de notre condition humaine./ ♦figures: le carré, la croix, le svastika, le quadrilatère, la maison/ ♦correspondances: les 4 saisons (le temps, une année)/ les 4 points cardinaux (l'espace, le monde)/ les 4 membres des mammifères/ les 4 oreillettes du cœur/ les 4 phases de la lune/ les 4 sortes de cartes au jeu de cartes/ les 4 évangélistes/ les 4 fleuves de l'Éden/ les 4 ailes d'un papillon, des insectes/ schéma de l'univers, des structures temporelles et spatiales du monde/ tétragramme juif: nom de Dieu/ ♦ordre angélique: les Puissances = manifestation de l'Esprit, pouvoir marqué de gouverner et d'organiser/ anges de sainteté/ ♦astrol.: 4e maison, celle de l'hérédité paternelle, de la célébrité/ correspond au signe du Cancer, aux seins pour la femme, aux organes digestifs pour l'homme/ ♦tarots: l'Empereur = domination, puissance, gouvernement, succès dans la matière et dans le temps; intuition; la pierre cubique = sagesse et pouvoir/ ♦Dés: ordre/ réflexion/ automne/ ♦numérol.: capacité de création et d'organisation/ esprit méthodique/ sens du devoir/ distinction/ sens pratique/ volonté/ conservatisme/ esprit analytique// entêtement/ routine/ intolérance/ chicane/ paresse.

5

nombre de la matière, de la vie, de la créature, de l'humain, de l'incarnation/ ♦4 + 1 = en tant que nombre impair, exprime non un état, mais un acte, un passage, une transition/ élément dynamique qui vient rompre la double opposition du 4 , enfermé dans un équilibre stérile/ 4 est le champ de manifestation du 5// pivot de la matière sous toutes ses formes, centre, l'éther des Grecs anciens, l'atome physique ultime/ la vie qui imprègne toute matière/ le nombre complet de l'humain + l'unité = commencement, transition, passage d'un plan à un autre/ souffle de l'existence/ germe de vie/ les 4 éléments groupés autour du centre, la quintessence; donc nombre de l'humain/ le centre des 4 points cardinaux = recherche du centre, du Soi*/ le cœur, centre/ dépassement de nos 4 niveaux de poussée énergétique, donc, porte ouverte sur les autres dimensions/ 5e race terrestre (Hésiode et Théosophie) = race actuelle/ ♦3 + 2 = union du principe céleste (3) et du principe terrestre de la mère (2); donc, activité créatrice du Logos (3) s'exprimant dans le fini (2)/ union du mâle et de la femelle = mariage, androgynie; principe de vie, de Shiva transformateur avec autosacrifice et résurrection/ chute et incarnation/ totalité du monde sensible (les 5 sens)/ les 5 principes de l'homme: la corporéité, l'animalité, l'âme (mémoire, imagination), l'intelligence et le principe divin (Plotin)/ ♦figures: le pentagone/ le pentacle: l'étoile à 5 branches, l'étoile de David (pentagramme) (Renversé, c'est l'esprit perdu dans la matière et dominé par elle.) ♦correspondances: les fleurs du type quinaire (5) sont les plus répandues/ les 5 doigts de la main/ les 5 sens/ les 5 continents/ les 5 vertèbres sacrées et les 5 lombaires/ la portée musicale/ les 4 membres + la tête, donc, l'homme/ les 5 plaies de Jésus/ ♦ordre angélique: les Principautés, anges d'éternité et de mémoire/ ♦astrol.: 5e maison, celle des enfants, des joies; correspond au signe du Lion, au cœur/ ♦tarots: le Pape = transmission de la connaissance/ révélation/ vocation impérative/ ♦Dés: contact/ amour/ été/ ♦numérol.: nécessité de la liberté/ sensualité/ besoin d'expériences variées/ vitalité/ vivacité, spontanéité/ goût du luxe et de la beauté/ diplomatie/ magnétisme/ sens du risque/ soif de connaître// inquiétude/ impulsivité/ impatience/ émotions incontrôlées/ instabilité/ irresponsabilité/ manque de discipline.

6

nombre de l'initiation par l'épreuve (karma*), de la justice, de la beauté, de l'harmonie/ ♦Considérant les 10 premiers nombres, on peut dire que les 5 premiers recouvrent le déploiement de l'Unité et qu'à partir du 6, il y aura retour à l'Unité. = «La cause inconnaissable (Unité) devient successivement le principe de différenciation (Binaire), de l'action et de l'organisation (Ternaire), de la forme réalisatrice (Quaternaire) et de la vie (Quinaire). C'est en quelque sorte la dégradation de l'Absolu, sa dispersion dans la multiplicité des créatures, sa descente dans la matière.» (Allendy)

Retour des individualités créées dans la matière vers l'Unité définitive, puisque le 10 ne constitue qu'une acception particulière de l'Unité./ action des êtres créés en opposition ou en composition avec le Créateur/ le destin, la fatalité, le karma*, la justice immanente/ la chaîne des renaissances/ La nécessité de la mort provient « des cycles quaternaires, passant tous par un point de transformation périodique, comme la nuit, l'hiver, la vieillesse et la mort. » (Allendy)/ épreuve entre le bien et le mal, lutte entre la nature divine et la nature humaine/ travail, servitude/ égalité, convenance, proportion parfaite ♦3 + 3 = deux ternaires en équilibre harmonieux/ harmonie première entre le Logos et le Cosmos/ équilibre entre l'Archétype et son reflet/ dualité entre le monde divin et le monde physique/ puissance latente/ un potentiel/ des réserves/ union/ fécondation/ beauté de la création/ ♦figures : 2 triangles/ l'hexagone/ l'hexagramme = sceau de Salomon, signe de Vishnu, de Vénus/ ♦correspondances : les 6 pattes des insectes ; l'abeille dont les 6 pattes évoquent la roue à 6 rayons, symbole du temps, du karma* et du soleil/ Les cristaux de neige ont 6 pointes./ les 6 directions spatiales = avant, arrière, haut, bas, gauche, droite/ fleur de lis (6 pétales)/ 6 jours de la création = notre potentiel d'accomplissement/ ♦ordre angélique : les Dominations = manifestation de l'action, de la force, du courage, établis sur le sacrifice/ anges de liberté/ ♦astrol. : 6e maison, celle de la maison ; correspond au signe de la Vierge, au ventre/ ♦tarots : l'Amoureux = le moi affectif/ amour, mariage/ union et antagonisme, choix à faire/ ♦Dés : ambivalence/ langage/ hiver/ ♦numérol. : harmonie/ amour des autres/ responsabilité/ douceur et charme/ idéalisme/ amour et chaleur humaine/ perspicacité/ attraction/ honnêteté/ loyauté/ sagesse/ vive sensibilité/ besoin de rendre service// émotivité trop vive/ critique/ envie/ pessimisme/ mélancolie.

7

nombre des séries progressives, de l'évolution, des rythmes biologiques/ ♦6 + 1 = la force qui met en jeu le potentiel du 6 tout en maintenant son harmonie ; donc, achèvement avec réussite/ rupture de l'équilibre et activation du 6/ double développement du 3 (Les 3 couleurs primaires donnent les 7 couleurs de l'arc-en-ciel ; *do-mi-sol* de l'accord fondamental engendrent les 7 notes de la gamme.)/ graduation en progression continue, particulièrement pour les phénomènes biologiques (la semaine, période de 7 jours); «Les œufs de pigeon sont couvés en 2 septénaires, ceux de la poule en 3, ceux du canard en 4, ceux de l'oie en 5 et ceux de l'autruche en 7.» (Allendy); rythme menstruel en 4 septénaires; le fœtus est viable au 30e septénaire ou 7e mois et l'accouchement a lieu la 40e semaine; l'âge de 7 ans = âge de raison et transformation physiologique importante avec la seconde dentition; 14 ans = âge moyen de la puberté; 21 ans = début de l'âge adulte/ évolution/ selon l'ésotérisme indien, cycles évolutifs des univers et des races = 7 sphères d'existence avec 7 sous-plans, 7 races-racines avec 7 sous-races.../ 7 principes de l'humain complet (croyance universelle) qui sont les échelons de l'évolution/ les 7 phases du Grand Œuvre alchimique qui mènent à la transmutation, à la libération karmique (calcination, putréfaction, solution, distillation, conjonction, sublimation, coagulation); évolution mystique de l'individu/ renouvellement périodique/ fin du monde = 7e millénaire selon plusieurs prophètes (les 4 premiers ayant eu lieu)/ •le temps, comme 12 •l'espace/ ♦3 + 1 + 3 = pont jeté entre les 3 personnes divines et les 3 principes humains (corps, âme, esprit)/ ♦5 + 2 = l'humain prenant conscience de sa nature véritable/ ♦4 + 3 = lois de la Nature en face du Logos agissant = évolution/ la valeur humaine + la valeur divine/ les 4 éléments du corps et les 3 de l'âme, reflet trinitaire/ ♦figures: le carré et le triangle/ la balance/ ♦correspondances: les 7 orifices de la tête/ les 7 planètes astrologiques/ les 7 merveilles du monde/ les 7 péchés capitaux/ les 7 vertus cardinales/ les 7 sacrements/ les 7 étoiles de la Grande Ourse/ Blanche Neige et les 7 nains/ les 7 chakras*/ les 7 cordes de la cithare/ les 7 commandements de l'église catholique, les 7 sacrements, les 7 dons du Saint-Esprit/ les 7 plaies d'Égypte, le 7e ciel et les 7 cieux à gravir/ nos os mettent 7 ans pour se renouveler en totalité/ Petit Poucet = 7e enfant/ 7 vertèbres cervicales/ Apocalypse: 7 Églises d'Asie, 7 sceaux, 7 anges, 7 trompettes/ proportion du corps humain = 7 fois la tête/ ♦ordre angélique: les Vertus = manifestation du Verbe/ action, force, courage modérés/ anges d'humilité/ ♦astrol.: 7e maison, celle du conjoint, des associations/ correspond au signe de la Balance, aux reins*, au bassin/

♦tarots : le Chariot = domination des opposés/ engagement social/ ♦Dés : perfection/ jour/ esprit/ Nord*/ ♦numérol. : grand pouvoir mental/ spiritualité/ réserve/ besoin d'idéal/ poursuite de la perfection/ fidélité/ dévouement// matérialisme/ solitude/ frustration/ querelle/ dépression/ timidité/ individualisme.

8

nombre de la justice libératrice, de l'affranchissement du karma*, du Soi*/ 7 + 1 = idée de karma* avec le 6, d'évolution avec le 7 et celle de libération du karma* avec le 8/ équilibre final entre le monde divin et le monde humain, soit le résultat de l'évolution/ ♦6 + 2 = le karma* et sa négation = état extra-karmique, dégagement karmique/ ♦5 + 3 = créature et Créateur = union définitive de l'un et de l'autre = fusion avec le Soi* = possession de cette vie du Soi ; donc le salut éternel, la sainteté, la béatitude, le nirvana/ ♦4 + 4 = 2 fois la grandeur 4, autre point de vue jeté sur les formes de la matière, sur les 4 éléments = leur doublure spirituelle/ intermédiaires (comme dans la rose des vents avec le Nord-Est, le Nord-Ouest, le Sud-Est et le Sud-Ouest)/ les 4 éléments et les 4 principes explicatifs du monde : le temps, l'espace, la causalité et le sens ; donc, compréhension du monde/ ♦figures : le double carré/ le carré et la croix* (carré cloisonné)/ la croix de Malte/ l'octogone/ l'étoile à 8 pointes, étoile des mages, signifiant l'incarnation (l'homme spirituel devenu humain) ; signe du Salut, le labarum des catacombes/ mandala*/ ♦correspondances : le sablier/ le signe de l'infini/ renvoie au chiasme des yeux et au chiasme cérébral/ l'octave/ la pieuvre* qui a 8 pattes, comme l'araignée* (la grande architecte de l'univers)/ moyens de parvenir à la sainteté = les 8 degrés du système bouddhiste, du yoga, les 8 béatitudes du sermon sur la montagne/ les fonts baptismaux toujours de forme octogonale (libération karmique)/ ♦8e dimension : point de croisement des forces spirituelles et de leurs projections dans le monde matériel/ ♦ordre angélique : Archanges, messagers des grandes missions divines/ anges de justice/ ♦astrol. : 8e maison, celle de la mort, de la maladie, des héritages/ correspond au signe du Scorpion, au sexe, à la vessie*/ ♦tarots : la Justice = procès/ justice/ loi/ discipline/ honnêteté, éthique/ recherche de l'équilibre/ résultat des actes/ conscience/ ♦Dés : sagesse/ intelligence/

aube ♦numérol. : force, volonté, pouvoir/ efforts/ sens pratique/ organisation et planification/ compétition/ réussite en affaires/ logique/ fermeté/ leadership/ évolution// domination/ tyrannie/ entêtement/ passions dévastatrices/ esprit destructeur/ surexcitation/ impulsivité/ brutalité/ colère/ orgueil.

9

nombre des initiés et des prophètes/ ♦nombre aux propriétés arithmétiques curieuses/ dernier nombre simple, donc le plus complexe, celui qui marque le plein épanouissement de la série numérique/ 1, 2 et 3 sont des aspects du Logos; 4, 5 et 6 se rapportent à la créature, reflet négatif du premier ternaire créateur; 7, 8 et 9 signifient l'ensemble représentant le lien qui unit les 2 premiers ternaires, triple aspect du lien/ ♦8 + 1 = le septénaire signifie l'évolution, l'octonaire signifie la spiritualisation, le nombre 9 marque le retour définitif vers l'unité en une réintégration totale/ ultime développement de l'idée créatrice du Logos en activité/ force qui oblige le 8, qui est parfait, à entrer dans la matière/ l'universalité des êtres et des choses (aussi bien les soleils que les atomes, les créatures infimes que les plus grands esprits)/ infinie multiplicité de tous les cas particuliers/ étoffe de l'univers, le lien de tout, fluide universel, le milieu de propagation de toutes les vibrations/ solidarité universelle dans l'accomplissement des destinées cosmiques/ le nirvana du 8 ne doit pas être le terme final de l'évolution humaine : on renonce à sa béatitude pour se consacrer à l'évolution des autres/ ♦figure : le serpent qui se mord la queue (l'ouroboros) = totalité et réintégration de l'être en la source commune/ ♦correspondances : nombre des ouvertures du corps/ nombre des Muses/ nombre de mois de la grossesse/ on crucifia Jésus à la 3e heure, son agonie commença à la 6e et il expira à la 9e; rédemption accomplie = la réintégration définitive de l'homme divinisé dans l'éternel Absolu/ ♦ordre angélique : les anges et les 9 chœurs des anges, qui comptent la totalité des êtres angéliques partagée en trois triades. La triade supérieure compte les Séraphins, les Chérubins et les Trônes. Ils participent à la transcendance divine. La 2e triade : les Puissances, les Principautés et les Dominations. Ils ordonnent les mondes et les revêtent de beauté. Et la 3e triade : les Principautés, les Archanges et les Anges. Ils sont agents auprès de l'homme et œuvrent selon la loi des nombres, donc relation avec les autres dimensions et les êtres spirituels qui y demeurent/ ♦astrol. : 9e maison, celle de la religion, de la morale, des grands voyages ; correspond au signe du Sagittaire, aux hanches, aux cuisses, à la glande thyroïde/ ♦tarots : l'Hermite (en rapport avec Hermès) = vie intérieure, secret dévoilé ; vieux sage, mon maître secret, maître tout-puissant des initiés/ ♦numérol. : talent/ goût de la perfection/ humanisme/ recherches/ altruisme, désintéressement/ intuition// égoïsme/ impatience/ dissimulation/ timidité/ excès d'émotivité/ pessimisme.

10

nombre absolu de l'univers déployé et unifié en un tout/ ♦premier nombre composé/ constitue une unité d'un ordre supérieur, l'ordre des dizaines/ pour compter, le système décimal est universel/ 1 est la cause primordiale, 10 est l'effet total : même chose sous 2 aspects/ point d'aboutissement et synthèse des 3 mondes ternaires/ total des 4 premiers nombres (1 + 2 + 3 + 4)/ l'univers en tant qu'organisme unifié/ si Dieu est 1 avant la création, il devient 10 après celle-ci = puissance créatrice originelle/ l'unité réalisée/ l'être collectif/ ♦figure : décagone/ sa graphie 10 = 1 et 0, principe mâle et principe femelle = Dieu qui est mâle et femelle/ ♦correspondances : les 10 doigts/ pour la kabbale, il y a 10 séphiroth = 10 aspects de l'Absolu = émanations divines dont l'ensemble forment l'homme primordial, l'Adam Qadmon/ 10 ordres de bienheureux, 10 esprits du mal, 10 degrés de la mystique juive/ le décalogue = les lois divines/ ♦astrol. : 10e maison, celle des honneurs, de l'idéal/ correspond au signe du Capricorne, aux genoux ♦tarots : la Roue de Fortune (ou le Sphinx) = évolution, changement, alternance du sort, chance et malchance/ naissances et morts, l'éternel retour, roue de la réincarnation/ ♦numérol. : clarté de pensée/ succès, honneurs, récompenses/ confiance en soi/ réalisations/ fortune et élévation possibles// excès de travail/ exagération des besoins/ instabilité/ insécurité.

11

nombre de la révolte, de l'affirmation individuelle au détriment de l'ensemble ♦premier des nombres complexes/ ♦10 + 1 = l'univers + un élément qui ne peut être que perturbateur provenant du dédoublement d'une partie intérieure ; donc initiative individuelle s'exerçant sans rapport avec l'harmonie cosmique/ 1 + 1 = 2 = l'opposition/ la tentation, le danger de toute créature libre de se séparer de Dieu/ donc rébellion, égarement, transgression de la loi (le Décalogue) = péché cosmique = révolte des anges, introduction du péché dans l'univers (Lucifer)/ valeur instable parce que sollicitée entre 2 valeurs plus fortes qu'elle, le 10 et le 12 : ou elle revient au 10 ou elle passe au 12/ signe de l'Avatar, le Messie/ nouveau cycle, nouveau début/ ♦correspondance : 11 ans = cycle moyen (de 9 à 13 ans) de l'activité solaire/ ♦astrol. : 11e maison, celle de l'amitié, de l'aide, de la fortune/ correspond au signe du Verseau, aux jambes/ ♦tarots : la Force/ l'esprit domine la matière/ progrès/ volonté/ épuration morale/ force morale qui domine les forces de l'instinct inférieur/ confiance en soi/ ♦Dés : inspiration/ ♦numérol. : aspect visionnaire/ intuition/ idéalisme/ illumination/ sens de la mission/ courage/ originalité/ énergie/ leadership/ célébrité possible/ besoin d'expression artistique// excentricité/ introversion/ matérialisme/ irréflexion/ passéisme/ grande nervosité/ hésitation/ égoïsme/ soif du pouvoir/ rébellion.

12

nombre du dynamisme de l'univers, de la loi universelle/ ♦de 1 à 12, c'est le nombre le plus divisible/ ♦10 + 2 = l'univers associé à la différenciation = la polarisation qui oriente et ordonne l'univers en polarité binaire/ le fonctionnement cosmique/ ♦4 + 4 + 4 = le schéma des 4 éléments matériels selon un triple point de vue, comme activité, inertie, harmonie/ réalisation naturelle des combinaisons des causes et des effets/ donc, relations naturelles avec tout le réseau combinatoire/ ♦3 X 4 = multiplication de la valeur divine par la valeur matérielle, donc, relation intense, pénétration, fusion du Logos et du Cosmos dans l'exercice de leur dynamisme/ fil conducteur pour tout ce qui existe simultanément dans l'espace, d'où les 12 signes du zodiaque* qui constituent les 12 points fondamentaux auxquels se rapporte toute division spatiale = les 12 dimensions de l'univers, les 12 chakras* du corps dont 7 sont localisés dans la colonne vertébrale et 5 hors du corps/ 12 sert aussi à établir des divisions temporelles : les

12 mois solaires, les 12 heures de l'horloge, les 12 mois cosmiques/ ♦figure: le dodécagone/ le dodécaèdre (solide limité par 12 pentagones)/ le cube (12 arêtes)/ ♦correspondances: base des mesures usuelles = la douzaine/ le pied compte 12 pouces, le pouce compte 12 lignes/ l'alexandrin (mesure en poésie) = le vers de 12 pieds/ les 12 Titans et Titanides/ les 12 travaux d'Hercule/ les 12 fils de Jacob, donc les 12 tribus d'Israël/ les 12 portes de la Jérusalem céleste/ les 12 apôtres de Jésus/ les 12 paires de côtes* de l'humain/ les 12 vertèbres* dorsales/ le thymus + chakra* du cœur/ ♦astrol.: 12e maison, celle de l'affliction, des ennemis privés, de la maladie, de la prison, des malheurs/ correspond au signe des Poissons, aux pieds/ ♦tarots: le Pendu = abandon; destruction; renoncement/ victime/ asservissement à un préjugé, à une passion, à une idée ou à un sentiment/ non libre/ position yoguique = se vider du mental/ régénération/ inversion de l'ordre terrestre/ ♦Dés: sacrifice/ ♦numérol.: intuition, clairvoyance/ vie de sacrifice et de renoncement volontaire/ succès à travers l'acceptation// illusions/ masochisme moral.

13

nombre du cours cyclique de l'activité humaine/ ♦3 + 10 = principe d'activité s'exerçant dans l'unité du tout = tendance de l'individu à transformer son être par son activité propre/ cycles des métamorphoses/ mutations cycliques dont la mort fait partie/ ♦12 + 1 = le cours développé de la vie + le passage à un autre état, la mort et la résurrection/ initiative de l'action de la créature qui ne va pas avec la loi universelle; rupture de l'harmonie de l'univers pour aller vers autre chose/ on retrouve ce schéma dans la croissance humaine = à l'adolescence, le passage de 12 ans à 13 ans, entraîne le bouleversement de l'harmonie de l'enfance pour la structuration de l'âge adulte; donc, rupture en vue d'un changement/ destruction pour reconstruction/ mort et résurrection/ ♦correspondances: les 13 mois lunaires de l'année/ semaine de 13 jours des Aztèques/ considéré comme le plus puissant et le plus sublime par les anciens Grecs/ Jésus et ses 12 apôtres dont l'un est un traître/ ♦tarots: la Mort = arrêt/ passage à un autre état/ mort initiatique et transmutation/ ♦Dés: espoir/ ♦numérol.: ténacité/ concentration/ goût du changement// insatisfaction/ discontinuité/ paresse/ complications.

14

nombre du mouvement du progrès/ ♦4 + 10 = la loi cyclique, 4 + l'unité cosmique, 10, « ayant pour résultat l'entretien de la vie (1+ 4 = 5) et servant de nœud au double courant d'évolution et d'involution (14 = 7 X 2) » (Allendy) ; donc, périodes alternées d'évolution et d'involution/ ♦correspondances : demi-mois lunaire = durée en jours de la croissance ou de la décroissance de la lune, soit pour aller vers la lumière ou vers l'obscurité/ les 14 états indiens de l'évolution/ 14 stations du chemin de croix/ 1914 : déclaration de la Première Guerre mondiale/ ♦tarots : la Tempérance = mesure, réflexion, involution ♦alchimie : réussite de la première partie de la pierre* philosophale (de la transformation)/ entrée de l'esprit dans la matière/ réincarnation/ équilibre des pôles/ ♦Dés : mesure/ ♦numérol. : rêve/ goût de la variété, du changement/ capacité d'atteindre des sommets// incrédulité/ impatience et agressivité qui entraînent accidents et maladies/ problèmes financiers amenés par manque d'ordre et rêves inconsidérés/ désirs et appétit sexuel incontrôlés/ instabilité/ manque d'humilité et d'amour.

15

nombre de l'antagonisme et de la rectitude (la catholicité)/ ♦1 + 2 + 3 + 4 + 5 = exprime la vie avec tout ce qui la précède/ ♦5 X 3 = organisation et expansion de la vie/ multiplication des incarnations avec ses conséquences karmiques/ ♦correspondances : les 15 mystères du rosaire/ le carré magique de Salomon/ les 15 jointures de la main/ ♦10 + 5 = la vie animant le cosmos/ la forme et la matière/ ♦2 + 13 = différenciation dans l'initiative opposée à la loi universelle = double opposition à cette loi = Satan/ ♦tarots : le Diable/ centre obscur/ sexualité/ régression vers le désordre de l'homme non différencié de l'animal/ Singe de Dieu que celui qui veut utiliser les forces pour son compte./ Devant les forces occultes, il faut réussir à dominer ou se résigner à servir./ ♦Dés : passion/ ♦numérol. : magnétisme/ volonté/ passion/ persévérance/ faveurs d'autrui// excès d'activité pour satisfaire ses besoins/ sujet à la manipulation/ cumul des richesses.

16

nombre du temple, du lieu sacré, de l'Église et de la Jérusalem céleste, du royaume du ciel sur la terre/ ♦6 + 10 ou 8 + 8 = rôle du karma*, mais dans 2 directions opposées avec l'incapacité de choisir/ ♦multiplication des cycles de malheurs et de renaissances, sorte d'évolution dans l'enfer/ purification par la douleur et l'épreuve/ glande thyroïde + chakra* de la gorge/ ♦tarots: la Maison-Dieu ou la tour foudroyée = l'inattendu, les désirs fictifs/ catastrophe ou crise salutaire/ ruine, effondrement/ condamnation de l'orgueil/ chute du mental/ prise de conscience véritable/ éclatement de la contradiction ♦Dés: destruction ♦numérol.: fierté/ besoin de solitude/ intuition// troubles affectifs/ orgueil/ isolement/ manque d'amour/ surmenage.

17

7e nombre premier, insécable, dynamisme de l'impair/ ♦7 + 10 = «action de l'évolution sur le cosmos et sa tendance à la libération karmique (1 + 7 = 8)» (Allendy)/ volonté de dépassement/ ♦8 + 9 = nombre des gestes liturgiques de la prière quotidienne islamique/ canon de l'équilibre de toute chose/ nombre des consonnes de l'alphabet grec, fondé sur 9 et 8, les consonnes muettes et semi-consonnes, en rapport avec l'harmonie des sphères/ en rapport avec 72* (8 X 9)/ ♦tarots: l'Étoile (centre de lumière) = sommeil, nuit/ création en voie de se réaliser/ retour aux sources terrestres et célestes/ ouverture sur la vie cosmique/ abandon aux influences célestes qui doivent conduire à l'illumination mystique/ l'âme unissant l'esprit et la matière = mutation, naissance/ intelligence et amour/ ♦nombre de l'étoile, de l'intelligence et de l'amour/ intelligence guerrière, complice de Prométhée, de Lucifer, audace/ ♦Dés: rencontre/ ♦numérol.: intuition/ goût de l'occultisme/ concentration/ foi dans l'avenir/ force créatrice et imagination/ accomplissement/ secrets révélés// doute/ naïveté/ pessimisme/ dépression.

18

8 + 10 = le rôle du saint dans l'ensemble du cosmos = par un acte de solidarité, il plonge dans la mêlée selon une involution apparente/ les saints, les guides/ ♦6 X 3 = réalisation de l'amour supérieur, l'action de la Providence/ ♦correspondances: nombre de mois (de 20 jours) dans l'année maya/ 1918: victoire après la première grande guerre/ 18 est la norme des mouvements de la respiration à la minute chez l'humain/ courbe de la vie humaine selon Tortensson:

sommet à tous les 18 ans + harmoniques aux 18 mois et aux 18 jours/ les 18 conditions du bouddhiste/ les 18 mois de l'année des anciens Mexicains/ les 18 sons dans l'ancien enseignement musical grec/ ♦tarots : la Lune = mirage/ scandale/ maternité/ imagination/ magie/ illusion/ intuition ♦nombre du dogme religieux, de la foi raisonnée/ ♦Dés : destin/ ♦numérol. : don de guérison/ intuition/ vive imagination/ réceptivité// illusions/ susceptibilité et irritabilité// grand rôle de la mère ou d'une femme dans ma vie.

19

8e nombre premier, dynamisme de l'impair/ contient 1 et 9, le non-manifesté et le moyen de le manifester/ ♦9 + 10 = unité de l'univers/ solidarité universelle/ intelligence universelle/ ♦tarots : le Soleil = rayonnement universel/ triomphe/ énergie fécondante ♦alchimie : la pierre* philosophale (transformation accomplie)/ conscience absolue/ ♦numérol. : besoin de générosité, d'initiative/ leadership// épreuves de courage/ dépendance/ pertes matérielles/ dépréciation/ ♦nombre de la lumière universelle, de la pensée qui croit au transcendant.

20

différenciation cosmique/ ♦10 + 10 ou 2 X 10 = opposition esprit ↔ matière/ lutte perpétuelle des forces contraires/ force des Élohim// gémellité de l'univers/ ♦tarots : le Jugement (ou la résurrection) = appel victorieux de l'esprit ; fin de l'épreuve ; appel supérieur ; mort et renaissance ; guérison ; renommée intellectuelle/ ♦correspondances : les 20 acides aminés de l'A.D.N./ les 20 dents de l'enfant/ les 20 doigts de l'homme, donc l'homme complet avec ses contradictions/ nombre de jours par mois du calendrier maya/ Dieu solaire = l'homme parfait, chez les Mayas/ nombre de consonnes du français = articulation, prononciation, structuration de la parole/ ♦numérol. : rapidité/ besoin de raison// tendance à se fier aux apparences/ alternance rapide des hauts et des bas.

21

somme des 6 premiers nombres = harmonie de la création et de tout ce qui la précède/ ♦1 + 20 = effort de synthèse entre l'esprit et la matière par l'individu/ unité qui s'organise dans la dualité/ autonomie de l'individu dans sa libre activité/ apport de l'individu dans la différenciation cosmique/ responsabilité individuelle/ conciliation des contraires/ ♦3 X 7 = composition des 3 premiers cycles évolutifs, donc plein développement/ perfection par excellence, sagesse divine, miroir de la lumière éternelle/ cycle, changement (saisons), affirmation de l'individualité, de la responsabilité/ dynamisme/ ♦tarots: le Monde (ou la couronne des Mages) = perfection de l'homme dans l'univers; succès final; maturité; sagesse divine; couronnement de l'œuvre, synthèse suprême/ ♦correspondances: âge de la maturité (sociale)/ date du changement des saisons/ ♦Dés: cosmos/ ♦numérol.: nature expressive/ succès littéraire possible/ chance bonne// mauvais contrôle émotif/ restrictions.

22

nombre de la totalité du destin d'une vie/ l'humanité/ ♦2 + 20 = différenciation (2) + différenciation du cosmos = mécanisme complexe de la nature (2 + 2 = 4)/ les 2 aspirations de l'individu, bonne et mauvaise, sollicitées par les forces cosmiques, blanches et noires/ totalité des aspects évolutifs de l'être/ stabilisation de l'instable/ manifestation de l'être dans l'espace et dans le temps/ conclusion de l'œuvre du créateur/ toute l'histoire de la créature/ totalité des situations humaines/ ♦correspondances: les 22 lettres de l'alphabet hébreu, phénicien, éthiopien/ les 22 livres de l'Ancien Testament/ les 22 chapitres de l'Apocalypse/ les 22 lames majeures du tarot/ nombre de joueurs par équipe au football/ «Vingt-deux!» = Alarme!/ ♦tarots: le Mât (ou le fou, le vagabond ou le pèlerin) = démarches et recherches; expression de l'univers, chiffre de l'univers; folies aux yeux du monde; disponibilité/ ♦Dés: folie/ ♦numérol.: perspicacité/ sens pratique/ prestige et renommée/ réserve/ vivacité/ sens de la mission/ génie/ inspirations créatives réalisées// insensibilité totale/ amoralité/ ambition démesurée/ criminalité.

23

nombre de la génération/ ♦contient le 2 de la différenciation et le 3 du dynamisme divin = génération (2 + 3 = 5, la vie), transmission de la vie/ ♦correspondances: 23 paires de chromosomes chez l'humain = hérédité, lien diachronique de tous les humains/ biorythme des 23 jours régissant l'activité physique humaine/ ♦Dés:

solidarité/ ♦numérol. : agilité physique/ succès/ don pour les communications/ protection/ héritage// sévérité/ égoïsme/ explosions de colère.

24

nombre de la dimension spatio-temporelle/ ♦toutes les combinaisons possibles des 4 éléments = totalité du dynamisme de la nature/ ♦4 + 20 = mécanisme cyclique de la nature (4) lié à la différenciation cosmique dans l'équilibre de la création (2 + 4 = 6) = rapport des cycles permanents et des nécessités karmiques = réincarnations/ ♦12 + 12 = 2 fois les 12 dimensions : harmonie du ciel et de la terre/ (Il est dit que l'univers s'est dédoublé depuis la déclaration d'indépendance de l'homme vis-à-vis de Dieu (la chute) et que l'univers que nous habitons est faussé, il n'est que le reflet déformé de l'autre qui sera un jour restauré.)/ gémellité de l'univers/ ♦correspondances : nombre d'heures dans une journée/ les 24 côtes chez l'humain/ les 24 vieillards de l'Apocalypse/ les 24 carats de l'or pur/ les 24 parties de 15 jours de l'année japonaise, perse et chinoise/ ♦nombre de la double harmonie du ciel et de la terre/ équilibre/ ♦Dés : culpabilité/ ♦numérol. : heureuse vie amoureuse et familiale/ amour de la nature/ réussite sociale et financière// jalousie/ infidélité/ domination/ entêtement/ esprit de vengeance.

25

multiplication des humains/ l'acquis d'une incarnation/ ♦correspondances : 25 décembre, Noël (naissance)/ 25 jours : durée de la rotation du Soleil/ nombre d'heures terrestres de la journée de Mars* = influence temporaire de cette planète/ ♦Dés : allégresse/ ♦numérol. : sens de l'observation/ besoin de la campagne/ plusieurs changements de résidence// conflits/ mollesse/ cruauté// dure première partie de la vie.

26

nombre d'une très grande stabilité/ ♦13 + 13 = initiative individuelle pour le bien ou pour le mal/ lutte contre le mal/ ♦correspondances : nombre de lettres de l'alphabet français = totalité de l'écriture, de l'expression écrite pour un francophone/ 26 paires de ganglions du système sympathique, donc, nerf sympathique, vie organique, intestin*, inconscient/ 26 os de la colonne* vertébrale/ nombre sacré = valeur numérique du nom de Dieu en hébreu (10 +5 + 6 + 5) = nombre sacré, Dieu/ ♦Dés : échange/ ♦numérol. : pouvoir/ énergie/ expansion/ jugement/ habile exécution/ enthousiasme/ courage/ championnat sportif possible/ aptitudes en finances// impulsivité/ intolérance/ impatience/ vie en fauteuil roulant.

27

3 X 9 = solidarité de la bipolarité du cosmos/ évolution appuyée sur l'accord des contraires ♦correspondance : les 27 lettres de l'alphabet grec primitif = valeurs civilisatrices ♦Dés : solitude/ ♦numérol. : grande force spirituelle/ altruisme/ goût de la justice et de la sagesse/ confort et richesse/ communicatif// confusion, indécision/ hésitation/ intolérance.

28

nombre de l'initié, nombre parfait comme le 10 (2 + 8) ♦somme des 7 premiers nombres = évolution en profondeur/ ♦2 X 14 = évolution accentuée/ ♦4 X 7 = engrenage entre phases évolutives et phases révolutives/ ♦correspondances : nombre de jours du cycle complet de la Lune/ mois lunaire/ rythme naturel/ cycle menstruel/ vie/ les 28 divisions du zodiaque indien et arabe, fondé sur la Lune/ nombre habituel de dents chez l'adolescent/ biorythme des 28 jours qui régissent l'activité émotive humaine/ les 28 lettres de l'alphabet arabe/ les 28 pièces du jeu de dominos*/ ♦Dés : surprise/ ♦numérol. : profits inattendus reliés à la loyauté et à l'honnêteté// pertes surprenantes/ contrariétés// émotions à maîtriser.

29

nombre premier/ ♦20 + 9 = la matière opposée à l'effort d'unification des individus/ solidarité en conflit avec les divisions du monde/ donc, problème de solidarité/ ♦correspondance : les 29 années terrestres de l'année saturnienne ; donc, influence de Saturne*/ ♦numérol. : sagesse/ lumière/ richesse possible en affaires, reliée à la détermination/ réalisation de ses rêves après difficultés.

30

3 X 10 = activité du ternaire dans le monde/ organisation du monde ♦correspondances : les mois (depuis toujours)/ le XIIe arcane

du Tarot, le Pendu = expiation, sacrifice, martyre/ Jean-Baptiste se met à prêcher à 30 ans/ Jésus baptisé à 30 ans, trahi pour 30 deniers/ équilibre parfait/ mouvement, dynamisme/ maturité de la récolte/ mesure du temps/ ♦numérol. : rayonnement/ recherche de la perfection/ lutte pour la sécurité/ dons artistiques/ richesse/ amour comblé/ guérison miraculeuse // diminution du positif.

31

1 + 30 = rapports de l'individu (1) avec l'organisation cosmique (30) = la loi naturelle (3 + 1 = 4)/ l'univers ordonné et sa partie individualisée/ dynamisme de l'individualité/ ♦Dés : dépendance/ ♦numérol. : ardeur au travail/ réussite financière possible/ grande vitalité/ bonne mémoire// orgueil/ extravagance/ esprit désordonné/ disputes/ difficultés/ appauvrissement/ inadaptation.

32

2 + 30 = différenciation (2) apparaissant dans le monde organisé (30) = le plan, le schéma des diverses formes des créatures/ conscience binaire de la créature/ ♦8 X 4 = libération karmique cherchée dans les épreuves de la loi naturelle/ ♦correspondances : nombre de dents* chez l'adulte (sans compter les dents de sagesse)/ les 32 mentions du nom divin Élohim dans le premier chapitre de la Genèse/ ♦en kabbale : l'addition des 10 nombres primordiaux et des 22 lettres fondamentales = sagesse, le plan, la quaternité qui devient 8, 16, 32/ ♦pour les Pythagoriciens = symbole de justice/ ♦Dés : courage/ ♦numérol. : bon jugement/ buts élevés/ grand nombre d'amis/ confiance// orgueil/ airs de supériorité.

33

nombre favorable/ ♦3 + 30 = l'activité libre de l'homme dans l'organisation du monde avec d'autres hommes capables d'une même activité, ce qui provoque le karma* (3 + 3 = 6)/ « la créature libre liée aux plans du Créateur par des liens de justice et d'amour ou par des intermédiaires providentiels » (Allendy)/ activité en harmonie avec la réalisation cosmique/ ♦3 X 11 = antagonistes élevés à l'harmonie = disparition de la tentation, de l'opposition/ ♦correspondances : biorythme des 33 jours régissant l'activité intellectuelle humaine/ âge de la mort de Krishna et de Jésus pour racheter le karma★ de l'humanité/ nombre de jours de la grossesse du kangourou★/ le plus petit nombre de tours minute des disques de phonographe/ ♦Dés : changement/ ♦numérol. : vibration du Christ/ amour le plus élevé, la compassion/ besoin de propager la lumière/ courage/ énergie/ patience/ sens de la mission// émotivité trop vive/ critique/ envie/ pessimisme/ mélancolie.

34

3 + 4 = développement du 7★ ♦30 + 4 = l'évolution (3 + 4 = 7) qui résulte de l'organisation du cosmos (30) et de la loi naturelle (4)/ ♦Dés : délivrance/ ♦numérol. : confiance méritée/ discrétion/ patience/ croissance disciplinée/ aide cosmique/ goût du spirituel/ sagesse/ humour/ vive intelligence// impulsivité/ impatience/ disputes/ difficultés/ délais/ ruptures.

35

évolution dans la vie et par la vie/ ♦Dés : réussite/ ♦numérol. : aisance financière/ énergie/ succès possible/ force intérieure/ santé// doute/ entêtement/ dureté/ manque de discipline/ faiblesse/ mauvaise santé/ difficultés émotives.

36

nombre du ciel, alors que 72 est le nombre de la terre et 108 (3 X 36), le nombre de l'homme/ nombre favori des sociétés secrètes ♦somme des 8 premiers nombres = initiation/ ♦4 X 9 = solidarité cosmique dans les cycles naturels/ ♦3 + 6 = monde angélique/ ♦pour les pythagoriciens : le grand Quaternaire, somme des 4 premiers nombres impairs et des 4 premiers pairs (1 + 3 + 5 + 7 + 2 + 4 + 6 + 8) = initiation/ ♦correspondances : les 36 décans de l'astrologie = influences astrologiques/ nombre total des dents chez l'humain/ nombre des sons français (phonèmes) = totalité de la parole française/ les 12 pouces d'une verge (mesure anglaise)/ ♦Dés : fatigue/ ♦numérol. : courage/ sens des responsabilités/ vive intuition/ inspiration/ chance de découvertes/ don de prophétie/ succès et gloire possibles// émotions incontrôlées/ irréflexion.

37

dynamisme du 12e nombre premier, fait de 3 et de 7, il renvoie au 21★/ ♦Dés : cycle/ ♦numérol. : heureuse union qui amène le succès/ attirance pour l'étranger/ amitiés sincères// malhonnêteté/ violence/ amoralité.

38
initiative individuelle/ ♦Dés : procréation/ ♦numérol. : goût pour la poésie, le symbolisme/ succès/ amour et mariage heureux/ harmonie/ grandes récompenses méritées/ vie onirique importante// gaspillage/ ruptures/ divorce.
39
3 X 13 = dynamisme divin de destruction pour un renouvellement/ ♦Correspondance : 1939 = déclaration de la Deuxième Guerre mondiale/ ♦numérol. : persévérance/ longue vie/ santé/ paix/ bonnes amitiés/ amour rendu/ fascination par l'étranger// vie sensuelle/ paresse/ insensibilité aux autres.
40
accomplissement d'un cycle, pour passer à un changement radical/ fin d'une étape/ période suffisante pour achever une œuvre/ matière, résistance, mort/ matrice/ épreuve/ séjour et arrêt/ temps d'épreuve/ ♦correspondances : Saül, David et Salomon règnent 40 ans/ les 40 jours de jeûne d'Élie/ Moïse passe 40 jours au Sinaï; avec les Hébreux, il fut 40 ans au désert/ le déluge dure 40 jours/ Jésus est présenté au temple 40 jours après sa naissance ; jeûne de 40 jours au désert et il prêche 40 mois ; son ascension a lieu 40 jours après sa résurrection/ Bouddha et Mahomet commencent leur prédication à 40 ans/ carême/ l'enfant croît dans le sein de sa mère pendant 7 quarantaines/ un mort n'était considéré comme vraiment mort qu'après 40 jours ; d'où la quarantaine de purification pour une maladie contagieuse/ ♦numérol. : vie ordonnée/ sécurité/ nature tranquille/ prudence financière// difficultés, obstacles/ paranoïa/ illusions et gaspillage/ ♦nombre de la pénitence, de l'attente, de la préparation, de l'épreuve ou du châtiment selon les interventions de Dieu.
41
nombre premier et impair = dynamisme/ ♦40 + 1 = cycle, temps d'épreuve + l'individualité par excellence = l'Incarnation du Verbe éternel/ nombre sacré de la Lune*/ ♦Dés : société/ ♦numérol. : protection divine/ abondance des plaisirs du monde/ pionnier/ goût du changement/ résultats pratiques/ vie de famille essentielle à la créativité// passions sensuelles/ gâchis dans la vie familiale.

42
la Providence dans l'accomplissement du karma*/ nombre du châtiment karmique/ ♦correspondances: dans l'Apocalypse, les étrangers fouleront la cité sainte pendant 42 mois et la bête a 42 mois pour blasphémer = règne du mauvais/ nombre de lettres pour écrire les noms des 10 Séphiroth = le plus grand des mystères/ 42 générations entre Adam et Jésus (Saint Matthieu)/ ♦Dés: éparpillement/ ♦numérol.: amour/ coopération/ besoin de vie sociale/ charme personnel/ générosité// solitude/ frustration.
43
liberté en face des cycles cosmiques/ ♦Dés: célébration/ ♦numérol.: réserve/ discrétion/ goût du calme/ idées créatrices/ attitude positive/ esprit raffiné/ excès de nourriture, d'alcool/ mauvaises fréquentations.
44
mutations de la nature/ ♦Dés: loi/ ♦numérol.: besoin de grande discipline, de résultats concrets/ volonté/ énergie/ grande logique/ sens pratique/ mental très actif/ protection// matérialisme/ intuition limitée// vie altruiste conseillée.
45
somme des 9 premiers nombres = solidarité cosmique manifestée dans la vie de chacun/ Adam ♦correspondances: 1945: victoire de la Deuxième Guerre mondiale = victoire, libération/ nombre de tours minutes dans les petits disques de phonographe ♦Dés: réflexion/ ♦numérol.: force d'âme/ nature secrète, réservée, fière et déterminée/ succès grâce à la réceptivité/ adaptabilité/ mariage précoce// passéisme/ opiniâtreté.
46
le karma* dans les cycles de la nature/ ♦correspondance: nombre des chromosomes humains = hérédité/ durée de construction du temple de Jérusalem/ ♦Dés: voyage/ ♦numérol.: besoin de liberté/ volonté/ leadership/ habileté/ enthousiasme/ imagination/ succès au travail/ enfance heureuse/ stabilité// passéisme/ nostalgie/ infantilisme.
47
♦Dés: énergie/ ♦numérol.: besoin d'un but précis/ charme, magnétisme/ richesse/ besoin de patience/ caractère très affec-

tueux/ grande loyauté// dépression amenée par dépit amoureux/ conflits personnels/ instabilité émotive/ distinction difficile entre les émotions et la vie pratique.

48

4 X 12 = 4 fois le nombre des divisions spatio-temporelles = produit des 4 points cardinaux par les 3 plans du monde = totalité du monde/ ♦correspondances: 1948★/ mandala★, symbole géométrique du Soi★/ ♦6 X 8 = libération du karma★ et sainteté/ ♦Dés: autorité ♦numérol.: amabilité/ bonnes facultés psychiques/ sens aigu des responsabilités/ grande empathie/ souci de l'humanité// manque de confiance.

49

7 X 7 = magnification du 7★/ développement des étapes évolutives (les 7 plans cosmiques comprennent 49 sous-plans)/ ♦correspondances: chez les Hébreux, Fête des moissons = période qui porte fruit/ nombre d'incarnations d'un Logos = totalité créatrice/ nombre des hauts personnages qui forment la fraternité de la Grande Loge Blanche, l'ashram extérieur de Shamballah = autorité spirituelle, initiation/ les 49 jours nécessaires à l'âme d'un mort pour gagner définitivement sa nouvelle demeure (Lamaïstes)/ les 7 races-racines d'un globe planétaire comptent 49 sous-races/ les 49 notes des 7 octaves du clavier musical habituel/ ♦numérol.: succès matériel facile/ bien-être physique/ sécurité/ mariage riche et durable/ importance de la santé/ raffinement/ besoin de travailler// théories improductives/ stagnation et paresse/ embonpoint/ insécurité/ orgueil/ mauvaise santé.

50

l'univers exprimé par les vies individuelles/ souffle de l'existence, germe de vie/ âge mûr/ totalité des possibilités en germe/ grâce, bienfait, régénération/ ♦correspondances: nombre de jours entre la résurrection du Christ et la descente du Saint-Esprit / Moïse reçut ses commandements 50 jours après la sortie d'Égypte/ nombre des jubilés/ les 50 jours de la grossesse chez le lièvre★/ ♦numérol.: bonheur et succès durables/ amitiés/ compréhension des autres/ goût pour la communication/ protection// domination par les autres/ amour des plaisirs.

51
Dés: inexpérience/ ♦numérol.: intelligence/ prudence/ nature perceptive/ combat pour le bien et la justice/ sens de l'observation/ vivacité// sévérité/ cruauté/ difficultés légales/ soif du pouvoir et ennemis/ menace d'assassinat.
52
13 X 4 = 52, la crise de la cinquantaine/ la lutte, facteur d'évolution/ ♦correspondances: nombre de semaines dans un an = année ou question de semaines, retour cyclique/ angle constant de la pointe des cristaux* = projection d'énergie, précision/ nombre des ganglions du système sympathique chez l'humain = combat, programmation/ nombre de cartes dans un jeu de cartes = distraction, divination/ nombre des Argonautes, héros partis à la conquête de la Toison d'or = conquête de mon corps de lumière/ les Mexicains comptaient les années par cycles de 52 ans = fin d'un cycle/ ♦2 X 26 = 52, deux fois les valeurs de 26*/ reprise du cycle de 26*/ ♦Dés: émotion/ ♦numérol.: confiance/ équilibre/ goût pour le spirituel/ goût pour la campagne et l'eau// fanatisme/ commérages/ mesquinerie/ envie/ mots blessants/ mélange du vrai et du faux/ problèmes créés par une femme.
53
♦Dés: répétition/ ♦numérol.: cœur pur sous des dehors durs/ combativité/ bravoure// émotions incontrôlées/ nervosité/ extravagance/ haine/ envie/ menaces, luttes et risque d'accidents.
54
♦Dés: effort/ ♦numérol.: longue vie/ adaptabilité/ goût du travail stable et humanitaire// ruse et jeu découvert/ dispersion des énergies/ maladie.
55
somme des 10 premiers nombres et 5 + 5 = affirmation de la valeur 10* = l'unité réalisée de l'être collectif/ double affirmation de la valeur 5*/ les deux mains*/ chiffre des guérisseurs/ ♦Dés: communauté/ contact social/ ♦numérol.: énergie/ perceptivité/ recherche/ exubérance/ goût pour la religion ou la morale/ goût de la communication// chaos, confusion/ manque de sens pratique/ isolement.

56
œuvre de l'intelligence supérieure/ synthèse universelle/ passage de la 5e race à la 6e race = mutation prochaine/ l'être pervers aux prises avec les lois naturelles/ ♦correspondances: nombre de lames (cartes) mineures du tarot = événements, incidents/ nombre de facettes dans la taille du diamant* pour un maximum de brillant = lumière/ ♦Dés: séduction/ ♦numérol.: énergie nerveuse/ goût pour l'harmonie/ flexibilité/ musique nécessaire à l'équilibre/ don artistique/ raffinement/ changement dans le travail// influençabilité/ surmenage.
57
♦Dés: danger/ ♦numérol.: compréhension du cœur/ vitalité/ sens de l'humour// revers sentimental/ désillusions/ amertume/ isolement.
58
correspondance: nombre de jours terrestres de la journée de Mercure* = influence temporaire de cette planète = vivacité, intelligence, relations/ ♦Dés: attachement/ ♦numérol.: honnêteté/ discipline/ importance de la tradition/ capacité d'analyse/ activité mentale remarquable/ besoin de solitude, de détente// inquiétude/ fatigue/ surmenage.
59
♦numérol.: combativité pour son idéal et ses droits/ vivacité d'esprit/ influence et rayonnement/ paix nécessaire au bien-être/ goût du jeu// décisions impulsives/ cruauté/ injustice/ pertes au jeu/ dégradation.
60
grande divisibilité: disponibilité/ potentiel/ ♦correspondances: âge symbolique de l'entrée dans la vieillesse/ les Babyloniens avaient un système de calcul à base 60 = point de vue/ 60 secondes dans une minute, 60 minutes dans une heure = le temps qui fuit/ coïncidence de 60 ans entre l'année lunaire et l'année solaire/ Bouddha réunit 60 disciples/ nombre de grains du chapelet* catholique/ ♦évoque le karma* général de l'univers et l'action providentielle/ union/ fécondation/ ♦numérol.: sens du pouvoir/ don de guérisseur de l'âme et de l'esprit/ logique et imagination/ besoin d'autonomie/ don artistique et littéraire; succès après efforts/ bons investissements à l'étranger/ protection// égoïsme/ individualisme.

61
♦Dés: équilibre/ ♦numérol.: accomplissement/ calme et réflexion/ leadership/ goût pour la vie intellectuelle/ raffinement/ recherche de la perfection/ autonomie// incertitude/ exploitation des réussites par les autres.
62
♦Dés: épreuve/ ♦numérol.: sagesse/ habileté d'organisation/ plusieurs projets de front/ aisance matérielle// problèmes/ maladie/ fardeaux/ craintes créées par de vieilles habitudes.
63
passage vers un état définitif qui sera consacré avec 64 / ♦correspondance: nombre de jours de la grossesse chez le chien*/ les 63 cases du jeu de l'oie = phases de la libération karmique (hindouisme)/ ♦Dés: compréhension/ ♦numérol.: compassion pour l'humanité/ don de guérison/ besoin de discipline et de patience// peines/ pessimisme.
64
8 X 8 = magnification du 8*/ développement ultime des combinaisons des éléments/ libération définitive du karma*, béatitude/ ♦correspondances: nombre des hexagrammes du Yi King = nombre de situations archétypiques dans la vie/ nombre de cases dans le jeu d'échecs = jeu de la vie/ nombre de combinaisons possibles de signes pour la constitution des 20 acides aminés dans le code des A.R.N. et des A.D.N. = la vie/ ♦Dés: doute/ ♦numérol.: individualisme marqué/ célibat/ magnétisme/ tolérance/ bonté/ besoin de sécurité/ chance// plusieurs échecs// besoin de comprendre l'alternance de mort et renaissance.
65
refus des déterminations karmiques/ ♦Dés: amour/ ♦numérol.: réussite matérielle assurée avec la persévérance/ maturité/ intelligence/ protection de personnes influentes/ goût pour l'éducation, les bonnes manières, les conventions// extrême nervosité/ extravagances/ goûts démoniaques.
66
♦Dés: repos/ ♦numérol.: goût de la vérité et de la beauté/ joie de vivre/ mission à remplir/ magnétisme opérant/ grande richesse/

besoin d'aider/ dévouement/ fidélité/ aide d'un ami influent// perte totale/ irresponsabilité/ dépendance.

67

♦Dés: deuil*/ ♦numérol.: sens pratique/ fidélité/ goût du travail/ maturité/ sens des responsabilités/ prévoyance// paresse/ irresponsabilité/ insatisfaction/ critique.

68

mai 68 = révolte étudiante en France = éclatement, révolte contre les institutions, contre l'ancien, volonté de «changer la vie»/ ♦Dés: angoisse*/ ♦numérol.: calme extérieur/ goût du luxe et de l'argent/ ouverture aux conseils/ vie confortable/ planification nécessaire au succès/ caractère inquiet// goût de l'intrigue/ obsession des gains matériels/ imprudence/ gaspillage/ pertes.

69

♦numérol.: vie de succès/ goût pour les arts et pour le partage de la culture/ confort matériel et gains financiers// avarice/ insatisfaction continue.

70

décuple de 7* = superlatif parfait/ universalité/ effacement, mort, rien/ retour, renaissance, tout/ œil*/ la source*/ cycle évolutif complet de l'univers/ catastrophe de la fin d'un cycle/ ♦correspondances: année de la chute de Jérusalem, la ville sainte = destruction/ il y a 70 noms divins en tradition kabbaliste = Dieu, invocation/ longueur normale de la durée de la vie selon le psalmiste/ ♦numérol.: prudence/ ambition/ diplomatie/ goût pour la justice/ grande protection dans les associations/ solutions harmonieuses pour les situations changeantes/ compréhension intuitive/ besoin de loisir// instabilité/ morosité.

71

♦Dés: quotidien/ ♦numérol.: force inébranlable/ dynamisme/ détermination/ progression lente et sûre/ besoin d'élargir ses horizons pour bien exploiter son potentiel créatif// grande indifférence/ paresse// bonne orientation: agriculture.

72

multiple de 9 nombres: 2, 3, 6, 8, 9, 12, 18, 24, 36/ ♦2 X 36 = nombre de la terre (alors que 36 est celui du ciel et 108, celui de l'homme)/ ♦8 X 9 = 72 (Voir *17*)/ ♦18 X 4 = 72 (18* est la norme des mouvements de la respiration à la minute)/ ♦le cinquième de 360 ° = une partie du tout/ fermeture/ ♦correspondances : les 72 attributs de Dieu, les 72 parties du corps humain, les 72 nations de la terre, les 72 échelons de l'échelle de Jacob, les 72 langues confondues à la Tour de Babel, les 72 noms de 4 lettres qui désignent Dieu/ valeur numérique des 4 lettres du nom de Dieu en hébreu (10 + 15 + 21 + 26)/ tous les 72 ans, le point vernal rétrograde d'un degré = régression/ retard/ nombre des principaux génies de la nature/ ♦Dés : maturité/ ♦numérol. : habileté pratique/ ambition/ fortune possible/ goût pour une vie utile et pratique/ besoin de surmonter la peur de la pauvreté en partageant// égoïsme/ peur du vol/ avarice/ méfiance.

73

♦Dés : initiative/ ♦numérol. : forte volonté/ confiance en soi/ talent pour le show-business/ besoin d'acquérir une vie intérieure pour éviter la pauvreté ; choix à faire entre les valeurs matérielles et spirituelles// problèmes matériels.

74

♦Dés : bonheur/ ♦numérol. : charme, grâce/ confiance/ indépendance/ conquêtes amoureuses faciles/ toute profession en rapport avec la nourriture et l'hygiène// avilissement/ jalousie/ dépression.

75

♦Dés : temps/ ♦numérol. : croissance avec un effort soutenu/ besoin de réalisme/ sobriété/ sérieux/ sens pratique/ sensibilité// impatience/ frustration/ destruction/ anxiété/ maladie/ découragement.

76

♦Dés : idéal/ ♦numérol. : prudence/ sagesse/ honnêteté/ avec un travail ordonné, accomplissement des buts/ goût du travail/ génie/ sens de l'organisation/ besoin d'équilibrer le travail et le repos// surmenage.

77

redoublement du 7 équivalant au superlatif de 7* = sans limite/ ♦7 + 7 = rapports entre l'évolution cosmique et l'évolution individuelle/ ♦7 X 11 = créature en évolution + la transgression = nombre des pécheurs ayant vécu avant le Christ, nombre de générations depuis Adam jusqu'à Jésus (Saint Luc)/ ♦Dés : double fortune/ ♦numérol. : intelligence/ perspicacité/ rayonnement et magnétisme/ sens pratique/ minutie/ goût de la liberté/ humour/ prudence/ sérieux/ mission d'inventeur, de scientifique, de leader religieux ou de grand mystique/ tact, adresse/ fortune imprévue/ besoin de voyager// extravagance/ dissipation/ pertes.

78

libération karmique individuelle obtenue par le courant collectif de l'évolution/ ♦correspondances : nombre de lames (cartes) au jeu complet du tarot = ensemble de la vie, de la destinée/ le plus grand nombre de tours minute des disques de phonographe = ancien/ ♦Dés : aventure ♦numérol. : désir de réalisation matérielle et spirituelle ; équilibre parfait entre les 2 plans/ haut potentiel/ amour sans limite de l'humanité// égoïsme ravageur/ vie ratée.

79

7+9 = 16 = 7 = regard vers le royaume du ciel/ détachement/ révolte/ durcissement.

80

résurrection/ barrière/ ouverture/ retour, renaissance/ communion des saints/ la Grande Loge Blanche/ étoile à 8 branches.

81

amour pur actif/ ♦Dés : naissance/ Voir *9*.

82

♦Dés : secret/ Voir *10*.

83

♦Dés : souplesse/ Voir *11*.

84

correspondances : 84 années terrestres = durée de l'année uranienne = influence durable d'Uranus*/ les 84 notes du clavier chromatique/♦Dés : simplicité/ Voir *12*.

85

♦Dés : générosité/ Voir *13*.

86

♦Dés : échec/ Voir *14*.

87

♦Dés : enfance/ Voir *15*.

88

nombre de jours de l'année mercurienne = influence durable de Mercure★/ présence redoublée du Soi★/ ♦Dés : infini ♦numérol. : pouvoir très grand/ grands champions, grands bâtisseurs.

89

Voir *17*.

90

gestation spirituelle/ perfection du créé/ achèvement féminin/ la Lune★/ Voir *9*.

91

nouvelle conception du monde/ nouveau début/ vision/ révolte ♦13 X 7 = destruction pour reconstruction.

92

23 X 4 = 4e génération/ héritage/ maladie/ force de surmonter les obstacles/ vanité des choses terrestres.

93

31 X 3 = relation à l'univers/ réflexion sur la mort/ espoir.

94

47 X 2 = bilan/ blocage/ révolte/ chaîne.

95

19 X 5 = élan vers le spirituel.

96

hypophyse, chakra★ du front, clairvoyance ♦24 X 4 = sentiment d'accomplissement ♦12 X 8 = liquidation karmique/ épreuves.

97

nombre premier = nouvelle force/ dépassement/ désir de retour à ma source ♦9+7 = 16 = 7 = royaume du ciel/ achèvement/ réussite.

98

9+8 = 17 = 8 = contact avec le Soi/ réceptivité spirituelle.

99

numérol. : amour de l'univers/ paix universelle/ fraternité universelle. 9+9 = 18 = 9 = initiation/ destinée cosmique ♦33 X 3 = fin d'un cycle vital/ intermédiaire providentiel.

100

un tout dans le tout, ce qui individualise dans un ensemble/ hache = unité cosmique, sagesse/ le Soleil★.

101
le Tout et la sous-partie.
108
36 X 3 = 108, nombre de l'homme en tant que réalisant la synthèse du ciel (36) et de la terre (72) = homme divinisé/ ♦correspondances: nombre de grains du chapelet bouddhique et shivaïte, nombre symbolique par excellence du bouddhisme et du tantrisme (côté initiatique) = prière, discipline spirituelle/ un triangle isocèle d'angle 108° au sommet donne les proportions du nombre d'or = harmonie.
117
nombre de jours nécessaires pour que Mercure★ se retrouve alignée avec la Terre et le Soleil = influence déterminante de cette planète/ ♦Dés: inspiration de l'artiste.
120
correspondances: nombre de degrés de chaque angle latéral des cristaux★ à 6★ faces = intuition, création, nature/ les 120 jours de la durée de vie des globules rouges du sang★ = renouvellement.
144
12 X 12★ = le temps multiplié par l'espace = la totalité du monde matériel/ ensemble des combinaisons possibles entre les choses/ achèvement d'un tout et passage à l'unité suivante ♦correspondances: nombre de coudées de la hauteur des murs de la Jérusalem céleste = le monde matériel transformé et divinisé/ ♦Dés: influence, ascendant exercé sur les autres.
153
nombre des poissons de la pêche miraculeuse = grand profit imprévu, soit matériel, soit spirituel/ grâce/ nombre d'Ave dans le rosaire = prière ♦Dés: feu intérieur masqué.
164
164 ans = durée de l'année neptunienne = influence durable de Neptune★/ ♦Dés: avortement d'un projet.
190
plénitude/ fin/ unité reconquise.
192
nombre des lignes paires ou impaires du Yi King = divination/ destin/ ensemble de la vie.

200
réceptivité/ dualité dans la créature/ pôles magnétiques/ sexualité/ bouleversement/ antagonisme.
206
nombre des os★ du corps humain, voir *squelette.*
225
nombre de jours terrestres de l'année vénusienne = influence durable de Vénus★/ ♦Dés: phase exceptionnelle, synthèse de sagesse et de folie.
230
procréation.
243
nombre de jours terrestres de la journée de Vénus★ = influence temporaire de cette planète/ ♦Dés: problème d'origine intérieure/ période de grande détente en vue.
248
♦correspondance: les 248 commandements de la Torah correspondant à une division du corps en 248 parties/ 248 ans = durée de l'année sur Pluton★ = influence durable de cette planète/ ♦Dés: l'obstacle est en moi/ culpabilité?
280
nombre de jours de grossesse chez la femme = naissance/ renaissance.
288
nombre des constellations reconnues par les anciens = influences célestes/ destin/ nombre de neutrons ou de protons nécessaires à la stabilité nucléaire = stabilité/ ♦Dés: événement inattendu et important.
300
correspondances: les 300 gardes de la citadelle de Thèbes/ les 300 disciples de Pythagore •mouvement, dynamisme/ dent★.
343
cube de 7★/ pour un Logos, nombre total des incarnations ou des impulsions renouvelées à se manifester = création/ manifestation/ ♦Dés: amis accaparants.
358
le Messie ou le serpent★/ ♦Dés: succès assuré, occasion de voir à long terme.

360
12 X 30 = 2 nombres souvent employés pour la mesure du temps/ analogue à 36★/ ♦correspondances : pour les Chinois, nombre des points d'acupuncture = traitement, guérison/ division du cercle★ en degrés et de l'année lunaire/ les 360° du zodiaque : astrologie = destin★/ nombre de jours de l'année pour les anciens Égyptiens et Péruviens.

365
nombre de jours de l'année terrestre = année/ anniversaire/ âge/ ♦Dés : surmenage.

366
année bissextile = prolongation, sursis/ ♦Dés : difficultés d'un proche, solidarité.

370
nombre de jours nécessaires pour qu'Uranus★ se retrouve alignée avec la Terre et le Soleil = influence déterminante de cette planète.

378
nombre de jours nécessaires pour que Saturne★ se retrouve alignée avec la Terre et le Soleil = influence déterminante de cette planète/ ♦Dés : lourdeur des procédures, intervention à différer.

380
l'étendue/ le Sauveur.

384
nombre total des lignes du Yi King = divination, destin/ ♦Dés : mon besoin des autres.

399
nombre de jours nécessaires pour que Jupiter★ se retrouve alignée avec la Terre et le Soleil = influence déterminante de cette planète.

400
matière, résistance, mort/ matrice/ épreuve/ ♦20 X 20 = 400 = sens de l'innombrable chez les Mayas.

404
amandier★, le saint (arbre sacré).

490
septante fois 7 fois = 7★ au superlatif.

500
souffle de l'existence, germe de vie, germe cosmique/ la vie physique.
539
77 X 7 = nombre de fois qu'il faut pardonner, selon Jésus, pour être saint/ ♦correspondance : beaucoup de circonstances de 539 ans d'intervalle entre la vie de Louis IX et de Louis XVI ; naissance (1215-1754), captivité (1250-1789), etc.
550
aigle*.
584
nombre de jours nécessaires pour que Vénus* se retrouve alignée avec la Terre et le Soleil = influence déterminante de cette planète/ ♦Dés : froideur d'un être cher ; tenir bon.
600
union, fécondation/ nombre cosmique de la conjonction et de la fécondité intérieures/ année divine (Chaldéens, Hébreux)/ ♦correspondance : nombre des muscles* du corps humain = énergie, tonus vital.
613
nombre de lois de la Torah/ ♦Dés : grand besoin de changer avec nouvel équilibre.
620
couronne*.
666
chiffre de la Bête de l'Apocalypse/ Néron/ agent humain opposé à la lumière = Antéchrist/ matière triplement manifestée/ karma* humain + karma* cosmique + équilibre providentiel/ cataclysme mondial/ principe vicié de l'amour/ ♦Dés : situation à reconsidérer ; prendre du recul/ épreuve et libération.
687
nombre de jours terrestres de l'année de Mars* = influence durable de cette planète/ ♦Dés : crise d'angoisse existentielle/ établir un nouveau plan d'existence.
700
les 7 principes de l'homme/ effacement, mort, rien/ retour, renaissance, mort et résurrection = épreuve en vue d'une transformation.

702
genou*/ fils accompli/ bénédiction.
704
Orient/ éternité.
777
organisation universelle, évolution générale/ principe de l'amour supérieur/ ♦Dés: suprême fortune, situation exceptionnellement bénéfique.
780
nombre de jours nécessaires pour que Mars* se retrouve alignée avec la Terre et le Soleil = influence déterminante de cette planète.
794
nombre d'années qui marquerait d'importants changements dans l'Histoire du monde.
800
résurrection/ barrière/ ouverture/ retour, renaissance.
870
nombre de vibrations par seconde de la note *la* qui est la note repère des musiciens = donner le ton, l'atmosphère/ justesse/ musique*.
888
Jésus, le Soi*/ ♦Dés: extase, expérience exceptionnelle = abandon de fausses images.
900
perfection du créé/ achèvement féminin.
960
tête, glande* pinéale, chakra* coronal.
972
tête, glande* pinéale, chakra* coronal.
1000
10 X 10 X 10 = perfection absolue ♦transfiguration/ ♦1000 ans = durée à venir du règne terrestre du Messie/ immortalité du bonheur: durée de la vie paradisiaque/ ♦corne*/ chakra* coronal.
1200
nombre d'années divines du 4e âge du monde, l'âge du fer, selon les Hindous.

1440
nombre de minutes par jour = jour bien compté = très long.
1728
cube de 12* = grande tranche significative de l'Histoire de l'humanité.
1789
année de la Révolution française = égalité des humains.
1948
millésime de la création de l'État d'Israël/ début des temps messianiques.
2000
durée symbolique d'une ère, changement d'échelle de valeurs.
2186
mois sidéral = durée d'une ère zodiacale, changement d'ère.
2400
nombre d'années divines du 3e âge du monde, âge d'airain, selon les Hindous.
3600
nombre d'années divines du 2e âge du monde, âge d'argent, selon les Hindous.
4010
durée en années du 3e âge du monde selon les Aztèques : âge de l'air ; les hommes périrent dans des ouragans.
4333
nombre de jours terrestres de l'année de Jupiter* = influence durable de cette planète.
4608
nombre de la terre, dans le Yi King : 12 X 2 = signe du pair, 24 X 192 lignes paires des hexagrammes = 4 608, nombre de la terre/ (alors que 12 X 3, signe de l'impair, 36 X 192 lignes impaires des hexagrammes = 6 912, nombre du ciel).
4800
nombre d'années divines du 1er âge du monde, âge d'or, selon les Hindous.
4804
durée du 2e âge du monde selon les Aztèques : âge du feu ; les incendies détruisent tout le monde, sauf un couple et des individus qui se transformèrent en oiseaux.

5206

durée du premier âge du monde selon les Aztèques: lutte contre les géants et fin par la famine.

5754, 5755, 5756...

♦millésimes selon le calendrier hébreu, correspondent approximativement à 1993, 1994, 1995...

6912

nombre du ciel, dans le Yi King: 12 X 3, signe de l'impair, 36 X 192 lignes impaires des hexagrammes = 6 912, nombre du ciel / Voir *4608*.

7000

7 000 ans: semaine cosmique.

10 000

totalité absolue, tout ce qui existe/ plénitude/ fertilité/ abondance.

10 759

nombre de jours terrestres de l'année de Saturne* = influence durable de cette planète.

11 520

nombre de l'homme dans le Yi King, 4 608 (terre) + 6 912 (ciel) = 11520 = l'homme en tant qu'appelé à réaliser la synthèse du ciel et de la terre = l'homme divinisé.

26 232

nombre d'années de l'année sidérale, soit 2 186 ans (durée d'une ère zodiacale) X 12 signes du zodiaque* = temps pour que revienne une ère zodiacale donnée = long moment de grande transformation de l'être humain.

30 685

nombre de jours terrestres de l'année d'Uranus* = influence durable de cette planète.

60 189

nombre de jours terrestres de l'année de Neptune* = influence durable de cette planète.

70 000

Mahomet a rencontré au paradis un ange qui avait 70 000 têtes qui comportaient chacune 70 000 figures qui avaient chacune 70 000 bouches. Chaque bouche avait 70 000 langues et chacune parlait 70 000 idiomes = superpuissance angélique en regard de l'homme, 70* étant le superlatif parfait multiplié par 1000* qui signifie la corne* au sens de puissance.

86 400

nombre de secondes par jour = un jour bien compté = qui paraît très long.

90 465

nombre de jours terrestres de l'année de Pluton* = influence durable de cette planète.

144 000

nombre des élus dans l'Apocalypse = symbole du nombre parfait parce que complet: monde complètement transformé// nombre total des pétales des chakras*; désigne donc les individus qui seront complètement éveillés et transformés (Coquet)/ Voir *144*.

2 millions

nombre des pores du corps humain = manifestation totale.

100 milliards

nombre des neurones du cerveau* humain / raison/ intelligence.

60 000 milliards

nombre des cellules du corps humain = totalité du corps.

Bibliographie

AEPPLI, Ernest, *Les rêves,* Payot, Paris, 1967.

ALLARD, Claude, et coll., *Plantes sauvages des villes et des champs,* Fides et Éditeur officiel du Québec, Montréal, 1977.

ALLENDY, René, *Le symbolisme des nombres,* Éditions Traditionnelles, Paris, 1983 (facsimilé de l'édition de 1948).

AUROBINDO, Sri, *La manifestation supramentale sur la Terre,* Éd. Sri Aurobindo Ashram, Pondichéry, Inde, 1974.

BAILEY, Alice A., *Le retour du Christ,* Dervy-Livres, Paris, 1987.

———. *Traité sur les sept rayons*, vol. I, Éditions Lucis, Genève, 1972.

BETTELHEIM, Bruno, *Psychanalyse des contes de fées,* Laffont, Paris, 1976.

BOURDEAU, Lise, *Écoute ton corps,* Éd. E.T.C., Montréal, 1991.

BOURGINE, Jérôme, *Le voyage astral,* Éd. du Rocher, Monaco, 1993.

BRETON, André, *André Breton : Arcane 17,* Éd. Jean-Jacques Pauvert, coll. 10/18, Paris, 1965.

CARPER, Jean, *Les aliments qui guérissent,* Éd. de L'Homme, Montréal, 1990.

CHEVALIER, Jean et GHEERBRANT, Alain, *Dictionnaire des symboles,* Robert Laffont, Paris 1969.

CHOCRON, Daya Arai, *La santé par les pierres,* Yva Peyret Éditeur, Corcelles-le-Jorat, Suisse, 1986.

COQUET, Michel, *Devas ou les mondes angéliques,* L'Or du Temps, Saint-Martin Le Vinoux, 1988.

———. *Les pierres précieuses,* L'Or du Temps, Saint-Martin Le Vinoux, 1990.

———. *O.V.N.I. à la lumière de la tradition,* L'Or du Temps, Saint-Martin Le Vinoux, 1992.

CRAIG, Julie, *Vaincre la cellulite par les aliments naturels,* S.I.D.M.D., Louiseville, 1987.

DELAVEAU, Pierre, et coll., *Secrets et vertus des plantes médicinales,* Reader's Digest Canada, 1985.

DE MONTRÉAL, Bernard, *Dialogues avec Bernard de Montréal, n° 1 et n° 2,* Les Presses de l'Université de la Personne, Saint-Lambert, 1989.

———. *La Genèse du réel,* Éd. de la science intégrale, Brossard, 1988.

DE SOUZENELLE, Annick, *Le symbolisme du corps humain,* Éd. Dangles, Saint-Jean-de-Braye, 1984.

DHERS, J. et RUFER, Fred, *Chiens de garde, de berger, de luxe, lévriers et terriers,* Société française du livre, Paris, 1956.

DURAND, Gilbert, *Les structures anthropologiques de l'imaginaire,* P.U.F., Paris, 1963.

DURAND , Yves, *L'exploration de l'imaginaire,* Édition l'espace bleu, Paris, 1988.

FREYDIGER, Jacques, *Le guide Marabout des chiens,* Marabout, Paris, 1965.

GARFIELD, Patricia, *Comprendre les rêves de vos enfants,* Albin Michel, Paris, 1987.

———. *La créativité onirique,* La Table Ronde, Paris, 1983.

GRAD, A. D., *Les clefs secrètes d'Israël,* Éd. du Rocher, Monaco, 1989.

GROF, Stanislas, *Psychologie transpersonnelle,* Éd. du Rocher, Monaco, 1984.

GUÉNON, René, *Symboles fondamentaux de la Science sacrée,* Gallimard, Paris, 1962.

HAY, L. Louise, *Ce pouvoir en vous,* Éd. du Roseau, Saint-Léonard, 1993.

———. *Transformez votre vie,* Éd. Vivez Soleil, Genève, 1989.
HAY , Roy et SYNGE, Patrick M., *2000 fleurs, plantes et arbustes en couleur,* Éd. des Deux Coqs d'Or, Paris, 1971.
JUNG, Carl Gustav, *Aïon,* Albin Michel, Paris, 1983.
———. *Aspects du drame contemporain,* Librairie de l'Université Georg et Cie S. A., Genève, 1971/ Éd. Buchet-Chastel, Paris, 1983.
———. *Commentaire sur le Mystère de la Fleur d'Or,* Albin Michel, Paris, 1979.
———. *Essai d'exploration de l'Inconscient,* Éd. Denoël Gonthier/ Laffont, Paris, 1964.
———. *L'homme à la découverte de son âme,* Albin Michel, Paris, 1987.
———. *L'homme et ses symboles,* Robert Laffont, Paris, 1964.
———. *Ma vie,* Gallimard, Paris, 1973.
———. *Psychologie et alchimie,* Buchet/Chastel, Paris, 1970.
———. *Synchronicité et Paracelsica,* Albin Michel, Paris, 1988.
———. *Un mythe moderne,* Gallimard, Paris, 1961.
LA ROCHETERIE, DE, Jacques, *La symbologie des rêves, la nature,* Imago, Paris, 1986.
———. *La symbologie des rêves, le corps humain,* Imago, Paris, 1984.
LUDEX, *Dés de la destinée,* Les Jeux Ludex, Montréal, 1987.
MICHEL, Aimé, *Mystérieux objets célestes,* Robert Laffont, Paris, 1977.
MORAND, Annie, *L'encyclopédie des animaux familiers,* Éd. Culture, Art, Loisirs, Paris, 1968.
MONROE, Robert A., *Fantastiques expériences de voyage astral,* Robert Laffont, Paris, 1990.
———. *Le voyage hors du corps,* Éd. du Rocher, Monaco, 1989.
PEAT, David F., *Synchronicité, le pont entre l'esprit et la matière,* Le Mail, France, 1988.
PERROT, Étienne, *Des étoiles et des pierres,* La Fontaine de pierre, Paris, 1983.
———. *L'aurore occidentale,* La Fontaine de Pierre, Paris, 1982.
———. *La voie de la transformation,* La Fontaine de Pierre, Paris, 1980.

———. *Les trois pommes d'or,* La Fontaine de Pierre, Paris, 1981.

PETERSON, Roger Tory, *Guide des oiseaux de l'Amérique du Nord,* Éd. France-Amérique, Montréal, 1984.

PICHÉ, Brenda, *Guide complet de numérologie,* tomes I et II, Éd. de Mortagne, Boucherville, 1989.

REEVES, CAZENAVE, SOLIÉ, PRIBRAM, ETTER, VON FRANZ, *La synchronicité, l'âme et la science,* Ed. Séveyrat, La Varenne-Saint-Hilaire, France, 1990.

RENARD, Hélène, *Les rêves et l'au-delà,* Éd. Philippe Lebaud, Paris, 1991.

SATPREM, *Évolution II,* Robert Laffont, Paris, 1992.

———. *L'agenda de mère 1950-1973,* 13 volumes, Institut de recherches évolutives, Paris, 1978-82.

———. *La genèse du surhomme,* Éd. Sri Aurobindo Ashram, Pondichéry, Inde, 1971.

———. *Le mental des cellules,* Robert Laffont, Paris, 1981.

———. *Mère, le matérialisme divin,* Robert Laffont, Paris, 1977.

———. *Sri Aurobindo ou l'aventure de la conscience,* Buchet/Chastel, Paris, 1970.

SAUVÉ, Gaëtan, *Le cristal et ses pouvoirs,* Louise Courteau Éd., Montréal, 1990.

SERVIER, Jean, *Meilleurs chiens de chasse,* Plon, Paris, 1949.

SOBEPS ASBL, (Société), *Vague d'OVNI sur la Belgique,* Bruxelles, 1991.

SONDAZ, Marie-Louise, *Le langage des fleurs,* Éd. Solar, Paris, 1974.

SPALDING, Baird T., *La vie des Maîtres,* Robert Laffont, Paris, 1972.

UNDERWOOD CROCKETT, James, *Encyclopédie Time-Life du jardinage,* Time-Life International, Hollande, 1979.

VALIÈRES, Ingrid, *Thérapie et réincarnation,* Éd. de Mortagne, Boucherville, 1990.

Table des matières

Cet ouvrage a été achevé d'imprimer
au Canada en juin 2000.

Transcontinental
IMPRESSION
IMPRIMERIE GAGNÉ